湖北省公益学术著作出版专项资金

Hubei Special Funds for Academic and Public-Interest Publications

清代海洋活动编年
丛书主编／王颖

清代咸丰、同治朝海洋活动编年

鲁林华　编

WUHAN UNIVERSITY PRESS
武汉大学出版社

图书在版编目(CIP)数据

清代咸丰、同治朝海洋活动编年/鲁林华编.—武汉:武汉大学出版
社,2022.5
清代海洋活动编年/王颖主编
湖北省公益学术著作出版专项资金项目
ISBN 978-7-307-21507-8

Ⅰ.清…　Ⅱ.鲁…　Ⅲ.海洋—文化史—中国—清代
Ⅳ.①K203　②P7-05

中国版本图书馆 CIP 数据核字(2020)第 083662 号

责任编辑:蒋培卓　　　责任校对:李孟潇　　　版式设计:马　佳

出版发行:**武汉大学出版社**　(430072　武昌　珞珈山)
　　　　(电子邮箱:cbs22@whu.edu.cn　网址:www.wdp.com.cn)
印刷:武汉精一佳印刷有限公司
开本:720×1000　1/16　印张:48.75　字数:1011 千字　插页:2
版次:2022 年 5 月第 1 版　　2022 年 5 月第 1 次印刷
ISBN 978-7-307-21507-8　　定价:240.00 元

总　序

作为一门新兴的学科，海洋史的概念一直较为模糊，在实践中也颇为混乱。一般情况下，我们所关注的是它的空间地域分界，而事实上对这一课题产生深远影响的还有时间范畴，以一个具体的地理标准，比如与海岸线的距离来圈定研究对象，不仅是一件极其困难的事情，同时也是非常危险的事情。我们站在一个全新的文明一步步崛起的历程中，同时也站在一个旧时代或旧观念逐渐受到冲击直至被突破的过程中。因此，大凡与海洋文明逐渐兴起这一历史进程产生关联的事件，无论是否发生在海滨，都会被纳入我们的视野。与此相适应，即使是发生在海滨的一些重要历史现象，由于只是内陆文明或旧观念的一种惯常性的延续，也可能被我们所忽视。

这种新文明的萌芽或旧观念的突破，在我们看来，大致表现在两个方面：一是对海洋的兴趣的发生，包括探索、征服与抗争等诸多方面；一是以海洋为渠道进入中土的外来文化所引起的摩擦与磨合。简而言之，我们更倾向把事件的性质而非事件发生的区域作为更为重要的条件，这是我们无意于对沿海地区、海岸地区与海洋区域作出严格区分的主要原因，次要的原因则在于这种区分可能会带来很多无法掌控的变数，使我们很难做到一以贯之。

在事件的选择上，惯常性也是一个非常重要的标准。在某些历史阶段，一些看起来似乎极其偶然的、零散的事件，因其所潜藏的新的转机自然会受到特别的关注，而在相关事件发生较为频繁的历史场合，波及范围的大小就成为筛选的重要因素。总之，我们所认定的"大事件"标准是动态的，是立足其成长性的。具体而言，在清前期与中期，一些在其他场合显得无足轻重的历史现象也可能被视为"大事件"，而在清晚期，对于大事件的限定就较为严苛，必须是重大而影响深远的历史事件。

因此，书中大量出现的以下现象不应该让我们感叹惊奇：新闻报纸的创办、研究学会的成立、新式学校的创建、内地矿山的开发、现代机器的引入、重要铁路的铺设、现代股票与银行的出现，甚至包括博彩业的兴起，这些看似与海洋生活没有直接关联的事件都一一被我们罗列出来。因为在我们看来，它们主要是"漂洋过海"而来，其所体现的不仅是来源渠道的不同，更主要的是展现了新的社会精神面貌。

对于一些具体案例而言，这样的处理违背了一致性原则——大多数读者已经养成了由始至终的阅读习惯，自觉不自觉会有一种阅读期待——但这终究与我们的体例不合。我们务必要强调的是，综合型的类书并非专门史的蓄积。我们所期待的，是永远屹立在浪头之上，和它一起奔向前方而忽略身后振耳的喧嚣声。至于沿海水师甚至内河水师的沿革变迁，以及船厂船坞的建设、外来船舶的购入，我们则自始至终保持了足够的重视——这些国人最直接探索海洋的活动，它们的意义到目前为止还没有得到充分的肯定。

最后要说明的是，本书的惯常性不仅体现在事件的选择上，更体现在视野的选择上，而后者尤其值得关注，这也正是我们一直把《清实录》作为建构编年核心的原因所在。随着清史研究的深入，众多尘封的细节被人们一一挖掘出来，毫无疑问，新近出现的研究成果应该会更接近历史真相，但我们叙述时依然围绕《清实录》来进行，这是因为我们需要一个一以贯之的视角。细节固然重要，但只有被纳入朝廷视野并为官方所评论的事件才更具有里程碑的意义。

凡　例

一、是书以清朝年号纪元，农历纪事，注明干支与公元，按照年、月、日的时间顺序排列清朝咸丰元年到同治十三年发生之事件。同一日发生之事件，集中到同一条目之下。

二、是书以海洋为线索，凡发生在清代海疆之政治、军事、文化、外交以及自然灾害等重要事件，都尽可能罗列。

三、是书尽力考索事件发生之具体时日，凡无法质证时日者，概以"是月"、"是春"或"是年"等形式加以提示。

四、持续多日或数月之事件，一般罗列于上奏或朱批之日，再追溯其前因后果。同一事件只在同一处完整叙述，不分列于多处重复表述。

五、是书采信之文献，一般以清代官书《清实录》为主，同时有选择地利用方志、谱牒、稗史、笔记小说、文集、报刊以及人物传记等资料，包括外国政府相关历史文件，以及今人研究成果。

六、是书采用文献史料时，均注明其具体出处以备考核。凡加引号者，除斟酌给予标点外，一律属直接引用，保留原貌，包括时代特色鲜明的特殊用语，如"谕""朕""奴才"等。不加引号而自行概述者，亦尽可能说明出处。凡不加注释者，一般取自《清实录》，其具体卷数可见上下则条目。

七、与海洋无关但对清朝影响甚大的重要事件，也简单加以注明，如清朝历代帝王的更替等。清朝历代帝王，以年号相称。

八、大凡外国国名、人名、地名，尽量改为新译名，如嗼哈唎改为英吉利，咪唎坚改为美利坚，咈嘟哂改为法兰西等。

目　　录

咸丰元年　辛亥　公元 1851 年

正月初六日癸巳(2 月 6 日)

朝鲜国王李昇遣使奉表谢恩，恭贺上宣宗成皇帝尊谥，并进贡方物。清廷命留抵下次正贡，赏赉如例。

琉球国世子尚泰，遣使奉表谢恩，并贺登极，进贡方物。清廷命留抵下次正贡，赏赉如例。①

十二日己亥(2 月 12 日)

礼部奏，琉球国使臣呈称该国世子，此次恭进方物，恳照嘉庆六年、十四年、道光二年，准予赏收，免其留抵。清廷着照所请，此次所进方物，准予赏收，下次正贡届期，该国遣使来京时，再当优加赏赉，用昭柔惠远藩至意。②

十三日庚子(2 月 13 日)

贵州学政翁同书奏陈修水利、练水师二条。农田以畎浍为先，戎政以海防为重。水利不常修，则灌溉之区，转多壅遏。水师不豫练，则巡缉所至，未尽肃清。亟宜实力讲求，策颓振怠。清廷着直省各督抚于境内应修塘堰陂障，认真修复宣潴，以除害为兴利之要。其沿海地方，务当督率水师将弁，将炮械船只，加意振新，随时训练。俾沟洫治而井里皆丰，岛淑安而萑苻悉靖。③

廿四日辛亥(2 月 24 日)

前因福建租住神光寺二夷，欲搬至道山观居住，降旨令裕泰确查情形具奏。兹

---

①　《清实录·文宗显皇帝实录》卷二五。
②　《清实录·文宗显皇帝实录》卷二五。
③　《清实录·文宗显皇帝实录》卷二五。

据徐继畬奏称,夷人已于十一月十二月内,先后搬至道山观居住,将神光寺房屋交还,并将用印之租约,亦缴还涂销。①

廿五日壬子(2月25日)

据礼部奏称琉球国使臣在部呈递禀函,复以英夷在彼逗遛,恳求开导撤回。此事前已叠次降旨,谕令该大臣向文酉设法开导,饬令撤回。兹复据该国禀称,不惟伯德吟尚未撤去,且屡有英夷船只到彼,恶言惊吓,来去靡常,以致该国日久忧虑。琉球国臣服天朝,最称恭顺,况该王世子年幼初立,属令使臣到京具禀,岂能置之不问。咸丰帝着徐广缙仍遵前旨,再向文安②相机开导,谕令迅将伯德吟并其妻子人等,一律撤回,以免惊扰而恤藩封。③

廿七日甲寅(2月27日)

修浙江钱塘、余杭、山阴、会稽、萧山、上虞六县塘堤各工,从署巡抚汪本铨请也。④

二月初二日己未(3月4日)

调浙江处州镇总兵官德胜为江南寿春镇总兵官,江南寿春镇总兵官哈丰阿为浙江处州镇总兵官。

抚恤朝鲜国遭风难夷如例。⑤

初五日壬戌(3月7日)

前据徐广缙奏广东阳江镇总兵曾逢年丁忧,请以升署大鹏协副将温贤署理该镇印务,当即降旨允准。该员署任已逾数月,于洋务是否熟谙,能否胜总兵之任。清廷着徐广缙迅即查明,据实具奏。

署浙江定海镇总兵周士法,前于道光二十九年,曾奉谕旨令刘韵珂察访能否办

① 《清实录·文宗显皇帝实录》卷二六。
② 《清实录》中,文安即文翰,下不另注。
③ 《清实录·文宗显皇帝实录》卷二六。
④ 《清实录·文宗显皇帝实录》卷二六。
⑤ 《清实录·文宗显皇帝实录》卷二七。

理得宜，俟届满一年时具奏。现在刘韵珂业已告病开缺，周士法署任已逾一年，清廷着裕泰到任后，留心访查。该署总兵周士法办理一切营务，是否得宜，迅即据实具奏，毋稍迁就。

福建台湾镇总兵官吕恒安因病解任，调浙江温州镇总兵官叶绍春为福建台湾镇总兵官，浙江黄岩镇总兵官陈世忠为温州镇总兵官，以浙江平阳协副将汤伦为黄岩镇总兵官。

以福建台湾缉捕洋匪出力，予通判卓津等升叙有差。①

十一日戊辰（3 月 13 日）

福建巡抚徐继畬奏报各国侨民人数。英吉利夷人在城内乌石山居住者，有夷目二人，夷妇一人，附住教士二人；在城外南台居住者，夷商三人，共计男妇八人。花旗夷人在城外南台居住者九人，皆系教士，又瑞典国教士一人，共计十人。②

十二日己巳（3 月 14 日）

调浙江温州镇总兵官陈世忠，为山东登州镇总兵官。

十三日庚午（3 月 15 日）

江苏苏松太道麟桂呈递整饬海口，据称英夷经费不足，其技已穷，宜乘此使其自窘，计在杜其取利，用其所忌。如鸦片土获利最厚，但令无人买食，贩卖者不驱自退，该夷商不能获利，势必不能久住。请将吸食之犯，照例严办，意在惩一儆百，不禁自止。又如夷人最忌粤人，请将福建之兴、泉、永，浙江之宁、绍、台，江苏之苏、松、太各道缺，皆用广东籍贯人员，使五口声气相通，俾该夷更生畏忌。又如法兰西专事传教，习教之人，遇与民人争讼，有在上海主教之赵方济，暗为庇护，往往使领事官，与地方官议论是非，为结纳众心之计。请嗣后凡遇此等案件，该夷从中阻挠干预，概不准理，则习教之人，无可仰藉于该夷，其教不攻而自解。③

---

① 《清实录·文宗显皇帝实录》卷二七。

② 《筹办夷务始末》（咸丰朝）第 1 册，中华书局 1979 年版，第 125~126 页。

③ 《清实录·文宗显皇帝实录》卷二七。

廿二日己卯（3 月 24 日）

闽浙总督裕泰奏，闽侯二县确曾出示禁工匠抵制英人，及英人迁住道山观与神光寺相距不过半里。①

咸丰帝再次要求裕泰到闽浙总督任后，彻查神光寺二夷人搬至道山观内之事。②

廿五日壬午（3 月 27 日）

江苏巡抚傅绳勋因病解任，以江宁布政使杨文定为江苏巡抚，调湖南布政使祁宿藻为江宁布政使。

廿八日乙酉（3 月 30 日）

咸丰帝谕令：前据刘韵珂、徐继畬奏，接据琉球国来文，以英夷伯德吟住居伊国，仍未撤回，吁请查办。朕以琉球恪守藩封，夙称恭顺，频来呼吁，未便置之不问，当经降旨令徐广缙再向文安设法开导，并于本年礼部据呈代奏时，复令该督晓谕夷酋，令其撤回。兹据徐广缙奏称，文安仅在中国为公使，并非英夷所有之事，悉听命于该酋。从前刘韵珂咨会之时，文安曾经设词推诿，未便再行照会……该督仍当随时体察情形，加意控驭，揆几度务，原不在多费词说也。③

廿九日丙戌（3 月 31 日）

奕兴奏遵查奉天海疆情形，请筹款添设船炮，以资防捕。据称奉天洋面，上年商船叠次被劫，因山东捕拿严紧，窜入北洋，当即委令水师营弁，前往山东访求缉捕之法，并与山东巡抚陈庆偕往返札商，讲求办理。现已仿照山东章程，添造开风船二只，广艇船二只，连炮位器械，并招募水勇，责成金州副都统督率驾驭。所称统计经费，约需银五万两，暂由盛京户部库项借用。另奏，奉天海口每到商船一只，劝捐银一两，约计十数年即可补足一节，盛京本无闲款可筹，劝捐易滋流弊。

---

① 《筹办夷务始末》（咸丰朝）第 1 册，中华书局 1979 年版，第 131~132 页。
② 《清实录·文宗显皇帝实录》卷二八。
③ 《清实录·文宗显皇帝实录》卷二八。

此项所需，本省有无另款可以协济，清廷着陈庆偕一并会议，即作正开销，亦无不可。①

以广东拿获洋盗多名，赏参将黄开广花翎，千总李新明蓝翎。

是月

约翰·柯拜与阿杜威灵顿·格鲁凡合伙，将柯拜船坞改建为有浮闸的花岗石干船坞。②

三月初一日戊子(4 月 2 日)

两江总督陆建瀛奏，查覆现办保甲情形并变通章程。一、分设总巡公所；二、慎选牌长更夫；三、豫备锣镫器械；四、酌定巡更地段；五、严密稽查奸宄；六、豫筹巡更经费；七、编设户口门牌；八、沿河沿湖需用船巡；九、地面有犬牙相错之处，各董事会巡；十、地保从中阻挠，准董事禀究。报闻。③

初二日己丑(4 月 3 日)

以办理浙江石塘工程出力，予同知唐光照等加衔议叙有差。

初七日甲午(4 月 8 日)

闽浙总督裕泰奏，神光寺英人迁住道山观，尚能相安，请暂缓催令搬迁。清廷以为民夷果属相安，自不宜操之过急。另英国领事阚那病故，拟葬乌石山，经劝谕，改葬南门外官地。又闽县、侯官两知县曾示谕工匠不行勒措夷人，并非闽省工匠互相纠约不准受顾，该县等亦非因此出示。④

抚恤琉球国遭风难夷如例。

---

① 《清实录·文宗显皇帝实录》卷二八。

② 刘传标：《近代中国船政大事编年与资料选编》第 1 册，九州出版社 2011 年版，第 9 页。

③ 《清实录·文宗显皇帝实录》卷二九。

④ 《筹办夷务始末》(咸丰朝)第 1 册，中华书局 1979 年版，第 137～141 页。

十七日甲辰（4月18日）

以广西布政使劳崇光暂署巡抚。①

二十日丁未（4月21日）

两江总督陆建瀛奏，遵查沿江水道阻遏情形。因沮洳之处，种柳种芦，致令水停沙聚。拟于每年春夏之间，委员查勘，如有垦种，立予严办。得旨：种洲必应严禁，每年查勘，不可视为具文。②

陆建瀛奏，议覆麟桂所奏办理洋务各条。③

廿二日己酉（4月23日）

闽浙总督裕泰奏，漳泉会匪，已获要犯多名，现在提省审办，并密派委员，赴台查禁私磺。得旨：现获各犯，严行审讯，从重定拟。断不可因有英夷照会，稍有迁就。亦不可滥及穷黎，致生枝节。朕调汝闽督，欲资整饬，勿效刘韵珂之消弭，亦不必过为见好，沽虚誉而无济于实。总之公事以公心办，毋存一己之私。④

命福建巡抚徐继畬来京陛见，以闽浙总督裕泰兼署福建巡抚。

英国领事强索漳州会党首犯陈庆真，裕泰已饬徐广缙照会英使，不得干预。⑤

廿六日癸丑（4月27日）

礼部奏，朝鲜国王李昇，以其祖李祹为其先世戚臣金龟柱等诬陷以死，嘉庆辛酉年间，该国邪党狱起，曾将伊祖李祹罗入党案，恐内府编辑，载有其事，恳辨其诬。惟查当日钦奉上谕，暨会典所载，并无李祹之名。所有该国党案，既未经载辑，将来自无虑流传。该国王以先世被诬，备陈枉抑，实系为人后者之至情，应照所请，许其昭雪，从之。⑥

---

① 《清实录·文宗显皇帝实录》卷三〇。
② 《清实录·文宗显皇帝实录》卷三〇。
③ 《筹办夷务始末》（咸丰朝）第1册，中华书局1979年版，第141~142页。
④ 《清实录·文宗显皇帝实录》卷三〇。
⑤ 《筹办夷务始末》（咸丰朝）第1册，中华书局1979年版，第145~147页。
⑥ 《清实录·文宗显皇帝实录》卷三〇。

廿八日乙卯（4 月 29 日）

实授温贤为广东阳江镇总兵官。

夏四月初一日丁巳（5 月 1 日）

修建浙江钱塘县被水冲塌营汛房基，从巡抚吴文镕请也。①

初七日癸亥（5 月 7 日）

朝鲜国王李昇遣使表谢，并呈进方物。命留抵下次正贡，赏赉如例。
俄国为闻有外国船只屡到黑龙江口岸，给理藩院咨文。②

初九日乙丑（5 月 9 日）

闽浙总督裕泰奏，洋面捕务吃紧，请令黄岩镇总兵官汤伦暂缓陛见，俟本年秋后察看洋面情形，再行奏请。得旨：汤伦着不必来京，至本年秋后亦毋庸奏请。③

二十日丙子（5 月 20 日）

改铸浙江萧山县知县印信，从护巡抚汪本铨请也。④

廿四日庚辰（5 月 24 日）

修福建台湾厂战船，从总督裕泰请也。

廿九日乙酉（5 月 29 日）

盛京将军奕兴、山东巡抚陈庆偕会奏，奉天、山东洋面接壤，战船规制略同。

---

① 《清实录·文宗显皇帝实录》卷三一。
② 《筹办夷务始末》（咸丰朝）第 1 册，中华书局 1979 年版，第 151 页。
③ 《清实录·文宗显皇帝实录》卷三一。
④ 《清实录·文宗显皇帝实录》卷三二。

今东省既照广东战船另造，奉天亦应一律办理。拟俟冬间委员赴粤，添造船只，务令经费不致虚縻，剿捕克收实效。得旨：均着如所请行，俟委员赴粤时，仍行奏闻。

两江总督陆建瀛奏，江苏米价平减，无需闽商运米接济，请停闽商装载豆石出口之例。报闻。①

陆建瀛奏江南海防情形。②

五月初三日己丑（6月2日）

修福建水师各营战船，从巡抚徐继畬请也。

初六日壬辰（6月5日）

以福建澎湖协水师副将谢焜为广东碣石镇总兵官。

十五日辛丑（6月14日）

步军统领衙门奏，民人马咸龄呈递奏章，请复康熙年间混江龙铁埽刷沙旧法。清廷着陆建瀛、杨以增即查明混江龙等法于何年裁撤，从前有人条陈仍复旧制，因何仍不能行，历查旧案详细具奏。黄河形势，日淤日高，受病滋深，自宜力筹疏通海口之策。③

十六日壬寅（6月15日）

闽浙总督裕泰奏，英人租住乌石山下房屋始末，及现在福州洋人人数。其中，英人六人，花旗国七人，带同夷妇六人，夷女孩三人。④

廿九日乙卯（6月28日）

浙江巡抚常大淳，奏浙江海防情形，及宁波贸易甚稀，法人于贸易外设堂

---

① 《清实录·文宗显皇帝实录》卷三二。
② 《筹办夷务始末》（咸丰朝）第1册，中华书局1979年版，第151~152页。
③ 《清实录·文宗显皇帝实录》卷三三。
④ 《筹办夷务始末》（咸丰朝）第1册，中华书局1979年版，第152~153页。

传教。①

六月初一日戊辰（6 月 29 日）

吕恒安、徐宗干奏，台湾澎湖地方偶遇风灾，委员查勘，筹款办理。据称澎湖厅上年晚收歉薄，本年三月，复猝被风霾，以致杂粮枯萎，民情备形拮据。业经该镇道会商，于道库提银二千两，又拨银三千两，委员解往该厅查明分别抚恤。清廷仍着察看情形，或应加赈，或应缓征钱粮，即行据实具奏。②

十八日癸酉（7 月 16 日）

常大淳奏，遵议保甲章程，开单呈览一折。浙江海交错，舟居陆处，迁徒靡常，编查保甲，诚为要务。据奏现从省城分段，守望已臻严密，村落因地制宜，一律互相策应，户口实填更换随时抽查，以及牙行寺观船户等处悉行编列，更为选举保长，务用端人，禁绝赌倡，勿滋盗薮。③

廿一日丙子（7 月 19 日）

福建淡水同知史密被参性近刚愎，遇事喜功，于海外各缺，人地不宜。清廷着闽浙总督随时留心察看。④

廿七日壬午（7 月 25 日）

两江总督陆建瀛等奏报节年办理洋务情形。得旨：从实办理，不可徒作空谈。⑤

秋七月初二日丙戌（7 月 29 日）

前据徐广缙、叶名琛、许乃钊奏，南海县西湖书院暨东莞县士子，因公项命

---

① 《筹办夷务始末》（咸丰朝）第 1 册，中华书局 1979 年版，第 153～155 页。
② 《清实录·文宗显皇帝实录》卷三五。
③ 《清实录·文宗显皇帝实录》卷三六。
④ 《清实录·文宗显皇帝实录》卷三六。
⑤ 《清实录·文宗显皇帝实录》卷三六。

案之嫌，声言罢考，已降旨暂停考试。兹据该督等奏称，倡议罢考之人，多系刁徒藉端生事。其安分生监，不在其列。清廷批复，现在乡闱伊迩，多士有志观光，未便因一二刁健之徒，致阻良善进身之路。着照所请，所有西湖书院及东莞一县生监等，俱着准其一体乡试。其倡议罢考之人，仍着严拿究办，以示劝惩。①

初四日戊子(7 月 31 日)

裕泰奏，福建省现办保甲章程，参酌变通，开单呈览一折。保甲为弭盗良法，闽省山海交错，民贫地瘠，盗贼滋多。现在漳泉会匪甫经惩治，尤宜力行保甲，以消奸宄而安善良。惟立法尤贵得人，若地方官不能实力办理，该管上司又不能实力稽查，必致良法徒托空言，且易起胥吏扰累等弊。清廷着季芝昌、王懿德于到任后，按照原拟章程，督饬所属，认真妥办，务期渐收实效。②

初五日己丑(8 月 1 日)

赈福建澎湖厅被风灾民。

初七日辛卯(8 月 3 日)

浙江学政吴钟骏奏，称宁波府城，诸夷杂处，左道易惑。现饬各学教官于乡镇中劝立义学，以正人心。报闻。③

初九日癸巳(8 月 5 日)

广东三江协中军都司线得智与世袭云骑尉彭世励伙运私盐，经地方官访获看管，辄敢纵令脱逃。迨经该督委员审讯，该员弁等坚不供认。线得智、彭世励着一并革职，按律惩办。

修广东巡洋师船，从总督徐广缙请也。④

---

① 《清实录·文宗显皇帝实录》卷三七。
② 《清实录·文宗显皇帝实录》卷三七。
③ 《清实录·文宗显皇帝实录》卷三七。
④ 《清实录·文宗显皇帝实录》卷三七。

十二日丙申(8 月 8 日)

法国领事违约索取内地天主教堂旧址，并以兵船要挟，陆建瀛已委员查办。咸丰帝批复：卿等处之，尽合机宜，俟办竣覆奏可也。①

廿二日丙午(8 月 18 日)

徐广缙、叶名琛奏，请将总兵知州革职拿问。广东琼州镇总兵黄庆元于儋州土匪句(勾)串黎人滋事带兵驰往，自应迅速剿办。乃只知拥兵自卫，畏葸不前，实属贻误事机。署儋州知州张亨釪身为民牧，办理乖方，亦属庸懦无能。黄庆元、张亨釪均着革职拿问。

浙江布政使汪本铨以亲老解任，调湖南布政使椿寿为浙江布政使。以直隶按察使恒福为湖南布政使，直隶通永道周启运为按察使。

以广东龙门协副将吴元猷署琼州镇总兵官。

改铸山东登州镇总兵官关防，从署巡抚刘源灏请也。②

廿四日戊申(8 月 20 日)

有人奏，山东文登县，上年因巡抚查阅海口，曾派差马一次，令每里里长各出制钱二千五百文，皆系城内德裕银号商人王辉远、宫雁宾、孙由晋等经手。秋间复因解贼赴省，又派差马一次，有书役王毓畔、毕振东、杜钦、马焕章等串通门丁叶二、王二令每里里长各出制钱五千五百文。本年四月，该县起解钱粮赴省，复向民间出派差马，每解银一千六百两，勒派每里里长各出制钱十三千文，外给胥役等制钱三千文。③

三十日甲寅(8 月 26 日)

英商私租民地筑路，闽人群起反对，现已中止。④

---

① 《筹办夷务始末》(咸丰朝)第 1 册，中华书局 1979 年版，第 159~160 页。
② 《清实录·文宗显皇帝实录》卷三八。
③ 《清实录·文宗显皇帝实录》卷三八。
④ 《筹办夷务始末》(咸丰朝)第 1 册，中华书局 1979 年版，第 161~162 页。

八月初七日辛酉(9月2日)

抚恤越南国遭风难夷如例。

十二日丙寅(9月7日)

陈庆偕奏，登州水师战船被贼占驾，海防吃紧，拟亲往督办。山东登州洋面，上年屡遭闽匪劫掠，经该省雇募广艇，痛加剿办，盗风稍息。兹据奏称七月二十五日，荣成县石岛洋面，有盗船十余只，联(连)艍抗拒官兵，接仗互有杀伤。次日副将郑连登等督兵进击，因众寡不敌，官弁兵勇尽行落水，新旧战船被贼占驾九只，副将关防文卷尽失，见贼船各有夷人数名。清廷除分饬盛京、直隶、江南于所属洋面合力堵剿，并饬陆建瀛等迅派得力将备，酌拨上海战船水勇赴东协捕外，陈庆偕现已将乡试监临事宜，委令藩司代办，即日驰往登郡，着督饬新任登州镇陈世忠、登莱青道英桂等调集三营水师并饬守备黄富兴招募沿海艇勇，由该镇统带出洋，克日追剿，务将盗船悉数拿获。咸丰帝再次谕令：洋盗肆扰，急宜严防盛京，直隶各海口与山东毗连，东省既严加剿捕，势必至分窜各口。着奕兴、讷尔经额遴委干员，带领牟兵，各于该省海口要隘处所严密防堵。如有匪徒窜入该二省洋面，即着分投截击，杜其逃窜之路。另片奏，雇船募勇等项，需费颇巨，着准其在于司库庙工生息款内，借支银二万两以济要需，事竣筹补还款。又奏，上年上海勇船，曾因自卫商艇来东，颇资协剿之力。现在山东洋面剿捕盗匪，情形甚为紧要，必须与江南省合力剿办，方不致有误事机。清廷着陆建瀛等遴委水师干练将备数员，饬令上海商局，挑选勇船十余只，水勇四五百名，多带枪炮器械，星速驶往东洋，帮同剿办，以壮声威。①

十四日戊辰(9月9日)

调福州将军裕瑞为成都将军，以镶白旗满洲都统桂良为福州将军。②

闰八月初一日甲申(9月25日)

咸丰帝谕令：陆建瀛等奏，士民呈请严禁天主教，批准立案嘉奖，并酌拟章程

---

① 《清实录·文宗显皇帝实录》卷三九。
② 《清实录·文宗显皇帝实录》卷三九。

数条，开单呈览。该督等办理此事，甚属妥协，惟与外夷交涉事件，自应循守旧章以杜晓渎，尤须随时应机通变，期于制驭得宜。若将此时所拟章程知照该夷，设该夷亦另有所求，将何以应之。即如单内第二条免其查禁等句，意在申明条约，转觉语涉痕迹，俾习教者恃有明文，益无忌惮。总之原约所有者，无庸再为申说，其非原约所有，须因时酌量者，在当日定约之初，即已意在言表。全在各该地方官权宜操纵，不必分列条款，豫定成规，更无须事事照会，致该夷反滋辩论，事无了期。该督等即将拟办事宜，咨行内地，饬属自行办理，并将该省现办情形，咨会广东，毋庸将此章程给与夷人照会。凡事慎之于始，勿自我发端，转启将来饶舌也。

　　盛京将军奕兴等奏，稽查东边外山场，与朝鲜官会哨情形。得旨：虽属照例巡查，亦应认真，不可视为具文。因循废堕，天下之通病，慎戒之。①

　　抚恤琉球国遭风难夷如例。

初二日乙酉(9 月 26 日)

　　山东巡抚陈庆偕奏，行抵登郡，现办洋盗情形。得旨：盗首务期必获，饬令镇将等认真剿捕，勿稍推诿。②

初六日己丑(9 月 30 日)

　　英国首相巴尊要求外交部报告，何时截断通过长江的水陆交通以断绝北京的供应，最为有效。③

初八日辛卯(10 月 2 日)

　　抚恤日本国遭风难夷如例。

十三日丙申(10 月 7 日)

　　盛京将军奕兴奏，遵查浙江福建等省商船，在金州、复州、锦州属界洋面被劫勒赎，业将缉捕不力之水师营弁，奏参摘顶。④

①　《清实录·文宗显皇帝实录》卷四一。
②　《清实录·文宗显皇帝实录》卷四一。
③　费正清：《中国沿海的贸易与外交》卷一，斯坦福大学出版社 1953 年版，第 391 页。
④　《清实录·文宗显皇帝实录》卷四一。

十六日己亥（10 月 10 日）

改铸直隶通永道关防，从总督讷尔经额请也。①

十七日庚子（10 月 11 日）

常大淳奏，海塘扫石各工冲缺，请将承修员弁革职留任，勒令赔修。浙江海塘，因八月内连日风潮猛烈，先后坍卸石塘，计"驹"字号二丈零，"食"字号二十丈，"场"字号四丈，其柴埽各工，亦俱坍塌。现在口门业经堵合。清廷着即将石埽各工赶紧接续修复，以资抵御。该厅营各员原办工程，未能坚固，实难辞咎，杭州府西塘海防同知马椿龄、海防营守备夏德风均着革职留任，勒令赔修。现署西塘海防同知仲孙樊未能先事筹御，杭嘉湖道舒化民疏于防范，均着交部分别议处。②

廿四日丁未（10 月 18 日）

据徐广缙、叶名琛奏，暹罗国王先后奉到孝和睿皇后宣宗成皇帝遗诏，遣使进香，又赍递表文方物，庆贺登极，并因例贡届期，将贡物一并呈进。清廷着徐广缙等即传知该国使臣毋庸来京，所有呈进仪物方物，着该使臣赍回。至应进例贡，现当国制二十七月之内，不受朝贺，并停止筵宴，着俟该国嗣王恭请敕封时，一并呈递。③

廿七日庚戌（10 月 21 日）

浙江巡抚常大淳奏，浙江石浦洋面，探有广东夹板船十二只，携带炮位家眷。查访均系广东人民，口操粤音，在洋游驶，掳人勒赎。经各帮师船围捕，匪船南窜。盗船肆扰，必应并力兜拿，清廷着徐广缙、叶名琛、洪名香督饬水师镇将带领弁兵，于该省洋面，严密巡防。如有匪船窜入，即着痛另剿洗，悉数歼捡，并确查该盗船来自广东何处，务须根究盗窝，彻底惩办，勿留余孽。

据浙江巡抚常大淳奏，七月间，接两江咨会，洋盗巴搭驾船十余只，欲在浙省之普陀山，设坛打醮。清廷当即饬属严拿。旋据详报，石浦洋面，探有大小广东夹

---

① 《清实录·文宗显皇帝实录》卷四二。
② 《清实录·文宗显皇帝实录》卷四二。
③ 《清实录·文宗显皇帝实录》卷四二。

板船十四只，携带炮位家眷，皆属东人口音，诡称系黄富兴雇募，前赴山东，往北驶去。现复探有大小广东夹板船十二只，在洋游驶，并掳捉商船水手，勒银取赎，已调集各镇将督带师船兵勇，前往围剿。又片奏，知府罗镛，招募渔船多只，由外洋驶往石浦，于闰八月初三日，随同师船，将盗船围剿。盗船纷纷南窜，现饬官兵迅速追捕，并分咨两江闽粤水师，一体堵拿。洋盗扰害商船，亟应痛加剿洗。该匪现由石浦纷窜，洋面辽阔，必须各路兜剿，方能得力。清廷着陆建瀛、杨文定、季芝昌、王懿德、善禄、郑高祥督饬水师将弁，分投截击。并饬陆路员弁，严加防范，务期悉数歼擒，勿任一名漏网。至浙洋盗船，仅十余只，该省招募渔船，有一百二十五号之多，加以镇将所带水师船，兵力不为不厚，何竟任其兔脱，着常大淳查明。在事文武如有畏葸迁延情事，严参惩办。并严饬镇将等管带兵勇，跟踪追捕，毋令远扬。

咸丰帝谕令：前据陈庆偕奏，登州水师战船，被贼占据，亲往督办。现尚未据该抚将剿办情形具奏，朕心实深悬念。本日据常大淳奏，浙江石浦洋面，有盗船十二只，连踪（艐）游驶，掳人勒赎。经该处师船围剿，匪船纷纷南窜等语。此项盗船，是否即系山东滋扰之船，守备黄富兴追捕盗匪，有无消息，盗船曾否南驶，江南派往师船，现在如何会同协剿，着该抚迅即详细具奏。登州镇总兵陈世忠到任后，于水师剿捕事宜，能否认真筹办，有无沾染积习、讳饰消弭情弊；前此盗船，盘踞岛岸，该总兵弹压驱除，如何办理；守备黄富兴素称奋勇，该总兵能否驾驭得宜，着一并密查，据实具奏，毋稍徇隐。①

廿九日壬子（10 月 23 日）

山东巡抚陈庆偕奏，审明战船被贼占驾及登岸滋扰各情，请将怯懦无能之文武各员分别治罪严议。山东荣城县石岛洋面，系该副将郑连登专管，乃于捕贼机宜，毫无把握，任听游击韩进忠联船退守，临时又不能激励兵勇，设法抵御，以致战船被贼占驾，关防遗失，实属怯懦无能。除韩进忠业经畏罪自尽外，水师文登协副将郑连登着即革职，发往新疆效力赎罪。署福山县知县张济第、文登右营都司德亮各带兵勇，防守烟台口岸，于贼匪登岸，不能堵御，辄行退守，以致贼匪掳人勒赎，土匪乘机抢夺，亦非寻常疏防可比，着一并交部严加议处。守备叶国栋年力已衰，不堪驱策，着即饬令休致。

咸丰帝谕令：昨因盗船在浙洋被剿纷窜，谕令沿海各督抚合力堵拿，务获惩办。兹据陈庆偕奏称，访知贼目鲍亚北、陈成发、陈华胜、吴维馨、罗新全系广东香山、顺德、新安等县人，又有贼目陈姓系福建人，并闻该匪等销赃聚会，俱在广

---

① 《清实录·文宗显皇帝实录》卷四二。

东香山县之澳门香港，及浙江之石浦温州等处。其船内多带私货，难保不伪为商船，赴各处口岸销售。现饬令守备黄富兴带领师船，跟踪追捕。着陆建瀛、杨文定、季芝昌、王懿德、常大淳、徐广缙、叶名琛督饬水师将弁，严密巡查，并饬陆路将弁，一体防范。傥查有盗匪携带私货，假充商旅，立即捕拿，毋令冒混。至守备黄富兴现带原雇粤勇，驾驶战船二只，艇船七只，跟寻盗踪，南往追剿，第恐兵力消单，必须各路接应，方能声势联络。着各该督抚饬令水师将弁，各于洋面巡探，如见黄富兴追剿盗船，即督带兵勇，协力歼捦，勿使远扬。现在山东盗船，虽已闻拿回窜，惟贼未捕获，着陈庆偕仍严饬镇将等实力巡防，勿稍疏解。①

补造山东文登协水师战船。从巡抚陈庆偕请也。

九月初二日甲寅（10 月 25 日）

闽浙总督季芝昌奏报接印任事日期。得旨：凡应整饬者，须渐次办理，不可性急。汝之才力，履外任有余，但能不矜不伐，则尽善矣。朕事事惟知一实字，汝还朕亦一实字，慎勉为之，以副委任。②

初八日庚申（10 月 31 日）

御史福昌奏，请严饬训练水师，慎重海防。本年山东洋面盗匪，占驾官船，上岸抢劫。叠经降旨，谕令陈庆偕督饬水师镇将，实力追剿，并谕令沿海各督抚分路兜拿。该匪现虽南窜，难保不乘机北驶。着山东巡抚及奉天等省严饬水师员弁，随时认真防范，不得以盗踪远扬互相诿卸，巡缉稍疏。至山东、河南、直隶等省，陆路亦时有抢劫重案。瞬届冬令，尤恐查拿不力，以致盗匪扰害商民。清廷着各该督抚严饬地方官，不分畛域，一体严密侦缉，有犯必惩，毋得因循疏懈，致干重咎。③

初九日辛酉（11 月 1 日）

据陈世忠奏，山东洋面盗匪，年增一年，今岁尤甚，请前赴粤洋，跟踪揖捕。据称盗船初旋，亟应追剿。惟东省兵船两无，不能前往，请饬闽省水师将游巡帮船，配齐弁兵军火炮械，分派将备管领统交陈世忠带赴粤洋，会同粤省兵船连帮剿

---

① 《清实录·文宗显皇帝实录》卷四二。
② 《清实录·文宗显皇帝实录》卷四三。
③ 《清实录·文宗显皇帝实录》卷四三。

捕，以期捣穴歼渠。咸丰帝以为，水师巡洋捕盗，固当不分畛域，协力夹攻。而本省洋面，职分攸关，亦须兼权熟计。若如陈世忠所奏统率闽船，前赴粤海，则登州洋面，该总兵转有鞭长莫及之势。设有不靖，伊谁之责。既称东省兵船两无，则由东赴闽，该总兵应用何船，应带何兵，亦未筹及。事关海防要务，该总兵自应与该抚，筹计万全以昭慎重。着陈庆偕接奉此旨，将陈世忠所奏各情，悉心商榷，以目下情形而论，是否陈世忠可以远赴闽粤，于剿捕机宜，确有把握；其登州镇又应派何人暂署，是否不至顾此失彼。着该抚等妥筹会议，迅速具奏。

咸丰帝谕令：前因山东洋面盗匪占驾官船南窜，降旨令陈庆偕督饬水师将弁追剿，并饬沿海各督抚一体兜拿。本日据登州镇总兵陈世忠沥陈水师情形，该省洋面辽阔，水师兵弁无多，成造船只既须远资闽粤，而驾驶风涛又非猝能教习。该总兵请饬江浙两省，仿照闽省游巡之例，各营酌拨大船一只，配足弁兵军火，选派精干将领管带会合连艘专司截捕，并自请前赴闽浙粤洋，跟踪追缉。朕思闽省游巡兵船，既称得力，江浙等省，似可仿照办理。现在闽省巡船，如能前赴粤洋追捕，山东窜回盗匪，即可由闽省水师提镇中带兵往剿，较之陈世忠由东赴闽，更为直捷。着沿海各督抚等各就该省洋面情形，悉心筹画，迅速具奏。该总兵又称，盗船由粤闽入浙界，历江省洋面，以至东洋，山向针盘均有必经处所。并着该督抚，严饬将弁实力梭巡。如果认真堵缉，该匪等何至直抵登州肆行劫抢，从容南去，如入无人之境乎？前据常大淳、陈庆偕节次奏称该匪等系广东福建浙江等处人，而销赃聚会在澳门、香港与石浦、温州，又有在普陀山打醮情事，是盗匪渊薮确有可据。趁此冬令贼匪饱扬之后，出其不意，各省调集舟师，捣穴揲渠，亦不可失之机会也。①

十一日癸亥（11 月 3 日）

陈庆偕奏，据称登州镇总兵陈世忠办理水陆营务，操持过急，驾驭将备弁兵，不能宽严悉当，虽未协舆情，尚无实在劣迹。俟察看数月，再行拟定去留。咸丰帝批复：观陈世忠所论海程、针路、风汛、岛屿各情，自系久历重洋，果能言行相符，尚可冀其措施有效。该抚拟请从容察看，自为爱惜人材起见，着即留心试看。如果该镇与所辖军民积久相安，渐能整顿一切，则水师营伍，自必日有起色。傥查有劣迹，即着据实参奏，断不准姑容贻误。登州海防，现关紧要，该抚察看陈世忠如与此缺不宜，而他省水师镇将中有为该抚素信之人，不妨据实具奏，候旨升调该处，以资整饬。②

---

① 《清实录·文宗显皇帝实录》卷四三。
② 《清实录·文宗显皇帝实录》卷四三。

十二日甲子(11月4日)

闽浙总督兼署福建巡抚季芝昌因病赏假以调任，福州将军裕瑞兼署闽浙总督，布政司庆端暂护福建巡抚。

十七日己巳(11月9日)

以江南京口协副将武迎吉为福山镇总兵官。①

十九日辛未(11月11日)

有人奏，广东新安县属沙井之孔进乡陈姓，聚族而居，凶悍不法，现聚匪党，结立南北两会。首匪陈翘萃、陈显猷等各招集千余人，制造长龙濑跳等船，装载炮械，在该县沿海村庄打单劫掠。道光二十三年及上年以来，叠出掳杀多命、抗官拒捕重案。似此拜会肆劫，大干法纪，若不赶紧严办，必至酿成事端。清廷着徐广缙、叶名琛迅即派员密速查拿，勿任一名漏网。又本日常大淳奏，浙洋现有闽粤盗船游奕，已饬水师会剿。探明此次船内匪徒多系广东新安县人，盗首姓布名阿北，即系新安蜑户，各船均归管领。是新安一县，竟为水陆盗薮，傥搜捕不速，致会匪与洋盗句(勾)结，更恐滋蔓难图。徐广缙等现在剿办毗连广西各匪，其各属水陆匪徒，必应严饬捕拿尽净，毋得顾此失彼，是为至要。②

廿二日甲戌(11月14日)

咸丰帝敕谕暹罗国嗣王郑明，据两广总督徐广缙、广东巡抚叶名琛递到该嗣王进香表文并庆贺等表文共五道，鉴王诚悃，增朕悲怀。惟嗣王素沐先朝柔远厚恩，兹谨遣使航海来庭，笃于恭顺，朕心深为嘉纳。第以外藩使臣，向无带赴山陵叩谒之例。上年越南国王阮福时遣使进香，曾经敕谕以孝和睿皇后梓宫，已于三月内奉移山陵，宣宗成皇帝梓宫，亦择于九月内奉移慕陵。该使臣到京，已在奉移之后，不及恭荐，令该国王不必遣使远来。其庆贺登极方物，亦无庸呈递。今暹罗国嗣王遣使进香，更在期年以后，事同一例。朕怙冒万国，于海徼藩封，并无歧视。所有该嗣王呈进仪物方物，仍饬疆吏发交使臣赍回，以免跋涉。该嗣王其悉朕体恤至

---

① 《清实录·文宗显皇帝实录》卷四四。
② 《清实录·文宗显皇帝实录》卷四四。

意，益矢棐忱，永承懋眷，钦哉。①

廿四日丙子（11 月 16 日）

户部尚书孙瑞珍奏河海并运以裕库储。据称从前海运，著有成效，请将来岁苏州、松江、太仓三属新漕，照案改由海运，计节省之项，可补库储。又奏检查成案，沥陈海运之可行。清廷着陆建瀛、杨文定按照所奏各情，体察该省地方现在情形，明年漕运是否有宜变通之处，务当豫为筹画，悉心妥议，迅速具奏。②

廿五日丁丑（11 月 17 日）

御史张祥晋奏，请将江苏新漕援照从前海运成案，推广常、镇各属，及浙省一体试办。南漕海运，虽有旧案可循，是否可以推广，并地方现在情形，是否可行，咸丰帝着陆建瀛、杨文定、常大淳悉心体察，迅速妥议具奏。又另片奏，江浙漕粮、缴钱之地居多，如改办海运，将节省之钱，运交河工，并可以平钱价，着一并议奏。③

廿七日己卯（11 月 19 日）

山东巡抚陈庆偕因病赏假，以布政使刘源灏署巡抚。④

十月初一日癸未（11 月 23 日）

浙江巡抚常大淳奏，遵查石浦洋面，盗船被攻南窜，在事文武尚无畏葸迁延情事，现饬水师将弁，约会江南山东来浙勇船，追赴闽洋，会同闽省水师，相机围攻。⑤

初三日乙酉（11 月 25 日）

抚恤琉球遭风难夷如例。

---

① 《清实录·文宗显皇帝实录》卷四四。
② 《清实录·文宗显皇帝实录》卷四四。
③ 《清实录·文宗显皇帝实录》卷四四。
④ 《清实录·文宗显皇帝实录》卷四四。
⑤ 《清实录·文宗显皇帝实录》卷四五。

初五日丁亥（11 月 27 日）

山东洋面盗匪，占驾官船南窜，经该督等督饬弁勇截拿，嗣在浙江石浦探闻盗船，由温州三盘洋面驶往闽洋山屿岛停泊，守备周鳌率同勇目方翔等追剿，盗首布兴有呈请投降，并恳请呈缴船只印信及枪炮等物。清廷着陆建瀛等即饬镇将将炮船印信先行押回，仍饬密察情形，傥稍有反复即并力剿捕，捣穴擒渠，毋令片帆逃逸。断不可因一时乞怜，堕其奸计。并着闽浙各督抚迅派水师将弁，协力痛剿，以期净绝根株。①

初十日壬辰（12 月 2 日）

缓征福建台湾、澎湖被风霾咸雨灾民地种船网沪缯银。

十二日甲午（12 月 4 日）

浙江巡抚常大淳奏，查明松所私盐充斥，多从定海、岱山等处航海而来。现在委员设局收买定岱等处所产盐斤，招商配运，清其来源，或可渐资整顿。得旨：严查收买，勿致有名无实。又奏，绍所销盐，渐形短绌，温、处两府私盐浸灌为甚，现议设卡改巡，试行官运之策。批：认真办理。随时具奏。②

十六日戊戌（12 月 8 日）

追予浙江阵亡总兵官葛云飞、郑国鸿原籍建立专祠。

二十日壬寅（12 月 12 日）

裕瑞奏参，剿捕洋盗迟延之水师镇将，并堵拿不力之营员及地方各官。福建福宁镇总兵孙鼎鳌、准升台湾协水师副将现任烽火门参将蔡润泽，陆路铜山营游击沙肇修，于匪船多只寄泊沙埕洋面，经该署督檄饬福宁水师，驰赴闽浙交界防堵。该管镇将辄因风色不顺，藉词迟延，及各匪船阑入闽洋，寄泊旬余之久，复不能克期进攻，致该盗匪即在泊船海澳，演戏设醮，毫无顾忌。孙鼎鳌仅予摘顶，不足蔽

---

① 《清实录·文宗显皇帝实录》卷四五。
② 《清实录·文宗显皇帝实录》卷四五。

辜，着与蔡润泽、沙肇修一并暂行革职，仍各留任，责令带罪缉拿，以观后效。代理福鼎县知县永和里县丞李赓星、福鼎县秦屿巡检刘锡夔、署福宁府知府张元祥任听盗匪登岸，来去自如，未能扼要堵截，亦属咎无可辞，均着交部分别议处。①

廿二日甲辰（12 月 14 日）

贷盛京金州水师营弁兵巡洋口粮。

十一月初三日甲寅（12 月 24 日）

常大淳奏参防捕洋盗不力之总兵。浙江石浦及台州府所属之宁海各洋面，现有盗船往来游驶，并有掳劫商船等案。经该抚叠次咨催定海、黄岩、温州三镇总兵出洋追捕，该镇等事前既不豫为防备，及匪船窜回石浦等处掳劫讹索，又不迅带舟师跟踪攻击，实属迁延玩误。署定海镇总兵提标右营游击周士法、黄岩镇总兵汤伦、署温州镇总兵乍浦协副将池建功，着一并交部议处，仍责令戴罪堵拿，以观后效。

另片奏，江南勇首林龙义等驾船驶抵石浦，带领盗匪赴江南省投首，盗首布兴有呈请投首。前据陆建瀛奏到时，即降旨令该督等密察情形，防其反覆，并着闽浙各督抚迅派水师将弁合力兜剿，现尚未据该督等覆奏。广艇盗匪胆敢于山东洋面抢占官船，窜回闽浙洋面，肆行掳劫，必应严拿惩办。该匪等如果实心悔罪投诚，何以又在浙洋掳劫商船，并于海口索借水米。似此诡诈凶顽之辈，岂可遽信其必无反覆。清廷着各督抚仍遵照前旨，协力缉拿。常大淳业已添雇水勇，多带炮械，与山东江南兵勇各船联成大帮。惟兵力尚恐不敷，清廷着裕瑞迅饬水师提督郑高祥统带舟师，赶紧赴浙，会同剿办。②

初四日乙卯（12 月 25 日）

调福建台湾镇总兵官叶绍春为福宁镇总兵官。

十六日丁卯（公元 1852 年 1 月 6 日）

山东守备黄富兴带领勇船出洋，匪船由金塘洋面驶来，江南勇首方翔前赴匪船晓谕。盗首布兴有称与黄富兴挟有深仇，欲行报复。是夜匪船十余只，连舻驶至，

① 《清实录·文宗显皇帝实录》卷四六。
② 《清实录·文宗显皇帝实录》卷四七。

21

开炮向黄富兴船上轰打，兵船开炮攻击，船并未向兵船回炮。黄富兴船被匪围住，欲将该守备杀害，经布兴有力阻，并向方翔告知，投诚之意已决，断不将黄富兴杀害，现在石浦洋面，听候回示。清廷指示，现在该匪等如果将黄富兴送回，船炮呈缴，即着饬令镇将，押赴上海，交陆建瀛察其情伪，酌量办理。①

二十日辛未（公元 1852 年 1 月 10 日）

前据常大淳奏布兴有等匪船现将山东勇船围住等情形。据陆建瀛奏称，现接常大淳来咨，已添雇勇船，前往接应。如该匪畏罪缴船，即由常大淳就近查办，毋庸押回上海。

廿二日癸酉（公元 1852 年 1 月 12 日）

陈世忠奏交卸总兵印务，启程赴闽。清廷指示，广艇盗匪，现在浙洋游驶，福建提督郑高祥已带兵船赴浙，江苏兵勇各船亦在浙洋会剿。陈世忠抵闽后，着季芝昌酌派游巡师船，委令管带出洋，随同郑高祥并会同江浙舟师，合力追捕，随时相机办理。②

廿三日甲戌（公元 1852 年 1 月 13 日）

英国领事阿礼国向公使文翰建议，于漕粮北运之际，派一支舰队到镇江封锁运河，迫使清政府答应鸦片贸易合法化，并扩张对华贸易。③

十二月初一日壬午（公元 1852 年 1 月 21 日）

浙江署定海镇总兵周士法、黄岩镇总兵汤伦、署温州镇总兵池建功，前据常大淳参奏，已有旨将该总兵等照部议降二级调用，并着暂行无庸开缺，责令戴罪自效矣。现在盗匪尚在浙洋游驶，已命郑高祥统带闽省兵船前往，与江苏水师合力剿捕，所有浙江各路水师均着归该提督节制。陈世忠抵闽后，该督仍遵前旨，酌派师船，令其管带，亦归郑高祥调度。至周士法等系责令戴罪自效之员，傥不知激发天

---

① 《清实录·文宗显皇帝实录》卷四八。
② 《清实录·文宗显皇帝实录》卷四八。
③ 米琪：《在中国的一个英国人》卷一，伦敦出版社 1900 年版，第 430 页。

良，仍前畏葸，清廷即着该督抚提督严行参办。①

初二日癸未（公元 1852 年 1 月 22 日）

御史周有簠奏，严杜奸贩接济，以靖洋匪。咸丰帝批示，现在广艇盗匪，于山东闽浙等省洋面游驶，肆行抢劫，总由各省水师训练不严，缉拿不力所致。至内地粟米硝磺等物，不准出洋，例禁綦严。若如所奏，沿海奸徒，希图重价暗中接济，地方官何以毫无稽察，任令洋匪游驶自如、无所顾忌，尚复成何事体。着沿海各督抚严饬所属，遇有奸民偷贩粟米硝磺等物出洋，立即访拿，严行究办。务须实力整饬，不准稍有偷漏。②

初三日甲申（公元 1852 年 1 月 23 日）

善禄奏，疏防洋匪，自请议处。咸丰帝批复，山东守备黄富兴在浙洋失事，该提督不能先事防护，咎实难辞，善禄着交部议处。

以救援不力，革浙江定海镇总兵官周士法、黄岩镇总兵官汤伦、署温州镇总兵官池建功等职，均暂留任。③

初五日丙戌（公元 1852 年 1 月 25 日）

陆建瀛、杨文定奏，遵旨筹议海运。前据尚书孙瑞珍奏陈从前海运成效，请将新漕援照办理，并据御史张祥晋奏请推广成案，试办海运。叠经降旨，谕令陆建瀛等体察情形，悉心妥议，具奏。兹据该督抚筹核大概情形，先行覆奏。所有来年苏州、松江、常州、镇江、太仓五府州漕白粮米，着准其一律改由海运。该督抚即查照成案，迅将筹办章程，详议奏闻，并着严饬各属，核实认真办理，毋致滋生事端。

陆建瀛奏，接据总兵叶常春来禀，盗匪布兴有遣其弟布良大等，赴该总兵船上，哀恳投首，情愿呈缴船炮。该总兵即邀请常大淳到船，亲见该匪等跪地哀求，毫无异说。清廷指示，如果该匪等实系畏罪投首，原不妨网开一面，准予自新，令将船炮全行缴出，查明验收。④

---

① 《清实录·文宗显皇帝实录》卷四九。
② 《清实录·文宗显皇帝实录》卷四九。
③ 《清实录·文宗显皇帝实录》卷四九。
④ 《清实录·文宗显皇帝实录》卷四九。

十七日戊戌（公元 1852 年 2 月 6 日）

浙江巡抚常大淳奏，浙省漕粮，碍难海运，请仍循照旧章办理。得旨：既属窒碍，着暂停试办。

以捐办浙江石塘坦水工程，予同知唐光照知府补用。①

十九日庚子（公元 1852 年 2 月 8 日）

贵州提督重纶因病解任，调浙江提督善禄为贵州提督，以福建福宁镇总兵官叶绍春为浙江提督。

廿四日乙巳（公元 1852 年 2 月 13 日）

以剿捕广东琼州洋盗，一律肃清，赏总兵官吴元猷、都司吴全美花翎，把总马中骏等蓝翎，余升叙有差。②

廿七日戊申（公元 1852 年 2 月 16 日）

调福建汀州镇总兵官恒裕为台湾镇总兵官，浙江温州镇总兵官富尔逊布为福建汀州镇总兵官。

廿八日己酉（公元 1852 年 2 月 17 日）

前据陆建瀛、常大淳先后奏，广艇盗匪，畏罪投诚，叠经降旨，以该匪等前在山东登州海口，胆敢占去船炮，窜回闽浙洋面游奕，亟应会督师船迅速剿办。兹据常大淳会同陆建瀛、季芝昌察看情形具奏，并将该匪等缴出船炮，开单呈览。据称该匪布兴有等畏罪投诚，出自实心，其未即呈缴船炮，及在浙洋围困守备黄富兴勇船，均因盗匪陈成发恃系各船总管，从中阻挠，指使众伙，抢占滋事。现将陈成发砍伤，捆缚交出，并将黄富兴送回，缴出山东师船、勇船共二十一只，水勇二百余名，商船船户、水手一百八十余名，并被掳难民全数送出，大小铁炮共三百余位，及器械等件一并呈缴。陈成发现已戮首示众，所有该匪等六百二十四名，清廷着加

---

① 《清实录·文宗显皇帝实录》卷五〇。
② 《清实录·文宗显皇帝实录》卷五〇。

恩一概免其治罪。各省师船勇船，即行撤回。①

　　抚恤琉球国遭风难夷如例。

是年

　　英国从广州诱拐清人三千五百零八人去加利福尼亚，从厦门诱拐一千四百三十八人去悉尼，另有两百人去火奴鲁鲁。②

咸丰二年　壬子　公元 1852 年

正月初九日庚申（2 月 28 日）

　　朝鲜国使臣李曦等三人于午门外瞻觐。

十二日癸亥（3 月 2 日）

　　咸丰帝谕令：上年降旨，令两江、闽浙、两广总督，各于水师副将内，遴保堪胜水师总兵人员。现在各该督尚未全行保奏。水师需才紧要，各省副将中，岂无堪胜总兵之员。着该督等详加遴选，迅速保奏，送部引见，候朕记名，不得以无员可保，一奏塞责。至水师副将以下，如有材技出众之员，亦着随时据实保奏，以备录用。③

十三日甲子（3 月 3 日）

　　两江总督陆建瀛等奏筹办海运事宜，并酌议章程十条：一、海运事繁任重，必期经理得人。二、交仓漕米，必须筹补足额。三、筹银款以备拨用。四、筹补

---

　　①　《清实录·文宗显皇帝实录》卷五〇。

　　②　陈翰笙：《华工出国史料汇编》第二辑，《英国议会文件选译》，中华书局 1980 年版，第8、30 页。

　　③　《清实录·文宗显皇帝实录》卷五一。

缓缺南粮，毋庸援案截拨。五、停运旗丁水手，分拨调剂资遣。六、沙船领运漕粮，悉遵成案。七、巡哨防护，倍宜周密。八、筹备天津通仓经费，照案支用。九、剥船经纪食耗等米，备带本色。十、天津交米之后，循旧责成经纪。下部议行。①

十四日乙丑(3月4日)

修江苏华亭县沿海土石各塘，从巡抚杨文定请也。

十五日丙寅(3月5日)

命户部尚书孙瑞珍、仓场侍郎庆祺前往天津验收海运漕粮。②

十七日戊辰(3月7日)

季芝昌、王懿德奏查办保甲章程。福建省山海交错，最易藏奸，前任总督裕泰酌拟办理保甲章程具奏。当经降旨，令季芝昌、王懿德到任后，认真妥办。兹据该督抚等，参酌旧章，设法稽查。其沿海船户、种山棚民，尤为逋逃渊薮，往往窝藏盗匪，接济奸民，必应一律严查。清廷着照所拟，各属水路船只按埠编甲，责成澳保人等逐日查点，务令各归各埠，不准在洋逗遛。至延津等属棚民，即照浙江新定章程，饬令棚长依限取结。如觅雇佣工，浮住无保者，即拆毁棚窝，递籍管束。

季芝昌、王懿德奏遵查撤任同知，请旨勒休。福建撤任淡水同知史密，前据裕泰奏，该员性情刚愎，遇事喜功，于海外各缺，人地不宜。兹复据该督等查访，该员前在内地历署知县同知，舆情未能浃洽，官声亦甚平常。史密着即勒令休致。③

廿四日乙亥(3月14日)

命吏部右侍郎全庆为正使，正红旗汉军副都统隆庆为副使，驰往朝鲜国册封王妃。

俄兵逃入黑龙江，库伦办事大臣德勒克多尔济，请敕黑龙江将军查办。④

---

① 《清实录·文宗显皇帝实录》卷五一。
② 《清实录·文宗显皇帝实录》卷五一。
③ 《清实录·文宗显皇帝实录》卷五二。
④ 《筹办夷务始末》(咸丰朝)第1册，中华书局1979年版，第177~178页。

廿六日丁丑(3月16日)

季芝昌等奏，台湾匪徒，聚众谋逆，业经捡获首伙各犯。此案匪首洪纪等，在台湾嘉义交界之附近内山地方，歃血结盟，竖旗肆抢，纠约林漏等多人，伪称元帅先锋，分为四大股首，各用红布为记，辗转裹胁，先后在官佃等庄，及溪底各处屯聚。经台湾镇道叶绍春、徐宗干等督饬文武员弁，并力攻剿，叠次歼毙贼匪多名，生捡伪副元帅李兆基、伪先锋林罩、顾耀，并将首逆洪纪、要犯林漏、伪军师胡枝拇、伪副元帅吴仰一并拿获正法。

朝鲜国王李昪遣使奉表谢恩，并贡方物，命留抵正贡，赏赉如例。①

是月

沙俄涅维尔斯科依"黑龙江勘察队"，行遍黑龙江下游、库页岛等地，声称"按照1689年尼布楚条约第一条，黑龙江边区和乌苏里边区至海都应当属俄国所有"②。

二月初六日丁亥(3月26日)

山东巡抚陈庆偕因病解任，调河南巡抚李僡为山东巡抚，未到任前，以布政使刘源灏暂署。以广东布政使柏贵为河南巡抚，云南按察使崇纶为广东布政使，安徽宁池太广道张印塘为云南按察使。③

初七日戊子(3月27日)

以剿捕福建台湾洋盗出力，予同知孔昭慈等加衔升叙有差。

初十日辛卯(3月30日)

修筑浙江西防厅坍卸石塘，从巡抚常大淳请也。

---

① 《清实录·文宗显皇帝实录》卷五二。
② 涅维尔斯科依：《俄国海军军官在俄国远东的功勋(1849—1855)》，商务印书馆1978年版，第150~175页。
③ 《清实录·文宗显皇帝实录》卷五三。

十二日癸巳(4月1日)

修福建台湾厂协标中右营战船，从巡抚王懿德请也。①

十九日庚子(4月8日)

徐广缙等奏请拨粤海关税以济广东军饷。清廷着查照该督等原议捐输章程，一面迅速奏闻，一面妥为办理。②

廿一日壬寅(4月10日)

抚恤朝鲜国遭风难夷如例。

浙江巡抚常大淳奏，法人庇护教士占据寺院，激成众怒，业已畏惧撤去。③

廿三日甲辰(4月12日)

刘源灏奏筹办海防情形。咸丰帝谕令：本年海运，山东省水师将弁不敷巡防，自系实在情形。惟请饬江苏遴派武职大员北来防卫一节，业据陆建瀛等奏定章程，并分咨山东直隶等省沿途接护，又据称饬令江苏在籍员外郎王承基、安徽候补知县沈誉来等雇募水勇，分为头尾两帮，督押粮米起运。是江苏已有勇船防护，不致漫无约束。况米船现经陆续开洋，若此时始令派委大员，转恐迁延时日，缓不济急。该署抚仍照现定章程，妥为办理，毋庸再议更张。至登州镇总兵武迎吉计日即可到任，该省水师情形，应如何整顿之处，即着与该镇随时会商筹办，实力操防，毋得稍存诿卸，致有疏虞也。④

廿九日庚戌(4月18日)

闽浙总督季芝昌奏，水师副将遵保林建猷、叶万清二员，此外别无可保。

以福建闽安协副将林建猷为福宁镇总兵官。⑤

---

① 《清实录·文宗显皇帝实录》卷五三。
② 《清实录·文宗显皇帝实录》卷五四。
③ 《筹办夷务始末》(咸丰朝)第1册，中华书局1979年版，第178~180页。
④ 《清实录·文宗显皇帝实录》卷五四。
⑤ 《清实录·文宗显皇帝实录》卷五四。

三月初四日丁巳(4 月 25 日)

两江总督陆建瀛等奏,江苏海运漕粮,续兑正耗米三十二万三千六百石有奇,白粮正耗米二万七千五百石有奇,委员查明各船随带器械,跟帮开行,并派勇船护送出洋。①

十五日乙丑(5 月 3 日)

两江总督陆建瀛等奏报海运漕粮,全数兑竣,计兑漕粮正耗米一百七万八千石有奇,白粮正耗米八万一千三百石有奇,委员查明各船,随带器械,跟帮开行,并飞咨沿海各镇营,带兵巡护,以联声势。报闻。②

十八日戊辰(5 月 6 日)

户部尚书孙瑞珍等奏,天津验收海运米石,计漕白粮米十三万三千石有奇,分起拨运。此后续到船只,即饬随验随收,以期迅速蒇事。报闻。
免浙江宁波无征洋商税银。③

十九日己巳(5 月 7 日)

署浙江定海镇总兵提标右营游击周士法,前经降旨,交季芝昌察看该员于操防事宜,能否得力。兹据该督奏称,该员署理总兵,已越两年,平日操防办事,俱属认真,署理定海镇一缺,尚堪胜任。咸丰帝批复,周士法即着留署定海镇总兵之任,仍带革职留任处分,以观后效。④

廿二日壬申(5 月 10 日)

以江苏捕获洋盗出力,赏董事同知衔王承荣蓝翎,余升叙有差。⑤

---

① 《清实录·文宗显皇帝实录》卷五五。
② 《清实录·文宗显皇帝实录》卷五六。
③ 《清实录·文宗显皇帝实录》卷五六。
④ 《清实录·文宗显皇帝实录》卷五六。
⑤ 《清实录·文宗显皇帝实录》卷五七。

夏四月初三日癸未（5 月 21 日）

以恭奉宣宗成皇帝配天礼成，颁诏天下。颁发朝鲜国《宣宗成皇帝配享郊坛诏书》，赏给该国王缎匹如例。

初五日乙酉（5 月 23 日）

朱嶟奏请饬催河运漕粮。本年江苏苏松等四府一州粮米，业经由海运抵津。其余江、安、浙江、江西、湖南、湖北各省漕粮，均仍由运河挽运北上。①

初六日丙戌（5 月 24 日）

前据季芝昌等奏，台湾匪徒纠众结盟，竖旗肆抢，经该镇道督饬文武率兵分剿，首要各犯悉数歼捐，当经降旨，着该督等饬令该镇道将办理情形详查具奏。兹据叶绍春、徐宗干将首从各犯，审明分别定拟，并声称南北两路安堵如常。办理尚为妥速。②

廿三日癸卯（6 月 10 日）

广东陆路提督陶煜文因病解任，以南韶连镇总兵官昆寿为陆路提督，湖南永顺协副将多顺为广东南韶连镇总兵官。③

廿七日丁未（6 月 14 日）

御史张祥晋奏筹办滞漕，仍请改由海运。本年除海运外，尚有应行河运漕米。本日据户部奏请截留南粮五十万石，以备赈济。此外应行运京米石是否仍可设法挽运，该御史请将滞漕仍由海运是否尚能赶办，有无窒碍之处，清廷着陆建瀛、杨文定体察情形，通盘筹画，迅速定议具奏。④

---

① 《清实录·文宗显皇帝实录》卷五八。
② 《清实录·文宗显皇帝实录》卷五八。
③ 《清实录·文宗显皇帝实录》卷六〇。
④ 《清实录·文宗显皇帝实录》卷六〇。

廿九日己酉 (6 月 16 日)

徐广缙、叶名琛奏参捏报师船坏漏、畏葸推诿之参将，请革职拿问。广东海门营参将黎志安，经该督等派往协剿艇匪，托词推诿，已属畏葸无能，并查出该参将克扣兵粮，以致兵心不服，复敢捏词禀报，冀图掩饰，更属狡诈。黎志安着即革职拿问。①

抚恤琉球国遭风难夷，如例。

三十日庚戌 (6 月 17 日)

英国驻上海领事阿礼国，上书英国公使文翰，建议乘目前太平军造成清政府特别困窘的境地，建议采取强有力的措施，保护英国的利益。②

五月初二日壬子 (6 月 19 日)

户部奏海运剥船、通坝验收迟滞。定例，漕粮抵通，坐粮厅验收起卸，每日应起米三万石。兹据奏称，本年海运剥船通坝验收，每日仅一万余石，或二万余石，以致剥船停泊待验，积压至二十余里之遥。该坐粮厅并未遵照例限，如数斛收，致令航海沙船，不得及早回空，办理殊未妥协。③

抚恤日本国遭风难夷如例。

初十日庚申 (6 月 27 日)

调浙江巡抚常大淳为湖北巡抚，云南巡抚黄宗汉为浙江巡抚。

十三日癸亥 (6 月 30 日)

前因仓场侍郎覆奏兴平仓海运米石短少各情，当交户部详核速议具奏。兹据该部奏称，查海运成案，漕粮抵津，由验米大臣会同仓场、坐粮厅、直隶、江苏各委员，眼同查验，由坐粮厅取具该经纪切结，督收运通。抵通后，由里河转运大通

---

① 《清实录·文宗显皇帝实录》卷六〇。
② 米琪：《在中国的一个英国人》卷一，伦敦出版社 1900 年版，第 439 页。
③ 《清实录·文宗显皇帝实录》卷六一。

桥，如查有短少潮湿等弊，均惟经纪是问。现在兴平仓米石，如果在津时即有弊混，该经纪何肯出具切结。迨至抵通验收，该坐粮厅何以率行转运，且既经查仓给事中参奏，该侍郎又将斛面短少，查验得实，何以不将舞弊之人严参治罪，照数追赔，辄据经纪等一面之词，归咎于天津验米大臣。清廷着朱嶟据实明白回奏。①

十六日丙寅(7月3日)

朱嶟奏，遵旨查明海运米石起卸情形。此次海运米石，由天津剥运抵通，较之豫东漕粮，起卸尤宜迅速。据该侍郎查明，坐粮厅等尚无有意积压情事，惟当大雨时行之际，若每日起卸不足三万石之数，必致轮转不及，且易启偷漏需索等弊。②

十八日戊辰(7月5日)

邹鸣鹤奏，越南国豫期请示来年正贡进关日期。越南国久列藩封，明年例贡届期，自应令该使臣，恭诣阙廷，俾申诚悃。清廷着于咸丰三年五月内到京，其进关日期，着劳崇光酌定，知照该国遵照办理。

以闽浙督标中军副将郭仁布为福建漳州镇总兵官。

添造福建水师战船炮位。从总督季芝昌请也。③

廿三日癸酉(7月10日)

以督收天津海运漕粮完竣，户部尚书孙瑞珍、仓场侍郎庆祺下部议叙，余加衔升叙有差。

廿四日甲戌(7月11日)

前因朱嶟回奏海运米石短少情形，与户部原奏两歧，特派恩华、彭蕴章前往查办。兹据奏称，查验坐粮厅公文清册，此项米石，在天津不过蒸热，到通州始见潮湿，通州坐粮厅仍加风晾，始行验收，与该侍郎原奏据经纪供称河干未能挑晾，以致转运后米身收缩之语不符。其经纪在天津出结，系属向例，该侍郎不得诿为不知。清廷批复，朱嶟着交部议处，其未收米石，仍着责成坐粮厅及大通桥监督，认

---

① 《清实录·文宗显皇帝实录》卷六一。
② 《清实录·文宗显皇帝实录》卷六二。
③ 《清实录·文宗显皇帝实录》卷六二。

真查验，迅速转运。如有潮湿短少情弊，即着严究惩办。①

廿九日己卯（7 月 16 日）

御史梁绍献奏请查办沿海各关走私积弊。国家设关征税，权衡货力，制有常经，全在各该将军督抚及各关监督等严察弊端，庶期税务日有起色。若如该御史所奏，广东江苏各海口，均有内地奸民，串通夷商，走漏货税。近年叠经查出走漏茶叶之案，均有在官人役及巡船头人，扶同舞弊。至洋参、绸缎、糖食等货，近来报税尤少。似此藐法走私暗亏国课，于税务大有关碍。清廷着各该将军督抚及各关监督等按照折内所指各情，认真查办。事关交涉外夷，办理之法，先在严查内地商民，杜绝弊端，俾夷商无可籍口，断不准稍涉张皇，别生枝节。②

六月初四日癸未（7 月 20 日）

陆建瀛等奏遵筹漕运事宜。据称现在东省水势骤长（涨），八闸已无岸可循，重运恐难逆挽，请分别变价海运，并酌量起卸办赈截漕，抵给兵饷及行月兵匠等米各款。③

十二日辛卯（7 月 28 日）

户部奏遵旨速议漕运事宜。所有江安江广各帮起运米石，均着照该部所议，分别催趱并截留备赈抵给银款。其浙江帮船，本年秋间，是否尚能改行海运，清廷着陆建瀛悉心酌核。如果确有把握，即责成该督妥为办理。应用水脚剥价等银，仍由浙江巡抚核实筹备。傥因时交秋令，行驶维艰，该督即会同浙江巡抚妥商截卸，在附近上海地方存储，于今冬豫筹来岁海运，毋得互相推诿，致干重咎。④

十五日甲午（7 月 31 日）

福建台湾镇总兵官恒裕、台湾道徐宗干奏谢议叙恩。得旨：汝二人事事和衷办理方好，海疆重地，尤为紧要，不可见小而忘大，勉之慎之。⑤

---

① 《清实录·文宗显皇帝实录》卷六二。
② 《清实录·文宗显皇帝实录》卷六二。
③ 《清实录·文宗显皇帝实录》卷六三。
④ 《清实录·文宗显皇帝实录》卷六三。
⑤ 《清实录·文宗显皇帝实录》卷六三。

十六日乙未(8 月 1 日)

以通坝收兑海运漕粮出力，予监督汪润等开复议叙有差。①

十八日丁酉(8 月 3 日)

包吟致函马斯伯雷，称："我自己曾在厦门亲眼看见运载苦力的各种布置。几百名苦力被集中在奴隶收容所中，他们被剥去衣服，赤身露体，并且在他们胸部打上或涂上 C(古巴)、P(秘鲁)或 S(夏威夷群岛)的字样。"②

廿二日辛丑(8 月 7 日)

据苏松太道吴建瀛禀称，五月十五日，法国领事函称，该国公使待同提督总兵人等，驾坐小号火轮船一只，兵船一只，至上海巡查贸易，嘱令该道率同上海文武官员于五月十九日午后前往迎接，为吴建瀛拒绝。③

廿八日丁未(8 月 13 日)

以天津办理海运出力，予知府钱炘和等升叙有差。④

七月初一日己酉(8 月 15 日)

以福建巡抚王懿德，兼署闽浙总督。⑤

初三日辛亥(8 月 17 日)

前有旨令陆建瀛、杨文定督同臬司倪良燿将浙省漕粮设法催趱妥办。本日据椿

---

① 《清实录·文宗显皇帝实录》卷六四。
② 《中国近代对外关系史资料选辑(1840—1949)》上卷，上海人民出版社 1977 年版，第 120 页。
③ 《筹办夷务始末》(咸丰朝)第 1 册，中华书局 1979 年版，第 187 页。
④ 《清实录·文宗显皇帝实录》卷六四。
⑤ 《清实录·文宗显皇帝实录》卷六五。

寿奏，浙漕碍难海运，现拟筹办变价。①

十四日壬戌(8 月 28 日)

拨山东海疆经费银，广艇水勇工食。
抚恤琉球国遭风难夷如例。②

十六日甲子(8 月 30 日)

贷闽粤南澳镇铜山营兵丁谷价银两。

十七日乙丑(8 月 31 日)

准浙江定海厅减征额赋，展三年。③

廿四日壬申(9 月 7 日)

免江苏海运沙船旗丁应赔遭风漂失米六百四十六石有奇。④

八月初一日己卯(8 月 14 日)

闽浙总督季芝昌奏，任限已满，病势未减，恳请开缺。得旨：着暂缓开缺。海疆要地，一切吏治营伍，实赖卿整饬，卿其缓缓调理，不可性急。⑤

十三日辛卯(9 月 26 日)

咸丰帝谕令：各省保送水师人员，固应以枪炮为重，箭射亦当兼习。昨日兵部带领引见之广东保送水师守备曾长龄箭射无准，着发回本省，以外海水师守备补

---

① 《清实录·文宗显皇帝实录》卷六五。
② 《清实录·文宗显皇帝实录》卷六六。
③ 《清实录·文宗显皇帝实录》卷六六。
④ 《清实录·文宗显皇帝实录》卷六七。
⑤ 《清实录·文宗显皇帝实录》卷六八。

用，仍罚俸四个月。所有原保之两广总督徐广缙着交部照例议处。①

十九日丁酉(10 月 2 日)

徐广缙奏，暹罗国王遣使补进例贡，并请敕封，现已行抵粤东。上年暹罗国届当例贡之期，奏请呈进，曾降旨令俟请封时一并呈递。兹据该国遣使赍奉表文方物，补行入贡，具见恭顺之忱。该贡使现已抵粤，清廷着即派委妥员伴送，于本年封印前抵京。其该国大库所请将贡船先行回国修整，着照所请行。原贡船随带货物，并准照例免税。至该嗣王郑明恳请诰命，应行颁给敕书之处，已饬该衙门查照旧章撰拟，俟该使臣到京后照例发给赍回。②

廿五日癸卯(10 月 8 日)

王懿德奏，福州等府属于五六月间，叠被狂风大雨，溪湖涨发，以致漫溢城乡各处。③

廿八日丙午(10 月 12 日)

朝鲜国使臣徐念淳等三人，于西安门内瞻觐。

九月初一日戊申(10 月 13 日)

朝鲜国王李昇遣使奉表谢恩，呈进方物，命留抵正贡，赏赉如例。④

十五日壬戌(10 月 27 日)

两江总督陆建瀛、江苏巡抚杨文定奏报海运安稳，妥速抵津。命陆建瀛、杨文定遣员分诣天后庙、风神庙、海神庙祀谢，并颁天后庙御书匾额曰"神功济运"。

以办理海运无误，予江苏候补知府洪玉珩等升叙有差。⑤

---

① 《清实录·文宗显皇帝实录》卷六九。
② 《清实录·文宗显皇帝实录》卷六九。
③ 《清实录·文宗显皇帝实录》卷七〇。
④ 《清实录·文宗显皇帝实录》卷七一。
⑤ 《清实录·文宗显皇帝实录》卷七一。

廿七日甲戌(11 月 8 日)

前据季芝昌、王懿德奏请以福建准升淡水同知保泰，调补海防同知，当交吏部议奏。经该部照例议驳。兹据王懿德奏称，该同知于民夷交涉事件，均能处置得宜，实属人地相需。保泰着准其调补福州府海防同知，所遗台湾府淡水同知员缺，即以王江调补，均着照例送部引见。此系因海防同知，地方紧要，特允所请，嗣后不得援以为例。①

兼署闽浙总督福建巡抚王懿德奏，广艇匪船，在沙埕洋面寄泊，现筹防剿。

十月初五日壬午(11 月 16 日)

以拿获福建台湾匪犯王涌，予知府裕铎等升叙有差。

以疏防福建洋面艇匪，革水师总兵官林建猷职，仍留任。②

初七日甲申(11 月 18 日)

黄宗汉奏，筹议新漕，恳请试行海运。本年浙江漕船开兑过迟，最后各帮，延至九月下旬甫经挽运出境。即使截剥回空，断难如期归次受兑。所有来岁新漕，亟应变通办理，以免贻误。清廷着照该抚所请，改由海运，以期迅速，并准将原办河运各费并归海运支销。一切章程，即由该抚督饬司道慎重筹议，妥速奏办。③

初十日丁亥(11 月 21 日)

山东巡抚李僡奏，遵查东省海防，未便添用渔船，报闻。

十一日戊子(11 月 22 日)

讷尔经额奏，筹办迎剥南漕，并动用解归原借海税银款，发给放空口粮。本年南漕入东过迟，前经降旨，饬拨杨村船只迅往剥迎，兹据奏称，遵调杨村官剥一千只赴临清州供剥，另调官剥一百只赴安陵一带迎剥。所需放空口粮，清廷着准其在

---

① 《清实录·文宗显皇帝实录》卷七二。
② 《清实录·文宗显皇帝实录》卷七三。
③ 《清实录·文宗显皇帝实录》卷七三。

海税解部项下，动拨银八千二百五十两，以济要需，事竣照例扣还归款。①

十五日壬辰（11 月 26 日）

季芝昌、王懿德奏参延不进剿之水师提督。福建水师提督郑高祥督剿艇匪，甫经出洋，即藉称风大，按兵不动，继复以修理船只，折回厦港，置剿匪于不问，实属畏葸不前。郑高祥着先行交部议处，仍令戴罪统带师船，出洋剿捕，务将各艇匪悉数歼除，傥再藉词延宕，即行严参。②

闽浙总督季芝昌以疾乞休，允之。调云贵总督吴文镕为闽浙总督，以湖北巡抚罗绕典为云贵总督，广东布政使崇纶为湖北巡抚。

廿二日己亥（12 月 3 日）

礼部奏，据朝鲜国王咨称，近年以来，内地船只，前往该处沿海各岛捕鱼。每次渔船，或八九十只，或数百只，船载多人，并有鸟铳器械等件。其船号俱是登州、莱州、宁海、荣城、奉天、江南、苏州各等处船只，未便擅行驱逐。清廷批复，沿海居民，越界渔采，例禁綦严。康熙五十一年，曾奉谕旨："朝鲜海洋渔采船，曾经申饬严缉，今尚有船至朝鲜边界捕渔，是即海寇，嗣后许该国即行追剿。如有生捨者，即速解送等因。钦此。"圣谕煌煌，中外均应恪守。乃近来复有内地船只，前往该处渔采，实属有违定例。着盛京将军、奉天府府尹、沿海各督抚饬属一体严禁，认真编查。如有前项船只，越境渔采，即行照例惩办，将该管官查参议处，并着该部行知该国王遵照康熙年间谕旨，严查办理，以肃边防而申禁令。③

廿三日庚子（12 月 4 日）

以剿获福建台湾匪徒洪纪，赏台湾道徐宗干参将常存花翎，余升叙有差。

廿九日丙午（12 月 10 日）

抚恤朝鲜国遭风难夷如例。

---

② 《清实录·文宗显皇帝实录》卷七三。
③ 《清实录·文宗显皇帝实录》卷七四。

十一月初二日戊申（12 月 12 日）

陆建瀛奏，遵旨保举营员，请将办理洋匪出力之勇头以守备补用。江苏勇头方翔办理浙洋盗匪，尚属出力。兹据该督奏称，方翔于外海内江风水并枪炮等技，俱能讲求。清廷着准其遇有江南外海水师守备缺出，即行补用。现在江西筹办防堵事宜，着即饬令该员，前赴江西交张芾差遣委用。①

初三日己酉（12 月 13 日）

户部奏，运送剥船迟延，请将承运之员议处。尚有江西省未解到船四百只，湖南省未解到船三百五十只，节次飞催，仍未运到。现在拨运漕粮，不敷轮转之用，明春办理海运，尤关紧要，若再迁延，必致贻误。②

初八日甲寅（12 月 18 日）

黄宗汉奏，浙江新漕试行海运，请饬江苏委员帮同办理。来年浙漕海运，系属创始，豫雇船只，最为紧要。除由该省自雇北运商船外，其不敷船只，应由上海添雇。清廷着两江总督、江苏巡抚派委妥员，帮同办理。所有江苏、浙江海运事宜，并着该督等责成按察使倪良耀总司其事，以资熟手。③

十九日乙丑（12 月 29 日）

黄宗汉奏，筹议浙省海运章程，开单呈览。据称目前办理之法，以催提银米，雇备船只为要务，现经该抚委员赶办。其单开各款，如装载漕粮船只，两次接运，委员分办，以专责成。天津剥船，多为豫备，巡哨防护，宜加周密各条，并查照江苏成案章程，清廷均着照所议办理。并着两江、江苏、直隶各督抚于上海、天津等处，遴员妥为经理，江苏按察使倪良耀着仍遵前旨，总司江浙海运事宜。④

---

① 《清实录·文宗显皇帝实录》卷七五。
② 《清实录·文宗显皇帝实录》卷七五。
③ 《清实录·文宗显皇帝实录》卷七五。
④ 《清实录·文宗显皇帝实录》卷七六。

浙江按察使孙毓湘因病解任，调四川按察使苏敬衡为浙江按察使。

廿四日庚午（公元 1853 年 1 月 3 日）

以祈祷灵应，颁山东登州海口天后庙御书匾额曰"神功济运"。①

廿七日癸酉（公元 1853 年 1 月 6 日）

抚恤琉球国遭风难夷如例。

廿八日甲戌（公元 1853 年 1 月 7 日）

抚恤朝鲜国遭风难夷如例。

廿九日乙亥（公元 1853 年 1 月 8 日）

命江南徐州镇总兵官张殿元留署广东潮州镇总兵官，以两江督标中军副将程三光为江南徐州镇总兵官。②

是月

以阿赫杰为首的"陆上考察队"，向东西伯利亚总督穆拉维约夫提供了有关黑龙江的情报和地图，后者认为俄国政府应该采取相应措施，立即将黑龙江以北及沿海广大地区，置于俄国的保护之下。③

十二月初一日丙子（公元 1853 年 1 月 9 日）

修山东登州水师战船，从巡抚李僡请也。④

---

① 《清实录·文宗显皇帝实录》卷七七。
② 《清实录·文宗显皇帝实录》卷七七。
③ 巴尔苏科夫：《穆拉维约夫-阿穆尔斯基伯爵（传记资料）》卷二，商务印书馆 1973 年版，第 102 页。
④ 《清实录·文宗显皇帝实录》卷七八。

初六日辛巳(公元 1853 年 1 月 14 日)

以海运平稳，加山东登州海口天后封号曰“导流衍庆”，风神封号曰“扬仁佐治”，海神封号曰“助顺安澜”。①

初九日甲申(公元 1853 年 1 月 17 日)

季芝昌、王懿德奏，英吉利夷人，久羁琉球。该国王世子，遣使来闽，求为请谕，并钞录原咨呈览一折。英夷伯德呤，在琉球国逗遛，屡经该国恳请查办，经徐广缙等向住粤领事夷目包呤查询，迄今数年，总未将伯德呤撤回，且屡有兵船，驶往滋扰。琉球与英夷，向无交涉事件，清廷着该署督再向该夷目包呤相机开导，谕令将伯德呤捡回，以示怀柔而杜他衅。并将该领事如何答复之处，一面奏闻，一面咨会闽浙总督，谕知琉球使臣可也。②

廿四日己亥(公元 1853 年 2 月 1 日)

实授叶名琛两广总督，柏贵广东巡抚，陆应谷河南巡抚，张芾江西巡抚。

三十日乙巳(公元 1853 年 2 月 7 日)

咸丰帝谕令：惟现在贼势披猖，若由水路东窜，窥伺两江，该省水师兵力单弱，虽据向荣已咨调广东战船豫备会剿，但恐缓不济急。因思登州水师战船，距江苏较近，该守备黄富兴熟悉水面情形，堪资得力。着李德即派该守备并添派员弁，饬令统带水师乘驾新造师船，迅由海道驶往江宁，听候该将军祥厚、巡抚杨文定调遣，毋稍迟误。③

是年

英国从厦门诱拐清人四百七十八名去悉尼，一百零一名去火奴鲁鲁，四百零四名去秘鲁，四百六十五名去地麦拉，三百名去古巴。从广州诱拐清人，仅上半年已

---

① 《清实录·文宗显皇帝实录》卷七八。
② 《清实录·文宗显皇帝实录》卷七八。
③ 《清实录·文宗显皇帝实录》卷八〇。

有一万五千人前往加利福利亚，两千零二十五人去南美洲。①

美国人经营的伯维公司在上海开办修船厂。

美国人杜那普在上海东大名路虹口溧阳路附近，建筑了上海第一座杜拉普泥船坞，称其为"新船澳"。②

咸丰三年　癸丑　公元 1853 年

正月初六日辛亥(2 月 13 日)

朝鲜国王李昇遣使表贺冬至、元旦二大节，并进贡方物，赏赍筵宴如例。

暹罗国王郑明遣使表贡方物，赏赍如例。

暹罗国使臣披耶司、豁哩巡、段亚派、拿车突等四人于午门外瞻觐。③

初八日癸丑(2 月 15 日)

山东巡抚李僡奏，闻上海有广艇水勇可雇。

初十日乙卯(2 月 17 日)

有人奏，上海现有广东艇船，不下百余号，客商觅雇，专为护送货船。若雇令由崇明入京口，可御上游下窜之贼。惟船夫皆澳门人，又系夷装，是否可以雇用，不致别滋事端。④

十二日丁巳(2 月 19 日)

怡良、王懿德奏请将各处未补仓谷，暂缓采买。福建省城及漳州府属，上年夏

---

① 《华工出国史料汇编》第二辑，《英国议会文件选译》，中华书局 1985 年版，第 8、30 页。
② 刘传标：《近代中国船政大事编年与资料选编》第 1 册，九州出版社 2011 年版，第 13 页。
③ 《清实录·文宗显皇帝实录》卷八一。
④ 《清实录·文宗显皇帝实录》卷八一。

间，猝遭风雨，民间盖藏杂粮，间有损失，兼之台湾米船，进口稀少，晚收后粮价未见平减。若再发价采买仓谷，诚恐有妨民食。清廷着照所请，准将上年应补仓谷，暂缓采买，俟今秋晚收后，粮价平减，再行奏明买补。其历年未买竣谷五万八百余石，仍着责成该管道府，勒限买竣，以重仓储。①

十三日戊午(2 月 20 日)

咸丰帝谕令：前据季芝昌、王懿德奏参福建水师提督郑高祥督剿艇匪，畏葸不前，当降旨照部议革职，仍责令戴罪出洋剿捕，以观后效。朕现闻闽省洋面，广艇匪徒，愈肆滋扰。台湾米船，间被抢掠，以致台米不能渡海，闽浙粮价增昂。郑高祥不能乘坐海船，每遇巡洋，往往藏匿海汊，逾时捏报欺饰，似此怯懦无能，无怪匪徒日肆。且江浙二省，现办海运，设使洋面稍有疏虞，所关非细。着怡良、王懿德迅即确查郑高祥如有前项情节，不胜水师之任，即行据实参奏，另派妥员暂署，一面奏请简放，务饬署任之员，将艇匪悉数歼除，毋得再有贻误。②

十五日庚申(2 月 22 日)

其前派赴江南之登州水师各船，清廷着饬令毋庸前往，以节经费。③

廿二日丁卯(3 月 1 日)

本年轮应查阅浙江、福建、广东、广西等省营伍之期。福建着派怡良，浙江着派黄宗汉，广东着派叶名琛，广西着即派劳崇光，逐一查阅。④

廿三日戊辰(3 月 2 日)

前据向荣奏，请调广东水师战船，已有旨饬令飞咨叶名琛等调拨应用。现在贼匪东窜，江防万分吃紧，已命向荣驰赴江宁，迎头截击。清廷着叶名琛、柏贵即将该省外海水师拖罟战船，并"快蟹""大扒"等项，凑足百只，多备子药，遴委水师

---

① 《清实录·文宗显皇帝实录》卷八二。
② 《清实录·文宗显皇帝实录》卷八二。
③ 《清实录·文宗显皇帝实录》卷八二。
④ 《清实录·文宗显皇帝实录》卷八三。

勇干镇将大员统带，星速由海道驶抵江宁，听候该大臣拨用。①

琉球国王世子尚泰遣使表贡方物，赏赉如例。

廿四日己巳(3月3日)

英国驻上海领事阿礼国，向英国公使文翰发出机密报告，以为"无限制进入内地和沿海一切口岸，在北京建立直接对外关系，以及鸦片的合法化，都是当前可以获得的权益，并且满可以在今后两个月以内，用正式条约致之"②。

二月初一日丙子(3月10日)

黄宗汉奏请将商贩米船免税。浙省现当灾歉之后，又值长江有警，商贩鲜通，民间乏食堪虞，自应设法招徕，以期接济。所有各省商人，持照运米赴浙者，无论河运、海运，经过水陆各关口，清廷均着免其纳税，以广招徕而裕民食。③

英国公使文翰，上书英国外交大臣马斯伯雷，主张保卫上海，并援助清廷，取得商务利益。④

初二日丁丑(3月11日)

琉球国使臣毛种美等二人于东安门内瞻觐。

初六日辛巳(3月15日)

本日据礼部尚书奕湘奏，福山为大江入海门户，宜防守两岸炮台，并调外海水师，由福山口进兵迎击，以堵逆匪出洋之路。又瓜州京口，为南北咽喉，东坝内通苏、常、二府，均宜重兵防守。又据御史黎吉云奏，请派兵防守江北及河北各处，添派浙江水师提督叶绍春、总兵陈世忠堵守镇江丹阳，并请于扬州及清江浦各南北并王家营等处，厚集兵力，收船筑墩，阻贼北窜。清廷谕令怡良、黄宗汉迅调叶绍春等带兵即赴福山江口接应。

据奕湘奏称，皖城失守，逆匪顺流东下，恐其占踞炮台，窜出外洋，句(勾)

---

① 《清实录·文宗显皇帝实录》卷八三。

② 严中平：《太平天国初期英国的侵华政策》，《新建设》1952年9月，第12页。

③ 《清实录·文宗显皇帝实录》卷八四。

④ 严中平：《太平天国初期英国的侵华政策》，《新建设》1952年9月，第12页。

连海匪，亟宜豫为防范。请饬调外海水师，守御江苏福山江口，以堵逆匪出洋之路等语。现在贼逼江宁，城大兵单，急待援应。清廷着怡良、黄宗汉飞饬提督叶绍春、总兵陈世忠即统带水师镇将，挑选精壮兵丁，驶驾战船，由福山口进兵，迅赴上游迎击，以资救援。①

吴健彰传达江苏巡抚杨文定紧急要求，请求上海各国兵船上驶以救援南京。吴健彰已雇葡萄牙划艇上驶镇江，并声称英国兵船即将攻打太平军。②

初七日壬午(3 月 16 日)

清廷晓谕，前有旨，令吴健彰雇募上海商船，由海入江，以资攻剿。该道如已雇就，即着该道就近拨派文武员弁，迅速带往京口等处听用，毋庸往返禀商，又稽时日。现在海运事宜紧要，倪良燿务当督率妥速办理，俟经手事竣，再行奏明赴任。③

初十日乙酉(3 月 19 日)

福州将军兼署闽浙总督怡良等奏，体察闽省渔船，可以随时雇用，不能常川配带。得旨：既有成法，惟在实力奉行耳。

革职留任福建水师提督郑高祥奏陈，洋面匪踪无定，此追彼窜，迄未能得手。得旨：此等办事，甚可笑了。岂有水师提督，在洋面追捕，未获一匪，尚腼颜具奏耶。朕观汝未必亲身出洋。④

十七日壬辰(3 月 26 日)

以福州将军怡良为两江总督。

十八日癸巳(3 月 27 日)

据倪良燿奏，海运漕米迟滞，请勒限严参。清廷着即严饬各州县，赶紧运米赴沪，勒限二月内，扫数运到，克期放洋。

据黄宗汉奏，藩司麟桂熟悉广艇情形，自愿前往招募，为江浙两省防剿之用。麟桂

---

①　《清实录·文宗显皇帝实录》卷八四。
②　严中平：《太平天国初期英国的侵华政策》，《新建设》1952 年 9 月，第 34 页。
③　《清实录·文宗显皇帝实录》卷八四。
④　《清实录·文宗显皇帝实录》卷八四。

曾任上海道，于该处情形熟悉，清廷着即督带船炮，驶赴镇江上游一带，相机攻剿。

美国公使马沙利，自澳门抵达上海。①

十九日甲午（3月28日）

颁赏朝鲜国王御书匾额曰"海邦屏翰"，琉球国王御书匾额曰"同文式化"，暹罗国王御书匾额曰"弼服海隅"。②

廿三日戊戌（4月1日）

御史陈庆镛奏，海运粮米，囤积上海，请饬迅速起运。

黄宗汉奏，接据倪良燿钞送奏折，与现办海运情形不符。倪良燿着交部先行严加议处，仍责令将浙省赴沪米石并苏省起运未完米石，一律赶紧催办。

以福建巡抚王懿德兼署闽浙总督，以福州副都统东纯暂署福州将军。③

廿四日己亥（4月2日）

美国公使马沙利，乘坐"色士奎哈那"号兵船，拟去南京，自吴淞口上行三十英里，搁浅折回。④

三月初二日丙午（4月9日）

英国公使文翰，派翻译官密迪乐，自上海乘船西上，调查太平军情况。⑤

初三日丁未（4月10日）

有人奏，天津海口，上年冬底，有形迹可疑之湖广百数十人，口称逃难，讹索

---

① 戴维斯：《美国外交文件：美国和中国（1842—1860）》第一辑第四卷，美国威尔明顿学术资料出版公司1973年版，第115页。

② 《清实录·文宗显皇帝实录》卷八五。

③ 《清实录·文宗显皇帝实录》卷八六。

④ 戴维斯：《美国外交文件：美国和中国（1842—1860）》第一辑第四卷，美国威尔明顿学术资料出版公司1973年版，第13页。

⑤ 文翰致在华英军司令费煦班函，《太平天国》（六），上海人民出版社、上海书店出版社2000年版，第891页。

盘费。复有假作乞丐，沿街卖唱，俱广省口音，自称办差，存有腰牌。西关店内，拿获十数人，俱山东口音，带有火药刀枪等物。该县小巷口，竟贴有某日民变纸帖。该府城内外，械斗棍徒会聚之所，名曰"锅伙"，时有抢夺讹诈等事。津门重地，保障京师，岂可令奸匪潜踪，棍徒肆劫，至造谣煽惑，尤不可不密访严拿。孙瑞珍、庆祺现赴天津督收海运漕米，耳目较近，清廷着按照原奏所称，逐案访查，一有实据，即饬令该地方官迅速查拿，无令一名漏网。①

以广东龙门协副将吴元猷为江南狼山镇总兵官。

初四日戊申(4 月 11 日)

现在记名应用水师总兵人员将次用竣，清廷着两江、闽浙、两广总督，各于水师副将内，即行遴选堪胜总兵者，保奏数员，送部引见。

初五日己酉(4 月 12 日)

清廷晓谕，昨有旨将吴元猷补授江南狼山镇总兵，因思该员现署广东琼州镇总兵，亦系水师要缺，且署理已经年余。着叶名琛留心访察，如果该总兵于琼州重镇，人地相宜，即着奏明请旨调补。

奕经奏，据称由江入海迤北，直达奉天之金州、旅顺、盖平、牛庄诸口，每年春夏之交，闽、广、江、浙、山东、直隶各商船，载货贩粮，咸集奉天各口，诚恐该逆假扮商贾，勾结土匪为患，不可不防。金州、锦州、牛庄、盖平等处，官兵内有谙习船水之人，宜豫为挑选，就地训练，以备征调。清廷着奕兴及各该副都统，将水陆各兵，拣挑精锐，认真操演，以备不虞。升任副都统瑞昌于金州情形熟悉，现令有凤暂留杭城，着奕兴斟酌情形，若该升任副都统得力，着奏明暂缓赴新任，并着持以镇静，不动声色，密查奸细，毋任句(勾)串滋扰。②

初九日癸丑(4 月 16 日)

据叶名琛、柏贵奏，广东省城，自闻武昌、安庆失守，讹言纷起，人心颇觉震惊。英夷兵头文安，上年业经回国，顷复驶回香港，当此匪扰兵分之际，不可不密为防范。另折奏，查明师船笨重，宜于外海，而不宜于内河，能否驶入长江，尚难豫定。清廷着该督等悉心体察，如果各师船调赴江南，难期得力，徒资糜费，即着

① 《清实录·文宗显皇帝实录》卷八七。
② 《清实录·文宗显皇帝实录》卷八七。

毋庸调拨。①

初十日甲寅（4 月 17 日）

清廷晓谕，前经叠次降旨，令吴健彰雇觅海船，驶往江宁，以助攻剿。刻下镇江、扬州相继失守，金陵江面贼船，连樯停泊，急需火轮船只前往攻击。该道所募船炮，何以日久未据奏闻。着即设法星速雇往，帮同剿办，并将现在如何办理情形，及浙江藩司麟桂是否已到上海之处，迅速奏明。②

十二日丙辰（4 月 19 日）

英国领事馆翻译官密迪乐赴苏州、常州、丹阳调查，折回上海，称太平军约有八万人至十万人之间，具有清教徒的性质兼是狂信的，及上海道台散布英国与太平军为敌的谣言。③

十六日庚申（4 月 23 日）

以巡洋不力，已革福建水师提督郑高祥革任，并革海坛镇总兵官沈河清职。以福建金门镇总兵官施得高为水师提督。④

十七日辛酉（4 月 24 日）

有人奏，贼匪现踞江宁，势必窥伺苏松。上海地方，为沙船聚集之区，倘该匪窜至，防其掠船入海为患。沙船每艇必有三人，一掌罗盘，一掌梢柁，一辨风色，测量浅深，其余水手，皆无能为。若将沙船上掌管紧要之三人俱行传集调开，贼虽掠船，无人驾驭，自可无虞。清廷着麟桂与吴健彰密商，倘贼匪窜近海口，该处沙船掌管之人如何设法可以调开。⑤

---

①《清实录·文宗显皇帝实录》卷八七。
②《清实录·文宗显皇帝实录》卷八七。
③ 1853 年 4 月 22 日文翰致英国外相克拉兰敦函，《太平天国》（六），上海人民出版社、上海书店出版社 2000 年版，第 891～893 页。
④《清实录·文宗显皇帝实录》卷八八。
⑤《清实录·文宗显皇帝实录》卷八八。

十九日癸亥(4月26日)

为破除与太平军为敌的谣言，英国公使文翰乘兵船西上，抵达镇江府江面时，遭到岸上太平军炮击，随行清军艇船发炮反击。文翰以费煦班名义修书一封，交舟子送往镇江，力图解释误会，为清军所获，未送达。①

二十日甲子(4月27日)

文翰抵达南京江面，派密迪乐登岸，得到北王韦正、翼王石达开的接见。②

廿三日丁卯(4月30日)

倪良耀奏，海运剥送交兑，米数参差。咸丰帝批复，此次江浙两省海运米石，叠经降旨，责成倪良耀赶紧办理。如果该司认真督催，何至二月中旬始行奏请勒限放洋，嗣后亦未据将迟延州县指名参奏。兹因被黄宗汉参劾，特胪陈剥运交兑情形，哓哓辩论，以掩其迟误之咎，已属难逃朕鉴。

户部尚书孙瑞珍等奏，验收海运南粮现办情形。得旨：地方情形，随时具奏，应密者密之。③

文翰原定今日上岸会晤东王杨秀清，临时变卦，后修书一封，历数英国根据南京条约在中国获得的特权，暗示太平天国承认它，并再次向太平军表示中立，及询问太平军今后的行动计划和对外政策。④

廿五日己巳(5月2日)

户部奏，海运漕粮迟滞，请旨饬催。本年江苏、浙江两省，起运漕粮正耗米石，改由海运。前经降旨，饬令江苏布政使倪良耀严饬各州县赶紧运米赴沪，克期放洋。兹据户部奏称，江苏省兑运米现止五十万七千余石，浙江省兑运米现止三十

---

① 1853 年 5 月 6 日文翰致因果外相克拉兰敦函，《太平天国》(六)，上海人民出版社、上海书店出版社 2000 年版，第 894 页。

② 1853 年 5 月 11 日文翰致英国外相克拉兰敦函附件：《(密迪乐)与北王翼王叙话录》，《太平天国》(六)，上海人民出版社、上海书店出版社 2000 年版，第 902~904 页。

③ 《清实录·文宗显皇帝实录》卷八九。

④ 1853 年 5 月 11 日文翰致英国外相克拉兰敦函附件：文翰致革命军首领书，《太平天国》(六)，上海人民出版社、上海书店出版社 2000 年版，第 899、908 页。

余万石。核计两省起运米数，仅及其半，较之历届放洋日期，亦形迟滞。其未经装兑粮米，江苏省尚有五十余万石，浙江省尚有三十余万石。清廷着江苏、浙江各巡抚，并总司海运事宜、江苏布政使倪良燿，迅即催趱，全数装兑放洋，毋得稍有迟滞。

户部奏请将擅行截留海运漕粮之巡抚、藩司交部严议。本年江宁所属及安徽、江西应运新漕，因河道梗塞，未能运京，酌量截留军食，原系变通办理，并非准其截留海运米石。乃该抚等并未豫先分晰奏明请旨，辄援截留漕粮抵饷谕旨，率将海运正粮截留二十余万石之多，实属有意蒙混。杨文定、联英、倪良燿均着先行交部严加议处。仍着该署督等迅将所截米石，按照奏定章程，设法补足全数，克期装兑沙船运京，毋得再有迟误，致干重咎。①

太平军东王杨秀清等回复文翰，强调天王为万国真主，英人无论协助我天兵歼灭妖敌，或照常营业，悉听其便。文翰回复，再次申明英国在华特权，随即乘船折回上海。②

廿七日辛未(5 月 4 日)

清廷晓谕，前据向荣奏，攻剿江宁贼匪，连获胜仗，并请饬调水师战船以备火攻，已谕令杨文定速带艇船进剿，并传谕麟桂、吴健彰雇备上海船只迅驶江口矣。现当剿贼吃紧之时，大江南北两岸，虽屡获胜仗，而贼船横梗江面，毫无顾忌。倘各路船只不能及时攻剿，任令该匪连樯游奕，南北自如，逆贼何时始就殄灭耶？该大臣前派郑魁士往江阴迎提船只，未知能否得力，仍着另派大员迅往下游，催提麟桂等所觅各船。如有入江确信，着向荣、许乃钊密商布置。其上游船炮，应于何处会齐，同时夹击，务将江面贼船焚毁净尽，迅扫妖氛。若先能攻获贼船辎重，不但收其军械，并可因粮于贼，以备赏犒。

孙瑞珍奏，据前任广东按察使赵长龄呈递说帖，称该员前在肇庆府任内，曾雇用红单商船，剿平廉州洋匪，著有成效。该商船素以贩油为业，涉历大洋。其驾驶之快利，炮火之精锐，点放之娴熟，较之额设师船，得力不啻数倍。南澳镇标游击黄开广，系水勇出身，与该船户等素相联络，若使之雇募管领，驾赴江南，攻剿可期制胜。清廷着叶名琛、柏贵迅即将此项红单船只，酌定数目，赶紧募雇，配带炮位、铅丸、火药，即派游击黄开广管领，星速由海入江，听候钦差大臣向荣等调遣，以资攻击。如黄开广距省尚远，调到需时，即着该督等另派熟习情形员弁管带

①　《清实录·文宗显皇帝实录》卷八九。

②　1853 年 5 月 11 日文翰致英国外相克拉兰敦函附件：文翰致革命军首领书，《太平天国》(六)，上海人民出版社、上海书店出版社 2000 年版，第 899~915 页。

前进，饬令该游击随后驶赴江南，协同驾驭。

户部尚书孙瑞珍等奏，遵查海口奸匪，随时察访。得旨：严密随时查访，处以镇静，不可稍涉张皇。①

廿九日癸酉(5 月 6 日)

昨谕令广东雇觅红单船只，由海入江，为助剿贼船之用。兹又有人奏，请饬广东雇觅火轮船只，由海道驰赴江南协剿，并称候补道伍崇曜可以商酌雇觅。伍崇曜素悉海洋情形，屡次出力，清廷着叶名琛、柏贵即密传该员与之商酌，应如何雇备船炮可期得力，其船价一切经费如何筹画，总须迅速办理，方能有济。②

三十日甲戌(5 月 7 日)

钦差大臣向荣奏，英轮驶至六合，嘱县吏为往南京太平军投书，并有一轮自镇江驶往南京。③

是月

沙皇尼古拉一世，批准占领克默尔湾和奇集屯，宣布外兴安岭以南、黑龙江中下游以北和鞑靼海峡沿岸克默尔湾等地同属俄国所有。④

夏四月初二日丙子(5 月 9 日)

以擅行截留海运漕粮，署两江总督杨文定、前任江苏布政使联英、布政使倪良耀均降四级调用，命杨文定、倪良耀暂留署任。⑤

初九日癸未(5 月 16 日)

孙瑞珍、庆祺奏，江浙两省应解海运经费，请分别抵垫。海运船只，现已陆续

---

① 《清实录·文宗显皇帝实录》卷八九。
② 《清实录·文宗显皇帝实录》卷八九。
③ 《筹办夷务始末》(咸丰朝)第 1 册，中华书局 1979 年版，第 202~203 页。
④ 卡巴诺夫：《黑龙江问题》，黑龙江出版社 1983 年版，第 154~155 页。
⑤ 《清实录·文宗显皇帝实录》卷九〇。

抵津，验收起剥，需费紧要。所有江苏省应解天津经费，既经该省截解军营银七万两。清廷着即准其归入军需案内报销，并着于长芦盐课项下照数抵拨。其已解未到银两，仍着严催。至浙江省海运经费未到银两，亦准其于直隶盐关各库及天津道库通融借垫，以济急需。俟解到时，即行分别还款。①

初十日甲申(5月17日)

英夷火轮船只，与贼船同泊江宁江心，又至南岸与贼交接，两三日始退出江口。有无别情，清廷着即确探。②

英国照会法国、俄国，说明其清政府寻求修约意向，请它们予以合作。③

十六日庚寅(5月23日)

咸丰帝晓谕，现在逆氛未靖，江南贼船蚁聚，经杨文定等雇备艇船，相机筹剿。兹闻扬州贼船，均在瓜州江口阁(搁)浅。琦善等所带之兵，难以绕越。杨文定等统带艇船，如能由江路绕至瓜州江口，焚其阁(搁)浅之船，则贼锋可以大挫。朕思贼匪若被剿奔窜，由江入海，亦当豫防。现在雇募艇船，攻剿时务须加意慎重，不可令该匪夺获。至近海各船，不比江船尚可收藏港汊，惟有遏贼入海之路，于沿江一带炮台，严加守御。着杨文定、许乃钊随时侦探稽查，毋任贼踪偷越，是为至要。④

廿一日乙未(5月28日)

盛京将军奕兴奏，原派查边大臣书元因病请假，改委协领德安与朝鲜国使臣会哨。

以督带师船逗遛洋面，革浙江温州镇总兵官陈世忠职，仍留水师效力。⑤

署两江总督杨文定向洋人借用兵船，无着。⑥

---

① 《清实录·文宗显皇帝实录》卷九〇。

② 《清实录·文宗显皇帝实录》卷九〇。

③ 伦敦档案局，外交部档案卷 F·Q·27/957，1853 年 5 月 17 日；F·Q·65/421，1853年 5 月 17 日。

④ 《清实录·文宗显皇帝实录》卷九一。

⑤ 《清实录·文宗显皇帝实录》卷九二。

⑥ 《筹办夷务始末》(咸丰朝)第 1 册，中华书局 1979 年版，第 205~206 页。

廿二日丙申(5 月 29 日)

孙瑞珍、庆祺奏沙船水手聚众滋事及现审情形。本年海运沙船，驶至天津，雇用宁波船只。有甫经回空之谢源春船，停泊小刘庄。该船水手胡上才等因白日入人院内，与吕姓互斗，经该汛千总陈康杰前往弹压，竟敢倚众殴打，揪拉上船。迨地方官会同查拿，犹敢鸣锣聚众，意图抗拒，玩法已极。①

廿九日癸卯(6 月 5 日)

美国传教士戴作士到镇江会晤罗大纲，赠以西洋宗教书籍，后者回赠太平天国书籍，并请带信致英国领事馆，劝外国人勿在战争期间前来。②

五月初一日乙巳(6 月 7 日)

美国国务卿麻西训令马沙利对中国内战采取不干涉政策。③

初二日丙午(6 月 8 日)

署闽浙总督王懿德奏请将南澳镇总兵官顾清涟留办洋匪，暂缓北上。得旨：顾清涟着暂缓来见，汝可随时察看，能否得力，据实具奏。④

初四日戊申(6 月 10 日)

王懿德奏，福建海澄等县会匪聚众滋事。署厦防同知王江等禀报风闻漳州府属之海澄县有小刀会匪千余人，入城攻抢，及焚毁衙署、夺犯戕官之事。⑤

初八日壬子(6 月 14 日)

王懿德奏，会匪滋事，同安、厦门失守，安溪亦被贼进城毁抢。清廷着叶名

---

① 《清实录·文宗显皇帝实录》卷九二。
② 《太平天国文书汇编》，中华书局 1979 年版，第 295 页。
③ 邓嗣禹：《太平叛乱与西方列强》，牛津大学出版社 1971 年版，第 222 页。
④ 《清实录·文宗显皇帝实录》卷九三。
⑤ 《清实录·文宗显皇帝实录》卷九三。

琛、柏贵迅即于潮州、惠州各镇协内抽调精兵二三千名，配带军火器械，派委镇将大员统领，即由潮州一路，取道星速赴闽，确探贼踪，协同闽省官兵，合力夹攻。①

初九日癸丑（6月15日）

前据琦善等奏，新江口江面，有贼船驶赴上游。本日复据李嘉端奏，接据江浦县曾勉礼禀称，二十七日卯刻，南岸逆船多只，乘风逆流，行至西江口，遇水营炮船轰击，暂停北岸，旋即扬帆驶过三山江面。②

初十日甲寅（6月16日）

向荣等奏，自二十七日至三十日，先后有贼船千余只，由金陵驶过芜湖，并未焚掠。其船中或六七人，或二三人，有已薙发者，有未薙发者，均未包扎红巾及穿号衣。询之船上逃出难民，据称两湖贼目，皆言粤匪不公，不如仍顺圣朝。

怡良奏，据苏松太道吴健彰禀称，本年亚美里驾国公使马沙利，面交致大学士文书一封，嘱递两江总督寄达。该督现将原书咨送两广总督，另录底稿进呈。清廷谕令叶名琛即将怡良递往之该夷使文书拆看，酌量情形，奏明办理。③

十二日丙辰（6月18日）

朱嶟奏，转运漕粮，豫筹寄囤，以速运务。清廷批示，现当验收海运漕粮吃紧之际，设遇大雨时行，道远难于转运，自应豫筹寄囤，以期迅速起卸。着准其援照成案，暂行寄囤太平仓三十万石，俟通坝扫数完竣，再行分投起运。如果天晴路干，仍饬该监督等督令赶运，毋稍迟延。

御史蔡征藩奏，招商运米赴津，此时未便举行。清廷从之。④

王懿德奏，收复同安、安溪，查探漳州府城被扰，镇道闻俱被戕，延平府属之永安、沙县先后失守，请调江西浙江官兵各二千名会剿。清廷着黄宗汉、张芾酌度情形，迅调官兵。

---

① 《清实录·文宗显皇帝实录》卷九三。
② 《清实录·文宗显皇帝实录》卷九三。
③ 《清实录·文宗显皇帝实录》卷九三。
④ 《清实录·文宗显皇帝实录》卷九四。

十三日丁巳(6 月 19 日)

奕兴等奏，奉天锦州府属，现存米石无多，不惟陈米难资储备，且当此青黄不接之时，采办恐致有妨本处民食。清廷着准其暂缓采办。①

十四日戊午(6 月 20 日)

咸丰帝批示：前有旨令叶名琛等雇募红单船，派南澳镇游击黄开广管领，由海入江，听向荣调遣。现在福建漳泉会匪滋事，厦门失陷，黄开广统带师船，必道经福建。如厦门海面有贼船游驶，即着协同该省水师并力攻剿，仍行前赴江省。再朕闻署潮州府知府佛冈同知吴均、管带潮勇素著恩威，前办惠州盗贼，已有成效。前任澄海鮀浦司巡检章坤，人颇强干，能驭枭桀，现寄籍广东，为吴均所识。潮州毗连漳泉，着叶名琛等即饬吴均与章坤带领得力兵勇，驰往会剿。现在漳泉会匪初起，出其不意，迅速掩捕，尚可及早扑灭，否则滋蔓难图矣。

十六日庚申(6 月 22 日)

直隶总督讷尔经额奏，查覆安肃县天主教传习情况，及景州、威县、巨鹿等地并无传习之人。②

十九日癸亥(6 月 25 日)

漳泉会匪滋事，清廷着台湾道徐宗干酌带弁兵，内渡赴漳泉协同剿办。所有台湾道印务，即着该府护理，以便徐宗干交卸迅速启程。③

廿一日乙丑(6 月 27 日)

漕粮偶因阴雨，暂囤太平仓，三十万石作为两次起卸，徒费开销。清廷着仓场侍郎即饬坐粮厅，趁此天晴路干，备齐口袋车辆，照例每日三万石，赶紧运赴原派各仓。即遇雨暂囤，亦不准多延时日。仍随时造册送部查核，如有藉端浮冒情弊，

---

① 《清实录·文宗显皇帝实录》卷九四。

② 《筹办夷务始末》(咸丰朝)第 1 册，中华书局 1979 年版，第 209~201 页。

③ 《清实录·文宗显皇帝实录》卷九四。

着该部据实参奏。①

廿二日丙寅(6 月 28 日)

以催调江南艇船不力，总兵官和春、李德麟下部议处。②

廿八日壬申(7 月 4 日)

美国公使马沙利借呈递国书，至昆山会晤两江总督总督怡良，提出美国援助清政府的条件。③

六月初一日甲戌(7 月 6 日)

调江南狼山镇总兵官吴元猷为广东琼州镇总兵官，以广东崖州协副将泊承升为江南狼山镇总兵官。④

初二日乙亥(7 月 7 日)

命福州将军有凤兼署闽浙总督，杭州副都统巴彦岱署将军。

以福建闽安协副将钟宝三为金门镇总兵官，两广督标中军副将庆寅为福建建宁镇总兵官。

予福建漳州殉难总兵官曹三祝、道员文秀祭葬世职。厦门阵亡守备郑振缨祭葬世职如游击例。⑤

初六日己卯(7 月 11 日)

琉球请撤英人，两广总督叶名琛向英使交涉无效。⑥

---

① 《清实录·文宗显皇帝实录》卷九五。
② 《清实录·文宗显皇帝实录》卷九五。
③ 戴维斯：《美国外交文件：美国和中国(1842—1860)》第一辑第四卷，威尔明顿学术资料出版公司 1973 年版，第 28 页。
④ 《清实录·文宗显皇帝实录》卷九六。
⑤ 《清实录·文宗显皇帝实录》卷九六。
⑥ 《筹办夷务始末》(咸丰朝)第 1 册，中华书局 1979 年版，第 212~213 页。

初十日癸未(7 月 15 日)

据库伦办事大臣德勒克多尔济等奏，俄罗斯国遣使至该处呈递文件。据称该国管船官普提雅廷，由海岛买物折回，欲进上海歇息，并恳祈进口贸易。清廷批复，上海本非俄罗斯应至之地。从前道光二十八年、三十年，该国船只前来海口寄泊，均由英夷领事转求通商。此次复向库伦办事大臣衙门自行呈请，是其希冀通商妄念未息。所称采买什物，整理残缺等语，难保非因前任督抚叠次拒绝，无可措辞，又复别生枝节，意图暂时允准，临时复有要求。海禁攸关，不可不豫防其渐。着怡良、许乃钊密饬吴健彰，如该国船只果有寄泊上海，恳求贸易之事，即着查照成案，妥为开导，饬令即回本国，务期坚守定例，正言声覆，杜其妄念。万不可稍露迁就之意，致留间隙。并严禁内地民人与之交易，豫防英夷商贾与之句(勾)通，以杜事端而绝觊觎。如并无来沪信息，但应随时留意，不宜先事声张。①

十一日甲申(7 月 16 日)

王懿德奏，台湾南路匪徒滋事抗官，台湾县知县高鸿飞追捕被害。台地民情浮动，居民皆非土著，向有漳泉各府之人，往来寄寓。现在内地上下游土匪未靖，台郡为闽省屏障，若不迅图扑灭，恐句(勾)结潜滋，为患更大。据称台湾北路协副将吕大升籍隶泉州，自愿回籍募勇渡台，会同彰化县在籍京官王云鼎添雇备调。清廷着即饬令该副将等迅速召募飞渡，交该处镇道调拨，以助兵力。至台湾镇总兵恒裕、台湾道徐宗干身膺重寄，不思和衷共济，靖此海疆，乃竟意见不合，该道辄藉词称病。试问台匪稍有蔓延，该镇道等岂能幸逃罪戾。前令徐宗干内渡会剿，现在台属匪徒滋扰，着无庸驰赴漳州，仍责成该道会同该镇，剿办台湾匪徒，以赎前愆。至漳、泉、永春所属各州县，虽渐次收复，延平府城亦连经获胜，惟贼踪涣散，亟应悉数歼除。该署督所请催兵协剿，本日又飞饬广东督抚将前调兵三千名，迅催赴闽矣。……本年应解台湾饷银，着照所拟，慎重起解，毋稍疏虞。②

十五日戊子(7 月 20 日)

前据怡良奏，亚美理驾国公使马沙利面交文书，并声称带有国书，欲求呈递。已谕该督妥为晓谕，令其仍遵旧例，听候两广钦差大臣核办。本日复据怡良奏，已

---

① 《清实录·文宗显皇帝实录》卷九六。
② 《清实录·文宗显皇帝实录》卷九七。

在昆山与该夷酋相见，并将所递夷书，拆封进呈。咸丰帝批复，朕阅其情词，不过新换公使，声叙姓名，仍求和好，照常贸易之事。其所称遣令入觐一语，虽系空言，亟须明白晓谕，杜其妄念。惟赐以覆书，则断无此理。上海道吴健彰熟悉夷情。该督即密饬该道坚持定议，妥为开导。中国抚驭外藩，惟年班及入贡诸国陪臣，乃有请觐之例。该国远隔重洋，素敦礼义，中外礼制，自所深知。但须恪守条约，照旧通商，正不必遣使入觐，始见诚悃也。总以正论婉言，使其心服，该酋自不致别生枝节。傥或另有要求，不能理喻，即仍遵前旨，告以钦差大臣现在广东，令其静候查办，一面知照叶名琛妥为筹办。务使该酋知奉旨不准之件，无论何省督抚，皆不敢再为陈奏，则无从要挟觊觎，自必安静贸易。该督其慎密行之。

该道吴健彰，仍着留于上海本任，无庸带船前赴江面协剿。①

十八日辛卯(7 月 23 日)

沙俄涅维尔斯科依在彼得东营接到穆拉维约夫的通知，转达尼古拉一世已下令占据库页岛。②

二十日癸巳(7 月 25 日)

两广总督叶名琛奏美使马沙利交来国书情形。③

廿五日戊戌(7 月 30 日)

朝鲜国使臣姜时永等三人于神武门外瞻觐。

廿七日庚子(8 月 1 日)

本日据麟桂奏，上下游艇船，俱甚单薄，江面万分吃紧，必得舟师迅往援应。清廷着叶名琛、柏贵迅饬署海安营游击吴全美将续雇之红单船若干只，配足弁兵、炮械、火药、铅丸，赶紧管带启程，驶往江南，听候调遣。并飞咨经过各海口地方官，沿途催趱。至前次陈国泰管带船二十只，于五月二十一日，业已启程，现尚未

---

① 《清实录·文宗显皇帝实录》卷九七。
② 法因别尔格:，俄日关系(1697—1875)，莫斯科出版社 1960 年版，第 136 页。
③ 《筹办夷务始末》(咸丰朝)第 1 册，中华书局 1979 年版，第 220~221 页。

驶入江口。着一并飞咨沿海口岸，毋任稍有逗遛。①

三十日癸卯（8 月 4 日）

南城御史隆庆、给事中吴若准奏，书吏金崇垙家住通州，外号"金大侉子"，在通州坐粮厅衙门兼一缺，并往天津办海运等事。当此巡城吃紧之际，该吏在城当差，竟敢远扬，票传不到，胆玩已极。清廷着孙瑞珍、庆祺、顺天府、仓场侍郎即饬天津、通州各该地方官，将金崇垙一体缉拿，解交刑部究办，以惩猾吏以儆效尤。②

秋七月初六日己酉（8 月 10 日）

张亮基奏，越南贡使请暂留荆州。清廷即着妥为安置，无任稍有疏失，一俟前途肃清，再为护送前进。

初七日庚戌（8 月 11 日）

御史蔡徵藩奏，风闻台湾府城被围。据称此次匪徒滋事，该镇并不亲行。仅委县令会同守备孟浪前驱，以致被贼戕害。现在直扑府城，凤山县属亦被贼围。清廷着该署督即饬令澎湖协副将邵连科前往台湾，会同恒裕等相机妥办，或督兵进剿，或设法解散，总期迅速蒇功，毋令蔓延为患。

以督办海运经理得宜，赏浙江巡抚黄宗汉、道员周起滨花翎。③

十一日甲寅（8 月 15 日）

命降调江苏布政使倪良燿仍留江苏差遣，并办理海运事宜。

抚恤日本国遭风难夷如例。④

十二日乙卯（8 月 16 日）

怡良、许乃钊奏参捏病规避之委署知县。江苏试用知县王庆嵩委署吴江县事，

---

①　《清实录·文宗显皇帝实录》卷九八。

②　《清实录·文宗显皇帝实录》卷九八。

③　《清实录·文宗显皇帝实录》卷九九。

④　《清实录·文宗显皇帝实录》卷一〇〇。

该县有应行筹补前任欠解海运米石，系紧要款项，辄敢托病告假，实属有心规避。王庆嵩着即行革职，以示惩儆。江苏为财赋重地，如果地方官办理得宜，小民具有天良，断无不踊跃输将之理，何至州县视征漕为畏途，临委捏病，总由向来浮勒过甚，以致民力凋敝，追呼愈迫，抗欠愈多，后任无从着手。病国病民，莫此为甚。江苏如此，他省可知。嗣后着有漕各督抚严饬所属征收漕米，当视向办章程，力求撙节有减无增，俾民知爱戴，自无不感激输将，庶正供不致有亏，而官民亦不致交困。其有仍前浮滥，刻剥民膏，下拂舆情，上亏国课者，即着严参惩办，勿稍姑容。①

十四日丁巳（8月18日）

沙俄涅维尔斯科依乘坐"贝加尔"号进入哈吉湾，建立康士坦丁哨所。②

十五日戊午（8月19日）

吴文镕、吴振棫奏，南掌国遣使叩关，恭请入贡，并呈进表文。清廷批复，南掌国长召整塔提腊宫满世守藩封，情殷庆驾，并例贡届期，遣使叩关，呈进贡物。所有该国使臣，计七月内可抵云南省城。该督等于该贡使到省后，即照例派委文武各员，妥为护送启程，于封印前抵京。③

十六日己未（8月20日）

清廷晓谕，现在记名水师总兵人员，将次用竣，着两江、闽浙、两广总督于水师副将内，遴选堪胜水师总兵者，各保奏一二员，迅速送部引见，候旨记名，以备简用，不得以无员可保一奏塞责。其水师参将、游击、都司、守备各员如有才艺出众，可备器使者，并着核实开单具奏。

清廷又谕，前据怡良等奏，倪良燿承办海运案内，擅行截留漕米，尚未筹补起运。经该督等叠次严催，泄沓如故。已降旨将陈启迈调补江苏藩司，令倪良燿留于江苏，仍责成办理海运事务矣。本日据倪良燿奏称，现于截漕民欠中，续征米一万二千四百石，暂存上海，与未完米石，统俟本年新漕，一并搭运。去岁征漕时，倪良燿业已迟延贻误，兹所征米一万余石，着怡良、许乃钊饬令该员赶紧运赴上海，

① 《清实录·文宗显皇帝实录》卷一〇〇。

② 维诺库罗夫、弗洛里奇：《涅维尔斯科依海军上将的功勋》，莫斯科出版社1951年版，第123页。

③ 《清实录·文宗显皇帝实录》卷一〇〇。

妥为收储。其余未完米二十万数千余石，着严饬倪良燿督同地方官陆续征完，一并运至上海。统于本年新漕搭运由海抵津，不准颗粒短少。倘再藉词推诿，又致延误，即着从严参办。

御史陈庆镛奏福建贼匪情形。据称福建下游贼匪始由海澄发难，所至地方，文武逃遁，致贼得以占踞空城。其贼船攻犯厦门，由官兵之素预小刀会者，与为内应。同安县知县李湘洲有走匿情事。现在同安西界，多半从贼。

前任江苏布政使倪良燿奏，截留海运漕粮，请归本年新漕搭运。得旨：汝真是一无用之人。去岁征漕时，皆系汝迟延贻误，汝之罪将谁诿耶？①

十七日庚申(8 月 21 日)

黄宗汉奏，浙江台州府地方于六月十九等日，风雨大作，山水下注，江潮泛溢。四乡民舍田禾，均遭淹没。至二十一日，雨势愈大，西门城墙被水冲塌，城内水深丈余。衙署仓狱，几成巨浸。被水之民，死伤枕藉。②

十八日辛酉(8 月 22 日)

怡良、许乃钊奏，遵筹江南大营粮台，请以征收关税作为兵饷。清廷批复，现在江南大营需饷孔殷，该督等所奏自系实在情形。着准其以上海道征收关税银两作为大营及镇江各营兵饷之用。除浒墅关所收税银及催缴捐项外，并准其行咨浙省藩关运各库，如有可以协济之处，务令源源拨济，毋误要需。③

二十日癸亥(8 月 24 日)

文谦奏天津地方紧要，请派大员暂行驻守。清廷晓谕，天津为水陆冲要，拱卫京畿。所有稽查奸究，弹压地方，均关紧要。现在海运漕粮，将次兑竣。孙瑞珍于验收完竣后，即着回京。庆祺着留于天津专办巡防事宜。其现驻天津之盛京官兵，即归庆祺调度。文谦虽无地方之责，现当办理巡防之际，着该盐政会同天津镇道，督率地方文武，一体认真查察，毋稍疏懈。至劝谕捐输军饷事宜，仍责成文谦会同地方官绅，妥为筹办。④

---

① 《清实录·文宗显皇帝实录》卷一〇〇。
② 《清实录·文宗显皇帝实录》卷一〇〇。
③ 《清实录·文宗显皇帝实录》卷一〇〇。
④ 《清实录·文宗显皇帝实录》卷一〇〇。

廿二日乙丑(8月26日)

王懿德奏剿办闽省上下游两处贼匪获胜情形。据称六月初八日，尤溪县被贼窜扰，署知县金琳力战受伤投水遇救，商同卸署知县萧作霖密图收复。十四日，适先经延建邵道胡应泰派委带兵策应之署都司顾飞熊等兵抵该处，与贼接仗，毙贼二百余名。逆首林俊踞七口桥抗拒官兵，该县金琳等带勇前来会剿，贼锋大挫，林俊被枪倒地，贼众拥去，生擒伪将军萧虎及伪军师僧人阿金二名，杀毙贼匪并夺获枪械无算。余贼窜至黄新口地方，复被带兵接应之署参将李煌等歼毙数百名。县城当即收复。……六月十二日，该匪攻扑金门，水师提督施得高带兵救护，适陆路员弁，将匪击退。该匪由水路直犯师船，施得高会同护金门镇孙鼎鳌并盐法道瑞璘、护兴泉永道来锡蕃等所雇勇船堵截，轰沈贼船八只，夺获三只，杀贼三百余名，生擒七十九名，并获贼目林沙、林桂二名，起获炮械药弹多件。①

廿八日辛未(9月1日)

叶名琛奏，遵查夷酋所递文书缘由，并请饬两江总督谕令该酋回粤。据称马沙利来粤，为接办公使事务，非有他故。即前往上海，亦为护货。后因江南有借雇火轮船之说，遂觉中国倚为御侮，因欲呈递文书，意图尝试。现处上海已久，应饬回粤。清廷谕令怡良即饬上海道吴健彰，谕知该酋速行回粤。着叶名琛于该酋到粤后，即设法防维，相机控驭。或另有要求，仍当坚持定约，杜其妄念，不致别生枝节为要。②

八月初六日戊寅(9月8日)

英国皇家炮舰"斯巴达人"号水兵占领上海海关公署。

初七日己卯(9月9日)

孙瑞珍、庆祺奏，海运米石尾数，请折价交纳。江苏省漕白粮米，由海运至天津，除现已验收八十万五千四百余石，其未到漕米一万八千四百余石，尾数无多。该尚书等请照京仓折放米石，粳米每石一两四钱之数，饬令苏松粮道，折价交纳，

---

① 《清实录·文宗显皇帝实录》卷一〇一。
② 《清实录·文宗显皇帝实录》卷一〇一。

派员解部，俾该粮道迅速回任，赶办来年新漕。清廷着即照所请行，至撤局后，其续到沙船，即由庆祺督同坐粮厅将经纪耗米验收拨运，以清款目。

调闽浙总督吴文镕为湖广总督，以署四川总督慧成为闽浙总督。未到任前，仍以福州将军有凤署理。①

十一日癸未(9 月 13 日)

以署湖广总督张亮基为山东巡抚。未到任前，以山东布政使崇恩暂行署理。

十二日甲申(9 月 14 日)

清廷晓谕，前经叠降谕旨，令叶名琛等雇备红单船只，载炮驶赴江南助剿，业已前后开行。兹据江忠源奏，制造战船，以广东拖罟船为式。着叶名琛等速将此号船式，咨明各该督抚仿照制造，即选派熟习工匠数名，令赴两湖南北，俾资制造。并着叶名琛等购备夷炮五百斤、三百斤重者，合千余尊，克期三月，解至武昌，以便配搭船只，分布水师各营，为水陆夹击之计。②

十四日丙戌(9 月 16 日)

本日据许乃普奏，闻广东内河外海各厅县，均有捐造缉捕快蟹船。道光年间，办理夷务时，土匪蜂起，添造此船，为数不少。沿江沿海，缉捕盗匪，悉藉其力。英夷之火轮船，驶入河内，惟此船可以制胜。蟹船形如蜈蚣，上无篷窗，利于用武；船头暗藏大炮，旁列子母炮，护以鱼网，枪炮不能击中；船勇皆系各厅县雇募练习之人，技艺娴熟，洵为水战第一器械，均由该厅县捐办现成，无须另行筹办。清廷着叶名琛、柏贵体察情形，如果此船可期得力，着即派委得力员弁，管带快蟹船二三十只，迅由海道驰赴江南，驶入长江，合力围剿。并着派军功五品顶带梁恩升、千总王耀吉、已革千总陈高、守备卫佐邦随同水师，乘驾快船，前往江南，听候调遣。

以筹办江南浙江海运事竣，赏户部尚书孙瑞珍、仓场侍郎庆祺花翎，出力员弁，加衔升叙有差。③

---

① 《清实录·文宗显皇帝实录》卷一〇二。
② 《清实录·文宗显皇帝实录》卷一〇三。
③ 《清实录·文宗显皇帝实录》卷一〇三。

十六日戊子(9月18日)

据德勒克多尔济等奏,俄罗斯固毕尔那托尔咨称,果尔毕齐河地界并未立有界牌,以及近海一带,呈请定立界限。俄罗斯近海一带地方,有无设立界牌之处,理藩院定例并未详载。清廷着英隆先行查明,该果尔毕齐河东山之南北两处,从前如何分定界限,以及伊等近海一带地方,究系应否设立界牌之处,着即行文,知照德勒克多尔济等循照旧例,妥为办理具奏。①

十七日己丑(9月19日)

骆秉章奏请调广东拖罟等船驶赴金陵,以资堵剿。据称拖罟、快蟹等船,可由广西陡河入江,前赴金陵。清廷着叶名琛、柏贵迅速雇备拖罟船百只,快蟹船数十只,选派得力将弁,配带炮位火器,驶驾入江,与前赴江南之红单船及各师船会合夹击,以期迅扫贼氛。②

十九日辛卯(9月21日)

王懿德奏,艇匪伺劫饷银,请将该管镇营并督运护解之员分别惩处。福建委员押解台湾澎湖等处饷银,在海坛镇辖万安汛澳内泊船候风,突遇艇匪,将雇备防护商船行李货物搜劫,并殴胁知县县丞。③

二十日壬辰(9月22日)

抚恤琉球国遭风难夷如例。

廿三日乙未(9月25日)

前据怡良奏嘉定县匪徒滋事,该督亲赴苏州督办。本日又据奏称,上海县闽广匪徒,聚众戕官,巡道不知下落。上海华夷杂处,又为海运总汇之地,较之嘉定,尤为紧要。该匪仓猝滋事,何以署知县即至被戕,上海道吴健彰现在何处,该匪曾

---

① 《清实录·文宗显皇帝实录》卷一〇三。
② 《清实录·文宗显皇帝实录》卷一〇三。
③ 《清实录·文宗显皇帝实录》卷一〇三。

否踞城，究竟因何起衅，清廷着该督迅速查明具奏。所称闽广匪徒，是否在上海贸易，仰系突来艇匪，有无逆匪句（勾）煽。雷以诚奏，有宿迁县知县林德泉管带广东拖罾船，行抵上海，拟催令入江助剿。此项拖罾船只，如果尚在上海停泊，可否用以攻剿闽广匪徒之处，着即相机办理。①

廿九日辛丑（10 月 1 日）

兼署闽浙总督福州将军有凤奏，台湾凤山县城收复。

三十日壬寅（10 月 2 日）

钦差大臣湖北提督向荣等奏报上海川沙等厅县失守，拨兵进剿。
伊犁将军奕山等奏俄罗斯通商情形。②

九月初二日甲辰（10 月 4 日）

广东所募红单船，已抵闽洋。
沙俄涅维尔斯科依等乘坐"尼古拉"号，进入库页岛阿尼瓦湾，强行登陆，建立哨所，声称库页岛作为黑龙江下游的延续地区属俄国所有。③

初三日乙巳（10 月 5 日）

黄宗汉奏保举贤员，请旨补授海疆要缺知府。浙江请补杭州府西塘海防同知段光清，着补授宁波府知府。

有人奏，红单船素习波涛，惯于打仗，该船以利谋生，奖以功名，不若赏以重利。清廷指示，广东所募红单船，早抵闽洋，此时当可入江。此项船只是否坚固，炮位是否猛利，管带各员，是否得力。着大臣等认真体察，总期有一船可得一船之用。并着剀切晓谕，如将江面贼船轰毁，除军械火药米粮照例入官外，其余财物概行赏给，以期奋力剿贼，早清江面。

有人奏，广东滨海之区，沙田数千万顷，多未升科，皆由办理详咨，费用太

---

① 《清实录·文宗显皇帝实录》卷一〇四。
② 《清实录·文宗显皇帝实录》卷一〇四。
③ 涅维尔斯科依：《俄国海军军官在俄国远东的功勋（1849—1955）》，商务印书馆 1978 年版，第 237 页。

多，人皆畏缩。若减价征收，计可得银数百万两。又据奏称，粤东红单船，与官兵不相洽习，至临阵机宜，令自举勇干绅士，为之董率。又有快蟹船，与红单船实能相辅，可一并招募。若能轰毁贼船，即将银物全行赏给。

浙江巡抚黄宗汉奏，浙省米贩不通，商船改道运谷赴浙，请与前奏米船一体免税。清廷着如所请行。①

初五日丁未(10月7日)

清廷晓谕，天津密迩京师，滨海要地，不可不严加防备。闻该处团练，颇有成效。着文谦会同该镇道，认真督劝，实力操演，以资捍卫，并饬在籍前任巡抚梁宝常督率倡办。至海口商民船只，亦须随时严密稽查，毋令奸细溷迹。其陆路商贩难民，亦难保无匪徒假扮，希图窥伺虚实。着文谦等密派妥干之员，随处访察，傥有形迹可疑者，即行严拿究办。惟须持以镇静，切勿张皇。②

初六日戊申(10月8日)

崇恩奏，亟筹安辑灾黎，请截留漕粮备赈。山东济宁等州县因今春丰工漫口，旋堵旋塌。秋汛来源甚旺，该处复被淹浸，数万饥民，深堪悯恻。清廷着准其于东省本年应征漕粮内，截留十五万石，以备赈济之用。惟现在江省被兵，浙省亦多被水灾，明年海运漕粮，恐有短绌，天庾正供，未便纷纷截留。该署抚仍当督率妥员，核实放赈，如有余米可以节省，仍着运京并晓谕官绅士民，如有捐输米石者，亦可补漕粮之不足。

以福建厦门剿匪出力，赏已革提督李廷钰二品顶带，命协同办理同安厦门剿匪事宜。③

十二日甲寅(10月14日)

吴健彰照会阿礼国，以四万五千两丝茶税银系上海沦陷前，业经检查完毕，且已结账，其三联单亦已登记注销，请速命贵国商人付清上述欠税。④

---

① 《清实录·文宗显皇帝实录》卷一〇五。
② 《清实录·文宗显皇帝实录》卷一〇五。
③ 《清实录·文宗显皇帝实录》卷一〇五。
④ 《上海小刀会起义史料汇编》，上海人民出版社1980年版，第323页。

十三日乙卯（10 月 15 日）

越南国使臣潘辉泳等六人于神武门外瞻觐。①

十四日丙辰（10 月 16 日）

上海小刀会刘丽川，致函各国领事，希望各国保持中立。②

十六日戊午（10 月 18 日）

英国领事阿礼国复照吴健彰，拒付四万五千两税款，声称："中国皇帝既在一个通商口岸丧失其统治权，是否有权继续在该口岸征收关税，实为一种必须考虑的问题。"③

二十日壬戌（10 月 22 日）

有人奏，舟师之锐，莫如红单船，而欲红单船之得用，必由广东绅士雇觅。候选道伍崇曜，素为该处民勇人等信服，应即令该员办理。清廷着再传谕伍崇曜按照所奏各情，悉心筹画，即责成该员专办。傥江面贼船一律廓清，即爵赏之荣，亦所不吝。④

廿一日癸亥（10 月 23 日）

以海运漕粮全数抵津，颁浙江省城风神庙御书匾额曰"宣仁利运"，天后宫御书匾额曰"海滢流慈"。⑤

廿三日乙丑（10 月 25 日）

越南国王阮福时遣使奉表谢恩，并贺万寿，进贡方物。清廷命留抵下次正贡，

---

① 《清实录·文宗显皇帝实录》卷一〇六。
② 《上海小刀会起义史料汇编》，上海人民出版社 1980 年版，第 16~18 页。
③ 《上海小刀会起义史料汇编》，上海人民出版社 1980 年版，第 324~326 页。
④ 《清实录·文宗显皇帝实录》卷一〇六。
⑤ 《清实录·文宗显皇帝实录》卷一〇七。

赏赍如例。

廿四日丙寅（10 月 26 日）

吴健彰在美国副领事金能亨的支持下，照会上海各国领事，将于本月二十六日在租界对面船上征收关税。①

廿八日庚午（10 月 30 日）

两江总督怡良奏，收复川沙厅城。得旨：上海必须迅速克复，明岁海运漕粮，所关甚大。②

冬十月初二日癸酉（11 月 2 日）

英国领事阿礼国照会吴健彰，告以设上海关是否适当，须请示公使文翰加以裁决，在未有回音之前，仍应依照代征"临时规则"，按各船情况准其结关出港。③

初三日甲戌（11 月 3 日）

玉明奏请饬严防天津大沽海口，并绘图贴说呈览。天津一带水路，直通海口，逆匪被剿穷蹙，难保不由水路希图入海，亦须豫筹防范。清廷着文谦会同天津镇总兵特克慎、天津道张起鹓督率文武员弁严密防守，毋令该匪抢船入海。又据罗惇衍奏，津门十三行人等素称勇悍，请饬招募。现在该盐政等所募练勇，谅即有此项人等在内，现当剿贼之际，清廷即着设法广为招募，以助防剿。④

初九日庚辰（11 月 9 日）

王懿德奏，剿匪迟延，自请严议。福建土匪窜扰厦门，数月未能收复，实属延缓。福建巡抚王懿德、水师提督施得高，清廷均着交部严加议处。原任浙江提督李廷钰，前经赏给二品顶带，饬令协同剿匪，耽延时日，咎无可辞，念系在籍人员，

---

① 《上海小刀会起义史料汇编》，上海人民出版社 1980 年版，第 340~341 页。
② 《清实录·文宗显皇帝实录》卷一〇七。
③ 《上海小刀会起义史料汇编》，上海人民出版社 1980 年版，第 340~342 页。
④ 《清实录·文宗显皇帝实录》卷一〇八。

着先行交部议处，以示薄惩。前调广东红单船只，本为江南剿贼之用，着王懿德即将吴全美所带二帮艇船十四只，饬令迅速驶赴江南，毋再稽缓。

侍讲学士冯誉骥奏，请调山东登州水勇师船赴江南会剿。东省水师，船只无多，且未知能否合用，清廷着该大臣酌量筹办，如不能得力，即可勿庸调拨也。

福建巡抚王懿德奏，绅士郭柏荫等请将红单船留闽剿贼。得旨：闽省生民，朕岂忍置之不顾？但粤艇专为肃清江面，较量全局，孰轻孰重，自可立见。况艇船为数并不甚多，合之尚恐无济，分之必更单薄。两处贻误，罪将谁诿？该绅士所见甚小，只知顾伊等本地。汝为阖省大吏，何无定见若是，亦何畏绅士掣肘？胆小若是，朕殊不解。此时虽严旨再催，已觉迟缓。①

美国国务卿麻西训令新任驻华大使麦莲，要求他谋求在中国沿海捕鱼、自由使用中国港口和江河等权利，但不能签订一个互惠条款。②

十一日壬午(11 月 11 日)

以办理俄罗斯通商事宜出力，赏章京萨毕屯花翎。③

十三日甲申(11 月 13 日)

据桂良奏，官兵赴津防堵，需饷紧急，请由天津筹款支应。现在保定筹办防堵，司库无银可拨，自应变通办理以济兵需。据称长芦盐政有经征关税，运司有经征盐课，天津道亦有应征海税，皆可通融协济。清廷着文谦等于盐运两库及天津道库，无论何款，尽数就近支应。④

十五日丙戌(11 月 15 日)

江苏布政使陈启迈奏报，筹办捐输团练暨海运银米。得旨：诸务自以妥速为妙，然不可操之太急，致多窒碍。此朕因汝心性素急以救汝之失，应整饬者不可一例看也。⑤

---

① 《清实录·文宗显皇帝实录》卷一〇八。
② 戴维斯：《美国外交文件：美国和中国(1842—1860)》第一辑第五卷，威尔明顿学术资料出版公司 1973 年版，第 3 页。
③ 《清实录·文宗显皇帝实录》卷一〇九。
④ 《清实录·文宗显皇帝实录》卷一〇九。
⑤ 《清实录·文宗显皇帝实录》卷一〇九。

十七日戊子(11月17日)

向荣等奏军饷告匮。清廷着怡良、许乃钊迅即妥筹，于苏省下忙地丁及关税银两内，赶紧筹拨，先其所急。此外无论何款，如有可动支者，即设法尽解以济要需，断不可稍有迟延致误大营军饷。至上海被匪徒窜踞，业经两月有余，尚未收复。前据许乃钊奏，亲督大营官兵驰往剿办，月余未据奏报，殊切悬系。上海为通商要口，且来年办理海运，江浙两省漕粮均须及早雇备船集，赶紧开兑。①

十八日己丑(11月18日)

僧格林沁奏，匪军占踞天津独流、静海，坚匿不出，其势尚未穷蹙，转瞬河冰冻结，头头是道。设大股贼匪奔突，即当处处拦截，得力与否，殊无把握。②

廿一日壬辰(11月21日)

两江总督怡良、署江苏巡抚许乃钊奏，上海之骤难克复。由于该城东北，罗列夷馆，该夷恐官兵向北门攻打，城中贼匪，回放枪炮，夷馆难免受伤。因阻止官兵，免攻东北。并洋泾滨等处，有夷人把守，该逆米粮火药，难免由此路潜运接济。清廷批示，上海为海口通商重地，必须设法控制各夷，不令与逆匪句(勾)结，方可将城中麕聚匪徒四面兜围，断其接济。吴健彰于夷情素所熟悉，着怡良、许乃钊即密饬该道，将各夷妥为羁縻，曲加晓谕，俾知匪徒及早剿灭，于通商事务，方有裨益。各该夷与逆匪不至联为一气，然后督兵剿办，方可得手。总在该督抚妥速办理，不可迁延时日，又致别生枝节。另折奏贼匪于黄浦江中暗雇闽广商船，业经该督抚派员前往解散，令其驶出江口，并多遣间谍入城，相机离间，又飞调水师各战船，并拖罾等船，就近先剿上海，事竣，再赴镇江。所筹尚合机宜，着即照办。③

吴健彰照会阿礼国，接到两江总督和江苏巡抚训令，在上海南北两岸设置关卡。中国商人运送丝茶到沪，向这些关卡或海关公署申报，外国运送丝绵品等至内地，由外国领事向公署申领通过证。④

---

① 《清实录·文宗显皇帝实录》卷一〇九。
② 《清实录·文宗显皇帝实录》卷一〇九。
③ 《清实录·文宗显皇帝实录》卷一一〇。
④ 《上海小刀会起义史料汇编》，上海人民出版社1980年版，第351~352页。

廿四日乙未(11 月 24 日)

徐宗干奏，台湾防捕紧要，请饬筹拨饷需。台湾孤悬海外，所有水陆各营，月饷需银一万余两，季饷需银二万余两。镇标及南北两路，并澎湖各营，未经散放，业已数月。本年夏季以后，正饷加饷，统计需银二十万两余。现在余匪尚未搜捕净尽，水陆均须兵力防捕。海疆重地，饷需最关紧要。清廷着有凤、王懿德于接奉此旨后，迅即酌度缓急，筹拨饷银，委员解赴台湾，以应急需。①

廿五日丙申(11 月 25 日)

王懿德奏厦门获胜，并广东艇船尚须修补开行。清廷晓谕，厦门逆匪既被围穷蹙，亟应迅速进攻。此次进剿，以陆路分道围城，以水师严扼海口，布置尚为妥协。至广东红单船，前经叠降严旨，不准再留。据该抚奏称，船多损坏，必须修补完固，方资驾驶。是现在此项船只，仍未由闽前赴江境，实属耽延。江南水陆攻剿情形，较之闽洋，尤关紧要。若仍藉词延宕，必致贻误事机。所有游击吴全美、署都司陈国泰两起艇船，着王懿德懔遵前旨，饬令迅即开行，即小有修理，亦着赶紧督办，不准稍缓。至孙鼎鳌督带水师，能否得力，现当剿匪吃紧之际，着该督抚仍须察看。该提督施得高如病体稍痊，即饬令赶紧督兵进剿，并饬李延钰、王朝纶等合力进攻，迅图克复，毋稍迟误。

有人奏，豫筹招商海运米石，请饬广东省劝谕官绅士民捐办。现在逆匪肆扰江南并江西湖北各省，明岁漕粮到通，道路恐有梗阻。前经降旨，令广东省招商贩米，赴上海收兑，迄今尚未就绪。清廷着叶名琛、柏贵体察情形，迅即劝谕官绅士民，一体捐办。如有踊跃输将、捐银办米者，与捐助军饷，一律请奖。该省在籍候选道伍崇曜前曾总司招商事务，办理甚为妥协，仍着该员总领其事，事竣奏请奖叙。至粤东夷商米船径到天津一节，殊多未便，自不如上海兑收为妥。

以福建厦门厅被贼陷，革参将游硕云、署守备陈吴、把总蔡等职，均逮问。以兵勇溃散，革福建都司陈光标、从九品吴廷枫职，均逮问。②

廿七日戊戌(11 月 27 日)

因福建会匪滋事，有凤奏，闽省兵力单弱，请饬调浙江精兵，来闽协剿。

①　《清实录·文宗显皇帝实录》卷一一〇。
②　《清实录·文宗显皇帝实录》卷一一〇。

以福建澎湖协副将邵连科为海坛镇总兵官。①

廿八日己亥（11 月 28 日）

户部奏豫筹海运事宜。江苏海运漕粮，向于上海设立总局，现在该县尚未收复，有漕各属曾否开征，运米沙船曾否封雇，该处总局应行移设何处，未据该督抚豫筹奏报。至浙省漕米，前经部咨令由乍浦海口，兑装上船，放洋北上，亦未据黄宗汉咨覆到部。漕粮为天庚正供，关系紧要，此时上海尚未收复，明年海运事宜，必应及早筹画，设法转运。清廷着怡良、许乃钊、黄宗汉迅即妥筹具奏，不得藉词军务纷繁，以致临时贻误。并着怡良、许乃钊严饬带兵各员，将上海贼匪迅速攻剿，毋任盘踞日久，再致勾结蔓延。如上海即日克复，则江浙海运漕粮，自可循照旧章办理也。②

三十日辛丑（11 月 30 日）

以长芦盐运使杨霈为直隶布政使。
法使布尔布隆一行，乘船离开上海西上，至南京考察。③

十一月初三日甲辰（12 月 3 日）

补铸江南盐巡道、苏松太道、江海关监督关防，青浦、上海、南汇三县知县印信，从总督怡良请也。④

初五日丙午（12 月 5 日）

王懿德奏，官兵克复厦门。福建厦门，自本年四月被匪占踞，王懿德驰赴泉州，督同剿办，节经施得高、李廷钰督率护金门镇总兵孙鼎鳌、副将吕大升、暨候选知府王朝纶等设法据险进攻，分路夹击，于十月十一日，克复全岛。前因匪徒占踞厦门同安，我兵未能兼顾，以致仙游等处，日肆鸱张。经此次大兵进剿，克复坚城。其三都、石码、海澄等处余匪，清廷着王懿德督饬带兵各员，乘此声威，迅速

---

① 《清实录·文宗显皇帝实录》卷一一〇。
② 《清实录·文宗显皇帝实录》卷一一〇。
③ 《太平天国史料》，中华书局 1955 年版，第 539 页。
④ 《清实录·文宗显皇帝实录》卷一一一。

剿办，并将仙游等处匪徒一律肃清。①

初十日辛亥（12 月 10 日）

法使布尔布隆率随员登岸南京，与太平天国顶天侯秦日纲会晤，解释各国对中国内战的中立态度，要求保护天主教的利益和维护与清王朝签订的条约。②

十一日壬子（12 月 11 日）

怡良、许乃钊奏，进攻上海，水陆获胜。咸丰帝谕令：详阅所奏，仍不过小有斩掳，并未能大挫凶锋。该匪负嵎抗拒，城内所存粮食本多，又向奸夷购买大炮，显系意图死守。若不赶紧设法攻克，不特有碍来春海运，且关系松、太各属大局。该督抚所称现已占得地利，并囊土成堆，穴墙开炮，俾城上之贼立脚不住等语，自系已有把握。即着迅速布置，尤须严断接济，并饬吴健彰密筹妥办，毋令夷奸与该匪勾结，方可得手。现在水陆各军，已不为少，怡良、许乃钊等惟当严饬兵勇，及早克复县城，以副委任。③

十二日癸丑（12 月 12 日）

咸丰帝谕令：前有人奏请令广东雇觅海船，驰赴江南，并令与候补道伍崇曜商酌雇觅，当交叶名琛等查办矣。兹又有人奏请特谕伍崇曜，迅再添募红单船百号，克期前赴江南助剿，并称前太常寺卿龙元僖可以帮办此举，丁忧给事中苏廷魁可以带船入江。江南贼匪四出窜扰，总由江面为其所踞。若此项船只，果能雇备妥速，驶行入江，则三城盘踞之贼，自不难一鼓荡平。着叶名琛、柏贵与伍崇曜、龙元僖悉心商酌，迅速办理。一切雇募之费，即与该二员设法妥筹，或分任，或劝捐，总期区画尽善。俟办有成数，即选派得力将弁管带，由海入江，以资剿洗。④

十三日甲寅（12 月 13 日）

抚恤琉球、日本二国遭风难夷如例。

---

① 《清实录·文宗显皇帝实录》卷一一一。
② 《太平天国史料》，中华书局 1955 年版，第 539 页。
③ 《清实录·文宗显皇帝实录》卷一一二。
④ 《清实录·文宗显皇帝实录》卷一一二。

十七日戊午（12月17日）

户部奏，遵议分赔欠解银米。此次江苏省海运漕粮，除起运正耗米石外，尚有应行拨运米二十余万石，节省银三十余万两，借领司库银十五万两。该省实征确数，业经奏报在先，截漕米石，亦系留作军食，何以迟延至今，诿称民欠？所有此项银米，清廷着怡良、许乃钊责成总办海运之前任江苏藩司倪良耀查明经手各员及办漕各州县实欠数目，按成分赔，即照部定限期，严催交纳。如再延宕，即着该部严参惩办。①

十八日己未（12月18日）

有人奏，广东米价昂贵，请饬妥为筹办。粤省岁收歉薄，粮价骤增，粤西谷米亦未能运东接济。现在外洋米船到粤者，均囤聚香山澳下。此项米粮，如能分拨，令民间招商购买，亦足以接济民食。清廷着叶名琛、柏贵体察情形，妥为筹办。前谕令招商贩运夷米赴上海兑收，现在如何酌办，至拨解江南大营及福建省军饷谅已筹出款项，亦着妥速解往，毋误急需。②

十九日庚申（12月19日）

山东登州镇总兵官武迎吉因病勒休，以广东大鹏协副将陈辉龙为山东登州镇总兵官。

二十日辛酉（12月20日）

钦差大臣向荣奏，火轮船一只驶入上游，停泊观音门下关。③

廿四日乙丑（12月24日）

咸丰帝谕令：前因上海尚未收复，当经谕令怡良、许乃钊将明年海运事宜，迅即妥筹，不得藉词贻误。现尚未据覆奏，殊深系念。兹据户部奏称苏省新漕海运亟

---

① 《清实录·文宗显皇帝实录》卷一一二。
② 《清实录·文宗显皇帝实录》卷一一二。
③ 《筹办夷务始末》（咸丰朝）第1册，中华书局1979年版，第234~235页。

应先事豫筹等语。漕粮正供，京糈支放攸关，岂容稍有贻误。若能将上海贼匪计日歼除，则海运事宜自可循照旧章，次第办理。刻下已届隆冬，上海尚未收复，漕运须于年内赶办。该督抚务即设法妥筹，按照该部所议，悉心酌度，毋得稍有迟延。仍着严饬带兵文武各员，迅即激励将士，劝谕绅民，合力同心，克复上海。则转运漕粮，自无庸多费周章。谅该督抚等必能体察情形，豫为筹画，以慰朕念。

户部奏请饬奉天江浙等省招商运米。奉天江浙等省招商买米，历经办有成案。现在军务未竣，未便遽议采买。而畿辅米谷最关紧要，自应广为招徕。清廷着盛京将军、奉天府府尹、两江闽浙总督、江苏浙江巡抚查照成案，出示晓谕。各该米商，听其自行运米，至天津售卖。每船八成载米，二成载货，并回空船料，均准一律免税。并着直隶总督转饬天津镇道，严切晓谕，遇有米商到境，不准胥吏需索，市侩居奇，以通商贩而裕民食。①

廿五日丙寅（12 月 25 日）

黄宗汉奏称，苏省宝山县所属之蕴草滨及太仓州所属之刘河口等处地方，均堪起运漕粮，业经咨商苏省，迅将出运地方及早勘定，并咨奉天、直隶、山东豫备封雇船只。清廷着怡良、许乃钊迅即于刘河口及蕴草滨两处海口，委员勘定起运漕米地方，一面奏闻，即一面知照浙江会同办理，并着直隶、山东各督抚速派干员封备卫船，奉天府府尹及各督抚确查各处海口，如有宁波商船停泊，押令迅速回浙，听候封雇装运漕粮。断不准胥役人等需索滋扰，致生事端。

福建水师提督施得高因病解任，以前任浙江提督李廷钰为福建水师提督。

以克复福建厦门，巡抚王懿德下部优叙。②

廿六日丁卯（12 月 26 日）

罗惇衍奏，粤东官屯可变价改作民田，以济军饷，并酌拟条款开单呈览。广东南海等县濒海闲田，归作官屯者，共有一千九百余顷。据称变价出售，每亩可取银十两，统计可得银一百九十余万两。清廷着叶名琛、柏贵按照该侍郎所奏，并变价事宜十二条，悉心体察情形。如果可行，即着据实具奏，酌量办理。并保举该省公正绅士，令其设局专办，不假吏胥之手。③

---

①　《清实录·文宗显皇帝实录》卷一一三。

②　《清实录·文宗显皇帝实录》卷一一三。

③　《清实录·文宗显皇帝实录》卷一一三。

廿七日戊辰（12月27日）

罗绕典等奏，缅甸国贡使入京，请变通办理。清廷着该督抚传旨，该使臣等此次无庸来京，仍优予犒赏，委员妥为护送，先行回国，贡物象只即行赏收，一俟道路肃清，即由该督抚派员送京。其应行颁赏该国王及正副使臣等银物，仍由该衙门照办齐全，发交该省派员赍送出关，转交祗领。①

十二月初一日辛未（12月30日）

叶绍春奏沥陈病状。咸丰帝批示：现在海疆剿捕紧要，该提督于洋面情形，素为熟悉。据称起跪维艰，不能骑马，尚于办公无碍。叶绍春着即赶紧医治，仍督饬弁认真巡缉，毋得藉词引疾，致负委任。

署闽浙总督有凤奏，闽省上忙钱粮，因匪徒滋事，未能依限报解。得旨：所谓实力催征，不过空谈。自总督以至府县，相率颟顸，焉能济事。汝既谓该藩司所详，不能尽行照准，故作是依违两可之辞，殊非核实办事之道。仍应赶紧催解，岂可任意耽延。②

初二日壬申（12月31日）

闽浙总督慧成奏，贼匪窜近邵伯湾头，现在调兵力堵。得旨：何紧急如此，皆因以前畛域太分，致贻崩解之患。汝系满洲大员，竭力为之，悉听之天，成败非是时所能计及也。

以捏报巡洋并违例坐轿，革浙江黄岩镇总兵官汤伦职。

以浙江艇匪窜扰，革都司何隆恩、徐华、千总杨加元职。

免福建本年例贡果品。③

初四日甲戌（公元1854年1月2日）

怡良、许乃钊奏，剿办上海闽广匪徒，并查各夷严防勾结。据称吴健彰因贼目刘丽川、林阿幅等反复无常，连日督船进攻，贼势穷蹙。现在谢继超令勇目谢安邦

---

① 《清实录·文宗显皇帝实录》卷一一三。
② 《清实录·文宗显皇帝实录》卷一一四。
③ 《清实录·文宗显皇帝实录》卷一一四。

往向说降，该匪刘丽川等称系林阿幅等不允，是以迁延未决。若令各炮台停止放炮，即行归降等情。逆匪诡诈多端，据称说降情节，甚属支离，断难凭信。该督等务须体察情形办理，万勿堕贼奸计，总以督率兵勇，迅图克复为要。至所称俄罗斯夷船二只，停泊崇明东头洋面，有夷目一名，在花旗夷馆借住，候船修好，即回本国。该夷是否因在洋遭风，暂泊海口，抑或另有别情，清廷着怡良、许乃钊密饬吴健彰，妥为驾驭。一俟船只修好，迅速饬回本国，毋任日久逗遛。

初五日乙亥（公元1854年1月3日）

王懿德奏，粤艇遭风折回，两帮共有十余只，实形损坏，其作法非闽匠所谙，必须回粤修理，再由粤省驶赴江南。清廷着叶名琛、柏贵于该艇船回粤后，即饬查明损坏之处，将各船紧要器具，赶紧修理，务须坚固完好。一俟交春，东南风转，即派管驾之员，克期驶赴江南，以备金陵镇江攻剿之用。万不可再有耽延，致滋贻误。①

十一日辛巳（公元1854年1月9日）

美使马沙利向国务院报告，希望英法当局继续不承认中国人的征税权利，把上海当作自由港，这样可以使美国取得一切利益而不致遭受违约的指责。②

十四日甲申（公元1854年1月12日）

湖广总督吴文镕奏，带兵出省剿贼，并与侍郎曾国藩商办炮船，俟水勇器械齐集，约于明岁正月水陆进剿。③

十七日丁亥（公元1854年1月15日）

前因俄罗斯夷使赴库伦办事大臣衙门，呈递文件，欲求在上海地方贸易，当谕令怡良、许乃钊妥为防范。如果该国船只有来沪信息，即饬令回国，不可迁就，并由理藩院详细咨覆。兹据库伦办事大臣德勒克多尔济等奏，该国接到理藩院覆文后，又复具文呈递，仍恳进上海海口贸易。因思上海近日曾据奏报，有俄罗斯夷船遭风驶至

---

① 《清实录·文宗显皇帝实录》卷一一四。
② 费正清：《临时制度》(2)，《中国社会及政治学报》1935年4月，第107页。
③ 《清实录·文宗显皇帝实录》卷一一五。

海口一事，安知非该国贩货船只藉词驶近内洋，希图通商，不可不严密稽查防范。清廷着怡良、许乃钊认真侦探，如果该国商人竟有进口向该督等要求之事，即谕以五口通商，例归驻扎广东之钦差大臣管理。即西洋各国现在上海贸易者，亦皆恪守广东原定通商章程。如该夷安静回国，固为妥善，倘坚执通商之说，必欲逗遛上海，即令前赴广东，听候查办。并着叶名琛详细体察俄罗斯欲赴上海海口通商是何意见，该国近年船只，曾否驶至广东有恳求情事。此次该国具呈屡求于上海通商，若勉强允准，深恐别滋事端，此事甚有关系。着叶名琛等妥速筹画，译出该国原文。①

廿一日辛卯（公元 1854 年 1 月 19 日）

长芦盐政文谦奏军需紧要，请于内库借拨银五万两。得旨：户部速议具奏，无论实银与钞票，总以济急为要，似较催征豫拨之款为善。

以办理天津海运出力，予知府钱炘和等升擢有差。②

廿二日壬辰（公元 1854 年 1 月 20 日）

前据王懿德奏，台湾道徐宗干，因与台湾镇总兵恒裕办理土匪，意见不合，藉词称病，当降旨将该镇道均交部议处。兹据徐宗干奏称，当逆匪蠢动时，实因旧病屡发，恐滋贻误，禀请开缺，并自请治罪。清廷着有凤、王懿德密行查察，并将该道有无患病情形，据实具奏。

福建台湾道徐宗干奏，拿获叛逆首犯林恭已就地正法。③

美国副领事金能亨通告美商，宣布上海为自由港，以为"目前中国当局既准许其他国家的船只进入本港，不向中国海关报关，也不付税，则美国船只离港向本领事馆呈缴单据时，毋须附呈中国海关的结关单"④。

廿三日癸巳（公元 1854 年 1 月 21 日）

署闽浙总督有凤奏，本年计典届期，因到任未久，未能遍知属员贤否，请俟军务告竣，再行补办。从之。⑤

---

① 《清实录·文宗显皇帝实录》卷一一五。
② 《清实录·文宗显皇帝实录》卷一一六。
③ 《清实录·文宗显皇帝实录》卷一一六。
④ 《上海小刀会起义史料汇编》，上海人民出版社 1980 年版，第 369 页。
⑤ 《清实录·文宗显皇帝实录》卷一一六。

廿四日甲午 (公元 1854 年 1 月 22 日)

咸丰帝寄谕黑龙江将军英隆等，适据景淳奏俄罗斯分立界牌之处，俟明年春融时，再行派员查明妥办。与外夷分立界牌，事关重大，不知分立界牌，究竟与赫哲、费雅喀居民有无妨碍之处，尚难悬揣。此时路径既系不通，着俟明年江河融化之后，即派协领富呢扬阿先由水路从毕占河直抵海岸，详细查明，再行妥办。

以漕运总督福济为安徽巡抚。①

廿五日乙未 (公元 1854 年 1 月 23 日)

沙俄皇太子亚历山大召集特别会议，接受穆拉维约夫的意见，决定不管清政府是否同意，都要沿黑龙江航行。②

廿六日丙申 (公元 1854 年 1 月 24 日)

江苏巡抚许乃钊奏，上海逆匪招抚未成，委员被害。

两江总督怡良具奏，留广东关税等银二十万两。清廷着准其全数截留，先由浙江省筹垫，径解江苏。

以江苏上海县城久未收复，署巡抚许乃钊下部严议，总兵官虎嵩林、泊承升下部议处，予入城被害知府谢继超祭葬世职。③

据苏松太道吴健彰禀称，法轮因天主教事驶往南京，俄轮已修竣放洋。④

是年

英国商人社团在广州黄埔长洲开设于仁船坞公司，并建有船坞修造小型巡船。

苏格兰商人莫海德在上海浦东白莲浜建立董家渡船坞。

英国商人密契尔，在上海浦东开设了第一家英商修船长——浦东船厂。⑤

---

① 《清实录·文宗显皇帝实录》卷一一六。
② 瓦西里耶夫：《外贝加尔的哥萨克 (史纲)》第三卷，商务印书馆 1978 年版，第 56～57 页。
③ 《清实录·文宗显皇帝实录》卷一一六。
④ 《筹办夷务始末》(咸丰朝) 第 1 册，中华书局 1979 年版，第 240 页。
⑤ 刘传标：《近代中国船政大事编年与资料选编》第 1 册，九州出版社 2011 年版，第 15～16 页。

咸丰四年　甲寅　公元1854年

春正月初一日辛丑(1月29日)

福建巡抚王懿德奏，克复德化县城。

初三日癸卯(1月31日)

据向荣奏请调广东水师拖罟、快蟹各船并水师得力员弁，兼筹借饷，此事屡经降旨饬调，该督抚屡次奏覆，总以窒碍为词。然向荣前在广西，目击剿办艇匪，及现询在营两粤官弁，均以粤东水师船只为得力。且内外臣工条奏，所见略同，江南贼匪骚扰经年，患在腹心，岂可再事延缓。若以经费支绌，畏难不办，或心存畛域，藉词坚拒，该督抚素日办事，尚属认真，不当如是。清廷着叶名琛、柏贵按照向荣所奏，悉心体察，迅即选调外海水师拖罟船五十只，檄调副将梁显扬等分起管带，克日出洋，速赴江南。并饬属赶紧招募快蟹船五十只，雇齐水勇，随同拖罟前往，相辅协剿。仍遵前旨，谆劝伍崇曜、龙元僖、苏廷魁或专任集捐赶办，或专司统领开行，务期事在必成，毋令藉词推诿。傥能同心协力将大江贼艇与该省陆路各军迅速会剿，全数扫除，则破格酬庸在所不吝。其福建截留驶回广东修整之红单船只，亦着查明赶紧修理完竣，仍饬令陈国泰、吴全美等管带船炮，由海路驶赴大江，与此次选调各船，一并前往协剿。①

初四日甲辰(2月1日)

前据僧格林沁奏，静海逆匪，窜扑王家口地方，占踞村庄数处。本日覆据胜保奏报情形大略相同。②

---

① 《清实录·文宗显皇帝实录》卷一一七。
② 《清实录·文宗显皇帝实录》卷一一七。

初八日戊申(2 月 5 日)

以浙江办理海运出力，布政使麟桂等交部优叙，知府缪梓等升叙有差。①

初九日己酉(2 月 6 日)

英、法、美三国领事照会上海道吴健彰，同意在苏州河北岸建立海关临时办公处，并于公历 2 月 9 日受理业务。②

初十日庚戌(2 月 7 日)

朝鲜国使臣尹致秀等三人于午门外瞻觐。③

十一日辛亥(2 月 8 日)

王懿德奏闽省营务废弛情形。福建地处海疆，额设水陆各营，除每年赴台换防外，内地存兵，数逾四万有奇。如果统兵将领平日认真练阅、严核虚伍、慎重操防，即偶遇地方有警，足资捍御。乃近日漳、泉各属，竟有富家子弟贿买名粮，一遇征调，半系顶雇当差。清廷着王懿德会同署总督有凤，督饬将弁各官破除情面，实力整饬。④

十二日壬子(2 月 9 日)

以江苏布政使陈启迈为江西巡抚，调浙江布政使麟桂为江苏布政使，以福建按察使韩椿为浙江布政使。

十六日丙辰(2 月 13 日)

户部奏筹议浙江海运章程。本年浙江省办理海运，改由刘河口受兑放洋，一切

---

① 《清实录·文宗显皇帝实录》卷一一七。
② 《上海小刀会起义史料汇编》，上海人民出版社 1980 年版，第 380 页。
③ 《清实录·文宗显皇帝实录》卷一一七。
④ 《清实录·文宗显皇帝实录》卷一一八。

经理事宜，业经浙江巡抚黄宗汉派员妥办。惟该处海口，系江苏所辖。若专令浙江委员催办，尚恐呼应不灵，致有贻误。清廷着怡良、许乃钊立即派委大员并熟谙海运之员，驻扎刘河，会同浙江委员设局妥速筹办，不得稍分畛域。至海船驶抵天津以后，应用剥船，着桂良督饬天津道府宽为豫备，以济剥运。其江苏省海运事宜，仍着该督抚迅筹具奏，毋许借口军务，因循延宕，致误正供。①

英国外相克拉兰敦训令新任英使兼香港总督包吟进行修订中英条约的谈判，主要内容包括：广泛地进入中华帝国整个内地及沿海各城；扬子江自由航行；鸦片贸易的合法化；使节进驻北京等。②

十九日己未(2月16日)

以福建巡抚王懿德为闽浙总督，贵州布政使吕佺孙为福建巡抚。③

廿四日甲子(2月21日)

两江总督怡良、江苏巡抚许乃钊奏，洋人左袒太平军，并赵方济拟商法、美、英，使诱刘丽川等投降未谐。④

怡良、许乃钊奏节次攻剿获胜。咸丰帝晓谕：上海蕞尔孤城，滋事匪徒，不过乌合之众，何至围攻数月，迄无成功。详阅所奏，西北一带文武员弁尚皆出力，而东南隅兵勇仅止堵截牵制，至吴健彰水营不过守护炮台，隔江轰击，似此任意迁延，何时始能蒇事？据奏夷人从中掣肘，诚在意计之中，许乃钊既经专办此事，岂不能设法妥筹？况吴健彰素称熟悉夷情，此时该夷暗阻兵机，何竟束手无策？前此误听抚议，果致谢继超遇害，事机中变，剿办大局，重费经营。该署抚犹复不鉴前车，晓晓以抚事无成为惜，所见抑何迂谬？着即督饬水陆带兵员弁，尽力进攻，总以克复城池为要，不准再为浮言所惑，亦不准以难办为词，妄希延缓。许乃钊自奉命帮办军务以来，久驻金陵，并无尺寸之功。今统领全军，剿此穷寇，尚不能迅速扫除，无怪其坐视粤匪久踞长江，一筹莫展也。且本任巡抚应办之事，如接济军饷，筹办海运，处处皆关紧要，乃竟因小丑牵掣，一概置为后图，专恃仰给于邻省，自问何颜膺兹重寄？吴健彰小有机变，以其尚能羁縻夷人，未遽加以失守城池之罪，乃当逆匪起事之时，即潜身夷馆，迨夷酋狡诈阻挠，又止安坐水营，往返传

① 《清实录·文宗显皇帝实录》卷一一八。
② 马士：《中华帝国对外关系史》，商务印书馆1963年版，第765~768页。
③ 《清实录·文宗显皇帝实录》卷一一八。
④ 《筹办夷务始末》(咸丰朝)第1册，中华书局1979年版，第241~242页。

话。此一通事所能了，于事何济？着许乃钊严谕该道，务将奸夷诡谋，设法杜绝，以便攻剿。若再不知奋勉，朕必将许乃钊从重治罪。即吴健彰亦不能以职分较轻，幸从宽典也。所有十二月十五日进攻阵亡各员，着查明照例请恤。

户部侍郎罗惇衍奏，京仓支绌，请饬广东采买米石以资接济。前以江南等省漕粮到通，恐有梗阻，降旨令叶名琛、柏贵劝谕官绅捐银办米，运赴上海兑收，转运天津，未据该督抚等将办理情形覆奏。兹据该侍郎奏，京糈亟应筹备，广东高廉雷琼等府素为产米之区，且洋米到粤者，尤为饶裕。请饬官为采买，径运天津，并请于屯田溢坦地亩变价，及捐输银两内拨款办理。本年江、安、江西、湖南、湖北等省漕粮未能运通，江苏、浙江海运尚未兑收放洋，其余省分复有截留蠲缓之处，自应及早绸缪，以裕支放。清廷着叶名琛、柏贵体察情形，饬属筹办。现在上海县城尚未克复，所购米石自应设法运至天津兑收，以期妥速。

以江苏粮储道吴其泰为按察使。①

廿五日乙丑(2 月 22 日)

前因逆匪窜扰，江面未能肃清，谕令湖南、湖北各督抚制备战船，并令叶名琛等购备夷炮千余尊，解至武昌，配搭船只，为水陆夹攻之计。兹据叶名琛等奏称，派委副将怀塔布购得夷炮三百二十尊，配齐炮架炮具等项，由广东派员押解启程，至韶州府乐昌县，经湖南宜章等县直抵湖北武昌省城投收。前据曾国藩奏，新造改造战船共四百号，炮位须八百尊，始敷分配。广东购买头起炮位八十尊，已于十二月到衡。现据叶名琛等奏，二起三起炮位，业于十一月内先后启程。此项炮位，清廷即着骆秉章、曾国藩派员迎提，赶紧分配船只，仍须选派得力将弁，慎重督带，以期有济实用。

两广总督叶名琛等奏镇口等村土匪滋事，调兵剿办情形。②

廿六日丙寅(2 月 23 日)

朝鲜国王李昇，遣使表贺万寿、元旦、冬至三大节，并贡方物。赏赉筵宴如例。

廿八日己巳(2 月 25 日)

福建学政李联琇奏，武员悬缺，亟应派署，并稽查要隘，酌减局员。据称江南

---

① 《清实录·文宗显皇帝实录》卷一一九。
② 《清实录·文宗显皇帝实录》卷一一九。

提督所辖五营，内有四营员弁随赴军营，惟留一人兼护。当此剿匪吃紧之际，自未便令员缺久悬。清廷着该督抚查明，即行遴委妥员往署，以资镇抚。并着沿海各督抚随时稽查奸匪，勿令勾结为患。现在江浙二省，设立筹防军需等局，一切经费，必须撙节支销。若派委多员，徒滋糜费，即办理海运，亦不得多派局员，豫为保举地步。着各该督抚严加甄汰，勿令滥竽充数，转启弊端。

钦差大臣向荣奏，自分拨楚兵赴庐，兵力较减，进攻未能得手，并以上海久稽克复，拨兵一千九百名，驰往助剿。①

二月初一日庚午(2月27日)

免江苏殉难知县章惠欠解海运变价银两。②

初二日辛未(2月28日)

咸丰帝谕令：浙江巡抚黄宗汉，自简任以来，办理各路防堵，不动声色，措置裕如。督办漕粮海运，亦极认真。上年剿捕台州及杭州之昌化、于潜并宁波各处匪徒，与现在嘉湖两属聚众抗粮匪犯，均能立时捡获，办理甚属妥速，地方悉臻安静。历览该抚奏报，精详之至，毫无瞻顾，深堪嘉尚。着发去朕书“忠勤正直”匾额一面，赏给黄宗汉。该抚领朕所赐御书，不必作奖励观，作纪实观。朕尤愿汝慎终如始，以成一代之名臣。

叶名琛、柏贵奏，红单船只现在分别赶修添雇。前因红单船只在福建厦门剿匪损坏，清廷准令回粤修理，并谕叶名琛等责成绅士伍崇曜等宽为雇备，由海道驶入长江助剿。兹据该督等奏，续经雇募船二十三只，连修理各船十九只，共四十二只，于二月初旬尽数启程。现在已届仲春，南风渐转，谅已克日放洋，清廷即着仍派陈国泰、吴全美管带。此次船只较多，一切驾驭弹压，必须专派大员，方资得力，着叶名琛于该省水师总兵副将内，择其熟悉洋面情形、剿捕素称勇敢者，酌派一二员统带前往，务于春间悉数驶抵大江，不准沿途逗遛耽误。其分起管带之备弁各员亦着认真遴选，军火器械尤当宽为筹备，毋致中途缺乏。

浙江巡抚黄宗汉奏，上年杭州、嘉兴、湖州等属有漕州县，因风雨虫伤，米质未能一律圆洁，请将应征漕粮红白兼收，籼粳并纳。从之。③

---

① 《清实录·文宗显皇帝实录》卷一一九。

② 《清实录·文宗显皇帝实录》卷一二〇。

③ 《清实录·文宗显皇帝实录》卷一二〇。

初十日己卯（3 月 8 日）

海运漕粮，将次受兑放洋。本年浙省海运粮米。经黄宗汉议，由江苏太仓州属之刘河口受兑起运，现在业经收有成数，克日即可放洋北上。清廷指示，所有经过各该处洋面海口，自应严饬水陆文武员弁带领兵役，加意防卫，以期妥速。狼山镇总兵泊承升，现带水师在上海剿匪，着怡良、许乃钊即饬令该镇于漕米放洋时，督带兵船，妥为护送。并着张亮基迅速拣派熟悉洋面之员，于漕艘经由地方，及收泊口岸，节节防护，毋任疏虞。至驶抵天津海口时，即着桂良派委文武各员，妥筹起剥，仍遵前旨，宽为豫备剥船，以济拨运。至前踞独流之贼，现已溃窜河间属境，距天津较远。所有浙江派赴天津会同收米各委员，仍即照旧驰赴该处，随同验收，毋稍迟误。

怡良、许乃钊奏，轰塌上海城垣，连日获胜。

两江总督怡良、署江苏巡抚许乃钊奏，江苏接济金陵军饷未能悬定。①

十二日辛巳（3 月 10 日）

前因罗惇衍奏，请饬广东采买洋米，接济仓储，已谕令叶名琛、柏贵妥速筹办。兹据户部奏，京仓支绌，仍请饬各直省一律采买。据称广东洋米、福建台米向来米多价贱，兼有海道可通。现值支放不敷，自应急为筹备。清廷着叶名琛、柏贵即遵前旨，迅速购买米数十万石，并着王懿德购买台米三十万石，均按照该省实在市价采买，设法多备船只，趁风信顺利之时运送天津。其米税船钞，均免征收，并准带货物二成免税，以期迅速。

缓福建各属本年买补仓谷。②

十八日丁亥（3 月 16 日）

琦善奏请饬苏州总局豫备火药、铅弹，接济艇船。水师制胜，火器为先。现当围攻瓜州吃紧之际，各艇船火药、铅弹将次用竣，设有缺乏，必致贻误事机。清廷着怡良、许乃钊迅饬苏州总局委员，将应用一切火器，宽为豫备，赶紧运赴京口粮台，以便随时接济。所有焦山水师船只，即遵前旨，统归琦善节制调遣。

桂良奏称，上届海运，江浙两省仅派文员来津，不足以资弹压。清廷批示：天庚正供关系至重，且天津、静海一带贼氛甫退，一切稽查弹压，均不可稍涉疏虞。

---

① 《清实录·文宗显皇帝实录》卷一二〇。

② 《清实录·文宗显皇帝实录》卷一二一。

昨经降旨，令怡良等派令狼山镇总兵泊承升督带师船，于海运沙船放洋时护送出口。惟天津进口时仍须有江浙武职大员会同稽查，更为得力。着怡良、许乃钊、黄宗汉于江浙两省水师内，迅速拣派武职大员，酌带兵丁，随同海运沙船头起，先来天津，与所派文员稽查弹压。其沙船驶抵天津以后，应行查验人数，收缴器械，即责成该员弁等会同各该委员一体查办。至米数清册，并着赶紧饬令局员先期造报，务于沙船未到以前，咨送到津，以凭查核。①

廿七日丙申（3月25日）

两江总督怡良、江苏巡抚许乃钊奏，俄人拟请在上海通商。②

吴健彰照会英国领事，曰："上海县城尚未收复，目前有不法商人乘机逃税……实有改变办法之必要：即在内地河边设立两处关卡，一在白鹤渚，一在闵行镇。""自两卡成立之日起，一切由内地运往上海各种货物应纳之税，即由中国商人负责照缴。"③

廿八日丁酉（3月26日）

琦善奏称，艇船火药铅丸现已用尽，不能上驶。京口粮台暨苏局两处，辗转延挨，迄今尚未运到。咸丰帝谕令：现在瓜州剿贼，正当吃紧之时，而水师艇船火药铅丸未能应手，何以为水陆夹攻之计，贻误大局，关系匪轻。着怡良、许乃钊仍遵前旨，飞饬苏州总局委员，将应用火药铅丸，赶紧运赴京口粮台，以济急需。若再藉词推诿，朕必将该督抚等从重治罪。至上海蕞尔孤城，许乃钊带兵围攻数月，始以误听议抚，堕贼诡计，既又以夷人持械拦阻，籍口迁延。似此任意玩误，何日方能蒇事，糜帑失机，罪将谁诿。怡良近在苏州，亦不能上紧督催，致县城日久未复，亦难辞咎。着该督抚督饬水陆将弁，即日克复上海，将逆匪悉数歼除，毋得再有延误，致干重咎。④

三月初二日辛丑（3月30日）

齐承彦奏，沙船抵津，请变通办理。向来海运抵津，船泊闸口，逼近天津郡

---

① 《清实录·文宗显皇帝实录》卷一二一。
② 《筹办夷务始末》（咸丰朝）第1册，中华书局1979年版，第247~248页。
③ 《上海小刀会起义史料汇编》，上海人民出版社1980年版，第425~426页。
④ 《清实录·文宗显皇帝实录》卷一二二。

城。上年有沙船滋事之案，现在贼匪未靖，拟援照商船抵津成案，改泊葛沽，以便防范。沙船由海抵津，水手众多，难保无匪徒溷迹，现当严防奸宄之时，尤应密加稽察。清廷着李钧、全庆于到津时，会同文谦，所有一切稽查弹压事宜，均着妥筹办理。

以剿办福建艇匪出力，赏同知张启煊蓝翎，余升叙有差。①

初五日甲辰(4 月 2 日)

怡良、许乃钊奏剿办上海逆匪情形。咸丰帝批复：所叙连日接仗情节，均系逆匪扑出，我兵堵截，并未见奋力进攻，不过小有斩获，何时能扫穴捝渠。蕞尔孤城，剿办如此费事，实所不解。据奏逆匪图窜之意甚坚，连日窜扑，或千余人，或数百人，而我兵所杀总不甚多。即十二日之战，逆匪改装冲突，被兵勇追击，四路溃散，尤难保无乘间逃逸之匪，潜匿附近地方。上海接壤各处，如松江府嘉定、太仓、川沙、南汇等属，虽经怡良等前此派有弁兵，豫为防范，究竟能否得力，傥城中逆首未歼，而邻境复有句(勾)结，剿办愈形费手。现在向荣添派之兵，又经续到一千名，岂得尚以兵力单薄为词。着即严饬带兵各员，赶紧进攻，万不准徒事堵御，空劳兵力。至水路各营，据连次所奏，仅于陆路接仗时遥为声援，尤属不成事体。岂将以黄浦师船为吴健彰等藏身之固，而专恃一投诚报仇之李绍熙，遂能力遏贼锋耶？许乃钊若再不迅速筹攻，只知以阴雨难行、硝磺不继为词，朕决不能再从宽贷。怡良身任兼圻，亦难辞罪也。

两江总督怡良等奏，上海逆匪向奸夷买铜火药帽、自来机火枪，虽大雨亦可利用。得旨：铜帽枪实为利器之最，尤利于风雨，现在军营能否购买应用。着传知吴健彰酌量筹办，虽不甚多亦可。若无风雨时用之，固觉捷便，然出枪太多，内有药煴堵塞火门，尚不如火绳可百发百出。②

初六日乙巳(4 月 3 日)

一批籍贯不同的游民，在上海跑马厅骚扰外侨后，突然攻击观音庙附近的清军军营。③

---

①　《清实录·文宗显皇帝实录》卷一二三。

②　《清实录·文宗显皇帝实录》卷一二三。

③　《上海小刀会起义史料汇编》，上海人民出版社 1980 年版，第 403 页。

初七日丙午(4月4日)

贵州学政黄统奏请收洋烟之税,并严禁铜钱出洋。得旨:所奏亦不尽非。①

英国领事阿礼国籍口游民滋扰,照会吉尔杭阿,限下午三点前拆除跑马厅以西清军军营,否则诉诸武力。三点不到,英美领事即指挥海军携炮四门,向跑马厅清军军营发动突然袭击,摧毁清军军营,并攻击苏州河对岸的清军。清军稍作抵抗,打死夷兵两名,伤十五人。②

十一日庚戌(4月8日)

户部奏,遵议苏松等属漕米。苏省漕粮,为京仓支放大宗,原不准改行折色。既据该督等沥陈办漕棘手情形,不能不量为变通。惟折漕银两,专为采买米粮之用。现在京仓,存米无多,若不急筹买补,饷糈凭何支发。该省为产米之区,本年停运数十万石,地方即多数十万石之米。如果实力妥筹,不难即时足额。清廷着怡良、许乃钊接奉此旨,即派委干员如数采办,迅速由海船运赴天津,务于五月以前放洋,不准稍有迟误。

改派郑亲王端华驰往天津,验收海运漕粮。③

十二日辛亥(4月9日)

实授许乃钊江苏巡抚。

十四日癸丑(4月11日)

有凤奏参巡洋不力之水师将领。福建洋面辽阔,防剿均关紧要,经该署督派委署闽安协副将铜山营参将赖信扬、署烽火门参将福宁镇标左营水师游击王超前往巡哨防缉,乃该署副将等一味因循,不知振作,以致海坛、闽安两营叠劫盗案至十九起之多,日久并无一案破获。赖信扬着革职留任,王超着摘去顶带,均勒限两个月,务将各案盗匪悉数弋获。如敢仍前玩延,即着严参惩办。④

---

① 《清实录·文宗显皇帝实录》卷一二三。
② 《上海小刀会起义史料汇编》,上海人民出版社1980年版,第387~404页。
③ 《清实录·文宗显皇帝实录》卷一二四。
④ 《清实录·文宗显皇帝实录》卷一二四。

十五日甲寅(4 月 12 日)

前因台湾道徐宗干与该总兵恒裕办理土匪，意见不合，徐宗干藉词称病，当将该镇道交部议处，并着有凤、王懿德密查具奏。兹据奏称，台湾镇总兵恒裕办事竭蹶，性情偏执，台湾道徐宗干藉词引退，不免推诿，均未便再留本任，致滋贻误。恒裕着送部引见，徐宗干已升福建按察使，着即撤任，仍交王懿德察看具奏。

调贵州镇远镇总兵官吕大升为福建台湾镇总兵官。①

二十日己未(4 月 17 日)

以两淮盐运使谭廷襄为山东按察使，暂留直隶，办理天津海运事宜。②

廿一日庚申(4 月 18 日)

前据叶名琛奏广东雇备之红单炮船，已饬令陆续放洋。

向荣奏，叠次筹攻，请调广东、福建官兵助剿。清廷调福建、广东兵各二千名，赴江南军营剿贼。③

廿二日辛酉(4 月 19 日)

怡良、许乃钊先后驰奏，围攻上海贼匪，并夷人焚烧营盘，兵勇溃散。咸丰帝谕令：逆匪占踞上海，久未歼除，前据该督等奏称，洋泾滨一带追贼兵勇，曾被夷人阻挠。是其暗中袒护逆匪，已非一次。朕早料其从中阻我兵机，谕令该督等迅速攻剿，免致别生枝节。乃本月初七日，该夷果乘我兵追贼吃紧之际，竟用火器掷烧营盘，以致帐房被焚，兵勇退散。据称："吉尔杭阿等坚守营垒，大局尚能保全。该夷因吴健彰诘责，自知理绌，颇形畏惧。"该夷诡谲性成，当此贼氛未靖，固不可激生事端，但一味迁就，致该夷窥我虚实，阴与上海贼匪句(勾)结为患，剿办更难得手。着怡良、许乃钊督饬吴健彰设法羁縻，妥为控制，仍当责以大义，杜其奸谋，一面赶紧设法攻剿，迅图克复。倘再有延误，国法具在，岂能再从宽宥耶？

---

① 《清实录·文宗显皇帝实录》卷一二四。
② 《清实录·文宗显皇帝实录》卷一二四。
③ 《清实录·文宗显皇帝实录》卷一二五。

以剿办上海贼匪延玩，摘江苏巡抚许乃钊顶带。①

廿三日壬戌（4 月 20 日）

包吟在香港会晤美国使臣麦莲，建议共同行动，扩大对外贸易，并与北京政府直接往来，建立外交关系。②

廿六日乙丑（4 月 23 日）

前因全庆等奏，北运河上游北寺庄地方，河堤被水冲缺，当令桂良委员估勘办理。现在海运将次抵津，所有北寺庄堤工，清廷着改派贾桢、李钧就近派员勘估，设法捐办，务即赶紧兴修，毋稍延误。

抚恤琉球国遭风难夷如例。③

廿七日丙寅（4 月 24 日）

抚恤琉球国遭风难夷如例。

廿八日丁卯（4 月 25 日）

陆元烺奏，战船将此竣工，急需炮位，请饬广东赶紧筹解。昨据叶名琛等奏，续购夷炮一百尊，派员解楚，并令副将怀塔布查探，如有夷船续到，当再行购买，运送楚省。现经饬令曾国藩于搜捕湖南逆匪后，即日统师东下，肃清江面。兹据陆元烺奏称，除已造各船，并雇备渔船百余只外，尚拟添造战船四十只，为上下游夹击之计。惟旧有之炮，不敷拨用。前曾咨会广东省购买，请饬速行解往。清廷着叶名琛等迅速酌量情形，如解往楚省之炮位四百二十尊，及驶赴江南军营之红单等船炮位，约可敷用，即将续购夷炮，配齐炮架炮具等，派委妥员，带同演炮弁兵，刻即解赴江西，以资攻剿。并将续购夷炮已有若干尊及如何分拨之处，先行驰奏。

---

① 《清实录·文宗显皇帝实录》卷一二五。
② 戴维斯：《美国外交文件：美国和中国（1842—1860）》第一辑第五卷，威尔明顿学术资料出版公司 1973 年版，第 12 页。
③ 《清实录·文宗显皇帝实录》卷一二五。

廿九日戊辰(4 月 26 日)

浙江巡抚黄宗汉奏，海运放洋，闻警改期，现在赶紧装兑。得旨：所奏甚属详明。又奏，海运余耗米二万一千余石，留浙粜变。咸丰帝批：着照所奏，仍留浙以济民食。①

夏四月初五日癸酉(5 月 1 日)

英、法、美三国领事照会吴健彰，表示无权允准在白鹤渚和闵行镇设立关卡，须听各自国家的公使裁决。②

初六日甲戌(5 月 2 日)

桂良奏覆讯法兰西夷人供词。咸丰帝谕令：直隶安肃县一带，向多传习天主教，叠据该督奏称，该处民人尚无不法实迹。是以谕令分别办理，不可操之太蹙。惟既据孟镇升，供称来至中国已久，言语衣服，皆与华人无异。其传习邪教，必非仅止安家庄一处。直隶首善之区，岂容此等邪教摇惑人心，既经查出，断难令其久踞。着桂良俟军务稍平，即照向办成案，将该夷人孟镇升解回广东，毋许逗遛，以靖畿辅。仍严饬该地方官，会同在籍候补训导张锡纶随时察访、妥为弹压，以期消患未萌。总之有犯必惩，毋得养痈贻患，固不可过于苛求，以致别生枝节，亦不得诿为不知，使传习邪教者肆行无忌。③

初九日丁丑(5 月 5 日)

以神灵护卫城垣，颁直隶天津河神庙御书匾额曰"灵施惠贶"，火神庙御书匾额曰"离德赫若"。

琦善奏请调水师副将以下各官管带师船。清廷着王懿德、黄宗汉、叶名琛、柏贵迅即于闽浙广东水师副将以下各官内遴选数员，饬赴扬州琦善军营听候调遣，帮同管带战船。

---

① 《清实录·文宗显皇帝实录》卷一二五。
② 《上海小刀会起义史料汇编》，上海人民出版社 1980 年版，第 426~427 页。
③ 《清实录·文宗显皇帝实录》卷一二六。

长芦盐政文谦奏，贡物被窃，贼久无获，请将看守不慎、承缉不力各官交部议处。①

初十日戊寅（5月6日）

向荣奏，节次筹攻金陵，并请饬催楚粤炮船师船。②

十三日辛巳（5月9日）

英、法、美三国领事发布联合通告，抗议清政府在内地另设税卡，称"显系违犯条约"。上海由此完全成为自由港。③

十九日丁亥（5月15日）

承志等奏，密练备调精兵，严防海口。④

廿一日己丑（5月17日）

向荣奏，军饷迟延，请设转运局，并筹解火药。

怡良、许乃钊奏筹办漕粮军饷，并上海攻剿各情形。咸丰帝谕令：逆匪占踞上海，半载有余，许乃钊督师剿办，日久无功，贻误迁延，已属罪无可逭。本日据奏，南北两营连日进剿情形，虽小有斩获，仍未能捣穴搤渠，立将县城收复。若再令该逆肆行他窜，或扰海口运道，更滋蔓延，该抚自问当得何罪。据称该逆内无接济，外无应援，正当乘此机会，督饬各路将弁兵勇合力围攻，迅图克复，毋得再事稽迟贻误。现在地方不靖，美利坚兵船到沪，亦不过欲图窥我虚实，逞其诡谋。惟当不动声色，绝其觊觎之渐。怡良既与该夷酋接晤，务当明白开导，谕以大义，令其前赴广东，听候查办。一面知会叶名琛，一面查探夷酋所议各情，迅速具奏。至京仓支绌，叠次谕令该督抚等筹办采买，由海运津，并将所余折色银两，即行解赴部库。该督等宜如何设法赶办，以济要需，乃买办漕粮既无一定确数，而于征收折色银两内，竟复拨借二十六万余两之多，空言设法补苴，于事何济。各处剿匪，若

---

① 《清实录·文宗显皇帝实录》卷一二六。
② 《清实录·文宗显皇帝实录》卷一二六。
③ 《上海小刀会起义史料汇编》，上海人民出版社1980年版，第472~428页。
④ 《清实录·文宗显皇帝实录》卷一二七。

能速行藏事，又何至师老饷糜，至于此极。此时京仓需米甚殷，部库筹饷孔亟。该督等亦当缓急兼权，何得止顾江省。现在浙漕已由海运抵津，该督等务即督饬委员，赶紧采办米石，跟踪放洋北上，所余折色银两一并催齐解部，不准藉词延宕。本日据王懿德覆奏筹办台米情形，拟仍援照成案，捐输米石，运津交纳，派员劝谕绅士，或将认捐之银改令捐米，或令未捐之户以米代银等语。闽省既能如此筹办，江省亦何容畏难推诿。该督等如果竭力妥筹，谅可办理有效也。

咸丰帝谕令：向荣奏请筹拨军饷火药各折片，并许乃钊奏陈上海夷情等语。各省协济江南军饷，就江苏、浙江已解之数，支放正、二两月口粮尚有蒂欠。饷糈不继，关系非轻。广东省每月筹解银两，即道途稍远，亦应竭力催趱。现于浙江省城添设转运局，令彭玉雯在彼督办，派员驰往常山守候。叶名琛、柏贵务须将每月筹拨银数，克期启程，解往江西。即由该省委员转解常山，交转运局员接收，毋稍延缓，致误急需。至广东所调红单等船，将次入江，火药必应多为筹备，着叶名琛等先就各营所存提解十万斤，即日派员亦由江西行走，运赴江苏，以备分拨琦善、向荣军营，为水陆夹攻之用。上海迄今未能克复，许乃钊据吴健彰等所禀，有美利坚夷酋，因逆匪扰踞沪城，海口商务亏损，该酋欲往镇江等处察看贼情，并欲整顿商务。如督抚不准会晤，便缮具奏章赍往天津投递等语。夷情叵测，当此贼氛不靖，难保不萌觊觎之心。已谕令怡良明白开导，并援照成案，令赴广东，听候钦差大臣查办。叶名琛于该夷到粤后，务当晓以大义，于抚慰外夷之中，仍当坚持定约，万不可听其别有干求，致生枝节。又据王懿德奏，接琉球国王世子来咨，以英夷久羁该国，并句（勾）引美利坚坚兵船到国，索取物件，起厂收煤，强留该国夷众及中国人，与伯德吟同居，多方骚扰等事。英夷羁留该国有年，叠经叶名琛劝谕在粤夷酋咨办，现尚在彼逗遛。又有美利坚夷人句（勾）引汉奸，藉端滋扰。若不谕令撤回，非所以示怀柔，着叶名琛即向该夷领事剀切晓谕，俾令将现在琉球滋事之船，全行回国，勿致别生事端。

江苏巡抚许乃钊奏，沪贼屡扑各营，均经痛剿击回，现在严饬将士，勒限藏功。得旨：贼势并未渐穷，克复实无把握。许乃钊日久无功，藉此敷衍，甚属可恶。若以此报，冀仰慰朕心，适增朕之忧也。

浙闽总督王懿德奏，筹备台米，拟请设法劝捐，运津交纳。得旨：着照所拟办理，总以迅速为妥。又奏，厦门商力困敝，年进燕窝，恳请展缓。批：着缓一二年，查看情形再进。①

怡良等奏，英人近日极意修好，并闻俄欲与英、美、法交兵。②

---

① 《清实录·文宗显皇帝实录》卷一二八。
② 《筹办夷务始末》（咸丰朝）第1册，中华书局1979年版，第258页。

美使麦莲来沪，求见两江总督。①

王懿德奏，琉球国世子咨文，请与英使交涉，将英人伯德吟撤回。②

廿八日丙申(5月24日)

两江总督怡良奏，麦酋坚执求见，当于接见后，仍令赴粤，听候查办。得旨：随时妥为办理，固不必激其另生枝节，尤不准迁就了事，万不能示之以柔，露有羁縻之形，足启该夷之要求也。③

廿九日丁酉(5月25日)

美国使臣麦莲乘舰西上，在镇江江面遭太平军炮击，被迫停航。麦莲派人登岸，说明公使欲到南京会见太平天国领导人。④

是月

美国人包德在上海虹口下海浦设船厂，并建造近代上海港第一座干船坞。⑤

五月初一日己亥(5月27日)

陈启迈奏，筹办战船五十只，因广东解炮未到，募勇未足，请俟曾国藩舟师驶出楚境，再行约会夹剿。

追赐浙江定海阵亡总兵官葛云飞原籍专祠，御书匾额曰"忠荩可风"。⑥

美国使臣美莲抵达南京，派舰长布嘉南照会太平天国，要求会晤杨秀清。⑦

初二日庚子(5月28日)

谆龄奏，廓尔喀国王呈递表文。清廷着谆龄再行檄知该国王，谕以表文业已上

---

① 《筹办夷务始末》(咸丰朝)第1册，中华书局1979年版，第260~261页。
② 《筹办夷务始末》(咸丰朝)第1册，中华书局1979年版，第261~262页。
③ 《清实录·文宗显皇帝实录》卷一二八。
④ 朱士嘉：《十九世纪美帝侵华档案史料选辑》，中华书局1959年版，第177页。
⑤ 刘传标：《近代中国船政大事编年与资料选编》第1册，九州出版社2011年版，第16页。
⑥ 《清实录·文宗显皇帝实录》卷一二九。
⑦ 朱士嘉：《十九世纪美帝侵华档案史料选辑》，中华书局1959年版，第178页。

达，大皇帝亦奖其诚悃，惟念该国王久列藩封，不忍令其派兵远道跋涉。且内地匪徒滋扰，天朝兵力所加，指日即可殄灭，亦无须该国王派兵助剿，务使宽严得中。俾该国王内知感戴，外绝觊觎，自不致别有干求。①

初四日壬寅（5 月 30 日）

太平天国丞相罗苾芬等照会布嘉南，责备其不知天朝礼制，难以将照会转呈东王审阅。美使麦莲一行次日西行，抵达芜湖，后返回上海。②

初十日戊申（6 月 5 日）

江西学政吴若准奏上海洋人烧毁兵营缘由。③

十四日壬子（6 月 9 日）

前因天津绅民，请缴银钱，兑换票钞，已有旨着文谦将所收银钱作为收买海运余米之用。兹据端华等奏称，除劝谕捐米外，仍请以收买余米盈余银钱，采买米石，清廷着文谦一并悉心体察情形，妥为办理。④

十五日癸丑（6 月 10 日）

许乃钊奏，攻剿上海贼匪，轰塌城垣，因遇雨未能攻克。

怡良等奏军饷紧急，请饬于各省筹拨银四五十万两。清廷批复：现在各省亦多办理军务，纷纷请饷，岂能专顾江南。该督抚仍当于江苏省地丁税课设法征提，劝谕捐输，妥为经理。

以浙江杭嘉湖道崇恩为福建按察使。⑤

俄国穆拉维约夫率船八十三只、二千余人，自黑龙江入境，强行抵瑷珲城，驶往下游。⑥

---

① 《清实录·文宗显皇帝实录》卷一二九。
② 《中美关系史料》，台湾"中央研究院近代史研究所"1986 年版，第 163~164 页。
③ 《筹办夷务始末》（咸丰朝）第 1 册，中华书局 1979 年版，第 268 页。
④ 《清实录·文宗显皇帝实录》卷一三〇。
⑤ 《清实录·文宗显皇帝实录》卷一三〇。
⑥ 瓦西里耶夫：《外贝加尔的哥萨克（史纲）》第三卷，商务印书馆 1978 年版，第 59 页。

二十日戊午(6月15日)

阿礼国向包吟提交备忘录,建议要有一个"可以信赖的人作为三个缔约国领事的代表,由三领事和道台联合任命为海关监督"。

英使包吟委派麦华佗乘坐军舰,去南京收集情报。①

廿二日庚申(6月17日)

琦善奏,遵筹师船布置机宜,并沥陈水师疲玩情形。既据该大臣与向荣函商,将红单船只分提上驶,并知会江苏督抚委员迎赴吴淞,即着飞催办理。现在此项船只,尚无过浙信息,其为沿途逗遛,诚所不免。镇江师船既不得力,广东战艇又复迁延,江面何日肃清。清廷着琦善一面飞催闽广前调将弁,一面严督李德麟等克日进攻。②

廿三日辛酉(6月18日)

麦华佗等人乘船抵达镇江,遭太平军炮击。次日登岸,拜会太平军。太平军接待后,写道歉信一封。③

廿五日癸亥(6月20日)

麦华佗一行抵达南京,要求会见太平天国高级官员,被拒。④

廿六日甲子(6月21日)

闽浙总督王懿德奏,漳州剿匪渐有头绪,拟撤粤兵归伍。报闻。

命在籍翰林院编修段广瀛、庶吉士张锡荣办理江南团练。

---

① 戴维斯:《美国外交文件:美国和中国(1842—1860)》第一辑第七卷,威尔明顿学术资料出版公司1973年版,第120页。

② 《清实录·文宗显皇帝实录》卷一三一。

③ 戴维斯:《美国外交文件:美国和中国(1842—1860)》第一辑第七卷,威尔明顿学术资料出版公司1973年版,第118页。

④ 戴维斯:《美国外交文件:美国和中国(1842—1860)》第一辑第七卷,威尔明顿学术资料出版公司1973年版,第120页。

廿八日丙寅（6 月 23 日）

两广总督叶名琛、广东巡抚柏贵奏，潮州遣回壮勇，滋事戕官，派兵筹剿。此次潮阳滋事匪徒，多系遣散壮勇，勾结土匪，纠众戕害大员。该督已于附近水师各营，选调兵勇一千数百名，派总兵谢焜等统带，分路进剿。另奏称，后帮红单船与拖风等船，未便遽令开行，总兵谢焜带兵剿办潮匪，出境无期。江南专望粤省战船，肃清江面。现在前帮船只尚未入江，后帮又复耽延，于江省大局甚有关系。清廷着叶名琛等赶紧另派镇将赴潮剿贼，仍饬谢焜速行管带后起红单等船，驶赴江南，以资攻剿，毋得稍失事机。至俄罗斯夷兵欲与英夷寻衅，难保不另蓄奸谋，该夷蛮触相争与中国原不相涉。该督等但当密饬各海口炮台将弁，严行防守，毋稍疏懈。其美酋麦莲、英酋包咛同时更易，据该督探知，系因前在江南定约时，有十二年后再行重订之语，是该夷意在要求，尤当不动声色，加之防范，届时惟有随机应变，以绝其诡诈之谋。

叶名琛等奏，遵筹采买京仓米石，请与捐输并举。报闻。①

叶名琛等奏俄国要求在上海通商情形。②

廿九日丁卯（6 月 24 日）

景淳奏，俄罗斯船只经过黑龙江境，现在饬属防范。此次俄罗斯乘船拥众，由黑龙江东驶，其所称与英夷争岛之语，未可尽信。清廷着密为防范，其船只来踪去迹，只宜勤加侦探，不可率与该国交接，尤不可轻给照会文移，转生枝节。如果该国船只经过地方，实无扰害要求情事，亦不值与之为难也。

前令王懿德于漳州、云霄、诏安、同安等营内挑选精兵二千名前往向荣军营，听候调拨。经王懿德覆奏，以闽省地方新定，人心未安，须资兵力弹压，恳请免调。兹据向荣奏，金陵上游江面布置水军，必须有陆路官军掎角屯扎，方能得力。而大营兵数分拨日少，广东现在剿办潮州匪徒，所调潮州等营官兵，谅难克期赶到。福建各郡县情形，诸就肃清，无须多兵留守。清廷着王懿德于接奉此旨后，迅将前调之漳州各营精兵二千名，懔遵前谕，即日派委得力大员管带，饬令兼程驰赴向荣军营，毋稍迟延。该督务当统筹全局，勿存畛域之见，况前次调赴大江之红单船只为闽省截留，后送回广东，至今尚未闻驶入大江，已为闽省所误，万勿再事稽延。

---

① 《清实录·文宗显皇帝实录》卷一三一。

② 《筹办夷务始末》（咸丰朝）第 1 册，中华书局 1979 年版，第 269~270 页。

钦差大臣向荣奏，遵覆分起布置师船情形，并催闽广调兵飞速前来。得旨：专待邻省之兵，缓不济急，有旨谕闽矣。①

六月初二日己巳(6 月 26 日)

俄罗斯船只由黑龙江驶下，官员弃卡退回，遭到参处。驻扎乌苏木丹卡伦之云骑尉巴图善，闻俄罗斯船只由黑龙江驶下，辄行带兵弃卡退回，实属畏葸无能。巴图善着革职，在卡枷号三个月，满日发伊犁充当苦差；兵丁着枷号二个月，满日鞭责一百，革去拜唐阿。巡查俄罗斯边界之佐领暂委协领桂庆等，并未前往堵御，辄行退回，实属不知奋勉，世管佐领桂庆、公中佐领铁星、伊勒东阿、防御色克精额、骁骑校讷保均着交部严加议处，兵丁均着鞭责一百，革去拜唐阿。署理副都统印务协领瑚逊布并未亲率兵丁前往堵御，查问俄罗斯船只，亦属轻视边务，瑚逊布着交部议处，以为坐卡官之戒。

前据俄罗斯屡欲遣人赴京至理藩院，云有紧要事件，并未陈明实情。现在黑龙江交界等处，有俄罗斯船只，逐一查询。虽据称系与英吉利等互相争扰，其中恐有别故。清廷着德勒克多尔济等，遇便传唤俄罗斯，面加详询：伊等船只赴东海大洋，究系何故，由何处行走，何如此紧急。询明后，由该大臣再行密奏。②

初五日壬申(6 月 29 日)

浙江巡抚黄宗汉奏，广东应行采买米石，由浙代办运津，以实仓储。得旨：所办认真之至，如有未尽事宜，随时请旨。③

吴健彰与英、法、美三国领事达成海关设立"外国人为税务司"的协议，规定由三国各出司税官一名，由道台委任。④

初八日乙亥(7 月 2 日)

以拥兵迁延，革福建金门镇总兵官钟宝三任，仍留营效力。以广东海安营游击陈国泰为福建金门镇总兵官。

---

① 《清实录·文宗显皇帝实录》卷一三一。
② 《清实录·文宗显皇帝实录》卷一三二。
③ 《清实录·文宗显皇帝实录》卷一三二。
④ 姚贤镐：《中国近代对外贸易史资料》第一册，中华书局 1962 年版，第 500~503 页。

贷福建金门镇兵丁谷价银两。①

初十日丁丑(7 月 4 日)

红单船于二月由粤放洋，四月杪已由厦门起碇，何以至今尚无过浙到沪确信，显系沿途逗遛。清廷着琦善、向荣飞催迎提，并查明统带各员在何处耽延，即行从严参办。②

十一日戊寅(7 月 5 日)

吴健彰与英、美、法三国领事签订《上海英美法租界地皮章程》计十四条，规定三国在上海居住的领土，享有税收、财政、交通、司法及警察等一切市政权利。③

十三日庚辰(7 月 7 日)

江苏巡抚许乃钊奏，上海英人暗助太平军，及英船自上海来，欲至江宁。④

前因许乃钊剿办上海贼匪，迟延贻误，曾经降旨革职留任，嗣复摘去顶带以示薄惩，冀其奋勇图功，稍赎罪戾。兹据奏称剿匪情形，仍是空言粉饰，毫无把握，逆匪窜踞上海县城已逾半载，该抚督办攻剿，劳师糜饷日久无功，殊堪痛恨。许乃钊着即革任交向荣差遣委用，以观后效。

咸丰帝谕令：本日据许乃钊奏，筹办沪匪情形并英夷要求照会等语，许乃钊督师上海，日久无功，处处为英夷所挟制。此次率与照会，不啻授人以柄，尤属不知大体，殊堪痛恨。已明降谕旨将许乃钊革任，授吉尔杭阿为江苏巡抚矣。上海匪徒戕官踞城，瞬逾十月，调集官兵不少，早应迅筹攻复，以免金陵大营分兵掣肘。许乃钊初则误听抚议，堕贼奸计，继则屡为夷兵所阻，不能奏功。此次英夷至沪求见，复不能折之以理，致令得肆要挟。且据奏称必须官兵复城，不藉外夷之力，何以遽行给发照会？仅令将戕官两犯交出。其该夷欲将贼匪带往他处，并无一言阻止，但令豫为说明地方。种种悖谬，殊出意料之外。各夷立约通商，本有一定处所，地方公事尚且不准干预，况用兵剿贼，岂得令其与闻。其并非通商之海口，向

---

① 《清实录·文宗显皇帝实录》卷一三二。
② 《清实录·文宗显皇帝实录》卷一三二。
③ 《中外旧约章汇编》第一册，生活·读书·新知三联书店 1957 年版，第 80~83 页。
④ 《筹办夷务始末》(咸丰朝)第 1 册，中华书局 1979 年版，第 276~279 页。

来不准夷船驶入。许乃钊片奏英夷船只，于五月二十三日，驶入焦山江面，探称欲至金陵。而前次琦善奏报，并称接到许乃钊知会，有美利坚夷船入江，嘱勿开炮轰击之语。是许乃钊信夷已深，毋怪该夷恣意寻衅。以前上海夷务，皆吴健彰经理。此时该员复以偕美国麦酋赴昆山谒见督臣，置身事外，难保非该员豫知夷情，有心趋避。即难保非吴健彰之不善驾驭，以受制于该夷者，即以之恐吓许乃钊。故历次奏报，惟以吴健彰之言为凭也。吉尔杭阿由监司擢任巡抚，未及一年，受朕特恩，膺兹重寄，宜如何感激图报，着即督率各路兵勇，迅速筹攻，务将沪城克期收复。所有首要各逆犯，必须悉数歼捦，万不准任该夷藏匿，致将来复扰他处。其刘林两逆有无内哄，林阿幅是否航海遁去，许乃钊所恃闽广乡人，解散城中党与（羽），果否可信，其愿为内应导引官兵入城一层，该抚务当慎重斟酌，不可再蹈许乃钊招抚故辙。至英夷现在作何计较，该抚当相机妥办，万不可轻易授之以柄，转令有所籍口。如果吴健彰办理不善，即行据实奏闻。兹已谕令叶名琛妥谕香港夷酋，晓以利害，令将包吟等速为弹压。仍着该抚察看动静，随时具奏。傥不能迅复孤城，或致该夷别生枝节，朕惟吉尔杭阿是问。

咸丰帝谕令：前据怡良等奏"美夷船只欲赴镇江，面见总督。嗣据琦善奏，该夷船由镇江径泊浦口，且停驻瓜州，与逆匪往来句（勾）结。而英夷在上海事事阻挠，狡谲尤甚。当我兵追贼之时，辄敢用枪将潮勇击伤，转向大营索取还枪之人。又称欲将上海逆匪送往他处，如果不允，即驶赴天津"等语。中国海口，除通商五口外，向不准夷船驶入。乃近日夷船肆行无忌，或往镇江，或往金陵，与逆匪相见，显违成约。该夷既与中国和好通商，何故与逆匪往来，殊非和好之意。况当江中征战之际，设或枪炮误伤，我兵不能任咎。着叶名琛向夷酋包吟、赐德龄严词正论，晓以利害，必能杜其奸萌。包吟甫于三月十六日来粤，即于五月二十六日带兵船至上海，又别遣夷酋麦华陀于五月二十三日，带火轮船赴镇江。如果实与俄罗斯构难，何能从容往来内地。其为包藏祸心，已可概见。叶名琛专司办理夷务，着即责以成约，令其转饬上海夷人，不得任意游驶。并谕以江岸海口，现在皆有重兵，若不遵约束，经我兵勇击杀，是该夷自贻之戚，于我无尤。使该夷知我不以起衅为怯，方不致日肆鸱张。该督谅必能悉心筹画，消患于未萌也。①

十七日甲申（7月11日）

有人奏，苏松太道吴健彰通夷养贼。据称贼首刘丽川曾为该道管理账目，匪党皆该道练勇。初起事时，该道首先得信，将眷属寄居夷船所有道库存银三四十万，悉以遗贼。所雇拖罾船只，名为捐赀，实取偿于关税。并有旧识广东货船到沪，免

---

① 《清实录·文宗显皇帝实录》卷一三三。

其纳税，以致夷商不服。复将关税银两隐匿，由海道运回原籍。又与人伙开旗昌行，贼匪粮食药弹，即由此行接济，且与贼匪屡次在船会晤。吴健彰着即革职拿问。该革员原籍赀财家产，清廷着叶名琛、柏贵迅即派员严密查封，听候谕旨，毋得泄漏，致有隐匿寄顿之弊。至吴健彰有无由海船带回银两，数至累万之多，并着查明具奏。①

吉林将军景淳奏，俄国大船二只、小船五十余只，经过三姓地方，前往东海，并未留扰。②

十八日乙酉(7 月 12 日)

上海新设海关开始稽征。英派威妥玛，美派卡尔，法派史密斯进入税务司，其中，威妥玛为总税务司。外国人管理海关的制度确立。③

廿一日戊子(7 月 15 日)

江苏巡抚许乃钊奏，英、俄小有冲突，并向美、英索问代收各税情形。④

咸丰帝谕令：前因英酋在上海任意要挟，许乃钊办理软弱，当降旨交叶名琛转谕广东夷酋，责以成约，令各口夷商，不得驶入内地。兹据怡良奏，美酋麦莲勒毕唵在昆山谒见该督，呈递国书照会，坚执十二年变通成约之说，欲往扬子江贸易，并籍口上海税关，改设吴淞，欲请拆毁。其照会内所求各情节，皆系伊国夷书所无，且有措词倨傲之处。怡良所给照会，据理照覆，尚不至如许乃钊之失体。惟各国通商事宜，向归两广总督专办。怡良既将该夷国书照会等件，钞录咨送叶名琛酌办，即着饬令该酋迅由昆山启程，前往广东，不得恣意逗遛，致稽查办。叶名琛务当坚持成约，严词晓谕，杜其奸萌。本日据许乃钊奏上海逆匪及英酋近日情形，办理愈形荒谬，并称与该酋约期相见，果于中华有益，不敢稍存成见。是其意中，早存一迁就之心。该抚业经革职，设或妄应夷酋，受其愚弄，着怡良、吉尔杭阿正言拒绝，为谬论所惑。并着令其前赴广东，听候叶名琛查办。吉尔杭阿仍即督兵进攻，迅图克复上海，毋再迟延。红单艇船，陆续已抵吴淞。着吉尔杭阿飞催前进，并知照琦善、向荣酌量调遣。⑤

---

① 《清实录·文宗显皇帝实录》卷一三三。
② 《筹办夷务始末》(咸丰朝)第 1 册，中华书局 1979 年版，第 281 页。
③ 《上海小刀会起义史料汇编》，上海人民出版社 1980 年版，第 432 页。
④ 《筹办夷务始末》(咸丰朝)第 1 册，中华书局 1979 年版，第 287 页。
⑤ 《清实录·文宗显皇帝实录》卷一三四。

骆秉章奏，饷需浩繁，请饬催川、广两省速筹接济。

廿二日己丑(7 月 16 日)

吴全美等管带红单船五十只，于五月初六日，全抵吴淞江口，现已旬日，尚未驶到金陵。清廷着其赶紧上驶，毋得截留上海，并着将铅子火药等项即于吴淞口备齐，以便赶赴焦山，会合水师，藉资攻剿，断不准片刻延宕，致误事机。①

廿四日辛卯(7 月 18 日)

有人奏，广东琼州府属琼山、文昌、会同三县，有无赖游手纠集多人，名为老洪会，藉端讹索，肆行抢掠。虽被练勇格毙多名，其分扰各县，亦均有捡戮，而党与(羽)尚多。并各海口时有盗船停泊，居民惊恐，会匪句(勾)引洋盗，其患更不可胜言。②

廿六日癸巳(7 月 20 日)

两广总督叶名琛奏英、俄备战情况。③

秋七月初一日戊戌(7 月 25 日)

修浙江海宁、仁和二州县海塘各工，从巡抚黄宗汉请也。④

十二日己酉(8 月 5 日)

钦差大臣琦善奏，水师船勇，拟照红单船给价，分别撤裁。得旨：所奏是，照所拟办理。如有不遵法令，即可正法。若当断不断，必贻后患于无穷也。

直隶总督桂良奏，闽省米船，请援案免税二成，余货照例纳税。得旨：所拟实不为刻，自应如是办理。⑤

---

① 《清实录·文宗显皇帝实录》卷一三四。
② 《清实录·文宗显皇帝实录》卷一三四。
③ 《筹办夷务始末》(咸丰朝)第 1 册，中华书局 1979 年版，第 289~290 页。
④ 《清实录·文宗显皇帝实录》卷一三五。
⑤ 《清实录·文宗显皇帝实录》卷一三六。

十五日壬子(8 月 8 日)

前以英美各夷酋于苏省求见督抚，任意要挟，当经谕令叶名琛严谕该酋等遵守成约，以杜奸萌。兹据怡良奏称，接英酋包吟公文称，前在粤东时，钦差大臣酬以无礼，并接美酋麦莲勒毕唵照会，有拟与英酋同赴天津等语。清廷着叶名琛仍遵前旨，设法开导，谕以坚守成约，断不容以十二年变通之说，妄有觊觎。并谕以天津海口，现因办理防堵，兵勇云集。傥该夷贸然而来，船只或有损伤，转致自贻伊戚。至该督接见夷酋等仪文，仍当恪守旧章，无得以该夷等有相待稍优之请，少涉迁就，以致弛其畏惮之心。前据叶名琛奏，探闻俄夷与英夷订期交战，并于香港地方将伊等货船抢去。该夷等方有戒心，何以转与中国为难。传闻之词，或多不实。该督办理此事，尤应格外慎重，万不可以俄夷方与该夷等构衅，一切稍存大意。①

二十日丁巳(8 月 13 日)

有人奏，广东省每遇岁科考试，州县官所取案首，多系以财行求。琼州府属尤甚，往往于未考之先，即已讲定，多则洋银七八百圆，少则四五百圆不等，甚至自第二名至第十名，非用洋银数十圆，亦不能得。儋州文昌县各文童，每因考试不公，有殴官毁署情事。

吉尔杭阿奏三次轰坍沪城。逆匪占踞上海县城，我兵攻围日久，总未能扫穴捣渠。此次三处地雷，同时举发，叠次环攻，虽歼毙贼党一千四百余名，而该逆于城中豫筑土垒，窃掘内壕，以致未能即时克复县城，且我军伤亡弁兵亦复不少。②

廿一日戊午(8 月 14 日)

此时江省水师，叠获胜仗，红单船已于七月初二日击至瓜州之上，亟宜乘势进攻，肃清江面。兹据向荣奏称，续调红单等船，至今尚无到江信息。似此迁延，必致贻误大局。清廷着叶名琛等，即饬将红单等船兵勇口粮及一切应用火药等项赶备齐全，催令谢熌飞速管带，直赴江南，不准稍有迟延，并着沿途闽浙各督抚于该师船过境时，迅即催趱前进。③

---

① 《清实录·文宗显皇帝实录》卷一三六。

② 《清实录·文宗显皇帝实录》卷一三六。

③ 《清实录·文宗显皇帝实录》卷一三七。

廿三日庚申（8 月 16 日）

江苏巡抚吉尔杭阿奏报到任日期。得旨：现在上海未复，攻剿正在吃紧。汝既任巡抚，地方之事，应一面兼顾。汝外任不久，尚无因循习气，趁此时奋发有为，或不致动辄回护。以后但须竭力办理，莫负委任。①

廿四日辛酉（8 月 17 日）

以验收海运漕粮完竣，予郑亲王端华、署仓场侍郎全庆等议叙。
两江总督怡良奏，英、美使臣不久赴粤。②

廿七日甲子（8 月 20 日）

以兑收海运漕粮完竣，赏户部员外郎成琦、王及端花翎，余加衔升叙有差。

廿八日乙丑（8 月 21 日）

上年八月间，台湾府属之噶玛兰厅地方，贼匪滋事，通判董正官遇害。经代理通判署头围县丞王衢纠集壮丁团练，焚毁贼巢，并将暗为贼谋假充义首之林汶英一犯设法诱杀，会同都司刘绍春等分投搜捕，歼捡多匪。惟首犯吴磋及戕官正犯刘木等同从逆余匪仍潜匿山内，通判杨承泽到任后，复与副将曾玉明等入山搜剿，署淡水同知朱材哲并侦获逸犯吴大等多名。本年二月间，该管文武探知贼踪，带兵围捕，先后拿获要犯刘木、沈钟等，并歼毙伙犯十余名，复督率营弁梁青芳、义首谢集成等探明逆首吴磋在中心仑地方潜匿，挥兵直入，轰毙贼匪二十余人，格杀十余人，将逆首吴磋生捡，并将吴磋、刘木、沈钟押赴被害之噶玛兰通判董正官枢前凌迟处死，一并枭示。③
山东按察使昇福奏报到任日期。

闰七月初二日己巳（8 月 25 日）

疏防海口盗抢之官员受到严议议处。奉天牛庄没沟营海口，七月初三日，突有

---

① 《清实录·文宗显皇帝实录》卷一三七。
② 《筹办夷务始末》（咸丰朝）第 1 册，中华书局 1979 年版，第 294 页。
③ 《清实录·文宗显皇帝实录》卷一三七。

贼船三只，逼索商船银物。先于六月三十日在金州属羊头洼口外地方滋扰并有烧毁商船、拒伤舵工等事。现虽驱逐出洋，海口安静，惟该防御金毓璟带兵堵缉，于盗匪入口时不能尽力兜剿，辄先退缩，以致登岸滋扰，实属庸劣不职。羊头洼守汛佐领记名骁骑校车复隆带兵驻守，观望不前，亦属懦弱无能。金毓璟、车复隆均着即行革职。该总巡佐领韩兆凤、协巡防御韩广兴未能随时追缉，亦难辞咎。均着交部严加议处。

因牛庄、金州二处海口有三只贼船抢劫，清廷着英隆等即饬水师巡船，设法剿截侦探匪船三只踪迹，并力追及，尽数捡获，断不准以驶赴外洋藉词支饰，并严饬地方文武于各海口要隘，实力查拿。①

初四日辛未(8 月 27 日)

前因端华等奏江浙海运正漕事竣，请将户部员外郎成琦、王友端赏戴花翎，当经降旨允准。兹据御史韩锦云奏称，该员等所得保举过优，请将花翎撤销。本年江浙海运漕米抵津，该司员等随同端华等查验起运一切事宜，办理尚属妥速，均属著有微劳。所有该御史请将成琦等花翎撤销之处，着毋庸议。

新授福建台湾道裕铎奏报到任日期。得旨：一切公事，不准因循，总以迅速为妙，远隔重洋，岂能事事禀商。②

初五日壬申(8 月 28 日)

琦善奏，粤省红单船既形笨重，自应多造适用船只，以期轻捷。
英、法、美三国公使会于香港，商讨修约。③

初七日甲戌(8 月 30 日)

江苏巡抚吉尔杭阿奏，英使藉端要挟，极为狂悖。得旨：总宜处以镇静，断不可受其要挟。即美酋一事，虽有二十三日仍回上海之语，恐系虚言恫喝也。④
吉尔杭阿奏，美使请求在长江一带通商。⑤

---

① 《清实录·文宗显皇帝实录》卷一三八。

② 《清实录·文宗显皇帝实录》卷一三八。

③ 丁名楠等：《帝国主义侵华史》卷一，人民出版社 1961 年版，第 120 页。

④ 《筹办夷务始末》(咸丰朝)第 1 册，中华书局 1979 年版，第 295～297 页。

⑤ 《筹办夷务始末》(咸丰朝)第 1 册，中华书局 1979 年版，第 298～300 页。

初十日丁丑(9月2日)

命前任江宁将军托明阿为钦差大臣，驰往江南扬州军营，督办军务。①

麦华佗自广州致函包吟，说叶名琛委派两位知县同他会晤，安排叶名琛与英、法、美使节会面商讨修订条约问题，及其已经按照包吟指示予以拒绝。②

十九日丙戌(9月11日)

有人奏，江苏降调藩司倪良耀，于应行督催之截留海运米石，迄今两载，延不完缴。已革江苏知县余龙光在青浦任内，重赋苛征，酿成巨案，以致上海等处相继失陷，该员实为罪魁。署嘉定县知县郑扬旌、青浦县知县张铭晓于城池失守后，逃匿未获。署吴县知县张礼用劣役为心腹，婪赃肥己、纵盗殃民。上元县知县岳崇恕贪污素著，吸食鸦片、不理公事。清廷着怡良、吉尔杭阿按照所参各情节，逐一查明，据实参奏。

江苏巡抚吉尔杭阿奏，上海东北开空壕沟，已令英人代办。得旨：此时万不可再令窜逸。汝所筹机宜，暨驾驭夷人，均属妥当。③

二十日丁亥(9月12日)

向荣奏，请饬催前调福建广东各官兵。清廷着王懿德迅遵前旨，即行选调漳州镇标及所属云霄、诏安、同安各营兵二千名，如数拣齐，派令得力将弁管带，克日启程，前赴向荣军营，听候调遣。并着叶名琛、柏贵查明前报启行之潮州镇寿山所带官兵二千名，何以迟迟尚未行抵江南，迅速饬催。至叶名琛等前奏续派碣石镇总兵谢煜管带之拖风、红单船，共四十只，尚未出洋。着该督抚等迅饬前项续调船只，赶紧开洋，星速驶入长江，以资协剿。④

廿一日戊子(9月13日)

闽浙总督王懿德奏，仙游县乌白旗匪首朱三、陈尾始终助逆抗拒，必须择尤

---

① 《清实录·文宗显皇帝实录》卷一三八。
② 伦敦档案局外交部档案，F·O·17/215 卷，第 128 号公牍附件。
③ 《筹办夷务始末》(咸丰朝)第 1 册，中华书局 1979 年版，第 300~301 页。
④ 《清实录·文宗显皇帝实录》卷一三九。

剿办。

以督办通州城工完竣，予仓场侍郎全庆、朱嶟议叙。①

廿二日己丑(9 月 14 日)

补铸福建长泰县知县印信，从总督王懿德请也。

廿五日壬辰(9 月 17 日)

有人奏，广东省城土匪滋扰，请饬防剿。据称潮州府属之惠来县，于五月十七日失守，知县殉难。广州府属之东莞县，因该县派差勒索船规，致匪徒聚众，于五月二十二日攻破县城，知县逃避，都司兵丁等被害。该匪即窜至佛山镇，放火抢掠，六月十七日，直扑省城南门，绕赴北门。并番禺县属之石壁石井地方，尚有会匪数万，树旗招伙，欲攻省城。②

廿九日丙申(9 月 21 日)

骆秉章奏，通筹防剿大局，并饬绅民捐办船炮。③

八月初十日丙午(10 月 1 日)

天地会首领在围攻广州时，照会英国驻广州领事罗伯逊，解释起义的目的，邀请会晤，没有得到回应。④

十一日丁未(10 月 2 日)

帮办军务已革直隶提督陈金绶奏，红单船碍难再拨，请俟浦口贼营剿完后，再饬艇船上驶。⑤

---

① 《清实录·文宗显皇帝实录》卷一四〇。
② 《清实录·文宗显皇帝实录》卷一四〇。
③ 《清实录·文宗显皇帝实录》卷一四〇。
④ 戴维斯：《美国外交文件：美国和中国(1842—1860)》第一辑第七卷，威尔明顿学术资料出版公司 1973 年版，第 49 页。
⑤ 《清实录·文宗显皇帝实录》卷一四二。

十六日壬子(10月7日)

江苏巡抚吉尔杭阿奏上海获胜情形。得旨：新营既成，因何并未用炮弹。刘逆情罪重大，速行歼戮，不可令其他窜。①

英美二使已过约定日期，尚未回上海。②

廿四日庚申(10月15日)

吉尔杭阿奏，英吉利、美利坚、法兰西三国夷酋，先后驶抵上海，称欲变通成约。因两广总督不肯接见，定期八月十八日，前赴天津。经吉尔杭阿反复开导，该酋坚执不移，势难阻止。清廷着文谦、双锐于陆路地方，及海口炮台，一体严密防备。倘该夷船驶至海口，即行一面星速密奏，一面知会桂良妥商劝导之法。务期不动声色，毋致居民惶惑。至该酋来时，或应与之接见，总宜不亢不卑，正言开导，杜其觊觎之心。津郡本非该夷应至之地，前此英夷麦华陀，自江苏前来。该处地方文武，尚有身与其事之人。应如何布置，如何拒绝，即着文谦等随时熟商，奏明办理。③

廿六日壬戌(10月17日)

吉林将军景淳奏，俄人在费雅哈设防，其分界之事请俟五年春再查，并请敕库伦及黑龙江委员查明分界处所。④

廿七日癸亥(10月18日)

据文谦等驰奏，英、美两国船只，于驶抵大沽海口后，经都司陈克明等登船询悉情形，讵英酋麦华陀忽又乘坐小船，驶入口内，行过炮台半里有余。嗣经双锐、钱炘和等，与之反复理论，该酋始将艇船退出炮台停泊。清廷指示：该夷等在上海昆山屡次要求不遂，辄以广东不肯代为查办为词，同时北驶而来。究竟意欲何为，总未明言。况自上年逆贼入江之后，该夷等曾先后驶往金陵镇江，与贼交接。其心

---

① 《清实录·文宗显皇帝实录》卷一四二。
② 《筹办夷务始末》(咸丰朝)第1册，中华书局1979年版，第303页。
③ 《清实录·文宗显皇帝实录》卷一四三。
④ 《筹办夷务始末》(咸丰朝)第1册，中华书局1979年版，第309~301页。

怀叵测，已属显然。现在文谦先令双锐、钱炘和前往接见，俟夷船退出，方与该酋见面，自系为慎重体制起见。但不知接晤时，该夷能否帖耳而服，文谦能否独任其事。该酋所称天津官长再有辗转，即赴通州之语，原不可遽信为真，要亦不能不倍加防范。桂良于保定防守事宜，甚关紧要，务即遵奉前旨，随时简派妥员，前往协办。仍飞饬文谦率领该镇道正言阻止，勿致别滋事端为要。

直隶总督桂良奏，接奉密谕，豫防海口。得旨：现在夷船已抵海口，汝必续有报来。总宜处以镇定，不可张皇。近处防备，虽有洪志高、达年、双锐等，如有应添派之处，豫行密筹。洪志高虽在台湾多年，究恐衰老。①

廿八日甲子(10 月 19 日)

咸丰帝谕令：前据吉尔杭阿奏称，英、美、法三夷同时由上海起碇北上。此次到津之船，仅有英、两国计大船三只，小船二只，人数不过三百余名。其来意无非欲改变通商成约，此事断不能行。谅文谦等必可遵旨妥办。惟该夷等行踪诡谲，游驶无常。一经文谦等劝谕回驶，或又有续来船只联樯北上，均难保其不沿海驶突。所有盛京、金州及山海关各口要隘，均应先事豫防，以期有备。即着该将军、副都统、府尹等各于所属海口，一体严密防范。并随时派委妥干员弁，确切侦探，据实密奏，但不可稍涉张皇，转致民情惶惑。其山东登州海面，亦谕令崇恩加意准备矣。②

廿九日乙丑(10 月 20 日)

前因英、美两国船只驶抵大沽，谕令文谦等妥为晓谕，不可轻有允许。兹据文谦、双锐奏称，二十七日与该夷见面，该夷麦华陀仅称通商事宜，有应行变通之处，仍未将意中之言详细指出，并有恍不为代奏，惟有赶紧回本国销差，前立和约竟成废纸之语。

吉尔杭阿奏称，该夷公使提督等欲播弄是非，于中取利，旧欠商税既不措缴，更虑衅端叠起，新税亦费周章。咸丰帝批复：细阅该抚所奏，意在迁就了事，冀可征收商税，所见甚小。该夷此次到津，恐别有诡谋，未必专为商税。如果因上海不靖，该夷等商税致有赔累，原不妨令怡良等查明核减，以示怀柔。惟必待包呤等出之于口，然后可明白晓谕，令该酋等驶回上海，听候怡良查办。此时该督不必告知

---

① 《清实录·文宗显皇帝实录》卷一四三。
② 《清实录·文宗显皇帝实录》卷一四三。

文谦，仍就文谦所奏情形，先行悉心筹画，定议后即迅速密奏。①

闽浙总督王懿德奏，英使包吟求见，欲变通和约，已加婉拒。②

九月初二日戊辰(10月23日)

桂良奏，筹议夷务，并添派委员赴津会办。咸丰帝谕令：本日据桂良奏筹议办理情形一折，用意措词，俱极周匝。文谦等如能照此开导，必可折服该夷之心。且原定和约，所有贸易章程，如须稍为变通，俟十二年后再议一条。美利坚则定于道光二十四年七月，法兰西则定于二十四年十月，其互换条约均在二十五年，距十二年后之期亦复甚远，该夷不当于此时妄行渎请。若英吉利和约条款内并无此文，既称万年和约，便当永远信守。即谓我朝有恩施各国，准英人一体均沾之语，美利坚、法兰西二国已不能于未经届期之先，豫议更张，英夷又何从为此效尤之举？文谦等正可据理回覆，以塞该夷之口。此次来津，系英美两国通事，其三国夷酋包吟等是否仍须前来，亦当查探明确。并谕以海口事宜，原议应由中国办理外国事务之钦差大臣专办。该夷此来，虽已据情入奏，亦当仍向通商五口地方，听候查覆，在此终属无益，则该酋等亦正不必远劳跋涉。即该夷目等亦可知数次来津，徒然往返，以后便不必为此奔波也。③

初三日己巳(10月24日)

长芦盐政文谦等奏，接见英美通事官，逐款指驳。④

拦江沙外之小艇一只，于初二日驶进海口。船上有夷人十九名，系连日风大而搁浅。⑤

初四日庚午(10月25日)

直隶总督桂良奏，如办理未谐，即亲往驻津办理。得旨：亦不必如此慌张。崇纶到彼，自能妥办。汝之出省与否，不可先露其意。即使出省，亦不便与夷酋相见，并不可俾该夷知汝抵津方好。如果须出省时，即调吴廷栋到皋司任，庚长可代

---

① 《清实录·文宗显皇帝实录》卷一四三。
② 《筹办夷务始末》(咸丰朝)第1册，中华书局1979年版，第312~313页。
③ 《清实录·文宗显皇帝实录》卷一四四。
④ 《筹办夷务始末》(咸丰朝)第1册，中华书局1979年版，第327~329页。
⑤ 《筹办夷务始末》(咸丰朝)第1册，中华书局1979年版，第319页。

拆代行。①

初六日壬申 (10 月 27 日)

前因夷船驶至天津，谕令富勒敦泰等各于所属海口严密防范，毋许稍涉张皇。兹据富勒敦泰奏称，派员带领弁兵，昼夜侦探，一面出示安民，一面亲赴海口，并饬备调及防守官兵常川操练、听候调遣。清廷以为种种举动，直是有意声张，着富勒敦泰仍于该处海口地方，严密确探，不准妄有举动。即有夷船驶至，亦应密速驰奏，候旨遵办，毋得卤莽从事，以致民情惶惑，另滋事端。

文谦等奏，接据夷酋照会，给与照覆，令该夷向五口地方听候咨办。

山海关副都统富勒敦泰奏，接奉廷寄，派兵严防海口情形。得旨：如此声张，尚曰密商密饬，其谁信之。汝之喜事心性，总不能改，尚有谕寄汝矣。②

初七日甲戌 (10 月 28 日)

清廷以为在天津大沽海口之英美两夷，不过虚词恫喝，肆其狡诈。傥在天津不遂所欲，难保不在东省口岸别有要求，故着崇恩密饬登州镇等探有夷船驶到，或呈递书词，别有希冀，一概不得收受。并严禁沿海居民人等，不准收买该夷烟土等货，并接济食物。③

初八日甲戌 (10 月 29 日)

山东巡抚崇恩奏，洋船过境，严守口岸。八月二十三日黎明，在登州府属蓬莱县庙岛洋面，先后望见有外洋大小夷船三只，向正西驶去，自系前往天津。④

十一日丁丑 (11 月 1 日)

文谦等奏近日夷酋情形。据称该酋等接到照覆回文后，即求见面。文谦因该夷照会文内有荒谬之语，不予接见。经双锐等向该酋责以大义，麦华陀等即俯首无词，自认错误。清廷着崇纶与文谦等妥筹熟商，俟与包吟等接见时，务当正言拒

---

① 《清实录·文宗显皇帝实录》卷一四四。
② 《清实录·文宗显皇帝实录》卷一四四。
③ 《清实录·文宗显皇帝实录》卷一四四。
④ 《筹办夷务始末》(咸丰朝) 第 1 册，中华书局 1979 年版，第 334～335 页。

绝，相机理谕，以折服该夷之心，使其不敢妄生觊觎，方为妥善。①

十三日己卯（11 月 3 日）

前任长芦盐政崇纶等奏，与包吟定于十三日在炮台前会晤。②

十五日辛巳（11 月 5 日）

前任长芦盐政崇纶，将英使所递清折十八条、美使所递清折十一条呈上。③

崇纶等与美、英二国夷酋见面，询问来意。咸丰帝批复：十三日崇纶等与夷酋麦莲、包吟接见，措词尚属得体。另片所陈各情亦颇周密。至该夷呈出变通清折所开各条，均属荒谬已极，必须逐层指驳，以杜其无厌之求。即如与中国地方官交往一节，本有议定体制，地方大吏各有职任，岂能于该夷所到之处，轻于会晤。至赁买房屋地基、运卖货物，亦应遵照旧约，断难任其随地建造，任意往来。况扬子江本非夷船应到之地，而海岸捕鱼采矿等事，更于通商无涉，是直欲于五口之外，另生窥伺侵占之意。向来纳税，或用纹银，或以洋银折交，历久奉行，从无用金之说，即中国钱粮，亦未有用金交课。又所称货物暂存官栈，由该商与中国税关看守，更无此理。京师为辇毂重地，天津与畿辅毗连，该酋欲派夷人驻扎贸易，尤为狂妄。包吟所称鸦片纳税及欲进粤东省城，尤为反覆可恶。其余各条，较之味酋，更属关碍大局，务当按款正言驳斥，杜其妄求。至民夷相争，原有成约可稽，近来地方官有无审断不公，准其行查该督抚秉公办理。上海匪徒滋事，贸易维艰，如果夷商因此赔累，欲免欠税，朕抚驭中外，柔远为怀，原不难稍从减免，但应如何核减之处，亦须由该省督抚查明酌办。至广东茶税，称滥抽每担二钱，天津亦无成案可考，必须由两广总督办理。以上三款尚可允其查办。此外各款概行指驳。崇纶等即作为己意，据理晓谕，一面允其代奏，一面饬令回粤。如该夷执意不肯折回，亦可许其赴上海，由怡良等酌核办理，但不得轻率允许。④

十八日甲申（11 月 8 日）

江苏巡抚吉尔杭阿奏，关税未缴，营饷难筹，似可将贸易章程略为变通。⑤

---

① 《清实录·文宗显皇帝实录》卷一四五。
② 《筹办夷务始末》（咸丰朝）第 1 册，中华书局 1979 年版，第 337~338 页。
③ 《筹办夷务始末》（咸丰朝）第 1 册，中华书局 1979 年版，第 338~347 页。
④ 《清实录·文宗显皇帝实录》卷一四五。
⑤ 《筹办夷务始末》（咸丰朝）第 1 册，中华书局 1979 年版，第 348~349 页。

二十日丙戌(11 月 10 日)

邵灿、杨以增奏，洋匪肆扰，赶筹会剿。据称黄河海口，有洋盗勾结滨海土匪，肆行抢掠，业经委员访有洋匪五股，每股数百人，其头目有王大老虎、陈二将军等名目，时在洋面劫掠。又于海滩筑垒乞壕，藏有枪炮器械。清廷着怡良、吉尔杭阿即饬狼山镇总兵泊承升，督率水师，会同剿办，务将首犯王大老虎等按名弋获，尽法惩治，以清海道。①

抚恤琉球国遭风难夷如例。

廿一日丁亥(11 月 11 日)

四川总督裕瑞缘事解任，以浙江巡抚黄宗汉为四川总督。

以仓场侍郎何桂清为浙江巡抚。②

廿二日戊子(11 月 12 日)

英、美夷船起碇出口，想日内即可扬帆南返。咸丰帝谕令：此次夷酋北来，总以请派大臣为词，不肯明言来意。迨经崇纶等与之接见，再三开导，始呈出祈请各条。其悖谬窒碍之处，不一而足，经朕密谕崇纶等一概斥驳。惟民夷相争及上海欠税、广东茶税三条，尚可允其查办，崇纶等复作为己意照覆。该夷酋犹以未曾入奏为疑，崇纶等许以代奏，令回南听候查办，该夷始有起碇之信。谅此次南返，不至上海，即回广东。所称归国请示之语，不过仍属虚词。着叶名琛、怡良、吉尔杭阿于各海口严密哨探。如夷酋回驶，再有要求，即告以崇纶等已将近理各条代奏。但欠税系在上海，茶税系在广东，即民夷相争，亦总在通商口岸，天津纵能代奏，亦不能代办。已奏谕旨交上海、广东酌查，自当秉公为之办理。此外各款，不但天津不敢入奏，即应办夷务之大臣，亦不敢轻为奏请。倘冒昧渎陈，奏事之员，身获重谴，该夷商务仍属无益。该夷惟利是图，来往奔驰，其志不过在贸易税务之事。以此稍应所请，当必帖然无说。惟崇纶折内所指扬子江通商一节，仍当严行拒绝，并不可使该夷知此意业已上达，庶不致再以候旨候批为借口。该督抚总当酌量情势，妥为查办。其到口日期及接见情形，即着迅速密奏。法兰西夷哥士耆来津，并不提及通商之事，是否因英、美两夷伎俩已穷，遂不复置辩，抑实非为此而来，崇纶等

---

① 《清实录·文宗显皇帝实录》卷一四五。

② 《清实录·文宗显皇帝实录》卷一四六。

自能晓谕南返，该督抚等随时体察动静，设法驾驭可也。

崇纶奏，法兰西佛夷备文，求释传教夷人。定例五口通商以外，不准该夷擅入内地，何以陕西盩厔县地方有该夷传教之人，果否被该地方官拘拿，应如何核办之处，清廷令崇纶等知照王庆云，查明有无其事，遵照旧章妥办，仍一面正言拒绝，谕令该夷人不得在津逗遛，以免别生枝节。①

廿四日庚寅（11月14日）

前因广东土匪蜂起，闽粤壤地毗连，谕令王懿德于该省各营内抽拨精兵一千名，驰赴广东，听候调遣。因思粤东省城附近贼氛四起，邻省援剿之兵，或有未能直达，且恐道途纡远，行走需时，若由海道派兵前往，可期迅速。清廷着王懿德于闽浙两省水陆各营再行拨兵二三千名，派委得力员弁，迅由海道径赴广东省城，协力剿办。前此派拨之兵一千名，如未启程，亦可并由海道前往。②

廿六日壬辰（11月16日）

礼部奏遵议琉球贡使，暂缓赴京。咸丰帝谕令：王懿德于该使臣等贡船行抵闽境后，即行宣谕朕意，令其此次无庸来京，仍优与犒赏，委员妥为护送回国。所有进贡方物，即着赏收，由该督等派员送京。其应行颁赏该国王世子及使臣等物件，着该管衙门查照旧章备办，发交该督等派员赍送，转给祗领，以示朕怀柔远邦至意。③

廿七日癸巳（11月17日）

拨粤海关税银三十万两，备广东军需。

廿九日乙未（11月19日）

福建巡抚吕佺孙奏报到任日期。

美使麦莲向国务卿麻西报告，英、美、法三国使臣修约谈判失败，建议采取武力威胁，以获得更多权利。④

---

① 《清实录·文宗显皇帝实录》卷一四六。
② 《清实录·文宗显皇帝实录》卷一四六。
③ 《清实录·文宗显皇帝实录》卷一四六。
④ 戴维斯：《美国外交文件：美国和中国（1842—1860）》第一辑第五卷，威尔明顿学术资料出版公司1973年版，第155页。

冬十月初六日辛丑(11 月 25 日)

修广东海口龙门各营水师战船,从总督叶名琛请也。①

十七日壬子(12 月 6 日)

广东天地会首领陈显良再次照会英国领事罗伯逊,通知所有外国人:"他们必须在他们的房屋和财产上悬挂他们国家的国旗,以作为标志。我们将对我们的军队下达严格的命令,决不损害它们,这样,广州被攻占以后,贸易和商业将得到完全的繁荣。"②

十八日癸丑(12 月 7 日)

叶名琛照会包呤:"如今省河上贼势猖獗,扰及外国人住处。虽则本大臣已派官兵练勇前往堵截剿杀,惟得贵国兵舰此刻亦泊省河护卫。为此,照会贵公使,通力剿匪。"③

叶名琛同日照会美国公使麦莲,表达同样的内容。④

二十日乙卯(12 月 9 日)

上海法军强拆小刀会义军在法国领事馆和戴作士医生住宅之间所建的炮台,引发双方冲突。小刀会阵亡十人,法军伤两人。下午二时,法舰"高尔拜"号炮击县城,至四五时许才停止。⑤

廿二日丁巳(12 月 11 日)

包呤照会叶名琛,将与海军上将并战船数号,于星期三前赴省垣。⑥

---

① 《清实录·文宗显皇帝实录》卷一四七。

② 戴维斯:《美国外交文件:美国和中国(1842—1860)》第一辑第七卷,威尔明顿学术资料出版公司 1973 年版,第 51 页。

③ 英国外交部档案 F·O·17/218。

④ 朱士嘉:《十九世纪美国侵华档案史料选辑》,中华书局 1959 年版,第 106~107 页。

⑤ 《上海小刀会起义史料汇编》,上海人民出版社 1980 年版,第 458~461 页。

⑥ 《第二次鸦片战争》(六),上海人民出版社 1979 年版,第 30 页。

上海英国领事阿礼国、美国领事马辉致函小刀会首领陈阿林，建议小刀会投降。被拒绝。①

廿五日庚申（12 月 14 日）

两江总督怡良等奏，英、美二酋回沪接见情形，并起碇赴粤日期。得旨：总宜事事镇定，勿任其要求，尤在驭之以严，接之以礼。彼夷人伎俩，安所施耶。②

法国驻华海军司令辣厄尔致函法国领事爱棠，决定向上海小刀会宣战。③

三十日乙丑（12 月 19 日）

吉尔杭阿奏密陈上海各夷动静，并现在筹办情形。咸丰帝谕令：详览所奏，上海逆匪大抵藉夷人为藏身之固，而该夷即以逆匪为挟制之端，故于我兵在北门外，沿河筑墙。夷酋则阳（佯）为助顺，而领事人等则狡诈百出，种种阻挠。其实该夷与逆匪暗相句（勾）结，形迹已属显然。所称助顺效忠，毫不足信。此时惟当督饬弁兵，实力进攻，迅图攻克县城，正不必借力于该夷，转令有所籍口。况逆匪占踞城池，万无不进攻之理。岂能因夷人刁难，遂观望不前。该夷犬羊性成，畏强欺弱，若我军畏首畏尾，不特上海之匪愈肆鸱张，即该夷亦必别生诡计。以现在情形而论，与其用柔而为所挟持，转不如用刚而使有所忌惮也。大兵剿办逆匪，名正言顺，原与夷人毫无干涉。即北门一带，亦系中国土地，并非夷人疆界，傥竟敢显然抗阻，则其曲在彼，亦非衅自我开。正言晓谕，谅该夷亦不肯自败成约。该抚此次汇报攻剿情形，皆敷衍塞责，并无实际。若藉词于夷人阻挠，不能力破贼巢，贻误之罪，岂能屡邀宽宥也。④

十一月初四日（12 月 23 日）

库伦办事大臣德勒克多尔等奏，与俄分界碑，拟俟俄国咨覆到时再行知照吉林、黑龙江将军派员前往。⑤

---

① 《上海小刀会起义史料汇编》，上海人民出版社 1980 年版，第 691 页。
② 《清实录·文宗显皇帝实录》卷一四九。
③ 《上海小刀会起义史料汇编》，上海人民出版社 1980 年版，第 468~469 页。
④ 《清实录·文宗显皇帝实录》卷一四九。
⑤ 《筹办夷务始末》（咸丰朝）第 1 册，中华书局 1979 年版，第 363~364 页。

初七日壬申（12 月 26 日）

调浙江兵一千名赴广东剿贼。①

十四日己卯（公元 1855 年 1 月 2 日）

以江苏剿办洋匪出力，赏通判锺照、守备杨镇华花翎。同知潘莹淮等蓝翎，余升叙有差。②

十八日癸未（公元 1855 年 1 月 6 日）

法军二百五十人会同清军一千五百人攻打上海县城，被小刀会击退。法军阵亡九人，伤三十六人，义军阵亡四十人。③

廿一日日丙戌（公元 1855 年 1 月 9 日）

山东省应解通济库轻赍银两，已逾一年之久尚未解到，清廷着崇恩督饬该粮道迅即筹兑，务于封印前解到。

托明阿等奏，水师军饷短绌，请饬江南督抚迅速拨解。④

廿四日己丑（公元 1855 年 1 月 12 日）

两广总督叶名琛奏，外国使臣如径直抵达天津，请饬令回粤办理。⑤

廿九日甲午（公元 1855 年 1 月 17 日）

香港总督包咛经香港立法议会通过，颁布通令，要求英人严守中立，禁止以任

---

① 《清实录·文宗显皇帝实录》卷一五〇。
② 《清实录·文宗显皇帝实录》卷一五一。
③ 《上海小刀会起义史料汇编》，上海人民出版社 1980 年版，第 476~483 页。
④ 《清实录·文宗显皇帝实录》卷一五二。
⑤ 《筹办夷务始末》（咸丰朝）第 1 册，中华书局 1979 年版，第 369 页。

何形式介入中国正在进行的战争。①

十二月初四日戊戌（公元 1855 年 1 月 21 日）

江苏巡抚吉尔杭阿奏，叠次攻剿逆匪，轰坍城垣。上海逆匪屡次冒死冲突，复于陈家木桥一带兴筑炮堤兮掘地道，十月十五日以后屡次出扑。虽经我兵歼毙多名，并于南门迤西兮掘地道，惟仅能轰坍城垣，仍未即时攻克，且兵勇伤亡亦复不少。②

法国提督提出帮助镇压太平军。③

初六日庚子（公元 1855 年 1 月 23 日）

黑龙江将军弈格奏俄船在三姓地方情形，并明年俄船明年再过，应否放行。④

闽浙总督王懿德等奏，据琉球国世子尚泰咨文，英人伯德呤甫撤，冒耳敦继至，已咨叶名琛劝令英人接回。⑤

初九日癸卯（公元 1855 年 1 月 26 日）

黄宗汉奏浙省各属成灾大概情形。本年六七月间。嘉兴等十一厅县先后被风被雨，金华等十一县被风被旱，至闰七月间，仁和等五十余州县复叠被风雨。

因海塘冲塌，未能豫防，黄宗汉降为二品顶带。

邵灿奏请饬催海船装运漕粮。现在江浙两省海运新漕，均由刘河海口起运北上，所有载运船只亟应宽为雇备，以免贻误。清廷着盛京将军、直隶总督、山东巡抚迅饬所属，将沿海各口停泊之上海宁波沙船蜑船，并东卫各项船只，饬令克日驾赴刘河海口，以便收载新漕，及早开洋北运。倘该商船等居奇勒掯，或中道逗遛，即着查照旧章惩办。

调福建兵一千名，赴广东剿贼。

准浙江台处等帮缓交赔欠耗米。⑥

---

① 北京太平天国历史研究会：《太平天国史译丛》第一辑，中华书局 1981 年版，第 51~52 页。

② 《清实录·文宗显皇帝实录》卷一五三。

③ 《筹办夷务始末》(咸丰朝)第 1 册，中华书局 1979 年版，第 370~371 页。

④ 《筹办夷务始末》(咸丰朝)第 1 册，中华书局 1979 年版，第 372~373 页。

⑤ 《筹办夷务始末》(咸丰朝)第 1 册，中华书局 1979 年版，第 374~375 页。

⑥ 《清实录·文宗显皇帝实录》卷一五三。

十三日丁未（公元 1855 年 1 月 30 日）

调浙江温州镇总兵官陈世忠为黄岩镇总兵官，福建水师总兵官吴全美为浙江温州镇总兵官，以福建澎湖协副将韩嘉谟为南澳镇总兵官，实授周士法浙江定海镇总兵官。

以缉捕懈弛，革署浙江温州镇总兵官乍浦协副将池建功职，仍留洋缉盗。①

十四日戊申（公元 1855 年 1 月 31 日）

王懿德等奏，琉球贡使吁恳仍准入都。前以用兵省分，尚未肃清，谕令琉球使臣无庸绕道来京，以示体恤。兹据王懿德等奏，据该国贡使等禀称，此次除例进贡物外，尚有谢恩及恭贺表章，仍祈准予入都，藉达下忱。清廷着王懿德等俟来岁道路疏通，即派员护送该贡使等赴京，俾输忱悃。

湖南巡抚骆秉章奏，遵查广东南韶连镇总兵官多顺未谙行阵，心地不甚明白，难期整饬。得旨：多顺办事糊涂，着革职，饬令回旗。

以管解炮械运赴浙江，予广东八品职衔潘仕豪等奖叙有差。②

十五日己酉（公元 1855 年 2 月 1 日）

以办理海运兑收米石出力，予直隶副将洪志高优叙，余加衔升补有差。

十七日辛亥（公元 1855 年 2 月 3 日）

两江总督怡良等奏，法兰西击贼夷官杜龙等伤亡，酌给恤赏。并称上海情形，夷既挟逆以为重，逆又恃夷以无恐，现已设法离间。得旨：只好如此办理。③

十八日壬子（公元 1855 年 2 月 4 日）

山东运司，应解直隶生息银两，关系漕运剥船要需，连年积欠银至十七万余两之多。本年应解之连闰生息银二万七千两，又屡催未到。清廷着山东巡抚崇恩严饬

---

① 《清实录·文宗显皇帝实录》卷一五四。
② 《清实录·文宗显皇帝实录》卷一五四。
③ 《清实录·文宗显皇帝实录》卷一五四。

该运司，即将本年应解银二万七千两迅速如数筹解天津，务于年内解齐。①

廿六日庚申（公元 1855 年 2 月 12 日）

杨需奏，施用水雷，需用广东水勇。据称仿制西洋水雷，击贼船筏，颇为利器。惟楚北水勇，技艺不精。广东香山澳门一带，有精于水性者。现已咨行广东选募，清廷着叶名琛等即照该督原咨，速行选募，克日委员管带赴楚，交曾国藩等军营应用。

奕格奏，俄罗斯船只过境，应否放行，请旨遵办。俄罗斯与别国往来，自应由外海行走，不能听其取道内地。惟本年五月间，该国船只过境，既经放行。此时若阻其归路，该国不免籍口，又滋衅端。清廷着奕格随时查探，如该国前此经过之船仍由黑龙江等处驶回，果于沿途地方，不致骚扰，即着听其归国，毋庸拦阻。若再有续来之船，并非前此经过船只，即着妥为开导，告以内地江面不能听外国船只任意往来，此后断不可再从黑龙江行驶，致启猜嫌。总以剀切晓谕，杜其将来为要。②

廿七日辛酉（公元 1855 年 2 月 13 日）

江苏巡抚吉尔杭阿奏筹办移营筑墙，进逼上海县城情形。

以办理浙江海运出力，予署布政使黄乐之等优叙，余加衔升补有差。③

廿九日癸亥（公元 1855 年 2 月 15 日）

朝鲜国使臣金鏵等三人于午门外瞻觐。④

三十日癸亥（公元 1855 年 2 月 16 日）

美国使臣伯驾照会广州小刀会首领陈显良，以"美国和中国之间的合法贸易不得遭受中国帝国任何人和任何一伙人的干涉"，反对陈显良做出的限期搬迁货物的规定。⑤

---

① 《清实录·文宗显皇帝实录》卷一五四。
② 《清实录·文宗显皇帝实录》卷一五五。
③ 《清实录·文宗显皇帝实录》卷一五五。
④ 《清实录·文宗显皇帝实录》卷一五五。
⑤ 《美国外交文件：美国和中国（1842—1860）》第一辑第七卷，威尔明顿学术资料出版公司 1973 年版，第 75 页。

咸丰五年　乙卯　公元 1855 年

春正月初十日甲戌(2 月 26 日)

两江总督怡良等奏称本年苏省起运交仓漕米，以河运钱粮作为海运开销，自应就数运京，无庸筹补足额。惟查本届江浙海运漕米，合计两省不及一百二十万石。京仓支放攸关，应令该督抚等按照福建捐米章程办理捐输，附搭正漕，由海运京。其所称剥船食耗等米，仍备带本色，作正开销，沙船食米抵通后，如有盈余，应由验米大臣给价收贾。均应如所奏办理。从之。

以福建汀漳龙道魁联为湖南按察使。①

十三日丁丑(3 月 1 日)

筑浙江山阴、会稽二县塘堤，从巡抚何桂清请也。

十四日戊寅(3 月 2 日)

叶名琛、柏贵奏，官绅兵勇，攻克广东鹤山县城。

吉尔杭阿奏，歼毙逆首，克复上海县城。

命江苏巡抚吉尔杭阿驰往钦差大臣向荣军营，帮办军务。②

沙俄穆拉维约夫行文理藩院，声称将亲赴东海，剿办英夷，"带领重病载运军器牲畜等件，并带接济东海兵船口粮，俟水陆可通，即乘船由黑龙江地方驶赴东海"。③

廿二日丙戌(3 月 10 日)

浙江乐清县虹桥地方，匪徒瞿镇海、瞿镇山纠党二千余人，哄入县城滋事。当

---

① 《清实录·文宗显皇帝实录》卷一五六。

② 《清实录·文宗显皇帝实录》卷一五六。

③ 《穆拉维约夫-阿穆尔斯基伯爵(传记资料)》卷二，商务印书馆 1974 年版，第 122 页。

经该抚派拨兵勇，分路会剿，随将县城克复，捡斩要犯瞿镇海等四名，余匪歼毙无数，地方已就安靖。①

廿六日庚寅(3月14日)

朝鲜国王李昇，遣使奉表谢恩，并贺万寿、冬至、元旦三大节，进贡方物。赏赉筵宴如例。②

二月初一日甲午(3月18日)

王懿德等奏，夷商贩茶，请准租屋居住。福建省因茶贩不通，暂开海禁。各国夷商，多来贸贩。该督抚为广收茶税、俯顺舆情起见，准该夷领事承租南台天安寺、双江台后空旷地基，并准夷商等承租大桥以南观音井下衕等处屋地六所，为储货栖身之地。均系民夷两愿，并立租约，盖用印信，系照从前和约办理。该夷等向化远来，自应处以馆舍，用示怀柔。惟民夷杂居，必须严加约束。且南台一带，逼近省垣，既已租与屋地。清廷着该督抚谕令该夷领事官金执尔等稽查弹压，务令与本地居人相安无事，免生嫌隙，方为妥善。其续到夷商需租房屋，并着饬令该地方官一律办理。③

初二日乙未(3月19日)

吉尔杭阿奏，酌拟夷人奖赏。法兰西提督辣呃尔，于官军攻剿上海逆匪，情殷助顺，吉尔杭阿请赏给该夷绸四卷、银一万两以示怀柔，尚为妥协。清廷着即照所拟办理。④

初八日辛丑(3月25日)

王懿德等奏，仙游军务完竣，地方肃清。福建仙游县匪徒滋事，经该督派拨兵勇进剿，攻破贼巢，捡获首要各犯，分别正法。⑤

---

① 《清实录·文宗显皇帝实录》卷一五七。
② 《清实录·文宗显皇帝实录》卷一五七。
③ 《清实录·文宗显皇帝实录》卷一五八。
④ 《清实录·文宗显皇帝实录》卷一五八。
⑤ 《清实录·文宗显皇帝实录》卷一五八。

十六日己酉(4 月 2 日)

曾国藩等在九江水陆屡获胜仗，惟水师船只被风损坏居多。兹据奏称，拟再造巨舰，并赴楚招募水勇。骆秉章前奏已饬绅士丁善庆等，赶造大三板艇五十只，并长龙、快蟹等船，此时自已造办竣工。清廷着与捐办船炮一并备齐下驶，以资曾国藩等江面攻剿。①

十七日庚戌(4 月 3 日)

升任浙江巡抚黄宗汉，奏覆上海道吴健彰罪状。②

三月初一日癸亥(4 月 16 日)

现在记名水师总兵人员，业经用竣，着两江、闽浙、两广总督于水师副将内，遴选堪胜水师总兵者，各保奏数员，迅速送部引见，候旨记名，以备简用。不得以无员可保，一奏塞责。其水师参将、游击、都司、守备各员如有材艺出众、可备器使者，并着核实开单具奏。

闽浙总督王懿德等奏，闽省商茶，拟请设关征收，下户部速议。寻议奏：闽省崇安等州县为产茶盛旺之区，自闽省暂开海禁，运道便捷，各商赴闽愈多。所请附省扼要处所，及界连粤东、浙江等处分设关卡，征收茶税，应请准其照办，专款存储，三月奏报一次，听候部拨，试办一二年后，奏明定额，永远遵行。从之。③

初二日甲子(4 月 17 日)

广东省河之南，番禺县属沙湾、茭塘等司一带，河面匪船滋扰，经叶名琛等派令守备黄彬等带勇堵剿，该匪复驾船三百余只，驶进大石栅口，欲袭勇船。黄彬及水师游击曾琪等分投击毁贼船各十余只，毙匪八百余名。④

---

① 《清实录·文宗显皇帝实录》卷一五九。
② 《筹办夷务始末》(咸丰朝)第 1 册，中华书局 1979 年版，第 380~382 页。
③ 《清实录·文宗显皇帝实录》卷一六一。
④ 《清实录·文宗显皇帝实录》卷一六一。

初五日丁卯(4月20日)

广东匪徒自上年六月，占扰佛山镇，恣意横行，经叶名琛派委员弁绅士水陆攻剿，大小二十余战，击杀贼匪一万九千七百余名，斩获首级三千三十余颗，生擒五百十七名，佛山全镇，一律肃清。①

十二日甲戌(4月27日)

全庆、文彩奏，请饬催江苏省海运经费，速解天津。向例海运经费，均由该省豫备，先期解津应用。兹据奏称，江苏省本年应解经费，欲于代办直隶铜价内扣除，势必有误转运，关系甚重。清廷着怡良、吉尔杭阿迅将海运应需经费银两，派委妥员兼程解赴天津，毋稍迟误。至直隶省应还江苏代垫铜价，仍照前奏定限二年解还。总当各清各款，毋得彼此牵混，以免缪辕。②

十三日乙亥(4月28日)

广东水师提督洪名香年老休致，以琼州镇总兵官吴元猷为水师提督。

廿一日癸未(5月6日)

库伦办事大臣德勒克多尔奏，俄欲往东海防英，应否由理藩院阻止，并请在吉林、黑龙江防范。③

廿六日戊子(5月11日)

全庆、文彩奏，海运漕船被劫。据称孙德茂等沙船，装载江浙漕粮米石并公项银两，于二月二十五日行至山东黑水洋石岛地方，被艇匪抢劫银米，并有勒银赎船情事。

前据怡良等奏，浙省及余山一带洋面，间有撑篷盗船游驶，派令总兵叶万清统带师船，于海运米船开行时往来护送，并派副将侯攀凤驾船先赴天津，迎护进口，

---

① 《清实录·文宗显皇帝实录》卷一六一。
② 《清实录·文宗显皇帝实录》卷一六二。
③ 《筹办夷务始末》(咸丰朝)第1册，中华书局1979年版，第384~385页。

兼饬参将黄登第等出洋巡缉，以利漕行。现在该船等经过东省，既有被劫之事，恐苏省洋面匪徒，难免闻风效尤。海运漕粮，关系正供，现正源源北上之时，自应倍加慎重。清廷着怡良、吉尔杭阿饬令叶万清于江苏浙江海运漕船开行时，务须督带兵船，梭织往来，妥速护送，以期匪徒敛迹，不敢窥伺。至洋面盗船，本不容听其滋扰，并着责成黄登第等亲身出洋，实力搜拿，毋许稍有疏懈，以免贻误。

咸丰帝谕令：前据崇恩，奏报海运防卫事宜，声明内洋口岸，责成登州府汪承镛亲历各岛，稽查弹压，外洋巡哨责成登州镇田浩然亲督师船，节节迎护。是该总兵即应刻日出洋，探明来船，妥为防护。据全庆、文彩奏，江苏运船孙德茂、浙江运船盛宝安均于二月二十五日在石岛以南洋面被匪抢去银米货物，江苏运船宋源昌、张协隆二号先被抢劫，复于二十九日被匪截入岛内，勒银赎船，且有装豆卫船数十余只同被掳困等语。览奏殊堪骇异。石岛为荣城县所属地方，商舶往来必经之路，即无海运船只，亦应认真巡哨，以安行旅。况海运为天庾正供，甫入东境，即被抢掳，并未见有该省师船为之防护，任令艇匪肆行无忌，殊堪痛恨。该总兵田浩然于所辖洋面，漫无防范，着先行摘去顶带，责令将洋面艇匪尽数搜剿，不准稍事耽延。倘此后续过海运漕船再有疏失，朕必将该总兵从重治罪，即崇恩亦不能辞咎。至石岛迤上，烟台、俚岛、庙岛等处，均系海口要路，并着崇恩严饬派出员弁，实力搜捕。其石岛以南，失事地方员弁并着查明参奏。①

夏四月初一日癸巳(5 月 16 日)

山东巡抚崇恩奏，石岛盗艇，截劫浙江海运米石，檄饬登舟镇设法搜捕。得旨：田浩然前在江南，朕未闻其捕务若何，现在登镇是否胜任，有无捏饰禀报身体孱弱等情，着迅速饬查，据实复奏。②

初三日乙未(5 月 18 日)

咸丰帝谕令：前因江浙海运米船，在东省洋面被劫，曾谕令直隶、江苏、山东各督抚严密防护。本日据全庆、文彩奏，续到米船安稳抵津，并据押运绅董禀报，佘山一带有破艇船三四只游驶洋面，石岛地方有艇船五六只停泊岛外，并有官商各船被截岛内。又闻石岛船匪，于勒银后扬帆南下。又据怡良、邵灿奏，江浙海运新漕，接续放洋，并追捕佘山洋面盗艇各折片。现在海运米船，源源北上，其石岛艇匪，虽经远扬，难保不沿途为害。破艇三四只，据称尚在洋面游驶，是佘山一带盗

---

① 《清实录·文宗显皇帝实录》卷一六三。

② 《清实录·文宗显皇帝实录》卷一六四。

船仍恐未能净尽。着两江、漕运、江苏、浙江各督抚饬令承办各员，谆谕放洋各船，务须同帮行走，彼此声势联络，俾免疏失。至本年苏省水师，大半调赴攻剿。其巡洋护漕兵船，不及往年十分之三，势难分赴山东洋面，协同防护。着崇恩仍遵前旨，严饬田浩然并巡洋员弁实力防范，不得因艇匪远扬，稍形疏懈。其石岛地方艇匪，截劫官商各船，并着一体严拿，以安行旅。①

初六日戊戌(5月21日)

前因海运米船在东省洋面被劫，并石岛地方艇匪截劫官商各船，叠经谕令崇恩严饬巡洋将弁实力查拿。本日据匡源奏，三月十二日，有匪船五只，约三四百人，在即墨县之金口掳去商船五只，勒银回赎；又于胶州地面，开放大炮，掳船二只，复驶至青岛地方，开炮击毁官民房数，掳去水手数名，截劫货船一只。清廷着崇恩迅将该处将弁确切查明，从严参办。又据奏，登州营游击罗朝辅，于匪船误陷浅沙之时，托病推诿，不即带兵轰击，使匪船得以远扬，并着该抚一并查明，据实参办，无稍徇隐。②

十二日甲辰(5月27日)

穆拉维约夫率哥萨克军三千人，随行四百八十一名军屯及"黑龙江考察队"与部分商人，分乘一百二十余艘船只，分三批侵入黑龙江。首批船只本日到达爱辉附近。③

十八日庚戌(6月2日)

广东乐昌、仁化等县匪徒，因江西练勇前赴韶关援剿，辄行攻扑始兴，冀阻官军进路，经周汝筼等督带兵勇进剿，歼擒二千余名，该逆已大受惩创，而郡围未解，韶关贼匪尚多，均自三水、清远、英德而来，势颇猖獗。④

廿一日癸丑(6月5日)

吉林将军景淳奏，俄人越入黑龙江，已行知三姓地方严防。⑤

---

① 《清实录·文宗显皇帝实录》卷一六四。
② 《清实录·文宗显皇帝实录》卷一六四。
③ 瓦西里耶夫：《外贝加尔的哥萨克(史纲)》第三卷，商务印书馆1978年版，第70页。
④ 《清实录·文宗显皇帝实录》卷一六五。
⑤ 《筹办夷务始末》(咸丰朝)第1册，中华书局1979年版，第389页。

廿四日丙辰（6 月 8 日）

黑龙江将军奕格奏，俄兵船自黑龙江行驶，请敕理藩院令其外海行走。①

廿九日辛酉（6 月 13 日）

叶名琛、柏贵奏，省河剿匪，水陆连获大胜。广东番禺县属匪船，窜至黄埔长洲河面，经叶名琛等派往东圃乌涌堵捕之守备曾琪等督饬水勇分队进击，水陆攻剿，计毁船一百七十余只，焚烧三村贼巢二千余间，歼捡溺毙将及万计。

叶名琛、柏贵奏，剿办省城西北一带逆匪，叠获大胜，水陆解围。广东附近省城各匪，叠经叶名琛等督兵痛剿，上年十一月间尚有匪徒万余人，在石井、石门各乡屯聚。十一月初四日至二十五等日，经署游击曾廷相等各员接仗二十余次，先后毙贼共计八千余名，生捡一百四十余名，毁贼蓬寮六百余间，并将石井墟等处贼巢一千余间一律焚烧。其石门等处贼船，亦经署守备尹达章等叠次击沉，共一百二十余只，又焚烧十八只，夺获三十四只，并先后毙贼二千八百余名，生捡八十名，匪船尽绝，河道业已廓清。

叶名琛、柏贵奏，击退高明县贼匪，歼捡殆尽。上年六月间，广东高明县城，被匪阑入。经署知县张作彦等调集团练，督率壮勇，前后夹击，毙贼二百余名。闰七月初三日，各团齐集，复在附城要路毙匪三百余名。八月初间，该署县等添募客勇，在三板村地方杀贼一千余名。十一月初二日，复会同署把总蓝廷彪带勇至大平都剿捕，杀毙贼目杜锦刚并贼党四百余名，三洲墟贼厂及海口大小贼船均经焚烧。贼由陆路来扑，兵勇及伏勇齐出，毙贼二百余名，贼目杜元一名。该匪逃至海口，溺毙无算，地方一律安靖。②

五月初一日壬戌（6 月 14 日）

叶名琛、柏贵奏，剿办沙湾茭塘水陆各股匪，捣洗巢穴，省河通行。广东省城北路及佛山诸匪剿除后，惟沙湾茭塘地方啸聚贼众数万，犹肆猖獗。叶名琛等督派兵勇叠加剿洗，正月十七八九、二十等日，水陆进攻大石口，毙贼三千余名，毁夺贼船军械无算，河面及沿岸贼巢悉就荡平，乘胜进攻新造地方，毙贼三千余名，将贼老巢焚毁。所有省河南安、南固、炮台，亦即时夺回，毙贼二千余名。其余匪船

---

① 《筹办夷务始末》（咸丰朝）第 1 册，中华书局 1979 年版，第 389~390 页。
② 《清实录·文宗显皇帝实录》卷一六六。

逃驶外洋，纠合大帮救援。我兵追至柏塘洋面，大加剿洗，复毙贼一万二千余名，其溺死及各乡捡斩无数。现在省河东南水路通行。①

初三日甲子(6月16日)

俄罗斯大船十七只、小船三只，至黑龙江小黑河。②

初七日戊辰(6月20日)

崇恩奏盗艇复来石岛。据称山东石岛洋面，前有盗船图扑口岸，被弁兵击退后，至四月十五日，复有盗船前来，高大异常。经副将沙兆龙等督兵迎击，我船被贼轰毁一只。次日复有盗船一只，与前船联帮来扑。该副将等开放大炮，将盗船亦轰毁一只，贼始退却。山东师船无多，请饬江南协剿。清廷着英隆斟酌情形，如该处水师有可分拨，即着拣选高大船只，配齐火药器械，派员统带，由金口开行，前赴石岛洋面，与山东江南各水师协力剿办。至盗艇在洋游驶，踪迹靡定，盛京滨海各口岸，均应加意防范，并着英隆严饬水师将弁，于各该管洋面，实力梭巡，毋许稍涉松懈。

崇恩奏，盗艇复至石岛，请饬江南水师挑选高大战船遴委镇将统带。至石岛地方押护漕船，倘该省师船不敷分拨，即由上海米局于上海一带，募雇艇船十只来东，其经费由山东照数归款。前因山东洋面盗匪滋事，经怡良等奏明，责成总兵叶万清等妥为护送，并饬署游击张凤翔管带师船，随同尾帮漕舶，直至石岛交替。现在匪船与官兵接仗，势甚猖獗，虽经官兵击退，难保不去而复来，自应厚集兵力，以资攻剿。除署游击张凤翔，着怡良等饬令就现有师船，管带前赴石岛，毋许俟尾帮开行，始行前进外，仍着怡良等于水师营拣选高大战船，配齐弁兵器械，派委得力镇将大员统带，即日前赴石岛，协同山东水师，将该洋面盗匪设法歼灭，以利漕行。倘因水师战船多赴江面，剿贼不敷分拨，即着饬令上海米局雇觅艇船十只，务期船身高大、足以制敌者，仍由该督等派委统带，克日启程，其经费即由东省照数归款。

崇恩奏，洋盗烧毁战船，拟亲往登州督剿。清廷批示：山东石岛洋面盗船，去而复来，竟敢击毁战艇，阻遏漕艘，自应亟筹剿办，以绝根株。惟据另片奏，此次盗船，已向东南大洋远驶，南来漕船被劫米百余石，其余尚无疏失。是盗匪虽近猖獗，业已远扬无踪。即应责成该道府加意防堵，一面饬令该镇总兵，认真巡剿。该抚甫经回省，一切积牍，尚须赶紧清厘，着毋庸遽行前往。如果续有禀报海防，实

---

① 《清实录·文宗显皇帝实录》卷一六七。

② 《筹办夷务始末》(咸丰朝)第2册，中华书局1979年版，第393页。

形吃紧，或该镇道等不能得力，再行斟酌亲往督办。此次水师失利情形，有无捏饰，仍着查明具奏。另片奏东省兵力较单，请免派候调官兵等语，固系实在情形。但此项官兵，系豫备调遣，并非令其克日启程，该省官兵即不能派足二千名之数，亦必得豫备一千五百名，听候调遣。①

初十日辛未(6月23日)

俄罗斯大小船只两艘由黑龙江驶入松花江，顺流东下。②

廿八日己丑(7月11日)

吉林将军景淳奏，俄罗斯大船六十九只、小船十二只自黑河口拥出东驶。③

六月初一日壬辰(7月14日)

崇恩奏，遵查海口被盗情形，请将游击革职，并自请议处。山东登州水师前营游击罗朝辅，于所辖洋面，被盗艇阑入，既未能先事豫防，复称病回署不出，实属庸懦无能。罗朝辅着即革职留营，勒令出洋捕贼效力。傥不知愧奋，即行严参治罪。崇恩虽因远在军营，未能亲往督办，究属疏忽，着交部议处。

命山东登州镇总兵官田浩然送部引见，以五品顶带前广东碣石镇总兵官王鹏年为山东登州镇总兵官。④

初五日丙申(7月18日)

以奸捝匪犯巡洋认真，复已革福建总兵官锺宝三职，留福建补用。

抚恤朝鲜国遭风难夷如例。

十四日乙巳(7月27日)

叶名琛、柏贵奏，官兵攻剿虎门匪船，奸捝首逆，地方安静。广东股匪冯骥观

---

① 《清实录·文宗显皇帝实录》卷一六七。
② 《筹办夷务始末》(咸丰朝)第2册，中华书局1979年版，第394页。
③ 《筹办夷务始末》(咸丰朝)第2册，中华书局1979年版，第395页。
④ 《清实录·文宗显皇帝实录》卷一六九。

等纠党驾船，在虎门一带村庄肆扰，经高州镇总兵庆寅带领闽省官兵，赶往校椅环等处，围击环攻，生擒逆匪黄培基等七名，千总刘兴邦生擒伪元帅冯骥观，记委倪志祥生擒伪先锋陈达贤，闽广兵勇陆续拿获伪军师刘亚温，并伙匪李亚单等五名，共计歼擒淹毙贼匪一千余名。虎门一律平靖。

予广东巡洋遇害总兵官韩嘉谟、千总傅廷高祭葬世职。①

十五日丙午(7月28日)

崇恩奏，盗艇蚁聚东洋，请饬盛京直隶严防，并饬两江分拨舟师邀截。据称，六月初三日，有南来盗艇三四十只，占踞石岛口门，并有火轮船二只在外洋游驶。又据即墨县报称，初五日，有盗艇十七只，驶入该县金家口外香岛停泊，探系上海县剿散余匪。清廷指示：本年夏间，山东洋面，屡有盗船阑入，窥伺漕粮。现在石岛口门，盗艇聚至数十只之多，并有火轮船二只。恐该匪狡狯伎俩，声东击西。盛京、直隶、沿海一带地方，必须亟筹防剿。英隆前奏，饬水师营将弁于两省接界洋面实力梭巡，并令旅顺守口停泊之船配齐军火，听候调遣。着即随时侦探，严饬各弁认真堵剿，并知照山海关副都统富勒敦泰一体严防，毋稍松懈。天津一带口岸，最关紧要。此时海运漕船，甫经报竣，该处为商贾辐辏之地，尤应加意防备。着桂良督饬天津镇道，严密防范，仍当示以镇静，不可稍涉张惶。怡良等前奏，派署都司周建勋管带罾船五只，并挑雇高大艇船五只，派署都司景又春管带赴东，会同署游击张凤翔及山东水师，合力剿捕。着即飞饬张凤翔等星速驶赴石岛一带，奋力兜剿。惟盗船聚至数十只，此项兵船尚恐不敷截剿，着怡良等再行酌拨兵丁船只，拣派得力将弁统带赴东，会合兜击。

以验收海运漕粮完竣，赏工部尚书全庆花翎，予仓场侍郎文彩优叙，出力各员，升叙有差。②

十七日戊申(7月30日)

前因全庆等奏，江浙海运船只在石岛洋面，有被匪抢劫情事，当谕令崇恩将失事地方员弁查明参奏。兹据该抚查明被劫各案，请将水陆将弁，严议议处。漕运经过洋面，该将弁等并不认真防卫，以致米船被劫，事后又不能实力搜捕，疲玩因循，实非寻常疏忽可比。山东文登协水师署千总赵名扬、署守备孙立彦、副将沙兆龙均着交部严加议处，其管辖陆路之署靖海卫把总赵五云、协防外委迟殿魁均着交

① 《清实录·文宗显皇帝实录》卷一六九。

② 《清实录·文宗显皇帝实录》卷一六九。

部议处。①

　　山海关监督成善奏称，五月十一日，突有盗船十余只，随同商船进没沟营口，至捣木沟河面开放火炮、劫掳商船，将出进船只截住，勒索银两，至二十七日，始行退出海口。现在是否远扬，尚无确信。②

廿一日壬子(8 月 3 日)

　　英隆等奏，已拨师船五只，驶赴牛庄没沟营口外攻剿，兼拨师船二只，于旅顺口梭巡。

　　怡良等奏，派委都司周建勋、景又春管带拖罾艇船各五只，前赴东省洋面会同前派护漕之游击张凤翊协力攻剿。

　　全庆、文彩奏，海洋不靖，恐妨新漕转运，请饬船商集资雇勇，自行护送。本年江浙米船有在洋被劫情事，幸为时尚早，损失无多。此时奉天牛庄、直隶山海关、山东石岛等处洋面，各有盗船数十只，掳掠商船，勒银释放，以致抵津沙船，未归者不少。如此情形，恐误来岁新漕，自应及早筹画。据该尚书等奏称，海盗掳掠商船，该商等志切同仇，愿出资自卫，请饬下江浙各督抚集绅董税行妥为商酌。令江浙两省，往来山东、直隶、奉天等处船商公同出资，多雇水勇，驾驶坚大船只，在洋护送。所募水勇，务择熟习洋面、俱有身家者，取具保结，再由该商等公举熟习情形、公正可靠之绅士数人，管理一切。所有出入经费，均毋庸官为经理。漕竣无误，即由该省督抚从优保奖。清廷着怡良、吉尔杭阿、何桂清妥为筹商。③

廿三日甲寅(8 月 5 日)

　　英隆等奏，五月三十等日，没沟营驶回盗船，又窜入复州娘娘宫海口，登岸抢掳货物，并将战船围截烧毁，旋又驶至金州羊头洼口外洋面。六月初十日，复有盗艇三十二只，直入口内扑岸，经兵勇轰击，毙匪多名，盗艇仍盘踞营口。④

初七日戊辰(8 月 19 日)

　　以筹办海运出力，赏江苏道员杨能格花翎，知府乔松年等加衔有差。

---

①　《清实录·文宗显皇帝实录》卷一七〇。

②　《清实录·文宗显皇帝实录》卷一七〇。

③　《清实录·文宗显皇帝实录》卷一七〇。

④　《清实录·文宗显皇帝实录》卷一七〇。

以剿捕山东莱芜洋面艇匪，妄报邀功，革福建在籍知县李逢时等职，水师提督李廷钰等下部议处。

抚恤琉球国遭风难夷如例。①

初八日己巳(8月20日)

两江总督怡良等奏，英夷兵船，托言助剿，欲驶北洋，现已饬令停止。得旨：所办甚妥。英夷之船，岂能任其各处游奕。以捕盗为名，将又他有觊觎。

咸丰帝谕令：前据怡良等奏，英夷欲令兵船赴北洋帮捕海盗，已饬署苏松太道，谕令该夷毋庸前往。本日据崇恩奏称，七月初二日，有三桅火轮船一只，两桅夷船二只，无桅火轮船一只，先后驶至之罘岛海口。据称上海、宁波公雇火轮船一只，外借夷船二只，并呈出船照及苏松太道谕帖，旋即驶往奉天，追阻不及。英夷通商船只，止准在五口往来。山东、奉天洋面，皆非该夷应到之地。火轮船虽由商雇，究属夷船，岂可任听商民驾驶北行，致令夷船溷迹。怡良等既经谕知该夷领事，着即饬令将北驶船只迅速追回，即商雇之火轮船，亦一体撤回，不准擅向北洋开驶。宁波雇备此船，何以未据奏报，辄即给照开洋。苏松太道谕帖既系给与勇船，何以又入夷目之手？宁波所雇火轮船，既系一只，何以北来之船竟有四只？种种影射，此端一开，该夷任意游行，何所底止？且内洋盗匪，自有师船勇船剿捕，何必借助外夷，致令将来籍口？着怡良、吉尔杭阿即饬前调拖曳各船迅速北上，与奉天、山东合力剿办，严谕商民，不准率行借用夷力，一面将苏松太道谕帖原委据实查明具奏，宁波雇备火轮船，系由何人擅自给照。着何桂清查明严参，不得曲为解释。此项夷船，如仍在奉天洋面，即着英隆、恒毓妥为晓谕，令其恪遵成约，克日南返。倘有邀求，务宜正言拒绝，不可稍事迁就。如现已驶回东洋，或山东洋面，再有续来夷船，即着崇恩饬令登州镇道，一体谕令南还，勿再任其北驶，并分饬沿海各口岸，严密防范，是为至要。②

初十日辛未(8月22日)

七月初二日，福山县芝罘岛海口，探有三桅火轮船一只，两桅夷船二只、无桅火轮船一只，先后驶至。查询船内通事及夷目等，皆称上海、宁波公雇，前来北洋帮捕盗匪。并据申明，该夷闻盗船在奉天，即日驶往。山东巡抚请敕令盛京将军劝

---

① 《清实录·文宗显皇帝实录》卷一七一。
② 《清实录·文宗显皇帝实录》卷一七一。

其南还，并沿海督抚查明洋船何以混入北来商轮。①

廿六日丁亥(9 月 7 日)

罗惇衍奏，江南泰州仙女庙，设立捐厘总局，弁兵官绅，多方阻滞刁难，侵欺商船，勒索挂号灰印等钱，稍不遂意，任意威吓，恐商贩裹足，与捐厘助饷章程有碍。又另奏，雕船贩运米石，接济贼营，镇江潮勇，讹索商民，包揽货物。②

廿九日庚寅(9 月 10 日)

叶名琛、柏贵奏，遵旨查封吴健彰原籍资产，该革员并无由海船运回银两之事。③

八月初一日辛卯(9 月 11 日)

户部奏，请催商船回南，兑运新漕。本年江浙海运漕粮，于六月内一律抵津。该商船等赴奉天装运豆石后，自应催令南下，以备封雇。清廷着英隆、恒毓、桂良、崇恩督饬沿海将弁，凡有停泊海口之沙船、蜑船并东卫各项船只，均催令迅速南行，驶赴上海水次受雇，毋许停留贻误。惟奉天、山东洋面，屡有盗艇往来，恣行劫掠，以致该商船等不敢南驶。前经谕令怡良、吉尔杭阿派兵会剿，叠据该督等以拖罾等船俱已入江，现饬苏松太道雇觅高大船只，酌拨兵勇，派游击张凤翔统带，仍饬署都司周建勋将原带拖罾船五只，折回上海，连樯赴东会剿。现在海口盗艇，虽据英隆等奏称业经驶赴外洋，仍未知其潜踪何处，自应亟筹剿捕，以靖海洋，使商船得以遄行，无误上海受兑之期。所有张凤翔等师船，着怡良等严行催趱前进，直抵山东、奉天剿捕艇匪，并着英隆等探明该师船行抵各海口时，即饬沿海弁兵，会同堵击，务期洋面肃清，无留余孽。至商船兑运新漕，募勇自卫，是否可行，着怡良、吉尔杭阿、何桂清遵照前旨，悉心妥议，来年江浙漕粮，仍办海运，并着邵灿会同该督抚及早筹画，俾得迅速起运。④

---

① 《筹办夷务始末》(咸丰朝)第 2 册，中华书局 1979 年版，第 398~400 页。
② 《清实录·文宗显皇帝实录》卷一七三。
③ 《清实录·文宗显皇帝实录》卷一七三。
④ 《清实录·文宗显皇帝实录》卷一七四。

初四日甲午(9 月 14 日)

补铸福建永安县知县、安砂湖口两巡检各印信，从巡抚吕佺孙请也。

展缓浙江定海厅被水被旱地方节年减征额赋。①

闽浙总督王懿德等奏，据琉球国世子尚泰咨文，英法人留居该国，已咨叶名琛劝令各使接回。②

浙江巡抚何桂清奏，鄞商自购火轮船，前往山东洋面捕盗，已咨会奉天、山东各省。③

初五日乙未(9 月 15 日)

抚恤琉球国遭风难夷如例。

十一日辛丑(9 月 21 日)

富尼扬阿等与俄国海军少将札沃依科在俄船上会晤，商讨分界事宜。后者声称，为防止英法在太平洋上对俄国造成威胁，俄国需要保卫黑龙江。④

十二日壬寅(9 月 22 日)

穆拉维约夫派人交给富尼扬阿一份《划界意见书》，要求把在黑龙江口所占据的一切地方及整个沿海地区都永归俄国所有，把黑龙江作为两国天然疆界。⑤

十八日戊申(9 月 28 日)

两广总督叶名琛奏，英美要求三款，实为无厌之要求。法使来津，意在庇护传教士。得旨：览卿所奏各夷情状，实属明晰，亦能善体朕意，示以镇静，不但杜其

---

① 《清实录·文宗显皇帝实录》卷一七四。

② 《筹办夷务始末》(咸丰朝)第 2 册，中华书局 1979 年版，第 404 页。

③ 《筹办夷务始末》(咸丰朝)第 2 册，中华书局 1979 年版，第 405 页。

④ 巴尔苏科夫：《穆拉维约夫-阿穆尔斯基伯爵(传记资料)》卷一，商务印书馆 1974 年版，第 427~428 页。

⑤ 巴尔苏科夫：《穆拉维约夫-阿穆尔斯基伯爵(传记资料)》卷二，商务印书馆 1974 年版，第 137 页。

无厌之求，并免另生不测，以致扰乱大局。卿其永励斯志，忍待军务悉平，彼时饷裕气复，朕断不任其狡狯尝试，时存窥测。①

廿一日辛亥（10 月 1 日）

吉林将军景淳奏，五月二十三日，俄罗斯男妇数百余人，驾大船五十余只，由黑龙江经过。六月初八、十七日，复有俄罗斯大船三十六只、小船一只，�十八只，由黑河口顺流东下。②

廿四日甲寅（10 月 4 日）

前有旨令景淳挑选吉林官兵二千名听候调遣。嗣据覆奏，遵旨酌备一千名候调。本日复据景淳奏，额兵无多，不敷移拨，且该处近有红毛方斯等夷船往来，当思有备无患，拟请将候调之兵，留资本省防守。所有此项候调官兵一千名，清廷着准其留于该省以资防守。

两江总督怡良等奏，查明火轮船赴北洋原委，并谕英夷不得再由北洋开驶，一面晓谕商民，捐资募雇内地勇船，出洋巡缉，不准借资夷力。报闻。③

九月初五日乙丑（10 月 15 日）

叶名琛、柏贵奏，师船出洋剿匪，叠获首伙各犯，解省审办。广东匪犯李亚快等先在内河聚众滋扰，旋因官军攻剿，驶赴外洋，肆行劫掠。经叶名琛等饬委升任提督吴元猷，统兵出洋剿捕，烧毁匪船及轰毙溺毙匪徒无算，并生擒首犯李亚快等二百余名，解省审办。

叶名琛等奏，闽省官兵奉调赴粤，在海遭风。据称福建诏安营游击崇端，于上年奉调赴粤，带同漳州等营官兵，由海道行走，中途遭风，于十二月间，漂至越南国地方，口粮用尽。经该国筹借钱米共计银一千余两，复帮同修理船只，令弁兵搭坐商船，至六月中，行抵广东省城。所借越南国口粮银两，已饬军需局核议筹还嘉奖。④

---

① 《筹办夷务始末》（咸丰朝）第 2 册，中华书局 1979 年版，第 409~413 页。
② 《筹办夷务始末》（咸丰朝）第 2 册，中华书局 1979 年版，第 416 页。
③ 《清实录·文宗显皇帝实录》卷一七五。
④ 《清实录·文宗显皇帝实录》卷一七六。

初七日丁卯（10 月 17 日）

吉尔杭阿奏，筹剿镇江逆匪，请饬催续调广东师船克日来江协剿。本月初五日，据叶名琛奏，前派赴江南红单船二十四只、拖风船十六只，已委总兵谢焜统带前往，嗣因广东剿匪吃紧，师船多已损伤，且谢焜久病甫痊，未能派往，现饬参将李新明往顺德等处赶紧封雇，管驾启程。已谕令该督作速雇备，筹办军火口粮，饬催李新明管驾出洋，赴江协剿矣。

吉林将军景淳奏，七月二十二日，俄罗斯男妇二十八人，驾船六艘，装载鸟枪口粮，自下游驶至卡所。①

十五日乙亥（10 月 25 日）

以剿捕江苏海州洋匪出力，赏运判杜文澜花翎，县丞叶乔昌等蓝翎，余升叙有差。②

十八日戊寅（10 月 28 日）

以广东东莞县绅士捐输红单船经费，永广学额二名。

廿四日甲申（11 月 3 日）

向荣奏，潮勇不易遣散，请饬广东督抚严禁出境。潮勇性多犷悍，招募太多，易滋扰累。去年往投向荣军营者，虽皆拒而不收，而接踵而来为数不少。本年五六月，又有盈千累百，至自乍浦、上海等处。虽经地方官随时资遣，惟潮人趋利若鹜，诚恐去而复来，虽有资遣之名而无其实。除谕令广东督抚设法禁止出境外，所有苏省未曾遣散之广勇，愈聚愈多，恐贻后患。清廷着该督抚设法令其由海船回籍，或分配各营，使归武员管束，不令滋事，并于沿海要口，严密稽查，杜其入境，使现在者其势渐分，后来者无从溷迹，方为妥善。

何桂清奏，江浙海运船商，禀陈来年护漕事宜。本年盗匪，啸聚北洋，劫掠漕船，沿海村庄，并多扰累，叠经谕令各督抚认真兜剿。兹据何桂清奏称，浙省宁商购买火轮船，节次在洋捕盗，实为得力。现在上海商人，亦买火轮船一只。请与宁

---

① 《筹办夷务始末》(咸丰朝)第 2 册，中华书局 1979 年版，第 421 页。

② 《清实录·文宗显皇帝实录》卷一七七。

商火轮船，来年在东南洋面巡缉，一以截南来盗艇，一以护北运漕艘。此项火轮船只，与夷船相似，是以不令驶至北洋。既据称买自粤东，并非买自西洋，又系商捐商办，与夷人毫无牵涉，且在东南洋面缉护，并不向北洋开驶。清廷着即照所议办理，来年漕船北上时，以一火轮船带同勇船，驻泊江南佘山；以一火轮船在南洋梭织巡护，以清洋面而利漕行。并着照江海师船式样，书写记号，不与夷船相混，是为至要。浙江新漕，已定于十月开局，江苏省亦应赶紧趱办。着怡良、邵灿、吉尔杭阿严饬局员，迅速封雇沙卫各船，务于十月内一律齐全，以期年内赶紧受兑，俟东南风至，即可开行，毋稍迟误。

以广东雷琼道黄钟音为广西按察使。①

三十日庚寅 (11 月 9 日)

抚恤朝鲜国遭风难夷如例。②

冬十月初二日壬辰 (11 月 11 日)

奕格等奏，俄罗斯船只冻阻内江。俄罗斯上下往还船只，于黑龙江城阻冻，不能行驶。该夷人请借马乘骑，由驿路分送伊国公文。据该将军等以夷情诡诈，难保无窥探别情。若陆路程途，复令通晓，设有事端，更难两顾。所有俄罗斯夷人请借马由驿行走之处，着不准行。惟该夷人既因阻冻在江边居住，着奕格拣派干员带领官兵，看守照料，所需口食帐房，妥为筹给，毋许该夷人擅离江岸，致有他虞。一俟春融冰泮，即今开驶启程。至内地江面，本不能听外国船只往来，前经谕令奕格晓谕该夷，杜其行驶。此项夷船于来年开行时，即着奕格遵照前旨，剀切晓谕，该国上下船只，不得再由黑龙江往还，以符定制。③

初五日乙未 (11 月 14 日)

邵灿奏，请严扼北洋岛屿，并雇船捕盗护漕。海船北驶，以佘山石岛为寄碇之所，以牛庄为装卸货物之地。盗艇伺劫，多在该三处口岸，必须严行扼守，始能保护新漕。前据何桂清奏，宁波上海商人，各雇用火轮船一只，以一只驻泊佘山，以一只在南洋梭织巡护。本日复据邵灿奏，由商捐雇网梢船二十只，与浙江商艇合力

---

① 《清实录·文宗显皇帝实录》卷一七八。
② 《清实录·文宗显皇帝实录》卷一七八。
③ 《清实录·文宗显皇帝实录》卷一七九。

守驻佘山。是南洋盗艇，当可绝其来源。其北洋牛庄石岛等处，亦应豫筹扼堵。清廷着英隆、书元、崇恩严饬水师将弁，实力巡哨，认真剿捕，务使匪船无从窥伺，以利漕行。至海运沙船，自十淴放洋后，向派武职大员长途押护。据该漕督奏称，徒滋糜费，实则虚应故事，自系实情。此次海运，即毋庸专派水师大员，着怡良、吉尔杭阿、何桂清、崇恩责成沿海水师，逐程递护，何处见有盗艘，即将何处水师员弁参办，不得互相推诿，致有疏失。再浙江新漕，业于十月内开局，江苏漕务情形，尚未据该督抚奏报。前经催令赶办，于年内一律受兑。着怡良等迅速遵办，并将开局日期及起运米数先行奏报，毋任再延。①

初七日丁酉（11 月 16 日）

命已革闽浙总督颜伯焘赴江苏军营，交两江总督怡良差委。

初八日戊戌（11 月 17 日）

以广东崖州协副将黄开广为琼州镇总兵官。

初九日己亥（11 月 18 日）

命广东巡抚柏贵来京陛见，以两广总督叶名琛兼署广东巡抚。

调广东碣石镇总兵官谢焜为闽粤南澳镇总兵官，以广东龙门协副将余殿材为碣石镇总兵官。命新授云南腾越镇总兵官通安暂留广东，署南韶连镇总兵官。②

十三日癸卯（11 月 22 日）

通政使司参议曾望颜奏，潮勇沿途截抢，请饬查办。据称江苏丹阳县属，自新丰至月河一路，有潮勇结党成群，或十数人一船，或二三十人一船，船上俱插潮勇旗号，往来游驶。遇有商民船只经过，辄假查船为名，过船搜翻，将行李银物抢掠一空。甚有连船被抢者，即官绅亦不能免。该地方文武畏葸不敢查拿，大为行旅之害。③

---

① 《清实录·文宗显皇帝实录》卷一七九。
② 《清实录·文宗显皇帝实录》卷一七九。
③ 《清实录·文宗显皇帝实录》卷一八〇。

十五日乙巳(11 月 24 日)

添造山东战船二十只，从巡抚崇恩请也。①
吉林将军景淳奏分界委员会晤俄使情形。②

二十日庚戌(11 月 29 日)

抚恤琉球国遭风难夷如例。

廿一日辛亥(11 月 30 日)

以浙江宁波捕匪出力，赏举人李厚建蓝翎，千总布兴有等升叙有差。③

廿四日甲寅(12 月 3 日)

因贵州需饷急迫，谕令叶名琛等速筹银二十万两，黄宗汉再筹银十万两，迅即解黔以济急需。据称广东省共欠积年部拨协黔饷银二十万两，粤海关欠税银五万两。

廿九日己未(12 月 8 日)

以福建捡获艇匪出力，赏参将陈应运花翎，余升叙有差。④

十一月初五日甲子(12 月 13 日)

已革江苏苏松太道吴健彰，经怡良等遵旨严鞫，虽讯无通夷养贼、侵吞关税各实据，惟以现任职官，与本管地方夷行商伙往来酬酢，不知引嫌，至贼匪攻陷上海，该革员既不能堵御，复避居夷行，捏报公出，情节较重。吴健彰着从重发往新疆，效力赎罪。

---

① 《清实录·文宗显皇帝实录》卷一八〇。
② 《筹办夷务始末》(咸丰朝)第 2 册，中华书局 1979 年版，第 424~426 页。
③ 《清实录·文宗显皇帝实录》卷一八一。
④ 《清实录·文宗显皇帝实录》卷一八一。

胡林翼奏请饬购运洋炮。据称现在外江水师船多炮少，取给湖南炮局，暂可供用，而模范较小，不如粤东所购之洋炮。上年曾经曾国藩奏请，因道梗未经运竣，请饬购运以资利用。清廷着叶名琛、柏贵赶即购运五百斤以上、千斤以下洋炮六百尊，派委兵弁妥为护送，由湖南舟运，解赴湖北胡林翼军营，俾资应用，无误要需。①

初六日乙丑（12 月 14 日）

书元奏，米豆运通较迟，请缓期起运，并将承办之员交部议处。奉天牛庄运通米豆，向系八月间起运，九、十月抵通交纳。近因洋面不靖，直隶船到较迟，冬寒冰结难行，此项米豆，清廷着准其缓至来岁春融，催令赶紧赴通交纳，以昭慎重。运员六品官恒光，虽因船只到迟，究属办理不善，着交部议处。②

初七日丙寅（12 月 15 日）

黑龙江将军弈格等奏，俄冻阻各船已由陆路回国，并交来咨文呈览。③

十一日庚午（12 月 19 日）

英隆、承志奏，查明水师疏防员弁，分别参劾。本年五月间，奉天没沟营口外有盗艇行劫，经该将军等饬调水师船只，驶往攻剿，屡次行催，该巡员等延不前进，以致盗艇乘隙窜出口外，实属懦弱无能。除委官隋承恩、徐维翰由该将军等责革严办外，所有总巡佐领王嘉德、协巡骁骑校李志润均着交部严加议处，协巡防御韩兴诗、委官苏明泰应得罪名，均着交盛京刑部严讯确情，从重定拟，其佥差不慎之署水师营协领事务金州佐领李克达，着一并交部议处。④

十六日乙亥（12 月 24 日）

贷福建金门镇兵丁谷价银两。⑤

---

① 《清实录·文宗显皇帝实录》卷一八二。
② 《清实录·文宗显皇帝实录》卷一八二。
③ 《筹办夷务始末》（咸丰朝）第 2 册，中华书局 1979 年版，第 433~435 页。
④ 《清实录·文宗显皇帝实录》卷一八三。
⑤ 《清实录·文宗显皇帝实录》卷一八三。

十七日丙子(12 月 25 日)

两广总督叶名琛奏英、法、俄构衅情形。①

廿一日庚辰(12 月 29 日)

抚恤琉球国遭风难夷如例。②

廿二日辛巳(12 月 30 日)

予浙江捕盗淹毙县丞严锦堂祭葬恤荫。③

廿三日壬午(12 月 31 日)

美副使伯驾抵粤，次日接任公使办事。④

廿五日甲申(公元 1856 年 1 月 2 日)

黑龙江将军弈格等奏，请组织打牲八旗官兵及鄂伦春人等，以固边陲。⑤

廿六日乙酉(公元 1856 年 1 月 3 日)

吉林将军景淳等为立界宜照旧制办理，给俄国咨文。⑥

十二月初一日庚寅(公元 1856 年 1 月 8 日)

朝鲜国使臣徐熹淳等三人，琉球国使臣向中邦等二人，于神武门外瞻觐。⑦

---

① 《筹办夷务始末》(咸丰朝)第 2 册，中华书局 1979 年版，第 436~437 页。
② 《清实录·文宗显皇帝实录》卷一八四。
③ 《清实录·文宗显皇帝实录》卷一八四。
④ 《中美关系史料》，台湾"中央研究院近代史研究所"1986 年版，第 204 页。
⑤ 《筹办夷务始末》(咸丰朝)第 2 册，中华书局 1979 年版，第 438 页。
⑥ 《筹办夷务始末》(咸丰朝)第 2 册，中华书局 1979 年版，第 440~442 页。
⑦ 《清实录·文宗显皇帝实录》卷一八五。

初二日辛卯（公元 1856 年 1 月 9 日）

怡良等奏，请申明定例，严饬沿海地方，不准私船出海。广东潮州等府，人民繁庶，素性犷悍，其失业游民，每多觅食外省，千百成群。近年以来，以充当潮勇为名，纷纷航海，由乍浦上海等处登岸。其中良莠不齐，往往聚众滋事。本年苏州地方，即有抢夺行李之案，虽将该犯马泳风等拿获正法，而现在寄食游民尚复不少。清廷着该督等严饬地方官，查明此项广勇内有并非官雇、不受约束，或私贩违禁货物、不安本分者，责成地方各官，督同会馆董事，清查惩办。并着沿海督抚各饬所属，于海船出洋时，务须悉遵旧例，给与执照，将在船商民年貌籍贯注明。如有人照不符，及照外夹带，即行查拿治罪。并不准私造船只，渡载人口货物，责成守口员弁，挂号验照。如有无照人民私自渡海者，除将偷渡人船照例办理外，并将失察私造船只之地方官、查验不力之守口员弁，严参惩办，得贿故纵者，从重治罪。①

初九日戊戌（公元 1856 年 1 月 16 日）

以海运沙船迅速抵津，加封天后为卫漕保泰之神，风神为显佑安恬之神，海神为显威济运之神，并颁天后庙御书匾额曰"恬波利运"。

调福建海坛镇总兵官邵联科为台湾镇总兵官，以已革福建金门镇总兵官锺宝三为海坛镇总兵官。

以江苏办理海运出力，予知府陈镕等加衔升擢有差。

予故福建台湾镇总兵官吕大升祭葬恤荫，如军营病故例。

截留江苏漕米二十万石，济江南军需。②

初十日己亥（公元 1856 年 1 月 17 日）

礼部奏，琉球国使臣呈称该国世子此次恭进方物，恳照道光二年、咸丰元年，准予赏收，免其留抵。清廷着照所请，此次所进方物准予赏收，下次正贡届期，该国遣使来京时，再当优加赏赉，用昭柔惠远藩至意。

以奉天洋面防剿盗艇出力，赏协领刚安、城守尉锐芬、防守尉锡龄阿花翎，知

---

① 《清实录·文宗显皇帝实录》卷一八五。
② 《清实录·文宗显皇帝实录》卷一八五。

县鲍师钊蓝翎，余升叙有差。①

十七日丙午(公元 1856 年 1 月 24 日)

免琉球遭风夷船进口货税。②

俄国东西伯利亚总督穆拉维约夫，命令北京传教士使团首领巴拉第神父根据他的《划界意见书》，"在北京尽力施加影响，使边界问题的解决对俄国有利"③。

廿四日癸丑(公元 1856 年 1 月 31 日)

以办理浙江海运出力，予布政使韩椿等升叙有差。④

廿五日甲寅(公元 1856 年 2 月 1 日)

以办理天津海运出力，予知府蔡绍洛等升叙有差。⑤

廿六日乙卯(公元 1856 年 2 月 2 日)

俄国籍口分界及防堵英法，恣意往来。吉林将军景淳请求撤回本省官兵防守。⑥

是年

浙江宁波商人为商船护航而集资仿造的西洋式轮船"宝顺"号下水。⑦

---

① 《清实录·文宗显皇帝实录》卷一八五。
② 《清实录·文宗显皇帝实录》卷一八六。
③ 巴尔苏科夫：《穆拉维约夫-阿穆尔斯基伯爵(传记资料)》卷二，商务印书馆 1974 年版，第 144 页。
④ 《清实录·文宗显皇帝实录》卷一八七。
⑤ 《清实录·文宗显皇帝实录》卷一八七。
⑥ 《筹办夷务始末》(咸丰朝)第 2 册，中华书局 1979 年版，第 444~445 页。
⑦ 刘传标：《近代中国船政大事编年与资料选编》第 1 册，九州出版社 2011 年版，第 16 页。

咸丰六年　丙辰　公元 1856 年

春正月初二日庚申（2 月 7 日）

朝鲜国使臣赵德林等二人，琉球国使臣向邦栋等二人，均于重华宫瞻觐。①

初八日丙寅（2 月 13 日）

以江苏官绅团练募勇并截拿上海余匪出力，赏在籍都察院左副都御史程庭桂二品顶带，下部议叙，副将庆文、知府世焜、薛焕、同知平翰等花翎，知县阵庆长等蓝翎，余加衔升叙有差。②

初九日丁卯（2 月 14 日）

朝鲜国王专差护送漂收美国水手四名来京，两江总督怡良已交该国保领。③

十二日庚午（2 月 17 日）

黑龙江将军弈格等奏，请严禁鄂伦春、毕喇尔人与俄往来，及与俄交界处系石头砌封，并无界碑字迹。④

十七日乙亥（2 月 22 日）

叶名琛奏报，雇得红单船二十七只，派李明新管带，于年前十二月初一日自粤

---

① 《清实录·文宗显皇帝实录》卷一八八。
② 《清实录·文宗显皇帝实录》卷一八八。
③ 《筹办夷务始末》（咸丰朝）第 2 册，中华书局 1979 年版，第 446 页。
④ 《筹办夷务始末》（咸丰朝）第 2 册，中华书局 1979 年版，第 447~448 页。

开行。一俟进入长江，清廷即着向荣妥为调遣，以资助剿。①

二十日戊寅(2 月 25 日)

派刑部左侍郎谭廷襄、仓场侍郎阿彦达前往天津，验收海运漕粮。都察院左都御史文彩前往通州，会同仓场侍郎李菡办理验收事宜。②

廿四日壬午(2 月 29 日)

前因胡林翼奏，请饬粤东购运洋炮，当经谕令叶名琛等赶即购运五百斤以上、千斤以下洋炮六百尊，解赴湖北军营。本日据胡林翼奏，沿江一带，现须分拨战船扼守，以绝贼粮军火。惟水师十营，大炮甚少，且模范太小，不能利用。清廷着叶名琛、柏贵仍遵前旨，速购千斤重洋炮三百尊，六百斤、八百斤重洋炮三百尊，派委兵弁妥为护送，由湖南舟运，解赴湖北胡林翼军营应用，毋误要需。③

廿六日甲申(3 月 2 日)

朝鲜国王遣使表贺万寿、冬至、元旦三大节，并进贡方物，赏赉如例。

廿九日丁亥(3 月 5 日)

何桂清奏海运米石开行日期，并请饬雇备船只。浙江省海运头批米石，已于本月十六日开行，驶抵十溦，候风放洋。此后各批需用沙卫等船，据苏局报雇尚未足数。清廷着怡良、邵灿、吉尔杭阿督饬江苏局员，多为雇备，移送浙局，俾得迅速兑运，以免迟误。④

二月初五日癸巳(3 月 11 日)

王懿德年终密考单内，奏称提督李廷钰精力尚健，韬略素娴，惟二年之内未经出洋。清廷批复：李廷钰系浙江提督任内获咎人员，前因剿办本省匪徒，克复厦

---

① 《清实录·文宗显皇帝实录》卷一八九。
② 《清实录·文宗显皇帝实录》卷一八九。
③ 《清实录·文宗显皇帝实录》卷一八九。
④ 《清实录·文宗显皇帝实录》卷一八九。

门，着有劳绩，是以弃瑕录用。巡查洋面，乃水师提督专责，何以该员二年以来，并未出洋，是否精力就衰，抑或性耽安逸。现当查拿艇匪、海防吃紧之际，李廷钰于提督重任能否胜任，着王懿德详细察看，据实具奏，毋稍徇隐。①

十一日己亥（3月17日）

曾国藩奏，军饷不继，请于上海抽取厘金接济。江苏省抽取厘金，所有上海地方是否一律办理，现在曾国藩在江西，军饷缺乏，但有可筹之款自应不分畛域，力筹接济。惟上海为夷人通商口岸，抽厘之举，于夷税有无窒碍。清廷着怡良、吉尔杭阿体察情形，如该处各市镇行货可以抽厘济饷，即着酌量办理。②

十八日丙午（3月24日）

两广总督叶名琛、广东巡抚柏贵奏，神灵显应，请加封号。关帝神威助顺，前已叠晋崇封，升为中祀。兹据该督等奏称，四年六月，广东省城各门外，逆匪突起，攻扑城垣，仰荷神灵默助，连获大捷，省城得保无虞。韶州、新会、三水、龙川各府县，均被股匪围扑，婴城固守，亦赖关帝显应，得以保全。咸丰帝允加崇封号，着礼部谨拟具奏。

又前年广东匪徒纠众攻扑省城北门，默邀观音大士灵佑，返风驱雨，官军乘势大获全胜。又上年正月间，官军于四沙水面剿捕匪船，西南风陡起，军帆顺利，雷声轰烈，南海神庙前白雾横江，官军乘机开炮，势如破竹，将匪船全行烧毁，东路藉以解严。此皆仰赖神灵默为呵护。所有观音大士及南海神庙，咸丰帝即亲书匾额，交该督抚敬谨悬挂，风神、雷神加崇封号，着礼部谨拟具奏。

两江总督怡良、江苏巡抚吉尔杭阿奏，美、英二夷欲求更改条约章程。美酋伯驾移文江苏，有候船即赴上海重议条约之说。英酋李泰国，亦有各国条约必求更改，广东绝之已甚，各国公使万不肯再向关说之语。是其意以欲赴上海为挟制，而籍口于广东之拒绝，情形显然。从前五口通商条约，虽有十二年再行更定之议。不过恐日久弊生，或有窒碍之处，不妨小有变通。其大段章程，原未能更改。该夷前年在上海、天津要求各事，均属万不能行。经崇纶等面加驳斥，该夷酋亦自知理屈，不复争论。今云广东绝之过甚，故赴上海。苏省督抚本非总办夷务，自不能允其所求，必至上赴天津，更属不成事体。清廷着叶名琛体察情形，妥为驾驭。如该夷所欲更改之事实止细故，不妨酌量奏闻，稍事变通。如仍似前年之妄事要求，即

---

① 《清实录·文宗显皇帝实录》卷一九〇。
② 《清实录·文宗显皇帝实录》卷一九〇。

行正言拒绝。务宜恩威并用，绝其北驶之念，勿峻拒不见，转致该夷有所籍口。并着怡良、吉尔杭阿饬令蓝蔚雯转谕各该夷领事，告以五口通商事宜，悉归广东查办，他省均不得越俎。该夷若不肯向广东关说，别省无可代为商办。此次照会各情，业已入奏，亦止能请交广东钦差大臣查办。至于更议之处，该督抚不能与闻。婉言开导，令其驶往广东，不至别生枝节，是为至要。①

廿一日己酉（3 月 27 日）

颁广东广州府观音大士庙御书匾额曰"普佑大千"，南海神庙御书匾额曰"镜海流慈"。②

三月初二日己未（4 月 6 日）

前据叶名琛奏，续雇红单船二十七只，于十二月初一日启程。兹据托明阿等奏称，叠次催提，杳无信息。现在瓜州一带，堵剿吃紧，此项船只由粤赴洋，将及三月，如已驶至浙江宁波一带，清廷即着何桂清严饬管带船只之护参将李新明等赶紧驶赴江南，听候调遣，毋任沿途逗遛，致误事机。③

初八日乙丑（4 月 12 日）

以广东广州、韶州、新会、三水、龙川各府县神威助顺，加关帝封号曰"精诚"，风神曰"诚孚"，雷神曰"佑安"。

拨淮海关银二十万两，解赴江南粮台，以备饷需。④

初九日丙寅（4 月 13 日）

惠亲王奏，筹备军粮。现在军务未竣，南漕缺额，近畿粮价昂贵，自应设法筹补，以实仓储。盛京地方连年丰稔，上年僧格林沁曾经派员前往劝捐，除提用外，尚有赢余。清廷着承志等先将现存捐款就近购买谷石杂粮，并遴委廉干人员劝导本

---

① 《清实录·文宗显皇帝实录》卷一九一。
② 《清实录·文宗显皇帝实录》卷一九一。
③ 《清实录·文宗显皇帝实录》卷一九二。
④ 《清实录·文宗显皇帝实录》卷一九二。

地绅民，无论银钱谷米均可一律报捐。所有收买及捐输各项粮石，着陆续由海运津起剥，解交京仓存积。①

十二日己巳(4月16日)

两江总督怡良等奏，英夷司税李泰国呈请买办火轮船，以备剿逆，现已密饬护上海道蓝蔚雯随机驾驭。得旨：近有廷寄询问汝等能否雇用夷船，实与此事无涉。惟该夷既有此呈，前事更应斟酌，勿堕其术中，豫杜患萌。②

十八日乙亥(4月22日)

以截拿江苏上海余匪出力，予署布政使杨能格议叙。

二十日丁丑(4月24日)

怡良、吉尔杭阿奏，英夷呈称福州商船一只，装茶出口，仅完税银一千七百两。自设关以来，征收茶税，每担一两五钱，或不及一两，较之上海大有区别。又宁波关毫不稽查，全无税则，运米出洋，亦不阻止。数月以来，上海各船，皆系空出，关税必致短绌。请检查上年底帐，按数扣还，留抵各税，否则暂准仿照福州关茶税酌减。清廷批示：各口关税，自应画一征收。如果福州关短价招徕，任听偷漏，宁波关于米粮货物出洋，漫无稽查，不但上海关税立见短绌，且恐堕该夷减税之计，况运米出洋，尤干例禁。着有凤、王懿德、何桂清严密确查，各该省征收关税是否有偷漏等弊，与上海关税何以互有参差，粮米出洋何以不行禁止。夷情诡谲，亦难保非藉词寻衅，该将军督抚等务即按照所奏各情，详细查明。③

廿六日癸未(4月30日)

咸丰帝谕令：德勒克多尔济等奏接据俄夷来文一折。俄罗斯借分界为名，欲将黑龙江松花江左岸以及海口，均分给伊国守护。屡次谕令奕格、景淳等会同勘定，以杜要求。嗣据该将军等奏称，该夷阻冰登陆，已由陆路回国，虽经过江面，尚无

---

① 《清实录·文宗显皇帝实录》卷一九二。
② 《清实录·文宗显皇帝实录》卷一九三。
③ 《清实录·文宗显皇帝实录》卷一九三。

滋扰情事，而声言明年仍有船只前来，不可不加防范。现在春暖冰融，将交夏令，该夷势必复来要约。景淳前次奏报，颇能洞悉夷情。奕山赴任以后，于一切情形想已豫为筹画。着该将军等遵照前旨，遇有俄夷船只驶至该处地面时，务须暗为设防，随机应付，勿令激生事端。①

是年春

柯拜船坞为美国坞主詹姆斯·B. 恩迪特所建造的第一艘"百合花"号轮船下水，这是当时在中国建造的最大的西洋船，排水量约千吨。

柯拜船坞开工建造的"幻想"号小蒸汽船航行于香港、澳门间，每周来回三次。②

夏四月初一日丁亥(5 月 4 日)

贷福建海坛镇、闽安协兵丁谷价银。

抚恤琉球国遭风难夷如例。③

初四日庚寅(5 月 7 日)

朝鲜国使臣朴齐宪等三人于神武门外瞻觐。

初六日壬辰(5 月 9 日)

抚恤朝鲜国遭风难夷如例。

十四日庚子(5 月 17 日)

叶名琛、柏贵奏，续获洋匪审办，并请将出力人员酌保。广东澳门洋面匪船，窜出外洋，经官军于上年夏间，叠次剿捕，掕斩甚多。余匪分路逃窜，复经提督吴

---

① 《清实录·文宗显皇帝实录》卷一九四。

② 刘传标：《近代中国船政大事编年与资料选编》第 1 册，九州出版社 2011 年版，第 18 页。

③ 《清实录·文宗显皇帝实录》卷一九五。

元猷督饬水师及沿海各文武，陆续围捕，斩馘多名，并生擒三百四十七名，解省审办。计自上年夏间起，至本年春间止，各路歼擒洋匪不下二千余名，夺获并烧沈各匪船一百四十余只。①

廿三日己酉(5 月 26 日)

朝鲜国王李昪遣使谢颁时宪书，并进贡方物，命留抵下次正贡。

三十日丙辰(6 月 2 日)

越南国王阮福时以丁巳年正贡届期，咨呈劳崇光奏请恭进方物。②

沙俄穆拉维约夫策划的第三次武装航行黑龙江开始。此次航行由卡尔萨科夫率领大小船只一百二十余艘，运载哥萨克军一千六百六十名及大批军用物质，分三批从石勒喀河侵入黑龙江。③

五月初一日丁巳(6 月 3 日)

书元奏参运员贻误公事。奉天省运赴通州米豆，为接济京仓要需，前因冻阻展限。兹当春融之际，该运员等失察船户潜行回籍，以致未能开行。户部六品官恒光、牛庄防守尉锡凌阿、丁忧署海城县知县李文森着交部分别议处，盛京户部侍郎书元着一并交部议处，仍着责成该运员迅速装载开行，毋许再有迟误。④

初二日戊午(6 月 4 日)

命福建水师提督李廷钰来京另候简用，以福建福宁镇总兵官林建猷为水师提督。

初五日辛酉(6 月 7 日)

以乍浦副都统穆克德讷为广州将军，广州协领来存为乍浦副都统。

---

① 《清实录·文宗显皇帝实录》卷一九五。
② 《清实录·文宗显皇帝实录》卷一九六。
③ 瓦西里耶夫：《外贝加尔的哥萨克(史纲)》第三卷，商务印书馆 1978 年版，第 82~83 页。
④ 《清实录·文宗显皇帝实录》卷一九七。

初七日癸亥（6 月 9 日）

文熊奏请提拨关税银两，办理大运。苏州织造承办大运绸缎，向于藩库支银。现因提支未能如额，清廷着照上两年成案，准其将浒墅关征收税银先尽提办，俟办竣后，仍将税银赶解军需，以资接济。

以江苏按察使赵德辙署巡抚。①

黑龙江将军弈山、吉林将军景淳等奏报两地防守情形。②

廿六日壬午（6 月 28 日）

黑龙江将军奕山、吉林将军景淳等奏俄夷复由水路下驶，现在筹办情形。该夷沿途留有人船寄存粮石，虽称接济伊国往来口粮，而不候允许，遽行占地建房，其心终属叵测。现在该夷既无倨慢之迹，内地又无阻止之法。该将军等所称阳抚阴防，及俟木哩斐岳幅到时，正言向商之处，均尚操纵合宜，着即照所议办理。惟防备之法，固不可稍示张皇，亦不可遽涉大意，仍当随事相机，善为驾驭，使目前勿启衅端，而日后亦不致漫无限制，方为妥善。至该夷屯粮地方，尤当晓谕居民，禁止与该夷往来交易，以防句（勾）结而杜生事。此后夷船续来，情形若何，着随时具奏。

以巡护海运无误，予浙江知府何绍祺等升补有差。③

廿七日癸未（6 月 29 日）

福州将军有凤、闽浙总督王懿德奏，遵查福州省城南台税口，并无减税短征、任听偷漏。惟外国奸商，每由小港绕出大关。拟确查洪塘各港，分别设卡，认真巡查。得旨：均照所拟办理。又奏：英夷请设司税官，已咨商两广督臣会筹妥议。批：俟叶名琛咨覆到日，再行酌量情形具奏，是时断难允行。④

廿八日甲申（6 月 30 日）

庚长奏，拿获私贩硝磺人犯，该犯吴怀玉等八名贩运硝磺，至一万一千四百余斤。

---

① 《清实录·文宗显皇帝实录》卷一九七。
② 《筹办夷务始末》（咸丰朝）第 2 册，中华书局 1979 年版，第 460~461 页。
③ 《清实录·文宗显皇帝实录》卷一九九。
④ 《清实录·文宗显皇帝实录》卷一九九。

廿九日乙酉(7月1日)

抚恤琉球国遭风难夷如例。①

六月初一日丙戌(7月2日)

贷福建提标五营及泉州城守营兵丁谷价银。②

初三日戊子(7月4日)

清廷谕令：前因通政司参议曾望颜奏请雇火轮船，以清江面，当经谕令向荣等筹商具奏。嗣据向荣等覆奏，以红单船已足制贼，雇募夷船入江，易滋流弊，已如所议停止。兹据宗人府府丞宋晋奏，江南情形危急，请饬护送海运之火轮船，由圌山关入江，焚攻金焦一带贼船。先将瓜州攻克，再由仪征而溯浦口，力剿北岸贼匪，与六合诸军掎角，则可解江南之急，而江北亦就肃清。其红单船一项，请无庸分拨，应令并归一处，乘此夏令风顺，将芜湖攻克，则宁国亦不攻自退。所奏不为无见。此项护送海运之火轮船，前据向荣等奏俟护运事竣，饬调入江助剿。现在护送海运业已竣事，火轮船入江之举，正在此时。着怡良、赵德辙、何桂清即行饬知带船各员，迅由圌山关入江，会同红单各船，听候向荣、德兴阿等调度。又另片奏，请再行多雇轮船，并责成道员缪梓、杨裕深、金安清办理雇船事宜。护送轮船，仅止二只，为数本少。若再行多雇，既恐需费不赀，又恐入江后，船大难于驾驶。前此夷酋李泰国呈报，有新制小火轮船之语，如能添购数只，较之大号轮船，行驶更当便捷。着怡良等妥速会商，如事属可行，须由内地官绅管带，断不可令夷人错杂其间，以杜后患。应需经费，并着该督抚等妥为筹画，迅速奏闻。其缪梓等三员，能否前往上海、宁波等处办理船只，并着何桂清酌度具奏。至红单船，昨因向荣一军，距大江较远，谕令德兴阿等就近调度。本日据德兴阿等奏攻击金山情形，似亦可牵掣贼势。现在金陵既无大军镇压，该逆势必更肆猖獗，南北沿江处所在在堪虞。如得火轮船，协同红单船，上下游往来攻剿，以挫凶锋，尚可牵制贼众，使不敢深入纷窜。该大臣等着即妥为布置，以速为贵。至水师无陆兵相辅而行，亦恐势成孤立。向荣、德兴阿、余万清各营，能否抽兵相助，并着会商

---

① 《清实录·文宗显皇帝实录》卷一九九。
② 《清实录·文宗显皇帝实录》卷二〇〇。

妥办。①

初六日辛卯(7 月 7 日)

崇恩奏，海运漕船被劫。本年海运南来，有金天来漕船一只，行至山东石岛洋面，被匪船劫去银物，掳去舵工一名。虽漕米并未损失，惟该管水师将弁，未能先事防范，实属疏忽。清廷着查明专巡各该将弁，严行奏参，以示惩儆。并督饬水师镇将，严缉盗匪，务获惩办。仍令实力巡查，防护漕船，毋得再有疏懈。②

初八日癸巳(7 月 9 日)

向荣奏连日布置情形，并请调广东官兵助剿。已有旨谕令叶名琛等挑选精兵四千名，由海道驶赴江南。其所请提督昆寿等统兵之处，并谕该督等斟酌办理矣。至福建兵三千名，已由邵武至抚州，虽距江南较远，然较之广东兵到尚为迅速。③

初十日乙未(7 月 11 日)

邵连科等奏，剿办台湾各案游匪，一律肃清，请将出力官绅酌保。咸丰三年十二月间，彰化县属漳泉匪党构衅焚抢，路途梗塞。四年正月间，淡水厅属粤闽匪党构衅焚掠，均经该镇道等督兵弹压，晓谕解散，并将淡水拒捕之匪徒痛加剿洗，陆续拿获首从各犯二百十八名。闰七月间，复有内地小刀会匪船，窜入鸡笼地方，经官兵五路进攻，歼捦二百三十余名，截杀百余名。其逃入船中之贼，复被水师于台澎洋面击沈匪船多只，捦斩无算。五年七月间，斗六门匪徒林房等戕官谋逆，经官兵迅往掩捕，歼捦净尽。十月间，复有凤山县匪徒王办等在岗山地方聚众竖旗，经各路兵勇并力围攻，生捦伪元帅陈子仲等九名，并先后拿获逆首王办等四十四名。现在台湾南北两路悉臻安静，洋面一律肃清。④

十六日辛丑(7 月 17 日)

美国人贝莱士在吴淞创办的贝莱斯船厂，雇佣宁波木匠建造的"先锋"号小型

---

① 《清实录·文宗显皇帝实录》卷二〇〇。
② 《清实录·文宗显皇帝实录》卷二〇〇。
③ 《清实录·文宗显皇帝实录》卷二〇〇。
④ 《清实录·文宗显皇帝实录》卷二〇〇。

轮船下水，载重四吨。①

十九日甲辰（7 月 20 日）

以海运漕粮验收完竣，赏刑部左侍郎谭廷襄、道员英毓花翎，仓场侍郎阿彦达下部优叙，道员书龄等升叙有差。②

廿二日丁未（7 月 23 日）

咸丰帝谕令：叶名琛奏，英、美、法各国请重订条约，现已设法开导阻止。据称美夷伯驾照会内称，条约章程第三十四条，载十二年后两国派员酌办。本年六月期满，请代奏。英夷包呤、法兰西夷顾思，亦先后照会。前年该国夷酋，驶至天津，呈出祈请各条，率多谬妄。经崇纶等正言斥驳，碍难入奏。其中惟上海欠税非从前所及料，广东茶税系随后增加，民夷相争之案，本为条约所载，恐现在办理不善，允其查办。当经谕令叶名琛、怡良等酌量办理。现在该夷酋等又以十二年届期，恳请代奏，美酋伯驾并有启程赴京之语，虽经叶名琛力为阻止，但恐伯驾从中煽惑，约同包呤、顾思等复行北驶，不可不防。各夷议定条约，虽有十二年后公平酌办之说，原恐日久情形不一，不过稍有变通，其大段断无更改，故有万年和约之称。况前年到津，业已加恩酌免关税等项，天朝怀柔远人之意，不可谓不厚。若再藉词晓渎，断难允准。叶名琛惟当据理开导，绝其觊觎之心。如其坚执十二年查办之语，该督等亦只可择其事近情理、无伤大体者，允其变通一二条，奏明候旨，以示羁縻。若该夷酋等竟至上海等口，有妄求代奏之件，着怡良等谕以两广总督，为办理夷务之钦差大臣，无论何事总须回粤呈请，两江总督不能代奏。设有欲至天津之语，并着叶名琛等谕以天津本非通商口岸，尔等前往，显背条约。上次天津所派大臣，已与尔等言明。尔若再至天津，断不能再派大员与尔等会晤。如此剀切晓谕，庶可杜其妄念。至伯驾在粤，既居心叵测，此时若到上海，怡良等务须暗中防范，毋令句（勾）通粤逆，别生事端。又本日据文煜奏，粮台兵饷无着，已降旨饬部飞咨各督抚严催拨款，但恐缓不济急，着怡良等于江北地漕、盐课关税及江海关税内先行酌拨银两，以资接济，毋令缺乏。③

---

① 刘传标：《近代中国船政大事编年与资料选编》第 1 册，九州出版社 2011 年版，第 18 页。

② 《清实录·文宗显皇帝实录》卷二〇一。

③ 《清实录·文宗显皇帝实录》卷二〇二。

廿三日戊申(7 月 24 日)

前因曾国藩奏，请在上海抽收厘金，接济江西军饷，当谕令怡良等体察情形具奏。兹据奏称，江苏军需局，用款浩繁，专赖抽厘济饷，未能分拨江西。且上海地杂华夷，该地方官绅年余以来办理尚属相安，若再另行派员前往办理，实多窒碍。曾国藩所请饬调顾椿专办抽厘以济江西军饷之处，清廷着毋庸议。①

廿九日甲寅(7 月 30 日)

何桂清奏，遵调护运火轮船入江，并委员赴上海，筹办添购轮船。据称所有宁商护运之火轮船，业经派员管带，由圖山关飞驶入江，听候向荣调遣。其需添购之轮船，亦已委令金安清、何绍祺、张庭学、杨坊、陈元鼎等前往上海，妥为购募，并筹款办理。②

三十日乙卯(7 月 31 日)

以浙江派防东洨出力，赏同知白让卿花翎，守备汪安邦等蓝翎，余升叙有差。③

秋七月初一日丙辰(8 月 1 日)

以剿办广东香山、虎门贼匪出力，赏知县邱才颖、守备胡廷升、赵涟等花翎，恩骑尉邢麟阁等蓝翎，余升叙有差。④

初二日丁巳(8 月 2 日)

黑龙江将军奕山、吉林将军景淳等奏，俄夷屡次经过，尚未滋扰，并续来人船数目及去留情形。得旨：该夷情形，不过豫作通商地步。现在固不可不严为之防，尤不可稍露形色，惟使该夷受我羁縻，不能尽遂所愿，方妥。⑤

---

① 《清实录·文宗显皇帝实录》卷二〇二。
② 《清实录·文宗显皇帝实录》卷二〇二。
③ 《清实录·文宗显皇帝实录》卷二〇二。
④ 《清实录·文宗显皇帝实录》卷二〇三。
⑤ 《清实录·文宗显皇帝实录》卷二〇三。

初三日戊午(8月3日)

以广东南澳剿贼出力，赏千总谢腾瑞等蓝翎，余升叙有差。

初六日辛酉(8月6日)

前据叶名琛奏，美酋伯驾与英、法二国夷酋在粤各递照会，欲求重订条约，伯驾并有欲行北上之语，已经叶名琛阻止，犹恐其各处要求，请饬嗣后该酋无论行抵何省，如有恳求代奏之件，总令其回粤查办。已谕知怡良照议办理，妥为防范。本日据王懿德奏，美酋呈递国书，代为呈进。览其呈递之件，大意仍在更定条约。清廷批复：其事万难准行，王懿德接到此件，自应正言拒绝，告以一切夷务，皆由广东办理，他省不能入奏。令其将原件赍回广东，一面照钞密奏，不使该夷知悉，方为得体。前年该酋驶抵上海天津，怡良、崇纶等皆系如此办理，该酋始俯首帖服，起碇南还。今王懿德既已代为呈递，惟有设法开导，令其仍回广东，告以此次虽经入奏，因非闽浙总督应行管理之事，不能据所奏查办，已将原件发还。若再为陈奏，必致上干重谴，与尔国仍无所益。只有前往广东，听候办理。上年尔往天津，皆系徒劳往返。今福建事同一律，即具奏亦难邀允准。该夷狡诈成性，遇事生风，固不可过于峻拒，激成事端，亦岂可一味通融，授之以柄。所有代递夷书各件，着原匣发还，嗣后不得再为呈进。发还之后，该夷酋作何动静，是否遵谕赴粤，并着速行密奏。

咸丰帝谕令：前据叶名琛奏，夷酋复请更定条约，并有欲行赴京之语，已谕知该督据理开导，并阻其再至天津，谅该督必能体会此意，斟酌妥办。乃美酋伯驾驶至福建，呈递国书，求为转奏。王懿德即将原件代为进呈。览其大意，欲遣人住居京师，仍是要求改约之意，万不能行。惟叶名琛前奏，该夷在广东，并不述及有国书之事，显系明知广东无可觊觎，故不肯在广东呈递。又因前年在上海、天津，计无所施，希冀向福建一为尝试。其居心叵测，不言可见。本日已将原件发还王懿德，谕令开导该酋仍回广东，所有译出之夷书文凭各一件，着钞录一分，给叶名琛阅看。俟该夷驶回广东，即着遵照前旨，妥为晓谕。能坚持定议，无所更改，固为妥善。即必不得已，亦只可择其无碍大局者，酌量变通一二条。若遣人来京之说，则悖谬无理，谅叶名琛自能驳斥，毋俟再三谆谕也。至前此谕令叶名琛拨兵四千名，酌量派提督昆寿、总兵通安等统带，由海道前往江南。本日据该督奏，昆寿已由和平前赴赣州。通安现署昆寿之缺，自系遵奉从前谕旨办理。惟此时江南情形，较赣州尤为吃紧。广东派往江西大员，已有寿山、谢焜等，其派赴江南之兵，不可无大员督带。如昆寿尚未出粤境，着即饬令带兵，仍赴江南军营。

如业已抵赣，或酌量调回，或另派得力大员，督带江南援兵，均着叶名琛酌量情形，迅速具奏。①

初七日壬戌(8 月 7 日)

闽浙总督王懿德、福建巡抚吕佺孙奏，英欲助剿，已照覆阻止。②

十三日戊辰(8 月 13 日)

命新授福建水师提督林建猷来京陛见。

十六日辛未(8 月 16 日)

补铸福建同安县灌口巡检印信，从巡抚吕佺孙请也。③

十八日癸酉(8 月 18 日)

命两江总督怡良暂署钦差大臣，督办江南军务。

十九日甲戌(8 月 19 日)

以海运事竣，都察院左都御史文彩下部议叙，出力员弁升叙有差。④

廿四日己卯(8 月 24 日)

黑龙江将军奕山等奏俄夷人船行止情形。据称俄夷前驾木籍停泊达雅尔昂阿等处，现已拆毁，夷人陆续折回。六月二十三日，又有夷人分驾大小船只，载粮下驶，并于霍尔托库地方，搭盖房屋黑河口、乌苏哩口，时有夷船来往。薛尔古一带，又有夷人搭盖窝棚二所。⑤

---

① 《清实录·文宗显皇帝实录》卷二〇三。
② 《筹办夷务始末》(咸丰朝)第 2 册，中华书局 1979 年版，第 470~471 页。
③ 《清实录·文宗显皇帝实录》卷二〇四。
④ 《清实录·文宗显皇帝实录》卷二〇四。
⑤ 《清实录·文宗显皇帝实录》卷二〇四。

八月初二日丙戌(8 月 31 日)

舒兴阿奏西路剿匪获胜及剿办海口回匪情形。云南东西两路, 回匪蜂起。据所奏姚州等处, 连日毙匪, 虽有千余, 而损兵折将, 亦复不少。东路杨林等处, 及近省之海口, 亦有员弁阵亡。①

初十日甲午(9 月 8 日)

命江南提督和春为钦差大臣, 督办江南军务。

十三日丁酉(9 月 11 日)

怡良等奏请催解红单船经费银两, 广东欠解江苏省垫发红单船经费银, 尚有三十余万两。现在江南剿办正当吃紧, 各营需饷不赀。又值天时亢旱, 钱粮关税征收均属细微, 情形甚为急迫。此项垫发银两, 清廷着叶名琛、柏贵陆续拨解, 迅由火轮船运至江苏, 以济要需。

有人奏, 惠州提标五营, 协标二营, 额设防兵五千余名, 其中有额无兵者十居其三, 有兵而不能调者十居其四, 甚有行贿免差挑缺之事。

杭州织造兼管北新关税务庆连奏, 关税一年期满, 征收钱粮, 按额补足。②

十四日戊戌(9 月 12 日)

两江总督怡良等奏, 请饬浙江按月协济军饷。得旨:据何桂清奏到, 已允其请。着仍遵寄谕, 竭力筹维。又奏请于福建关税项下, 每月拨银数万。咸丰帝御批:闽关一时焉有此巨款。③

十八日壬寅(9 月 16 日)

户部奏请动拨山海关税银, 采买米石。奉天米价, 现在平减。当此储备京仓之

---

① 《清实录·文宗显皇帝实录》卷二〇五。
② 《清实录·文宗显皇帝实录》卷二〇五。
③ 《清实录·文宗显皇帝实录》卷二〇五。

时，自应广为收买。清廷着盛京将军、奉天府府尹于设局劝捐外，将稻粟二项米石分别采买。如果稻米充足，即全行购买稻米，分起运至天津。以实仓储，所需价银，准其在于山海关税银顶下，就近动拨应用。并着山海关监督体察情形，如该处稻米有可采买，一并酌量采办。

户部奏，遵议内阁侍讲学士梁同新奏请采买洋米。本年江浙亢旱，来岁海运，恐难足额，自应设法采买，以实京仓。广东为洋米积聚之区，潮州米谷素称饶裕，且曾有采买运浙成案，即可仿照办理。清廷着叶名琛、柏贵体察情形，如洋米来源丰旺，价值平减，米质紧实，即于粤海关税项下，筹款收买数十万石，或照福建捐米成案，设局劝捐，并察看潮州一带地方米谷是否充足，着一并设法筹办，由海运至天津，以裕仓储。至洋米质地，恐不能耐久，易致霉变，必须挑拣米质坚洁者，妥为运送。其米价运费，着即通盘筹计，酌定章程，先行具奏。①

廿三日丁未(9 月 21 日)

黑龙江将军奕山等奏俄夷人船屯住及下驶情形，当于抑制之中，仍寓涵容之意。得旨：只得如此办法，不激不随，尚属得体。②

廿七日辛亥(9 月 25 日)

怡良、赵德辙、何桂清奏，江浙旱灾已成，请招徕台米，以资接济。本年江苏、浙江两省，入夏以来，两泽稀少，苏常杭嘉湖等属，被旱尤重，旱禾既皆黄萎，晚稻未能插莳，以致米价腾贵，民食兵糈，均虞缺乏，自应暂弛海禁，招徕台米，以资接济。清廷即着王懿德、吕佺孙饬知台湾镇道，速即出示招商，贩运米石，由海道运至江苏之上海，浙江之乍浦、宁波等海口售卖，即由台湾道发给执照，准其免税，以期商情踊跃，源源转运。③

三十日甲寅(9 月 28 日)

贷福建福宁、南澳二镇兵丁谷价银。④

---

① 《清实录·文宗显皇帝实录》卷二〇六。
② 《清实录·文宗显皇帝实录》卷二〇六。
③ 《清实录·文宗显皇帝实录》卷二〇六。
④ 《清实录·文宗显皇帝实录》卷二〇六。

九月初一日乙丑(9月29日)

怡良、赵德辙奏拿获广潮匪犯审办情形。广东潮州等处莠民，以投充壮勇为名，散处苏州城外。其犷悍不法之徒，竟敢持械行劫，盗案叠出。迨地方兵役缉拿，辄复逞凶拒捕。经赵德辙饬令苏州府知府薛焕会同绅士员弁，带领兵勇，于八月十五日夜间，趁该匪屯聚阊门外之杠子一带地方，分路截拿。该匪等放枪抗拒，薛焕督兵齐进，登时格杀多名。窜逸之匪，复被兵勇堵截。先后拿获匪犯郑阿层等一百九十余名，并起获军械赃物无算。①

初十日甲子(10月8日)

广东水师千总梁国太，点兵搜查泊于海珠炮台附近的走私船"亚罗"号划艇，拘捕海盗嫌疑犯梁明太、梁建富等十二名水手。英领事巴夏礼闻讯，带人前来试图拉走人犯，遭到拒绝。巴夏礼随即写信给英使包呤，并照会两广总督，咬定"亚罗"号为英国船只，清朝官兵到船上抓人，违反了英国的治外法权。②

十一日乙丑(10月9日)

黑龙江将军弈山等奏，七月十八日，有俄夷九百余人，随带子女，分驾大船三十一只、小船一只，装载枪炮口粮，自下游驶至卡所，少停即行；二十日，又有回船三只，载人二十五名，随带鸟枪口粮；二十八日，又有夷官十数员，带人一百七十余名，分驾大船一只、小船十二只，亦自下游驶至霍尔托库地方，埋尸三躯启行；八月初一日，又有一百六十余人，分驾大船五十只、小船一只，同至霍尔托库，停歇二日，均由黑河口向上回行。③

十二日丙寅(10月10日)

怡良、赵德辙奏请减免美利坚未缴关税。上海通商各国，应交江海关税银。因上年匪徒滋事，贸易未能照常，商情苦累，曾经谕令该督抚酌量核减。兹据查明美利坚国积欠税钞银三十五万余两。该国使臣情愿缴银八万一千五百余两，又从前已

---

① 《清实录·文宗显皇帝实录》卷二〇七。
② 《第二次鸦片战争》(六)，上海人民出版社1979年版，第48~51页。
③ 《筹办夷务始末》(咸丰朝)第2册，中华书局1979年版，第477~478页。

纳税银二万七千六百余两，其未缴银两为数尚巨，惟念该国商力拮据，系属实情，所有咸丰四年六月十八日以前美利坚欠交税钞银两，除业经呈缴外，余着加恩概行豁免，以示体恤。①

两广总督叶名琛饬委员审讯"亚罗"号嫌疑犯，允释九名未犯案水手，将之送还"亚罗"号划艇，巴夏礼拒收。②

十三日丁卯（10 月 11 日）

咸丰帝谕令：怡良等奏美酋欲赴天津，现在设法羁縻。据称美利坚夷酋伯驾、奄师大郎等先后驶抵上海，经署苏松太道蓝蔚雯询其来意，据云现因十二年之期届满，该国王给与国书，令其入京呈递，尚有酌办事件，欲往天津。本日已谕令怡良等作为己意，以通商事务应由广东查办，天津非通商海口，该酋等此次再往，恐不能如此次之请派钦差接见，徒劳无益，妥为开导。惟该夷欲赴天津，籍口要求，实为私销违禁货物起见，设苏省不能阻止，竟行北驶。着桂良饬令地方文武，严密防范，毋令沿海居民及商渔船等与该夷交接，私销货物。其有奸民接济食物者，一并禁止。如其进口投递夷书，不必派大员兴之接见。即令晓事员弁，告以此处非通商之地。上年该夷违例前来，已蒙大皇帝格外加恩，派员款待。此次再来，本省总督不敢入奏，亦断不能再派钦差前来，与尔等讲话。尔等有何国书投递，即照例往请两广总督具奏。如此晓谕，观其如何动静，密行驰奏。其大沽等海口，应如何豫备，并着悉心筹办，亦不得稍涉张皇。至海口员弁，务当早为密谕，如有夷船到口，奸民私与销货者，严拿治罪。该员弁等不能先时申诫，查禁不力，即着从严参办。该夷酋等无利可谋，或可杜其北来之念。事关海防重务，桂良务宜实心筹画，毋稍疏忽。③

包吟致函巴夏礼，称经过调查，"亚罗"号划艇在香港登记的执照已于公历 9 月 27 日到期，"此后就无权接受保护"，"不过中国人是不知道执照过期的"，同时命令巴夏礼照会叶名琛，要求对方道歉。④

十四日戊辰（10 月 12 日）

他每次照会巴夏礼，说明除九名水手外，其余三名水手系海盗，须由清政府审

---

① 《清实录·文宗显皇帝实录》卷二〇七。

② 《第二次鸦片战争》（一），上海人民出版社 1978 年版，第 172 页。

③ 《清实录·文宗显皇帝实录》卷二〇七。

④ 《第二次鸦片战争》（六），上海人民出版社 1979 年版，第 50~51 页。

问，并说明搜捕"亚罗"号时，其并未悬挂英国国旗，因此拒绝道歉。①

十八日壬申（10 月 16 日）

英使包吟照会叶名琛，要求对方迅速答应英人条件，否则将招致严重后果。②

十九日癸酉（10 月 17 日）

以福建筹办米石出力，赏按察司经历项建纶蓝翎，余升补有差。③

廿一日乙亥（10 月 19 日）

叶名琛奏，浔州艇匪下窜，攻破平南，催兵进剿。④

廿四日戊寅（10 月 22 日）

迫于英人的压力，叶名琛把十二名水手全部交还给英国领事馆。但巴夏礼借口没有正式道歉文书，拒绝接收，并把问题移交给英国驻华海军司令，蓄意挑起战争。⑤

廿五日己卯（10 月 23 日）

黑龙江将军弈山等奏，八月初四日，有俄夷二十人，分驾小船出黑河口，顺流下往；初五日，又有三百八十余人，分驾中船二十六只，自下游驶入黑河口，向上回行；又霍尔托库地方占居夷人，于八月十二日，自行焚拆房屋四所，仅留数人，外有二十六人，分驾小船三只驶入黑河口；同日又有二百九十余人，分驾中船二十五只，自下游驶抵卡所，少停即行。⑥

英国驻华海军司令西马縻各厘率舰队突入内河，将猎德、龟江等处炮台尽行占

---

① 伦敦档案局外交部档案 F·O·228/213，第 158 号附件。

② 《第二次鸦片战争》（六），上海人民出版社 1979 年版，第 54 页。

③ 《清实录·文宗显皇帝实录》卷二〇八。

④ 《清实录·文宗显皇帝实录》卷二〇八。

⑤ 《第二次鸦片战争》（一），上海人民出版社 1978 年版，第 172 页。

⑥ 《筹办夷务始末》（咸丰朝）第 2 册，中华书局 1979 年版，第 487 页。

领。叶名琛传令，不可放炮还击。①

廿六日庚辰（10 月 24 日）

因英军攻占省河炮台，叶名琛派清兵一千五百人守护四方炮台。②

廿八日壬午（10 月 26 日）

前经谕令江浙两省，各将护军火轮船饬由圖山关驶入大江交德兴阿等调度。兹据怡良、何桂清、赵德辙奏，浙江轮船已于七月底到沪。江苏绅董，复另购小火轮船一只。现饬整备齐全，即行自沪启碇。此项船只，虽据声称系商火轮船，不及兵火轮船之坚利，而灵巧整齐，已较内地船只为胜，以之驶行江面，焚毁金山贼堤，攻克瓜州，绰有余力。清廷着德兴阿、翁同书即日派员前往三江口一带，催提入江，即交狼山镇总兵泊承升等委弁引带，驶赴上游。

调福州将军有凤为成都将军，以西宁办事大臣东纯为福州将军。

调陕西提督邓绍良为浙江提督。未到任前，以福建海坛镇总兵官锺宝三署理。③

廿九日癸未（10 月 27 日）

英军炮轰省城及总督衙门，叶名琛"危坐二堂上，绝无惧色"，并发出布告，要求阖省军民痛剿滋事英匪，格杀勿论。④

三十日甲申（10 月 28 日）

抚恤朝鲜国遭风难夷如例。

冬十月初一日乙酉（10 月 29 日）

英军猛攻广州。叶名琛应约派雷州知府蒋立昂、南海绅士武崇曜前与巴夏礼谈

---

① 《第二次鸦片战争》（一），上海人民出版社 1978 年版，第 165 页。
② 《第二次鸦片战争》（一），上海人民出版社 1978 年版，第 165 页。
③ 《清实录·文宗显皇帝实录》卷二〇八。
④ 《第二次鸦片战争》（一），上海人民出版社 1978 年版，第 197 页。

判，后者语多不逊。同日，英国驻华海军司令西马縻各厘带兵攻破外城，并一度冲进城内，烧毁靖海门、五仙门民居，将总督衙门抢劫一空。美国驻香港领事基南和驻广州领事柏雷也随同英军入城掠夺。①

初三日丁亥（10 月 31 日）

命署江宁将军福兴驰赴江西，会同兵部右侍郎曾国藩、江西巡抚文俊办理军务。以江南提督和春署江宁将军。②

初七日辛卯（11 月 4 日）

载容等奏，请饬催直隶地租银两，并长芦帑利。直隶易州等州县，自道光三十年至咸丰五年，应解广恩库租银，共四千四百九十余两，节经咨催延未交解。又长芦盐政应解广恩库，咸丰六年分帑利银三千八百两，均系该处办公应用之款，岂容任意延宕。清廷着直隶总督即饬各该州县将历年积欠及本年应解地租银两迅速如数解交，并着长芦盐政将本年应解广恩库银两一并解交。③

初九日癸巳（11 月 6 日）

广东水师战船二十三只，袭击进入内河的英军战舰，在敌军猛烈炮火下，"斗志昂扬地支持了至少三十五分钟"。④

初十日甲午（11 月 7 日）

叶名琛再次照会英国驻华海军司令西马縻各厘，拒绝其入城要求。⑤

十四日戊戌（11 月 11 日）

美使伯驾自上海返回澳门。⑥

---

① 《第二次鸦片战争》（一），上海人民出版社 1978 年版，第 167 页。
② 《清实录·文宗显皇帝实录》卷二〇九。
③ 《清实录·文宗显皇帝实录》卷二〇九。
④ 《英国议会文书》，1857 年第十二卷，第 2163 号，第 98 页。
⑤ 《第二次鸦片战争》（一），上海人民出版社 1978 年版，第 174 页。
⑥ 《第二次鸦片战争》（六），上海人民出版社 1979 年版，第 39 页。

十五日己亥(11 月 12 日)

闽浙总督王懿德奏，请留水师提督林建猷先赴新任，暂缓陛见。允之。

抚恤琉球国遭风难夷如例。①

十六日庚子(11 月 13 日)

抚恤朝鲜国遭风难夷如例。②

十八日壬寅(1 月 15 日)

美国军舰自澳门驶往广州，清军炮台发炮轰击。③

十九日癸卯(11 月 16 日)

美国驻华海军司令奄师大郎毁省河两岸炮台。④

廿一日乙巳(11 月 18 日)

以巡护江浙海运出力赏同知衔王承荣、知县萧缙花翎，盐提举衔李容蓝翎，余升叙有差。

英使包呤再次照会叶名琛，要求进城。⑤

廿二日丙午(11 月 19 日)

黑龙江将军弈山等奏，七月十三等日，有俄夷分驾中船、小船各一只；八月初三等日，有夷人分驾中船五只、小船一只；十一等日，又有夷船一百十八只；十八等日，又有夷船十四只，又有夷船三十五只，各载粮械，自下游径出乌鲁苏牡丹卡

---

① 《清实录·文宗显皇帝实录》卷二〇九。
② 《清实录·文宗显皇帝实录》卷二〇〇。
③ 《第二次鸦片战争》(六)，上海人民出版社 1979 年版，第 39 页。
④ 《第二次鸦片战争》(六)，上海人民出版社 1979 年版，第 39 页。
⑤ 《第二次鸦片战争》(一)，上海人民出版社 1978 年版，第 209 页。

伦，陆续回行。①

廿三日丁未（11 月 20 日）

御史张云望奏请免抽江浙米石厘捐。江、浙两省现被旱灾，自应广招米贩以裕民食。若令困于抽捐，恐商贩因之裹足。向来灾歉地方，多有免征米船关税之举。况抽厘本属权宜，原非定制。清廷着怡良、赵德辙、何桂清各于该省地方，体察情形，应行免抽者，即着宽免以示体恤。其或该地方并未成灾而捐厘为数细微，无妨民食者，亦毋庸概行停止。总期于民食饷需两无窒碍，方为妥善。

抚恤琉球国遭风难夷如例。②

廿四日戊申（11 月 21 日）

叶名琛照覆包呤，再次拒绝其进城之议。③

廿五日己酉（11 月 22 日）

美国驻华海军司令奄师大郎占领广州省河炮台数座。④

廿八日壬子（11 月 25 日）

浙江巡抚何桂清奏，遵旨筹办来岁新漕，除各州县灾歉田亩分别轻重照例蠲缓外，成熟乡庄仍由司道督饬各府州县设法劝征。得旨：所拟办法。仍实漫无把握。⑤

是日晚，广勇数人划小船前往英船，声称"送书舟长，且必见面与之"，出其不意捉获舰长古柏，疾驰而去。⑥

---

① 《筹办夷务始末》(咸丰朝)第 2 册，中华书局 1979 年版，第 489 页。
② 《清实录·文宗显皇帝实录》卷二〇〇。
③ 《第二次鸦片战争》(一)，上海人民出版社 1978 年版，第 176 页。
④ 《第二次鸦片战争》(六)，上海人民出版社 1979 年版，第 39 页。
⑤ 《清实录·文宗显皇帝实录》卷二〇〇。
⑥ 《第二次鸦片战争》(六)，上海人民出版社 1979 年版，第 59 页。

十一月初四日戊午（12 月 1 日）

实授赵德辙江苏巡抚，以江苏苏松太道杨能格为按察使。①

初六日庚申（12 月 3 日）

以山东布政使晏端书为浙江巡抚，直隶按察使吴廷栋为山东布政使，赏已革河南巡抚陆应谷四品顶带，为直隶按察使。

英军数百人由鸡翼城河干上岸，千总邓安邦督东莞勇鏖战二时，将其击退，击毙夷兵数十名。数日后，英人又上西炮台登岸窥伺，为千总黄贤彪与大沥乡勇击退。②

初九日癸亥（12 月 6 日）

前因扎拉芬泰奏俄夷遣官会议烧失货物一案，专以议赔为词，谕令该将军等坚持定议，不可允其赔偿，致坏成约。兹据扎拉芬泰、谦亨奏，俄夷使臣回国日期，并派员会议折辩款待等情。此次该夷使仍复意存狡执，一味索赔。该将军等业已有明白开导，正言拒绝。该夷使因索赔不遂，藉端滋事，原未可定，第该国素尚恭顺，未必即起衅称兵。扎拉芬泰等仍当善为开导，晓以利害，示以怀柔，毋使决裂，并着密饬各边卡暗地设防，处以镇静，不得稍涉张皇，方为妥善。至所虑该匪苏勒官将咨文捏改等弊，本日已饬理藩院行文该国萨纳特衙门，将来文、回文照录转行矣。③

以福建海坛镇总兵官锺宝三为水师提督，福建闽安协副将赖信扬为海坛镇总兵官。

十一日乙丑（12 月 8 日）

福建巡抚吕佺孙因病赏假，以布政使庆端暂护巡抚。④

---

① 《清实录·文宗显皇帝实录》卷二一一。
② 《第二次鸦片战争》（一），上海人民出版社 1978 年版，第 168 页。
③ 《清实录·文宗显皇帝实录》卷二一一。
④ 《清实录·文宗显皇帝实录》卷二一二。

十五日己巳（12月12日）

庚长奏，请试办开垦海口淤滩。黄河海口两岸淤滩，均系旷土，可资耕种。该河督请设法招垦，以裕经费，尚属可行。清廷着遴派妥员前往查勘，所有该处附近民田荡地，务须分清界阯，毋许侵占，以杜流弊。俟试办有效，再行酌议章程具奏。其丰北、萧南二厅以下河滩隙地，亦着委员清查，一体酌办。①

美使伯驾致函国务卿麻西，主张与英、法先占领台湾、舟山、高丽，等清政府屈服后再交涉修约问题。

十七日辛未（12月14日）

据叶名琛奏，九月中，因水师兵勇在划艇内拿获盗匪李明太等，英夷领事官巴夏礼藉端起衅，辄敢驶入省河，将猎德炮台肆扰，又在大黄窖炮台开放空炮，自九月二十九日至十月初一日，攻击城垣，纵火将靖海门、五仙门附近民房尽行焚烧。初一日，又纠约二三百人扒城，经参将凌芳与绅士欧阳泉等迎击跌毙。初九日，该夷由十三行河面驶至，直扑东定台，经兵勇轰坏兵船，并毙其水师大兵头西马縻各厘，夷匪伤亡四百余名。现在该督等已守旧城，调集水陆兵勇二万余名，足敷堵剿，绅民等同矢义愤。即美、法两夷及西洋诸国俱知该夷无理，未必相助。其势尚孤。叶名琛熟悉夷情，必有驾驭之法，清廷着即相机妥办。至夷酋怀恨，籍口从前不使入城，而上年英夷在上海，又称广东总督拒绝不见，口出怨言，处处要挟，思欲逞其谋利之图，夷心叵测。此次已开兵衅，不胜固属可忧，亦伤国体，胜则该夷必来报复，或先驶往各口诉冤，皆系逆夷惯技。当此中原未靖，岂可沿海再起风波？宽猛两难之间，叶名琛久任海疆，谅能操纵得宜，稍释朕之愤懑。傥该酋因连败之后，自知悔祸，来求息事，该督只可设法驾驭，以泯争端。如其仍肆鸥张，断不可迁就议和，如着英辈误国之谋，致启要求之患。所有阵亡之抚标中军参将凌芳，着交部加等从优议恤。

咸丰帝谕令：叶名琛奏英夷藉端起衅，我军两战获胜一折。九月间，广东水师兵勇因查拿划艇盗匪，英国夷酋巴夏礼欲藉此为词，复作进城之想，竟敢放炮攻击城垣，焚烧铺户。十月初一、初九等日，我兵接战两获胜仗，夷匪伤亡四百余名，并将该夷水师大兵头歼毙。粤省绅团同伸义愤，夷胆已寒，所调水陆兵勇业有二万余名。该夷纵极狡横，经此挫败，谅不敢再肆披猖。且美利坚、法兰西及西洋各国均知此事起衅，曲在英夷，未肯相助。其势亦孤，当可悔祸罢兵。本日已谕叶名

---

① 《清实录·文宗显皇帝实录》卷二一二。

琛，如果英夷自为转圜，不必疾之已甚。倘仍顽梗如故，势难迁就议和，复启要求之渐，叶名琛久任粤疆，夷情素所谙熟，谅必能酌度办理。因思江苏、浙江、福建沿海地方，向为该夷火轮船熟习之路。倘该夷不得逞志于粤东，复向各海口滋扰，亦当豫为之防。着怡良、赵德辙、王懿德、何桂清密饬所属地方官吏，如遇夷船驶至，不动声色，妥为防范。或来诉粤东构衅情事，亦着据理折服，俾知无隙可乘，废然思返。仍不可稍涉张皇，以致民心惶惑。①

十九日癸酉(12 月 16 日)

英国与法国达成派联合舰队北上白河口协议。是日，互换训令。②

廿五日己卯(12 月 22 日)

英国"蓟"号邮船拖着一只满载从广州劫掠的珍宝之划艇，经虎门驶往香港时，遭清军沙船袭击，邮船抛弃划艇而逃。半小时后，汽轮"皇后"号遭沙船袭击，折回广州。③

廿六日庚辰(12 月 23 日)

王懿德等奏，闽师援剿建昌失利，署副将陈上国等力战阵亡，张从龙、琳润等现在飞鸢、杉关扼守。④

廿七日辛巳(12 月 24 日)

两江总督怡良等奏，英领事照会，要挟叶名琛去职。咸丰帝谕令：英夷在广东滋事，前经叶名琛奏到，已谕知沿海各督抚密为防范，并恐其赴各海口申诉广东构衅情事，亦谕令据理折服。兹据怡良、赵德辙奏，英夷领事赴苏松太道投递照会，仍系从前故智，既不可示以怯弱，长其骄志，亦不可绝之已甚，致激事端。夷人惟利是图，重在贸易。怡良熟悉夷情，当饬该道等谕以从前万年和约，原为永息兵端。今忽以细故称兵，一经入奏，必致查办。无论曲在何人，所有通商各口，不得

---

① 《清实录·文宗显皇帝实录》卷二一二。
② 《第二次鸦片战争》(六)，上海人民出版社 1979 年版，第 68 页。
③ 《第二次鸦片战争》(六)，上海人民出版社 1979 年版，第 58 页。
④ 《清实录·文宗显皇帝实录》卷二一三。

不暂停贸易，恐于尔等未便，是以未敢入奏。至该夷与上海并无嫌怨，仍宜安静通商，方为正理。如此明白晓谕，或可杜其哓渎干求。至叶名琛办理夷务已久，于一切驾驭之方，当不至毫无把握。该夷若悔祸求和，谅必仍事羁縻，不使决裂，但不可先行迁就，致启要求。前据叶名琛奏，美、法各夷，均知该夷理曲，不肯相助。兹怡良等奏，探报内有英美二夷，均踞炮台之语，恐即英夷造言耸听，冀饰其独启衅端之罪，该督等勿为所惑。又另片会同何桂清奏，火轮船入江，请暂行停缓等语。此时冬令水落，船行既多不便，又因粤东滋事，夷匠难招，着准其暂行停缓，俟明年春涨，足资浮送，察看夷情安帖，即可催令入江。不必俟粤事全定，始行办理。①

两江总督怡良等奏，招商授买米石，经过各关，请循案税，并酌免抽厘。从之。②

廿九日癸未（12 月 26 日）

抚恤朝鲜国遭风难夷如例。

十二月初一日甲申（12 月 27 日）

命已革江苏巡抚许乃钊，留办浙江协防事宜。③
塔尔巴哈台参赞大臣明谊奏豫筹防范俄人情形。④

初二日乙酉（12 月 28 日）

前因奉天米价平减，曾经谕令盛京将军、奉天府尹设局劝捐收买米石，所需银两，准于山海关税项下拨用。本日据户部奏，现在捐输若干，采买若干，未据该将军等奏报，请饬催令赶紧办理，并请饬下直隶总督于附近水次各州县出示晓谕，无论商民绅士，如有情殷报效、赴天津捐米者，仿上届章程，奏明请奖。京仓情形，现甚支绌，必须豫为储备，清廷着庆祺等即遵前旨，赶紧劝捐，广为收买。⑤

---

① 《筹办夷务始末》（咸丰朝）第 2 册，中华书局 1979 年版，第 504~505 页。
② 《清实录·文宗显皇帝实录》卷二一三。
③ 《清实录·文宗显皇帝实录》卷二一四。
④ 《筹办夷务始末》（咸丰朝）第 2 册，中华书局 1979 年版，第 505~506 页。
⑤ 《清实录·文宗显皇帝实录》卷二一四。

初四日丁亥（12 月 30 日）

英国邮船"蓟"号从广州驶往香港，在省河为乔装旅客的清军劫持，船长等十一名洋人被处死，该船亦被捣毁于一小湾。①

初九日壬辰（公元 1857 年 1 月 4 日）

彭玉雯奏，苏省地粮，各州县征存颇多，藩司屡提不解，上海抽厘，该道恐碍羡余，并不督饬委员悉心经理。清廷着该督抚、督饬藩司何俊、苏松太道汤云松实心经理，赶解和春军营以资接济，并着仍遵前旨，拣派大员，赴营接办粮台，毋再迟延贻误。②

十一日甲午（公元 1857 年 1 月 6 日）

福济奏，拟添备炮船，以资防剿。据称巢湖水面辽阔，必得战船巡缉，俟皖省肃清，即可驶出长江助剿。曾国藩前在江西所造长龙三板等船，最为得力，请饬令拣派将弁，带同工匠，前赴庐州仿照制造。所需洋炮，请饬怡良等在上海关税内拨款办解。清廷着曾国藩即拣派水师得力将弁一二员，带同熟谙造船工匠数十名，前赴庐州，听候补济差遣。至制办洋炮需款较巨，苏省军务孔亟，深恐筹措维艰，惟事关行军要需，未堪贻误。现在安徽造船，尚需时日，着怡良、赵德辙届时于上海关税内，拨款制办五六百斤至二三百斤洋炮百余尊，派员解往，以资攻剿。③

十八日辛丑（公元 1857 年 1 月 13 日）

英军由于不断遭到广州兵勇袭击，举火焚烧所赁居之洋馆，并毁附近民宅数千家，然后撤退至凤凰山炮台。④

---

① 《第二次鸦片战争》（六），上海人民出版社 1979 年版，第 58~59 页。
② 《清实录·文宗显皇帝实录》卷二一四。
③ 《清实录·文宗显皇帝实录》卷二一五。
④ 《第二次鸦片战争》（六），上海人民出版社 1979 年版，第 56 页。

廿一日甲辰（公元 1857 年 1 月 16 日）

官文、胡林翼奏，请饬购炮，并加解火药。湖北水师剿办贼匪，自粤东运到夷炮六百尊，攻剿甚为得力，现需再为购运，清廷着叶名琛即饬购办四百斤以上夷炮三百尊，五百斤以上夷炮二百尊，六百斤至七百斤夷炮二百尊，八百斤以上夷炮五十尊，千斤至一千五百斤夷炮五十尊，统于来年春夏间，迅速由湖南运至武昌，听候调用。①

廿二日乙巳（公元 1857 年 1 月 17 日）

有人奏，直隶乐亭县知县尤其胜，于大清河、老母沟二处所到粮船，除照例收税外，每只索钱一百千，方许售卖，致粮价日形腾贵。该县历年海税，仅解银十余两，余皆侵吞入己。

以浙江海运出力，升任巡抚晏端书等下部优叙，知府何绍祺等升叙有差。②

廿六日己酉（公元 1857 年 1 月 21 日）

攻打广州之英军，因饱受清军舢板袭扰，军舰退出珠江，驻泊大黄滘。③

是年

英国人霍金斯在上海虹口江岸新船澳附近筹建一座新的船厂——祥安顺船厂。④

---

① 《清实录·文宗显皇帝实录》卷二一六。
② 《清实录·文宗显皇帝实录》卷二一六。
③ 《第二次鸦片战争》（六），上海人民出版社 1979 年版，第 56 页。
④ 刘传标：《近代中国船政大事编年与资料选编》第 1 册，九州出版社 2011 年版，第 18 页。

咸丰七年　丁巳　公元 1857 年

春正月初六日己未（1 月 31 日）

两江总督怡良等奏，上海烟税未便抽厘。得旨：若明给执照，抽收烟厘，必致处处受人挟制，担虚名，受实害，甚非计之得也。①

初七日庚申（2 月 1 日）

抚恤朝鲜国遭风难夷如例。

初八日辛酉（2 月 2 日）

福建巡抚吕佺孙因病解任，以布政使庆瑞为巡抚，浙江按察使瑞璜为福建布政使，前福建按察使徐宗干为浙江按察使。

闽浙总督王懿德等奏，法人在琉球胁迫多端，已咨叶名琛劝其回国。②

美国国务卿麻西训令伯驾：美国不应被英国拖着走。十一月（公历）派遣舰艇经过珠江炮台是欠慎重的，使馆要对"基南事件"（打着美国国旗随英军进攻广州城者）进行调查。③

初九日壬戌（2 月 3 日）

王懿德等奏，省城粮价腾贵，请援案酌免货税以广招徕。福建省近日米价踊贵，自应招商转运，以济民食。清廷着准其查照历届成案，采买台米，所有随带余货均着免税二成，俟粮价渐平，即行停止。④

---

① 《清实录·文宗显皇帝实录》卷二一七。
② 《筹办夷务始末》（咸丰朝）第 2 册，中华书局 1979 年版，第 512~514 页。
③ 《第二次鸦片战争》（六），上海人民出版社 1979 年版，第 41~42 页。
④ 《清实录·文宗显皇帝实录》卷二一七。

俄国康士坦丁秦王致函穆拉维约夫，告知英、法企图派重兵侵华，并通知他为"获得黑龙江左岸和滨海地区"，彼得堡准备派普提雅廷为全权公使去中国谈判。①

初十日癸亥（2月4日）

福兴奏请饬广东添兵协饷。该将军会剿江西逆匪，已抵常山，现拟由广信行走，先剿抚州一路。因所带兵力过单，请调粤东精兵一二千人，交参将卫佐邦管带，从间道入江听调。清廷着叶名琛妥筹调派，前赴福兴军营。所需军饷，仍由广东按月筹解接济。此次协饷，着叶名琛派员由海道军至上海，再由浙江解至江西，免致贻误。

据怡良、赵德辙奏，夷酋包吟赴上海申诉在粤构衅各情，似有悔祸求和之意，业经咨会广东自行酌办，并谕该酋不当以细故致违和约，恐干查办，是以不敢入奏。清廷批复：所办尚属得体。叶名琛办理夷务已久，驾驭之方，当不至毫无把握。该夷是否欲求息事，尚难深信。倘仍肆猖獗，蹂躏地方，不成事体，应如何设法控制使就范围，迅速驰奏，以慰廑念。

福兴奏请饬闽兵出省助剿，浙省按月协饷。清廷调福宁、漳泉、兵勇一千六百名，悉归福兴调遣；浙省除按月协济福兴一军外，仍着何桂清暂行每月筹拨数万两，以应要需。②

十五日戊辰（2月9日）

英国外交大臣致函包吟，通知他海军大臣已给西马縻各厘指示，授权他切断扬子江同北京之间的水上交通，作为对抗中国政府的强制性措施，以便就调整现有的分歧和修订现行的条约同中国谈判。③

十八日辛未（2月12日）

以江苏筹办海运出力，予署知府平翰等升叙有差。

---

① 巴尔苏科夫：《穆拉维约夫-阿穆尔斯基伯爵（传记资料）》卷一，商务印书馆1974年版，第483页。

② 《清实录·文宗显皇帝实录》卷二一七。

③ 《第二次鸦片战争》（六），上海人民出版社1979年版，第75~78页。

廿一日甲戌(2月15日)

广东乡试正考官王发桂等奏广东英人滋事情形。①

廿六日己卯(2月20日)

咸丰帝谕令：叶名琛奏防剿英夷，水陆获胜，现在夷情穷蹙。英夷于上年十一月初七日，攻东定炮台，经我军击沈船只，歼毙多名，复因该夷放火欲烧西关民房，转风自烧夷楼，巢穴一空，并我军屡次击毁该夷轮船，又将勾串股匪击败。该夷屡经挫衄，各国俱知其计穷，又因延烧货物，欲令赔偿，不肯助逆，其势似已穷蹙。此时若专力攻剿，原不难尽歼丑类。惟控制外夷，究非剿办内地匪徒可比。所称该国有孟加拉等国与之构衅，不能添兵来援，无论传闻未可尽信，即使实有其事，而事平之后，岂不虑其称兵报复。从前林则徐误信人言，谓英吉利无能为役，不妨慑以兵威，致开衅端。迨定海失后，即束手无策。前车之鉴，不可不知。现在各国既知其无理，自有公论。日后英国传闻，或不致有所籍口。如果该酋自知理屈，悔罪求和，并罢议进城，只可俯如所请，以息兵端。但不可意存迁就，致该夷故智复萌，肆行要挟。该督久任粤疆，熟悉夷情，必能设法驾驭，操纵得宜，勿贻后患，朕亦不为遥制。至江苏闽浙等处，上年业经谕令该督抚密加防范，如有夷船驶至，控诉称冤，自当谕令仍回广东听候查办也。

署直隶总督谭廷襄奏谢署任恩，并请入觐。得旨：直隶距京甚近，汝可先赴省垣，接印视事，将一切办理就绪，即来京陛见。往返不过旬期，于公事不致有误。

以剿办广东番禺县属股匪出力，赏知州史朴等花翎，千总王显等蓝翎，余升叙有差，予阵亡千总昆芳祭葬世职。②

廿七日庚辰(2月21日)

怡良、赵德辙奏，请仍照前议，截漕济饷。江苏海运漕粮，前经部议碍难截留，业已降旨依议。兹据该督等奏称，上年江苏省旱蝗成灾，征收有限，米缺价昂，饷需无出，自系实在情形。所有江苏省起运交仓漕粮，清廷着准其截留二十五万石，以充军饷。

---

① 《筹办夷务始末》(咸丰朝)第2册，中华书局1979年版，第514~515页。
② 《清实录·文宗显皇帝实录》卷二一八。

朝鲜国王遣使奉表谢恩，并贺万寿、冬至、元旦三大节进贡方物，赏赉如例。①

二月十五日丁酉(3月10日)

美使伯驾上书国务卿，力主占领台湾，实行殖民化。②

十六日戊戌(3月11日)

以天津办理海运漕粮出力，予知府金铠等升叙有差。③

十八日庚子(3月13日)

前因惠亲王奏，日本国铜船每年驶泊乍浦，销售铜斤，请饬浙江巡抚并乍浦副都统体察价值，筹款采买运京。朝鲜国亦产铜斤，请饬盛京将军会同礼部侍郎咨商该国，每年可否运铜若干斤至盛京，以备收买。当经谕令户部议奏。兹据户部遵旨议覆，请饬该将军等妥筹声覆。浙江等省开炉鼓铸，本有官商采办洋铜，现在价值若干，能否办运到京，着晏端书、来存妥筹奏明办理。其朝鲜国铜斤，能否收买，着承志等就近访察情形，据实声覆核办。寻承志等奏，朝鲜国不产铜斤。晏端书等奏，日本国向无铜船至乍浦。报闻。④

廿一日癸卯(3月16日)

命郑亲王端华、仓场侍郎阿彦达前往天津验收海运漕粮。

廿三日乙巳(3月18日)

以山东连年灾歉，免海口商贩米税。⑤

---

① 《清实录·文宗显皇帝实录》卷二一八。
② 丹涅特：《美国人在东亚》，商务印书馆1959年版，第247~248页。
③ 《清实录·文宗显皇帝实录》卷二二〇。
④ 《清实录·文宗显皇帝实录》卷二二〇。
⑤ 《清实录·文宗显皇帝实录》卷二二〇。

三月初一日癸丑(3 月 26 日)

穆拉维约夫上书康士坦丁亲王，声称"如果中国不同意我国提出的分界线，依然坚持认为黑龙江是中国的，那么，我们必须以武力强迫他们承认我国的权利"。①

十四日丙寅(4 月 8 日)

福兴奏，军饷久缺，仍请饬浙省接济。清廷着晏端书不必拘定按月若干之数，酌量筹拨，陆续解银数万两，至福兴广信军营，无得心存膜视，致误事机。②

十六日戊辰(4 月 10 日)

美国国务卿照覆英使，婉拒对华同盟，允与英法一致要求修约及赔偿。③

廿三日乙亥(4 月 17 日)

琉球国王世子尚泰遣使表贡方物，赏赍如例。

廿六日戊寅(4 月 20 日)

英国外交大臣克拉兰敦训令赴华全权特使额尔金，如果清政府拒绝谈判，可以立即求助于强制性的措施。④

廿九日辛巳(4 月 23 日)

咸丰帝谕令：叶名琛奏防御英夷获胜并现办情形。英夷船只，自退出省河后，复经官兵连旬击剿，叠次焚船毙匪，堵御尚为严密。该夷被剿后，两旬之久，既无动静，自应暂缓攻击。至该国以包呤、巴夏礼不应与中国启衅，另派夷酋来粤定

---

① 巴尔苏科夫：《穆拉维约夫-阿穆尔斯基伯爵(传记资料)》卷一，商务印书馆 1974 年版，第 488 页。
② 《清实录·文宗显皇帝实录》卷二二一。
③ 丹涅特：《美国人在东亚》，商务印书馆 1959 年版，第 261 页。
④ 《第二次鸦片战争》(六)，上海人民出版社 1979 年版，第 79~85 页。

议，系得自传闻，虚实尚未可定。如果属实，所派夷酋，亦须夏间始能到粤，此时正可先定主见，以为将来定议地步。傥此次派来之人，尚讲情理，即应以礼相接，勿使再有籍口，俾得自为转圜。至美、法两国及各国夷商，货物停滞，洋楼焚毁，必有怨心。英酋不肯遽回香港，恐各夷商索赔之故。则将来新酋到时，不特与中国定议，即与法、美各国，亦必有一番理论。该两国与中国并无嫌隙，此次巴夏礼开衅情形，为夷人所共见，孰是孰非，定有公论。应派晓事之人，先与美、法等酋详加开导，使其了然于胸。俟英酋到时，不致为巴夏礼等捏词淆惑，更为妥协。当此中原多故，饷糈艰难。叶名琛总宜计深虑远，弭此衅端。既不可意存迁就，止顾目前，又不可一发难收，复开边患。该督于夷务情形，素所熟悉，谅能慎密妥筹，不负委任也。至广东省奉拨各省军饷，自上年九月报解江西饷银后，续经谕拨之湖北饷银十万两、湖南饷银十万两、贵州饷银二十万两、庐州饷银十数万两，并欠解江南月饷为数甚多，均未报解。自因夷务未平，关税无出之故。惟各省待饷甚急，江南、贵州、庐州皆屡有饷匮兵哗之事，广东究系殷富之区，无论捐输征收，尚易为力，着即速为筹措。虽不能同时起解，亦须酌量缓急，次第筹拨，毋误要需。①

是月

英使包咛引发二千本小册子，在广东散发，综述去年的战事，把引发战争的责任全推到叶名琛身上，并强调他系与中国官员理论，与百姓毫无干涉。②

夏四月初三日甲申(4月26日)

咸丰帝谕令：据德勒克多尔济等奏，俄罗斯欲遣使来京，商办密事。俄罗斯狡猾性成，所称英夷纠约各国欲往天津，伊欲来京密商等语，无非藉端恐吓，欲于黑龙江外占踞地方，并索赔塔尔巴哈台夷圈货物起见。兹复据理藩院奏，俄罗斯达喇嘛巴拉第具呈，亦称该国上司谕文，欲差大臣进京等语。着该大臣等明白晓谕，告以中国与尔国交好多年，从无差大臣前来商办要件之事。本国但知遵守旧章，永远和好。今尔国达喇嘛巴拉第，在京呈称，尔国因英夷等有窥伺占踞之心，欲差大臣来商机密事件，已由理藩院具奏。大皇帝念尔国道路遥远，向无差大臣进京之事，已谕理藩院行知该国，照例但送学生进京，毋庸特派大臣前来。从前英夷滋事，中国自行御侮，不借外国帮助之力。至外国互相争斗，中国亦从不与闻，并无机密要事，应与尔国相商。至尔国既诚心交好，从前只有恰克图一处通商，今大皇帝又准

---

① 《清实录·文宗显皇帝实录》卷二二二。
② 《第二次鸦片战争》(一)，上海人民出版社1978年版，第203～204页。

在伊犁、塔尔巴哈台两处通商，相待可谓优厚，尔国当知感激。现惟塔尔巴哈台焚烧夷圈一事，应行查办。尔国既敦和好之情，即当派员会同该大臣等，秉公办理，速行了结，以便照旧通商，无伤和好。此外并无应议事件，毋庸特派大臣前来。如此时白晓谕，不至堕其诡计。傥该夷不遵晓谕，仍欲前来，该大臣即当据理拦阻，告以已奉谕旨，不敢专擅，劝其回国。不可又无主见，再请理藩院指示，致为外夷看轻。惟该夷尚无开衅之端，但当密加防范，不可调兵防备，故事张皇，转使该夷疑贰。①

初六日丁亥 (4 月 29 日)

王懿德等奏，逆匪阑入闽疆，邵武府、光泽县相继失守，现拟将署衢州镇总兵饶廷选统带之福建兵勇一千名由玉山调回建宁，并咨调广东兵二千名赴闽会剿，仍请旨饬催。②

初七日己丑 (4 月 30 日)

浙江巡抚晏端书奏，江右股匪窜扰闽省，浙东一带防剿吃紧，请将署衢州镇总兵官饶廷选仍留署任，办理防堵。得旨：近有寄谕令汝酌度，今观此奏，饶廷选实难赴闽，着仍留防所。③

十一日壬辰 (5 月 4 日)

国瑞、宋晋等奏，遵旨体察铺税厘捐情形，并附陈管见。据称奉天等处，办理铺税厘捐，业已举行。惟铺税应造鱼鳞细册，以免铺首任意增减，小铺应与大铺一体捐输，厘捐应酌中定额，以归简易。牛庄等处海口南船货物，为山海关税巨款。若于各口抽厘，恐致有碍关税。至铺税厘捐，均宜责成旗民地方官经理，以免纷扰。④

十二日癸巳 (5 月 5 日)

两江总督怡良因病解任，命前任浙江巡抚何桂清以二品顶带，署两江总督。未

---

① 《清实录·文宗显皇帝实录》卷二二三。
② 《清实录·文宗显皇帝实录》卷二二三。
③ 《清实录·文宗显皇帝实录》卷二二三。
④ 《清实录·文宗显皇帝实录》卷二二三。

到任前，以江苏巡抚赵德辙暂行兼署。

琉球国使臣向有恒等二人于午门见瞻觐。

十四日乙未(5月7日)

以剿抚云南海口回务出力，加道员邓尔恒按察使衔，赏经历周行钊等蓝翎，余升赏有差。①

十六日丁酉(5月9日)

法国政府任命葛罗为特命全权特使，率舰队来华。是日外交部训令葛罗，此次修约谈判，要求清政府答应北京驻使，解决西林教案，法国商人能够沿大江河航行。如果清政府拒绝谈判，即采取强制措施。②

十七日戊戌(5月10日)

近年江、浙二省办理海运，湖广等省办理折色，所有停运军船，前经户部奏请将年分较远者迅即变价，并节次奏请饬催漕运总督查办。兹复据该部奏称，迄今年余，尚未据该漕督奏明办理，着邵灿即将现办情形，迅速具奏，并着有漕省分各督抚，迅将各该省停运军船，分别已未归次，并年分较远、可以折变船只数目，及节年应征造船银两余剩若干，统限两个月，详细查明具奏，妥速办理，以归核实而节虚糜。

前据崇恩奏派总兵王鹏年、登州府知府汪承镛等筹护新漕，并据怡良等奏称雇募勇船、会同水师巡缉，当经谕知怡良遵照成案，令护漕师船至东省石岛洋面交替明白，再行南下，俾南北水师，各专责成。本日据端华等奏，江浙运粮庄合顺等沙船四只，在山东苏山养马岛各洋面，被盗劫去漕米多寡不等，并劫去经费银二千三百余两。清廷着赵德辙、崇恩速即查明。所有苏山等洋面，如在石岛迤北，着崇恩将东省所派镇将等从严参办。若在石岛迤南，则江省将弁无可辞咎，即着赵德辙严参惩办。续来漕船尚有百余只之多，应如何严密巡护，并着赵德辙、崇恩严督各该水师将弁实力经理，毋许再有疏失。被劫沙船内，除王鲈乡一船系在养马岛失事，其余三船均在苏山被劫，恐该处海岛内必有匪巢屯踞，并着崇恩督饬将弁密速搜

---

① 《清实录·文宗显皇帝实录》卷二二三。
② 《第二次鸦片战争》(六)，上海人民出版社 1979 年版，第 86~90 页。

捕，以清盗薮。此次劫案，务须人赃并获，毋令漏网。傥或窜入津沽等处，着谭廷襄饬令各该海口员弁先事严防，不准稍涉疏懈，致令阑入。①

二十日辛丑(5 月 13 日)

浙江巡抚宴端书奏，筹议接办浙盐，运赴江楚销售，即以课项接济饷需，俟淮盐运道疏通，再行奏明停止，并请令补用三品京堂张芾就近督运。允之。②

廿八日己酉(5 月 21 日)

浙江巡抚宴端书奏，筹防福建交界处所，应派文职大员会办，请将知府梁恭辰以道员留浙差遣。得旨：梁恭辰不过会同办理，俟着有劳绩，方准酌保，亦不准若此之优。

五月初四日甲寅(5 月 26 日)

命山东巡抚崇恩来京陛见，以布政使吴廷栋署巡抚。

初十日庚申(6 月 1 日)

庆端奏，请将应广学额各属先行查办。福建省自咸丰五年以后，各属绅民捐输兵饷及运津米石、防剿经费均属踊跃急公，自应查照成案广额，以示鼓励。清廷着学政吴保泰就按试府州县，确查捐数，先将应广文生学额如数加取，并将银数额数随时咨部查核。其应广武生学额及文武乡试中额，均照所议，俟下届岁试并明年戊午科乡试分别办理。③

沙俄乌沙科夫陆军上校率领一支六百余人组成的步兵营从石勒金斯克乘船进入黑龙江，穆拉维约夫率大队哥萨克军及其家属随之。④

英军进攻佛山，伤亡八十四人。⑤

---

① 《清实录·文宗显皇帝实录》卷二二四。
② 《清实录·文宗显皇帝实录》卷二二四。
③ 《清实录·文宗显皇帝实录》卷二二五。
④ 《第二次鸦片战争》(六)，上海人民出版社 1979 年版，第 450~451 页。
⑤ 《第二次鸦片战争》(六)，上海人民出版社 1979 年版，第 65~66 页。

十二日壬戌（6月3日）

以副都统衔胜保为密云副都统，未到任前，以前任京口副都统哈福那署理。英特使额尔金抵达新加坡，因印度发生兵变，遣兵回援。①

十三日癸亥（6月4日）

咸丰帝谕令：闽省贼势蔓延，兵单饷缺，王懿德现往延平，居中调度。若无邻省重兵救援，恐成瓦解之势。前谕叶名琛调拨广东兵二千名，并接济口粮，谅已遵照办理。惟彼时止为援应邵武一府起见，今汀州失陷，泉州被围，恐兵力尚属不敷，着叶名琛再行酌量添调或一千名，或数百名，派委得力大员一并统带，星驰赴闽。其经由道路，泉州逼近省城，自应先援泉州次及邵武。汀州虽与广东接壤，其距泉州尚远，能否分兵协剿之处，并着叶名琛斟酌办理，无误事机。再前据叶名琛奏英夷被创后，久无动静，拟暂停攻击，以待转圜等语，至今月余，未见续报目下夷情，是否已就范围，不致别起衅端，抑或尚在相持，迄无定议。至粤海关税课，为各省军饷要需，现在曾否与他国通商，有无收纳关税之处，着该督速行详细具奏，以慰廑怀。②

十八日戊辰（6月9日）

王懿德奏，闽省军情紧急，饷需匮乏，请饬广东、浙江省各拨现银十万两。清廷着叶名琛、晏端书于无可筹拨之中，先各拨现银数万两，迅速解闽，以济该省目前之急，毋稍迟误。又据奏称，闽省郡县叠陷，兵力单薄，已飞咨江苏省，饬令前上海道吴健彰就近召募广勇五百名，管带赴闽助剿。吴健彰现在丹阳军营，能否即带勇赴闽，清廷着何桂清、赵德辙斟酌办理。

廿二日壬申（6月13日）

俄国外交大臣尔查科夫训令驻法大使基塞勒夫，令其通知法国外交部，俄国不拟公开对中国宣战，但对于有关欧洲共同利益的要求，愿意与英法携手合作。③

---

① 《第二次鸦片战争》（六），上海人民出版社1979年版，第104~105页。
② 《清实录·文宗显皇帝实录》卷二二五。
③ 考狄：《1857—1858年远征中国记：外交史、笔记和文件》，费利克斯·阿尔冈出版社1905年版，第169页。

廿四日甲戌(6 月 15 日)

承志等奏,遵旨采买米石。奉天省先后采买粟米四万二千四百石,现在全数运赴锦州府属之小马蹄沟海口。清廷着直隶总督饬属雇备船只速赴该处装载,由该委员运赴天津局交收,余着照所议办理。

叶名琛奏,粮价骤涨,请在邻省招商免税,以资接济。广东省民食,向藉粤西贩运,及洋米入口接济。近因粤西路梗,兼之上年各属歉收,英夷滋扰,洋米亦复不至,以致粮价翔贵。福建、湖南两省皆与广东接壤,清廷着王懿德、庆端、骆秉章各饬所属州县,遍行出示晓谕,劝令商人多运米谷,赴粤粜卖,由官给照,经过关卡,概免纳税。

两广总督叶名琛奏陈近日夷务情形。得旨:该夷乘隙起衅,天褫其魄,理宜然也。惟犬羊之性,诡谲百端,仍当密为防范,勿存轻视之心。俟新酋到后,设法妥办,总以息兵为要也。①

廿五日乙亥(6 月 16 日)

前因俄罗斯欲遣使来京,恐其取道吉林、黑龙江,当即谕令景淳、奕山据理阻止,并由理藩院行文知照矣。兹据德勒克多尔济奏,该国咨行理藩院文内称此次回文于五月覆到,尚可听候。若再迟延,即带领从人由黑龙江、满洲地方径行赴京。清廷指示:俄罗斯必欲来京,未知是何居心,如到吉林、黑龙江等处,该将军等仍当谕以中国既与尔国和好。惟有事事悉遵成例,方能日久相安。剀切开导,据理拦阻,一面将办理情形,据实具奏。②

廿六日丙子(6 月 17 日)

前据德勒克多尔济奏,俄罗斯咨行理藩院文称欲由黑龙江径行赴京,当即谕令景淳、奕山等据理拦阻。兹又奏称俄夷欲由天津赴京,商御英吉利、法兰西之事。该夷使臣已于五月初五日由恰克图启程,约略闰五月二十日前后到津。俄夷向无差大臣进京之事,曾谕理藩院行知,该国并无机密要事可商,毋庸特派大臣前来。清廷着谭廷襄密饬天津镇道,妥为防范,不可稍事张皇。如该夷到津,一面驰奏,一面不动声色,妥为羁縻,勿使该夷疑贰,致启衅端。

---

① 《清实录·文宗显皇帝实录》卷二二六。
② 《清实录·文宗显皇帝实录》卷二二六。

以验收江苏、浙江海运漕粮妥速，予郑亲王端华、署户部左侍郎崇纶优叙，直隶天津道英毓等升赏有差。①

闰五月初二日壬午（6 月 23 日）

咸丰帝谕令：前因俄罗斯欲遣人赴京，谕令德勒克多尔济等明白开导，设法阻止。昨以该夷复有闰五月二十日前后即到天津之语，复谕谭廷襄、乌勒洪额妥为羁縻，勿启衅端。惟该夷此次决意来京，特以商御英、法二夷为词，语多恐吓，总未将实情吐露。其中藏叵测，已可概见。咸丰三年，该国咨行理藩院，欲于格尔毕齐河迤东未经分界之地安立界牌，当谕库伦、吉林、黑龙江三处，各派委员前往会同查办。彼时因康熙年间原立界牌自格尔毕齐河河源起，至东海以外兴安岭为界，山阳为中国属地，山阴为俄夷属地。惟乌特河等处，未经分界，故有会办之举。乃往返年余，迄无定议。五年夏间，该夷遂有堵御英夷之说，竟驾兵船舰舻，由黑龙江、松花江上下行驶，并于黑龙江左岸及吉林所属阔吞屯地方盖房留兵，并称欲将兴安岭西南景奇哩西木的牛满等河源，及卡木尼哈达岭脊，均分给伊国，俾伊得以水陆通行。叠经景淳、奕山等屡次阻止，该夷虽未滋事，而两年以来行走如故。至今分界之事，仍未办结。又咸丰五年八月间，塔尔巴哈台地方民人将该夷通商贸易圈子烧毁，实因该夷擅杀宓金民人，结怨所致，已经获犯惩办，而该夷坚欲赔偿，侈口需索。从前止恰克图一处通商，道光三十年，始准在伊犁、塔尔巴哈台两处通商，原系朕格外加恩。乃该夷因夷圈一事，声言必欲赔偿，经扎拉芬泰据理开导，该夷不允而去，现亦尚未办结，忽又有遣使来京之说，难保不即为此两事，而以商御英、法为名。且咸丰三年夏间，普提雅廷曾到上海，声称欲进口贸易。此次遣来，仍系此人，其中必有诡谋。况业经由理藩院行文知照该夷，毋庸来京，而该夷不遵，回文言欲到天津，未便由京派员，与之讲论。如果该夷到津，谭廷襄等密派晓事大员，察其来意如何，再与理论。倘仍称堵御英、法，当告以两国和好，原以各守旧章，各安疆界为要。从前英夷犯顺，中国未尝借助于外国。至外国互相争斗，中国亦从不与闻。该使来意，究欲何为，应由该国萨那特衙门行知库伦办事大臣知照理藩院核办。至天津并非应到之地，此处地方官亦无应行代奏之人，碍难办理。如仍欲假道黑龙江，则告以风闻两年来，该夷不遵旧约，任意行驶。该将军因和好有年，但以言语阻止，不敢详细奏闻。若必上达天听，则是该夷图占地方启衅之咎，彼国先有乖和好，于理不顺。若提焚烧圈子一事，可告以现在查办，两国均当秉公定议，断不因此而伤和好。若提及进京一节，告以向来朝贡各国使臣到京，原有接待陪臣之礼，该夷既为与国，来者又系大臣，应如何接待之处，理藩院并未

① 《清实录·文宗显皇帝实录》卷二二六。

办过，恐其简慢来使，反伤友谊，不如仍照旧章，可以相安无事。中国不愿来使进京，无非为恪遵成例，永远和好起见，并无他意。闻得理藩院早已行文知照该使矣。以上各情节，谭廷襄等但当默识于心。知近年来有此数事，待该夷说到何事，即可随机应对。其所不提者，毋庸先露端倪。布政使钱炘和前在天津随同办理英夷事件，该署督此次即可派令前往。本日复降旨，将文谦发往直隶差委。该员前此晓谕英夷，颇能力持大体，即着与钱炘和同往，会同乌勒洪额并该镇道等相机开导。谭廷襄着毋庸前往天津，文谦等到彼，亦不必遽与接见。夷船到后，先令海口员弁向其询问，该夷必欲请见大员，然后由镇道藩司以渐而至，庶事机易于转圜。文谦即作为本在天津，并非由京初到，设或该夷投递文书，概不准收受，总告以天朝体制，各有职守。凡关涉俄罗斯事件，非库伦不能入奏，一面将接晤情形密奏，仍勿使该夷知悉。傥能遵谕回帆，情词恭顺，俟其起碇时，或由地方官酌量轻重，致送食物等件，以存犒饩之意。切勿于初到之时，即与酬酢。如其始终桀骜，待之当不恶而严，并毋庸致送食物，并密饬沿海居民，不准与之交易往来，卖给食物，使其无可逗遛，自当废然而返。①

初三日癸未(6 月 24 日)

咸丰帝谕令：何桂清奏，通筹江南军饷，沥陈地方积习。所奏通筹全局，剀切详明，具见为国丹忱，不负委任。江南财赋，钱漕正供而外，惟上海一关堪充军饷。自广东英夷滋扰，夷货不通，大半聚于上海，征收关税，自应较前倍旺。若如所奏，原议月拨饷银二十万，现止十四万两，傥非经理不善，即系隐匿侵渔。署苏松太道蓝蔚雯由同知在沪多年，朕闻其遇事把持，视海关为利薮，一切公事，不令他人豫谋，该处小口甚多，私贩出入，税课偷漏，殆不可问。该员系实任扬州知府，何必令其久署斯缺，转将实授之汤云松辗转委署。即或汤云松人地生疏，难胜此缺，苏省岂无胜任之员可以接署，难保非营求而得。况关税既不加充，安知非尽饱私囊耶？至捐输一节，借资民力，必宜先服民心。朕闻苏州府城三县，捐输已及四次，而江、震、常、昭、昆、新等属皆止一次，甚有一次书捐，尚未缴出者，松江、太仓、常州捐数亦属寥寥。似此多寡不均，必致推诿观望。既系分府劝捐，则各属皆宜遴选正人，岂可令射利之徒，厕身其间，包庇侵渔，弊端百出。该署督所称隐漏大户，有人把持，诚所不免。以朕所闻，在籍中允冯桂芬办理劝捐，多有徇庇，其亲戚富户之在吴江、太湖厅等处者，率多隐匿。该员家本寒素，自劝捐之后，置买田产，建盖房屋，顿成富家。其中情弊，尤不可问。一人如此，从而效尤者，当更不少。若不从严究办，何以帖服人心。着何桂清严密访查，据实参处，以

---

① 《清实录·文宗显皇帝实录》卷二二七。

做其余。并各饬地方官遴选公正绅耆承办劝捐，以免偏枯而除积弊。至海运漕粮，为天庾正供，京师缺米情形，如此紧急，万不得已而截留充饷，州县既以贱价出售，何不照部定章程，银米并放，而必尽放银两，复以重价买米，一出一入之间，伤耗甚多。是否彼时因粮台不肯收米，必欲得银所致，抑系地方官藉以侵吞入已，并着查明从重严参。留浙之云南粮道王有龄，该署督既知其实能得力，着准其调赴江苏，与之商议，先以整顿上海税务为第一要著。如果实有把握，奏闻后再降谕旨。前因藩司何俊年老恐不胜任，谕令该督抚查参，仍着何桂清、赵德辙查明参奏，并先将蓝蔚雯撤回扬州本任，另行派员署理上海道印务。①

初四日甲申(6月25日)

户部奏，江苏浙江漕粮，嗣后不准率请截留，致误京仓。得旨：依议速行，该督抚务宜恪遵部议，不准以抚恤为名，率请截留。②

初五日乙酉(6月26日)

署直隶总督谭廷襄奏天津海防情形。③

谭廷襄奏请饬双锐赴天津。清廷批示，俄罗斯欲遣人赴京，并有闰五月到天津之语。署提督双锐前此英夷到津，与文谦等办理尚合机宜，现在景州边界义安，该署提督接奉此旨，着即驰赴天津，与乌勒洪额、文谦、钱炘和等察看情形，会商办理。④

初六日丙申(6月27日)

黑龙江将军弈山等奏黑河口俄船往来情形。⑤

初七日丁亥(6月28日)

陕西道御史张兴仁奏请严禁夷人在内地收买丝茶、偷漏关税。⑥

---

① 《清实录·文宗显皇帝实录》卷二二七。
② 《清实录·文宗显皇帝实录》卷二二七。
③ 《筹办夷务始末》(咸丰朝)第2册，中华书局1979年版，第539~540页。
④ 《清实录·文宗显皇帝实录》卷二二七。
⑤ 《筹办夷务始末》(咸丰朝)第2册，中华书局1979年版，第541页。
⑥ 《筹办夷务始末》(咸丰朝)第2册，中华书局1979年版，第541~542页。

初八日戊子(6 月 29 日)

德兴阿等奏,扬营军饷缺乏,请于上海劝捐抽厘。清廷批示,江海关税务,进项较多,原不必专指上海一处,即苏常等府,如果捐项有余,亦可藉资挹注。江南江北同系该督抚所辖地方,不得稍分畛域,致令向隅。①

十三日癸巳(7 月 4 日)

福济等奏请饬解洋炮,以资攻剿。皖省贼匪,时于巢湖联艘来往,经曾国藩咨送船厂委员黄际昌等赴庐,现已采木开厂,试造战船,以备扎立水军,为肃清湖面,进扼江口之计。惟战船利器,必须洋炮,前经谕令怡良等于上海关税内筹办五六百斤及二三百斤洋炮百余尊,解皖应用,现已购办若干,清廷着何桂清等迅即筹解。②

十六日丙申(7 月 7 日)

黑龙江将军奕山等奏,俄船于黑龙江城傍岸,声称欲赴日本。得旨:该夷目意在赴天津,故此处并不作难。该夷亦明知内地难走,不过有此周折,抵津时据为口实。惟留泊海兰夷船作何诡态续查具奏。赴津一事,断不可向该夷询问。又奏,俄夷船只下驶。批:俄夷既明言贸易,尤应妥为羁縻,一切情形,查明据实入奏。③

穆拉维约夫发布军令,宣布在整个黑龙江左岸建立"黑龙江防线",下设两个军区,分别属于外贝加尔驻军司令和滨海省驻军司令管辖。④

十七日丁酉(7 月 8 日)

有人奏,浙江杭州、湖州各府地方,近年时有英吉利夷人乘坐船只潜入内河,往来窥伺,登高则图绘形势,入市则散布夷书,地方官并不查办,遂至毫无顾忌。近复于乌程县横塘桥开设茧行,意图偷漏关税。有奸民吴香谷者,从中句(勾)结

① 《清实录·文宗显皇帝实录》卷二二七。
② 《清实录·文宗显皇帝实录》卷二二七。
③ 《清实录·文宗显皇帝实录》卷二二八。
④ 瓦西耶夫:《外贝加尔的哥萨克(史纲)》第三卷,上海人民出版社 1978 年版,第 110 页。

包揽，请饬查办。清廷批复，浙省所产丝斤为课税大宗，止准夷人于水次收买，即由商人于卖货时代纳税课。若听其潜藏内地，购茧缫丝，则税银必致短绌，于经费大有关系。除已饬何桂清等于上海关各口申明例禁，不准该夷潜入内地外，着晏端书密派干员前往乌程县横塘桥访查勾结包揽之吴香谷，拿获严办，并晓谕夷商遵照成约，各赴海口收买货物，不准在内地逗遛。其杭嘉湖各属产丝处所偏僻地方，恐有奸民勾通藏匿，着一体严行查禁，并严定章程，将内地民人导引夷人漏税者，从重治罪，以杜后患。①

十八日戊戌(7月9日)

额尔金向英国外相克拉兰敦报告，他与西马縻各厘及包呤商谈后，决定先攻占广州，再往白河口。②

二十日庚子(7月11日)

黑龙江将军等奏俄船东下及俄人瞭望绘图情形。③

奕山等又奏，俄夷拥众猝来，要求通商。据称五月二十八九等日，俄夷有七八百人分驾木筏，随带小船鹹舥，驶至海兰泡停泊，建房二十处，并安设炮位。协领巴达朗贵会晤木里斐岳幅，据称请仿照恰克图通商，或可彼此相安，并称后起人数尚多。④

长芦盐政乌勒洪额奏大沽设防情形。⑤

廿一日辛丑(7月12日)

以收验海运漕粮事竣，兵部尚书全庆下部议叙，余升擢有差。

廿二日壬寅(7月13日)

礼部奏遵议越南国奖励。前年福建兵船遭风，漂至越南国，由该国供给钱米银

---

① 《清实录·文宗显皇帝实录》卷二二八。
② 《第二次鸦片战争》(六)，上海人民出版社 1979 年版，第 105~108 页。
③ 《筹办夷务始末》(咸丰朝)第 2 册，中华书局 1979 年版，第 544~545 页。
④ 《清实录·文宗显皇帝实录》卷二二八。
⑤ 《筹办夷务始末》(咸丰朝)第 2 册，中华书局 1979 年版，第 548 页。

一千余两。经两广总督叶名琛遵旨将银两给还，该国王坚辞不受。清廷着降敕褒奖，并赏给该国王金瓶、如意、缎匹等件。①

廿四日甲辰(7 月 15 日)

广州将军穆克德讷奏英船退出后广州设防情形。②

廿五日乙酉(7 月 16 日)

额尔金自香港前往印度加尔各答请兵。③

廿九日己酉(7 月 20 日)

前据德兴阿等奏请于上海劝捐抽厘，当经谕令仍归该督抚办理，并谕何桂清等不分畛域，酌拨饷银，接济江北。本日据德兴阿等奏，扬营饷绌，请饬江海淮宿等关于部拨欠解之饷迅速筹解，并请饬催山东等省欠解各款。清廷着何桂清等于江海关税银及捐输项下，速拨银五六万两，务于六月内解赴扬州军营，俾资支放。④

六月初四日癸丑(7 月 24 日)

奕山等奏，防务吃紧，请拨盛京火药十万斤。黑龙江地方，时有俄罗斯人船下驶，并于海兰泡盖房安炮，情形叵测。经奕山等添派兵丁，办理巡防，惟火药不敷应用，自应豫为筹拨。清廷着承志将盛京现有火药，即行搭配烘药铅丸，解交奕山收存备用。

谭廷襄奏请拣派通晓俄夷言语文字人员赴津。清廷以为此次特派文谦、钱炘和前往天津，曾经谕知谭廷襄作为该员本系在津，并非特派前往，原欲使俄夷知天津非其应到之地，无人入奏，冀其废然而返。若豫派通晓人员，该夷必知其由京派来，转觉难于措辞。即文谦等与夷官接见，不过告以天津非该夷所应到，令其折回库伦。该夷如果前来，自必带有通事，但就其所述之语，据理剖析，得其大意而

---

① 《清实录·文宗显皇帝实录》卷二二八。
② 《筹办夷务始末》(咸丰朝)第 2 册，中华书局 1979 年版，第 549 页。
③ 《第二次鸦片战争》(六)，上海人民出版社 1979 年版，第 92~93 页。
④ 《清实录·文宗显皇帝实录》卷二二八。

止，不必多生枝节。此项人员，尽可无须。况理藩院通晓该夷语言文字之人，必与该国学生相识，若派令前往，难保无暗通消息之事，转相传述，焉能知其诚伪，恐转启淆惑颠倒之弊。①

初六日乙卯（7月26日）

实授何桂清两江总督。

初七日丙辰（7月27日）

户部奏请饬江苏、浙江招商买米。本年进仓新漕，为数无几，粳米一项急应宽为筹备，江浙两省素称产米之区，上海、宁波各口又为台米可通之地。清廷着何桂清、赵德辙、晏端书查照成案，招商认办粳米二三十万石，运赴天津，官为收买。②

十八日丁卯（8月7日）

福建漳州府属龙溪等县开始连降大雨，至二十七日雨势稍止，洪水骤涨，淹死男妇六百四十八人，坍塌瓦、草屋一万六千余间。③

廿一日庚午（8月10日）

长芦盐政乌勒洪额等奏，俄船抵津投文，当派员告以应行知库伦转咨理藩院。④

廿三日壬申（8月12日）

以江苏太湖协副将周希濂为苏松镇总兵官，署京口水师协副将李德麟为浙江定海镇总兵官。⑤

① 《清实录·文宗显皇帝实录》卷二二九。
② 《清实录·文宗显皇帝实录》卷二二九。
③ 李文海等：《近代中国灾荒纪年》，湖南教育出版社1990年版，第189~190页。
④ 《筹办夷务始末》（咸丰朝）第2册，中华书局1979年版，第553~554页。
⑤ 《清实录·文宗显皇帝实录》卷二三〇。

廿四日癸酉(8 月 13 日)

俄夷到津，声称有知照理藩院公文，坚欲投文，不肯说明来意。①

廿五日甲戌(8 月 14 日)

现在记名水师总兵人员将次用竣，清廷着两江闽浙两广总督，于水师副将内遴选堪胜水师总兵者，各保奏数员，迅速送部引见，候旨记名以备简用。

王懿德奏，官军克复建宁县城。②

秋七月初一日庚辰(8 月 20 日)

长芦盐政乌勒洪额等奏，俄夷不听开导，坚欲在津候信。咸丰帝谕令：朕当命军机大臣拟稿，作为理藩院札行该藩司公文，令其晓谕该夷，届时钱炘和遵办可也。至沿海奸民接济食物，前经谕令暗中严禁。夷船进口测量水势，尤属可恶，着派弁兵人等昼夜稽查防范。③

初二日辛巳(8 月 21 日)

惠亲王等奏，风闻吉林所属地方，近来粮石甚贱。惟陆运至海，脚价过多，查有辽河一道，东股至吉林围场山内发源，流至昌图地面，与西股汇流曲折入海。载粮二三百石之船，尚可运行。惟自汇流以上，东股水浅，恐大船难行，若能用小船剥运，则该处粮石可以出境。清廷着庆祺、景淳会同查明吉林与盛京通舟河道，如可运载粮石，直达海口，并无阻碍，或筹款采办，或招商贩运，该将军等即行妥议奏明办理。

福济等奏，饷需久缺，请饬淮海各关按月委解。④

初五日甲申(8 月 24 日)

吉林将军景淳奏三姓防务情形。⑤

---

① 《清实录·文宗显皇帝实录》卷二三〇。
② 《清实录·文宗显皇帝实录》卷二三〇。
③ 《清实录·文宗显皇帝实录》卷二三一。
④ 《清实录·文宗显皇帝实录》卷二三一。
⑤ 《筹办夷务始末》(咸丰朝)第 2 册，中华书局 1979 年版，第 559 页。

初九日戊子(8月28日)

因俄罗斯声称，派员由天津赴京，投递公文，当经密谕该地方官开导阻止。兹据直隶藩司钱炘和奏，夷船驶抵天津，停泊海口，该夷不听开导，坚欲投文，只得将文书接收。该夷即回帆他往，约于本月二十日仍回天津候信。该夷性情诡诈，既远涉重洋，订期甚近，未必前往他国，必在附近各海口寄碇，或往盛京各海口游驶，亦未可知。清廷着庆祺密饬沿海文武员弁，随时哨探。如该夷船驶到海口，务须不动声色，妥为防范。并严禁沿海奸民与之交易，及接济食物。该夷如乘坐小船进口，测量水势，着密饬兵弁严行拦阻，毋稍疏虞。①

初十日己丑(8月29日)

据奕山、景淳等奏，俄夷欲占江岸，并遵旨晓谕夷酋。该夷船纷纷往还，人数多至千余，且欲令江左屯户移居江右。其为图占地方，已可概见。②

十四日癸巳(9月2日)

谭廷襄奏，拟拨景州防兵，移扎天津。现在夷船起碇他往，声称本月二十日仍至天津候信，兹已令理藩院咨覆该使臣普提雅廷，并咨行该国萨纳特衙门，谅该夷重至天津，不致别滋事端。所有景州防兵移扎天津，不过藉资弹压。清廷着谭廷襄即饬候补副将达年，将盛京官兵五百名管带赴津，帮同岳克清阿严密防范，毋涉张皇。其本省官兵五百名，仍着留驻景州，交游击文成管带，以资巡缉。③

十五日甲午(9月3日)

黑龙江将军奕山等奏俄人占地盖房情形。④

十八日丁酉(9月6日)

前据文谦来京，面陈接见俄夷情形。该夷所递理藩院文内，惟会勘地界一节，

---

① 《清实录·文宗显皇帝实录》卷二三一。
② 《清实录·文宗显皇帝实录》卷二三一。
③ 《清实录·文宗显皇帝实录》卷二三一。
④ 《筹办夷务始末》(咸丰朝)第2册，中华书局1979年版，第574~575页。

咸丰三年本有此议，曾由库伦、吉林、黑龙江三处，各派委员会勘。因该夷任意狡赖，未经定议。今既重申前说，尚可允其所请，已特派黑龙江将军奕山会同该夷使臣，将乌特河一处地方，酌量勘定。其余所请各条，概行拒绝。今将理藩院回文，并给钱炘和、岳克清阿札付，一并由驿寄交该藩司等收明，俟普提雅廷到津时，即着钱炘和将发去理藩院文书派员往夷船交明。傥该夷别有询问之处，可即将理藩院札付给与阅看，以见该地方官但投回文，札内并无他话，并可告以奉旨，因普提雅廷系该国大臣，令天津文武亲往海滨送行，以尽宾主之礼。若问钦派何人，不妨告以黑龙江将军奕山在彼等候会勘，此外概属不知。设或普提雅廷托故不回，差人来取回文，该藩司亦差人将理藩院回文付之可也。①

廿五日甲辰(9 月 13 日)

本年正月间，曾谕令叶名琛酌调精兵一二千名，交参将卫佐邦管带，间道驰赴福兴军营助剿，并筹饷接济，迄今未据覆奏。本日据福兴奏，所带兵勇，数止一千，请由江南大营添调，并称潮州镇总兵寿山所带潮州官兵，因南赣无事，已于六月间回粤。该将军所请粤兵，杳无音信。清廷着叶名琛速饬该总兵即行管带精兵二千名，克日前往，以资攻剿。

咸丰帝谕令：前据叶名琛奏，新来夷酋，往散咛唪地方，寻文安商议，尚未到粤。现在又逾两月，究竟是否前来，此事必须速为了结，固不可稍涉迁就，草率从事，而日久相持，迄无成议，设或别生枝节，办理又形棘手。广东民情物力，固不难与之久抗，傥如从前故事，任意驶赴上海、天津，则广东虽能自顾，而大势总未了结。近日俄罗斯有船驶至天津，呈递文书，以英夷之事为词。是英夷之衅未平，即他国亦从而生心。且海关停市，将及一年，各省军饷种种支绌，该督岂不知筹及。着叶名琛即将现办情形，迅速具奏，总以及早定议，免致别生变故为上策也。②

廿七日丙午(9 月 15 日)

钦差大臣德兴阿奏制造水炮台情形。得旨：水炮台式样做法，着绘图贴说，附报具奏。③

---

① 《清实录·文宗显皇帝实录》卷二三二。
② 《清实录·文宗显皇帝实录》卷二三二。
③ 《清实录·文宗显皇帝实录》卷二三二。

八月初二日庚戌（9 月 19 日）

崇纶、李菡奏请饬催奉天米石，迅速运通。奉天省额运米豆，并采买捐输米石，时近秋分，尚未据报开行日期，恐该船户包揽载货，沿途逗遛，以致装运稽迟，更恐节候过迟，船只冻阻，剥运维艰。清廷着盛京将军、奉天府尹严饬该运员及早兑竣开行，务于八月内全数抵津。并着直隶总督委员提催，即饬天津道豫调剥船，一俟海船收口，迅速剥运赴通交纳，毋再迟缓。①

初三日辛亥（9 月 20 日）

前因俄夷使臣普提雅廷咨称欲会商未定界址，当谕令奕山亲往与该夷会晤，秉公查办。昨据钱炘和等奏，该夷于七月二十六日折回天津海口，该藩司等派员将理藩院回文当面付给，并告伊已专派大员在黑龙江等候会办。该夷使既得回文，又经地方官以礼貌相待，欢欣而去。惟称查勘地界一事，尚须折回本国，请示该国主。②

英国特使额尔金自印度加尔各答回香港。③

初十日戊午（9 月 27 日）

浙江巡抚晏端书奏乌程奸商句（勾）结夷人收买蚕茧情形，并规定取结办法。④

十九日丁卯（10 月 6 日）

英桂奏，朝阳县与奉天锦州府接壤之处，有夷人涸迹，并据庆祺咨称，朝阳县界内松树觜子地方，有西洋人建盖天主堂，聚人念经。⑤

两江总督何桂清、江苏巡抚赵德辙奏，议定蚕茧税则，并严禁奸民勾结外人擅入内地。⑥

---

① 《清实录·文宗显皇帝实录》卷二三三。
② 《清实录·文宗显皇帝实录》卷二三三。
③ 《第二次鸦片战争》（六），上海人民出版社 1979 年版，第 103 页。
④ 《筹办夷务始末》（咸丰朝）第 2 册，中华书局 1979 年版，第 588~589 页。
⑤ 《清实录·文宗显皇帝实录》卷二三四。
⑥ 《筹办夷务始末》（咸丰朝）第 2 册，中华书局 1979 年版，第 589~590 页。

二十日戊辰(10 月 7 日)

以剿办广东洋匪出力，赏水师提督吴元猷、游击李銮彪、都司李懋元花翎，千总黄绍晋等蓝翎，余升叙有差。

廿一日己巳(10 月 8 日)

奕山等奏，俄夷复于江右盖房，及越卡驶行。清廷着奕山等仍遵前谕，告以中国与该国和好有年，不应擅自盖房占地。现既派有大臣与尔国使臣分勘界址，不得任意违例，致启争端。一面妥为驾驭，毋令开衅，一面密禁沿海奸民，私通贸易，断其接济，使彼粮食匮绝，当必废然思返。该将军等勿因海滨地广，难于稽查，致令奸民勾结，自贻后患。①

廿二日庚午(10 月 9 日)

晏端书奏，海塘埽石各工，猝被风潮冲坍。本年七月间，浙省风雨交作，金、衢、严、处等属，同时起蛟，致将西塘埽工冲坍，数处均已过水。

前因奉天省额运米豆并采买捐输米石，日久未报，开行降旨，令盛京将军等严催趱运。本日有人奏，本年承运船只，六月中旬已齐抵奉天，因船户例有应得脚价，该处委员欲将此项侵吞，勒令船户认出。各船户以例所本无，不能应允，该委员遂藉端留难，延不开兑，请旨饬查。②

廿四日壬申(10 月 11 日)

广东巡抚柏贵奏广州今日英人情形。③

廿七日乙亥(10 月 14 日)

以剿办广东潮州匪徒出力，赏都司郑心广等花翎，府经历胡泽恩等蓝翎，余升叙有差。

---

① 《清实录·文宗显皇帝实录》卷二三四。
② 《清实录·文宗显皇帝实录》卷二三四。
③ 《筹办夷务始末》(咸丰朝)第 2 册，中华书局 1979 年版，第 593~594 页。

廿八日丙子(10 月 15 日)

抚恤琉球国遭风难夷如例。①
法国特命全权大使葛罗抵达香港。②

廿九日丁丑(10 月 16 日)

葛罗在香港与额尔金商定侵华计划。③

九月初二日庚辰(10 月 19 日)

王茂荫奏请饬外省广铸制钱，暂济民急。据称江浙银价，向来每两换至制钱二千有零。自英夷在上海收买制钱，钱即涌贵，以银易钱之数，渐减至半。现在每两仅易制钱一千一百余文，兵民交困，而夷人竟据为利薮。因请饬于江浙两省加炉加卯，广铸制钱，以济目前之急。④

初三日辛巳(10 月 20 日)

有人奏，浙江捐款名目太多，请饬裁撤。据称浙江省前办厘捐茶捐，尚无扰累，惟近年添设江运局、船捐局、房租局、串捐局等名目，委员董事多至百余人，所得无多，而商民交困。清廷着晏端书详加察核，除厘捐茶捐，业已着有成效者，仍照旧章办理外，其余添设各捐局，酌量一律裁撤。⑤

十六日甲午(11 月 2 日)

以神灵显应，颁发福建南台天后庙御书匾额曰"风恬佑顺"，泗洲铺水部尚书陈文龙庙御书匾额曰"效灵翊运"。⑥

---

① 《清实录·文宗显皇帝实录》卷二三四。
② 黄延毓：《总督叶名琛与广州危机(1856—1861)》，载《哈佛亚洲研究》6 卷 1 号。
③ 丁名楠等：《帝国主义侵华史》卷一，人民出版社 1961 年版，第 132 页。
④ 《清实录·文宗显皇帝实录》卷二三五。
⑤ 《清实录·文宗显皇帝实录》卷二三五。
⑥ 《清实录·文宗显皇帝实录》卷二三六。

廿一日己亥(11 月 7 日)

有人奏，闽省擅开烟禁，抽取厘金。据称本年春间，福建省因防剿需费，经升任知府叶永元建议，开禁抽厘，改鸦片之名为洋药，于南台中洲设厘金总局，每箱装烟土四十颗，每颗抽收洋银一圆，其零碎烟土，每十斤抽银四圆，均由总局发给照引为凭，准其随处行销，并遍贴告示，称系奏明办理，以致兴贩之徒，敢于通衢开设烟馆，悬挂招牌，诱人吸食。所抽厘金，大半官役分肥，充饷者不及十分之一。①

廿二日庚子(11 月 8 日)

奕山等奏，遵旨晓谕俄夷情形。普提雅廷由天津折回，尚无消息。其会勘乌特河地界一节，据称尚待回国请示伊主，奕山自未便在彼久候。惟界址未经议定，而海兰泡阔吞屯等处，早有搭盖房屋，乌鲁苏木丹卡属西尔根奇海兰通两处左岸，近复添设窝棚，并有火轮船驶出黑河口。至薛尔古左岸停泊之事，夷目央丧枯幅既故意推诿，木哩斐岳幅又擅敢驳回文书，肆行无忌，情甚可恶。惟有严加防范，断其接济，禁止沿海打牲人等贪利容留，私与交易，使其日久无利，或可消占踞之谋，而亦不至骤开边衅。

德兴阿等奏，江北兵饷罄尽，请饬江海关将欠解银两迅速拨解。所有江海关欠解银五万五千两，清廷着何桂清、赵德辙，即饬全数解交德兴阿军营，以资接济。②

廿八日丙午(11 月 14 日)

俄使普提雅廷抵达香港，分别会晤英使额尔金、法使葛罗，献策说："除非对北京本身施加压力，和中国政府是什么事也办不成的。同时，利用吃水浅、可以航行白河的舰只，会是使这种压力收效的最好办法。"③

冬十月初一日戊申(11 月 16 日)

以神灵显应，加河南永城县关帝封号曰"绥靖"，吕纯阳帝君曰"保惠"，龙神

---

① 《清实录·文宗显皇帝实录》卷二三六。
② 《清实录·文宗显皇帝实录》卷二三六。
③ 英国议会文件:《有关 1857—1859 年额尔金伯爵出使中国和日本的通信》，1859 年伦敦出版，第 54 页。

曰"显济"，火神曰"耀灵"，风神曰"灵佑"，观音大士曰"普护"，城隍神曰"保康"，土地神曰"德佑"。①

初三日庚戌（11 月 18 日）

何桂清、赵德辙奏，俄罗斯夷船于九月十四日驶至吴淞口。十八日，法兰西翻译李梅带同该夷官明常，谒见苏松太道薛焕，声称该国大臣普提雅廷现在船内，并呈出照会。经薛焕催令起碇，该夷即于十九日出口。普提雅廷于七月间驶至天津，投递文书，经直隶藩司钱炘和代为呈递，已饬理藩院咨覆该夷，令其前赴黑龙江，会同钦派大臣查勘乌特河地界。据该夷回称，尚须折回本国，至今并未驶至黑龙江。所有上海夷船，是否普提雅廷在内，尚难凭信。虽业经出口，无所要求，惟该船由黄浦江径至上海城外，毫无阻挡，守口员弁所司何事？该夷潜入海口，或私贩货物，或窥探地势，心存叵测，不可不防。如任令往来熟习，将来必有非分干求，嗣后应如何？责令守口文武员弁严密稽查，以杜后患之处。②

初六日癸丑（11 月 21 日）

黑龙江将军弈山等奏，查明俄人占据处所，绘图贴说呈览。③
英使额尔金致函法使葛罗，完全同意葛罗关于占领广州的《备忘录》。④

初九日丙辰（11 月 24 日）

以剿匪迁延暂革福建水师提督锺宝三职，仍令迅速进剿。
黑龙江将军弈山等奏报俄船来往数目及在大黑河屯安开荒建屋情形。⑤

十三日庚申（11 月 28 日）

福济奏请饬购办洋炮，藉资攻剿。安徽巢湖设立水师，必须船炮相资，攻守方能得力。该抚现已添造长龙舢板等船，惟炮位短少，亟应多为筹备，江苏省前购洋

---

① 《清实录·文宗显皇帝实录》卷二三七。
② 《清实录·文宗显皇帝实录》卷二三七。
③ 《筹办夷务始末》（咸丰朝）第 2 册，中华书局 1979 年版，第 607~608 页。
④ 《第二次鸦片战争》（六），上海人民出版社 1979 年版，第 108~113 页。
⑤ 《筹办夷务始末》（咸丰朝）第 2 册，中华书局 1979 年版，第 608~609 页。

炮施放，甚属精利。清廷着何桂清、赵德辙迅饬上海道，再为购买五百斤四十尊、八百斤三十尊解赴庐州应用。并着叶名琛、柏贵筹款采买五六百斤并七八百斤洋炮各一百尊，派员由海道运至上海，转解福济军营，以资剿办。①

十六日癸亥(12 月 1 日)

修江苏宝山县海塘，从两江总督何桂清等请也。②

廿七日甲戌(12 月 12 日)

英使额尔金、法使葛罗照会叶名琛，要求进入广州，索赔被焚洋楼货物银两，清政府另派大员与之商约，广州河之南各炮台交与英法驻扎等。以上要求限定十日答复。同时，法国海军提督里戈·德热努依封锁广州。③

廿九日丙子(12 月 14 日)

叶名琛照覆英法使臣，拒绝其要求。④

三十日丁丑(12 月 15 日)

英法联军占领与广州城隔江相望的河南地方，随后数十艘舰船驶入省河。叶名琛指示："该夷如无动静，兵勇毋许挑衅。"⑤

十一月初九日丙戌(12 月 24 日)

以天津海运收米出力，予监督祝如濂等加衔升叙有差。⑥

西马糜各厘、里戈·德热努依里向广州最高当局发出最后通牒，限四十八小时内交出广州，所有广州军事长官及军队均撤至广州城外三十华里地方。次日，叶名

---

① 《清实录·文宗显皇帝实录》卷二三七。
② 《清实录·文宗显皇帝实录》卷二三八。
③ 《第二次鸦片战争》(六)，上海人民出版社 1979 年版，第 153~156 页。
④ 《第二次鸦片战争》(六)，上海人民出版社 1979 年版，第 155~158 页。
⑤ 《第二次鸦片战争》(六)，上海人民出版社 1979 年版，第 118 页。
⑥ 《清实录·文宗显皇帝实录》卷二三九。

琛照覆，予以拒绝。①

十三日庚寅（12 月 28 日）

晨时，英法联军以一百二十门大炮轰击广州城，叶名琛迁入内城粤华书院。联军分三路从二沙尾等处登陆。清军千总邓安邦率东莞勇一千人及炮台守军七十人抵抗，鏖战大半日，日暮时放弃炮台。②

十四日辛卯（12 月 29 日）

英法联军占领广州城内观音山及北门外各炮台。南海知县华廷杰至粤华书院见叶名琛，请调援兵。至下午未刻，战事停息，广州被占。③

二十日丁酉（公元 1858 年 1 月 4 日）

以江苏办理海运出力，予同知蔡映斗等加衔，升叙有差。④

廿一日戊戌（公元 1858 年 1 月 5 日）

巴夏礼等于副都统双禧署中掳两广总督叶名琛至观音山，复拘于虎门英舰。⑤

廿五日壬寅（公元 1858 年 1 月 9 日）

广东巡抚柏贵等接受英法联军四项条件：联军在巡抚衙门内成立一个外人委员会，拨给警备部队协助巡抚维持秩序；涉及外人事件，由外人委员会处理；未经外人委员会加盖印信，巡抚不得擅自发布任何文告；交出一切军械库。柏贵是日起，开始在抚署办公。⑥

---

① 《第二次鸦片战争》（三），上海人民出版社 1978 年版，第 155~159 页。
② 《第二次鸦片战争》（六），上海人民出版社 1979 年版，第 122~129 页。
③ 《第二次鸦片战争》（六），上海人民出版社 1979 年版，第 124~128 页。
④ 《清实录·文宗显皇帝实录》卷二四〇。
⑤ 《筹办夷务始末》（咸丰朝）第 2 册，中华书局 1979 年版，第 622 页。
⑥ 马士：《中华帝国对外关系史》卷一，商务印书馆 1963 年版，第 569 页。

十二月初三日庚戌 (公元 1858 年 1 月 17 日)

两广总督叶名琛奏，英、法兰西二酋呈递照会，据理回覆。清廷指示，叶名琛既窥破底蕴，该夷伎俩已穷，俟续有照会，大局即可粗定，务将进城赔货及更换条约各节，斩断葛藤，以为一劳永逸之举。如果该夷兵船全行退出，各国贸易开舱有期，即着迅速驰奏。此时各省军饷，待用孔殷，该督定能兼权缓急，早裕利源也。①

叶名琛又奏近年俄国兵船来粤情形。咸丰六年十月，有该国兵船一只；十二月，有兵船一只；七年九月，有火轮船一只，先后来粤。②

初七日甲寅 (公元 1858 年 1 月 21 日)

补铸广东水师提标中军参将关防，从总督叶名琛请也。

额尔金照会伯贵，谓候朝廷派钦差大臣与英法商定和约竣后，始撤兵交出广州城。③

初十日丁巳 (公元 1858 年 1 月 24 日)

闽浙总督王懿德等奏，军需紧要，请暂时从权，将进口洋药量予抽捐，以济眉急。得旨：依议，别项洋货皆可假为名目，尤不准作为已经奏明，是直与开禁无异也。④

十二日己未 (公元 1858 年 1 月 26 日)

晏端书奏，海塘缺口业经次第堵合，请开复各员处分。浙江海塘埽石各工，前因风潮冲塌，经该抚督饬道厅各员赶紧抢修，业经次第堵合，工程一律完竣，办理尚属迅速。前任浙江宁绍台道署杭嘉湖道叶堃着开复道员，仍留浙江补用，并免其送部引见。候补知府署西防同知邢吉甫着开复知府，留于浙江补用。海防营守备周金标着开复革职留任处分。晏端书降一级留任处分，着加恩开复。⑤

---

① 《清实录·文宗显皇帝实录》卷二四一。
② 《筹办夷务始末》(咸丰朝) 第 2 册，中华书局 1979 年版，第 620 页。
③ 《筹办夷务始末》(咸丰朝) 第 2 册，中华书局 1979 年版，第 636 页。
④ 《清实录·文宗显皇帝实录》卷二四一。
⑤ 《清实录·文宗显皇帝实录》卷二四一。

十三日庚申 (公元 1858 年 1 月 27 日)

因英人窜入省城，叶名琛着即革职。

咸丰帝晓谕，穆克德讷等联衔具奏夷人乘机入城一折，览奏实深诧异。英夷构衅，叶名琛节次奏报，办理似有把握。本月奏称英、法二酋呈递照会，已据理回覆，方冀从此转圜，可以照旧相安。不料该督刚愎自用，于美夷请见，坚持不肯，夷人两次送来五衔照会，又不与将军巡抚等会商，复谕各绅毋许擅赴夷船，以致该夷忿激，将城内观音山、北门内外各炮台占踞，并将该督拉赴夷船。虽据称断不加害，已属不成事体。叶名琛办理乖谬，罪无可辞。惟该夷拉赴夷船，意图挟制，必将肆其要求。该将军署督等可声言叶名琛业经革职，无足重轻，使该夷无可要挟，自知留之无益。该夷自言省城亦不久踞，但欲其自行退出，必有无厌之求。惟该夷与穆克德讷、柏贵等尚无宿怨，此时柏贵署理总督，着即以情理开导，看其有无悔祸之心。如果该夷退出省城，仍乞通商，该将军署督等即可相机筹办，以示羁縻。倘该夷以索赔烧毁货物为词，即告以中国炮台及民间房屋被其攻毁者甚多，若论赔偿，其数尚不足相抵。且系该夷首先开炮，曲直是非，各国自有公论。若竟不肯退出省城，仍肆猖獗，亦惟有调集兵勇，与之战斗，勿使久踞城中。况广东绅士咸知大义，其民亦勇敢可用。柏贵等当联络绅民，激其公忿，使之同仇敌忾，将该夷逐出内河，再与讲理。该将军署督等办理此事，固不可失之太刚，如叶名琛之激成事变，亦不可失之太柔，致生该夷轻视中国之心。黄宗汉由京赴粤，到任需时，军务未可迁延，全在该署督等相度机宜，先行筹办。①

十七日甲子 (公元 1858 年 1 月 31 日)

呼伦贝尔保护游牧，黑龙江将军弈山奏请卡伦移至俄卡附近。②

十八日乙丑 (公元 1858 年 2 月 1 日)

咸丰帝谕令：前因夷人窜入广东省城，新授两广总督黄宗汉到任需时，令柏贵署理钦差大臣关防、两广总督事务，并寄谕该署督等相度机宜，先行筹办。此次夷情猖獗，原因叶名琛刚愎自用，办理乖谬，以致夷人激忿。但该夷自通商以后十有余年，一旦违背和约，踞我城池，辱我大臣，情同叛逆，岂得谓之无罪。此时若绝

---

① 《清实录·文宗显皇帝实录》卷二四一。
② 《筹办夷务始末》(咸丰朝) 第 2 册，中华书局 1979 年版，第 625~626 页。

其贸易，声罪致讨，实属名正言顺。惟念起衅虽自该夷，而我国大臣办理亦未尽善，是以暂缓用兵，先与讲理，并非畏其凶锋，甘心忍受也。广东民人及各国夷人，应共喻朕大公无我之意。道光二十九年，英夷不敢进城，实赖绅民之力。今叶名琛既不能驾驭夷人，复不能激励乡团，动其公忿，以致大伤国体，实堪痛恨。着柏贵与绅士罗惇衍等密传各乡团练，宣示朕意。如该夷悔祸，退出省城，尚可宽其既往，以示怀柔。若仍冥顽不服，久踞城垣，惟有调集各城兵勇，联为一气，将该夷驱逐出城，使不敢轻视中国，然后与之剖辩曲直，为后来相安地步，方足以尊国体而杜要求。据黄宗汉奏，外夷构衅，恐致土匪乘机滋事。揆度时势，自应严防土匪，以固根本。又恐夷人勾结为奸，其患更不可测。应如何拨兵防御，以消内患之处，着柏贵等妥筹办理。又据黄宗汉奏，该督前任浙江巡抚时，与穆克德讷共事，知其在乍浦副都统任内不独能得兵心，并且深得民心。此时夷务吃紧，各属匪徒，未尽扑灭。该将军务与该署督等熟商安内攘外之方，勿生他变。前据叶名琛奏，英夷兵力已弱，其国主不愿与中国滋事。又奏称美国吐哒治等来至黄浦，恳求开舱贸易。经叶名琛照覆，美酋颇知感戴。今据穆克德讷等奏，美夷求见，叶名琛坚持不允，旋至各炮台被占。是否系美夷因英夷无力赔其焚烧货物，故尔称兵助恶，希图要求中国，以遂其赔偿之愿，并着查明具奏。①

十九日丙寅 (公元 1858 年 2 月 2 日)

以办理海运出力，予天津府知府石赞清等升叙有差。

二十日丁卯 (公元 1858 年 2 月 3 日)

江南道御史何璟奏，英人侵入广州，宜从外进兵迅速剿办。②

廿一日戊辰 (公元 1858 年 2 月 4 日)

咸丰帝晓谕：前因黄宗汉到任需时，令柏贵署理钦差大臣关防、两广总督事务，并谕该署督等先行筹办夷务。本日据恒祺因情形急迫，由驿驰奏，所请适与前降谕旨相符。柏贵既署理钦差大臣，夷务是其专责，应抚应剿，权衡总不外"情理"二字。我中国自与该夷议和之后十余年，从不肯先行开衅，妄起兵端。今该夷烧毁城外民房，又率众攻城，首先背约，其罪显然。即谓叶名琛办理不善，朕已将

① 《清实录·文宗显皇帝实录》卷二四二。
② 《筹办夷务始末》(咸丰朝) 第 2 册，中华书局 1979 年版，第 628~629 页。

该督革职，可见一秉大公，该夷当知感悔。若复不自认罪，肆意要求，岂能任其无理，仍与通商。柏贵与该夷酋屡次晤面，彼尚未敢轻视，即可据理剖辩。一面调集兵勇，联络绅团，以壮声威而尊国体。所有前谕该署督严防土匪乘机窃发，并谕侍郎罗惇衍等激励士民之处，均着遵照妥办。提督昆寿前曾带兵攻剿梧州，此时如未回省，着柏贵另派妥员，往梧州统带官兵，将昆寿调回省城，督带重兵，以资弹压。水师提督吴元猷驻扎虎门，有防御海口之责，此次夷船驶进省河，何以毫无防范，着柏贵查明参奏。又据御史何璟奏，该夷已入内城，恐柏贵等受其挟制，请饬昆寿酌调弁兵，进至三水佛山等处，择要驻扎，并飞调附近乡团，环集城外，严儆该夷，勒令退出省城。夷匪不过数千，以十倍之众临之，势必遁逃，省垣既复，然后平其曲直，夷人必俯首听命等语。所奏不为无见，着柏贵等体察情形，酌量办理。①

英法两使照会俄、美二使，主张一致要求清廷派遣全权钦差大臣到上海谈判，否则四国共同进军天津。②

廿二日己巳（公元 1858 年 2 月 5 日）

东纯等奏，会议闽海关征收夷税。现在闽海关藉资茶税，充搭兵饷，夷人因闽省纹银无从易换，请仍将鹰番按照九八银色，加贴二两补水，输纳关税。据东纯、王懿德等以事关怀柔，未便强其所难，着准其将现征鹰番，补水输纳，俾茶船得免壅滞，而夷课亦不延宕。俟该省纹银充裕，仍照旧章办理。此项税银，着随时解司充饷。③

廿六日癸酉（公元 1858 年 2 月 9 日）

湖南巡抚骆秉章奏英人袭踞广州情形。④

廿七日甲戌（公元 1858 年 2 月 10 日）

英法军舰解除广州封锁，广州开港贸易。⑤

---

① 《清实录·文宗显皇帝实录》卷二四二。
② 《筹办夷务始末》（咸丰朝）第 2 册，中华书局 1979 年版，第 650～651 页。
③ 《清实录·文宗显皇帝实录》卷二四二。
④ 《筹办夷务始末》（咸丰朝）第 2 册，中华书局 1979 年版，第 633～634 页。
⑤ 《筹办夷务始末》（咸丰朝）第 2 册，中华书局 1979 年版，第 673 页。

廿九日丙子(公元 1858 年 2 月 12 日)

御史朱文江奏请饬实力编查海船。直隶省天津、宁河二县商鱼船只，每届冬令，由天津道编号取结，豫防偷漏夹带，俟开河时查验放行，立法原为周备。乃奉行不力，日久视为具文，甚有编查时以多报少、丈量时以大报小等弊。现当各船归坞之时，自宜急为整顿。清廷着直隶总督即饬天津道实力稽查，按船编号，详细丈量。傥查有偷漏夹带及潜藏奸匪各情，即着从严参办。①

是年

英国人在香港创建阿伯丁船坞。②

咸丰八年　戊午　公元 1858 年

春正月初二日己卯(2 月 15 日)

咸丰帝谕令：穆克德讷等奏续陈夷务情形。此次英夷显背成约，称兵犯顺，陷我省会，劫我大臣，以情理而论，即当绝其贸易，调兵剿办，方足伸天讨而快人心。前此谕知柏贵等，如该夷退出省城，尚可宽其既往，若久踞城垣，惟有调兵驱逐，然后与之剖辩。今据奏称，该夷欲俟议定章程，方肯退出省城。其为要挟，已属显然。而柏贵等竟与商建夷楼，先议开港，束手无策，何至于此。日内传闻该夷欲于河南地方建立夷馆，又欲于海口抽厘，柏贵等均欲应允。朕意柏贵久在粤东，熟悉夷情，未必如此迁就。今览奏报，传闻竟非无因，岂因叶名琛在彼，故存投鼠忌器之心耶？叶名琛辱国殃民，生不如死，况已革职，有何顾忌。穆克德讷、柏贵等，亦皆有失守城池之罪，朕从宽议处，原欲汝等运筹补救起见，不料竟在夷人掌

---

①　《清实录·文宗显皇帝实录》卷二四二。

②　刘传标：《近代中国船政大事编年与资料选编》第 1 册，九州出版社 2011 年版，第 19 页。

握之中，恨不即与通商，希图目前了事也。现在黄宗汉未到，柏贵署理钦差大臣，该夷必与议论通商，多方要挟。若允其在河南建盖夷楼，逼近省城，将来必不能相安。至中国抽厘，为近日济饷起见，军务告竣，即当停止。今夷人欲抽厘，则无停止之日，恐均非商民所愿从。前英夷欲入省城，因粤民公愤禁止，柏贵岂不知之。令省城失守，而粤民并不纠众援救，谅因叶名琛刚愎自用，以致人心涣散。今柏贵等既不能抽身出城，带兵决战，尚不思激励绅团，助威致讨，自取坐困，毫无措施。其畏葸无能，殊出意外。此次该夷背约，夺我省城，并非中国先行开衅。傥粤东绅民激于义愤，集团讨罪，柏贵等毋许禁止。若能借绅民之力加以惩创，将该夷退出省城，使知众怒难犯，敛其凶锋，然后柏贵等出为调停，庶可就我范围。在柏贵等亦刚柔并用，不至事事应承，伤国体而失人心也。至该夷欲求天津，自有办法，毋庸过虑。

咸丰帝又谕：此次该夷背约，占踞省城，并将叶名琛劫去，未闻该省士民敌忾同仇，谅因叶名琛办理乖方，以致人心解体。惟近日柏贵等意在即日通商，并传闻出示晓谕百姓云夷务已有办法，无许妄动等语。恐柏贵等为所胁制，无可施展。前此寄谕罗惇衍、龙元僖、苏廷魁等密传各乡团练，宣示朕意，将该夷逐出省垣之处，亦恐为该夷阻隔，尚未周知。兹特命骆秉章转递廷寄一道，付该侍郎等阅悉，着即传谕各绅民，纠集团练数万人，讨其背约攻城之罪，将该夷逐出省城。傥该夷敢于抗拒，我兵勇即可痛加剿洗，勿因叶名琛在彼，致存投鼠忌器之心。该督已辱国殃民，生不如死，无足顾惜。况此事由该夷背约，先自举兵，该绅民等如能众志成城，使受惩创，正所以尊国体而顺民情，朕断不责其擅开边衅，慎勿畏葸不前也。如能将该夷驱出省城，不令与官民错处，则控驭稍易为力，届时以粤东民人索偿所烧数千间房屋为词，不许在粤省通商，彼必自知理曲，然后由地方官员出为调停，庶可就我范围。该侍郎等惟当仰体朕心，为国宣力，勿为浮言所惑。

咸丰帝又谕：前据骆秉章以逆夷袭踞广东省城，钞录粤商信缄（笺）驰奏，当经谕令，嗣后如有见闻粤省近事，即着随时驰奏。本日据穆克德讷、柏贵等续报夷务情形，惟欲速通商以安民心，未免失之太弱。且与该夷杂处城中，恐处处受其挟制，不能联络绅民，以为补救。因思从前不令夷人入城，皆得粤省绅民之力。此次夷氛猖獗，攻陷省城，该将军署督等仍有告示，令民间不可妄动，非所以激义愤而保地方。连次寄谕，均令其与前任侍郎罗惇衍、京堂龙元僖、给事中苏廷魁商酌，激励乡团，以助兵威。该夷见众怒难犯，当可少遏凶锋，不至尽受挟制，于办理之方，实为有益。①

---

① 《清实录·文宗显皇帝实录》卷二四三。

初八日乙酉（2 月 21 日）

以浙江办理海运出力，予道员胡泽沛等升叙有差。①

初九日丙戌（2 月 22 日）

王懿德奏，广东省城被夷窜扰，现筹密防闽境。清廷批示：闽省海洋接壤，自应严密防堵，但须暗地设防，不可令夷人窥见端倪。②

英人将叶名琛送往印度加尔各答，囚禁于河边威廉炮台。五十余天后，被解送到托里贡的住宅里。③

十二日己丑（2 月 25 日）

抚恤琉球国遭风难夷如例。

十三日庚寅（2 月 26 日）

英、法、美、俄四国公使通过各国驻上海领事，向江苏巡抚赵德辙投递给大学士裕诚照会，要求清廷在二月中旬以前，派重权钦差大臣到上海与各国公使谈判，否则，即赴天津。④

十八日乙未（3 月 3 日）

何桂清、赵德辙奏，晓谕夷酋，照常贸易。英夷犯顺，阑入广东省城，本应令各海口绝其贸易。念此次起衅，系由叶名琛刚愎自用，驾驭失宜，以致该夷忿激滋事，是以暂缓用兵。上海华夷既无嫌隙，自应照常通商。何桂清等派苏松太道薛焕谕以粤事应归粤办。又因法、英等国有至天津，请派大臣另议通商之语，并饬薛焕告以已另派大员前赴广东办理。清廷以为措词尚属得体。现在粤省夷务，尚无定局。上海夷酋既属安静，只可如此羁縻。俟黄宗汉路过江苏，该督等与面晤，可将

---

① 《清实录·文宗显皇帝实录》卷二四三。
② 《清实录·文宗显皇帝实录》卷二四三。
③ 《第二次鸦片战争》（一），上海人民出版社 1978 年版，第 219 页。
④ 《筹办夷务始末》（咸丰朝）第 2 册，中华书局 1979 年版，第 651~663 页。

此次入奏情形告知。至上海时有火轮船往返，并着密探粤省夷人何如举动，随时具奏。①

二十日丁酉(3月5日)

骆秉章密陈广东民夷各情，并钞呈信缄(笺)。据称该夷将将军、巡抚送回抚署，令夷目夷兵监守，收缴省城各标及近城各团军器，省河炮船亦归夷人统带，并分守城门，出示则夷酋与将军等会衔。咸丰帝指示，逆夷阑入广东省城，迫胁大吏，柏贵与夷酋商办，彼此同住一署。其所陈奏事件，必皆听从夷人指使，一切不能自主。该署督及该将军，既并受挟制，在官无可用之兵，即绅士乡团无官兵为之援应，亦恐独力难支。着黄宗汉迅速驰往，勿再迟延。该督所过地方，如查有可带之兵，一面奏明，一面酌带，到粤后择地驻扎，遥作声援。切不可误信人言，轻入省城，致蹈前车覆辙。安营后，即飞调水陆兵勇，召集各处团练，密筹攻剿，勿以柏贵等在城，心存顾忌。……骆秉章奏此次真夷及汉奸，人数不过数千，法兰西一股系其邀约而来，并非本志。果能经理得宜，逆夷何能为患。又称香山、东莞、新安三属，民气最强，若得一二贤吏暗为布置，许以重赏，令其密相纠约，乘夷兵赴省之时，捣其香港巢穴，则逆夷回顾不遑，自难久踞省城。又夷酋巴夏礼及广东汉奸王道崇两人不除，粤省无安静之日各等语，着黄宗汉豫筹妥办。②

廿五日壬寅(3月10日)

大学士裕诚为令转致各国拒绝在上海议事给两江总督何桂清等咨文，称已另派钦差黄赴粤秉公查办。③

廿六日癸卯(3月11日)

崇纶、李菡奏请饬催直隶省应解银两。本年江浙海运新漕，为数较多，一切豫办事宜，需用甚巨。所有直隶省应解铜批银款，清廷着谭廷襄即饬藩司迅速筹拨实银一万两，派员解往，以济要需。

何桂清等密陈英、美、法等夷酋投递照会公文。清廷以为此次夷人称兵犯顺，占踞广东省城，现又来沪投递照会，并言欲赴天津，显系虚声恫喝，欲以肆其无厌

---

① 《清实录·文宗显皇帝实录》卷二四四。
② 《清实录·文宗显皇帝实录》卷二四四。
③ 《筹办夷务始末》(咸丰朝)第2册，中华书局1979年版，第663~664页。

之求。向来夷务，皆由两广总督专办，已派黄宗汉赴粤办理。乃该夷酋等竟不候查办，前来苏州，投递照会，并有照会大学士裕诚公文。种种晓渎，皆系一面之词，出乎情理之外。除饬裕诚将不能照覆该夷之处，咨明何桂清等转谕该酋外，仍着何桂清等查照裕诚咨文内各情，逐层详加开导，谕以上海本非筹办夷务之地，中国自有专办夷务之人，俾该夷驶回广东，听候黄宗汉秉公查办，方为妥善。①

二月初七日癸丑(3 月 21 日)

前据何桂清等叠次奏报，英、美、法三国夷酋，投递照会，欲于二月中旬来上海议事。并称如逾期不与会议，即由上海前赴天津，当经谕令何桂清等详加开导，令其听候广东查办矣。夷人占踞广东省会，掳劫督臣，业经简授黄宗汉为两广总督，驰赴广东，相机办理。该夷照会内所称，欲赴天津，自系虚声恫吓，藉肆要求。惟既有此语，亦难保其必无是事。设令一旦驶至天津，恐亦非从前安静情形可比。天津系畿辅重地，亟应严为之备。清廷着谭廷襄传谕乌勒洪额，并督饬天津镇道等于海口各要隘，不动声色，严密防范。如果夷船驶到，须先严禁沿海居民，毋得接济食物、私通贸易，使其不能久留。一面派委妥员与之理谕，令其驶回广东，听候查办，届时观其动静，密奏请旨。

清廷谕令：前据何桂清等奏，英、美、法各夷酋投递照会大学士裕诚各件，欲于上海更议条约。当令裕诚将不能照覆之处，知照何桂清等，并谕该督等晓谕该夷，令其仍在广东听候黄宗汉查办。此时黄宗汉计已早抵常州与何桂清会晤，一切情形，自已知悉。该夷等所诉各情，皆系一面之词，明知称兵肇衅，其曲在彼，而处处以叶名琛为词，总欲归咎中国，以遂其婪索之私。察其情形，似难理谕。前此寄谕罗惇衍等，令其联络绅团，将该夷驱逐出城，然后与之理论。如果绅民合力，该夷稍知畏惧，黄宗汉到后，外示兵威，内借民力，与之讲明利害，事机尚可转圜。若该夷不遵晓谕，竟来上海，该处为海运关税重地，非如广东可以用兵。着与何桂清等妥筹设法，令其回粤，不可泄漏调兵消息，使该夷别生枝节。该夷照会内各条，除于裕诚咨覆何桂清等文内分别酌覆外，其译出夷字文内，复有商量打仗花费之语，此次衅端，启自该夷。粤省民房货物，被其焚毁者，何止数千百万。该省商民尚未与之索赔，而该夷转欲索取兵费，尤为无理。如果该夷议及此事，告以中国被焚货物，先须偿还。即使大皇帝宽仁，不与计较，广东商民亦决不甘心。况闻法夷货物，皆为英夷纵火焚烧，该酋不向英夷索赔货物，而向中国索取兵费，亦太不知情理。此系将来理论之辞，此时能否即议及此，尚须黄宗汉酌度机宜，次第筹办也。至俄夷与中国和好有年，向来又不在沿海贸易，此次忽有清汉字夷字各文，

---

① 《清实录·文宗显皇帝实录》卷二四四。

附美夷文内投递，其意欲助英、法两夷，而实则事不干己。现已谕知库伦、黑龙江，令其转行该国萨纳特衙门，仍将上年该国请勘界址之事，与之妥办。此次广东之事，全与该国无干，美夷既经自行表白，明其不与攻陷粤城之事，而文内亦复附和要求，自当因势利导，使不与英、法两夷朋比，方可分别筹办。至天津海口，已谕知谭廷襄饬属密为防范矣。所有正月二十六日，寄何桂清等谕旨一道，裕诚咨覆何桂清等一件，英夷汉字照会二件，法夷汉字照会二件，译出法夷夷字文一件，美夷汉字文三件，俄夷汉字文一件，均着钞给阅看。①

初八日甲寅(3 月 22 日)

咸丰帝谕令：前因俄罗斯欲请勘定分界，特派奕山与该国使臣普提雅廷会议。嗣因该夷久无折回确信，未经勘办。上年冬间，英、法各夷，称兵犯顺，占踞广东省城，复欲赴上海议事。而普提雅廷忽于美夷照会内，附呈咨照军机处清汉文及夷字各件，其中袒护英、法各夷，妄行要挟之处，已饬理藩院行文该国萨纳特衙门，据理晓谕，令其毋庸干预矣。惟所称分界地址，自沙斌岭起，至阿尔管什勒喀等河止，迤东地方，人皆不知，兴安岭并非直达东海，不能作为两国边界，应以黑龙江左岸为俄罗斯边界，中国满汉人等悉移右岸，又欲将乌苏里河下游右岸，入海河汊，分作海岸，即以海岸分断等语，殊为无理。中国与该国分界，以格尔毕齐河、兴安岭为限，定议百数十年，从无更改。今该夷所称兴安岭不通东海，难以为界，是并非不知当时所定界址，特欲另辟一直达东海之路，以便其人船来往，断难迁就允准。况黑龙江左岸，均为中国打牲人等旧居，如果早为该国所属，岂能百余年来并无争竞，直至今日始生异议。据称移居费用，由该国供给，其为情理不足，而以利引诱，显然可见。岂有数千里江岸，可以货取之理。现在两江总督何桂清等已将不能在上海会议之处行知普提雅廷，如该夷遵谕折回黑龙江，即着奕山据理与之辩论，务当恪守旧约，不可听其狡饰之词。至精奇哩等处，该夷建房屯粮，本属非理，乃称业已有人居住，即欲据为己有。然则中国屯户，在右岸居住，尤为久远，何又轻言迁徙耶？且称愿在伊犁地方，分明界址，其道理亦无从明晰。惟有妥为拒绝，杜其觊觎之心，使知现在造房占住，皆属违例。我国因和好有年，不加驱逐，但与之理论，务当仍照前议，将乌特河地方会同勘定。即将江岸居住夷人速行撤去，庶各守疆土，永敦和好。至文内岭名河名，是否系该国所称名目，系中国何岭何江，遇有报便，详查附奏。所有该夷清字原文，及译出汉字文，均着钞给阅看。②

---

① 《清实录·文宗显皇帝实录》卷二四五。
② 《清实录·文宗显皇帝实录》卷二四五。

初九日乙卯（3 月 23 日）

崇恩奏，豫筹东洋防护漕船事宜。据称东省海口，如蓬莱之庙岛，福山之之罘，文登之威海，荣成之石岛俚岛，均系漕船往来必经之地，防护最关紧要。该抚现饬令登州镇督带舟师，于漕船入境时，在洋面严密巡缉。惟近年闽广艇匪，往往随漕北上，尤须格外慎重。东省在粤新造广船一时恐难赶到，请饬令江南商局所置轮船随漕北上。现在江浙两省漕船业已开行，洋面恐有疏虞，必须妥为护送。山东师船，不敷分布。清廷着何桂清、赵德辙即饬令前派轮勇各船，于漕船北上时，跟踪护送，并令到山东洋面巡缉，以壮声威。至江省护漕师船，着遵照旧章，饬令送至石岛洋面，交替明白，方准南旋，以重漕运。①

罗惇衍、龙元僖、苏廷魁三位绅士在广东顺德开设团练总局。②

十二日戊午（3 月 26 日）

谭廷襄奏，筹备天津防海事宜。天津海口，大号夷船虽不能驶入，而杉板等船尚可往来，亟应严密设防，以备不虞。该署督现派署天津镇总兵达年专驻海口，提督张殿元移扎天津，并令在籍道员费荫章会同各绅经理团练，及编查渔船，严断接济各事宜，布置尚属周妥。清廷着即照所议办理。该夷诡谲异常，如果驶至天津，必先投递夷文，窥我动静，未必遽行滋扰。该署督即密饬镇道，会同乌勒洪额拣派上年前赴夷船之文武员弁，前往理谕，设法羁縻。傥必须该署督亲往，着奏明候旨遵行。现在天津大沽等处，既有备无患，但当示以镇静，密为防范，不可稍露张皇。③

英使额尔金、美使列维廉抵上海。十四日，俄使普提雅廷亦到。英、美、法三国兵船、火轮船共到九只。④

廿二日戊辰（4 月 5 日）

前因各夷酋投递照会，欲来上海，当经谕知何桂清等设法令其回粤，再由黄宗汉与之理论。本日据何桂清奏，黄宗汉已于二月初三日由苏州启程赴浙。并称上海续到火轮船三只，又有英夷兵船二只，俄夷兵船一只，寄舶吴淞外洋，尚无动静，

---

① 《清实录·文宗显皇帝实录》卷二四五。
② 《筹办夷务始末》(咸丰朝)第 3 册，中华书局 1979 年版，第 1041 页。
③ 《清实录·文宗显皇帝实录》卷二四五。
④ 《筹办夷务始末》(咸丰朝)第 2 册，中华书局 1979 年版，第 683 页。

与本日柏贵等所奏夷船陆续开行之语相符。现在柏贵等在粤，已与该夷开市通商，并据奏称，各夷酋等均已欢悦而去。现只夷兵数百人尚在城中，惟不肯搬移出城，必欲俟大局议定，始肯退出。

何桂清奏上海夷务情形，并请饬严防天津。上海为海运受兑地方，自应设法羁縻，不令滋扰。本日据柏贵、穆克德讷等奏，广东筹办各情，已谕令黄宗汉酌度办理矣。现在广东省城，夷兵渐次撤减，夷酋搬回香港，并因各国吁请通商，业已开港贸易。倘英、美、法三酋到沪时，清廷着即派员谕以广东现已开市通商，情形与上月不同，新任总督到后，自有办理之法。上海与该夷等本无嫌隙，令其回粤商办。倘该夷欲赴天津，但当告以徒劳无益，亦不必过于阻止，转示以疑畏之意。惟该夷居心叵测，仍当密饬地方官，不动声色，妥为防范。并催令兑竣沙船迅速放洋，毋稍稽滞。新授上海道史翼久，系军营捐输保举之员，如于此缺未能胜任，着该督抚据实具奏。①

以疏防夷船驶入省河，革广东水师提督吴元猷职，责令严防海口。

英国兵船一只自上海起碇北上天津，其余各船亦定于二十三、二十四日相继北驶。②

十六日壬戌（3 月 30 日）

法使葛罗抵上海。③

廿三日己巳（4 月 6 日）

两广总督黄宗汉奏，江浙兵难调赴粤，并缮录候补知府杨从龙所写广东洋务节略呈上。④

英驻上海领事带同水师副将、参将至苏松太道署，退还何桂清、赵德辙照会，并再次投递给大学生裕诚，称即日北上。⑤

廿五日辛未（4 月 8 日）

彭蕴章等奏，会议海运米石，分成仍归河运，请饬有漕各督抚筹画试行。海运

① 《清实录·文宗显皇帝实录》卷二四六。
② 《第二次鸦片战争》（三），上海人民出版社 1978 年版，第 211~212 页。
③ 《筹办夷务始末》（咸丰朝）第 2 册，中华书局 1979 年版，第 693 页。
④ 《筹办夷务始末》（咸丰朝）第 2 册，中华书局 1979 年版，第 677~680 页。
⑤ 《第二次鸦片战争》（三），上海人民出版社 1978 年版，第 211~212 页。

漕粮，本属一时权宜之计。现在瓜镇克复，江路已通，运河设法挑浚，人力可施，黄河一带商船停泊不少，自应将粮石酌分成数，河海并运，以图经久之规。清廷着何桂清、庚长、李钧、邵灿、赵德辙、晏端书、崇恩按照所奏，各就地方情形，通盘筹画，本届如可试行，即于海运漕粮内，分定成数，改归河运。傥因赶办不及，须俟来年，亦应豫为筹定。寻奏，江浙新漕，仍请全由海运，毋庸另议更张。从之。

据何桂清、赵德辙奏，英、美二酋于二月十二日已到上海，欲俟法酋一到，即赴天津。截至十四日，共到英、美、俄三国兵船火轮船九只。传闻法酋现赴小吕宋借拨兵船，并计有四五十号，夷兵四五千人。请饬直隶总督，傥有夷船到津，设法羁縻。

何桂清等向咸丰帝密陈对外未便轻言用兵。①

廿九日乙亥(4 月 12 日)

署直隶总督谭廷襄奏天津防务情形。②

美使列维廉离上海北上。廿六日，俄使普提雅廷北上；廿七日，英使额尔金北上。③

三十日丙子(4 月 13 日)

俄使普提雅廷抵白河口，随即投递照会，谓天津地方往晤。是日，法使葛罗北上。④

三月初一日丁丑(4 月 14 日)

清廷谕令：前因俄罗斯使臣普提雅廷由上海附递照会，内有分定界址，欲以黑龙江左岸为断一节，已谕知奕山，如果该夷折回黑龙江，即着奕山据理拒绝，仍照前议将乌特河地方会同勘定。嗣据两江总督何桂清等奏，普提雅廷仍在上海，欲与英、法、美各夷酋前来天津。其果来与否，尚未可定。而据该国知照理藩院文称，

---

① 《第二次鸦片战争》(三)，上海人民出版社 1978 年版，第 214~217 页。
② 《筹办夷务始末》(咸丰朝) 第 2 册，中华书局 1979 年版，第 688~689 页。
③ 《筹办夷务始末》(咸丰朝) 第 2 册，中华书局 1979 年版，第 712 页。
④ 《筹办夷务始末》(咸丰朝) 第 2 册，中华书局 1979 年版，第 698、712 页。

木哩斐岳幅现由额尔口城水路赴黑龙江、松花江等语。文内木哩斐岳幅衔名，自称总管西毕尔大臣，似会勘地界一事，竟由木哩斐岳幅经管，普提雅廷未必即回黑龙江。本日奕山等奏，派员分办夷务，自系木哩斐岳幅尚未行抵该处。如其前来，奕山得信后，即当遵照前旨，会同查勘。所有叠降谕旨，令该将军开导普提雅廷各情节，即可向木哩斐岳幅详细晓谕，务期驾驭得宜，勿使该夷肆意侵占。至天津上海如何办理之处，亦不必向该夷提及。但就地界一事，妥为查办，以免别生枝节。①

罗惇衍等将广东团练总局迁往花县。②

初二日戊寅（4 月 15 日）

清廷谕令：何桂清等奏，上海各夷船于二月二十二至二十四日陆续驶赴天津，共有兵船火轮船十只，尚有英夷兵船数只随后赴津。复据乌勒洪额等奏，三十日有俄夷火轮船来至拦江沙七庹水以外投递公文，已派委员前往探询各等语。俄夷船只先到天津，既称有善事面商，自不致遽起衅端，不过欲强为说合，希图从中获利。该盐政等既经派员前往，即着妥为晓谕，探其意之所在。如其所商尚非袒庇英、法两夷，于大体不至窒碍，即着密速奏闻，候旨定夺。至调兵集团，该夷傥有知觉，须告以专为英、法而设。中国与该夷和好有年，断不至称兵寻衅。崇纶已谕令即日启程，钱炘和谅亦到津，谭廷襄着即出省，或驻扎天津府城，或暂驻天津附近地方。将来崇纶到时，商办事件，即可就近会奏。傥有调兵防堵紧要事宜，该署督呼应亦较灵，惟不必亲至海口，免致该夷要求请见。

初三日己卯（4 月 16 日）

昨据何桂清等奏，上海各夷船陆续驶赴天津，共有兵船火轮船十只，随后尚有英夷兵船数只。又据乌勒洪额等奏，二月三十日有俄夷火轮船来至拦江沙七庹水以外投递公文各等语。此次英、法两夷在广东犯顺，复同俄、美二夷由上海赴天津，原不过虚声恫喝，藉肆要求。惟夷情叵测，不可不防。山海关为夷船赴津必由之路，自应豫为之备。清廷着定福督饬该处员弁，不动声色，严密防范，勿稍疏虞。如有需用经费，即着传谕监督清醇于关税项下酌量提用，以济要需。③

---

① 《清实录·文宗显皇帝实录》卷二四七。
② 《筹办夷务始末》（咸丰朝）第 3 册，中华书局 1979 年版，第 1041 页。
③ 《清实录·文宗显皇帝实录》卷二四七。

初四日庚辰(4 月 17 日)

署直隶总督谭廷襄奏探闻俄船抵天津海口。得旨：已有旨令汝赴津矣。惟现调京兵二千，不日亦可抵津，统率无人，着全数归汝调遣。俟国瑞等抵营，将此朱批谕伊等知悉。①

长芦盐政乌勒洪额、布政使钱炘和，派委员卞宝书、陈光明出洋晤俄使普提雅廷。后者交付照会，要求进京。②

初六日壬午(4 月 19 日)

乌勒洪额等奏，派员往见俄酋，呈出公文。清廷指示，委员卞宝书等接见俄酋，该夷呈出公文，意在速得回信。惟该委员等既告以请总督代奏，必须十日。此时崇纶到津，未可即与接见，至早亦须五六日后。派员告以所投大学士公文，已由直隶总督代递。现有验收海运大臣在津，即系钦派之员，有何要言，可与商议，该大臣即可具奏。俟其回覆后，崇纶、乌尔棍泰、钱炘和可与约期相见。③

崇纶、钱炘和派游击陈光明、守备张振雄出洋，赴俄、美、英等船探视。美派员乘小船一只至炮台，求为代购食物，并探水势情形。④

初八日甲申(4 月 21 日)

谭廷襄奏委员接见夷酋情形，恐其抢入内河，可否即行攻击，请旨遵办。清廷谕令：直隶委员接见俄夷普提雅廷问答情形，已据乌勒洪额等奏报。当即谕知崇纶等略迟五六日，派员给与回音。俟其回覆，然后约其相见。谭廷襄到津后，崇纶等自应将此旨公同密看。该夷既有愿就羁縻之意，似未必遽启衅端。前日驶进栏江沙内之大轮船，一经拦阻，旋即折回。嗣后仍当派员拦阻，彼若遽开枪炮，彼先无礼，然后可以回击。不可先行用武，使有所籍口也。委员卞宝书已于本日到京，业经召见，其面陈各情与乌勒洪额等前奏，大致相同。俄夷与英夷虽未能遽离为二，而夷性反复，好争体面，若假以词色，使知中国相待与英夷迥不相同，亦可用为驯伏英夷地步。即如美夷既不助恶，当分别相待。看其所请，如无大谬，亦可允为代

---

① 《清实录·文宗显皇帝实录》卷二四七。
② 《筹办夷务始末》(咸丰朝)第 2 册，中华书局 1979 年版，第 701~702 页。
③ 《清实录·文宗显皇帝实录》卷二四七。
④ 《筹办夷务始末》(咸丰朝)第 2 册，中华书局 1979 年版，第 710~711 页。

奏，即用以转圜。大约夷人重利，英夷操五口之利权，为各夷所歆羡，不但法夷助恶，固欲分沾其利，即俄夷不惮远涉重洋，前来说合，亦无非欲英、法感德，将来分其利耳。俟崇纶等与之相见，看其所请何事，再行密奏请旨。至俄夷之欲进京，去年已据理辞之。此时有钦差崇纶等在津，有话尽可告知，必能代奏。其英、法两夷如欲请见，亦不必过拒。当告以广东之事，正欲与该夷理论。今既前来，则是非曲直，可以剖晰。即使叶名琛办理不善，尽可从容申诉，何至占我城池。前年英夷放火，烧去民房，几及万家，天意转风，烧及夷楼。现在广东百姓，齐心忿恨，若不好为调处，日久终不相安。今各国皆在，自有公论。该夷见我不惮与之相见，其骄气自当稍敛，然后仍由俄美两夷从中说合，渐次羁縻，办理或有就绪。崇纶前此与英夷接见，一切均能得体。此次若见英、法夷酋，不可稍事贬损。恐启该夷轻视，至发去京营官兵，已交谭廷襄调遣，着传知国瑞等妥为约束，勿至别生枝节为要。①

兵部左侍郎王茂荫奏，洋船到津，北京宜严加防守。②

初九日乙酉(4 月 22 日)

以神威显佑，颁给福建沙县文昌门关帝庙御书匾额曰"乾坤正气"。
抵达天津的各国夷船，已达十三只。③

初十日丙戌(4 月 23 日)

署直隶总督谭廷襄奏，初六日派员上美、英船上查看。此间前后共到夷船十只，内大火轮船七只、兵船三只。另奏海口布防情形。④

十一日丁亥(4 月 24 日)

罗惇衍、龙元僖、苏廷魁奏，夷情叵测，现在筹办情形。逆夷占踞广东省城，负嵎据险，巢穴已坚。该侍郎等招募东莞、香山、新安三县壮勇及附近城北之三元里、石井大郎等乡，佛山之九十六乡练勇，拟密用间谍，声言直捣香港，设伏诱使出城。惟仓卒举兵，军火炮械无款可筹，自应向绅商先行借贷，一时未能集事。而

---

① 《清实录·文宗显皇帝实录》卷二四七。
② 《筹办夷务始末》(咸丰朝)第 2 册，中华书局 1979 年版，第 709~710 页。
③ 《筹办夷务始末》(咸丰朝)第 2 册，中华书局 1979 年版，第 719 页。
④ 《筹办夷务始末》(咸丰朝)第 2 册，中华书局 1979 年版，第 710~711 页。

黄宗汉未到，该绅等声势尚孤，只可从容密为防备，无须急切举动。现在该夷已由上海径赴天津，尚无滋扰情事。而海运漕船，尚未全到。该夷之来，未始非有所挟持，不得不示以羁縻。已派仓场侍郎崇纶等前赴海口，察看该夷情形，以理晓谕矣。此次在广东滋扰，英、法两夷同恶相济，美夷并未助恶，尚非背约，自应分别看待。其俄罗斯向在北路通商，今亦到津投递文书，似欲为英、法说合，从中图利。虽居心叵测，惟俄夷为百余年交好之国，未便拒绝。傥借俄美二夷转圜，使英、法自知悔罪，折回广东，听候钦差大臣查办，仍可宽其既往，以示怀柔。此时罗惇衍等并未举动，正与天津现办情形相合。该侍郎等惟当密筹防备，候旨遵行。傥该夷在津，不遵劝谕，肆意要求，或回粤后仍敢猖獗，该侍郎等即可声言百姓激于义忿，调集团练，讨其背约踞城之罪，将该夷大加惩创，然后由地方官出为调停，使其就我范围，庶可弭患。今天津办理尚无就绪，无须急切举动。俟黄宗汉抵粤，一切机宜，即可与之商办。所有捐输未保绅民，即咨明黄宗汉迅速出奏，以慰人心。①

两江总督何桂清等奏，英、美、法、俄四国改期赴津。②

十二日戊子(4 月 25 日)

前因夷船驶至天津，当谕定福密加防范。兹据该副都统奏称，现已分派官兵驻扎。前派西凌阿督带察哈尔马队二千名，由密云一带径赴山海关防堵，以示声威。夷情诡谲，不可不豫为设防。惟该夷船到津，尚未猖獗滋事。现派仓场侍郎崇纶等与之接见，冀有转圜。若驶赴山海关停泊，清廷着定福仍遵前旨，督饬员弁，不动声色，暗中设防，不可先开枪炮，致令夷人有所籍口。奉天等处，业经谕令庆祺等一体遵办。该副都统务当示以镇静，不可稍涉张皇。③

十三日己丑(4 月 26 日)

谭廷襄等奏，俄夷投递公文，并将英、美、法三夷公文进呈。咸丰帝谕令：该夷等投递谭廷襄文书，经军机大臣拆阅，皆系求转递大学士裕诚照会，并不知该督已到天津。其照会裕诚文内，均请钦派大臣前往会议。而俄美之意，皆欲从中调处和释，自可因其所请，设法羁縻。前谕崇纶等接见该夷，但不可同时相见，须有先后次第。俄夷与中国和好多年，自宜先行接晤，待以宾礼，谕以英、法两夷占踞广

---

①　《清实录·文宗显皇帝实录》卷二四八。

②　《筹办夷务始末》(咸丰朝)第 2 册，中华书局 1979 年版，第 712 页。

③　《清实录·文宗显皇帝实录》卷二四八。

东省城，劫我大臣，无理太甚，大皇帝念系叶名琛办理不善，将其革职，另派大臣前往查办，可谓至公至明。贵使臣来意，欲从中调处，傥于中国体面无伤，未始不可从权代奏，恳乞恩施。若伊等不知愧悔，尚有无理干求，我等不能代奏，即奏亦不能应允。至美酋并未助恶，亦可假以词色，将英夷无理之处，令其评论是非。傥其为英、法说合，亦告以如与中国体面无伤，尚可代奏。其法酋于咸丰四年曾助官兵在上海剿贼，经巡抚入奏，蒙恩嘉奖。今大皇帝念其从前恭顺，上年广东之事，又非其起意，不过不该助恶。如其自知愧悔，尚可曲加宽恕，但须以后不助英夷为害，仍与通商如旧。至英夷于前年即在广东构兵，实为首恶，所烧商民房屋，几至万家。现在广东百姓，齐心忿恨，若仍在广东通商，日后必至受亏。应如何调处，日久相安，必须由广东大臣办理。看其若何答复，再行酌量措词。惟日内崇纶等是否与该夷接见，如尚未见面，则于十六日之前，即可差人告以所递文书。裕诚已奏闻奉旨，因谭廷襄在近处阅兵，添派来津，与崇纶等一日相见。设或崇纶等已与夷酋相见，而该夷即投文请另派大臣，仍望回音，亦可告以添派谭廷襄同见。惟中国体制，凡事皆须请旨遵行，不能便宜行事。因崇纶等本系钦差大员，遇事原可商办，不过因俄国坚请，而谭廷襄位分较尊，故令前来会议。至该夷所请，尚无眉目，兹据军机大臣等将思虑所及，酌拟各条，请朕阅定，发交该督等存之于心，以便相机应对。傥该夷未说到此，万勿先提。此外非理要求，在所难免，全在临时斟情酌理，设法开导。此时难以悬拟，一切情形，随时驰奏，仍严密防范，毋稍大意。①

实授谭廷襄直隶总督。

谭廷襄又奏，外委刘永桂及民船被英船扣留，现人已被放回。②

十五日辛卯（4 月 28 日）

崇恩奏请将承办船炮贻误之委员革职查追。山东登莱青道张凤池，经崇恩委赴广东，置造战船炮位，并不小心防范，致被一再烧毁。迨经该抚勒令补造，迟至三年之久，仍未造齐，竟敢潜自回省。张凤池着革职，仍将该员在广东所借补造船价银两，勒限半年，如数追缴，并查明船只有无疏失，照例办理。

谭廷襄等奏，俄国公使普提雅廷于十二日已与崇纶等相见，并于十三日行文各该夷，察看动静，再行约期相见。清廷批示：该夷等必欲进京，与京中大臣相见，其势断不能行。昨谕谭廷襄等晓谕该夷，告以中国从无便宜行事之官。现在崇纶等即是京中派出大员，有事可以代奏，谅崇纶等业已谕知俄夷。其添派谭廷襄一节，

---

① 《清实录·文宗显皇帝实录》卷二四八。

② 《筹办夷务始末》（咸丰朝）第 2 册，中华书局 1979 年版，第 719 页。

如尚未向该夷说及，即着毋庸宣露。倘崇纶等再与俄夷相见，该夷吐出实情，即可与之定议，毋庸谭廷襄相见，更为妥善。崇纶等可告该夷云，所递文书，业经裕诚具奏，奉旨已派崇纶等办理，京中无人再来。即命崇纶等告知该使臣，有话面商，即行具奏。至俄夷欲令该国驻京喇嘛巴拉第等前赴天津，其意不过欲传述言语，可告以该国现有明常等二人，通晓中国言语，可毋须巴拉第等前往。如其必欲该喇嘛前往海口相见，俟奏闻后再令前来可也，另片所陈通商一节，昨所寄各条亦经料及，崇纶等当随机应对，固不可拘泥，亦不可有意迁就。英、法两夷，较之俄、美，固应区别。如其议有端倪，渐形就范，亦可稍假词色。但接见之初，不可先自贬损。美、英、法三酋，崇纶等与相见后，问其如何来意，即着密速奏闻。①

法使葛罗照会谭廷襄，称十八日若无钦差大臣会议，即采取必要手段。②

十七日癸巳(4 月 30 日)

英使额尔金差人投文，约谭廷襄等十八日会见。法使葛罗照会谭廷襄，提出八项要求，即公使驻京、保教、赔补军费、外人入内地游历贸易、议定税则等。谭廷襄等当即照覆，如期在大沽会晤。是日，进入拦沙江内夷人小火轮增至十只。③

十八日甲午(5 月 1 日)

咸丰帝谕令：谭廷襄等奏接见俄夷情形，并译呈该夷投递公文。朕详加披览，除所请进京等语，已由谭廷襄等据理驳斥外，其分界一节，自咸丰四年起，吉林等处各派委员前往守候，而该国屡次迁延，约期不至。迨该国派出木哩斐岳幅在黑龙江往来行驶，又不肯秉公查勘，是以日久尚无定议，并非中国不为勘定。现在普提雅廷既不回黑龙江，而木哩斐岳幅又有启程前来之信，昨已谕知奕山一俟到来，即与会勘。可见中国于此事，亦甚愿早为了结。如果该国一秉公道，不待哓哓恳请，自能妥为查勘。今普提雅廷既不经管此事，其所递文内分定地界之处，亦只能谕知奕山与木哩斐岳幅查看，此时不能悬拟也。至海口通商一节，前此寄谕及该督密奏，皆已计及于此，将来自必以此为归宿。此时美、英、法三夷，皆未见端倪，不便凭空允准，可告以尔国通商，本止恰克图一处，大皇帝格外恩施，又加伊犁、塔尔巴哈台两处，较之从前已属优厚。此次既为英、法说合而来，谅必有把握。现在该二国尚无成说，不便先为请加海口通商。俟将该二国来意讲明，并无非理干求，

---

① 《清实录·文宗显皇帝实录》卷二四八。
② 《筹办夷务始末》(咸丰朝) 第 3 册，中华书局 1979 年版，第 728 页。
③ 《筹办夷务始末》(咸丰朝) 第 3 册，中华书局 1979 年版，第 733~734 页。

悔过回帆，了结广东之事。是尔此来，实于中国有益，彼时奏请海口通商，大皇帝必能欢喜允准。现在各夷火轮船驶入海口，不遵好言拦阻，本应开炮轰击，皆因尔国有说合好意，留此情面，使尔国不至为难也。至喇嘛巴拉第及学生哈喇坡斐擦启，在理藩院具呈，欲至海口相见，已由该衙门派员护送前往。至两国事，有两国大臣面议。该喇嘛等回京，毋令与闻其事，方与体制相合。至文内述及塔尔巴哈台一节，告以伊犁将军本已为之查办，该国商人舍之而去，是以案尚未结。其留存货物，中国现尚为之看管。此事起衅根由，因尔国杀害乞金之人，积怨激成，并非中国有不是之处。其黑龙江民人居住，并非始自今日，岂能移于江右？至阔吞屯等处，皆中国地面，近年俄国人来盖屋居住，中国因与尔国多年相好，未肯驱逐，屡次行文尔国，未见秉公查办。此时在津，但议在津之事，其余原可次第办理，但不得不与尔言明也。至接见三夷，当先令美夷来见，嘉其不助英、法之忱，看其所求何事，妥为开导。其英、法二夷，可令俄夷告以如系诚心悔过，许其带来同见，察其情词，再行随时密奏。①

谭廷襄等至大沽，英、法二使迁延不洽。美使遣人投文，谓四国已相约，须俟本月二十日方可订期相见。②

二十日丙申(5月3日)

晏端书奏请酌留漕米。浙江现在办理防剿事宜，兵勇需饷较多，清廷着准其在本年海运漕粮截留八万石，俟来年如数筹补搭运。此次姑允其请，断不准续请截留，以重仓储。

谭廷襄等奏，体察夷情，反复不定，请旨将所求之事，先行斟酌。谭廷襄等因英夷十八日未曾来见，派员向俄夷探问。据云英夷等所求，止有二事等语。谭廷襄等本约今日订期，见英、法、美夷，未知光景如何，谅必难与理论。惟有仍告俄夷云，英夷等在粤占据省城，劫掳大臣，行同叛逆，原不值与之讲话。惟因俄国同来，从中说合，是以暂缓用兵，并准其与钦差接见。此即中国怀柔远人，至大至公之意。现在广东省城尚未交还，叶总督尚未送回，岂有不加之罪，反与加恩之理。若英、法二国自行前来，直可置之不理，亦不令其安然停泊海口。此时俄国既肯从中说合，亦须在中国面上下得去，方能两全。若偏听英、法一面之词，而于中国不便，亦碍难办理。即如通商一节，道光年间，立定万年和约，原止五口。今欲于五口之外，另添交易地方，即是不遵旧约。中国自议和以来，十余年从未有背约之事。今英夷等已背约用兵，又欲将通商之地，另议增加。从前万年和约，皆是虚

---

① 《清实录·文宗显皇帝实录》卷二四八。

② 《筹办夷务始末》(咸丰朝)第3册，中华书局1979年版，第735页。

设，何能取信于中国，此事断毋庸议。俄国既为好而来，只可就五口贸易之中，有近来办理不善之处，酌量更改。如英夷照会所云，各货运至内地，除纳税外，有勒索规贿者。若有其事，中国必当查禁。其因年来价值顿减，欲议减税之处，亦在情理之中，但有减必有增，方为公道，未可有减无增，只图自利。此中办法，必须通商海口，方能知悉，此间不能悬拟。惟五口总汇，向在广东，一切税则皆由广东原定。此时该省城池，尚被占踞，中国岂能酌量加恩，亦不便先允其请。惟有烦俄国大臣，将此意告知英夷，劝其回粤，一面交还城池，送还叶总督。广东民人，消其怨恨，该二国不患受亏，即大皇帝加恩亦属有词。至天主教，亦系从前议定，载在和约，或越界，或远入内地，听凭中国官查拿，解送近口领事官收管。我中国惟恪守旧章，数年来遇有传教夷人，俱经解回，交该国领事官收领，从无凌虐情事。今因广东匪徒马子农在广西西林县犯案惩办，法夷疑为该国传教之马神巫，致生嫌隙。如果不信，亦惟有请旨，再饬新任总督秉公查明，岂能因彼一面之词，遂谓中国残忍。即如该二国掳去叶督，此时伊国公使登岸，我国何难报仇。因中国以信义待人，不作此等无理之事。以上各节，清廷着谭廷襄等可告知俄夷，令其转告英、法等夷，看其如何回覆，再行酌办。通商一事，为该夷等命意所在，俄夷此来既貌为恭顺，即可乘势羁縻。所请海口通商，许以广东大局定后，必能代为奏请邀恩。惟在海口通商一切事宜，与各国相同，亦须同到广东办理，必先有旨谕知新任钦差总督也。谭廷襄等办理此事，必须平心静气，与之理论。此时牢笼俄夷，使英、法不至决裂。俄夷因望通商，自当出力，将来归宿，总在夷税上使之获利，不至虚望而归。此虽有损于我，然较之添设海口，漫无限制，所谓两害相形，则取其轻。①

廿二日戊戌(5 月 5 日)

谭廷襄等奏，探询俄夷，并接见美夷情形。俄夷普提雅廷之言，既不可靠，自应向美酋开导，看其如何转圜。四年间，美、英二夷同至天津，即系崇纶等往与接晤。该国等在海口欠交关税，因匪徒滋事，商情苦累，曾经加恩豁免。又广东茶税及民夷相争二事，俱交叶名琛查案办理，并谕叶名琛告知该夷，办此三条，即为十二年另议之款，此外不能再议。今据美夷称，旧约中尚有应行变通之处，未曾指出何条。清廷着谭廷襄等再向美酋查问。其六年分所递国书，因闽浙总督非办理夷务之钦差，是以未收，原令其至广东投递。兹据称，叶名琛准其投递，但不与见面，故尔未投，此系尔国自行中止。今既到津，谭廷襄等即是钦差，可准其投递代奏，并令译出汉字，以便识认。至普提雅廷本系局外，所言既不足恃。若美夷尚近情理，即可略加奖励，使其从中说合，告以从前十二年另议之说，原止小有变通，并

---

① 《清实录·文宗显皇帝实录》卷二四八。

非大加更改。如果近情，必能代奏。但海口通商，各国所同。现在英、法二国占踞广东城池，尚未退出。署总督柏贵虽有先行开港之议，而人心疑畏，商贾未能云集，加以英夷焚烧民房，以至民心怀恨，乡团时思报仇。尔国虽未助英夷，而贸易不通，已大受其累，必得将广东之事，速为了结，方能奏恳变通办法，各国皆有利益矣。至呈递国书后，大皇帝现在嘉奖尔国，必有复谕。如此晓谕，看其如何对答，再行相机办理。至俄、美两夷，既称向英、法评理，俄夷亦当有回音，察其情词，再行奏闻候旨可也。①

廿三日己亥(5月6日)

工部尚书文彩奏察看海口防务情形。②

英使额尔金、法使葛罗照会谭廷襄、崇纶，限于六日内取得便宜行事全权，即如道光皇帝当年授予耆英、伊里布之"便宜行事"之权，否则，"惟有将各务交提督军门办理"。③

廿四日庚子(5月7日)

谭廷襄等奏，夷务未有定议，请恩威并用。清廷批复：所称傅谕各口岸封货闭关，并责令两广总督速克省城等语，自系制夷一法。然此时海运在途，激之生变，黄宗汉尚未至粤，柏贵已受夷人挟制，不能自出主见。若虚张声势，而不能见诸施行；转被该夷窥破，愈增桀骜。英、法两酋既不肯来，亦不必再与订约，仍由俄、美两夷转为传说，告以此两国背约无礼，本不值与之相见。所以订期接晤者，原看俄、美两国面上。今既两次爽期，来与不来听其自便。昨已奏奉谕旨，必须该两国将广东省城交还，真心悔过，方能逐款定议。大皇帝谕令限期，于四月底缴还广东省城。如逾期不还，一交五月，当即兴兵攻打省城。该两国在城夷兵，必遭杀戮，毋贻后悔。现在大皇帝意旨，以英夷系首恶之人，况烧毁商民房屋，百姓忿恨，将来广东一口，必不准其贸易。法夷虽亦助恶，念其从前在上海曾经助剿逆匪，如其退出省城，尚可稍从宽恕。然不交还广东省城，又不送回叶名琛，除举兵攻城之外，仍令五口绝英、法两国通商。如将广东事速行了结，不独法夷本可稍从宽恕，即英夷广东贸易，本大臣亦必为之代奏恳恩也。至减税一事，与中国有损无益，大皇帝因美国恭顺，既未允其加增海口，故于五口税课之中，使其受益。若论英、法

① 《清实录·文宗显皇帝实录》卷二四九。
② 《筹办夷务始末》(咸丰朝)第3册，中华书局1979年版，第741~742页。
③ 《第二次鸦片战争》(三)，上海人民出版社1978年版，第292~293页。

现尚据城，何颜再来乞恩。惟大皇帝既加恩于美国，将来各国均沾。即英、法二国悔过通商之后，亦事同一律，不待重言。至于应减之税为数若干，此处不能悬拟，须由广东酌定。惟说明之后，必不食言，有俄、美二国为证。至英、法二国能否如期将广东事了结，亦须俄、美二国中间作保，则此事大略已定，各国即可回帆。俟该三国定议之日，即可奏请俄国通商之事，以便同往广东，与钦差黄总督议定章程也。夷情狡谲，委员之说，岂足为凭。如果英、法两酋亲来，即与之面议，否则仍令俄、美两酋来见，令其转述，究系大臣之言，可以取信，毋庸令委员仆仆往来传话也。现议减税一节，虽有损于中国，然与其多开海口，夷势更觉鸱张，不如以守定成约为词，不加口岸，所以准其增减课税，以示羁縻。虽云有减必须有增，而夷情多贪，亦必减多增少，正无虑其获利微也。俄夷传述法夷所请各条，虽经委员多未允准，然究非钦差之言。今命军机大臣逐条拟出答覆之词，以便该督等临时驳斥，与前次寄谕亦大略相符也。现在沙船云集，该夷由沪北来，沿途尚无逆迹，该督等切不可因兵勇足恃，先启兵端。天津固不难制胜，设其窜扰他处，恐非天津可比。该督等务当通筹全局，妥为操纵。至美夷国书，前已有旨，准其呈递，谅谭廷襄等必已接到遵办矣。①

传闻夷人欲赴湖州、崇安，两江总督何桂清等在湖州一带设防。②

应俄使要求，理藩院派员将在京俄国修士巴拉第送到大沽，与普提雅廷见面。巴拉第随即向普提雅廷报告了大沽设防等情况，并把情报提供给了英国海军司令西马糜各厘。③

廿五日辛丑(5 月 8 日)

咸丰帝谕令：谭廷襄等奏，英、法两酋投递照会，并译呈俄酋来文各折片，均已览悉。俄酋所请两条，如黑龙江分界一节，前已谕知谭廷襄等转谕该酋，已钦派奕山在彼相待。今普提雅廷欲遣人回黑龙江送信，绘图定议，尽可允准。但告以从前节次耽延，皆因尔国不守往年兴安岭分界成议，强欲移我江左居民于右岸，以致日久无成。今尔既肯绘图定议，但能一秉公道，彼处大臣，断无不从公勘办之理。惟由旱路走恰克图，豫备枪炮一层，当妥为阻止。一则由内地行走，中间经过蒙古地方，彼处人多愚直，恐其别生枝节。一则枪炮等项，无须代为备办，中国从不与各国海外争锋，军器亦尚可恃。彼肯从中说合，即见和好之谊，无庸更助兵械。总令其仍由海道行走，较之旱路回国，转形稳速。至通商一节，前令俟各国定议后，

---

① 《清实录·文宗显皇帝实录》卷二四九。

② 《筹办夷务始末》(咸丰朝)第 3 册，中华书局 1979 年版，第 749 页。

③ 余绳武等:《沙俄侵华史》卷二，人民出版社 1978 年版，第 158 页。

再为奏请。谭廷襄等既欲乘此牢笼，不妨即为允准，告以业经奏准，惟英、法、美三国请添口岸，均未准行，尔若骤添五口，则合之恰克图等三口，已成八处。设他国籍口要求，无可折服。现在大皇帝谕旨，准尔于五口之中，选择两口，其道远而贸易无多者，自可不必。此非中国吝惜，当能体谅此意。看其择定何处，即行奏闻。如必以为未足，即三口亦尚可允许，即作为谭廷襄等格外乞恩，使知钦差大臣并非不能了事也。至英、法所投之文，悖谬可恶。昨谕令告知俄、美，转谕该夷，勒限缴还广东省城，如逾限不交，即一面封关，一面兴兵。谅谭廷襄等接到后，当即告知俄、美转向述知。如英、法两酋藉此作转圜之计，则便宜行事之说，亦未必再提。如必欲回文，可先告俄、美嘱为转达，再行文覆之。告以从前耆英等在广东，曾奉先朝谕旨，许其便宜行事，或因道路遥远，往返需时，然耆英等仍事事具奏，并非专擅施行。中国既无此官衔，以后广东历任钦差大臣，亦无便宜行事之称，何以仍能办事？即如咸丰四年，崇纶奉派赴津，与英、美二使相见，何尝有便宜行事之名目？而豁免欠税等条，皆能为之入奏，仰邀允准。何以于此次钦差心存藐视？所有应办事宜，已托俄、美二国转说，既不来见，亦毋庸勉强。此处本非通商口岸，向来议事，原在广东。尔等违约兴兵，本属无理。因俄、美两国代为说合，大皇帝度量如天，特命大臣一并接见，实属格外之恩。今尔等不知好意，辄敢心存轻视，本大臣即据实入奏，任尔仍往广东，听候查办，毋贻后悔。至谭廷襄等虑其乘潮闯入内河，如仍止游驶，于我无伤，设或先开枪炮，则我之回击为有词，务使衅端勿自我开，谅彼知我有备，必不敢狡焉思逞也。将此由五百里谕知谭廷襄、崇纶、乌尔棍泰，并传谕钱炘和知之。①

美使列维廉投文，要求十一款，以六日为限。②

廿六日壬寅（5 月 9 日）

谭廷襄等奏，夷务似有转机，将酌拟办理各条分别开单请旨。清廷批复：前因谭廷襄等将俄夷转述法夷所请各款，开单呈览，业将减税一节尚属可行，其余各条均应议驳。谕令该督等遵照办理。此时俄酋因巴拉第等可以见面，深为感激，并因该督等正言相责，颇知惶愧，愿为劝谕英、法各夷，并求将所议之事分别准驳，勿再迟延。是夷情颇有转机，自应乘势利导。详阅单开各条内，法夷所求诸款，着谭廷襄等仍遵前旨办理。其英夷各款，除偿付军需经费及夷人诣京游历各省两条，业经该督等议驳。其赔补焚烧，既未准法夷所请，英夷事同一例，应毋庸议。至所称准进粤城一条，从前和约内，载有十二年后量为变通之语，原许届期斟酌，因民情

---

① 《清实录·文宗显皇帝实录》卷二四九。

② 《第二次鸦片战争》（三），上海人民出版社 1978 年版，第 290 页。

不服，该夷自行退阻。此时果能交还广东省城，则将来该酋回粤，当谕令新任督臣，酌量情形办理。其五口外请添口岸一条，五口通商，载在和约，若因其暗中业已交易，辄许增添，殊恐将来漫无限制，且此条于法夷未经议准，自未便于英夷复为允许。惟增减货物税则一条，既允法夷所请，英夷应一律办理。其传教夷人之在内地犯法者送交各口领事查办，载在和约，亦应永远遵照。着谭廷襄等即将分别准驳之处，与以照覆。美酋国书，既已准其呈递，余如有所恳请，着与英、法两夷一体办理。至俄夷所请勘定界址及五口通商两款，该督等接奉昨日谕旨后，谅已妥为照覆。此时英、法两夷虽可冀就范围，仍应令俄、美两酋设法开解，以免别生枝节。

谭廷襄等将美夷所求各款原文呈览。清廷批示：美夷通商事宜，原与各国相同。兹阅所请各条，未免另生枝节，惟此时欲筹操纵之方，不得不量予采择。如添设贸易港口一条，五口通商，载在和约，永远遵行，是以前谕不准议添。始有减税之说，今该督等不能拒绝，复据该夷所求入奏，岂能邀准，必不得已，于闽粤两省附近通商海口之地，酌加小口各一处，亦须谕知该两省督抚，查勘妥协，方能办理，此外概毋庸议。又请计吨纳钞一条，据称该国丈量船身，以四十尺为一吨，他国则以五十尺为一吨，故该夷所纳船钞较重。天朝抚驭外夷，一视同仁，该国纳钞较重，自可许其酌减，以归一律，仍听候饬令两广总督查明，通饬五口一体遵行。其所请建立塔表等事，并无成例，应毋庸议。又中国民人，传习天主教不为非者，本为例所不禁，亦毋庸议。至如彼处大臣，驻扎京师及文移等直达礼部、内阁等条，向来无此体制，屡经谕知该督等不能准行矣。其赔偿银两一条，该国被劫、被焚船货等物，均应于失事之时，遵照和约所载办理，为日既久，岂能逐款清理。况如前年被英夷放火所烧货物，岂能向中国清理，亦应驳斥。至倾铸银饼一条，中国向用纹银，银饼本非所重。禁止鸦片烟及骗诱民人出口两条，均系地方官应办之事，亦无俟该夷声请。所有添设口岸一层，将来查办准行后，英、法两夷准其一律通商，不准另请他口。其前此允准增减税则，各国均当核办，况美夷恭顺，自应照办，以符和约内一体均沾利益之语。俄夷既肯为我用，所请五口通商之处，着不必再与计较，即准其与各国一体贸易。惟既屡次加恩，所有黑龙江查勘界址一层，必当秉公查办。

穆克德讷、柏贵奏，遵覆夷务情形，请先许通商。清廷以为，英夷此次称兵犯顺，占踞省会，掳劫督臣，情殊可恶。即使绝其贸易，亦不为过，惟念此事由于叶名琛办理不善，业已降旨将其革职。傥该夷自知悔悟，退出省城，则我朝宽大之恩，尚可恕其既往。该夷以贸易为本，若必不准通商，致令货物壅滞，生计萧条，亦殊非柔怀远人之道。既据柏贵等奏该夷吁请通商，自应乘势利导，暂行允许，以示羁縻。现在俄、美、英、法等国船只均集天津，节据谭廷襄等奏报委员接见情形，并各该酋投递照会，英、法两国尚形桀骜，而俄、美则情词恭顺，且欲从中为英、法好言说合，似无须声罪致讨。其建馆抽厘各节，统俟黄宗汉到粤时，斟酌办理。另奏请于粤海关税饷项下，酌拨银三十万两，充作军需等语，着准其就近陆续提支，以资防剿。①

廿七日癸卯(5月10日)

谭廷襄等会晤美使列威廉，对其所求各款进行谈判，未能完全定议，约定二十九日再商，并请其向英、法说合。同日，俄使普提雅廷因不满谭廷襄等照覆，谢绝会晤，并称"他国之事从此不能再管"。②

廿九日乙巳(5月12日)

谭廷襄奏，俄酋反复，并奏二次接见美酋情形。俄夷所求各款，已允其五口通商，乃该夷于分界一层，又欲以黑龙江乌苏里河、绥芬河为界，不肯遵兴安岭旧约，辄称他国之事从此不管。③

两江总督何桂清奏，英法构衅，二月十五六日，有英夷火轮船七只驶抵上海，探从香港前来。④

美副使卫廉士至天津海口会晤直隶藩司钱炘和，谓国书一事，须按平行之礼，且回函见有上谕，方肯呈递。⑤

近日续到火轮船八只，连前共计二十六只，舰船三只。⑥

夏四月初一日丙午(5月13日)

清廷谕令：前因俄罗斯知照理藩院文，有木哩斐岳幅，由额尔口城赴黑龙江、松花江之语，谕令奕山遵照前章谕旨，会同查勘地界。现在普提雅廷，因为英、法二夷，说合广东犯顺之事，同来天津。俄夷欲在广东等处海口通商，已命谭廷襄许之。惟地界一事，必得秉公办理，方为妥协。兹据谭廷襄等奏，俄夷欲以乌苏里河、绥芬河为界，不以兴安岭为界，其意实欲占我海滨地面，并声言业已行文伊国

---

① 《清实录·文宗显皇帝实录》卷二四九。
② 《第二次鸦片战争》(一)，上海人民出版社 1978 年版，第 638 页。
③ 《清实录·文宗显皇帝实录》卷二四九。
④ 《筹办夷务始末》(咸丰朝)第 3 册，中华书局 1979 年版，第 773 页。
⑤ 《第二次鸦片战争》(三)，上海人民出版社 1978 年版，第 305 页。
⑥ 《第二次鸦片战争》(三)，上海人民出版社 1978 年版，第 305~306 页。

办理，其情殊属可恶。今谭廷襄告以地界一事，现派大臣在黑龙江会同查勘。天津不能知悉情形，难以悬断，但恐木哩斐岳幅到后，在彼处侵扰，以图遂其所求，自应密加防范。现在英、法、美三国船只，尚在天津，英、法二夷在广东犯顺，占踞省城。此次情词，尚形枝鹜。俄国既愿从中说合，特命谭廷襄等以礼相待，并允其海口通商，原属格外加恩。惟该夷贪得无厌，又于地界一节言语反复。倘木哩斐岳幅前来会勘，奕山当查照从前界碑，与之剖辩，不可迁就了事，致开后患。至普提雅廷所称之乌苏里河、绥芬河距兴安岭远近若干，是否从前未定之界，确切查明，详晰具奏。①

初三日戊申(5 月 15 日)

谭廷襄等奏，体察夷情，现筹抚驭，并奏俄夷欲由陆路赴黑龙江，复代各夷要请进京。清廷批复：俄夷以现无船只，水路难行为词，显系知我意在速了，故为迫促之语。分界一事已越数年，该夷日久耽延，何此时忽行急切。现已加恩准其在海口通商，则通商自为先务。彼处之事，现有木哩斐岳幅经理。该夷若能寄信伊国，秉公勘办，固为妥善，否则不必与闻。竟将通商事宜，赴各海口妥为料理，得沾利益，亦不负天朝加惠之意。分界一事，查勘需时，恐其耽误通商。可将此意告知普酋，竟不必派人亲往。至外国人进京，皆系朝贡陪臣。若通商各国，原因获利起见。近年海口事宜，均在广东定议。即康熙年间，与俄夷会议互市，亦均在边界定议，从无在京商办之例。该夷来京，无论人数多寡，中国有何畏惧，实因与体制不合。上年普酋请许来京，尚且因接待礼节向无章程，令其停止。何况英、法两夷，称兵犯顺，尤非恭顺之国可比。此次准其接见大臣已属格外，岂能再准进京。现在减税增口，大皇帝优待外国，已尽其道。普酋若不能说合，只可听英、法回文，如不讲道理，中国亦不以礼待。谭廷襄等亦已尽其力量，不能再办矣。倘英、法等以获利无多，更有奢望，总告以不能再行奏请，其权总在广东。即如减税一事，可多可少，非天津所能定议，总须与广东新任钦差商议也。美欲递国书，前已准其呈进，此次必欲见有上谕，方肯呈递，着谭廷襄等告以天朝体制。凡非朝贡之国，偶有国书往来，均有定式，从不加以傲慢。况今美国，彼以礼来，我以礼往，尽可无庸疑惑。谭廷襄等可摘录此数语，以示该夷，告以奉到谕旨可也。总之夷人要求，断无餍足。上次到津，即系开列多条，追酌允一二事，亦即回帆。此次情形，虽属不同，而详细章程，岂能在津定议。即如税则轻重，货物贵贱，非各海口不能知。广东、福建添设小口，亦必须到彼察看地方，始能指定何处。不过天津已许之事，

①《清实录·文宗显皇帝实录》卷二五〇。

天朝断不食言。其详细节目，尚待外省商定，而大局决无变更。①

初五日庚戌（5 月 17 日）

咸丰帝谕令：谭廷襄等奏夷情遽难就抚。该夷坚请进京，不能允准之处，已于初三日寄谕，并批折内详细指示。该督等尚未接奉，又为此奏，未免过涉惊惶。现在英、法两夷尚无回文，其肆意要求之款正未可知，自应待其回覆，然后斟酌奏办。谭廷襄等屡以允其进京为请，直似此事一准，其余遂可不烦讲论。岂知进京之请，半由俄夷因不允所请，特借英、法为要挟。究之英、法所重者在利，未必全重此事，亦当分别观之。此时俄、美均未允准，何况英、法，且看其回文如何。如必以实情不能上达为忧，再可告以此系远处，尚在他时，若论目前之事，必须到广东商办。设或日后广东有不办之事，尚有福建、两江总督、浙江巡抚皆可请为代奏，不至再有阻隔，其议自寝。然亦须观英、法回文。如果坚执，再以此言作为出路，不必先行谕知也。至谓增口岸，赔损累，皆从前已有之事。从前所以认赔者，因中国烧其烟土二千箱，此次则该夷自行纵火，烧我民房，彼在应赔之列。俄、美两国均在天津，自有公论。中国认赔，实属无名。至口岸自通商以来，十余年未尝议增，今已准其酌加二处。该督等何得谓以近年办法，敷衍了事耶？历次寄谕至详且尽，谭廷襄等但当悉心体会，不可急遽图成。其减税增口二事，须与言明，俟广东事了结后，方能办理。至欲拒以兵力，亦经叠次示谕，如果该夷先开枪炮，断无不行还击之理。若我先用武，则彼更有所籍口，必至肆其鸱张，愈难了结。沿海各省，何处非朕之疆宇，岂能不通筹全局。该督等慎勿轻听带兵将士之言，意在邀功，而不思后患也。②

俄使普提雅廷获悉清政府拒绝公使进京要求，密告额尔金和葛罗，并致函列威廉：清政府的态度使英法联军有了行动自由，要对北京朝廷产生有效的影响，就必须攻打大沽。③

初六日辛亥（5 月 18 日）

英使额尔金、法使葛罗与海军司令集会，决定以武力占领大沽炮台。④

---

① 《清实录·文宗显皇帝实录》卷二五〇。

② 《清实录·文宗显皇帝实录》卷二五〇。

③ 戴维斯：《美国外交文件：美国和中国（1842—1860）》第一辑第十五卷，威尔明顿学术资料出版公司 1973 年版，第 8 页。

④ 《第二次鸦片战争》（六），上海人民出版社 1979 年版，第 145~146 页。

美使列威廉遣杜磐等，向谭廷襄送交国书。①

初七日壬子(5 月 19 日)

直隶总督谭廷襄䌷奏，英、法久无回文，仍藉俄国关说，又遵谕不先行动武。②

清廷谕令：黄宗汉奏探访夷船，欲赴天津，请勿加峻拒。该夷自二月三十日起，陆续驶到火轮船二十九只，艇船三只，均在海口停泊，间有小船驶入拦江沙内，尚不滋事，亦不骚扰海运船只。现派谭廷襄、崇纶、乌尔棍泰驰往大沽与之接见，妥为开导，复派国瑞、珠勒亨、富勒敦泰酌带京兵，前往暗地设防，备而不用。叠据谭廷襄等奏报，俄、美两夷，均来接见，英、法夷酋则仅有照会来往。俄夷所要求者，一为黑龙江分界，一为请准五口通商。美夷所要求者二条，以索赔平日损失货物，请添浙江、福建、广东口岸，欲补递前年福建所递国书三款为大宗。其余皆系枝叶。因其情词尚属恭顺，且英、法桀骛未驯，俄、美欲从中说合，正可用以转圜，是以始虽与之辩论，旋亦酌允数条。俄夷所请分界，许其往黑龙江查勘。五口通商，准与英夷等一律办理。美夷所递国书，已准其呈进，并准其广东福建附近大口处所，各添小口一处，又欲减该国货船吨钞，皆准令回广东酌议详细章程。至法夷所开十条，皆由俄夷转述。其索赔兵费一条，欲于内地江河贸易一条，广行天主教给与照票任其行走一条，派员进京一条，多与英夷来文相同，已令谭廷襄等据理拒绝。惟酌减税则一条，英、法与美皆有是请，尚可量准，亦令谭廷襄谕知，令其回粤听候酌议。至法夷于广西西林县一案犹哓哓不已，此则不过将来再费一番查办，无足重轻。以上各条，自历次理谕后，英、法两夷尚无覆音，美夷亦尚未满志，而其籍口于必欲进京，即俄夷亦随声附和，兵船停泊，无非虚声恫喝之意。该夷志在获利，而所欲无厌，且俟其如何答覆，再作计较，断不能使畅然满志。惟有许其大略，仍以广东为归宿，俟有定议，再行谕知该督也。广东已与开市，而夷人尚踞城中，穆克德讷、柏贵均为所挟持，奏报及寄信谕旨，大约皆须该夷过目，不但不成事体，且控制机宜，无从下手，甚至与夷酋联衔出示，尤不足服粤民之心。黄宗汉到粤后，断不可入省城。其穆克德讷、柏贵等应如何设法，令勿与夷人为伍，然后可以办事。前已谕谭廷襄等与英、法要约，令其于四月内退出广东省城。如逾限不肯缴还，即调兵攻剿，绝其贸易，亦尚未据回覆。然省城尚有夷兵踞守，何得先议通商，柏贵为夷挟制，办理毫无把握。此时若不动兵，则城中夷目断不肯去。若与动兵，又与天津现办情形不合。只可先行慑以虚声，再筹办法。

---

① 《第二次鸦片战争》(三)，上海人民出版社 1978 年版，第 317~319 页。
② 《筹办夷务始末》(咸丰朝)第 3 册，中华书局 1979 年版，第 787~789 页。

前据骆秉章奏绅士团练，非经官司谕令，不敢举行，必俟新总督到粤，为之主持。现在夷人，不敢凌虐百姓，实畏粤民强悍。又据罗惇衍等奏，已招募东莞等县及三元里等乡并佛山九十六乡练勇，密为防备，而声势尚孤，未可举动。是粤东民情可恃。现在虽不举兵，尚足以自卫。傥该夷遵谕回帆，缴城候议，自可息兵。如因不遂其求，遽启戎心，不得不与用武，候旨遵办可也。再潮州镇总兵寿山，于上年九月间，即经叶名琛奏派令带兵二千名，赴援广信，至本年二月间，始据柏贵奏令暂缓启程，其间相距四五月，何以迁延不进。据福兴奏，该总兵始则以筹给口粮为词，继又屡请改道，舍近图远，着黄宗汉查明该总兵于未经柏贵奏留之先，何以屡次托词延宕，即行据实参奏，毋稍徇隐。至廉州府属灵山县现在失守，西北两江土匪，尚肆纵横，肇庆府城复有广西艇匪，顺流窥伺，粤东各属匪踪遍地，黄宗汉到后，即当迅筹布置，次第廓清，务使内患悉平，然后夷务可期就绪。

黄宗汉奏，闽省自行使铁钱，钱贱粮贵，贫民困苦，三月中南台一带，因海防厅办理团练未洽舆情，激成众怒，势甚汹汹，相率以钱法粮价为词，入城至前尚书廖鸿荃家嚷闹，旋至督署。经将军东纯等悬牌许以搭用铜钱，并倡捐粮石，半赈半粜，始各散去。①

初八日癸丑(5 月 20 日)

谭廷襄奏，代进美夷国书。该夷所递汉字、夷字国书各一件，以修好问安为词，欲派其国全权大臣，驻扎京师，与俄夷之意相同。②

上午八时，英法联军向谭廷襄等发出最后通牒，限两小时内交出大沽炮台。十时，联军跑船闯入河口，随即向炮台发起攻击，俄、美舰船也驶入白河助威。守军反击，激战二时许，北、南炮台相继失守。此战英法联军伤亡近百名，沉四只舢板，法炮艇"散弹"号遭重创，四名军官死亡。清军伤亡四百余人。③

初九日甲寅(5 月 21 日)

本日卯刻，谭廷襄等奏，夷船联络并进，复投递逆文。午刻，该督等驰奏，逆夷开炮攻击炮台，虽经击坏夷船四只，讵该夷船联络直上，闯入内河，轰伤兵勇，炮台被占。

① 《清实录·文宗显皇帝实录》卷二五〇。
② 《清实录·文宗显皇帝实录》卷二五〇。
③ 《第二次鸦片战争》(六)，上海人民出版社 1979 年版，第 147~154 页；《第二次鸦片战争》(一)，上海人民出版社 1978 年版，第 642~646 页。

命科尔沁亲王僧格林沁酌带兵勇，赴通州一带防堵。①

初十日乙卯（5 月 22 日）

清廷谕令：昨据谭廷襄等驰奏，逆夷船只闯入天津海口，轰伤兵勇，将炮台占踞等语。英、法二夷，在粤东犯顺，复敢驶至天津，要求无厌。俄、美二夷，托说合为名，以济其要求之念。业经谭廷襄等委曲理谕，并有酌量加恩之处。而英、法二夷未遂其欲，突肆猖獗，情殊可恶。该夷既敢在天津猖獗，所有奉天、山东、江苏、闽、浙各省海口，难保不肆意侵犯。着各该将军督抚等随时侦探，于水陆各要隘不动声色，严密设防。总须于夷船未到之先，有备无患，是为至要。

前据何桂清等奏，探明天津海口之北，有塘儿湾、大清河、小清河等口，天津之南有大山利津等口。海运米船，设有阻滞，即可就便收泊，再行剥运。并据崇恩奏，夷船北来，意甚叵测。如有续到漕船，饬令挽入偏僻海口，暂行停泊守护，俟探明天津情形，或仍催前进，或设法起运各。清廷即着文彩等相度情形，由内河设法剥运赴通。其在山东境内小口收泊者，着崇恩饬属酌量地方，或囤积仓廒，陆续由运河运至通州，或俟探明天津事定，再令由海前进，并饬沿海文武，查有米船北驶者，即令挽入偏僻海口，一体停泊，相机妥办，以免贻误。②

十一日丙辰（5 月 23 日）

谭廷襄等奏炮台失事情形，并俄、美二夷仍愿说合，恳准羁縻。逆夷于初八日闯近北炮台，转身先击南炮台，使两炮台皆不得力，复开放砟炮，以致游击沙春元等阵亡，兵勇溃散，炮台被占。③

以督办防务、调度无方，革直隶总督谭廷襄职，拔花翎，仍留任。

十二日丁巳（5 月 24 日）

清廷谕知僧格林沁，一俟密云官兵行抵通州，即饬驰赴天津，归托明阿统带，着即相度地势扎营，以资防御。该夷探测水势，均系舢板，自非如轮船之迅疾，当可易于阻止。且恐此项测水之船，复有俄美在内，则转圜之说，仍属空言，尤应督饬提镇严为防御，勿使再有深入。

---

① 《清实录·文宗显皇帝实录》卷二五〇。
② 《清实录·文宗显皇帝实录》卷二五〇。
③ 《清实录·文宗显皇帝实录》卷二五一。

谭廷襄奏，夷船倏忽内驶，筹防紧要，仍请酌拨京兵星夜来津。清廷批复：现在京兵已难再调，惟察哈尔三四起兵一千名，本日据西凌阿奏已派员驰赴永平等处截回通州。此项官兵抵通后，并着僧格林沁等简派得力之员管带，饬令前赴天津，听候谭廷襄、托明阿调遣。僧格林沁等驻扎通州，原以保卫京师，设津郡事机紧急，必须亲自前进，亦祇宜于杨村蔡村等处择要驻扎，庶于京师相距不远，而于津郡呼应亦灵。至官兵调赴津郡，僧格林沁等军营兵力太单，所有直隶通永等镇官兵相距尚近，即着酌量调拨，以资防守。

以直隶天津炮台失守，革副都统富勒敦泰、提督张殿元、总兵官达年、副将德魁职，仍留营督带兵勇。①

十三日戊午（5 月 25 日）

前因夷船驶入海口，炮台被占，清廷谕令：文彩等将未经进口沙船妥筹办理，并谕崇恩查明山东各海口收泊米船，设法起运。本日据文彩等奏称，江苏钮隆盛沙船一只，于十一日进口，被夷人将船掳去，抢去漕米九百余石。据该沙船耆民称，北上时见有沙卫米船数百只，在山东石岛、俚岛一带停泊，未敢前进。着崇恩即派妥员分赴各口，查明停泊米船共有若干，应如何囤积仓廒，陆续由运河运至通州，或俟天津事定，再行由海前进，妥筹办理。并先饬令各海口文武将停泊各船设法保护，无令稍有疏失，后来船只并着知照，勿令径赴天津。其直隶各小口有无沙船停泊，着谭廷襄饬属详查。应如何设法运通，即着文彩妥为筹办。现在崇纶会同谭廷襄办理夷务，海运事宜系文彩专司，着仍驻津城，俟查验米石完竣，再行来京。至未到米船，如均在山东境内，天津无可查验，俟东省议定章程后，应否饬令江浙粮道前往山东各海口盘交米石之处，并着文彩、谭廷襄、崇纶、崇恩届时酌办。②

十五日庚申（5 月 27 日）

前谭廷襄等屡次奏请添调京兵。节经饬令僧格林沁等将密云兵五百名，察哈尔三四起兵一千名调赴天津。本日复据谭廷襄等奏，该夷大小火轮船七只，带舢板多只，直入内河。经该督等沈船下石堵塞，不料夷船乘潮而上，仍复开通，居民迁徙，兵勇溃散。扼守北河及分布近城地面之兵为数无多，现在导水旁泄，以涸其船。

---

① 《清实录·文宗显皇帝实录》卷二五一。
② 《清实录·文宗显皇帝实录》卷二五一。

咸丰帝谕令：谭廷襄等奏，夷船驶入内河，并呈递俄夷来文各折片，览奏殊堪愤懑。该夷先启兵端，狂悖至此，以情理而论，直不能再与说合，惟有斥回广东与之一决。所以仍俟俄美回信者，因念天津为近畿重地，姑与转圜，以为缓兵之计。乃俄夷来文，仍执进京为说，又欲在天津府城会议。设令该夷恃强占踞，岂不蹈广东覆辙，此皆万不能行之事。该督等所称仍示羁縻，究竟如何办法，岂事事允准，遂为羁縻之法耶？至沈船阻水，原须节节设备，断非一二处所能阻隔。且两岸必须有兵防守，庶使该夷拔船起碇之时，岸上即可轰击。今览该督所奏，似止单层一道，岸上又无兵勇，致有此失，殊堪痛恨。据称将北运河堤决口泄水，能否使夷船涸浅，不至深入。至分布兵勇于近城一带，固系防其内犯，然自近城至海口百余里，岂遂置之不顾，任听该夷句（勾）结奸匪，要胁良民，私通贸易，日久相安。岂不以大沽为香港，而以天津为广州，将来何能驱之使去。该督等于夷务办理月余，毫无把握。迫事机决裂，又不能远守，而节节退避。设竟闯入城中，该督等又将作何收拾耶？京营官兵，惟国瑞所带未被冲散，则珠勒亨所带自必亦已退败。着即查明，据实具奏。本日据许乃普奏，悬赏募勇，袭击夷船，是否可办，着将原折钞给该督等阅看。如可采择，亦足慑该夷之胆。其另片所称稽察奸民，安插水手，并廉兆纶奏招集水手，编为义勇各等语，如海运船只，尚未出口，则照此办法，亦可潜消隐患。廉兆纶所称办团绅士费荫章乡望未孚之处，着谭廷襄另择素洽舆论之人，专司团练，以期得力。①

十六日辛酉(5 月 28 日)

谭廷襄等奏，夷船直抵津关。据称十四日，逆夷火轮船直抵津关，在后之船亦相联而进，并未上岸滋扰。该督等令府县往见，该夷请另派大臣前往共议。②

黑龙江将军弈山与俄国东部西伯利亚总督穆拉维约夫签订《爱辉条约》。"黑龙江、松花江左岸，由额尔古讷河至松花江海口，作为俄罗斯国所属之地；右岸顺江流至乌苏里河，作为大清国所属之地；由乌苏里河往彼至海所有之地，此地如同接连两国交界明定之间地方，作为两国共管之地。由黑龙江、松花江、乌苏里河，此后只准中国、俄国行船，各别外国般只不准由此江河行走。黑龙江左岸，由精奇里河以南至豁尔莫勒津屯，原住之满洲人等，照旧准其各在所住屯中永远居住，仍着满洲国大臣官员管理，俄罗斯人等和好，不得侵犯。"③

① 《清实录·文宗显皇帝实录》卷二五一。
② 《清实录·文宗显皇帝实录》卷二五一。
③ 《中外旧约章汇编》第一册，生活·读书·新知三联书店 1957 年版，第 85～86 页。

十七日壬戌（5 月 29 日）

昨因谭廷襄等奏请，已派桂良、花沙纳驰往天津筹办夷务。兹复据奏称，夷船窥伺北河，迅宜堵截。①

十八日癸亥（5 月 30 日）

谭廷襄等奏，夷船窥伺北河，因水浅退回。英夷小火轮船一只，行至北河王家庄，即被浅阻，渐渐退回。②

十九日甲子（5 月 31 日）

昨据谭廷襄奏，英夷小火轮船至北河王家庄，即被浅阻，渐渐退回。是该夷此时不敢遽行北驶，仍应于水陆两路，节节设备，以免疏虞。据军机章京焦佑瀛呈称，北运河岸杨村有坝一道，南运河岸静海县以上亦有坝一道，若启放泄水，则天津海河来源已断，可使夷船阁（搁）浅。北运河一带，瑞麟已前往查看。其南运河是否可以照办，清廷着僧格林沁即派妥员会同该地方官查明办理。③

二十日乙丑（6 月 1 日）

前因夷船驶抵津关，复图窥伺北河，节经谕令谭廷襄等将决口泄水等事，迅筹妥办，并谕僧格林沁等悉心体察，于运河两岸，节节设防，以资堵截。本日复据修撰张之万奏，北运河自津郡而上为西沽，再上为桃花口、蒲口、杨村，而杨村市镇较大，为剥船停泊之所，易启夷情窥伺，请饬带兵大臣统筹形势，先据要隘。即于杨村以下，择河流曲折处所，或下木桩，或用囊沙，层层堵塞。即以我精锐之师列营屯守，该夷断不敢舍舟登陆。夷船现欲沂流北驶，以为挟制，虽其小火轮船于王家庄阻浅退回，而当此夏令雨多，河流恐其复旺，必得层层阻隔，使不得乘潮而上，方免意外之虞。清廷着僧格林沁、瑞麟体察情形，妥筹办理。至前谕于王家务、筐儿港两处引河泄水，闻居民恐田地被淹，多不乐从。该处河流本有入海故道，即昨日焦佑瀛所呈各河口皆系减水引河，原于民田无碍，但恐任意开放，浸及

---

① 《清实录·文宗显皇帝实录》卷二五一。
② 《清实录·文宗显皇帝实录》卷二五一。
③ 《清实录·文宗显皇帝实录》卷二五一。

民田，转致民间惶惑，着僧格林沁等妥筹启放，毋拂舆情。

谭廷襄等奏，夷船退回三岔河待抚，惟探闻该夷船内暗带潮勇，且有步队。近日海外又有续到之船。该夷复因望海楼有空屋数间，坚欲暂住，禁阻不听，情形实为叵测。请严防陆路北窜。兹复据谭廷襄等奏称，四国夷酋投递公文，以现闻钦差来津，如果有全权，便宜行事，或准或驳，皆可定议，否则伊等仍须进京。水路难行，以改陆路。傥有人拦阻，必行抵御。清廷谕令：桂良等接见该夷后，如非不情之请，即可量为斟酌办理。惟逆夷要求多款，势难悉如所请，一有不遂其欲，竟恐豕突狼奔，由陆来犯。现派伊勒东阿统领京兵九百名，前赴通州，着僧格林沁等速即查明，何处为天津赴通，水陆必由之路，俟伊勒东阿到营，即饬带兵驻扎，作为前敌。至僧格林沁营盘，似宜酌量移至后路八里桥一带，相度要隘驻守。该夷设竟来犯，即着督饬将士截击。该亲王在后调度，仍宜格外慎重，不可轻于一试，致损国威。

革职留任直隶总督谭廷襄等奏，夷船退回三岔河待抚，因天热，暂驻望海楼空屋。得旨：住房实豫为通商地步，不闻居民有起而阻之者，人心若此，可胜浩叹。又奏：请严防陆路北窜，臣誓与津存亡。得旨：汝节制全省，岂止守一津郡。若如是自誓，实为有负委任，如大局何。不料汝竟有此想，乖谬已极。①

廿一日丙寅(6 月 2 日)

咸丰帝谕令：现在天津海口，有英吉利等国夷人占踞炮台，小火轮船行抵王家庄地方，因水浅不能前进，声言欲由陆路进京，已派大学士桂良等前往查办，并令僧格林沁驻扎通州一带，扼要堵截。近畿地面，均经布置防守。惟恐该夷一经登岸，必致任意窜突。马兰、泰宁两镇为陵寝重地，必应慎密设防。且恐有附近土匪乘机窃发。着绵森、载龄会同载华、端秀、载容、载茯等督率兵丁，加意严防，认真巡缉，毋令奸宄溷迹，不得稍涉疏懈。②

穆拉维约夫为庆祝《瑷珲条约》的签订，在海兰泡集会，宣布将该地改名为"布拉戈维申斯克"(报喜城)，后乘船带兵东驶。③

广东省城夷兵千余出城，于近村奸毙良妇二人，掳去处女三人。④

---

① 《清实录·文宗显皇帝实录》卷二五一。

② 《清实录·文宗显皇帝实录》卷二五二。

③ 巴尔苏科夫：《穆拉维约夫-阿穆尔斯基伯爵(传记资料)》卷一，商务印书馆 1974 年版，第 514 页。

④ 《筹办夷务始末》(咸丰朝)第 3 册，中华书局 1979 年版，第 971 页。

廿二日丁卯(6月3日)

清廷谕令：桂良、花沙纳于十九日启程，二十一日可以抵津，当已会同崇纶接见四国夷酋。俄、美是否仍理前说，英、法两酋有何吁请，想该大学士等定将详细情形奏报在途矣。昨降谕旨，赏耆英侍郎衔办理夷务。因道光年间，与英夷订立和约等事，均系该员经手。故此次仍令前往办理。桂良等可令委员传知该夷酋等，并密探夷情若何。至该夷要求各款，一时自难说定，可告以俟耆英到津后，再为酌办。美酋前进国书内，仅有墨匡写国玺两字，未用该国之玺，未如何故，此系崇纶经手之事，可于见美酋时问之。①

广东团练击败出城滋扰之夷兵，斩其总兵仕边治，并于三宝墟击毙夷目两名，夷兵一百余名，伤五六十名。②

廿三日戊辰(6月4日)

本日据侍讲许彭寿奏，夷人专恃火器，广东百姓与夷人陆路接仗，每先开窨濠沟，使该夷技无可施。清廷着将原片钞给僧格林沁、瑞麟阅看，即着该大臣等体察地势情形，密为豫备。

侍讲许彭寿奏，闻人传说，广东绅士督率义勇大举剿夷，连获胜仗。现在天津海口英夷船只，已退回二只。

崇恩奏，截留米船，筹议起卸。山东收口米船，前已催令开行，嗣因接奉谕旨，复经崇恩飞饬沿途文武，分别截留起卸。此时或不致全数出境，其在后米船为数尚多，现在筹议起卸一切章程，该省均无案据。清廷着文彩等，即饬江浙两省粮道，即日由陆路前往山东，由崇恩饬赴海口，会同山东派出委员分别验收，刻下抵津米船，未经起剥者，急切尚难运通，文彩着仍暂驻天津，毋庸回京。③

廿四日己巳(6月5日)

咸丰帝谕令：前因谭廷襄奏以守一津郡自誓，当于折内严切批示，并谕该督饬令带兵大员严密防范。兹闻三岔河口所泊大火轮夷船，即系十九日由红桥退回之船，时有夷匪登岸闲游，并于望海楼、海佛寺、阅海寺修造工作。本地之人皆为所

---

① 《清实录·文宗显皇帝实录》卷二五二。
② 《筹办夷务始末》(咸丰朝)第3册，中华书局1979年版，第971页。
③ 《清实录·文宗显皇帝实录》卷二五二。

用，将成夷馆。天津城内铺户居民已大半迁徙，仅知县典史在署居住，并无官兵防守，民勇亦不知散居何处。涣散情形，闻之实深愤懑。谭廷襄现尚留任，责无旁贷，若任令居民为夷所用，必至津郡被其占踞，与广州情形一辙。该督等亦将为夷人所制，岂不寒心。谭廷襄失事于前，朕不即加严谴，此时有何补救，当与地方文武激发天良，密计图维，以冀挽回大局。

福建台湾镇总兵官邵连科奏，巡阅南北两路水陆营伍。得旨：海外重地，戎政最为紧要。毋因校阅甫竣，稍涉疏忽。仍应时加防范，以期靖谧。①

以头等侍卫托明阿为直隶提督，已革提督张殿元留营差遣。

廿五日庚午(6 月 6 日)

桂良、花沙纳奏，到津后，知照各夷，分日相见，于二十三日与英酋额尔金会晤。该酋将伊国王所给敕书关防相示，桂良等告以中国查办事件，向无敕书关防。该酋颇怀疑虑，并未说及要求之事。桂良等拟托俄夷代为开导，惟俄夷前来说合，实为自请通商地步。迨允其通商，又称英、法二夷必欲进京，如果不允，伊即不管此事。

谭廷襄奏，夷情稍定，已退出船二只，并办理防护情形。清廷谕令：该督现既择游民之强者，作为勇目，务当妥为约束，毋令民夷杂处，致滋勾结，并懔遵昨日谕旨，密计图维，毋得以仍在议抚，防范稍形松懈。现在夷船虽不能遽行上驶，闻带有潮勇及闽广匪徒，难保不由陆路窥伺，所有带兵各大员，必得勇敢出众，方足以资表率。据光禄寺少卿焦祐瀛奏，开州协副将田在田，前在山东督练杀贼，颇能得力，堪为前敌。着该督即饬该员迅赴通州，交僧格林沁听候差遣。所奏将国瑞原带马队五百名，并续拨内火器营兵五百名，仍留津郡之处，着仍与僧格林沁咨商办理，如杨村一带，必须此项官兵镇守。天津尚多绿营兵丁，堪资防堵，仍当调回兼顾为要。②

恭亲王奕訢奏，着英办理洋务，不可一味示弱，敷衍了事。③

廿七日辛未(6 月 8 日)

桂良、花沙纳奏，英夷声言必须允其进京，方能在津议事。另奏俄夷愿向各夷说合，俟议定后，再行进京瞻仰，并无他意。清廷指示，桂良、花沙纳与各夷接见

①　《清实录·文宗显皇帝实录》卷二五二。
②　《清实录·文宗显皇帝实录》卷二五二。
③　《筹办夷务始末》(咸丰朝)第 3 册，中华书局 1979 年版，第 873~874 页。

后，可先将所求条款，应准应驳，先为知照。该夷等能否听从，尚未可定。此时俄夷既许议定后进京瞻仰，可告以速将各条定议妥协，并将兵船退至拦江沙外，然后再议进京之事。

有人奏，访闻达年驻守大沽炮台，夷船开炮。该署镇及副将都司首先逃避，直抵天津府城，致令兵勇同时溃散。逆夷直达三汊河口，该处兵民同声忿恨。清廷着谭廷襄确切查明达年逃避情形，并该副将都司等是否同逃，一并据实参奏。①

以直隶天津海口失事，革张湾营都司奇车布等职，仍留营效力。

廿八日癸酉(6月9日)

清廷指示，本日据桂良、花沙纳奏接见各夷及现办情形，所请颁给钦差大臣关防业已饬部铸造。该夷酋如果前来探询，可告以业经奏请。如果允准，不日自可颁到。至美夷前进国书，本日已将答复玺书由驿发去，桂良等于奉到后，即可传知该公使令其祗领，俾得回国复命。惟闻近日各该夷有骑马入天津郡城之事，并据前日桂良等奏，该夷轮船围逼津郡城下，枪炮迅利，是津郡情形非常紧迫。现虽以议抚为羁縻，而该夷反复靡常，难保不忽然生变，闻津民业已集团，人数不少。如果联络一气，自可收众志成城之效。此事未便明白出示晓谕，谭廷襄惟当密谕张锦文等，分其设法纠集团勇，暗中严密布置，以备不虞，不可冀幸抚局将成，稍涉大意。②

僧格林沁奏水路筹防情形。③

廿九日甲戌(6月10日)

本日据桂良等奏，英夷所求条款，连日派员面议，分别准驳，而该夷情形似非全准不可。清廷以为该夷要求各款内，如镇江、汉口各处通商，并由江通海各处任凭伊国随时往来。要紧地方，由伊国设领事官，惩办不法之徒，直欲以中国地方听伊出入，所请断属难行。现已谕知耆英正言驳斥，另行设法羁縻。惟该夷以此款为最要，一经拒绝，其决裂实在意中。此时调拨各兵，渐可齐集，着僧格林沁相度要隘，妥速布置，不可迟缓。天津府城危在旦夕，该大臣谅亦探有消息。官军挫败以后，战守两难，惟有激励民团，尚可冀其出力保卫府城。僧格林沁如闻该夷内犯之信，或派委干员，或颁发告示，激励乡团，以助兵力。现闻杨村通州等处官兵因食物昂贵颇形苦累。当此防剿吃紧之际，若听其饥疲，兵丁何能出力。所得口分，应

---

① 《清实录·文宗显皇帝实录》卷二五二。
② 《清实录·文宗显皇帝实录》卷二五二。
③ 《筹办夷务始末》(咸丰朝)第3册，中华书局1979年版，第892~893页。

如何酌量加增，俾得宿饱，并着该大臣迅速核计，传谕粮台办理，续调密云兵五百名，由署副都统哈福那亲带来京，已令其归僧格林沁调度。现应派往何处驻扎，即着量为派拨。

咸丰帝晓谕耆英：不必拘定与桂良等会商，即亲向该夷开导，于所请各条内，酌量添允数条，将江路通商及游行内地两事设法杜绝，以免决裂。至该夷情状，耆英素所深悉。天津逼近京畿，情形危急，不得不从权计议。惟如前二事之断难允准者，该夷必欲坚执，是本无议和之心，耆英不妨与英夷说破，看其有无转机，再行酌量通融筹办。至何事可行，何事不可行，耆英必有把握，朕亦不为遥制也。

齐承彦奏请饬举行团练，以备堵御。天津夷船停泊城下，且闻船内藏有闽粤匪徒。傥所求不遂，必致肆意冲突。由津至通各州县地方，民情强固，足资捍御，然必得地方官善为倡率，始足鼓舞民情。清廷着该兼尹等即饬武清、东安、通州等各州县，晓谕居民，实行团练，以保卫身家。

五月初二日丙子(6 月 12 日)

前据桂良等奏，英夷欲在江路通商，并欲与内地任意往来，当以后患无穷，未经允准。并因耆英尚未与该夷会晤，令其亲向开导，设法杜绝。本日复据奏称，英、法两酋托故不与耆英相见，而夷使李泰国仍将前两事立逼应允，是其有意要挟，专择我万不能允之事，故肆刁难，其实无非贪利。清廷着桂良、花沙纳先行拒绝，于该夷续请各事，概勿轻允，然后耆英出为转圜，则该夷自当深信耆英，不敢推托。前谕桂良等准于五口之外，酌添两小口，今既要求无厌，即着耆英酌许闽、粤地方一大口。如仍未满所欲，或再许一大口亦可。总须在闽粤地方，不得擅许内江地面。耆英素悉夷情，当知其利之所在。如与中国无甚伤碍，另有可令该夷获利之处，尽可酌量饵之，以免他患。如桂良等去时，所交条款内有美夷所求五六十万，未曾允准。如必恳求，即照从前上海免税之例，俟广东开市后，酌免按月税银。此条可以饵美夷。其英、法有无类此款项尚属有名者，亦不妨酌许。若大有碍于中华者，仍不能允准也。俄夷欲请裕诚携带伊国喇嘛学生赴津，其意不过因裕诚系大学士。今桂良官职与裕诚同，而又系钦差，如有要言，即可与桂良说知，自不必裕诚前往。其喇嘛学生人等，日内即当派员送往天津，桂良等可即以此意复之。①

以剿办浙江洋匪出力，赏都司郭林一等蓝翎，余升叙有差。桂良等奏，耆英到津，英法不与相见。连日传闻，英夷因从前受其愚弄，有报复之意。请准其回京，以免意外。②

---

① 《清实录·文宗显皇帝实录》卷二五三。
② 《第二次鸦片战争》(三)，上海人民出版社 1978 年版，第 403~404 页。

穆拉维约夫抵黑龙江和乌苏里江汇合处伯力，下令在乌苏里江东安图勒密地方建筑炮台，架设要塞炮四门，并指定哥萨克军第十三边防营在伯力屯守。①

初三日丁丑（6 月 13 日）

桂良、花沙纳与普提雅廷签订《中俄天津条约》十二条。内容有"此后除两国旱路于从前所定边疆通商外，今议准由海路之上海、宁波、福州府、厦门、广州府、台湾、琼州府第七处海口通商。若别国再有在沿海增添口岸，准俄国一律照办"；"陆路前定通商处所商人数目及所带货物并本银多寡，不必示以限制。海路通商章程，将所带货物呈单备查，抛锚寄碇一律给价，照定例上纳税课等事，俄国商船均照外国与中华通商总例办理。如带有违禁货物，即将该商船所有货物概行查抄入官"；"俄国在中国通商海口设立领事官。为查各海口驻扎商船居住规矩，再派兵船在彼停泊，以资护持。领事官与地方官有事相会并行文之例，盖天主堂、住房并收存货物房间，俄国与中国会议置买地亩及领事官责任应办之事，皆照中国与外国所立通商总例办理"等。②

初四日戊寅（6 月 14 日）

桂良等奏，着英自到津后，英、法两夷不与相见，深怀疑贰，请饬回京。

奕山奏，已会同夷酋木哩斐岳幅将乌苏里河、至海口等处分界通商事宜，合约定议，即签订《瑷珲条约》。该夷酋所请黑龙江左岸旧居屯户之外所余空旷地方，给与该夷安静存居，并江中准其行走。其松花江、乌苏里、绥芬等河，界属吉林，距兴安岭远近，奕山不能悬揣。清廷着景淳迅速查明。如亦系空旷地方，自可与黑龙江一律办理。倘该处本有居人，一旦为夷占踞，与我国屯丁耕作均有妨碍，景淳当咨明奕山仍应与该酋据理剖辨，不可一概允许，又滋后患。至该夷所请于黑龙江通商之事，即着奕山体察情形，妥筹条约，一面仍严密防范，设法驾驭，毋令该夷既遂所欲，更肆要求无厌也。

以洋务未定，托词剿贼出省，革署广东巡抚布政使江国霖职，以前任安徽布政使毕承昭为广东布政使。③

---

① 巴尔苏科夫：《穆拉维约夫-阿穆尔斯基伯爵（传记资料）》卷二，商务印书馆 1974 年版，第 177 页。

② 《中外旧约章汇编》第一册，生活·读书·新知三联书店 1957 年版，第 86~89 页。

③ 《清实录·文宗显皇帝实录》卷二五三。

桂良奏，已暂允英要求内地通商、游历各省两节，俟军务完竣后酌办。①

直隶总督谭廷襄奏，洋人骚扰，饬团练但与理论，不得遽伤其命，致误大局。②

初五日己卯（6 月 15 日）

咸丰帝谕令：耆英经朕弃瑕录用，委任办理洋务，乃畏葸无能，大局未定，不候旨擅自回京，不惟辜负朕恩，亦无颜以对天下，实属自速其死。着僧格林沁派员将耆英锁扭押解来京，交巡防王大臣、军机大臣、会同宗人府、刑部严讯具奏。

穆拉维约夫派布多戈斯基率领"勘察队"溯乌苏里江上驶，"前去选择明年（1859）屯驻一整营哥萨克的地点"。③

初七日辛巳（6 月 17 日）

前因夷人所求内地通商游历及进京一节，虽经桂良等许以缓图，仍恐贻后日之患，令其嘱俄使转圜。本日据桂良等奏，沥陈现办情形一折。据称明知和议既成，必有从而议其后者，然不敢因此而不顾大局。因思兵费一节，原属无理，惟前许其到粤公论，此时若已许之，毋庸另议。至内地通商及进京二事，皆不可行。桂良等已知照该夷，未知如何回覆。据奏，英夷现感桂良等优待之意，疑虑稍释，桀骜亦稍逊于前。该大臣等既令委员详细开导，复托俄夷婉转关说，如有转机固好。傥必无挽回之术，亦只可就桂良等所议办理，不至目前决裂。但此外或尚有不可行之事，续肆要求，堕其术中，更无把握，必须定议后即退兵船，并不别生枝节，方可与之定议，准其将详细章程驰奏。现闻夷人已有占踞村庄之事，防其欲久驻天津，不可不豫为计及。再据宋晋片奏，嘎吧、李泰国可隐饵以利各等语，清廷着桂良等妥筹，酌量办理。④

初八日壬午（6 月 18 日）

直隶总督谭廷襄奏，英美在津骄悍，晓谕居民不得妄动。⑤

① 《筹办夷务始末》(咸丰朝)第 3 册，中华书局 1979 年版，第 915~916 页。

② 《筹办夷务始末》(咸丰朝)第 3 册，中华书局 1979 年版，第 919~920 页。

③ 巴尔苏科夫：《穆拉维约夫-阿穆尔斯基伯爵(传记资料)》卷二，商务印书馆 1974 年版，第 177 页。

④ 《清实录·文宗显皇帝实录》卷二五三。

⑤ 《筹办夷务始末》(咸丰朝)第 3 册，中华书局 1979 年版，第 932~933 页。

盛京将军庆祺奏沿海布置情形。①

桂良、花沙纳与美使列威廉签订《中美天津条约》三十款。内容包括:"大合众国大臣遇有要事,不论何时应准到北京暂住,与内阁大学士或与派出平行大宪酌议关涉彼此利益事件。但每年不得逾一次,到京后迅速定议,不得耽延。往来应由海口,或由陆路,不可驾驶兵船;进天津海口,先行知照地方官,派船迎接。若系小事,不得因有此条轻请到京。至上京,必须先行照会礼部,俾得备办一切事款,往返护送,彼此以礼相待。寓京之日,按品豫备公馆,所有费用自备资斧;其跟从大合众国钦差人等,不得逾二十人之数,雇觅华民供役在外,到处不得带货贸易";"大合众国如有官船在通商海口游弋巡查,或为保护贸易,或为增广才识,近至沿海各处,如有事故,该地方大员当与船中统领以平行礼仪相待,以示两国和好之谊;如有采买食物、汲取淡水或须修理等事,中国官员自当襄助购办。遇有大合众国船只,或因毁坏、被劫,或虽未毁坏而亦被劫、被掳,及在大洋等处,应准大合众国官船追捕盗贼,交地方官讯究惩办";"大合众国民人在通商各港口、贸易,或久居,或暂住,均准其租赁民房,或租地自行建楼,并设立医馆、礼拜堂及殡葬之处。听大合众国人与内民公平议定租息;内民不得抬价勒索;如无碍民居,不关方向,照例税契用印外,地方官不得阻止。大合众国人勿许强租硬占,务须各出情愿,以昭公允。倘坟墓或被中国民人毁掘,中国地方官严拿,照例治罪。其大合众国人泊船寄居处所,商民、水手人等只准在近地行走,不准远赴内地乡村、市镇、私行贸易,以期永久彼此相安";"大合众国民人,嗣后均准挈眷赴广东之广州、潮州,福建之厦门、福州、台湾,浙江之宁波,江苏之上海,并嗣后与大合众国或他国定立条约准开各港口市镇;在彼居住贸易,任其船只装载货物,于以上所立各港互相往来;但该船只不得驶赴沿海口岸及未开各港,私行违法贸易。如有犯此禁令者,应将船只、货物充公,归中国入官;其有走私漏税或携带各项违禁货物至中国者,听中国地方官自行办理治罪,大合众国官民均不得稍有袒护。若别国船只冒大合众国旗号做不法贸易者,大合众国自应设法禁止";"经两国议定,嗣后大清朝有何惠政、恩典、利益施及他国或其商民,无论关涉船只海面、通商贸易、政事交往等事情,为该国并其商民从来未沾,抑为此条约所无者,亦当立准大合众国官民一体均沾"等。②

初十日甲申(6月20日)

桂良、花沙纳奏,英夷将次就范,现拟从权办理。英夷所求各条,种种皆贻后

① 《筹办夷务始末》(咸丰朝)第3册,中华书局1979年版,第933~935页。
② 《中外旧约章汇编》第一册,生活·读书·新知三联书店1957年版,第89~95页。

患。如内地通商一节，原议军务完竣再办，而该夷即欲于镇江先立马头，可见步步进占，所求无厌。现在该夷滋扰海口，海运已难踵办，势不能不改由河运。若复任其盘踞镇江，则河运亦难办理，实为大患。可明白晓谕，告以镇江地方，连年皆遭兵火，民情尚未安帖，亦无殷实商人在彼。若骤立马头，置栈积货，不但不能销售，且难保无争夺口舌之事，设或彼此不能相安，转致有伤和好。是以必须军务完竣，方可定议，并非托故迟延。又如游历各省州县一节，虽议明持照前往，倘与民人口角斗殴，或迷失伤亡，中国地广人多，不能查察。须先与之言明，方免日后又费唇舌。至进京一节，他国所议，但言有事进京，而英夷必欲在京久驻，且自居钦差名目。其窒碍之处，尤不胜言。当告以有事进京，既经允许，则遇有大事，尽可来京面诉，何必留人远驻京师。若必欲驻京，则俄夷成例具在，但能派学生留驻，不能有钦差名目，须改中国衣冠，听中国约束，专命学习技艺，不得与闻公事，于尔国亦无大益。况各口通商，各有督抚，嗣后若有要事，不拘何处，皆可由本省督抚代为转奏，不必向广东钦差理论。自不至有蒙蔽之处，即与驻京同其便捷。以上各层，均可听其自择。桂良等已托俄夷代为转圜，无论如何为难，必须将此事阻止。俄夷既感激出力，其好胜之心，当可激发，即与之言。尔国多年和好，尚止学生在京，从无钦差驻京之事，今英夷尚未交还广东，如何先议入城，岂不转在俄国之上。托其从中设法，即不能罢进京之议，亦须俟广东事了，再行详细议定如何礼节。彼此允协，方能定约。至天津海口，断不可许其往来。将来定议进京，亦止能自上海起由内地北来，中国派官护送，一切供应，均由中国办理，不必令其自备资斧。以后或三年一次，或五年一次来京，不必年年跋涉。如能借俄夷转圜，其先来京城看定寓所及在天津租赁房屋之处，俱毋庸议。至镇江设立马头，于漕运有碍一层，不必向俄夷实告也。俄夷欲送枪炮，既出真心，可告以送来之时，必当收受，将来亦必以礼相酬。正可藉此笼络，示以不疑，以冀为我所用，不可露中国急需此项之意，致启轻视之心。其欲令人来教导技艺，躧看矿苗，均着婉言回覆为要。①

十二日丙戌(6 月 22 日)

　　桂良、花沙纳奏，密陈英、法两夷议论条约情形，英法恃强要求，不敢令其决裂。又与英、法定约，后患无穷，各口须一体严防，请敕沿海督抚补救。②

　　桂良、花沙纳奏，俄夷欲派人由驿往恰克图送信，恳请代奏。据称现在前往只有二人，其自天津启程，由张家口库伦径往恰克图，由驿行走，系向来学生行走故

①　《清实录·文宗显皇帝实录》卷二五三。

②　《筹办夷务始末》(咸丰朝)第 3 册，中华书局 1979 年版，第 946~948 页。

道，未便过为阻止。清廷着谭廷襄遴派熟悉夷情之干练旗员，伴送该夷由通州、昌平州一带至张家口后，着庆昀拣选通晓蒙古言语之干员，接续护送至恰克图，沿途密饬委员暗中察看夷情，妥为防护。①

十三日丁亥（6 月 23 日）

恭亲王奕䜣奏，江岸通商，贻患甚巨，宜早筹战备；另李泰国如无礼肆恼，请敕桂良等立即拿办。②

十四日戊子（6 月 24 日）

桂良、花沙纳奏，事机万分紧迫，请旨定夺。咸丰帝谕：桂良、花沙纳筹办夷务，毫无主见。惟一味畏葸，竟未将初十日寄谕细心体会。英夷照会，谓我徒事迁延，若再无定说，惟带兵北窜等语，究竟何者已定，何者未定，岂桂良等尚未分晰告知耶。连日据王大臣科道条奏，佥以该夷驻京及内江通商万不可准，桂良等岂不知贻患将来，惟应照初十日寄谕妥为筹办，使该夷知非全行拒绝，又非概允该夷所请，如此羁縻，或可不致决裂。其法夷所请，或万不能阻止，亦只可仿照办理。倘该夷定欲派钦差来京，建楼久住，当告以此事断难允准，我等若擅自允许，大皇帝必将我等从重治罪。所许各条，亦只好均归罢议。应如何办理之处，听英、法两酋照覆，一面告知俄、美两夷，令其将内河船只及早退出，免致打仗时误受捐伤，并飞咨僧格林沁妥速筹备。似此决绝言之，看其如何动静。若竟用武，只可与之决战。倘其顾惜桂良等所许，利益已属不少，必转托俄、美二夷出来说合，彼时再行酌办，庶不致全为挟制，贻害无穷。

咸丰帝谕：连日英、法两夷要求各款，以内江通商与派员住京两条为最难允准之事。叠据桂良等奏请遵行，曾谕以京师重地，不能盖立夷馆夷楼，须俟将来退还广东省城，准照俄夷成例，但能派学生留住，不能有钦差名目，以重体制而立防闲。至英夷请立镇江马头，既未允准，而桂良等又许法夷在金陵通商，约俟军务完竣再议，并未一概拒绝。乃本日阅桂良等所奏，谓夷性急迫，不能姑待，所给照会，有再无定议，即日带兵北窜等语。朕怀柔远人，不惜宽大以示羁縻，若该夷仍肆逞强，岂能听其藐视中华，要求无厌。兹已复谕桂良、花沙纳再嘱俄、美二酋与为开导，若竟难以口舌理论，必须用武，天津兵勇尚多，民团亦甚可用。着谭廷襄饬令带兵将弁严密布置天津迤北，毋令该夷窜逸，一面激励绅民，急筹攻战之策，

① 《清实录·文宗显皇帝实录》卷二五四。
② 《筹办夷务始末》（咸丰朝）第 3 册，中华书局 1979 年版，第 950~952 页。

方不致临事仓皇。特不可先行举动，当静以待之。该督前因炮台失事，仅予薄惩，傥再不知愧奋，徒以抚事委之桂良等，及至交兵，又蹈前辙，辜负朕恩，必加重谴。惟事机贵密，不可泄漏，以致谋画未成，反滋他变。①

十五日己丑(6 月 25 日)

前因夷船驶入天津海口，当令崇恩饬沿海文武，查有海运米船北驶者，挽入偏僻海口停泊，相机妥办。兹据崇恩奏，请将海运漕粮改归奉天筹办，并请饬筹漕米在船停泊，抑或起卸。清廷批复：山东海口，惟利津、蒲台两处可达通州，但口岸较小，不能多泊船只，米石亦难多收。奉天牛庄西锦州等处，存储粮石，截卸较为省便，既据何桂清咨称饬催各粮船径赴牛庄等处，业已陆续开行，自应由奉天验收。着派倭仁前往牛庄督办。是否将漕米起卸囤积仓廒，抑或仍令在船暂行停泊，俟天津事定，再由海道至津，并着庆祺、景霖、饬属防护，妥筹办理，毋致薰蒸霉变，是为至要。②

十六日庚寅(6 月 26 日)

桂良等奏，该夷自定条约五十六款，一字不令更易，并添出在津居住一层。俄夷既不足恃，美夷又欲开船，照此情形，岂非有心决裂，志不在和。桂良等已令该夷帮办笔墨之华人从中挽回。清廷指示，该夷要求各节，如能照桂良等所拟，酌减定议，则大局仍当以议抚为主。惟夷性骄悍，恐竟不从，则兵端立起。谭廷襄务当督饬带兵将弁及团勇人等，严为之备。其河西务一带，为北窜必经之路，当节节设伏，以备攻击。至大沽海口之勇，即可设法调回，以截该夷后路，使之进退失据。并着豫伏兵勇，将桂良、花沙纳等救护，毋得稍有疏虞。即或事机不至决裂，而该夷等屡次扰累居民，四出窥探，亦当密饬团勇设法禁止，使其稍知忌惮，是为至要。③

桂良、花沙纳与英使额尔金在海光寺签订《中英天津条约》五十六款、专条一款，内容包括"大英君主酌看通商各口之要，设立领事官，与中国官员于相待诸国领事官最优者，英国亦一律无异。领事官、署领事官与道台同品；副领事官、署副领事官及翻译官与知府同品。视公务应需，衙署相见，会晤文移，均用平礼"；"长江一带各口，英商船只俱可通商。惟现在江上下游均有贼匪，除镇江一年后立

① 《清实录·文宗显皇帝实录》卷二五四。
② 《清实录·文宗显皇帝实录》卷二五四。
③ 《清实录·文宗显皇帝实录》卷二五四。

口通商外，其余俟地方平靖，大英钦差大臣与大清特派之大学士尚书会议，准将自汉口溯流至海各地，选择不逾三口，准为英船出进货物通商之区"；"广州、福州、厦门、宁波、上海五处，已有江宁条约旧准通商外，即在牛庄、登州、台湾、潮州、琼州等府城口，嗣后皆准英商办可任意与无论何人买卖，船货随时往来。至于听便居住、赁房、买屋，租地起造礼拜堂、医院、坟茔等事，并另有取益防损诸节，悉照已通商五口无异"；"前因粤城大宪办理不善，致英民受损，大英君主只得动兵取偿，保其将来守约勿失。商亏银二百万两，军需经费银二百万两二项，大清皇帝皆允由粤省督、抚设措，至应如何分期办法，与大英秉权大员酌定行办。以上款项付清，方将粤城仍交回大清国管属"等。①

十七日辛卯（6 月 27 日）

谭廷襄奏，商贩运津粮石，恳请免税。天津地方，粮少价昂，亟应招商贩运，俾资民食。清廷着照所请，所有商贩由海运津米粮，自本年夏季起至秋季止，一体免税，以广招徕。

前因罗惇衍等奏，进扎花县，激励绅团，密筹克复省城，谕令黄宗汉于行抵粤省后，与该绅士等密商举动，使该夷痛受惩创，然后官为转圜。本日复据罗惇衍等奏，逆夷自踞城后，骄横日甚，出城侵犯乡村。该绅士等调派各路团勇迎击，先斩其兵总仕边治一名，并于三宝墟地方杀毙夷目二名，夷兵一百余名，受伤五六十名。夷兵败退，乘夜全数入城。

调福建福宁镇总兵官陈应运为南澳镇水师总兵官，以前任浙江乍浦协副将池建功为福建福宁镇总兵官。②

谭廷襄奏，天津人烟稠密，地方狭窄，未易战争。③

桂良、花沙纳与法国特使葛罗签订《中法天津条约》四十二款、补遗六款，主要包括"中国多添数港、准令通商，屡试屡验，实为近时切要，因此议定，将广东之琼州、潮州，福建之台湾、淡水，山东之登州，江南之江宁六口，与通商之广东、福州、厦门、宁波、上海五口准令通市无异。其江宁俟官兵将匪徒剿灭后，大法国官员方准本国人领执照前往通商"；"天主教原以劝人行善为本，凡奉教之人，皆全获保佑身家，其会同礼拜诵经等事概听其便，凡按第八款备有盖印执照安然入内地传教之人，地方官务必厚待保护。凡中国人愿信崇天主教而循规蹈矩者，毫无查禁，皆免惩治。向来所有或写、或刻奉禁天主教各明文，无论何处，概行宽

---

① 《中外旧约章汇编》第一册，生活·读书·新知三联书店 1957 年版，第 96~103 页。

② 《清实录·文宗显皇帝实录》卷二五四。

③ 《筹办夷务始末》（咸丰朝）第 3 册，中华书局 1979 年版，第 978~979 页。

免"；"中国官员固执不允大法国以理所请各赔补之处，以致军需繁多，务必由广东海关照数赔补。其赔补银与军兵费用约有二百万两之多；应将此银交大法国驻扎中国钦差大臣收入，复回收单执照。其二百万两分六次，每年一次交清，或用银两，或用会单，仍由广东海关交清，将来凡有本国完纳出入货税各客商，皆准量税之多寡，用银九分，会单一分完纳。其交银，首次从两国钦差大臣画押章程之日起，约一年之内交清。广东海关于抽税时，若欲每年惟收会单，其会单值银三十三万三千三百三十三两三钱四分之数，即六分之一抽税，亦无不可。后在广东，中国大宪会同大法国钦差派员豫行会议，定立会单图式印章，如何交收，每会单值银多少，交清银两之后如何注销，以免重复"等。①

十八日壬辰(6月28日)

内阁侍读学士王金镕奏，天津夷务，现在议抚，抚议成则沿海通商地方，宜杜其联络匪类为患，不成则剿，亦宜防其于败衄之余突往他处报复。咸丰帝指示，英、法等夷，在津坚请江面通商，经桂良等允以军务完竣再行商办，该夷复请于镇江先立马头，亦尚未允许，但其蓄心欲入长江，殊为叵测。至所请他款，亦多窒碍难行。一旦决裂，必致用武。上海夷船辐辏，货物所聚，该夷有所顾惜，或不致于窜扰。惟联络匪类，阴图占踞，诡谋亦在意中。着何桂清、赵德辙饬属体察情形，除商人有交易事件，不能不听其往来。此外军民人等，应如何严密防范，绝其句（勾）结，即着妥定章程办理。前次夷人投递照会，据赵德辙奏，拟往昆山相见，而该夷已由泖湖径赴苏州。闻黄浦江船户人等，类皆闽广匪徒，结党盘踞，夷人之敢于直入内地，未必非若辈为之导引。着何桂清等豫为晓谕，此后夷人有投递文书求见官长等事，务于上海守候，由该道等指示程途，毋许自行闯入内地。至黄浦江内渡船，亦应豫为晓谕，加之约束，消患未萌。其长江入海之处，以圌山关、鹅鼻嘴为锁钥，从前伊里布曾有沈石以拒夷船之计，未行而镇江失事，并着派员查勘情形，能否密为布置，以免临事周章。又彼时上海失守，于昆山内河沈船下石以防夷船内窜，是否可以仿行，并着斟酌办理。

桂良、花沙纳呈递俄美两夷条约，并沥陈英、法所请，不得不从权允准。咸丰帝谕：桂良等所称，以后但当卧薪尝胆，力图补救，岂知和约已定，如何补救，即自请治罪，何补于事耶。俄、美条约内均有进京一条，皆无久住京城之说，英、法两夷岂能偏准。桂良等既言不妨权允，亦当与之约定，来时只准带人若干，到京后只准暂住若干时，一切跪拜礼节，悉遵中国制度，不得携带眷属。如美夷条约内所载，每年不得逾一次，到京不得耽延，或由陆路，或由海路，不得驾驶兵船进天津

---

① 《中外旧约章汇编》第一册，生活·读书·新知三联书店1957年版，第104~114页。

海口,小事不得援引轻请,从人不得过二十名,上京时先行知照礼部,公馆自由中国豫备。英夷若能照此,亦有可允。若必欲住京,则前此业经谕及,必须更易中国衣冠,谅该夷亦所不愿。其人数、时日及礼节事宜,总须照美夷约定载入条款,方可允准。至镇江通商,原许其军务完竣后商办。法夷所请之金陵,现为贼踞,不能即议通商。镇江亦未便先立马头,仍许其俟长江一律肃清,各路军务告竣,再行定议。天津一处,该夷必欲以登州、牛庄相易。牛庄究近京畿,且为东三省货物总汇,惟登州尚可酌办,但须载明只准货船来往,不得于岸上建立夷楼,不得携带器械,驾坐兵船。以上三条,如其照议,即可将条约呈进。该夷原约,既不肯更改,即作为中国所添条款与之更约,彼所要请,我已准至数十条,我国所定不过三条,岂能拒绝。阅俄国清字照会,有住京及行驶内河已为阻止之语,何以桂良等仍以为请,恐系李泰国辈从中播弄。额尔金与中国人彼此语言文字均不通晓,遂至任其所为。俄使既有此语,即可托其践言,以破此疑义。况该使臣方以不能力阻英、法为抱歉,只此三条,又非更改已成之款,必当代为妥议。另寄信谕旨一道,即宣示俄使可也。

桂良等奏,俄国使臣呈递照会。咸丰帝批复:阅所递文内,深以不能力阻英、法为抱歉,具见和好之心。据称不患道远,仍欲遣人前来教习技艺,修造炮台等事。该使臣既有备送枪炮代为转圜之美意,朕已嘉其恭顺,实非他国可比。惟既受其器械,已见悃忱。若再令其远劳跋涉,为中国出力,非所以示怀柔,可告以毋庸派员前来。既致送枪炮一节,大皇帝已深为嘉许,若必肯出力,则再向英、法将此次三条代为说合,较之派员教演枪炮、修理炮台尤深嘉悦。该使臣感激果出至诚,自当再向英、法说合,将此三条令其议定。至所请即发回文之处,俟拟定后再当封发也。①

十九日癸巳(6 月 29 日)

清廷令耆英自尽。

俄夷欲备送枪炮,曾经降旨准其收受。其欲令人来教导技艺,躧看矿苗,本月初十日,谕令桂良等婉言回覆。乃昨日桂良等奏,俄夷遣使来言,仍以教习枪炮之事必须允准,且该夷清字文内,有欲派员进京绘出炮台式样,并指引修筑等语。其初十日所奉谕旨,桂良等曾否告知该夷,此次接到该夷来文曾否答覆,如何措词,清廷着即迅速具奏。②

---

① 《清实录·文宗显皇帝实录》卷二五四。
② 《清实录·文宗显皇帝实录》卷二五四。

二十日甲午（6 月 30 日）

前因罗惇衍等奏，夷人出城侵犯乡村，团勇迎击获胜，当谕令黄宗汉不可阻遏民团，只可作为局外调停。本日据朱凤标、匡源、沈兆霖奏称，粤民业经开仗，譬隙已成，请饬罗惇衍等一意进攻，并将出力勇目，速行保奏。清廷以为天津抚局已定，现在英、法二夷业已与桂良、花沙纳议定条约，夷船已陆续开行，广东省城已许退还，似无须再加攻击。傥业已进攻省城，或经克复，或虽未克复，而民心激于公愤，其势不能歇手，只可仍听进攻，不必阻止。若尚未攻城，或该夷守御严密，攻城难操胜算，即着毋庸进攻，俟该夷退出交还，免致于就抚后更生枝节。其有夷人闯入村庄肆行抢掠者，仍由民团剿捕，不可加之阻抑，以顺舆情。

广东巡抚柏贵因病赏假，以布政使毕承昭署巡抚。①

廿一日乙未（7 月 1 日）

桂良、花沙纳奏，各夷条约已定，遵旨覆奏。英、法两夷条约内，前命嘱俄夷挽回之处，已不能行。至俄夷欲派人修理炮台，教演枪炮，前谕桂良等阻止，原系体恤该国，并非有猜疑之意，今该夷既谓只派十人，或五人前来，为数不多，尚可允准，清廷着桂良等即备文照会该夷，准其酌派数人，前来教演枪炮，修筑炮台，并加嘉奖，以坚其和好之心。所称各国公使，均须各回本国，究竟该夷起碇时言明先往何处，桂良等前奏有在上海议定税则之语，该夷等曾否约定何时往议，现在英、法、美三夷船只，是否离大沽海口已远，清廷即着桂良等侦探明确，密速奏闻。英、法两夷条款，业经议定，何以迟迟未奏，并着即日钞录进呈，毋许延缓。②

廿三日丁酉（7 月 3 日）

咸丰帝谕令：前因桂良等呈递俄、美两国条约，未将英、法两国条约呈递，叠经谕令速奏，本日始据桂良等钞录呈览。各国条约，经桂良等面议，盖用关防，岂尚有不准之理。兹据桂良等奏称，各国欲以奉到朱批为信，所有该大臣等前奏俄、美二国条约，并本日所奏英、法二国条约，朕均批"依议"二字，发交桂良、花沙纳阅看，着即将此旨宣示各国，照此办理，从此长敦和好，永息兵端，共体朕柔怀

① 《清实录·文宗显皇帝实录》卷二五四。
② 《清实录·文宗显皇帝实录》卷二五五。

远人之至意。①

美使列威廉离开天津赴上海。②

廿五日己亥(7月5日)

晏端书奏，招商运米，请给照免税。浙江省米价昂贵，经该抚饬商购买，并咨闽广江南等省一体招徕，给照贩运。所有持照运米各商，经由水陆关口，清廷准其暂免纳税，俟军务稍平，即行停止。

晏端书奏，后起未兑漕粮，恳恩仍准截留。浙江军需紧要，所有该抚前请截留之漕粮九万余石，清廷着仍准其截留变价，以济军饷。

前因桂良等奏，将各夷条约，恳请朱批，以释怀疑，已批示发给。兹据桂良等奏，业经接奉宣示该夷，惟美夷已经起碇回国，英、法夷尚有兵丁登岸及占踞民房庙宇之事，且昨日英夷开船六只往下行走，探闻并非出口，后又有续到小火轮船一只。该二国条约已定，复经批谕，清廷着桂良等宣示该夷，庶即起碇出口。何以船只去来靡定，又有登岸占踞之事，不知意欲何为，情殊叵测，着谭廷襄密饬兵弁，严加防卫，并饬李志和、李麟遇等整齐练勇，以备不虞。本日御史何璟奏，夷船逗遛不行，恐以和约怠我军心而行其诡计，宜饬天津府知府石赞清、知县尹佩琮等暗团民练，相机而应，清廷着谭廷襄酌量情形，妥筹办理。

前于四月初七初十等日，将夷船到天津后大概情形及该夷占踞大沽炮台未能即时用武各情节，先后寄知黄宗汉。嗣因罗惇衍等奏，夷人出扰村镇，练勇迎击，于四月二十二等日连次获胜。复经两次谕知黄宗汉，大意总在勿阻民团义愤，而官为转圜，使夷人畏民感官，方可措手。现在天津议抚已有端倪，自大沽炮台被占后，夷船直逼天津城下，密迩京畿，势难用武，已经桂良、花沙纳将所请各条议准，业已用印画押，彼此互换，其势难于翻悔。英夷约内，索赔兵费四百万，法夷约内，索赔兵费二百万，分年由广东关税内扣抵。扣完之后，再行交还广东省城。是黄宗汉本日所奏，该夷搭桥筑台，欲为长久之计，未必无因。且该夷所筑炮台，能使十里内外不能驻足。此时罗惇衍恐急切未能攻城，清廷着黄宗汉懔遵前旨，如团练力可制胜，万全无失，则听其进攻，不必阻遏。傥胜负尚未可知，则不可轻于一试，设有疏失，转令夷人窥破，从此用民剿夷之说，亦不足慑伏夷人。况黄宗汉所带兵勇无多，必须蓄民团之威，以为局外调停之助。若并此不足恃，则黄宗汉愈无把握，此系慎重机宜，并非遏民义愤，黄宗汉、与罗惇衍等妥密商办可也。③

---

① 《清实录·文宗显皇帝实录》卷二五五。
② 《第二次鸦片战争》(三)，上海人民出版社 1978 年版，第 459 页。
③ 《清实录·文宗显皇帝实录》卷二五五。

廿七日辛丑(7 月 7 日)

前据黄宗汉奏，传闻该夷向民间搜索军器并有掳掠等情，民团曾与打仗，乃本日桂良等奏各夷因和约已成，渐次起碇，一二日内，各船俱可退尽。惟夷酋来晤，提及广东之事，请桂良等回京奏明。如在粤吃亏，仍须带兵来津，并法夷呈递照会称，闻黄宗汉在省城内外出示，令百姓剿灭番兵，该民人遇外国独行兵丁，即时毙命，是否总督所为，或有假冒其名，招灾揽祸等语。清廷着黄宗汉就近照会粤省夷酋，告以大皇帝已允尔和好，我等断无与尔构兵之理。广州乡团，人数众多，闻与尔国兵丁寻仇争斗，或假冒本大臣之名出示，本大臣无从知悉。尔国但当约束兵丁，勿扰民间，自可相安无事，不致受亏。使该夷知起衅在彼，报复在民，与官无涉，庶不致于议和之后，别生枝节也。①

廿八日壬寅(7 月 8 日)

吉林将军景淳奏，松花江两岸屡被俄人滋扰，请敕速察两岸是否为空地。②
英法船只全数离津，起碇出洋。俄使普提雅廷亦相继起碇，前往日本。③

廿九日癸卯(7 月 9 日)

前因奉天牛庄没沟营等口岸，停泊海运漕船，当经降旨，准将该船携带二成货物，即在该处销售免税。现在天津夷船，将次退竣，清廷着文彩、崇纶确切探明，如各夷船尽数开行，海口肃清，即着飞咨庆祺、倭仁等仍令原船由海道迅赴天津交米，由文彩等验收。苏省委员，即可毋庸前往牛庄，以归简便。④
英法船只即将全数退出天津，俄使亦将起碇。⑤

三十日甲辰(7 月 10 日)

桂良、花沙纳奏，夷船全数开出内河。英、法两夷船只，已全数开出内河，俄

---

① 《清实录·文宗显皇帝实录》卷二五五。
② 《筹办夷务始末》(咸丰朝)第 3 册，中华书局 1979 年版，第 1047 页。
③ 《第二次鸦片战争》(三)，上海人民出版社 1978 年版，第 465～466 页。
④ 《清实录·文宗显皇帝实录》卷二五五。
⑤ 《筹办夷务始末》(咸丰朝)第 3 册，中华书局 1979 年版，第 1048 页。

夷亦经起碇，自必先后放洋。清廷着桂良、花沙纳俟各夷船全行放洋后，即来京复命。其被官兵击坏夷船，该夷尚在修理，清廷着谭廷襄在津防范。①

是月

柯拜之子约翰·卡杜·柯拜与美国人汤马斯·肯特合资，在广州黄埔长洲坪建造一座花岗石船坞——录顺船坞。

英国商人创办上海船厂。

英国商人擅自在厦门鹭江畔北侧兴建一座花岗石干船坞。②

六月初一日乙巳(7月11日)

前因彭蕴章等奏，会议海运米石，分成改归河运，清廷谕令有漕各督抚各就地方情形筹画妥办。本日据李钧、崇恩奏，东省运河形势及运粮商船，绕湖绕坡行走处所，均已委员详细勘明，并绘图贴说呈览。清廷以为此次所议系指分成河运而言，若以全漕尽归河运，则为数较多，是否能照此办法，亦无窒碍，着该河督等详细筹商，迅速具奏。③

初二日丙午(7月12日)

前据桂良等奏，英、法夷船全数开出内河，俄夷亦经起碇，当经谕令俟各夷船全数放洋后，桂良等即来京复命。现在内河既无夷船，其上岸修理之船，一经竣事，亦可放洋。既有谭廷襄在津防范，桂良等可以毋庸守候，清廷着即迅速来京复命。④

黑龙江将军弈山等奏俄船往来情形。⑤

初三日丁未(7月13日)

前因僧格林沁奏请饬调投诚义勇赴营协助，当经谕令官文、德兴阿即饬勇目詹

---

① 《清实录·文宗显皇帝实录》卷二五五。

② 刘传标：《近代中国船政大事编年与资料选编》第1册，九州出版社2011年版，第19页。

③ 《清实录·文宗显皇帝实录》卷二五六。

④ 《清实录·文宗显皇帝实录》卷二五六。

⑤ 《筹办夷务始末》(咸丰朝)第3册，中华书局1979年版，第1059~1060页。

起纶、刘正发、蔡连修等带领义勇赴通州军营听候调遣。现在天津夷船已退，所调各路之兵，俱可陆续酌撤。所有前调之勇目詹起纶等三名，清廷均着仍留各该大臣军营差遣，毋庸带勇前赴通州。

玉明等奏，火轮船二只停泊石河口海口。清廷着玉明、定福派人问明系何国船只，可告以山海关非办夷务之地，该侍郎等亦非办夷务之人，令其速行退去，仍一面督饬弁兵，严密防范，不准沿海奸民有句（勾）结接济等事，令该夷人留恋不去。亦不得稍涉轻率，致肇衅端。①

初四日戊申（7 月 14 日）

山海关都统定福奏，夷船二只向东南驶去。正会奏间，复又夷船一只停泊海口，且夷人登岸游景，随即回船。②

初五日己酉（7 月 15 日）

现在各夷通商条约已定，夷船均已起碇出天津海口。据桂良等奏，英夷条约内开，立约之后，请钦派户部大员赴上海，会同英员商定税则后，该夷复遣李泰国来求商定税则，可否即派江苏巡抚赵德辙督同臬司现署上海道薛焕查办。

清廷命大学士桂良、吏部尚书花沙纳、工部右侍郎基溥、武备院卿明善驰往江苏，会议通商税则事宜。

户部奏，两江总督何桂清请将上海洋货义捐，给予议叙，恐有违禁物件在内，未便核准。得旨：往返驳查，必致以后报捐之人，心怀观望。着准其照海疆章程给予奖叙。况既据奏称系洋货，自无违禁之物，尤不值一查。

命盛京将军庆祺来京，以礼部侍郎玉明署盛京将军，以山海关副都统定福统带山海关防堵官兵。③

初六日庚戌（7 月 16 日）

昨因各夷和约已成，降旨令桂良、花沙纳、基溥、明善携带钦差关防，驰驿前往江苏，会同何桂清妥议通商税则事宜。清廷又着黄宗汉饬令广东绅士布政使衔伍崇曜、前任盐运使潘仕成即日前赴上海，听候桂良等差遣委用。

---

① 《清实录·文宗显皇帝实录》卷二五六。
② 《筹办夷务始末》（咸丰朝）第 3 册，中华书局 1979 年版，第 1064 页。
③ 《清实录·文宗显皇帝实录》卷二五六。

以剿办福建台湾匪徒出力，赏副将曾玉明巴图鲁名号，副将黄进平、参将夏汝贤、游击王国忠、守备韩锦标、同知丁曰健、郑元杰花翎，把总游绍芳等蓝翎，余升叙有差。①

初九日癸丑(7月19日)

前经谕令文彩等，探明夷船尽数开行，即咨明庆祺等仍令海运原船前赴天津交米，由文彩等验收，委员即可毋庸前赴牛庄，以归简易。本日据谭廷襄奏，江苏省沙船一只，于六月初三日进口，余船自可陆续驶至。并据倭仁奏，查验漕粮现在情形，拟令漕船暂行停泊，并请饬江浙粮道赴奉天核议章程。清廷批复：现在天津夷船，业已扫数回帆，该侍郎所称拟在没沟营等地方起卸露囤，并饬令粮道赴奉天之处，可毋庸议。着庆祺、倭仁饬令停泊牛庄米船迅速驶赴天津，并着崇恩查明山东各海岛，如有停泊漕船，一并饬令驶赴天津，知照文彩、崇纶验收，以省起卸而节糜费。

调福建陆路提督杨载福为水师提督，以汀州镇总兵官张广信为陆路提督，前任哈密帮办大臣豫祺署福建汀州镇总兵官。②

闽浙总督王懿德等奏，英使派人欲往台湾收赎难民。③

二十日甲子(7月30日)

前因夷船闯入大沽海口，带兵各员退缩偾事，已明降谕旨，将管带京兵之富勒敦泰等并管带绿营兵之张殿元等分别革拿严讯。惟此次驻扎海口，兵数不少，尚有谭廷襄派出办理营务之文武大员，自系同时逃散，清廷着瑞麟确切查明，当炮台失事之时，海口带兵各员文自道府、武自参游以下，均系何人，其随同逃退者系属何员，即行据实奏参，候旨查办。④

廿三日丁卯(8月2日)

何桂清奏，英、美、法三酋驶回上海，并英夷呈递照会。清廷批复：前派桂良

---

① 《清实录·文宗显皇帝实录》卷二五六。
② 《清实录·文宗显皇帝实录》卷二五六。
③ 《筹办夷务始末》(咸丰朝)第3册，中华书局1979年版，第1069~1070页。
④ 《清实录·文宗显皇帝实录》卷二五七。

等前往江苏，会同何桂清妥议通商税则事宜。兹据该督奏称，六月初二等日，英、美、法三酋驶回上海，照会桂良等公文内，有耽延时日，复行北上之语，自系该夷酋尚未见钦派桂良等前往江苏之旨。现在何桂清已将前旨照会各夷，该夷自必静候。惟桂良等驰往江苏，尚需时日。该督须豫饬薛焕晓谕该夷，告以时值溽暑，钦差由陆路前来，未能克期。此时尔等若赴天津，该处已无办事之人，无可商酌，自应在沪等候。一俟钦差到苏，即可会办。如此好言羁縻，勿令遽行北驶。仍密探该夷动静，随时驰奏。①

拉芬泰奏，续接俄夷来咨，察其词意，渐已就范，相机妥筹办理。清廷指示：俄酋普提雅廷本年在天津海口所求五口通商，业已允准，其获利甚厚。又俄酋木哩斐岳幅，至黑龙江勘地，业经奕山如其所请，与以空旷之地，该夷甚为感激。普酋曾于天津许备枪炮，由该国送来，此次来文，并不执议赔偿，仅以查看货物，商议完事为词，总为中国优待之故，可即派委员与之议结，毋庸再加辩驳，谅彼必无启衅之心。惟天津黑龙江之事，亦不必与之明言。至调兵示威，原可不必，着照该将军所议，相机控驭，咨照明谊妥办可也。该将军四月所奏该夷咨文，当即谕理藩院行知萨纳特衙门矣。②

廿四日戊辰(8 月 3 日)

以福建巡抚庆端暂署闽浙总督，布政使瑞瑸护巡抚。

廿六日庚午(8 月 5 日)

前因夷人急候钦差往议税则，曾密谕何桂清告以时值溽暑，钦差由陆路前来，未能克期，仍用好言羁縻，令其在沪等候，勿任北驶。惟桂良等自京启程，沿途尚有查办事件，未能即时到沪，诚恐各该夷迫不及待，别生枝节。清廷着何桂清即派按察使留署苏松太道薛焕与各该夷清查历年夷税，自五口通商以后，上海关每年共交若干，广州等四口共交若干，令各该夷核实报出，俟桂良等到后，再行核办。如该夷问及因何清查缘由，可告以大皇帝知尔等近年税银，多有吃亏之处，是以清查明晰，将来不至尔等再有赔累。该臬司既为夷人所服，即责令妥为羁縻，俾得从容等候，勿令该夷再行北驶。③

---

① 《清实录·文宗显皇帝实录》卷二五七。

② 《清实录·文宗显皇帝实录》卷二五七。

③ 《清实录·文宗显皇帝实录》卷二五七。

廿七日辛未(8月6日)

据瑞麟奏，遵旨速筹防范，已咨商僧格林沁酌拨劲旅二千名备调，并由通州各营内拨大小炮位二十尊赴津。清廷批示：夷船有仍欲来津之说，想不过虚声恫喝。即使果来探听消息，瑞麟惟当好言开导，原无须多兵耀武。惟有备无患，自应豫为筹画。所需兵丁炮位，着僧格林沁酌量调拨应用。至炮台营垒，均应次第修筑。双港地方，既为扼要，即着先行办理。其余各工，亦可陆续兴办，毋稍迟缓。

办理浙江军务前任兵部侍郎曾国藩奏报启程日期，拟由水路至九江登陆，遄抵河口大营。得旨：汝此次奉命即行，足征关心大局，忠勇可尚。俟抵营后，迅将如何布置进剿机宜由驿驰奏可也。①

廿八日壬申(8月7日)

已革直隶总督谭廷襄防堵海口，不能实力抵御，以致炮台失陷，夷船驶入内河。前据僧格林沁查参，业经降旨，饬令来京听候查办，清廷着派惠亲王、载垣、端华会同刑部，讯明失事退避各情，按律定拟具奏。

晏端书奏，官军收复缙云、宣平县城。

赏刑部员外郎段承实五品卿衔，命驰往上海帮办税则事宜。②

秋七月初一日甲戌(8月9日)

奕山等奏，俄夷狡执字约，渐致蔓延，现议派员查办。黑龙江左岸旧居屯户之外空旷地方，许俄夷存住，并江中准其行走，已非兴安岭旧界。奕山前此悉行允许，并未辩驳，办理本觉太易，因限于时势，从权允许。乃该夷闯越黑河口，欲由松花江西上，夷字内又写乌苏里河至海，为中国与该国同管之地，肆意侵占，漫无限制，并在乌苏里右岸图勒密山向西安设炮台，并欲在河内上下左右岸至牤牛河一带盖房修道，其心尤为叵测。该将军等现派副都统富隆额图钦带同佐领三隆，亲赴绥芬乌苏里等处履勘。清廷着奕山、景淳即饬该副都统等细心体察，除黑龙江左岸业经奕山允许，难以更改，其吉林地方，景淳尚待查勘，本不在奕山允许之列，当与俄夷以何处为界，即着该将军等据理晓谕。傥该夷酋有心狡赖，即着严行拒绝，

---

① 《清实录·文宗显皇帝实录》卷二五七。
② 《清实录·文宗显皇帝实录》卷二五七。

毋庸先行请旨，徒劳往返，致稽时日。勘定后再行绘图贴说，详细奏闻。该夷此次驶赴天津，业已许其海口通商，并经奕山将黑龙江左岸准其居住往来，即吉林各处未能尽如其欲，在我已属有词，在彼谅未必因此启衅也。①

初六日己卯 (8 月 14 日)

前户部侍郎罗惇衍等奏，六月十一日进攻省城，因该夷防守甚严，不能得手。清廷指示，攻城之举尚未能操必胜之权，傥徒伤损士民，转使该夷有所籍口，亦未为计出万全。该侍郎等所称夷人焚烧房屋，捉杀无辜，毁拆石坊，如仍前肆扰民间，而绅团合力与战，原系义愤不能禁止。若挑衅生事，有意与之为难，在我未能必胜，而在彼转得有词，亦当暂事缓兵以顾沿海大局。惟各乡团练纠集非易，若听其涣散，不特夷人无所忌惮，即剿办土匪、筹画地方公事，黄宗汉失其所恃，亦恐难于措手。仍当与罗惇衍等联络，激励使敌忾之心不至因而生懈，方为妥善。黄宗汉行抵惠州，距罗惇衍等发报之时已经逾月，何以至今并无奏报。着将该省夷务并各路土匪情形及叠次谕查各件详细速奏，毋得任意延阁，又蹈从前故辙。再前据徐泽醇奏，广东驻防纪世材精于铸造火器，曾着有铸造火器等书，着该督查明。如果现在省城，即行饬令来京，以资差委。②

初八日辛巳 (8 月 16 日)

僧格林沁等奏，催办炮台营垒，拟移营双港。该夷船是否再来，不能豫定，清廷着其可先赴天津，查看双港营垒炮台，布置周妥后，可仍回通州驻扎，不必常驻天津。如有应行办理之处，不难随时前往，总以通州后路为要。如夷船到津，仍由瑞麟妥为开导。僧格林沁赴津后，通州营垒炮位即交副都统克兴阿暂为照料，应调官兵即照所拟办理。

现在天津修造炮台，需用牛皮包裹以避火攻。据僧格林沁奏，张家口购买皮张较易，清廷着庆昀即饬该监督崇连赶紧购办牛皮一千张，迅即派员解赴天津，以应要需。③

天津防御工程双港兴工，署直隶总督瑞麟已派员清理地基，建造海口炮台。④

---

①　《清实录·文宗显皇帝实录》卷二五八。

②　《清实录·文宗显皇帝实录》卷二五八。

③　《清实录·文宗显皇帝实录》卷二五八。

④　《筹办夷务始末》(咸丰朝) 第 3 册，中华书局 1979 年版，第 1099 页。

初十日癸未(8月18日)

本日据和春、何桂清等奏，浙省军务将竣，请饬曾国藩将援浙之师改道援闽。两江总督何桂清奏，薛焕登据天津条约，核议就税则补救之法。①

十三日丙戌(8月21日)

惠亲王等会同刑部奏，遵旨讯明天津海口失事各员，分别按律定拟。已革直隶提督张殿元、署天津镇总兵达年、护理大沽协副将游击德魁，经谭廷襄派令分守大沽南北岸炮台，已革副都统富勒敦泰于于家堡安营，为张殿元等后路援应。当夷人开炮之时，虽均极力抵御，击伤夷船四只，轰毙夷兵多名，惟炮位炮台均经失陷，实属咎无可辞。富勒敦泰、张殿元、达年、德魁均依拟应斩着监候，秋后处决。已革直隶总督谭廷襄，讯无畏葸退避情事，惟调度无方，亦难辞咎，着发往军台效力赎罪。②

十六日己丑(8月24日)

杭州织造庆连奏，关税不敷抵拨，请旨办理。现在运务紧要，所有该关新季税银，清廷着俟赶办七年运务完竣后，再行拨济筹防局。③

十七日庚寅(8月25日)

上年书元，黄赞汤奏查验剥船，请责令承管州县按岁修整。当经降旨，令山东巡抚将发商生息银两饬催，除例拨外，添拨积欠银二三万两，以资修费。兹据崇恩奏称，东纲疲累，商力竭蹶，积欠难完，请免添拨。东纲连年被灾，商情疲累，自系实在情形。所有添拨积欠银两，清廷着准其暂缓筹办，以示体恤。惟修整剥船，每岁藉资利运，着该抚督饬运司将每年例拨之款严催报解，以济修理之用。

前谕何桂清派臬司薛焕与各夷清查历年夷税，俟桂良等到后再行核办。兹据何桂清奏称，薛焕密禀，上海历年征收税数有册可稽，其余各口，非常驻香港之夷酋不知底细。其由天津折回上海各酋，非经管税务之人，未必遵赴各口，清查回报

---

① 《筹办夷务始末》(咸丰朝)第3册，中华书局1979年版，第1099~1110页。
② 《清实录·文宗显皇帝实录》卷二五八。
③ 《清实录·文宗显皇帝实录》卷二五九。

该督已札饬该臬司督同委员与该夷领事，先将零星细款，分晰进口出口，比较旧例，逐条查议，汇造草册。俟钦差到后，即可会商定议。①

十八日辛卯(8 月 26 日)

瑞麟奏请截留铜斤，鼓铸炮位。通州铸炮局需用铜斤，所有浙江运至天津之洋铜九万余斤，清廷着准其全行截留，以济要需。②

十九日壬辰(8 月 27 日)

文彩奏，剥船亏短米石，请将经纪、船户并交刑部审讯。海运剥船亏短米石，前经降旨，令李菡查明船户经纪，一并送交刑部审讯。当据李菡覆奏，将船户十四名请交刑部，其经纪则称讯未舞弊，应毋庸议。经纪承运承交，是其专责，船户皆归查察，既有偷漏，该经纪即难辞咎，况津通运米，向有勾串勒索等弊。该侍郎所称讯未舞弊之处，清廷着再行明白回奏。

文彩奏，运通亏短米石，请仍令经纪赔交五成。通州剥船亏短米石，前经验米大臣会同仓场侍郎奏定，责令剥船经纪各赔五成，原以重仓储而防弊窦。本年海运未到以前，该侍郎等即请将经纪应赔之项减去三成，实与奏定章程不符。所有本年运通亏短米石，清廷着仍照上届除剥船应赔一半，照数追缴外，其余一半仍着经纪赔缴，以专责成。③

桂良、花沙纳自北京启程赴上海，与夷使议定商税则，咸丰帝面谕：以全面关税为取消北京驻使、长江通商之交换条件。④

廿二日乙未(8 月 30 日)

颁福建泉州府关帝庙御书匾额曰"乾坤正气"。

廿三日丙申(8 月 31 日)

钦差大臣僧格林沁等奏，查勘双港大沽等处工程，分别布置。得旨：览奏各情

---

① 《清实录·文宗显皇帝实录》卷二五九。
② 《清实录·文宗显皇帝实录》卷二五九。
③ 《清实录·文宗显皇帝实录》卷二五九。
④ 《筹办夷务始末》(咸丰朝)第 3 册，中华书局 1979 年版，第 1116~1117 页。

俱悉，现拟炮台做法，可绘图呈览。①

廿七日庚子（9月4日）

李菡奏，剥船亏短米石，仅令船户赔缴五成，于仓储有弊无利，及明白回奏，讯明经纪并未舞弊。清廷着派全庆前往通州，会同廉兆纶查明据实具奏。

命浙江巡抚晏端书来京，以甘肃布政使胡兴仁为浙江巡抚，调陕西布政使林扬祖为甘肃布政使，以前任浙江布政使庆廉为陕西布政使。②

八月初一日癸卯（9月7日）

瑞麟奏，请复设水师以重海防，并酌筹增饷。天津海口原设水师，于道光元年六年，先后将水师总兵及水师营裁撤，现值海氛未靖，自应亟筹复设以重防务。清廷本日谕知黄宗汉、庆端等于闽广两省抽调大号战船艇船各二只，备齐器械，派员管带来津以备操演。其瑞麟请设水师二千名，与马步官兵共成三千名，除将原额抵补外，共添兵一千三百余名及添盖兵房等事，清廷均着照议办理。惟直隶提督移至大沽海口一节，从前立法，酌量通省形势，安设提镇以资弹压，自有深意。今专为防夷起见，于形势有无窒碍，清廷着僧格林沁会同庆祺筹酌，或将天津镇总兵加提督衔，准其专折奏事，而提督仍驻古北口以符旧制，着妥议具奏。至添设水师以后，每年增饷十余万两，现在添建兵房营署及署备器械等项，复需银十余万两，据瑞麟奏请将长芦盐引每斤减价制钱二文，除京引照常减价外，余拟仍复旧价，并将缉私巡费复归官办，及闽广商船准其在大直沽地方起剥，每年捐交剥价钱数万串，并劝办抽厘等事，均为协济饷需起见，既称商情悦服，自可无碍施行，并着酌定章程具奏。

瑞麟奏，筹办海防善后，请于闽广抽调战艇各船。天津现筹复设水师，以备不虞，所需添调各船自应及早筹备。清廷着庆端、瑞璸、黄宗汉、毕承昭于各该省抽调大号战船艇船各二只，配带炮械，酌派熟谙海洋将弁各二员，精健水兵各四十名，管驾迅速赴津，以资调遣。③

英使额尔金照会桂良、花沙纳等：如桂良等不早日来沪商定税则，不难再赴天津。又以邸报载上谕，内仍书有"夷"字，谓违反天津条约"平行相待之礼"。④

---

① 《清实录·文宗显皇帝实录》卷二五九。
② 《清实录·文宗显皇帝实录》卷二五九。
③ 《清实录·文宗显皇帝实录》卷二六〇。
④ 《第二次鸦片战争》（二），上海人民出版社1978年版，第496~497、529页。

初二日甲辰(9 月 8 日)

僧格林沁上奏天津双港、大沽工程图说呈览，又崇连捐牛皮运到。①

初四日丙午(9 月 10 日)

文彩等奏，停泊海口商船，请饬催北上。据称海运未到商船，尚有八十余只之多。其船户多籍隶山东，深恐任意耽延，有误海洋风信。清廷着崇恩严饬沿海文武员弁，查明境内各海岛，如有停泊米船，饬令赶紧起碇，驰赴天津验收。如查无八十余只之多，即着转咨江浙各督抚于沿海一带催趱北上，以免贻误而重漕运。②

初六日戊申(9 月 12 日)

咸丰帝谕：前谕何桂清，饬令薛焕，晓谕夷酋，令其静候钦差会同商办。现在明善等计已驰抵江苏，桂良、花沙纳亦将次赶到。所有夷务，自应遵照内定办法，未可擅出己见。倘于地方有窒碍之处，不妨与桂良等悉心筹议，稍加变通，大致不可更改。不得以现议办法，恐致军饷短绌为词。须知办成后，各口税课足以相抵，毋庸过虑。至前派臬司薛焕清查夷税，如果该员熟悉夷情，办理妥善，即饬令认真经理，以专责成。倘其办法未合，或不甚得力，即着该督先与明善、段承实密商办法，毋庸令该员与闻。③

初八日庚戌(9 月 14 日)

全庆、廉兆纶奏，遵查剥船经纪赔缴成数，意见不同。清廷批复：向来由津承运到通，亏短米石，于道光二十八年五月间，叠奉谕旨。剥船起卸米石，如稍有折耗，即照前案，责令经纪剥船，各半分赔，剥船如有使水亏短等弊，系由经纪拿获，即着剥船独赔，与经纪无涉。一船了一船之案，其余名船仍照旧章，责令经纪船户，各半分赔。圣训煌煌，立法极为平允，自应永远钦遵。仓场侍郎崇纶、李菡于本年二月间，奏请改定新章，殊属非是。嗣后着仍照旧章妥办，以归画一而免纷更。至现在通州验收米石，已有十分之七，前二十起应赔银米，着仍照新章分别追

---

① 《筹办夷务始末》(咸丰朝) 第 3 册，中华书局 1979 年版，第 1115 页。
② 《清实录·文宗显皇帝实录》卷二六〇。
③ 《清实录·文宗显皇帝实录》卷二六〇。

缴。自此次奉旨之日为始，即改归旧例核办。其现在承运经纪，查明尚无通同舞弊情事，至船户所供经纪斛手人等有需索钱文等事，着将该船户解送刑部。如讯有经纪舞弊，无论在津在通，一并指名咨提，严讯惩办。

何桂清奏，夷酋急欲回国，请饬催钦差兼程赴苏。据称英酋本欲起碇回国，经何桂清发给照会，告以钦差业经启程，该酋始肯在上海静候。其美、法二酋仍欲暂赴香港。本月初旬，即须起碇。又经薛焕与之再三要约，已据应允，八月内准回上海。现在桂良、花沙纳计已驰抵清江，清廷着即兼程前进，无稍迟缓。该大臣接奉此旨，先行知照何桂清业已迅速前行，以便该督即知照该酋安心听候。①

十八日庚申(9月24日)

僧格林沁等奏赶筑炮台情形，请派督臣会同办理。双港炮台营垒，据称即可竣工。其大沽海口炮台，地盘业已打起，惟急须木料应用，而商人居奇，杉木殊不易得。该大臣等请派督臣会办。所有天津修筑炮台等事宜，清廷着庆祺会同僧格林沁、瑞麟办理，时序已届秋分，转瞬即交冬令，冬项要工均应赶紧修筑，并着僧格林沁等实力督催，毋稍迟误。

罗惇衍等奏，裁并壮勇以节经费。清廷指示：现在夷人，仍踞省城，既不与官绅为难，亦只可暂与相安。其民夷仇杀之案，无关大局者，仍当毋庸与闻，但使该夷有所顾忌，自不至四出肆扰。至东路练勇，既因经费不敷，而西北两江，又无须移拨，自应酌量裁并以节虚糜。

有人奏，广东捐升道员蔡振武熟悉夷情。现当办理夷务需人之际，清廷着该督即饬该员来京，交吏部带领引见，毋稍迟缓。②

十九日辛酉(9月25日)

桂良、花沙纳抵常州，晤两江总督何桂清，商讨与夷人谈判税则事宜。③

廿一日癸亥(9月27日)

两江总督何桂清奏，利柄必应收回，税则不可轻免。④

---

① 《清实录·文宗显皇帝实录》卷二六〇。
② 《清实录·文宗显皇帝实录》卷二六一。
③ 《筹办夷务始末》(咸丰朝)第3册，中华书局1979年版，第1130页。
④ 《第二次鸦片战争》(三)，上海人民出版社1978年版，第519~522页。

廿三日乙丑(9 月 29 日)

　　文彩、崇纶奏，江、浙两省海运米石，验收完竣。清廷着文彩、崇纶回京，此后抵津之尾船米石，责成天津道认真验收报部。

　　以验收海运漕粮完竣，尚书文彩、侍郎崇纶下部优叙，道员英毓等升叙有差。①

　　咸丰帝坚持以免税为一劳永逸之计。②

廿四日丙寅(9 月 30 日)

　　直隶总督庆祺奏，查勘海口工程，整顿津镇行伍。③

廿七日己巳(10 月 3 日)

　　桂良等奏，拟请将全免入口税课一节，暂缓宣布，咸丰帝指示不难动摇。④

廿八日庚午(10 月 4 日)

　　前任浙江巡抚晏端书奏，各属征解钱粮，请免开列比较。得旨：户部察核具奏，不准任其蒙混，以启腾那之渐。⑤

　　桂良、花沙纳抵上海。⑥

廿九日辛未(10 月 5 日)

　　何桂清奏称，利柄必应收回，税则不可轻免。咸丰帝批复：在该督身任地方，为国家惜此帑金，是以不肯遽免夷税。然所筹究为目前起见，并非一劳永逸之计。况若照密谕办法，止能五口通商，一切干求，悉归罢议，该夷又何能尽收利柄。若

---

①　《清实录·文宗显皇帝实录》卷二六二。
②　《筹办夷务始末》(咸丰朝)第 3 册，中华书局 1979 年版，第 1126~1128 页。
③　《筹办夷务始末》(咸丰朝)第 3 册，中华书局 1979 年版，第 1128~1129 页。
④　《筹办夷务始末》(咸丰朝)第 3 册，中华书局 1979 年版，第 1130~1131 页。
⑤　《清实录·文宗显皇帝实录》卷二六二。
⑥　《筹办夷务始末》(咸丰朝)第 4 册，中华书局 1979 年版，第 1165 页。

但挽回一二件，其余仍须另议税则，岂能保其事事允从耶。前寄谕旨及朱批，已极详尽，无可再谕。何桂清受朕厚恩，断不至别有他意，特恐属员虑及免税后无可沾润，因而设词淆惑，亦事所必有。该督当力特定见，勿恤人言。至于地方情形，或有窒碍，曾谕令稍为变通，亦须将窒碍之处详细陈明，不可自出己见，致妨大局。

明谊奏，遣官与俄夷使臣会议，已定大局情形。此次该夷不肯即领货物，意在索赔，经委员等许以兴修房屋，令华商赔补，复再三设法，分年以茶抵补，始得减省成数，该夷业已应允。清廷着明谊即行照办，并令委员等赶紧与立合同条约。所有应付茶箱，即行付给，俾夷使可早日离卡，勿致别生枝节，并着英蕴、武隆额于巡查卡伦之便，妥为弹压，毋令民夷于贸易时，复滋事端。

庆端奏建郡堵剿情形，并请饬曾国藩由河口入闽。①

三十日壬申（10月6日）

何桂清等奏，请将关税暂增额外盈余银两尽收尽解。前经何桂清等奏，江海关税，每年于正额盈余外，约可加增额外盈余银十二万两，拨充军饷，不作永远定额。兹据奏称，此项额外盈余，自七年六月起至本年五月底止，一年期满，共收银十万余两。核与奏明约定数目，计有短绌，委因地方用兵，货乏来源，路多阻滞，尚非稽征不力。此项额外盈余银两，清廷着准其尽收尽解，以昭核实。②

两江总督何桂清与江苏藩司王有龄相继到上海。③

九月初一日癸酉（10月7日）

黄宗汉奏，新安县地方，因英夷张贴伪示，练勇击伤夷兵。该夷辄攻入县城，经兵勇击退。另奏大局已形决裂，办理尚无把握。该大员嘱令绅士伍崇曜等向该夷说合，据云非交现银一半，其余认利分年扣完不能出城。是该夷占踞省城，藉此挟制，断非口舌所能争胜。④

桂良、花沙纳照会英使额尔金，令其派人前来商定税则。后者照覆，抗议两广总督黄宗汉出示悬赏购英领事巴夏礼首级，并新安团勇开炮伤人，请桂良等解释明

① 《清实录·文宗显皇帝实录》卷二六二。
② 《清实录·文宗显皇帝实录》卷二六二。
③ 《筹办夷务始末》(咸丰朝)第4册，中华书局1979年版，第1165页。
④ 《清实录·文宗显皇帝实录》卷二六三。

白，否则不便与会。①

初三日乙亥（10 月 9 日）

两江总督何桂清奏，免税开禁，无俾大局，现另筹挽回之法。②

英使照会桂良等，要求将两广总督黄宗汉撤任，削去粤省绅士罗惇衍、龙云倌、苏廷魁奉命招勇帮办夷务之权，否则毋庸会议。③

初四日丙子（10 月 10 日）

桂良等照覆额尔金，谎称两广总督黄宗汉离任不远，并答应奏请皇上撤去罗惇衍三人之权。④

初六日戊寅（10 月 12 日）

广东巡抚柏贵奏，和议已定，粤省各事应静候条约，通行办理。⑤

中英上海税则会议开始。中方代表为江苏藩司王有龄、臬司署上海道薛焕、知府吴煦，英方代表为阿斯藩、威妥玛、李泰国。⑥

初七日己卯（10 月 13 日）

咸丰帝谕：前因桂良等奏，会商夷务大概办法，并何桂清奏免税开禁，均于夷酋无涉，已于各折片内严切批示，并谕知何桂清当力持定见，即或稍为变通，亦须将窒碍之处详细陈明，不可自出己见。桂良等接奉批谕，自当确遵初定办法。乃本日据惠亲王等呈递桂良等所致信函，竟云免税无裨大局，弛禁之说亦属无裨。其驻京一节已有端倪，入江一节颇难挽回。惟有不准其将内地货物即在内地贩运，该夷无利可图，其念可息等语。朕披览之下，深为诧异。何桂清以关税接济军饷为虑，虽属可原，然业经接奉寄谕朱批，谆谆告诫，已不应再有异议。况桂良等奉命而

---

① 《第二次鸦片战争》(三)，上海人民出版社 1978 年版，第 528～530 页。
② 《筹办夷务始末》(咸丰朝)第 4 册，中华书局 1979 年版，第 1153～1154 页。
③ 《第二次鸦片战争》(三)，上海人民出版社 1978 年版，第 534～536 页。
④ 《第二次鸦片战争》(三)，上海人民出版社 1978 年版，第 539 页。
⑤ 《筹办夷务始末》(咸丰朝)第 4 册，中华书局 1979 年版，第 1154 页。
⑥ 《筹办夷务始末》(咸丰朝)第 4 册，中华书局 1979 年版，第 1184 页。

出，宜如何恪遵谕旨，力筹办法，乃尚未与夷酋会晤，意已游移，是何意见。且免税即有窒碍，亦应条分缕晰，详细陈明请旨，何得遽改办法。况既准其入江，安能禁其将内地货物在内地贩运？桂良等前在天津，滥允该夷要求，至有今日补救之事。若再苟且了事，不为一劳永逸之计，日后夷患叠起，即将桂良等从重治罪，于国事何补。至免税一节，据云夷商所乐，而夷酋并不知感。既有益于夷商，岂有夷酋不乐之理？此次在天津请户部堂官前往上海议定税则，岂非夷酋之意？况此时欲收华商之税，原以补偿所免夷税。若如桂良等所拟办法，又何必规此小利，而冒不韪之名，后患仍属无穷，彼时悔之无及。着桂良等再行悉心妥筹。如欲另议办法，能否一劳永逸，日后保无夷患，苟非确有把握，朕亦断难俯允。仍当恪遵原议，并细绎叠次批示，只可稍为变通，不可更改大局，并不准如前在天津擅自应许，仅以"从重治罪"四字为塞责地步，懔之。①

初八日庚辰（10 月 14 日）

前因天津修筑炮台，经钦差大臣僧格林沁等饬令顺天直隶各州县采办树株，以供桩栅各用。兹据御史孟传金奏，各属采办树株，骚扰过甚，并有逼勒科派乞掘坟墓、倾圯房屋诸弊。炮台之设，本以卫民。若如该御史所奏官吏藉端生事，因公济私，转以病民，殊失绥靖闾阎之道。清廷着僧格林沁、庆祺等严行查察。②

初九日辛巳（10 月 15 日）

盛京将军玉明等奏，夷船驶入河口，旋即退去，严加防范。据称奉天没沟营河口，八月二十七日，有艇船停泊一只，载有夷人多名。询系往朝鲜贸易，阻风进口。业经玉明等饬令防守尉及知县等督带兵勇防堵，不令该夷登岸，并调盖州官兵，驰赴该处相机协防。现在该夷船只，业已驶去。③

初十日壬午（10 月 16 日）

塔尔巴哈台参赞明谊奏，俄夷互换文凭，照旧通商。塔尔巴哈台焚烧夷圈一

---

① 《清实录·文宗显皇帝实录》卷二六三。
② 《清实录·文宗显皇帝实录》卷二六三。
③ 《清实录·文宗显皇帝实录》卷二六三。

案，经明谊等叠次开导，用茶箱贴补，分年赔偿，现已互换文凭，通商和好。①

十二日甲申（10 月 18 日）

本日据桂良等奏会商办理情形。咸丰帝批复：所称夷情诡谲，未可轻议条约，免税不过夷商感恩，欲其罢弃全约，势必不行等语，办理错谬，已于折内批示矣。此次桂良等前往上海，与该夷会议，原欲为一劳永逸之计。前经叠次谕令遵照内定办法，本月初七日复严切寄谕，桂良等接奉历次谕旨，自当激发天良，力图补救。若仍毫无把握，不过希图塞责，自问当得何罪。该夷条约以派员驻京、内江通商及内地游行、赔缴兵费始退还广东省城四项最为中国之害。桂良等能将此四项一概消弭，朕亦尚可曲从。若仅挽回一二件，其余不可行之事，仍然贻患无穷，断难允准。何桂清受朕厚恩，亦当与桂良等公同筹议，计出万全，岂可专听属吏之言，自贻罪戾。至该夷照会内称新安县开炮伤人之事，前据黄宗汉奏，该县因英夷攻入县城，旋为练勇击退，并非兵勇先行启衅，更非官与为难。罗惇衍等三人系特命办理团练，弹压土匪。自天津议和后，已谕该侍郎等约束练勇，勿令与夷人寻衅。傥该夷无故赴各乡滋扰，致动百姓公愤，该绅等势难禁止，嗣后但当各不相犯，方能永全和好。着将此意，照会该夷，勿令籍口。

钦差大学士桂良等奏会同两江总督何桂清商办夷务情形。得旨：即使照该督之意办结，问该督能以首领保之，是该督真有把握，朕亦无不欣允。②

桂良咨黄宗汉，暂为停兵。③

十三日乙酉（10 月 19 日）

两江总督何桂清奏，洋务皆由各使启衅，宜藉征税稽查，以杜其渐。④

十五日丁亥（10 月 21 日）

桂良等奏，夷务办理棘手，非将黄宗汉撤任并撤罗惇衍等之权，必致决裂，遭

---

① 《清实录·文宗显皇帝实录》卷二六三。
② 《清实录·文宗显皇帝实录》卷二六四。
③ 《筹办夷务始末》（咸丰朝）第 4 册，中华书局 1979 年版，第 1167～1168 页。
④ 《筹办夷务始末》（咸丰朝）第 4 册，中华书局 1979 年版，第 1169～1170 页。

到痛斥。①

十七日己丑（10 月 23 日）

僧格林沁等奏天津海口炮台工程及安设炮位情形。②

廿一日癸巳（10 月 27 日）

桂良等奏，免税有十可虑，今日会议，未敢轻举。③

廿二日甲午（10 月 28 日）

署闽浙总督庆端奏报攻克邵武府城，福建地方一律肃清。得旨嘉奖，下部议叙。④

廿九日辛丑（11 月 4 日）

桂良等奏，连日与各国会议，条约万不能动。⑤

三十日壬寅（11 月 5 日）

僧格林沁、庆祺奏，遵议提督改驻海口，并酌拟加价抽厘等章程，开单呈览。直隶提督驻扎处所，未容遽议更张，而海口复设水师，极资整理。据僧格林沁等请令该提督于每年二月改驻大沽，至十月仍回古北口，自可于营务海防两有裨益。惟现在时令已交十月，而海口善后事宜尚未告蕆。该提督自不能远离津郡，清廷着俟督办炮台等工完竣，再行奏请，来年即照所定章程，按期来往，俾资兼顾。至所议盐斤加价及设局抽厘各事宜，均着照议办理。其添设将弁等事，仍着勘议明确，随时具奏。⑥

---

① 《清实录·文宗显皇帝实录》卷二六四。
② 《筹办夷务始末》（咸丰朝）第 4 册，中华书局 1979 年版，第 1177~1178 页。
③ 《筹办夷务始末》（咸丰朝）第 4 册，中华书局 1979 年版，第 1179~1181 页。
④ 《清实录·文宗显皇帝实录》卷二六五。
⑤ 《筹办夷务始末》（咸丰朝）第 4 册，中华书局 1979 年版，第 1184~1186 页。
⑥ 《清实录·文宗显皇帝实录》卷二六五。

冬十月初二日甲辰(11 月 7 日)

桂良等奏,沥陈夷情,并办理棘手,各国不可能罢弃条约。清廷批复:该夷欲赴汉口,尤须力为阻止。此时沿江贼船充斥,若夷船误被损伤,中国岂能任咎。若因夷船经过,而我水师停兵相让,设或贼船跟踪直上,岂不搅我长江大局?该夷既真心和好,岂有不可理谕?着桂良等剀切止之为要。①

初三日乙巳(11 月 8 日)

桂良等分别与英使、美使签订中英、中美《通商章程善后条约:海关税则》,主要规定有:海关聘用英人帮办税务;海关对进出口货一律按时价值百抽五征税;洋货运销内地或英商从内地收购土货出口,只纳子口税每百两完税银贰两五钱;"洋药"(鸦片)准许进口贸易,每百斤纳进口税银三十两等。②

英使额尔金偕同舰长巴克、奥斯本,通事李泰国、威妥玛,乘舰自上海溯江而上,考察通商口岸。③

初四日丙午(11 月 9 日)

钦差大臣大学士桂良等奏报上海军情紧急,夷性难训,现在商办情形。得旨:该督既可离沪,王有龄何不能离。明系该员事事把持,总恐他人收效。况该督司此次办理夷务,独存成见,不准他人入手,殊属胆大。桂良等甘为其指使,更不可解。况此折铺叙粤捻各逆情形,于夷务不过寥寥数语,又未能将节经训谕之四层逐款筹办。该督此次任意之所愿为,一发莫遏,是亦视朕旨若弁髦,罪有浮于耆英者。④

以直隶通州协副将汤苏为宣化镇总兵官。

两江总督何桂清奏,缕陈洋务棘手情形,折回常州,再定进止。⑤

美商船为华船碰损,索赔无厌。⑥

① 《清实录·文宗显皇帝实录》卷二六六。
② 《中外旧约章汇编》第一册,生活·读书·新知三联书店 1957 年版,第 116~132、137~141 页。
③ 《筹办夷务始末》(咸丰朝)第 4 册,中华书局 1979 年版,第 1204 页。
④ 《清实录·文宗显皇帝实录》卷二六六。
⑤ 《筹办夷务始末》(咸丰朝)第 4 册,中华书局 1979 年版,第 1193~1195 页。
⑥ 《筹办夷务始末》(咸丰朝)第 4 册,中华书局 1979 年版,第 1197~1198 页。

初九日辛亥（11 月 14 日）

咸丰帝谕：夷务办法，自桂良到上海后，朕于奏报内业经叠次批示，本已无可再谕。本日据何桂清奏同抵常州，复将夷务棘手情形缕晰陈奏。当此时事艰难，该大臣等受朕深恩，谅不敢竟昧天良，希图迁就了事。但权衡时势，不但派员驻京，必须极力挽回，即内江通商及内地游行、赔缴兵费、退还广东省城各要件，贻害甚大，均不可不设法阻止。桂良等专办夷务，固属无可卸责。即何桂清身任地方大吏，受此委任，亦当力图补救。所有办法，着仍遵前旨，将此四事，婉为转圜。与其称兵于日后，不如消患于目前。现议税则，该夷必有利益可沾，即可从此措手，不至即行决裂。四事若有转圜，其余即照天津及上海现定各款办理。该夷若诚心永远和好，则去此四件，必能长保无事也。至该夷之意，本欲移钦差于上海，如果说定时四事消弭，桂良等即可允其将钦差移至上海，专办通商事务。以后各国，如有商办之事，即在上海商办。广东仍照旧通商，俟该夷退出省城后，由两广总督妥定章程，不致民夷争斗。倘诸事定议后，夷船再至天津，即为背约，不能如今年相待。但此时大局未定，切不可早为宣露。桂良等当存之于心，届时再与宣说。如该夷回帆时，不与说明，转瞬来春，夷船复至天津，惟桂良等是问。至何桂清奏称各处游行，虽不能禁止，亦当严定章程，以资约束。但恐既许游行，即无从限制。此时朕既肯毋庸拘泥内定办法，该大臣等必当各矢忠诚，竭力挽回，为国计民生豫筹久远之策，谅桂良等亦必能仰体朕心也。①

十三日乙卯（11 月 18 日）

前据僧格林沁奏称，提督改驻海口及加价抽厘等章程，当经分别谕令遵办，并令将添设将弁等事勘议明确具奏，现尚未据奏到。而招募水师尚待操练，亟应将所添将弁议定章程，使各有统属，庶新募之众可称劲旅。且时令即届沍寒，建盖兵房以资栖止，尤为紧要。清廷着僧格林沁、瑞麟、庆祺将现募水兵已得若干，将弁应如何添设，及盖造兵房、置造军装器械现在如何办理，据实具奏，迅速筹办，毋稍迟误。②

十五日丁巳（11 月 20 日）

僧格林沁在大沽海口及双港地方修筑炮台，安设营垒，并置木筏以扼海口要

---

① 《清实录·文宗显皇帝实录》卷二六六。
② 《清实录·文宗显皇帝实录》卷二六七。

隘，各项工程已于本月十二日一律告竣。所有操练水师建盖兵房等事，清廷着交瑞麟、庆祺妥为办理。炮台分设炮位，着即饬副将乌忠阿等带宣化镇官兵一千名，协同大沽协官兵小心守护。至所调吉林、黑龙江、察哈尔等处官兵，程途遥远，未便令其归伍。此次回京后应在何处驻扎，清廷着僧格林沁筹议具奏。

额尔金率大小舰船四只抵南京观音门，遭到岸上太平军炮击，英军回击。太平军死伤数十人，英军死一人，伤二人。次日英舰继续西上。①

十九日辛酉(11 月 24 日)

咸丰帝谕：桂良等奏税则议定、夷性渐驯一折，览奏实堪痛恨。英夷轮船，岂容轻令内驶，桂良等辄自允许，犹言示以不疑。朕若力持定见，必欲责令阻止，但恐桂良等既已允许，力不能阻，只可听其一行。若回沪后，又欲随意往来，或他国效尤，跟踪前往，断不能再听其便。至盐斤在内地本各有界限，豆石亦奉天等处贸易大宗，原当定以限制。其游历内地，恃执照为稽查，焉能周遍，系属最下之策。朕此时不再加驳斥，不过恐桂良等力有不能，至于决裂耳，并非谓其可以勉从也。驻京一节，在该夷不过因广东道远，恐下情不能上达，前次寄谕，准其将钦差移至上海，正可以此为词，罢其驻京之议。若仍准其随时来往，岂能日久相安，并着俟该夷回帆时与之言明。若至天津，我兵即先开炮，使其有所顾忌，不至再逞诡谋。其广东省城退出，则该处民人不致与该夷为难，并可开舱贸易，实属彼此有益。该夷回来欲议此事，即着曲为开导，俾有转机。凡此数端皆非无可措词，总在桂良等激发天良，力任其难。能罢去一事，即免一事之贻害。若徒以釜底抽薪为词，而实则于事毫无补救，桂良等其何颜以对朕耶?②

中法《通商章程善后条约：海关税则》在上海签字，条款与英、美税则基本相同。③

二十日壬戌(11 月 25 日)

库伦办事大臣德勒克多尔济等奏，护送俄国来使进京，并将玛雨尔面秉各条钞呈。④

僧格林沁等奏，天津南北两岸炮台分设官兵驻守。⑤

---

① 《太平天国对外关系史》，人民出版社 1984 年版，第 186~187 页。
② 《清实录·文宗显皇帝实录》卷二六七。
③ 《中外旧约章汇编》第一册，生活·读书·新知三联书店 1957 年版，第 133~137 页。
④ 《筹办夷务始末》(咸丰朝)第 4 册，中华书局 1979 年版，第 1206~12074 页。
⑤ 《筹办夷务始末》(咸丰朝)第 4 册，中华书局 1979 年版，第 1207~1208 页。

廿一日癸亥（11 月 26 日）

英使额尔金一行抵安庆，又与太平军发生冲突。①

廿二日甲子（11 月 27 日）

英使尚未归沪。②

十一月初一日壬申（12 月 5 日）

两江总督何桂清等奏请江浙新漕仍由海运。从之。③

初二日癸酉（12 月 6 日）

两广总督黄宗汉奏，夷氛逼近，盐课短绌，恳请奏销展限。允之。④

钦差大臣和春奏，洋船入江，与太平军接仗，现已西驶。⑤

英使额尔金一行抵汉口停泊。⑥

初三日甲戌（12 月 7 日）

前署直隶总督瑞麟等奏，酌拟拨添海口将弁，并募水师足数缘由。得旨：明岁海防，仍责成僧格林沁督办。此折着僧格林沁察核具奏。⑦

初四日乙亥（12 月 8 日）

袁甲三奏，徐州叠被兵燹，无可再筹饷需。山东省登、莱、青三府属海口，为商船凑集之所，请举办抽厘，协济各路军饷。清廷着崇恩察度情形，拣派公正绅耆

---

① 《太平天国对外关系史》，人民出版社 1984 年版，第 187 页。
② 《筹办夷务始末》（咸丰朝）第 4 册，中华书局 1979 年版，第 1209~1211 页。
③ 《清实录·文宗显皇帝实录》卷二六九。
④ 《清实录·文宗显皇帝实录》卷二六九。
⑤ 《筹办夷务始末》（咸丰朝）第 4 册，中华书局 1979 年版，第 1213~1214 页。
⑥ 《筹办夷务始末》（咸丰朝）第 4 册，中华书局 1979 年版，第 1224 页。
⑦ 《清实录·文宗显皇帝实录》卷二六九。

会同地方官劝谕捐输。至登、莱、青三府属海口，商船资本较巨，如能举办抽厘，不无裨益。其小本贸易，一概不准抽收，自可不致有拂舆情，并着崇恩饬属查核妥议具奏。

僧格林沁奏，察核海口情形，请豫调官兵。现在津沽海口各炮台一律修造完竣，明岁必须添调官兵前往以资防守，清廷着景淳、奕山于吉林、黑龙江两处各挑拨马队精兵一千名，配齐军装器械，于本年十二月启程，俟明年二月初间必须行抵天津，归僧格林沁调遣，毋稍延缓。

昨据瑞麟、庆祺奏酌拟拨添海口将弁，并招募水师足数各情，当交僧格林沁察核具奏。本日据复称，该大臣所拟请裁移添设之将弁各缺，均甚妥协。其原设及新募之兵足资守卫，业经降旨依议办理矣。惟据称海口地方辽阔，尚须添调官兵以资防守。所请调之吉林、黑龙江、蒙古两盟及察哈尔等处马队兵五千名，均于二月初间可到，合之僧格林沁另带京旗官兵二千名，共有七千之数。津郡现办厘捐及盐斤复价，犹恐不敷应用，除饬户部豫为筹备外，并着庆祺先期筹备，以免临时缺乏。

新设直隶天津海口前右营游击一员，以葛沽营游击改驻。前左营都司一员，以巩华城都司改驻。中左营都司一员，以三河营都司改驻。改大沽协左营都司为中右营都司，左营都司为后右营都司，海口营守备为后左营守备。从前署总督瑞麟等请也。①

初六日丁丑（12 月 10 日）

以办理天津海防出力，予副都统增庆等奖叙有差。

湖广总督官文宴请英使额尔金。次日，官文带同随员赴英舰回拜。②

初八日己卯（12 月 12 日）

英使额尔金一行折回东下。③

初十日辛巳（12 月 14 日）

廖鸿荃奏，福建省永丰官局，前因提用局票过多，局伙倚恃委员护芘，买空卖空，致民间不复信用局票，物价日昂，奸徒鼓煽，致有三月间闯入督署之事。及铁

---

① 《清实录·文宗显皇帝实录》卷二六九。

② 《筹办夷务始末》(咸丰朝)第 4 册，中华书局 1979 年版，第 1224~1225 页。

③ 《筹办夷务始末》(咸丰朝)第 4 册，中华书局 1979 年版，第 1224~1225 页。

钱室碍，议复铜钱，以二成钱票、一成现钱搭放，市肆未见分文，多被奸民运赴省外销售。近因弥补票本，设局劝捐，怨声载道。将来此项捐资，若复那（挪）移别用，更何以为清厘官局之资。一朝溃裂，患不胜言。①

十三日甲申（12 月 17 日）

现在俄罗斯国遣使来京，商办事务，着派礼部尚书管理理藩院事务肃顺、理藩院尚书瑞常会同办理。②

十六日丁亥（12 月 20 日）

桂良等奏，夷务关系重大，请旨遵办。咸丰帝密谕：桂良等叠次陈奏办理情形，业经剀切训示，总以阻其进京、停其江路通商、并将游行内地罢议及早归还广东省城四事为最要。桂良等果肯竭力转圜，何至徘徊两月有余。又复奏请训示，前次准将钦差移至上海，原为阻其进京及赴天津之计，若仍准其随时进京，则进京之后如何驱遣，岂不与驻京无异，又何必改钦差于上海，且何必派桂良等前往挽回耶？总之进京一节万不能允，内江通商必须消弭，其余两事亦当设法妥办。桂良等既拟在上海互换条约，即着迅速定议，将此四事挽回。议定之后，速行奏闻，并将条约进呈，阅后即令桂良等在上海互换，勿令该夷北来。恐该夷诡计，故延时日，待至明春，仍然北驶。前次谕旨内，已言明再至天津，我兵必先开炮。傥桂良等不便向该酋面说，可令委员等向夷官透露此意，告以天津已有准备。若再前往，必启兵端。彼时一经开仗，即上海等处必当断其通商，并可传播他国夷商，使之闻知。各国恐被连累，必有从中劝阻者。至桂良等派办夷务，挽回条约，是其专责。设或事至决裂，必须用兵，断不能归罪于议事之人。若不能阻其进京，以致夷船复至天津，则无论动兵与否，朕惟桂良等是问。③

十七日戊子（12 月 21 日）

前据玉明等奏没沟营河口有夷船停泊，经该将军饬令防守尉等督带兵勇防堵，不令登岸，夷船旋即驶去。当谕令如再有夷船进口，仍派员善为开导，并严禁接济。现在天津海口，经僧格林沁等添筑炮台营垒，业已工竣，布置周密。该夷明岁

① 《清实录·文宗显皇帝实录》卷二六九。
② 《清实录·文宗显皇帝实录》卷二六九。
③ 《清实录·文宗显皇帝实录》卷二七〇。

春融，难保不由上海一带北驶。如果至牛庄贸易通商，自可设法羁縻。傥肆其凶狡，登岸骚扰，不可不豫为防范。其金州、锦州沿海各口，亦须一体严防。没沟营既经该夷窥伺，应如何加意布置，以备不虞。海口要隘，固宜扼守，口内陆地亦应密为设防，毋稍疏懈。清廷着玉明、希拉布、侍顺体察各海口情形，妥为筹画具奏。寻奏：遵饬金州、锦州各海口居民严断接济贸易，并拿奸细以杜溷迹句（勾）串。报闻。①

十八日己卯（12 月 22 日）

英使额尔金过九江，至八里江一带，因水浅而退回九江西门外停泊。②

二十日辛卯（12 月 24 日）

额尔金留大船暂泊九江，乘小火轮两只东下。③

廿一日壬辰（12 月 25 日）

英使额尔金等抵达芜湖。芜湖太平军守将侯玉田照会巴克舰长，请将洋炮火相让若干，为后者婉拒。④

廿五日丙申（12 月 29 日）

英使额尔金一行回至南京，遣威妥玛、李泰国等上岸会晤李春发，声明军舰进入长江并非帮助清军打仗，实乃前往汉口考察贸易。⑤

廿八日己亥（公元 1959 年 1 月 1 日）

颁江南武家墩都天庙御书匾额曰"显忠佑顺"，显王庙御书匾额曰"毅烈绥疆"，

---

① 《清实录·文宗显皇帝实录》卷二七〇。
② 《筹办夷务始末》（咸丰朝）第 4 册，中华书局 1979 年版，第 1238 页。
③ 《筹办夷务始末》（咸丰朝）第 4 册，中华书局 1979 年版，第 1238 页。
④ 《太平天国史料》，开明书店 1950 年版，第 141～142 页。
⑤ 《太平天国对外关系史》，人民出版社 1984 年版，第 193～194 页。

蒋坝耿公庙御书匾额曰"宣武靖寇"。①

英使额尔金一行回抵上海。②

三十日辛丑(公元 1959 年 1 月 3 日)

王懿德等奏,琉球贡船尚未进口,筹议办理。本年琉球贡船到闽后,清廷着王懿德等察看情形,如未能依限进京,即饬官伴人等照例安插馆驿守候,表文方物存储司库,俟各处道路疏通,再行派拨文武各员伴送赴京,以示体恤。③

十二月初一日壬寅(公元 1959 年 1 月 4 日)

松龄奏请饬督臣委员会办木植。万年吉地现在将次兴工,所需木植自应赶紧采办。惟据称近年粮船停止河运,南木短绌。天津厂存木植,尺寸稍大者,因海口设防,均已购用。恐商贾闻风居奇,若由直隶总督委员会同采办,呼应较灵,其价银仍由该盐政筹垫。清廷着庆祺即饬天津通永二道,会同该盐政妥为采办,所需款项即着于盐关各库筹垫,以期迅速。至海口炮台,木料尚有余剩,并着庆祺查明丈尺件数,咨报工部,并办理工程处。如果合式,即由直隶先行委员径解工程处查收,以节糜费。④

广州英军千余人扰三元里,一路焚烧茶蓬民居,大放枪炮,轰毙行人与民夫九人,伤二十余人。乡民鸣锣齐出,击毙夷人十余名。英军逃回省城。⑤

初五日丙午(公元 1859 年 1 月 8 日)

广东英夷率夷兵汉奸约四千余人,直扑石井,所至焚掠,民夷互有杀伤。初七日退回省城。⑥

初六日丁未(公元 1959 年 1 月 9 日)

咸丰帝密谕:据桂良等奏,英酋将回上海,请将条约先行进呈。前据桂良等将

---

① 《清实录·文宗显皇帝实录》卷二七〇。
② 《筹办夷务始末》(咸丰朝)第 4 册,中华书局 1979 年版,第 1242 页。
③ 《清实录·文宗显皇帝实录》卷二七〇。
④ 《清实录·文宗显皇帝实录》卷二七一。
⑤ 《筹办夷务始末》(咸丰朝)第 4 册,中华书局 1979 年版,第 1272 页。
⑥ 《筹办夷务始末》(咸丰朝)第 4 册,中华书局 1979 年版,第 1273 页。

条约进呈，原令其挽回四事，定议之后即行呈阅。兹据奏请，拟将两次条约，先行专弁赍呈。着照所请，准其先将天津原约及现定税则条款进呈，俟挽回四事，另立专条进呈后，候朕酌夺，如可准行，一并用宝发回，交桂良等与该夷互换。据奏该夷虽不长驻京师，而其随时进京，尚未杜绝。即内江通商、游行内地及归还广东省城三事，如何办法，折内并未切实声明。其上海应派钦差，亦须俟一切定议后，再行简放。此时夷船尚未回沪，究竟逗遛何处，恐桂良等为其所愚，稽延时日，一交春令，该夷又潜赴天津。前经叠次谕知，如果该夷北来，我兵必先开炮。条约内既未定有天津口岸，即非该夷应到之地。我若用兵，并非理曲。桂良等曾否将此言透露？倘不便向额尔金面说，或令委员道达，或由他国转传，使之闻知，均无不可。总之既有钦差改驻上海之议，则进京一层，不但长驻不能允准，即随时往来亦可不必。上海道路，非广东可比，何事不可上达？该夷必执前议，是诚何心？桂良等不能开导，亦岂得谓心力已尽。此时桂良等惟有设法阻止，能议到如何分际，即行奏闻，不准空言敷衍，致误事机。倘徒事因循，致令该夷仍赴天津，则前谕已明，桂良等恐不能当此重咎也。①

初七日戊申(公元 1959 年 1 月 10 日)

据玉明、承志奏，奉天水师营战船不敷巡缉，请饬催闽浙二省造送新船，并办解修船物料。闽浙二省应造新船并修船物料，屡经该将军等咨催，仅据送到第四号战船一只。其闽省应造八号新船一只、浙省应造二号九号新船二只，并应解头三五六七十号六只修船物料，均未解到。现在巡洋乏船驾驶。清廷着王懿德、庆端、胡兴仁迅将应送新船并修船物料，妥为备办，务于来年春夏之间，全数解送该营，俾资巡缉，毋得稍有迟误，以重海防。②

初八日己酉(公元 1959 年 1 月 11 日)

胡兴仁奏，剿办台州土匪，首犯就擒，地方肃清。浙江宁海县匪徒林大广等聚众踞城，经宁波府知府张玉藻等带兵克复县城后，该匪复窜踞临海宁波交界地方，九月二十八日，纠匪三千余人，直扑台州府城。署知府吴端甫等会同文武官绅，率领民团毙匪数百，生擒二十七名正法。该匪败退，次日复扑府城，又被我军击退，生擒三十余人。讯系匪党，尚有二千余人聚白莲寺等处，经候补知府荫德泰会同已

① 《清实录·文宗显皇帝实录》卷二七一。
② 《清实录·文宗显皇帝实录》卷二七一。

革游击杨国正等分道攻击，于十月初八日，将白莲寺等贼巢尽行焚毁，生捦贼首卢雨杰等三十余名，毙匪不计其数。该逆溃败后，又窜踞宁海之铁场等处，复经官军杀毙二百余名，生捦一百五十余名正法。二十四日，各将士攻毁铁场贼巢，余匪窜踞南溪赖岙。十一月初十日，官军分道进攻，复将赖岙贼巢烧毁，共毙匪三百余人，生捦一百三十余人，并将首犯林大广生捦正法。①

初十日辛亥（公元 1959 年 1 月 13 日）

免闽海关监督福州将军东纯，应赔闽海短征税银一万六千四百余两。

大学士彭蕴章奏，详核《中俄天津条约》，与俄国清文微有不同。②

十一日壬子（公元 1959 年 1 月 14 日）

现在俄罗斯国派夷酉丕业罗幅斯奇来京，互换和约。据该夷送到条约文底，与该大臣等前在天津所给该夷条约，清文有互异之处，以致该夷籍口，欲请更改字句，未能互换。该大臣等在津所定俄夷条约清文二件、汉文一件并俄文一件，均已带赴上海。清廷着桂良等接奉此旨，即检齐由六百里驰递进呈，并将清文二件以何件为准，其因何歧异之处详细签出，毋稍含混。③

十二日癸丑（公元 1959 年 1 月 15 日）

据湖广总督官文奏，夷船过八里江阁（搁）浅，将大火轮船二只退泊九江，欲俟来春发水时前进。其小火轮船二只，已开行下驶。夷船以下游阁（搁）浅为名，欲在浔江久泊，诚恐别有诡谲，未便任令羁留。现在上海办理税则条款，业已议有头绪。此时俟夷酉回沪，即可将四事挽回。况前此桂良等许其入江，本约二十日内即回。若任其停泊上游，难保无窥探虚实，及句（勾）通内匪等弊。清廷着桂良等谕知该夷，即令轮船下驶出江，至该夷船行至焦山即有阁（搁）浅之事，今在八里江复行浅阻，正可晓以利害，阻其入江之请。现在江路尚未肃清，该夷入江固属冒险，即日后并无阻梗，设遇阁（搁）浅，江中匪徒出没，恐损失货物，亦多未便。

---

① 《清实录·文宗显皇帝实录》卷二七一。
② 《筹办夷务始末》（咸丰朝）第 4 册，中华书局 1979 年版，第 1230 页。
③ 《清实录·文宗显皇帝实录》卷二七一。

如能籍此止其入江，岂不甚善。清廷着桂良等设法办理为要。①

额尔金照会桂良等："若不早照专条结办(《天津条约》所定赔款专条)，则将粤城中官员概行出之于外，将海关税饷援资两国守城军费。"②

十七日戊午(公元 1959 年 1 月 20 日)

前因天津海防周密，恐明岁春融，夷船由上海北驶，或扰及牛庄并沿海各口。当经谕令玉明等体察各海口情形，妥筹具奏，现已将及一月，尚未据该将军等覆奏。副都统增庆熟悉该处海口情形，业经降旨派令前往。惟增庆到尚需时，而该将军接奉前旨已久。所有牛庄没沟营等处及金州、锦州各海口，应如何严密设防，以杜该夷窥伺之处，清廷即着先行驰奏，以便豫筹布置，俟增庆到时，再加履勘。

现在天津海口，业经僧格林沁添筑炮台营垒，以资守御。其沿海各口岸，何处应行设防，尚须周历履勘，方能布置周密。清廷着庆祺传旨谕知史荣椿会同格绷额，即由天津驰赴山海关，将沿海一带口岸及扼要地方，详加复勘。查明后，史荣椿即折回大沽海口，格绷额即在山海关驻扎，俟防兵到关，归其统带。并派署天津镇总兵汤苏、大沽协副将龙汝元将由天津至山东海丰一带沿途海口各要隘一体详查明确。所有两路查勘情形，均由庆祺绘图贴说，详细具奏。③

闽浙总督王懿德奏，闽省船只俟修固，即操驾赴津。④

十八日己未(公元 1959 年 1 月 21 日)

英派柏禄格来台湾查寻漂流难民。⑤

二十日辛酉(公元 1959 年 1 月 23 日)

黄宗汉奏，甄别水陆营员。广东广海寨水师游击欧清在署平海营参将任内，性耽游荡，有玷官箴，着即革职。碣石水师镇标中军游击沙中玉、阳江水师镇标中军游击梁得禄，年老多病，难期振作，均着勒令休致。南雄协副将玉德，图利营利，

---

① 《清实录·文宗显皇帝实录》卷二七一。
② 《第二次鸦片战争》(三)，上海人民出版社 1978 年版，第 588 页。
③ 《清实录·文宗显皇帝实录》卷二七二。
④ 《筹办夷务始末》(咸丰朝)第 4 册，中华书局 1979 年版，第 1233~1234 页。
⑤ 《筹办夷务始末》(咸丰朝)第 4 册，中华书局 1979 年版，第 1234~1235 页。

兵心不服；署三江协副将拣发副将松寿，昏聩糊涂，信任家丁，均着革职。南韶连镇中军游击周文福，性耽游玩，训练不勤，惟年力尚壮，着降为守备，留于广东酌量补用，以肃戎政。①

黑龙江将军奕山等查勘绥芬乌苏里地方，俄使来文要挟。②

廿一日壬戌（公元 1959 年 1 月 24 日）

玉明等奏，遵旨筹备海防情形，并绘图贴说呈览。该省没沟营海口，与三汊河一水相通，地关紧要，经玉明等于该处水陆两路筹议安炮设伏章程，挑兵五百名，于明春派往驻扎，另挑兵一千名操练备调，并设法断绝汉奸，劝谕商民，力行团练。另奏，抬枪不敷应用，现有人呈请捐造。清廷着准其捐资制造，俟呈缴后，演放有准，即由该将军等核计银数，奏请奖励。

奕山等奏遵查绥芬乌苏里地界，并俄夷具字要挟情形。据称绥芬至三姓交界，宽广千余里，并无与俄夷接壤之处。乌苏里河自北而南，相距一千四百余里，距兴安岭甚远，亦无接壤俄夷处所。是该二处不特原定分界甚遥，且近接三姓、宁古塔等处，实已深入内地。据该将军等查明，未便允许，自应正言拒绝。该夷要求黑龙江左岸居住，奕山遽尔允准，已属权宜。此次无厌之求，清廷着该将军等妥为开导，谕以各处准添海口，皆系大皇帝格外天恩，原因两国和好多年，是以所请各事，但有可以从权者，无不曲为允准。此后自应益加和好，方为正办。若肆意侵占，扰我参珠貂鼠地方，是有意违背和议，中国断难再让。况该夷在三姓地方，搅扰街坊，触怒军民，若日久占居，必至积怨成仇，群起为难。虽天朝法令森严，亦不能以非理之事强制百姓，彼时有伤交谊，大非彼国之利。如该夷使听受开导，不复以绥芬乌苏里为请，即可与之议准（准）界址，切实订定，除所议之外，永不准肆行窜越。如其坚执不遵，即着将该夷狡执情形，详细具奏，当由理藩院行文该国萨纳特衙门与之理论。奕山等亦可行知木哩斐岳幅据理执辩，晓以利害，勿任各夷官从中播弄。事关重大，固不宜过于激烈，致启衅端，亦断不可一味软弱，总宜词严义正，中其隐微，庶可渐戢骄心，归于训服。③

江西巡抚耆龄奏，英船由汉口折回，暂停泊九江。④

---

① 《清实录·文宗显皇帝实录》卷二七二。
② 《筹办夷务始末》（咸丰朝）第 4 册，中华书局 1979 年版，第 1235~1237 页。
③ 《清实录·文宗显皇帝实录》卷二七二。
④ 《筹办夷务始末》（咸丰朝）第 4 册，中华书局 1979 年版，第 1238~1239 页。

廿四日乙丑（公元 1959 年 1 月 27 日）

　　咸丰帝密谕：前据景淳等奏查绥芬乌苏里，均不与俄夷接壤，未便允许，当谕令该将军等正言拒绝矣。绥芬乌苏里两处，既与俄夷地界，毫不毗连，且系采捕参珠之地，当时即应据理拒绝，何以副都统吉拉明阿辄许木哩斐岳幅于冰泮时驰往查明，再立界牌。至所称原立字约十四条内，尚有三事未妥，均未据奕山奏明。其木哩斐岳幅来文内，有二年后差学生到俄国学艺之语，更不知从何而来。奕山前次遽将黑龙江左岸允许该夷，虽系限于时势，究竟办理轻率。且以乌苏里河，亦可比照海口等处办理，致该夷肆意要求，甚至在三姓地方滋扰居民。景淳因绥芬乌苏里均系内地，关系綦重，设法拒绝，自是正办。着仍遵前旨，据理剖辩，毋得迁就了事，致贻后患。所立字约十四条及吉拉明阿辄许该夷赴乌苏里口会勘地界，有无含混应许之处，着该将军等查明具奏。至俄夷来使丕业罗幅斯奇到京后，并未声言欲办何。该夷来文有即照该来使商议之言，派员前赴兴安鄂末，尤不可解，亦应一并谕知该夷为要。①

廿六日丁卯（公元 1959 年 1 月 29 日）

　　桂良等陈奏英国咨文各件，内有伪造廷寄谕旨一道，据称系英国人得自广东者。清廷着黄宗汉严拿伪造之人，尽法惩办，使各国皆知我中国办事，光明正大，一经定议，尽释嫌疑，造言生事之人无从煽惑。至上海现办通商事宜，与广东相距较远，着即授两江总督何桂清为钦差大臣，办理各国事务。所有钦差大臣关防，着黄宗汉派员赍交何桂清只领接办。

　　桂良等奏先进前后条约，并陈现办情形。咸丰帝批复：桂良等于挽回四事，仅止略得大概，并未切实断定。若驻京一节，仅能阻其长驻，而仍许其随时往来，傥竟此往彼来，长行不断，亦与长驻何异。据桂良等奏能将条约议定，在外互换，则进京之念自息。昨已许其在上海互换，则进京一节，自可因势利导，何至不可商量。即内江通商一层，该夷船既节节阻浅，即可以此为词，使其知难而退。折内游移其词，既称若能拒绝，固属全美，又称即或改换面目，亦是办法。其为尚无把握，已可概见。至游行内地一节，条约内虽京都不在此例，而附近各地方如顺天直隶各属，该夷必将指为约内所无，亦属漫无限制。广东官绅团练，本为助剿土匪，并非专为夷务而设，况天津议和以后，屡据罗惇衍等奏报，遣散已多，其间有损伤

---

　　① 《清实录·文宗显皇帝实录》卷二七二。

夷兵之处，均系夷兵出城骚扰所致。如其早还省城，自不致有此事。该夷既有畏忌广东绅民之意，正可从此措辞，使其幡然悔悟。以上各情，皆属紧要。黄仲畬既为桂良所深信，此时该员已到上海，即可责成着力逐件挽回，能消弭一事，即少受一事之贻害。仍着竭力筹画，勿因条约业已进呈，遂谓可以塞责。至前次带赴上海各条约，除三国均已言定，即在上海互换外。俄夷既无人在沪，所有该国条约，自应暂留京师，俟随后发交库伦办事大臣，交该国萨纳特衙门互换。①

江苏巡抚赵德辙因病解任，以布政使徐有壬为巡抚。

赏前任江苏按察使查文经道衔，接办江南粮台事务。

廿九日庚午（公元 1959 年 2 月 1 日）

桂良等奏，遵旨呈进俄夷条约，并将歧异之处，黏签开单呈览。咸丰帝传谕：详阅单内所开歧异之处，均属有因。从前既经普提雅廷斟酌看定，始行画押，则该夷此次狡赖，显系恃无质证。桂良现令在津与晃明同议之参领张延岳先行回京，当俟该员到时与之辩证，自必无从狡执。如其仍欲任意更改，即不与之互换。原议本有一年之说，即俟上海事竣，再与理论，亦不为迟。至另所奏必须撤去黄宗汉，英夷始能帖服。试思中国大臣，岂能视外夷之喜怒为黜陟。况钦差大臣关防，已改授何桂清，则海口通商事宜已与黄宗汉无涉。至各省督抚办理地方公事，该夷岂能干预。着桂良等向夷酋剀切晓谕。前因广东有伪造寄谕之事，已明降谕旨，桂良等接奉后，谅已付该夷阅看。其挽回事宜，着仍遵前旨，竭力筹办，毋得别生枝节。

前因海口办防，谕令吉林、黑龙江各调兵一千名，均于年内启程，并令格绷额会同史荣椿于查看海口要隘后，格棚额即留于山海关。所有吉林兵一千名，约计即可抵关，着定福、格绷额传知该带兵官，将所带官兵，即在山海关驻扎。其黑龙江官兵，以五百名防守昌黎县海口，五百名防守乐亭县海口。并着格绷额相度要隘，饬令该带兵官，分投前来驻扎。此项官兵均归格绷额统带，务当严明约束，毋许滋生事端。

朝鲜国使臣李根友等三人于午门外瞻觐。②

英使额尔金抵粤。③

---

① 《清实录·文宗显皇帝实录》卷二七二。
② 《清实录·文宗显皇帝实录》卷二七二。
③ 《筹办夷务始末》（咸丰朝）第 4 册，中华书局 1979 年版，第 1287 页。

咸丰九年　己未　公元 1859 年

春正月初一日壬申(2月3日)

　　咸丰帝密谕：前因桂良等奏，广东有伪造廷寄谕旨，致该夷疑虑。当明降谕旨，令黄宗汉严拿伪造之人，并将钦差大臣关防移交何桂清祗领接办。原冀该夷见此谕旨，知海口通商事宜，已与黄宗汉无涉可以释其疑虑。乃本日据桂良等奏，广东夷民互斗，致碍和局，该夷必欲回粤措置，定于日内起身。自系未见前旨，故坚欲驶回香港。桂良等既不能阻止该夷，仍应将前旨钞录，设法迅速知照该夷，并告以自议和之后，黄宗汉办理本地土匪，绅士罗惇衍等裁撤练勇，均未与英国构衅，该夷照会内所称管带壮勇之官绅错立见解、各勇屡已胡为等语，究竟何时何事，并未明言，恐系传闻不确。又恐英、法之兵，出城扰害百姓，以致互相争斗，其曲亦不在广东百姓。现在钦差大臣关防，已交何桂清接办，黄宗汉既不能干涉通商事宜，英国到粤亦无可商议。若如照会内所言，恐伤和议，劝其折回上海，该大臣等仍可设法挽回各事。倘该夷业已先到广东，肆行攻击，是该夷等背约动兵，自起衅端，并非中国失信。将来该夷再赴上海，桂良等言明在先，即加拒绝，亦觉理直气壮。至上海地方，城外东北两面江岸全系夷人，形势危险，桂良等于夷酋赴粤后，即可暂驻苏州，俟该夷回沪时再与计议。若事已决裂，难以理谕(喻)，即迅速驰奏，听候谕旨。

　　因英酋声言广东官绅谋害彼国，有民夷互斗之事，即欲驶回广东。清廷恐有广东不得志之人从中播弄，以激夷人之怒，着黄宗汉查明该省有无民人与彼为难致令该夷籍口生变，迅速详细驰奏，一面照会英夷辨明此事。①

　　九江停泊英船现已回沪。②

　　各国在上海通商，占据地面甚多，来往无阻。③

---

①　《清实录·文宗显皇帝实录》卷二七三。
②　《筹办夷务始末》(咸丰朝)第 4 册，中华书局 1979 年版，第 1265~1266 页。
③　《筹办夷务始末》(咸丰朝)第 4 册，中华书局 1979 年版，第 1266 页。

初七日戊寅（2 月 9 日）

英使回粤，桂良等拟暂赴苏州等候。①

初八日己卯（2 月 10 日）

苏松太道无员可调，请旨简放。苏松太道一缺驻扎上海，本有民夷交涉事件，现当夷务未定之时，员缺尤关紧要。恐新简之员，未能熟悉情形，难期胜任。清廷着何桂清会同徐有壬悉心选择，酌保二三人，开单具奏，候旨简放。②

初九日庚辰（2 月 11 日）

现在天津办理海防，业已布置妥帖，僧格林沁于月内总可到津。所有地方弹压事宜，必须该督前往督率，呼应较灵。清廷着庆祺即赴天津调度一切，何日启程，先行具奏。③

十一日壬午（2 月 13 日）

清廷着桂良将其在上海与夷人交涉情形，及并英船驶到粤东有无消息，一并具奏。④

十二日癸未（2 月 14 日）

展缓浙江海盐县被风歉收地亩带征白粮。

十三日甲申（2 月 15 日）

前因广东有伪造廷寄谕旨，致英国疑虑，业经谕令黄宗汉查拿伪造之人。本日据罗惇衍等奏，该国怀疑，再扰北路，旋即退出，并钞录奸民伪造谕旨，与桂良等

---

① 《筹办夷务始末》（咸丰朝）第 4 册，中华书局 1979 年版，第 1268~1270 页。
② 《清实录·文宗显皇帝实录》卷二七三。
③ 《清实录·文宗显皇帝实录》卷二七三。
④ 《清实录·文宗显皇帝实录》卷二七三。

前奏相符。罗惇衍等在粤办理团练，曾申谕北路乡民不与英、法等国为难，致开衅端，讵该国于上年十二月初一日率众千余由三元里前进，一路焚烧，轰毙行人，乡民始鸣锣对仗。初五日复直趋石井，互有杀伤。皆由奸民伪造谕旨，致该国疑虑，并非罗惇衍等不遵前旨，仍与该国构衅。本日清廷谕令黄宗汉、柏贵照会该国，令其尽释前疑，不可为奸民所惑。

咸丰帝谕令：前因广东有伪造谕旨一事，并英国公使因广东民人与英兵互斗即行回粤，先后寄谕该督查明驰奏，并据罗惇衍等奏，英兵怀疑，再扰北路，旋即退出等语，英国兵丁怀疑逞忿，先开枪炮，伤毙多人，故百姓与之仇杀，衅端自彼而开。黄宗汉远在惠州，难与关说。柏贵近在同城，可向该公使妥为开导，告以粤东英兵误信伪造寄谕，以致两次纵兵焚掠，互有杀伤，并非粤民起衅。额尔金远在上海，无由知悉。罗惇衍等亦知英兵因见伪造廷寄，怀疑构衅，现已约束乡民不准妄动，并撤去北路壮勇，以示不疑。现在上海议定税则，彼此即可永敦和好。广东伪造寄谕之事，己奉旨查拿严办。该公使谅已明白此事，皆由广东奸民煽惑，并非中国暗谋矣。如此坦怀相示，使其悔悟，仍回上海办理通商方妥。至近来粤东海口通商情形如何，有无奸民从中阻挠，并着该督抚查明具奏。

前因袁甲三奏饷需不继，请饬在山东登、莱、青三府属海口举办抽厘，当谕令崇恩饬属查核，妥议具奏，尚未据该抚奏到。本日据庆祺奏，津郡办理厘捐，接济经费，而近来商船多绕赴登州府属之烟台海口出入，藉图趋避。该处向未设有税局，以致有碍厘捐。且恐各处关税，诸多偷漏。清廷着崇恩即行遴委妥员，查明烟台海口情形，议立章程，照例核实征税，暂行拨解天津，协济海防经费，俟海疆平靖，仍归山东报拨。至袁甲三请于各海口抽厘接济徐州军饷之处，仍着该抚妥筹办理。①

英使额尔金由粤启程回国。②

十六日丁亥(2 月 18 日)

以浙江办理海运出力，予知府王乔云等升叙有差。

十八日己丑(2 月 20 日)

广州英法联军带大小火轮船十只、西瓜艑船八只、小舢板船十余只，载夷兵一

---

① 《清实录·文宗显皇帝实录》卷二七三。
② 《筹办夷务始末》(咸丰朝)第 4 册，中华书局 1979 年版，第 1351 页。

千余名西进，驶至肇庆停泊。①

十九日庚寅（2 月 21 日）

俄国咨文，称印度人被中国官兵击毙，请转行究办，库伦办事大臣德勒克多尔济等当即咨驳。②

钦差大臣胜保、安徽巡抚翁同书奏，沥陈洋务之失，入京之害，宜以民力阻其入江。及上海探禀，英使交接太平军。③

廿二日癸巳（2 月 24 日）

定福奏，援案请提税银，支发兵饷。山海关海口备防紧要，业经定福酌调防海官十一员，兵四百名，驻扎海口防御。惟该官兵等口粮，据称无款可筹，深恐有误防务。清廷着定福传谕山海关监督诚明，将所需口粮，即在收存关税银两内酌量提用，以资支放。④

英法联军轮船驶至梧州城外，会晤广东提督昆寿，谓此来游览山川，遂赴各街市游行，并登山照千里镜，绘画地图。次日，开船返回。⑤

廿三日甲午（2 月 25 日）

庆祺奏，修筑炮台、购买木料等银，请免造册报销。前经僧格林沁等奏，修筑炮台等工动用银两，业经免其报销。兹据庆祺奏，购办木植除余剩外，动用木料价银及运送木植、运办沙土、船价土方人夫等项，共银四万四千九十八两零，清廷着一并免其造册报销，以归画一。

以江苏办理海运出力，予同知温忠彦等升叙有差。⑥

穆拉维约夫派布多戈斯基和希什马廖夫前往乌苏里江勘界。是日希什马廖夫先抵达瑷珲，会晤副都统吉拉明阿。经吉拉明阿劝阻，暂回海兰泡。⑦

---

① 《筹办夷务始末》（咸丰朝）第 4 册，中华书局 1979 年版，第 1370 页。
② 《筹办夷务始末》（咸丰朝）第 4 册，中华书局 1979 年版，第 1276 页。
③ 《筹办夷务始末》（咸丰朝）第 4 册，中华书局 1979 年版，第 1278～1283 页。
④ 《清实录·文宗显皇帝实录》卷二七四。
⑤ 《筹办夷务始末》（咸丰朝）第 4 册，中华书局 1979 年版，第 1370～1371 页。
⑥ 《清实录·文宗显皇帝实录》卷二七四。
⑦ 《筹办夷务始末》（咸丰朝）第 4 册，中华书局 1979 年版，第 1339～1340 页。

廿四日乙未(2 月 26 日)

恒祺奏，关税一年期满，将征收总数循例具报。清廷以为，粤海关税一年期满，仅征银三十三万七千五百余两，欠缺甚多，自系因各处土匪未平、夷务未定所致。惟该监督另奏称茶商等因买卖滞销，赴该督禀诉，经黄宗汉剀切批示，自九月至十一月已征银二十二万四千八百余两，是该关税课，已渐有起色，从此商民相安，自可逐渐增加。现在税银只可供剿办西匪之用，俟关税稍充，各处协拨款项，亦应设法筹解。清廷着柏贵随时体察情形妥为办理，并传谕恒祺乘各国商船遵例纳饷之际竭力疏通，严查偷漏。京协各饷，最关紧要。着随时报解以凭稽核，不准全数截为本省之用。至所征数目，并着核实报部，以重税课而便稽查。①

廿七日戊戌(3 月 1 日)

桂良等奏，现探夷情，据实密陈。据称黄仲畬、李泰国先后报到额酋于上年腊月到粤，果否回沪，尚在未定。伊弟普鲁斯迟三四十日可到广东，拟至上海一转，即往天津，定欲进京，互换和约。清廷着桂良等告以上海移设钦差之意，原为在彼议事起见，天津因前次各国轮船驶入，居民忿恨。现在城乡百姓，均已自办团练，不令外国船只复进拦江沙，该国切勿前来，致有损伤船只。倘因此复开兵端，是该国自乖和好，先行背约，不独上年条约均归罢议，即五口通商亦多窒碍矣。况专条未立，即到天津，亦不能互换。桂良等现在上海，所有条约总须与专条同换，不能但换上年条约也。

因夷酋必欲前赴天津，计数日之内，即可赶到，亟应早为准备。清廷着僧格林沁等迅速调齐各路官兵，在海口扼要严防，毋令片帆驶入，并激励乡团豫为策应，以期声势联络，藉壮兵威。庆祺现在天津，有地方之责，如探该夷酋有来津确信，着即派委妥员迎至拦江沙外询以此来何事。至互换条约及另立专条，前已说定在上海由钦差大臣桂良等交换，此间并无通事及经手办理此事之人。况上年天津自遭蹂躏后，官兵乡勇一律重加整顿，倘任意闯入，恐多未便，不若及早仍回上海听候办理，两有裨益。如此曲为开导，或可冀其回帆，不致滋生事端。②

朝鲜国王李昇，遣使表贺万寿、冬至、元旦三大节，并进贡方物，赏赉筵宴如例。

①　《清实录·文宗显皇帝实录》卷二七四。
②　《清实录·文宗显皇帝实录》卷二七四。

三十日辛丑(3月4日)

前据何桂清奏报，苏省海运头起漕船已开至十㳠，守风放洋，浙江漕船当亦陆续起运。现在夷情叵测，天津海口有僧格林沁等严密防堵。惟兵端一起，恐该夷扰我海运，必须豫为筹画，以备不虞。清廷着何桂清、徐有壬、胡兴仁密饬押运各员，如探有夷船在天津海口滋事，即将各漕船驶赴盛京之牛庄及山东之蒲台利津等处暂为停泊，俟夷船退后，再赴天津收口。其业经放洋船只，如能于夷船未经北驶以前，趱行前进，赶紧到津，尤为妥协。①

二月初一日壬寅(3月5日)

此次各国议定税则内洋药一项，从前未经定税之时，闻地方官多有影射抽收，侵吞入己情弊。现在既经议有定章，官为收税，各省自应一律办理。上海为各商荟萃之所，尤应及早奉行。现经户部由驿通行，谅江苏省当已奉到，晓谕商民一体遵办。特恐地方官希图掩饰，压阁部文，不能及早奉行，或以多报少，藉肥私橐，皆所不免。清廷着桂良、花沙纳严密访查。傥有前项弊端，即行会同该督抚据参奏，毋稍徇隐。且使夷商知此次税则业经通行，获利已多，桂良等亦可藉此为词，消弭兵衅。

直隶总督庆祺奏到天津日期，并调永定河道崇厚赴津。得旨：崇厚人非出色，不解汝喜用其何才。况伊本任，岂无经手要件。然既已调防，亦不必遣撤，惟不得藉图保举。

初二日癸卯(3月6日)

前据胜保奏，探报夷船过江，驶入燕子矶，有贼四五人馈送绉纱等件。问知往汉口通商，有不打仗，大家和好之语，及回船到金陵，李泰国等三人直到贼炮台，欲见太平王，进城后，该逆请夷酋饮酒，派贼目送出，队伍甚齐整各等语。并据上海探报之人称，传到英夷赴长江之通事潘荣面询情形，大略相同。夷人句(勾)通逆贼情事，胜保远在安徽，尚有传闻。和春、何桂清近在江南，更可知其确实。清廷着即查明详悉具奏。至该夷已与中国议定通商，忽又句(勾)通叛逆，其包藏祸心，殊属叵测。现在和约未换，反覆堪虞，不可不密加防范。清廷着和春、何桂清阻其入江之路，并于金山一带，豫饬水师镇将，严密梭巡，勿令上驶金陵，与贼句

---

① 《清实录·文宗显皇帝实录》卷二七四。

(勾)结，以防内患。其通事潘荣想仍在沪，此人系属要证，务须设法羁留，不得任其远遁。①

初三日甲辰(3 月 7 日)

闽浙总督王懿德奏，防剿紧要，咨商曾国藩拨兵助剿。得旨：连城踞匪，本省兵力足敷歼剿，所请之处实难降旨允准。②

初五日丙午(3 月 9 日)

庆祺奏，遵旨传知提镇大员查看沿海情形，绘图贴说呈览。除大沽河地方，谕令崇恩酌度设防外，所有由天津至山海关一带海口内，如北塘芦台，近接大沽，最关紧要。炮台一切，急宜安置。其涧河口等处，炮台土垒，均被水冲刷。蒲河口炮台，为沙土屯掩。秦王岛炮台，墙垛损坏。石河口炮台，须加宽加高，安筑营垒，自应亟为兴修。所有防海各军应如何择要布置以期严密，并各海口炮位恐因安设年久，未能得力，应如何量加整理，随时演放，俾得适用之处。清廷着僧格林沁、庆祺悉心筹画，妥为办理。

庆祺奏遵查沿海情形。天津至山东海丰县一带海口，经庆祺遵旨，传知总兵汤苏等前往查勘。兹据该督奏称，查明狼坨子汛迤南之大山河即大沽河，系山东海丰县界，该处河口长潮时，约宽四五里，水深四五丈，落潮时，约宽二三里，水深二三丈，向有商船出入。夏秋之交，雨水盛涨，与海潮相连，则水势较长。附近之郭庄、关庄，有东省扎营旧址，系道光年间防夷所设，请饬东省派兵防守。清廷着崇恩速行筹办，毋稍延误。③

初六日丁未(3 月 10 日)

前因天津海口需兵防堵，谕令侍顺于大凌河挑选膘壮马匹，以备官兵乘骑。本日据僧格林沁等奏，据山海关带兵副都统格绷额呈称，吉林头二起官兵在大凌河所领马匹，均系疲瘦矮小，骒马怀驹者甚多，是以三四起官兵均未领取，已由该大臣行文该副都统另行拣选解往。清廷着侍顺即行拣选膘壮骟马一千匹，迅速解赴山海关，交副都统格绷额以资乘骑。其前此挑选马匹不慎之员，并着侍顺查明参奏，以

---

① 《清实录·文宗显皇帝实录》卷二七五。
② 《清实录·文宗显皇帝实录》卷二七五。
③ 《清实录·文宗显皇帝实录》卷二七五。

示惩儆。①

初九日庚戌（3 月 13 日）

以直隶天津办理海运出力，予知府石赞清等加衔升叙有差。

沙俄勘界委员布多戈斯奇、希什马廖夫至瑗珲再会晤黑龙江副都统吉拉明阿，坚持欲赴兴凯湖勘界。吉林将军闻报，飞饬三姓署副都统富尼扬阿，派员驰赴兴凯湖阻止。②

十一日壬子（3 月 15 日）

两江总督何桂清奏胪陈办理通商机宜八条，奏请简派专员驻扎上海，议给养廉，以崇体制。至总督距上海较远，事未亲身目击，恐措置失宜，并恐该夷遣人往来，似多窒碍。③

十二日癸丑（3 月 16 日）

增庆等奏，遵查奉天海口情形，拟扼要布置，并绘图贴说呈览。据称该省没沟营，为由海入河总口，没沟营之北田庄台地方，已酌定安营添炮。田庄台迤北、黄土坎、小姐庙、开河城三处，均须设伏安营。至没沟营地方，前经玉明等奏明，安兵设炮，筑立品墙，团练乡勇，现拟将品墙加高培厚，间设抬枪小炮。其东首之东弓湾，须添筑炮台四座，安设大炮四尊。东弓湾迤北立科地方，须筑炮台三座，安设大炮三尊，并于蛤利坨地方，安兵扼守。至没沟营北岸陆路，亦应节节严防。惟盛京向无大炮，不能致远，请饬于京旗炮局，或于火器营新造炮位内，酌拨大炮数尊，由僧格林沁派员由海道运往，并拣派在津监筑炮台谙练之员，前往筑办。此项经费，非十余万两所能了局。前有长芦盐政应拨奉省饷银十六万两，因直隶办防截留，请即饬如数解交，以应要需。所请酌拨大炮，清廷着僧格林沁即行拣选齐备，派员由海道解往，交增庆等分别安设。其所需修筑炮台人员，并着即行派往。至长芦欠解饷银，现值该处办防紧要之时，自应即为筹解，着庆祺传谕长芦盐政松龄将此项饷银迅速筹拨。即不能将十六万两全行解清，亦须速筹数万金，先行解往，其余续解，以免贻误要工。惟以没沟营地方办防，经费即须十余万两，尚有金州、锦

---

① 《清实录·文宗显皇帝实录》卷二七五。
② 《筹办夷务始末》（咸丰朝）第 4 册，中华书局 1979 年版，第 1340~1342 页。
③ 《清实录·文宗显皇帝实录》卷二七六。

州等处，现往查看，亦须布置。当此经费支绌之时，深恐难于筹画。僧格林沁于安营设炮事宜，极为谙悉。庆祺曾任盛京将军，地方情形亦知大略。增庆等所请筹防各处，有无可以删减，地方辽阔，总以扼要为主。清廷着该大臣等妥为筹议具奏。

据副都统增庆会同盛京将军玉明等奏，遵查奉天海口情形，拟择要安营设炮，请将山东历年积欠拨解奉省饷银数十余万两，饬令如数解交。奉天没沟营等处海口，办防紧要，需饷较巨。清廷着崇恩将历年欠解饷银，速为筹拨。即不能将所欠之项，一时全数起解，亦须迅即筹银七八万两，先行派委妥员解往，余俟续解，以应妥需，毋稍延误。

咸丰帝谕令：前因副都统吉拉明阿轻许俄夷赴乌苏里口会勘地界，当谕奕山、景淳查明具奏，并令将字约十四条一并查奏。旋据景淳覆奏，吉拉明阿令俄夷俟冰泮后，再行会勘，系一时推缓之言，与本日奕山奏报大致尚同。惟绥芬河、乌苏里河既不与俄夷接壤，当时即应拒绝，何以含糊推缓，致令籍口。至所称庙儿地方，旧有分界石牌，据景淳原奏，称系通事传闻之语，况该处尚在绥芬乌苏里迤东，与俄夷现占之阔吞奇咭相距甚远，亦岂能任意牵涉，指为俄夷接壤之据。其字约十四条，虽称商议未定，亦当先行入奏，岂有俟夷酋复定，再行进呈之理？设或其中有不能俯允之处，岂非又费唇舌。且所许二年后，差学生到俄夷屯中学艺，虽云暂时搪塞之语，将来不能如约，亦徒费周章。吉拉明阿办理夷务，任意颟顸，着先行撤任，并着奕山据实参奏。所有黑龙江副都统一缺，着奕山遴选明白干练之员，切实奏保，或即简放是缺，或先行署理，听候谕旨遵行。其字约十四条，何款议定，何款尚须更换，仍着奕山查明具奏。夷酋石沙木勒幅如已到黑龙江城，该将军务将绥芬河、乌苏里河不与该国接壤之处详细开导，据理剖辨，毋得再有含混，自干咎戾。①

十六日丁巳(3 月 20 日)

咸丰帝谕令：据彭蕴章等呈递僧格林沁信函，朕详加披览，所筹各处布置，均尚妥协。天津北塘至山海关一带，沿海口岸纷歧，若处处设防，经费兵力，均有不给，自应择要办理。现在大沽北塘两处，防务已臻严密。山海关牛庄兵力过单，且夷人曾经窥伺，不可不豫为添调。着庆祺即将宣化镇备调兵一千名，饬交署总兵乌忠阿带赴山海关。僧格林沁即札饬墨尔根城副都统格绷额统带，以资协防。至安肃县安家庄，习教人数众多，如果无为匪情事，势难概行禁止，致生枝节。该督仍饬地方官，不动声色，严加防范，万一夷船北来，勿令句(勾)结滋事。②

沙俄外交大臣哥尔查科夫训令彼罗夫斯基，令其向清政府要求另订新约，割占

---

① 《清实录·文宗显皇帝实录》卷二七六。
② 《清实录·文宗显皇帝实录》卷二七六。

整个乌苏里江以东地区和中国西部边境大片领土，并扩大陆路通商特权。①

十七日戊午(3月21日)

营口东首河之东弓湾地方，系属扼要，盛京将军玉明等奏请在小姐庙处修筑炮台，拟借款备料。②

十九日庚申(3月23日)

前因王懿德等奏，琉球贡船尚未进口，降旨令该督抚察看情形，俟道路疏通，派员伴送进京。本日据庆端奏，该贡使于去岁十月到省，较各届业已愆期，现在安插驿馆，请俟道路疏通，再行伴送进京。清廷着王懿德等察看情形，如该省上游及江浙等省道路已无梗阻，即行派委妥员伴送来京，以昭慎重而示体恤。③

二十日辛酉(3月24日)

崇恩奏豫筹防护海运事宜。江浙起运新漕，经由东洋，如庙岛之罘、威海石鸟俚岛各口，均系往来收泊要隘处所。该抚已派登州镇总兵曾逢年亲统舟师，巡历迎护，并责成知府汪承镛巡防催趱。惟该省新造广艇，一时尚未能到，水师存船无多，未可深恃。请饬江浙督抚将火轮船护送北上。清廷着何桂清、徐有壬、胡兴仁于漕船放洋时，即照历届章程，饬令勇船在洋巡缉，火轮船分别住泊，于佘山一带扼守，拦截闽广匪船，不使乘间窥伺。其护漕师船，并着送至山东石岛洋面交替，毋得稍有疏忽。④

直隶总督庆祺因病赏假，以布政使文煜暂护总督，命即赴天津办理海防事务。

廿一日壬戌(3月25日)

本日据僧格林沁递到庆祺密折一件，据称天津为全局攸关，且当南漕北上之际，未便轻于议战。如夷船驶到，宜先示羁縻，派员迎至拦江沙外与之理说，仍令

① 奎斯特德：《一八五七——一八六〇年俄国在远东的扩张》，商务印书馆1979年版，第168页。
② 《筹办夷务始末》(咸丰朝)第4册，中华书局1979年版，第1325~1326页。
③ 《清实录·文宗显皇帝实录》卷二七六。
④ 《清实录·文宗显皇帝实录》卷二七六。

往上海互换和约。傥肯回帆，即可毋庸启衅。如竟闯进内河，再当观衅而动。清廷着照所议妥办。

前因增庆等奏，查看海口情形，拟请择要设防，当经谕令僧格林沁等复加酌核，有无可以删减，妥议具奏。本日据僧格林沁奏称，奉天海口，果能节节设防，诚属周妥。惟恐兵分力单，且炮械亦不敷分拨，自应扼要布置，以期得力。清廷着照该大臣所议，所有没沟营海口以上之田庄台地方，着增庆等派兵于两岸扼要处所屯扎，安炮筑垒，严密设防，并体察兵力及所存军械。如果足敷分布，即分作两层布置。傥兵力军械，俱有不敷，即可统归一处。其余口岸，无须安营筑垒，仍酌派游兵设伏哨探，遇有警动，再行相机办理。至牛庄本在议添通商海口之列，现虽未换和约，或夷船遽行驶到，自应拣派妥员，明白开导，使其不至骚扰，一面将详细情形驰奏，不得遽行用武，致令该夷有所籍口。其余一切事宜，俱着照僧格林沁所议妥为办理。

授恒福为直隶总督，并令驰驿即赴新任，无庸来京请训。僧格林沁现驻天津，办理海防，所有筹画饷需及弹压地方，一切事宜，皆与总督商办。恒福接奉此旨，即将巡抚印务移交新任巡抚瑛棨接办。该督即驰抵天津，会办防务，毋庸听候部文，致稽时日。①

廿二日癸亥（3 月 26 日）

桂良等奏，探闻夷情坚欲进京，并钞录新闻纸呈览。据称控闻额酋现在香港，专候新公使普鲁斯同赴上海，即送其进京。未进京之先，不必议办粤事。②

桂良又奏，上年英使在南京交接太平军情形。③

廿五日丙寅（3 月 29 日）

咸丰帝密谕：昨据桂良等奏夷情叵测一折，所称上海换约及另立专条之说，均未与该夷明言。是该大臣等办理此事至今尚无把握。现在额酋到粤已久，如日内折回上海，该大臣等仍应与该夷议明，在彼互换和约。桂良等具有天良，自必竭力补救。惟夷情狡执，该大臣等迫于时势，亦属势处两难。该大臣之苦衷，已在朕洞鉴之中。因思驻京一节，为患最巨，断难允行。至进京换约，如能尽力阻止，更属妥善。傥该夷坚执不肯，务须剀切言明，议定由海口进京时，所带人数不准过十名，

---

① 《清实录·文宗显皇帝实录》卷二七七。

② 《清实录·文宗显皇帝实录》卷二七七。

③ 《筹办夷务始末》（咸丰朝）第 4 册，中华书局 1979 年版，第 1332~1333 页。

不得携带军械，到京后照外国进京之例，不得坐轿摆队，换约之后即行回帆，不许在京久驻。以上各条，如肯遵办，我等即一面奏明，一面先行回京，约定日期，俟我等到京后，尔国船只方可前赴天津，庶不致在海口久候。如此明白晓谕，该夷自必俯首听命。其余三事，即可乘势开导。傥能消弭一事，即日后少受一事之累。如不能全行挽回，亦当于三事中予以限制，以杜该夷无厌之求。何桂清系五口钦差大臣，责无旁贷，一闻该夷酋回沪，即与桂良等同至上海，尤应尽心筹办。王有龄、薛焕、吴煦均能熟悉夷情，着即先行派往，遵照谕旨，次第妥办。如该夷坚欲进京换约，何桂清即于王有龄等三员中拣派两员，随同桂良等驰驿来京办理，免致该夷籍口逗遛。桂良等上年在津，于夷人驻京等事，率行允许，已属咎无可辞，方冀前往上海，可以逐渐挽回。乃数月之久，迄无实济。此次准其进京换约，实万不得已之举。该大臣等若能仰体朕心，总须在上海互换和约，方为妥协，谅不至因朕有此旨，桂良等即可将就诿卸也。①

廿六日丁卯(3月30日)

桂良、花沙纳奏遵查洋药弊端。所称据各国领事照覆，向来中外收税章程，须俟议定后，再过四个月，方可通行。今洋药亦系税课，事同一例，未便仓卒兴办。清廷准其俟条约换后，过四个月，再定通行收税。至内地各关收税，非夷税可比，即可先照新章，通行征收，不得援上海为例。至上海于洋药内本系抽厘办法，假名义捐，屡经援照海疆例请奖，殊属未协，此后着仍照厘捐一体办理，不准再有义捐名目，亦不准再请议叙。其抽收银两，既为接济饷需，不便遽行提解进京，着将上海所收洋药税银，暂归江南军需，俟军务稍定，再由何桂清等照新章办理。并着该督将所收洋药税银，另为一款，仍按月造册报部。其余内地各关所收税银，仍照新章，每届三个月，委解进京，不准截留抵拨。②

廿九日庚午(4月2日)

僧格林沁奏，接奏密寄谕旨，复陈筹备机宜。据称夷船如到天津，拟以鸡心滩为限，该处系在拦江沙内。前次谕令派员前往理谕，须至拦江沙外，抚剿自不相妨。文煜于二十五日自省启程，计期已可到防。清廷着僧格林沁与之会商，先行派出明干委员，一闻夷船驶至，即迅速迎往询其来意。如果声称为互换和约而来，可告以此间专候上海来信，尔既在彼议定，则钦差大臣亦必折回，与尔了结此事。一俟

---

① 《清实录·文宗显皇帝实录》卷二七七。
② 《清实录·文宗显皇帝实录》卷二七七。

上海文到，应令几人进口，此间定当拨兵护送，决不拦阻。我中国总以诚信待人，断不失信。若无上海文移，天津实难擅准，或在拦江沙外等候，或回上海候信，总不能遽行放入。尔若闯入内河，则民团乡勇不免与尔为难。设有损失，地方官不任其咎，总在派出之员随机应变，与之羁縻，以待桂良等奏到。若竟恃其船多，一拥而前，直入鸡心滩，则是有意寻衅，亦不能不慑以兵威。惟在僧格林沁相机酌办。①

三月初一日辛未(4 月 3 日)

命怡亲王载垣往天津察看海防事宜。

初四日甲戌(4 月 6 日)

吉林将军景淳等奏，夷官不遵开导，驰赴乌苏里等处，据奕山等奏，副都统吉拉明阿依理拒阻不从。俄夷石沙木勒幅等声称系木哩斐岳幅遣赴兴开湖勘办乌苏里绥芬等处地界，经吉拉明阿据理拒阻，乃该夷等径履冰下往。将军景淳等现饬三姓署副都统富尼扬阿拣员驰往晓谕，第该夷狡执异常，必须极力阻止，现已由理藩院行文该国萨纳特衙门理论。②

广东南海、番禺两知县联合发布告示，严厉禁止所谓卖猪仔之事，至于出洋做工，“既系两方各自甘愿共同协议，自毋庸阻其随外人出洋”。③

初七日丁丑(4 月 9 日)

广东巡抚柏贵发布告示，称广东省“丁口稠密，其中容或有人迫于生计外出游食，后短暂离乡井，漂洋过海，贸迁逐利，或受外洋之人雇佣定期为之作工，此等之事若实属情甘自愿，自可无庸禁阻，令其任便与外人立约出洋”。至于“卖猪仔”之事，应严行禁止。④

初九日己卯(4 月 11 日)

桂良等奏，探闻有英夷带兵二千名，船十余只，直赴天津。法、美两夷，各带

---

① 《清实录·文宗显皇帝实录》卷二七七。
② 《清实录·文宗显皇帝实录》卷二七八。
③ 《华工出国史料汇编》第二辑，中华书局 1985 年版，第 176~179 页。
④ 《华工出国史料汇编》第二辑，中华书局 1985 年版，第 176~179 页。

兵船。清廷着桂良等迅由火轮船照会普酋、葛酋，邀其先到上海，云有要事相商，或可挽回中止。如探闻该酋等已驶天津，该大臣等即遵前旨，带同江苏官员驰驿来京办理，免致迟误。至法夷照会内钞录伪折片，既系番字译出汉字，恐系外国奸人伪造。现在中国既已查拿捏造谕旨之人，则外国亦应一体查办，以释嫌疑。着桂良等明白知照该夷。①

十二日壬午（4 月 14 日）

倭仁奏奉天海口情形。沿沟营防守若固，三叉河一带，自可无虞。②
僧格林沁奏，大沽海口布置周密，不可令洋人窥伺。③
钦差大臣和春奏、两江总督何桂清奏，英使与太平军尚无勾结。④
正红旗汉军副都统增庆等奏，查勘锦州、金州各海口情形。⑤

十九日己丑（4 月 21 日）

盛京将军玉明奏，闽省解到战船，不堪驾驶，请饬补造。福建成造奉天旅顺口水师营八号战船，据该将军验明，长宽尺丈，未能如式，且多有损坏，实系不堪驾驶，难保非该弁林飞生有以旧抵新之弊。清廷着王懿德、庆端查明参办，并将此项战船赶紧如式补造，派委妥员，解交旅顺口水师营，以资利用。

玉明奏，奉天省盗风日炽，拟请暂回省城办理。现在田庄台一带，业经设防，尚属安堵。该省既有盗贼横行，与官兵拒捕情事，该将军自应亲往查拿，以靖地方。所有田庄台防务，清廷着府尹景霖督办，如没沟营等处探有夷船驶至之信，该将军仍当迅速前往，相机筹画办理。⑥

二十日庚寅（4 月 22 日）

中俄互换天津条约，军机处请旨办理。⑦

---

① 《清实录·文宗显皇帝实录》卷二七八。
② 《清实录·文宗显皇帝实录》卷二七八。
③ 《筹办夷务始末》（咸丰朝）第 4 册，中华书局 1979 年版，第 1355~1356 页。
④ 《筹办夷务始末》（咸丰朝）第 4 册，中华书局 1979 年版，第 1358~1359 页。
⑤ 《筹办夷务始末》（咸丰朝）第 4 册，中华书局 1979 年版，第 1361 页。
⑥ 《清实录·文宗显皇帝实录》卷二七九。
⑦ 《筹办夷务始末》（咸丰朝）第 4 册，中华书局 1979 年版，第 1364~1368 页。

廿一日辛卯（4 月 23 日）

署直隶总督文煜奏，劝办天津各属团练情形。①

廿三日癸巳（4 月 25 日）

肃顺、瑞常与俄使彼罗夫斯基在北京商定俄使进京办法：先由库伦行文到京，如海口无事可以来京，即由理藩院照覆俄国，俄船到时，即在拦江沙外停泊，中国派船换坐，由北塘进京。②

廿四日甲午（4 月 26 日）

本日据劳崇光奏，英、法各国兵船驶至梧州，旋即退回广东。据称有英、法各国火轮等船载兵一千余名，由广东省城驶至肇庆，并分出船只，于正月二十二日驶至梧州城外。其随同前往之广东番禺县县丞卓秉森，称系由广东巡抚柏贵派委，请见提督昆寿。该国官员带同兵丁二十余人，登陆游行，并在城外步量街段登山绘画地图，旋于二十三日开船而去。清廷批示：现在各国和约尚未互换，其通商海口原准前往贸易，但从无携带兵船深入内地之事，况粤西并不在通商之列。该国人员遽带火轮兵船，突如其来，该省民人不免惊疑，设或滋生事端，岂得谓中国有乖和好。此事黄宗汉、柏贵何以均未奏及。柏贵近在省城，以后英、法等国，如再有此等举动，该抚务当竭力阻止，免致议和之后，复有意外之变。至此次英国人，一名斯托宾齐，一名墨克福第，法国人名达博威，俱言语不通，又一名巴夏礼，能通华语，均与昆寿相见，并称秋冬再要出游。着柏贵妥为开导，使不至再蹈前辙。③

英国新任驻华公使普鲁斯抵达香港。④

廿六日丙申（4 月 28 日）

刘昆、崇纶奏，通惠河水势微弱，请饬筹放济运。通惠河为转运漕粮进京要

---

① 《筹办夷务始末》（咸丰朝）第 4 册，中华书局 1979 年版，第 1368 页。
② 《筹办夷务始末》（咸丰朝）第 4 册，中华书局 1979 年版，第 1369 页。
③ 《清实录·文宗显皇帝实录》卷二七九。
④ 《筹办夷务始末》（咸丰朝）第 4 册，中华书局 1979 年版，第 1382 页。

道，现在海运漕船，渐次抵通，必须水势充盈，方足以资浮送。清廷着奉宸苑卿乌勒洪额酌带司员，前往相度情形，妥为筹放，以利漕行。

奕山奏，遵查黑龙江通商事宜，仍请免征税课。据称前议条规，原系专指黑龙江一处，因地属边疆，与伊犁、塔尔巴哈台事同一律，非海口辐辏之区可比，请仍准互相换货，免征税课。此款既经该将军与木哩斐岳幅反复辩论，应允在先，势难更改，清廷以为只可俯从所请，互相换货，免其征税。其余三条，着催令迅速定议，仍遵前旨，先行奏明，俟奉到谕旨，方准向该夷允许。

惠亲王等奏，洋药一项，业经立定科则，惟各省现办厘捐，此项洋药，既准其贩运内地，且各省本地出产亦复不少，该地方官自必一律抽收厘捐。若不酌定征解章程，难免隐匿，拟请军务省分所收洋药厘捐，准其留支军饷，仍按三个月造册，报部查核。其无军务省分，照前奏关税章程，按三个月，一面报部，一面起解，不准留抵别项支用，致滋牵混。从之。①

廿八日戊戌(4月30日)

本日据桂良等驰奏，探明英酋普鲁斯约四月初必到香港，初十前后即可到沪。香港现已派出大小火轮船八号，每船水兵约计七十名，即日赴沪，为将来护送普酋赴津之用，且闻有先令各船驶至拦江沙相待之信。此项兵船人等，桂良等拟俟该酋到沪后，即与之议定，只准在口外停泊，不得驶入内河。现在恒福已抵津接篆，谅日内已往大沽海口。清廷着僧格林沁即与该督详细筹商，密为防范。如夷船竟有驶至拦江沙之信，着即派委干员往询，告以此间专候上海来信，一切遵照二月二十九日谕旨，相机酌办。②

夏四月初一日辛丑(5月3日)

乌勒洪额奏，遵查河势情形，并请动款挑挖。海运漕粮，正当陆续抵通，亟需放水浮送。既据乌勒洪额查明长河一带淤垫过高，河身干涸，自应迅筹疏浚。所需工价钱文，清廷着由广储司先行给发。此项工程事关紧要，着派瑞麟、周祖培遴带司员亲加履勘，督率办理，事竣核实报销，并着管理清漪园事务文彩等董率司员一俟挑工完竣，即行提闸宣泄，以资济运。③

---

① 《清实录·文宗显皇帝实录》卷二七九。
② 《清实录·文宗显皇帝实录》卷二七九。
③ 《清实录·文宗显皇帝实录》卷二八〇。

初二日壬寅(5月4日)

调四川总督王庆云为两广总督，未到任前，以广东巡抚柏贵兼署。两广总督黄宗汉为四川总督，未到任前，以成都将军有凤兼署。

天津北塘添设炮台，分兵驻守。①

俄使彼罗夫斯基向清政府提出《补续和约》八条。②

初三日癸卯(5月5日)

全庆、廉兆纶奏，请将欠交剥船各员摘顶勒交，并请饬筹办回空剥船。本年海运米数较多，现在漕船陆续抵津。应用剥船，必须赶紧交齐，方敷转运。乃各该管州县欠交船只，尚有一百九十余只之多，实属不知缓急。交河县知县李镜瀛、吴桥县知县陶治安，清廷均着摘去顶带，勒限三日，如数交清。③

初四日甲辰(5月6日)

刘昆、崇纶奏，请将海运米石，暂行截卸通仓。天津运米剥船，现已陆续抵通，若待上游放水下注，里河水势畅旺，挨次转运，恐停船待验，不能迅速回空。所有抵通米石，清廷着照该侍郎等所请，验收后暂行截卸通州中西二仓，俾得迅速转运。所有车脚等项，准其作正开销。惟经纪船户人等起卸米石，向有偷漏搀和情弊，今既多一番起卸，更恐弊窦业生，着该侍郎等督饬司员坐粮厅，严密稽查，毋令藉端舞弊。④

初五日乙巳(5月7日)

僧格林沁等奏，请饬调游击冷庆回任办防。直隶通永镇标北塘营游击冷庆，在河南带兵防剿，现在捻匪窜回皖境，豫省防务较轻。天津办理海防，北塘海口最关紧要，清廷着瑛棨即饬该员迅回北塘本任，以资得力。

惠亲王等奏，遵议两江总督何桂清等奏洋药关税请酌量减轻。查洋药一项，前

---

① 《筹办夷务始末》(咸丰朝)第4册，中华书局1979年版，第1379页。

② 《沙俄侵华史》卷二，中国社会科学出版社2007年版，第180~181页。

③ 《清实录·文宗显皇帝实录》卷二八〇。

④ 《清实录·文宗显皇帝实录》卷二八〇。

奏推行各关照上海税则，每百斤收银三十两，各省均已遵照办理，何独江苏各关仅征税银数两，应令江海关监督设立印票，填注商名，并洋药若干斤，应交关税银若干两，给该商持赴经过税关、验票纳税后，换票放行，即将原票缴回。仍令各关查照上海科则，一样输课，即将所征税银，按三个月造册报部，以重税课而昭核实。至洋药征收厘捐，本与关税有别，原定银二十两，既于军饷有裨，应毋庸再加银十两，以免该商籍口。此后洋税启征时，仍饬令该商照常厘捐，不得以洋税抵作捐厘，以杜牵混。从之。①

十二日壬子(5 月 14 日)

前有旨，令德勒克多尔济俟俄罗斯国呈递鸟枪一万杆、炮位五十尊运至库伦时，奏闻办理。兹据德勒克多尔济奏，该夷坚欲由海船行走。现在和约已换，业经准其由海口进京，此项枪炮将来送至海口，清廷着僧格林沁、恒福遴派明干员弁前往晓谕，令该夷船停泊拦江沙外，毋须前进，另换内地船只装载运送到津。于明示体恤之中，仍暗寓提防之意。②

十六日丙辰(5 月 18 日)

恒福奏请调副将来津差委。天津现办海防，差委需人，调补通州协副将魁霖现在江北军营，清廷着和春即饬该员迅速前赴天津，听候恒福调遣，毋稍迟误。

僧格林沁等奏，俄夷运送军器船只抵津，应交何处，护送之夷应否进京，请旨遵行。清廷批复：俄罗斯国运送枪炮，如果船只到津，该大臣等仍遵前旨，令其停泊拦江沙外，另换内地船只，装载进口。其枪炮应交何处，及护送之夷应否进京，届时奏明请旨。续调之吉林、黑龙江官兵陆续进关，已饬武备院将制造鸟枪弓箭等件，赶紧造齐，解赴海口应用。③

十八日戊午(5 月 20 日)

桂良等奏，探闻英酋普鲁斯已于三月二十四日行抵香港，日内尚无到沪信息。万一经过上海，不肯进口，径赴天津，诣饬直隶总督告以额尔金，在上海曾有照会，留桂良等在南等候，俟伊回来议事。此时改换普酋前来，自当静候桂良等回至

① 《清实录·文宗显皇帝实录》卷二八〇。
② 《清实录·文宗显皇帝实录》卷二八〇。
③ 《清实录·文宗显皇帝实录》卷二八一。

天津，再与商办一切，庶使各夷不至别有他说。清廷着僧格林沁、恒福，如果英国普酋到津，即派干员照此晓谕，令在拦江沙外，静候一切。①

十九日己未(5 月 21 日)

清廷着劳崇光调补广东巡抚兼署两广总督曹澍钟补授广西巡抚。新任两广总督王庆云到任尚需时日，现在广东办理夷务，正当吃紧之时，劳崇光接奉谕旨后，即行交卸，迅速前赴新任，以便黄宗汉交卸启程来京，毋稍迟延。

漕运总督邵灿因病解任，以太仆寺卿袁甲三署漕运总督。未至任前，以江南河道总督庚长兼署。②

上海商船来营口贸易。③

廿一日辛酉(5 月 23 日)

前因乌苏里江等处，距兴安岭遥远，并不与俄国连界，谕知奕山饬令吉拉明阿，如遇夷船下驶，设法阻止。本日据奕山等奏，俄夷船只于黑龙江往来已成习惯，若遽行拒绝，恐该夷有所籍口。清廷批示：黑龙江左岸地方，既经奕山借与该夷居住，其船只往来于黑龙江松花江中，自难再行拒绝。至绥芬河、乌苏里江两处系吉林地方，不在借给之内，若听其纷纷驶往，势将何所底止。奕山等并不体会前次谕旨，遽以难于拒绝等词覆奏，殊涉蒙混。着奕山仍遵前谕，严饬吉拉明阿晓谕该夷，除由黑龙江入松花江往东入海口外，余如绥芬河、乌苏里江及三姓等处，该夷船只，均不得擅自驶往，务当实力劝阻，毋许意存推诿。并着特普钦派委妥员，于黑龙江交界地方，严密侦探。设有俄夷船只驶至，即行正言拒绝，以该处地方，本不在前次许借之内，亦无与俄国毗连地界，无可查看，阻其下驶，毋得任令肆行无忌，侵占地方。④

廿二日壬戌(5 月 24 日)

闽浙总督王懿德因病解任，以福建巡抚庆端为闽浙总督。湖北布政使罗遵殿为福建巡抚，未到任前，以布政使瑞璘署理。

---

① 《清实录·文宗显皇帝实录》卷二八一。
② 《清实录·文宗显皇帝实录》卷二八一。
③ 《筹办夷务始末》(咸丰朝)第 4 册，中华书局 1979 年版，第 1391～1392 页。
④ 《清实录·文宗显皇帝实录》卷二八一。

军机处照覆俄使彼罗夫斯基，对其《补续和约》八条逐一指驳。①

廿三日癸亥(5月25日)

前来没沟营贸易商船一只，载十四人，内有夷人二名。船主在广东开设宝顺号，后在上海开设广隆号。已于十六日申刻扬帆出口。②

廿五日乙丑(5月27日)

奕山等奏，俄夷在乌苏里口以下南岸，添建房间，并该夷狡执履勘。又奕山、那敷德另奏，以后会奏夷务，请分别主稿。清廷指示，嗣后奏事，关涉吉林，着即由吉林主稿，一面会衔，一面具奏，免致往返札商，徒稽时日。至奕山、吉拉明阿亦应力图补救，不得因该夷现占地界俱属吉林，希图诿卸。③

英使普鲁斯照会桂良，称奉派遣赴京师代为交聘，不日即乘船赴津。桂良等随机照覆，令毋径赴天津，必须至上海商议。④

廿六日丙寅(5月28日)

上海夷人兵船增添，或称百余只，或称数十只，烟台亦有洋船久停。⑤

英使华若翰抵上海。⑥

廿七日丁卯(5月29日)

鹤昶奏，拿获漏税洋药，请旨惩办。据称二月十九日，有草船夹带洋药过关，起获三千人百余斤，按每百斤征税三十两，核计该银一千一百余两，拿获船户戚开，并代客包揽之杨维忠。⑦

---

① 《筹办夷务始末》(咸丰朝)第4册，中华书局1979年版，第1394~1395页。
② 《筹办夷务始末》(咸丰朝)第4册，中华书局1979年版，第1393~1394页。
③ 《清实录·文宗显皇帝实录》卷二八一。
④ 《第二次鸦片战争》(四)，上海人民出版社1978年版，第64~66页。
⑤ 《筹办夷务始末》(咸丰朝)第4册，中华书局1979年版，第1400~1401页。
⑥ 《第二次鸦片战争》(六)，上海人民出版社1979年版，第220页。
⑦ 《清实录·文宗显皇帝实录》卷二八一。

廿八日戊辰(5月30日)

前因广东办理夷务军务，正当吃紧，谕令劳崇光接奉谕旨后，即赴广东巡抚新任，并署理总督，以便黄宗汉交卸启程。本日据毕承昭奏，近来广东省城，民夷尚属相安，其失守之大埔、嘉应两城，均已克复，兴宁亦已解围。惟贼匪分股窜赴连平，围困州城，并扰及和平、龙川等县乡村。其韶州府属之乐昌县，亦已失陷，虽经官兵击剿获胜，贼尚盘踞城外。其界连广西、湖南、江西、福建四省之地，时有外匪窜至，肃清非易。①

五月初二日辛未(6月2日)

英使普鲁斯、法使布尔布隆离开香港，前往上海。②

初六日乙亥(6月6日)

钦差大臣大学士桂良等奏，接到英酋照会，将赴天津，请派大员暂事羁縻。得旨：总以上海换约为第一要义。即使不得已俯就下策，停泊澜江沙外，少带从人，实为妥协。尤必须该夷酋正身赴京，不得任其更替一兵头之类，意存搅扰。抵京原为换约，万不能听其久驻。该夷酋设欲驻京，必将薛焕留于京师，作为办理之常人。此时清淮一路，虽恐有阻，然另派他人，不悉夷情，断断不能措施合宜。卿等艰辛备尝，二载勤劳，亦必欲速观厥成。所请毋庸议，正可藉兹赴津需日之语，为羁縻换约之地步也。③
英、法两国使臣抵达上海。④

初七日丙子(6月7日)

昨据桂良等奏，四月二十五日，接英酋照会内称，普鲁斯赴京交聘，不日乘舟径赴天津，并有希在天津豫备夫役舟车，以便入都，并于京城内择出宽广寓所，该夷率领随员官弁前来。清廷指示：桂良等已照覆该酋令其毋径赴津，必须至上海商

---

① 《清实录·文宗显皇帝实录》卷二八一。
② 《第二次鸦片战争》(六)，上海人民出版社 1979 年版，第 190 页。
③ 《清实录·文宗显皇帝实录》卷二八二。
④ 《第二次鸦片战争》(六)，上海人民出版社 1979 年版，第 222 页。

议，并派知县黄仲畬至海口，俟夷船到时与之言明，即在上海换约。惟夷性狡执，恐难挽留。倘不听劝阻，径赴天津。僧格林沁、恒福惟当遵照前旨，派员晓谕，令其停泊澜江沙外，告以桂良等已由上海启程，不日到津，即可会晤商办一切，并告以海口节节设防，切勿轻于驶入，致有损伤，以全和好。如该夷请另派员前往，可告以各国和约，皆系桂良等经手办理，他人不能知悉。明白开导，令其静候可也。①

初九日戊寅（6月9日）

英夷兵船六只自上海起碇北上。②

俄船大小八十只由黑龙江陆续下驶。③

初十日己卯（6月10日）

俄夷在乌苏里河以下博力抓吉等处盖房占地，前经奕山、特普钦奏到，当经谕令特普钦，饬令富尼扬阿晓谕夷酋，阻其下驶，并严谕奕山督饬吉拉明阿力图补救，不准推诿。本日据特普钦奏，该夷目等不听理谕，动以木哩斐岳幅为词，而木哩斐岳幅之狡执贪亢，则恃前约内有乌苏里河至海为中国俄国同管之地一语，请饬吉拉明阿与之申明前约，分较明晰，俾免籍口。乌苏里等处与俄国并不毗连，何以奕山等所议条约，竟有与俄国同管之语。况该夷现欲开山修道，则其本不通海，已可概见。奕山等许其会勘，尤为轻率。特普钦所奏，欲将前约分晰，言明乌苏里河至海一节，系专指江路行走，并非准其上岸。然既准其往来江路，则登岸亦难禁止，自应与之决绝，言明将前约中此语改去，方为直截了当。清廷着奕山传知吉拉明阿，向木哩斐岳幅言明从前初议之时，未能深悉吉林地界，现在业已查明乌苏里、绥芬河等并非俄国接壤，又与海道不通，自应将此语更正，不但图勒密、博力抓吉及三姓等陆路不可任意侵占，即绥芬、乌苏里河路亦当与之约定，不准人船驶往。倘坚执不遵，惟有更进一步，告以尔既不讲情理，则中国亦难事事曲从。除黑龙江左岸借与该国居住之地，准其船只行走外，其余黑龙江下游及松花江内均不准其行驶。如肯更正前约，收回吉林境内人船，不复下驶，则黑龙江松花江通海之路，业经许其行走，中国亦决不负约。④

---

① 《清实录·文宗显皇帝实录》卷二八二。
② 《筹办夷务始末》（咸丰朝）第4册，中华书局1979年版，第1420页。
③ 《筹办夷务始末》（咸丰朝）第4册，中华书局1979年版，第1472页。
④ 《清实录·文宗显皇帝实录》卷二八二。

十一日庚辰（6 月 11 日）

昨据特普钦等奏，俄夷恃约狡执，图占地方情形，当经谕令奕山等合力拒阻。本日复据特普钦等奏称，接库伦密咨，知夷酋木哩斐岳幅进送枪炮，欲带人船由黑龙江赴东海运送天津，现筹防范。俄夷进送枪炮，前经谕令由库伦等处陆路行走，嗣因该夷欲由海道运送，业经允准。该酋木哩斐岳幅如实系运送枪炮，清廷着奕山等准其由黑龙江、松花江出海，毋庸拦阻。若以进送枪炮为名，驶往吉林三姓各地方肆扰侵占，该将军等仍当遵照前旨，协力拒阻，以杜诡谋。①

十五日甲申（6 月 15 日）

英使普鲁斯、法使布尔布隆，自上海启行赴津。次日，美使华若翰北驶。三国兵船二十七只全部北行。②

十六日乙酉（6 月 16 日）

特普钦等奏，俄国人船欲赴三姓等处贸易，并木哩斐岳幅随带兵船坚欲往乌苏里绥芬勘界。③

十七日丙戌（6 月 17 日）

王庆云奏，谢恩请训。咸丰帝谕：该督拟于交卸后，即行启程，谅此次批折发回，必已就道。两广总督现虽不兼海口钦差之任，而夷人肇衅之端，始于该省，刻下省城尚未退还，即使不至横行，终不能民夷浃洽。一切控制机宜，刚柔并用，全赖该督妥为筹办。上海互换和约尚无定局，俟互换后，一切应办事宜，必须豫为布置。黄宗汉在任年余，于夷务概置不问，即省城地方情形，亦罕见奏及。王庆云到任后，务与省城声息相通，即有难于驾驭之处，亦必设法维持。至省城有夷酋杂处，自难轻入，其黄宗汉所驻之惠州是否扼要，能否兼顾两省，着王庆云悉心酌度，择要驻扎，务与省城不至隔绝，方为妥善。上年夷人有驾驶兵船前往广西梧州

---

① 《清实录·文宗显皇帝实录》卷二八三。
② 《第二次鸦片战争》（四），上海人民出版社 1978 年版，第 83 页。
③ 《清实录·文宗显皇帝实录》卷二八三。

之事，东省并未阻止，殊属非是。夷人条约尚未换定。①

十八日丁亥(6月18日)

本日据桂良等奏，夷酋不遵开导，坚欲北行。据称英酋普鲁斯、法酋布尔布澛到沪，均不肯与桂良等相见，但坚执进京换约之议，决意北行。美酋华若翰亦随同前往。又称英夷兵船已有六只于初九日开行，其余亦将陆续北驶。清廷谕知桂良等即行回京，并传谕文煜令其驰赴天津，帮同恒福办理夷务。各夷船只如到天津海口，着僧格林沁、恒福即遵前旨，速派明干委员前往，迎至拦江沙外，向其晓谕。告以桂良等在上海，已有照会告知，中国并无他意，兵船万不可驶入拦江沙。

十九日戊子(6月19日)

僧格林沁等奏，夷船已抵海口，拟俟三日派员前往晓谕。咸丰帝谕：此次到津夷船止有四只，自系昨日桂良等所称先行开驶之船，其声言尚有火轮船二十余只，亦与桂良等探报相符。该夷船既退回鸡心滩外，且尚无多只，亦不值与之用武，惟当先为晓谕，使知天津设兵，并非为防伊国，实因沿海重地，恐有盗匪骚扰，不能无此防备。尔国亦当体谅我国，不能因两国和好，即为撤防。现在已准进京，惟须等候大学士桂良等到后，即令由北塘行走，由天津进京，两不相妨。尔等可先至北塘停泊，静候公使。如此开导，如其肯往北塘，即着恒福等派员弹压，不使登岸，并禁止奸民暗通接济。该夷如需淡水食物，不妨官为应付，以示不疑。俟桂良等到商议一切。至海口木筏、铁戗等件，既不能撤，则米船出入亦不甚便。且恐米船进口，而夷船随后尾入，听之不可，阻之无词，转多窒碍。着恒福飞咨山东巡抚，如有续到米船，令其暂在东境收口，勿遽前进。僧格林沁另奏请将前调马队二千名，再调绥远、归化二城马队一千名，均赴山东防堵。胜保、傅振邦军营，需用马队各五百名，业已允其所请，该处盼望甚殷，仍着遵照前旨派往。其德楞额所带之一千名，即派赴曹单。添调之绥远、归化二城马队一千名，已谕知成凯等照数派拨，即令桂成统带赴东。

清廷着全庆、廉兆纶知照崇恩饬令沿海文武地方官，凡有江浙海运米船过境，饬令于登莱等处海口，暂行停泊，妥为照料弹压。俟夷务稍定，再行赴津。不得因急欲藏事，催令北来，转致贻误。②

---

① 《清实录·文宗显皇帝实录》卷二八三。
② 《清实录·文宗显皇帝实录》卷二八三。

署察哈尔都统庆昀奏，遵查白城子俄人情形，其地共有夷人五十三名。①

廿二日辛卯（6 月 22 日）

本日据桂良等奏，普酋等于本月十三日起碇赴津，该大臣等亦于是日率同薛焕等驰驿回京，但能少待时日，即可俟桂良等来津办理。僧格林沁等当告以桂良等回京消息，令移泊北塘口外，静待经手人到，互换和约。如坚执不听，着妥为开导，专令伊国换约之官员，由北塘到津静候。并着恒福、文煜与其约明，不准随带多人，执持军械，惊扰人民。所有该国提督及带来兵船，均不可登岸。其由北塘到津夷官之馆驿日用，自应官为给办。即在外江停泊之提督等，应需菜蔬食物等件，亦当派员在彼一体酌给，免致上岸滋扰，并勿令与民人交易。僧格林沁仍饬弁兵严守大沽海口，勿遽开枪炮，以顾大局。

特普钦等奏，夷目不遵理谕，带领人船进乌苏里抗行。据称四月二十二等日，图勒密夷目奇萨罗幅等，分驾船只抗行入口上行，拦阻不理，并坚称该夷酋已在江城商妥，差人进松花江贸易，复有上驶夷船，声称赴兴开湖，往勘河源分界。当向开导，坚执不听，势益鸱张。②

廿四日癸巳（6 月 24 日）

黄宗汉奏请将管驾师船逗遛图利之守备革职严审。山东文登协守备徐焜，管驾造成师船，驶回山东，辄敢逗遛不进，湾泊顺德县地方，复往来押护盐船，至电白及省城等处，得受银两，任令水勇人等将师船私放出洋，卖去炮械，实属目无法纪。该弁捏报在洋遭风，漂失船只，并据供夺得谷船货船，是否另有在洋行劫重情，亟应彻底根究。徐焜着即革职，交广东督抚、提同现获之许亚保等严讯确情，按律惩办。所有损漏师船，着先由广东藩库筹款修理，并将炮位配全。咨照山东巡抚另派妥员赴粤，管驾回省，动用银两，即由山东省如数解还，以清款项。③

廿五日甲午（6 月 25 日）

本日据桂良等奏称，夷酋船只改于十五日开行，三国共有二十七只。桂良等于十六日尚在苏州，即赶紧遄行，到津尚需时日。普鲁斯到海口后，总须令其静候桂

---

① 《筹办夷务始末》（咸丰朝）第 4 册，中华书局 1979 年版，第 1429 页。
② 《清实录·文宗显皇帝实录》卷二八四。
③ 《清实录·文宗显皇帝实录》卷二八四。

良等到津。傥该酋不愿在洋守候，可告以换约系属和好之事，本不应多带兵船，此时既准其由北塘赴津，设或随从多人，携带器械，必致民情惶骇，滋生事端。所有换约官员人等，至多不得过二十人之数，沿途备办供给，必当尽礼。

户部议驳闽浙总督王懿德等奏，请将洋药进口征收税银，仍归地方官委员征解。得旨：所驳甚是。关税抽厘，原属二事，该督等欲含混为一，并以税则三十两为抽厘报数，不独以后抽多报少，徒饱私囊，不能稽核，兼可冒销前收之款，为调剂属员起见，殊属取巧过甚。依议行。①

廿六日乙未（6 月 26 日）

山东巡抚崇恩奏报，五月初八九日，有夹板夷船七只，分泊宁海州之崆峒岛、福山县之芝罘岛；十三日，蓬莱外洋，瞭望见火轮夷船二只，十四日又有两只，均由东南大洋向西行驶而去。②

廿七日丙申（6 月 27 日）

僧格林沁等奏，查明接仗各情形。英夷船只不遵理谕，闯入内河，于本月二十五日，先行开炮。官军亦开炮回击，该夷船只受伤，仍未肯退出，并以步队搠战。经官军击毙数百名，生擒二名，余俱逃窜回船。夷船入内河者，共十三只，惟一船逃出拦江沙外，余悉被炮击伤，不能驾驶。该夷兵头赫姓，亦被炮伤骸不能转动。清廷着僧格林沁即行查明保奏，并准其先于捐输项下，提银五千两，分别奖赏。另普鲁斯是否实已到拦江沙外，此次兵船接仗是否止系英夷之人，抑有法、美等国在内，着僧格林沁等设法查探确实为要。北塘海口原设官兵，前据该大臣奏称移往他处，此时既已接仗，则各海口均应严加防范。着饬李志和仍统原带各兵，前往北塘，驻守炮台，实力防堵。惟不可先行开炮，自我启衅，违令者必治其罪。盛京海口，已谕令玉明等严行防守。其山海关地方，即着僧格林沁严饬格绷额等实力防堵，无稍疏懈。前调赴山东之绥远、归化城兵一千名，本日据崇恩奏，山东民团可用，兵力已厚，毋庸前往，现已谕令成凯等将此项官兵派往天津防所，俟抵津后，即交僧格林沁调遣。

玉明奏，缉捕经费，请由船规项下动用。奉天省近来盗风日炽，该将军现饬各路缉捕委员，合力兜拿，所有该官兵等应需经费钱文，除将招商木价抵补外，其不敷之数准其由船规项下动拨，以资兵食，仍着该将军督饬委员并地方文武将未获各

---

① 《清实录·文宗显皇帝实录》卷二八四。
② 《筹办夷务始末》（咸丰朝）第 4 册，中华书局 1979 年版，第 1444 页。

案，实力严拿，毋任漏纲。夷船现抵天津海口，奉天田庄台两岸炮台，着增庆、景霖督饬在防官兵严密设防，仍勿先开枪炮，如夷船开炮驶入，不得不回击以拒之。

廿八日丁酉(6 月 28 日)

特普钦等奏，夷酋恃强过卡，并贸易夷人不遵理谕。据称俄夷火轮船只到卡，不容查验，官兵随至街集地方。询之徐尔古居住夷人，称系木哩斐岳幅，带领大官八员，由东海赴上海有事，并由黑河口至三姓贸易之彻卜勒幅等，强行阑入松花江西上，一经开导，辄恣意猖獗，并称如不准其贸易，木哩斐岳幅到津另有分辩。清廷着即确探木哩斐岳幅是否欲赴天津，并剀切晓谕该夷，不准在三姓等处贸易，一面督饬团练兵丁，严密防范，禁止居民不得与之交易。①

廿九日戊戌(6 月 29 日)

恒福奏，夷情桀骜，难以就抚，请派大员办理。咸丰帝谕令：此次夷船闯进海口，先行挑衅，经僧格林沁挫其凶锋，正可乘此机会，设法开导。从来驾驭外夷，未有不归于议抚者，专意用兵，如何了局。前恒福请饬明善到津，未曾允准，原以该督等有管辖地方之责，不得置身事外，今该督仍请另派大员办理夷务，殊属非是。所有防剿事务，已责成僧格林沁。其议抚事宜，仍责成恒福、督同文煜设法办理。

增庆奏，查勘海防，监修营垒完竣。奉天各海口，业经增庆查勘，酌定安设炮位，并与玉明等会办田庄台防务，派兵筑垒，择要设防，现已一律报竣。清廷着增庆于验收铁子火药后，即行启程回京，毋庸仍赴天津。该处防务，即交协领奇凌阿等分岸防守。至天津现已用武，二十五日接仗，击毁夷船多只，上岸夷兵约一千五六百人，死者甚众。惟该夷经此挫折，恐复调集兵船，窥伺各处海口。如没沟营等处，探有夷船驶至，清廷着玉明即统带在城备调之兵，迅速前往，相机办理。所有田庄台两岸炮台，着景霖遵照前日谕旨，督饬在防官兵，严密防堵，毋稍松懈。②

是月

沙俄数批移民强行闯入乌苏里江，在东岸建立众多居民点，每处建房并搭盖草

---

① 《清实录·文宗显皇帝实录》卷二八四。
② 《清实录·文宗显皇帝实录》卷二八四。

屋窝棚三五所至十余所，人数二三十至八九十名不等。布多戈斯基和希什马廖夫"勘察队"上驶至兴凯湖察看地势。①

穆拉维约夫亲自乘船从庙街到克默尔湾与图们江口之间的海岸勘察，并擅自将此一百二十海里的海湾命名为"大彼得湾"。②

六月初一日己亥（6 月 30 日）

咸丰帝密谕：英夷背约恃强，先行开衅，并非我中国失信。惟念古来驾驭外夷，终归议抚，若专意用兵，终非了局。现仍令僧格林沁办理防剿事务，另派恒福、督同文煜办理抚局。英夷背约称兵，固难与之理论。其美、法虽与同来，未必帮同犯顺，仍可善为抚绥，令由北塘至津暂住，待桂良等到后再议。该二国情形如何，尚未据恒福等覆奏。英夷挫折之后，其兵船在天津海外者无多，计必或赴上海，或召广东兵船，重来报复。着何桂清密派妥员，赴沪查探，有何动静，暗中防范。其天津被创之事，不可漏泄。傥该夷果有火轮船至上海，欲纠众北犯，可令该处华商与夷商等声言若复用兵，则上年所议各条前功尽弃，岂不可惜，嘱各商从中劝阻。或挽美、法二夷之在沪者为之劝解，令英夷弭兵息事，仍在天津等桂良等办理，庶各国可以同沾利益，亦保全抚局之一道也。惟此意须出自商人，不可官为宣露，更不可因此事先给照会。何桂清有办理夷务之责，既有变局，不可不早令知悉。

夷人自被击后，蹲伏拦江沙外，与我军相持，未敢内犯。讯据夷目供称，普鲁斯及各国公使乘坐大火轮船，俱停大沽口外。③

以广东三江口协副将马德昭为直隶大名镇总兵官。

初二日庚子（7 月 1 日）

以直隶天津海口打仗出力，赏副将徐廷楷、参领穆腾额、倭和、玉亮、海群、副参领明春巴图鲁名号，游击李炳业等花翎，都司阿呢扬阿等蓝翎，余加衔升叙有差。④

---

① 《筹办夷务始末》（咸丰朝）第 4 册，中华书局 1979 年版，第 1512~1514 页。
② 巴尔苏科夫：《穆拉维约夫-阿穆尔斯基伯爵（传记资料）》卷二，商务印书馆 1974 年版，第 279 页。
③ 《清实录·文宗显皇帝实录》卷二八五。
④ 《清实录·文宗显皇帝实录》卷二八五。

初三日辛丑(7 月 2 日)

美船抵达天津北塘海口投递照会,僧格林沁等已给复文,并兵炮布置就绪。①

初四日壬寅(7 月 3 日)

特普钦等奏,俄酋木哩斐岳幅现至伯力地方,声称欲赴奇咭等处,不日旋回,再赴乌苏里。其赴三姓城贸易之彻卜勒幅等,屡经开导,仍未折回,并续有人船多只由黑龙江下驶,请饬景淳速往办理。俄酋于五月初一日,经过黑龙江时,称欲赴乌苏里、绥芬等候会勘地界。至初四日,过黑河口,则称欲往上海。及初七日,过乌苏里口,则称欲赴奇咭。是其诡谲多端,殊难揣测。撤卜勒幅等前来三姓,既未肯即行折回。而初九等日,复有大小船八十只,舰舻十七面,夷官及男妇人等数百名,携带鸟枪等多件,由黑龙江下驶,其蓄意蔓延,尤属可恶。清廷着景淳星驰前进,于行抵吉林后,遵照前奉谕旨,将木酋行踪确探,妥为晓谕。

兵部尚书全庆等奏,夷人如由北塘进京,途中尤须严为设备。得旨:未战之前,固宜防范。已战之后,尤应加意。惟不可稍露痕迹。②

初六日甲辰(7 月 5 日)

钦差大臣僧格林沁奏,夷船陆续退出,现筹防守机宜。得旨:所虑实为周妥,统俟本日该督与美酋见面后,方能得其梗概,再为详谕饬遵。

以直隶天津海口防剿获胜,赏台吉珂兴额头品顶带,副都统那木萨朗扎普、巴克莫特、博勒霍、明保、恩克巴雅尔、护卫勒格鲁普、色鲁普二品顶带,台吉诺林木丕勒等花翎。③

初七日乙巳(7 月 6 日)

咸丰帝谕令:昨据恒福奏与美酋订于初六日在北塘会晤,当谕该督会晤后,仍回大沽,与僧格林沁商办。该酋见后情形,谅该大臣等已奏报在途矣。本日桂良等奏,拟令薛焕率领候选知县黄仲畬即由河间直赴天津,并特拟照会,交赴天津,由

① 《筹办夷务始末》(咸丰朝)第 4 册,中华书局 1979 年版,第 1468~1469 页。
② 《清实录·文宗显皇帝实录》卷二八五。
③ 《清实录·文宗显皇帝实录》卷二八五。

僧格林沁等给与该夷，以安其心。并称夷性多疑，若令久候海口，势必不能，请饬恒福等与各夷议明，凡系进京换约之人，准其先至天津城外居住，其余仍在拦江沙外静候。至绕泊北塘一节，万一该夷不肯由彼处前进，似宜斟酌妥办等语。桂良等所奏各情，自系未知该夷业经开仗，已非从前局面。薛焕、黄仲畬计日当可到津，即令在僧格林沁军营，听候差委。其所拟照会，是否与现办情形相符，亦须斟酌再行投递。该夷初至海口，本令其由北塘赴天津城外暂住，静候桂良等。乃该夷不遵理谕，辄起衅端。此时桂良等奏尚虑该夷不肯由北塘前进，请斟酌办理等语，意在令其仍由大沽赴津，未免过于迁就，不知现在夷情之凶悍，尤宜加意严防，岂可自毁藩篱，以快敌人之志。今美酋既肯赴北塘与恒福会晤，如察其情词，肯为英酋转圜，或美、法二国肯先换和约，着即督饬文煜乘机利导。即法酋助恶，亦只可佯为不知，便其先就范围，则英酋势孤，当更易于办理。至进京一节，如夷人不先提及，亦勿与先提，俟桂良等到后再说可也。

军机大臣奏请加赏琉球国贡使。得旨：此次初八初九二日，俱令进同乐园听戏。其赏件即照嘉庆十六年十月初四初七日之例赏给。惟都通事初九日赏件，即照十六年十月初六日之例赏给。着缮清单，以清眉目。此二项赏件，由内发给，并着礼部知照军机处存案。其加赏正副使赏件，和诗赏件，加赏国王赏件，俟万寿后随时发下。

闽浙总督王懿德奏，酌保搜捕洋匪出力员弁。得旨：每胜必保，殊非核实之道。彼江皖诸军，经年战阵，非克复城邑，或斩馘数千，方获邀登荐牍。此次着暂行存记，俟首伙全歼，地方一律肃清，方准酌保数人。①

初八日丙午(7月7日)

恒福奏，接到美夷照会，即欲进京，现拟暂为羁縻。初六日，恒福未能与美夷会晤。该夷照会，订于初九日，备船往接，到北塘后，即行进京换约，并有携带些少随员之语。

琉球国使臣翁俊等二人于同乐园瞻觐。

十二日庚戌(7月11日)

咸丰帝谕令：恒福等奏，接晤美酋情形，并拟缓订日期，令该首赴京。美酋华若翰，于初九日在北塘地方与恒福等会晤，辞意尚为恭顺。此时既许其来京换约，或由北塘起早赴天津，由水路进京，或由香河一带进京，俱令该夷自行酌定，断不

---

① 《清实录·文宗显皇帝实录》卷二八五。

可勒令由香河行走，以免生疑，惟不可多带从人，并须饬令各该地方严密防范。启程在二十日以外，则到京之时，桂良等计亦可到。惟薛焕及黄仲畬前有旨，准其先赴天津，此时既由恒福派员护送该夷进京，薛焕等即可毋庸先赴天津。着恒福即沿途行知薛焕等遵照，令其即行来京，毋庸投赴僧格林沁军营。至该酋所称英、法两酋均往上海，原难凭信。惟美酋和约内载有他国或有争端，该国应善为调处之语，傥伊愿为该两国调处，即可乘机转圜。着僧格林沁等悉心筹度，相机办理。①

十五日癸丑(7 月 14 日)

僧格林沁奏，英、法船只全数开行，并护送美夷进京，办理情形。咸丰帝批复：英、法两国夷船自初十日陆续开行，至十二日全数驶去。该夷此去，或由上海，或赴广东，添募兵船，希图报复，均未可知。且恐该夷蓄谋诡谲，潜匿匿附近岛屿，待集兵船，乘我不备，于昏夜风雨之中，突然内犯，尤不可不严加防范。着僧格林沁仍督饬将弁加意防守，并设法哨探夷艭，毋稍大意。至美酋到京城内，万难允其坐轿，惟由北塘登岸旱路，不妨许其坐轿，至绕过天津，即由水路行走，到通后令其坐车或坐骡轿进京，毋得许其坐轿。着恒福、文煜先与该酋说明，以免临时狡执。美夷所寄俄夷书信，该大臣恐其两相煽惑，所虑亦是，但此信将来总须交付俄夷，不如官为经手，转可杜其私相通信之弊。所有美夷信件，着恒福即封咨军机处，交理藩院转付俄夷，较之令其自行投递，更觉妥协。

恒福奏，天津海关税银，请展限开征。现在海口商船未能出入，税课无从征收，自系实在情形。惟各关税银向无展限之事，清廷着于奏报期满时声明，交户部核议，以符定制。

僧格林沁奏称，美酋与恒福会晤，声称英、法两国公使初六七日已回上海，瞭望拦江沙外，夷船自初十日起，陆续开行，至十二日已刻全数不见形影，惟美夷大小火轮船二只，停泊北塘，静候入京换约。现在上海通商，该夷囤寄货物不少，必自知顾惜，且有各商从中劝解，当不致在沪猖狭。惟苏、松两府为财赋重地，吴淞江口直达苏州府，黄浦江口直达松江府，此二处不可不严密设防。清廷着何桂清密派妥员，随时侦探，相机办理。至镇江一城，滨临大江，无要隘可守，惟正在金山一带，尚有水军驻扎。着和春督饬水陆弁兵，严加防范，特不可先行开炮，致该夷有所籍口。②

抚恤琉球国遭风难夷如例。

---

① 《清实录·文宗显皇帝实录》卷二八五。
② 《清实录·文宗显皇帝实录》卷二八五。

十六日甲寅(7 月 15 日)

恒福照会美使华若翰,同意于本月二十一日进京换约,并请其向英法转达,如愿由北塘进京换约,必为代替请旨。①

十八日丙辰(7 月 17 日)

恒福、文煜奏,派员护送美酋启程。咸丰帝谕令:本月二十一日,美夷自北塘进京,即照该督等所拟由军粮城径至北仓上船赴通,仍密饬清河道崇厚等小心防护,及沿途地方官妥为照料。本日桂良等已到京,即可仍令经手,互换和约。至英、法夷船全行驶去,尚无消息。兹据牛庄商船在距天津海口二百余里之十八托水洋面,见有夷船九只,是该夷潜匿附近地方,或听美夷信息,或招集兵船,再图报复。若再来肆其猖獗,其凶锋必更甚于前。着僧格林沁加意严防,毋稍大意。前因美夷肯赴北塘与恒福会晤,是以屡次谕令该督督饬文煜乘机利导,使法夷就我范围,足以孤英夷之势。兹恒福等照会美夷,令其转达英、法两国,如情愿修好,进京换约,即可前赴北塘商议,未免漫无区别。法夷助恶,尚可佯为不知,英夷则首起兵端,若先行俯就,恐长其骄悍之气,更难办理。此等机宜,措词失当,现在英、法二酋未必即能悔悟,愿赴北塘,设或托美夷转圜,自当分别计议,请旨遵办可也。

恒福等奏,俄夷投递照会,并拟给照覆。俄夷借坐美夷船只,驶进北炮台停泊,所递照会,以现派伊国副章京步多国似克,通事官石射马略甫二员,带同跟随二人,欲由旱路进京,投给伊国公使书信,并非为进枪炮而来。至称慕喇约甫,即带几令战船,到海口听候回信,其来意甚不可测。所有现到四人,清廷着恒福等准其由北塘进京。前经肃顺、瑞常与上次俄国使臣丕业罗幅斯奇议准,如有人到津,先期照会中国,由北塘进京,此时可约期,俟美酋起身后,派委文武二员伴送。所有路上驿馆供给,概由地方办理。俄国所带战船,想系帮助中国起见,以固和好,亦可无须。如未曾晤面,不必于照会中提及携带战船之事,以免语多枝节。至现在拦江沙外虽只有该国火轮船一只,惟既据称携带战船数只,仍着僧格林沁密饬将弁,即北塘海口亦须严加防范,以备不虞。②

美使华若翰照会恒福等,允于换约后,自京回沪,并向英法转达。③

---

① 《第二次鸦片战争》(四),上海人民出版社 1978 年版,第 165 页。

② 《清实录·文宗显皇帝实录》卷二八六。

③ 《第二次鸦片战争》(四),上海人民出版社 1978 年版,第 174 页。

十九日丁巳(7 月 18 日)

特普钦等奏，俄夷由水陆分赴珲春，并夷众强赴兴开湖查看地界，及在乌苏里江建房垦地。俄酋伊格那提业幅到京以后，声称欲会议东西交界。本月十六日，复有俄夷四人至天津北塘投递照会，称有紧要书信，须送给伊格那提业幅，自系为议勘地界起见。并闻木哩斐岳幅亦即到津，将来以理闻导。如该夷酋等晓悟，其应如何办理之法，清廷着该将军等定议，京中不能遥制。景淳此时定已行抵吉林，着会同奕山等将俄夷如再有人船下驶，应如何妥为开导拒阻，其业经建房垦地之人将来如何驱逐，筹画办法，奏明为要。①

盛京将军玉明奏，有异样船至奉天售货，现已令其回帆。②

两江总督何桂清照会法使布尔布隆，请其与美使一同进京，仍赴天津换约，并请劝解英使同时北上。③

廿一日己未(7 月 20 日)

何桂清奏，夷船陆续回沪，探闻现赴印度调兵，并邀各夷商议事。④

美使允为回沪，向英、法调处。⑤

廿四日壬戌(7 月 23 日)

咸丰帝谕令：据僧格林沁奏，办理抚夷大局，当刚柔相济，令郭嵩焘赍折呈递。朕详加披阅，并召见郭嵩焘询悉该大臣筹画剿抚事宜，均属允当。此次英夷犯顺，经该大臣督兵攻击，实足以寒逆胆而快人心。现在海口营垒布置益加周密，即使该夷再图报复，必能挫其凶锋。至剿抚兼施，两事本并行不悖。该大臣于议剿既有把握，则抚局自可不至迁就。本日据何桂清奏，英、法两酋已先后回至上海，现令华商夷商设法解散。一切情形，已咨行僧格林沁查照办理。该大臣接到后，谅已深悉。刻已谕令和春严防该夷句(勾)结金陵逆匪，并谕何桂清确探该夷动作。如华商、夷商肯为剖辨是非，该夷自知理屈，自可乘机利导，但不可先为俯就，以长

---

① 《清实录·文宗显皇帝实录》卷二八六。
② 《筹办夷务始末》(咸丰朝)第 4 册，中华书局 1979 年版，第 1515~1516 页。
③ 《第二次鸦片战争》(四)，上海人民出版社 1978 年版，第 197~198 页。
④ 《清实录·文宗显皇帝实录》卷二八六。
⑤ 《筹办夷务始末》(咸丰朝)第 4 册，中华书局 1979 年版，第 1518~1519 页。

该夷桀骜，谅何桂清必能斟酌办理。特该夷能否悔祸戢兵，尚无把握。至美夷进京换约，情词尚属恭顺，较英、法两夷易于驾驭，现仍责成桂良等一手经理，可毋庸添派大员。至僧格林沁请将英夷狂悖情形宣示中外，并所获美夷蒋什坡一名，俟华若翰到京后，明降谕旨，给还该国各情，俟美酋到京后，再行降旨宣布可也。①

琉球国王世子尚泰遣使表谢，并进贡方物。赏赉筵宴如例。

两江总督何桂清奏，英、法使臣已经回沪。②

美使臣由北塘起身进京。③

本月初四日，夷人货船二只，停泊山东福山县海口，请求通商。④

廿六日甲子(7 月 25 日)

以海运漕粮验收完竣，予兵部尚书全庆、仓场侍郎廉兆纶下部优叙，天津道孙治等升补加衔有差。

三十日戊辰(7 月 29 日)

奕山奏，夷情狡诈，办理辨明定界实无把握，并特普钦等奏，前到珲春夷船现已开行。清廷着奕山、景淳会同定议，明白晓谕，所有乌苏里江、绥芬河等处系属吉林地方，并非与俄夷接壤，断不容该夷人船游驶，三姓地方并非马头，亦断不准该夷到彼贸易。其前借与之黑龙江左岸空旷处所及阔吞屯等处，原属借与栖身之地，不得再来人口，亦不得再行添盖房屋。至该夷船只由黑河口入松花江往东入海，前曾许其行走，自可毋庸阻止。

何桂清奏，夷船在奉天、山东沿海私贩洋药，请饬查办。据称近来外国商船有至登州、牛庄及沿海各处贩运洋药，甚至有装载豆饼行抵吴淞之事。山东烟台地方有商船停泊贸易，并于该处买地造屋。有粤人范姓经理其事，因乡民阻止，互殴受伤。现在条约未换，无论何处海口，均不应私行贸易。况牛庄系英夷增添通商口岸，登州系英、法两国新增口岸，现在皆未议定开市，不应有夷船前往贸易。倘任令夷人买地造屋，必至占踞中国地面。若不早为禁遏，以后更为棘手。清廷着玉明、倭仁、景霖、崇恩严饬该管地方文武查明，如有外国商船私往，即行正言峻阻，勒令及早回帆。倘有奸民句(勾)通贸易，该管文武有失察故纵情事，即着分

---

① 《清实录·文宗显皇帝实录》卷二八六。

② 《筹办夷务始末》(咸丰)第 4 册，中华书局 1979 年版，第 1524～1525 页。

③ 《筹办夷务始末》(咸丰朝)第 4 册，中华书局 1979 年版，第 1526～1527 页。

④ 《筹办夷务始末》(咸丰朝)第 4 册，中华书局 1979 年版，第 1528 页。

别严行参办。并着崇恩将私至烟台经手造屋之广东人范姓密速查拿，务获究办，毋令逃逸。至豆石、豆饼等物，上海议定，不准夷人贩运，嗣后内地商贩往来，须各有执照可凭，方无影射。①

上海民人，因法国商船载掳卖人口出洋，于马路打死打伤英水手各一名，并将李泰国和英国医生合信殴伤。②

秋七月初三日辛未(8 月 1 日)

僧格林沁奏，俄夷船只驶至山海关，捏称英夷。俄夷大船一只，停泊距老龙头十里以外。经副都统格绷额派人往查，有夷人四五百名，多系广东口音，称系英国人，自上海、广东来此。内有俄夷一名，为防兵识认，恐系俄酋慕姓前往山海关，捏称英夷，意图窥伺形势。清廷饬肃顺等照会在京之俄夷伊格那提业幅，告以中国现与英夷接仗，各处口岸设防严密，如见伊船只即行开炮。尔国船只，不得擅自停泊，亦不得与英夷同船，恐致误伤，转失和好。僧格林沁仍严饬格绷额密加防范，如察系俄夷，自可以理开导，勿令停泊。设有英夷船只前往该处滋扰，即诱令登岸，俟其深入，痛加剿击，以期聚而歼旃。

何桂清奏，英、法二酋愧忿未平，现在设法办理。咸丰帝指示何桂清照会布尔布隆，嘱其迅速北上。法夷既与英夷为党，接何桂清照会后，即使有悔悟之机，亦止能照美夷和约内所载各口通商一律办理，所有上年在津条约作为罢论。至英夷两次到津，俱先开炮，此次首先背约，情理难容。即伊自悔求和，当责以衅自彼开，中国将弁多有伤亡，所有兵费约需千余万，除将英、法两国前议之六百万抵去外，尚需索赔若干万，看其如何答复。彼时再由何桂清作为己意，代乞恩施，酌量减数，届时相机行事，难以豫定。英夷将来亦只能照美夷七口通商，由何桂清与该酋另立条约，与法酋亦另立条约，均即在上海互换，不复令该两国进京，亦不令桂良等再往上海矣。此事办法，该督可存之于心，勿先宣露，到时酌办可也。另折所陈闵行镇为松江屏蔽，拦路口系苏州锁钥，上年所制长龙舢板战船一百号，或内地有警，即着飞调前往堵截，并须与和春计议，扼守沿江要隘。其圌山关江口，道光年间夷务善后案内，曾经安兵设炮，此时炮台炮位是否尚存，并着查明具奏。

王懿德、庆端奏，闽省宝福局尚存铁钱十二万串，恐日久锈烂，查有调赴天津水师战船四号，将此项铁钱匀搭装运六万串，解赴天津行使，其余六万串另顾商船配运赴津。现在天津一带，民间并不行用铁钱。若雇觅商船运解，跋涉长途，徒滋糜费。所有水师战船搭运之铁钱六万串，如业经启程，清廷着即毋庸议，其余铁钱

---

① 《清实录·文宗显皇帝实录》卷二八六。

② 《第二次鸦片战争》(四)，上海人民出版社 1978 年版，第 213 页。

六万串着庆端、瑞瑛即饬令停止起解以节经费。①

法领事伊担迫于众怒，将载运人口之法船截回，华人被拐一百五十七人获释。此为六月二十日以前上船者，二十一日后被拐之人未能截回。②

初四日壬申（8 月 2 日）

山海关副都统定福奏，夷船二次驶至海口，现在督兵严防。得旨：山海关非伊应到之地，即有登岸之人，亦断不准接济食物，尤不可希图省事，致有互相买卖各情。③

初六日甲戌（8 月 4 日）

特普钦等奏，俄人驶至三姓地方，图奸民妇，被殴身死。五月十五日，俄国人彻卜勒幅等由黑河口驶抵三姓，经该副都统衙门派员拦阻，未肯驶回，随派六品委官绰尔霍罗妥为看守。五月二十九日，彻卜勒幅登岸，至民人王义会家将民妇王高氏戏谑，经番役高连生等劝阻回船，讵彻卜勒幅于是夜复至王高氏家图奸，被民人刘有用劈柴将彻卜勒幅殴伤殒命，弃尸江内。该看守弁兵等越日于松花江南岸将尸身寻获。审据刘有及王高氏，供认前情不讳。

前因袁甲三奏请饬下山东在登莱青三府属海口，举办抽厘，又前任直隶总督庆祺奏请于烟台海口征税，协济天津海防经费，均经先后谕令崇恩饬属查明，妥议办理。本日据该抚奏，登、莱、青三府所属洋面辽阔，口岸散漫，行户需星，资本无几。若于照例三分抽税外，再加抽厘，深恐商力不支。烟台海口亦属僻径，船只收口时，往往将货物分船载至天津，无凭征税。各该处地方抽厘收税，既据该抚奏称窒碍难行，何以昨据何桂清奏烟台地方，有夷商船只停泊贸易，并于该处买地造屋，有粤人范姓经理其事。如果烟台地方偏僻，该商等不当觊觎盘踞，视为利薮。可见该抚所称无凭设局征税，但据该地方官一面之词，畏难卸责，尚非实在情形。况登、莱、青三府地方辽阔，海口不少，岂可概听属员蒙蔽，毫无办法。清廷着崇恩另委妥员详加察访，将何口尚堪试办之处妥议具奏，总期有裨军饷，亦不致扰累商民，是为至要。④

---

① 《清实录·文宗显皇帝实录》卷二八七。
② 《第二次鸦片战争》（四），上海人民出版社 1978 年版，第 213 页。
③ 《清实录·文宗显皇帝实录》卷二八七。
④ 《清实录·文宗显皇帝实录》卷二八七。

初七日乙亥(8月5日)

两江总督何桂清奏，遵旨筹度夷情，发给英、法两夷酋照会，并将往来照会钞录呈览。法酋于接到照会后，以尚须听候该国王回信为辞，英酋则尚无回覆。清廷着何桂清仍令吴煦等传谕华商，转达夷商谓英夷犯顺以后，闻得京中王大臣公议，不令进京换约，前议皆作罢论，并须索赔兵费方与通商，幸有该大臣念夷商失业，人数众多，将来该二国自悔求和，该大臣必能恳求大皇帝施恩，请照美夷七口通商，并即于上海换约，免得重至天津。中国既不肯撤大沽兵防，该酋又未肯腼颜就北塘行走，转觉为难也。如此渐为宣露，使二酋有所闻知，看其如何动静，再作计较。至美夷条约，七口以外，英、法所增者不过牛庄、登州、淡水及长江内各口。淡水即台湾地方，既有台湾，即可毋庸淡水。登州地方瘠苦，货物甚稀。牛庄利在豆饼，长江利在运盐。今豆饼与盐业经议明不运，长江及牛庄本无大利。且上年夷船入江，以江中处处阁(搁)浅，回沪时颇觉废然。盖在夷商以多销货物为得计，若多添口岸，而货物仍不加销，实属有损无益。以上各节，但有机会可乘，即着妥为开导。

山东巡抚崇恩奏称，本年五六月间，有外国商船十二只，先后来至登属，在烟台海口停泊。奸民惟利是视，难保无私通买卖之事。并四月间，有广东商人欲在烟台买地，盖造公所，经该县访闻查拿，始行寝息。夷船私至登州及烟台地方贸易，买地造屋必有奸民暗与句(勾)通，地方官始因夷船往来，私通买卖，藉图渔利，继闻奉旨查拿惧干处分，难保不饰词禀报。清廷仍着崇恩严饬沿海地方各官，认真稽查，妥为防范，并严拿粤人范姓务获究办。登州虽系英、法两国议增口岸，现经天津接仗后，两夷条约未定，不应有夷船前往贸易，更不得任他国夷人私自与民间交易货物。如有夷船停泊，当令迅速开行，毋许逗遛。地方文武有隐匿不报者，指名参处，毋稍徇隐。①

初八日丙子(8月6日)

山海关副都统定福奏，陆续驶来洋船三只，又已驶赴秦王岛入洋。②
上海民人因洋人掳拐人口出洋，将英美教堂门窗打碎，烧毁夷书。③

---

① 《清实录·文宗显皇帝实录》卷二八七。
② 《筹办夷务始末》(咸丰朝)第 5 册，中华书局 1979 年版，第 1564~1565 页。
③ 《第二次鸦片战争》(四)，上海人民出版社 1978 年版，第 213~214 页。

初九日丁丑(8 月 7 日)

署广东巡抚毕承昭奏,本年四月十三日,据英人送来照会,称三月初八日,前任两广总督叶名琛在印度城内病故,特委派英官阿查利护送灵柩,于四月十二日晚到粤。①

初十日戊寅(8 月 8 日)

肃顺等奏,俄夷伊格那提业幅呈称,数日后,有该国使臣木哩斐岳幅坐船来至北塘,并有带来物件,请告知北塘官员毋得拦阻。木哩斐岳幅船只,如到北塘,清廷着即派员询其来意。如欲差人进京,不必拦阻,但只准其二三人来京,该督等即拣派妥员沿途护送。所携物件,代雇夫役,小心防护,俾安静行走。木哩斐岳幅曾在吉林侵占地界,此次来至北塘,恐其另有诡谋,并着僧格林沁密为防范,毋稍大意。②

十一日己卯(8 月 9 日)

咸丰帝谕令:美利坚国使臣华若翰,仍依桂良等原约,驶至北塘海口,求准进京呈递国书。经恒福等具奏,该国照会情词恭顺,是以朕准令进京呈递国书。本日据桂良、花沙纳将美国使臣华若翰照会该大臣等公文呈阅,见其词意甚属恭敬,出于至诚。所有该国使臣赍来国书,准其进呈,即派桂良等接收。至换约一节,本应回至上海互换。朕念其航海远来,特准将如约用宝,发交恒福,即在北塘海口与该国使臣互换。自换约之后,永远和好通商,以示朕怀柔远人敦崇信义至意。此旨即着桂良、花沙纳宣示美利坚使臣华若翰知之。

清廷谕令:前获夷人蒋什坡一名,系美国之人,即可发还该国,以示怀柔。所获英夷人犯一名,曾受重伤,留之无益,或即交美夷,令其由海船带回上海,交何桂清由上海道交还英酋普鲁斯收明,亦可藉此稍示羁縻。③

宝山县境吴淞口外,复截获剥载人口出洋钓船一只。上海县东乡有夷人水手二名被乡民殴毙,乡民一死一伤。④

---

① 《筹办夷务始末》(咸丰朝)第 5 册,中华书局 1979 年版,第 1565~1566 页。
② 《清实录·文宗显皇帝实录》卷二八七。
③ 《清实录·文宗显皇帝实录》卷二八八。
④ 《第二次鸦片战争》(四),上海人民出版社 1978 年版,第 214 页。

十三日辛巳(8 月 11 日)

以广东阳江镇总兵温贤为水师提督。

美使华若翰一行,由京启程,返天津北塘。①

十九日丁亥(8 月 17 日)

广东巡抚劳崇光奏报广东军务夷务情形。得旨:览汝所奏抵省视事。并能片言折服该夷。足见坚持定见,毫无畏难之意,朕怀甚为欣慰。②

二十日戊子(8 月 18 日)

昨据俄国使臣伊格那提业幅照覆肃顺等,称本国之船断不借用英国旗号,其不通商之处,前已行知本国不令船只前往,但京城至东海甚远,此时恐未周知现复备文,求转送北塘,俟本国船只到时交付并将各国旗式绘图封送。所绘旗式,清廷着即交僧格林沁查验并知照盛京、山海关两处一体知悉。惟夷船往来海口,如果并不滋事,即系英法之船亦毋庸开炮轰击。傥敢先行开炮或登陆滋扰,则无论何国旗号,皆当严拒。③

廿二日庚寅(8 月 20 日)

直隶总督恒福、布政使文煜奏,与美使北塘换约,并释俘虏。④

俄船未到,美船已开,山海关停船三只仍在乐亭。⑤

廿四日壬辰(8 月 22 日)

俄夷所绘各国旗式,业经僧格林沁递交玉明、格绷额、定福传谕各海口辨认,所称但据旗帜为凭,深恐夷情诡谲,难以确信。清廷着仍遵前旨,此后夷船往来海

---

① 《第二次鸦片战争》(四),上海人民出版社 1978 年版,第 211 页。

② 《清实录·文宗显皇帝实录》卷二八八。

③ 《清实录·文宗显皇帝实录》卷二八八。

④ 《筹办夷务始末》(咸丰朝)第 5 册,中华书局 1979 年版,第 1577~1578 页。

⑤ 《筹办夷务始末》(咸丰朝)第 5 册,中华书局 1979 年版,第 1578~1579 页。

口，如仅在洋游驶，并无滋事情形，无论何国旗号，毋庸开炮轰击，设或登岸滋事，即当严以拒之，勿受彼欺，并着知照玉明等一体遵照办理。

何桂清奏，上海民夷互斗，已派道员驰往查办，并将夷人照会及信稿各件钞录呈览。咸丰帝谕令：吕宋夷人用法兰西船只掳捉内地民人出洋种地。非止一次，致令民情汹汹，激成忿怒，见夷人则群相殴打，并误伤英吉利、暹罗两国之人，李泰国等均被误伤。因此民夷各怀疑惧，业经何桂清等派委乔松年驰往上海，会同吴煦妥办，着即饬令一面访拿代夷拐骗之匪徒，就地正法，并一面查明下手误伤夷人之人，照例治以应得之罪，以期情法两平，无枉无纵。至暹罗系臣服之国，其朝贡使臣及遭风难夷，中国待之，均有恩礼。此次该国民人误被淹毙，着该督饬令地方官严缉凶犯，务获究办，俟办理完竣具奏后，尚须给予敕书，以示抚恤远人之意。至英酋所请欲桂良等给普鲁斯照会，以为和解，但桂良等在上海，邀普鲁斯会面，竟不肯前往。今桂良等回京，已缴钦差关防，无从与闻其事。英夷背约肇衅，法夷同心附和，势难先行迁就，前已将现拟办法，于七月初三初七等日寄谕。何桂清业已接奉，自当遵照筹办。如有转圜之处，即可在上海办理，毋得令其北上。至上年条约内万不可行之事，正可藉此挽回。何桂清当坚持定见，不可再向关说，以致迹涉求和。如果该夷悔悟，自来说合，即须迎机善导，勿令坐失机宜。美夷华若翰已于十八日，在北塘与恒福换约，即于二十日起碇回南。应覆玺书，已由恒福驿递，交何桂清转付矣。①

八月初一日戊戌(8 月 28 日)

命山东巡抚崇恩来京，以直隶布政使文煜为山东巡抚，前任贵州布政使文谦为直隶布政使。

两江总督何桂清奏：已将拐卖人口之宁波人犯王阿福、林彩成、徐启东、张瑞记等四名拿获，审明正法。同时与各国领事约定，嗣后不得雇人出洋，并将外国人口贩子驱逐回国。②

初二日己亥(8 月 29 日)

奕山等奏遵旨会商，分路派员守候夷酋，并挑备兵丁。清廷明降谕旨，将奕山革去御前大臣，令其来京当差，特普钦暂署黑龙江将军，前往办理。俄夷人船分赴乌苏里口及珲春等处，皆称奉木哩斐岳幅之命，而木酋至今尚未驶抵北塘，据探复

---

① 《清实录·文宗显皇帝实录》卷二八九。
② 《第二次鸦片战争》(四)，上海人民出版社 1978 年版，第 233 页。

有欲由海路赴上海之说。①

前两广总督黄宗汉奏上年八月后广东洋务情形。②

初三日庚子(8 月 30 日)

前据王懿德等奏,闽省局存铁钱十二万串,由调赴天津水师战船及另雇商船配运赴津。当经降旨令停止起解,以节经费。庆端于未接奉此旨之前,复据奏称已先后起运放洋。兹据恒福奏,此项铁钱,直隶难以流通,自系实在情形。惟既据庆端等搭运赴津,若仍令运回闽省,重洋往返,转滋靡费。清廷着恒福俟运到时,察看情形,如果壅滞难行,亦可作为废铁,暂为存储,豫备铸造一切应用防具,亦有裨益,即毋庸解回,以免周折。

山东烟台海口,前因有夷船在彼停泊,曾谕该抚严密稽查防范。兹据僧格林沁奏,夷船渐向大沽洋面南驶,难保不再到烟台海口,意图久停。该处商贾云集,人烟辐辏,若视为故常,任其逗遛,恐一旦窃发,猝不及防,殊为可虑。此外各海口港汊纷歧,多有可停泊之处,均宜严为准备。现在通商章程尚未定议,民间概不得与之私行交易,应一并禁绝。清廷着崇恩严饬沿海地方官,认真巡查,密加防范。如有夷船停泊,谕令迅速开行,毋许久留,致令上岸滋扰。

僧格林沁奏,夷船在沿海口岸窥伺。据称夷船三只,一月以来,历至老龙头、秦王岛、老母沟、清河口、涧河口等处,用小船探水,并查看地势,复驶至大沽迤南之祁口刘家河停泊,用千里镜打看。英、法如敢登岸滋扰,或在船上先行开炮,清廷着即遵前旨,奋力轰击,勿受彼欺,致落后着。如仅试探水势及上岸寻觅食物,自不必先开衅端,致彼有所籍口。至前获英夷一名,现既物故,即为棺殓,或即交沙船带回上海,交何桂清转交该夷,以为转圜地步。或暂存海口,俟该夷就抚后,再为交还。着僧格林沁等斟酌办理。

钦差大臣僧格林沁奏报,夷船在大沽海口迤南停泊,现在防范情形。得旨:水陆筹防,甚为周密,不可稍涉大意,以备不虞。尤应严饬各路统兵镇将暨弁兵等,不准因有前番得意,遇夷即战,徒邀保举,不顾剿抚大局。如有前项情事,即由汝处查拿正法,不必请旨。此次游驶夷船,为鬼为蜮,殊难测度。看来恐系俄夷多方窥伺,有隙即战,以图要挟,无隙即讲和贸易。并代各国豫占码头,利己利人,以为他日地步,皆在意中。若云英夷图报,尚不在今秋,须俟明岁春夏之交,或者另生诡谋。③

---

① 《清实录·文宗显皇帝实录》卷二九〇。
② 《筹办夷务始末》(咸丰朝)第 5 册,中华书局 1979 年版,第 1593~1599 页。
③ 《清实录·文宗显皇帝实录》卷二九〇。

初六日癸卯(9月2日)

有人奏请饬严防北塘。据称本年五月间,夷船北来,因令由北塘进口,将炮台防兵撤归营城地方。现在英夷受创南旋,意必来图报复。万一再至大沽接仗,阴由北塘上岸,阻我营城之兵,因而南趋大沽北炮台后路,前后夹击,虽有新河防兵,该夷亦可绕越,恐弁兵猝不及防,转致掣动大局,请饬严防。清廷着僧格林沁体察情形,密为防范。另奏芦台税局,有丁书数十人,以查洋药为名,滥行需索,并有北塘穆姓船只装载纸张红糖,回家售卖,因进口不便,用车运货,即被分局人役拿住,指为偷漏,将该船客人王姓押送盐政衙门究办,旋即毙命。清廷着恒福按照所指各情,详细查明。①

初七日甲辰(9月3日)

直隶布政使文煜奏报回省任事日期。得旨:现已授汝山东巡抚,着俟文谦抵省,将一切地方情形详细告知,即行来京陛见。

初八日乙巳(9月4日)

本日据僧格林沁奏,遵旨筹拨马队,并近日夷船游驶情形。英夷船只于八月初四五等日,在大沽南北各海口往来游驶,以寻觅难民为词,而测水绘图,且用杉板船驶入内河,窥探炮台,情殊叵测。僧格林沁已飞咨西凌阿等严密防范,静以待动。本日适据劳崇光奏到,密询广东夷商各情形,据称英夷自天津挫败后,各国皆与离心,惟印度之孟加剌为英夷属国,若往调兵,不能不从。又南洋黑夷,谚称黑鬼,惟利是视,啖以重利,难保不从。若六月中旬由上海前往调兵,约八月中旬可到天津。

命前任粤海关监督恒祺暂留广东,办理通商事宜。②

初九日丙午(9月5日)

现在记名水师总兵人员将次用竣,清廷着两江闽浙两广总督于水师副将内,遴选堪胜水师总兵者,各保奏二三员,迅速送部引见,候旨记名,以备简用,不得以无员可保,一奏塞责。其水师参将游击各员,如有材艺出众、可备器使者,并着核

---

① 《清实录·文宗显皇帝实录》卷二九〇。
② 《清实录·文宗显皇帝实录》卷二九〇。

实保奏，毋拘资格。

两江总督何桂清等奏，英、法二酋，事多掣肘，并美酋回上海日期。得旨：务须妥为筹画，明年海运事宜，于万难之中，总须全数办成，责成海船，方有把握。若有夷务搅扰，犹难安稳抵津。朕必令验米大臣查明该绅耆等请旨加恩。①

初十日丁未(9 月 6 日)

山东巡抚崇恩奏，遵旨严防海口洋船。②

十二日己酉(9 月 8 日)

袁甲三奏请将停歇军船，拆板变价。自南粮或由海运，或改折色，各帮军船停歇日久，既多朽坏，又有丁役人等私拆盗卖，百弊丛生。其应收底料银两，尽归无着，于经费亦有关系。既据该署漕督杞饬各粮道确查存船数目，并成造年限，分别核办。清廷着有漕督抚各将该省存船，无论已未满号一概尽数折卸，应交底料银两，照数扣缴。其船板变价，除酌给丁舵，以示体恤外，余俱报明存库，俟办理河运时，作为津贴之费。其山阳、清河、高邮、宝应境内停泊各帮船只，即着袁甲三就近派员查明，一律拆变以节经费。③

十七日甲寅(9 月 13 日)

景淳、特普钦奏，俄夷人船闯赴三姓，派员阻回，其强进乌苏里口夷人不遵开导情形。俄夷人船欲赴三姓贸易，于行抵窝坑口等处，虽经委员拦阻折回，难保不复行窥伺。其闯入乌苏里人船，则恣意行走，未肯折回，并搭盖窝棚为久居之计，兼于绥芬地方开修道路，以为明春占居地步。清廷着景淳等派委妥员查明该夷搭盖窝棚始自何年，并各该处旗民有无与潜通声息，互相煽诱。④

十九日丙辰(9 月 15 日)

前因劳崇光奏前任粤海关监督恒祺差期届满，恳留数月，帮办夷务。当经降

①　《清实录·文宗显皇帝实录》卷二九〇。
②　《筹办夷务始末》(咸丰朝)第 5 册，中华书局 1979 年版，第 1614~1615 页。
③　《清实录·文宗显皇帝实录》卷二九一。
④　《清实录·文宗显皇帝实录》卷二九一。

旨，准其暂留广东，会同劳崇光办理通商事宜。惟新任监督毓清，即日可到，咸丰帝着劳崇光饬令该前任监督恒祺，俟毓清到粤后，交卸关务，即速回京，毋庸留办通商事宜，以符定制。

粤海关监督恒祺，奏报欠解广储司银两。得旨：备述窘苦情状，试问济艰何术，于事何益，此不过将来为邀免赔欠地步。仍着内务府随时奏咨严催。①

二十日丁巳（9月16日）

直隶总督恒福奏，天津海防紧要，必须僧格林沁布置，未可遽令移师南下。得旨：所奏甚合大局。该河督等奏请，早已降旨未准。至汝所陈意外之意，并委曲为难之处，朕已洞悉。

以江苏办理上海善后事宜出力，按察使薛焕等下部议叙，知县陈淦等升叙有差。②

廿一日戊午（9月17日）

据崇恩奏，东省停泊米船现已全数开行，请饬验米大臣等收兑。本年海运，停泊东省船只，据称已于七月杪及本月初间，全数开行北上，计日可到天津。此项米石，已据全庆等奏明，照历届成案，责成天津道验收剥运。清廷着恒福飞饬守口员弁认真巡查，一俟米船到津，即照全庆等原奏，责成天津道查照崇恩咨报船号米数，尽数收兑，毋令商吏等隐匿偷漏，致滋弊端。其应否截卸北仓，抑仍可运通之处，并着悉心妥筹办理。

俄使伊格纳切夫照覆军机处，谓边界之事，宜令黑龙江、吉林将军与穆拉维约夫商办，并称有紧要之言须与贵国面说，请派大学士或军机大臣一员会晤。③

英国驻法国大使考莱，奉命会晤法国外长华勒夫斯基，磋商对中国政府进行应有的正当惩罚。华勒夫斯基保证同英国一致行动，为两国代表在白河口处的遭遇实行应有的报复。④

廿二日己未（9月18日）

两江总督何桂清奏，夷务抚局未定，恐明年拦劫海运，现先筹米四五十万石运

---

① 《清实录·文宗显皇帝实录》卷二九一。
② 《清实录·文宗显皇帝实录》卷二九一。
③ 《筹办夷务始末》（咸丰朝）第 5 册，中华书局 1979 年版，第 1627～1629 页。
④ 《第二次鸦片战争》（六），上海人民出版社 1979 年版，第 235～236 页。

津。上海英、法二夷尚未就抚，知我明年必办海运，恐阴谋拦阻劫掠，以图报复，甚为可虑。经何桂清等督同藩司王有龄等先事筹画，乘海运沙船贩货北上之便，密饬上海绅商等令该商船垫资贩运，出该夷之不意，先行起运四五十万石，以十万石为一批，从中秋后起至十一月陆续放洋。倘有年内不能交兑之米，暂泊天津海口，俟春融进口交兑。该督等已派绅董持苏松太道公文，坐头批米船，赴天津道衙门投递。本日特派陈孚恩赴天津，督同坐粮厅查验收兑。此系豫防夷人挟制起见，清廷着僧格林沁、恒福于米船到口时，督饬员弁盘查明白，即放进口，并着恒福多备船只，尽数起剥，一经兑收，即照例免税放行，严禁需索等弊，俾该船商迅速反棹，不致守冻为要。倘苏省委员尚未到津，而米船先到，即着责成天津道先行查验收兑，勿得稽延。

何桂清奏，美酋请照新章完纳船钞，即在潮州、台湾先行开市。美酋华若翰回到上海，将在京照会饰词狡赖，并给该督前往上海会商先照新章完纳船钞，并在潮州、台湾二口先行互市。咸丰帝批复：各口通商须俟英、法条约议定后，再开新章。桂良等照会该酋声叙明晰。今华若翰欲在潮州、台湾先行互市，若一经允许，必至得步进步。何桂清现已备文照覆，俟其复到，如必欲与该督一见，自可往昆山一带与该酋会晤。所请完纳船钞一节，似尚可允。至潮州、台湾，本在五口之外，必须俟英、法两国定局后方能办理，断不准其先行互市。如华若翰藉此为英、法作说客，该督仍遵前旨，不可先向其关说，以致迹涉求和。如该夷诚心悔悟，自来乞请，再为迎机善导。操纵之机，全在该督临时酌办。至上海各国通商，以茶叶为大宗，现在英、法声言赴津报复，不肯就我范围，必须设法钤制，为釜底抽薪之计。着何桂清密饬上海道将运茶各商向与何国交易，先行查明。如明年该夷阻挠海运，即可禁止茶叶出口。倘他国夷商不愿，即告以因系英夷与中国为难，未便与别国互易，致令影射。如此办理，他国或恐罢市，归怨英夷，因而易于转圜，亦未可知。①

廿五日壬戌(9 月 21 日)

特普钦奏，接奉廷寄，恳恩陛见。咸丰帝批示：黑龙江地方紧要，特普钦着即赴署任，无庸来京陛见。其阔吞屯、奇咭地方，业许借与俄人居住，自无更改。俄国入海船只，曾许其由黑河口、顺松花江往东行走入海，亦不致再行拦阻。余如乌苏里、绥芬河等处与俄国并不毗连，无论在京在外商办，断不容该夷前往。至该夷人船蔓延乌苏里等处，其未来者应如何严行堵截，已至者应如何设法驱逐，即着景淳、特普钦妥速会商，相机办理，务使该夷不至再有滋蔓，亦不致自我开衅，方为妥善。该夷在各处建盖房屋等事，始自何年，并遵照前旨，查明具奏。昨伊酋照会内，并有松花江口于道光三十年，伊国曾建炮台之语，虽所言未必皆实，亦可见历

---

① 《清实录·文宗显皇帝实录》卷二九二。

任各将军于边疆重务，未肯认真，诸多掩饰。景淳等身膺重寄，值此疆事孔棘，务须悉心经理，以御外侮，不得再蹈从前玩泄积习，致负委任。

以直隶天津海防出力，升任巡抚文煜下部优叙，赏四品京堂国瑞四品顶带李湘棻、编修郭嵩焘、佐领纪文光、道员鲍桂生、知府曹大绶、同知博多宏武花翎，知县杜恩禄等蓝翎，余加衔升叙有差。①

廿六日癸亥(9月22日)

肃顺再次会晤俄使伊格纳切夫，说明"除阔吞屯、奇咭地方，许借与贵国居住，由黑河口顺松花江往东入海，准贵国船只行走外，其余乌苏里、绥芬地方，并陆路通商，一概不能应许，亦无庸再议"。②

廿八日乙丑(9月24日)

咸丰帝谕令：昨因俄酋照会内称，木哩斐岳幅等约于九月二十日前后到黑龙江，以会商履勘为词，当将办理机宜，详谕景淳、特普钦悉心经理，并先派妥员守候，免致该夷以不见中国官员籍口。中国与俄国地界，自康熙年间议定，本亟明晰。上年木哩斐岳幅以防堵英夷为名，欲将黑龙江左岸让于伊国，彼时奕山为该夷虚声恫喝，率行换字，实属糊涂。朕念中国与该国和好多年，不值因此致启衅端，是以将黑龙江左岸地方及该夷已经占踞之阔吞屯、奇咭等处，允其借住。乃该夷得步进步，并欲占据吉林之绥芬、乌苏里等处，屡请派员会勘，其贪求无厌之心，若不严行拒绝，尚复何所底止。③

廿九日丙寅(9月25日)

塔尔巴哈台参赞大臣明谊奏，俄国称中国贫民私出种地，已往查办收回。④

九月初一日丁卯(9月26日)

以直隶天津海口防剿出力，赏二品顶带台吉崇格林沁头品顶带，护卫图博特巴

---

① 《清实录·文宗显皇帝实录》卷二九二。

② 《筹办夷务始末》(咸丰朝)第5册，中华书局1979年版，第1636页。

③ 《清实录·文宗显皇帝实录》卷二九二。

④ 《筹办夷务始末》(咸丰朝)第5册，中华书局1979年版，第1637~1638页。

雅尔二品顶带，阿勒坦桑三品顶带，诺尔布叶喜花翎。

以直隶办理天津海防出力，赏直隶州知州袁修翰、俞炳、千总邱瑞祥花翎，守备佟清元等蓝翎，余加衔开复升叙有差。①

初二日戊辰（9 月 27 日）

前因俄国使臣伊格那提业幅，有信函求转送北塘，交伊国公使木哩斐岳幅查收，当由军机大臣咨交恒福收存。兹据僧格林沁等奏称，木哩斐岳幅并无前来北塘消息，可否将原信咨交军机处发还。所有伊格那提业幅原信，清廷着僧格林沁等咨送理藩院，交回俄罗斯馆。②

初三日己巳（9 月 28 日）

以浙江洋面被劫，摘署温州镇总兵官叶炳忠、玉环营参将张清标顶带。③

初五日辛未（9 月 30 日）

两江总督何桂清等奏陈沪商运米赴津，豫抵新漕章程，下部议。④

初八日甲戌（10 月 3 日）

命浙江巡抚胡兴仁来京，调福建巡抚罗遵殿为浙江巡抚，以福建布政使瑞璸为巡抚，赏已革布政使张集馨三品顶带，署福建布政使。

初九日乙亥（10 月 4 日）

御史刘有铭奏，直隶沿海一带，与山东毗连地方，白昼骑马劫夺之案层见叠出。自六年七月至九年八月，沧州、静海、青县、献县、南皮、盐山、三河等县村庄，抢劫骡马银两衣服，约计已有十二案之多。曾经报出者，不过三五案，至今盗犯无一弋获。推原其故，总由州县规避处分，豫存讳盗之心，捕役逢迎把持，遇报

① 《清实录·文宗显皇帝实录》卷二九三。
② 《清实录·文宗显皇帝实录》卷二九三。
③ 《清实录·文宗显皇帝实录》卷二九三。
④ 《清实录·文宗显皇帝实录》卷二九三。

盗之家多方留难，因而强者托人关说，改盗为窃，弱者抑不令报，甚至因报盗案，捕役多以他故中伤，事主莫敢谁何，遂致盗风日炽。清廷着恒福即照所参各案，严行查办。①

两江总督何桂清奏美使求先开市情形。②

初十日丙子(10月5日)

咸丰帝谕令：德勒克多尔济等奏请将从前咨行俄罗斯咨文，现由该国署理固毕尔那托尔拨回，可否照和约换定文案，由军机大臣行文一折，览奏殊堪诧异。本年互相换约，原为海口通商而设。此次俄罗斯人，在三姓地方滋生事端，若照所换文约办理，何可为据。该大臣奏称此件文案，现由俄罗斯拨回，并无另行可通之路，显系居心推诿。着交德勒克多尔济等仍须设法咨行该国。设该国再不接收，即告知伊等尔国屡次遣人来京咨送文件，我国并无拨回。且尔国之人在三姓地方滋生事端，自当查办。设若屡次拨回不收，是何情理。如此晓谕，该夷自当收受矣。③

十二日戊寅(10月7日)

粤东自劳崇光入城任事以后，叠据奏报在城夷兵无多，民夷亦尚相安无事。惟天津胜仗，劳崇光入城时尚未知悉，以为和议已成，故有入城之举。现在英、法二国能否就范，尚未可定。昨据何桂清奏，探闻法夷前与邻国构兵，现已议和，撤回夷兵三千名，在香港口听候消息。虽未知果否确实，而夷情诡谲，不可不防。前此柏贵在城，一举一动，该夷有人伺察，文报皆须拆看，办事不能自主。彼时尚有黄宗汉带兵在外，遥为声援。若督抚同入省城，为该夷所困，设有变动，无从脱身，何能办理夷务？劳崇光既已入城，自未能无端离省，致启该夷疑惑。清廷着耆龄行抵广东境内，即派委亲信妥员先入省城，面见劳崇光密商，或以堵剿西匪为名，带印出省，或劳崇光碍难抽身，即留耆龄在外，调度防剿事宜，相机密办，不至受该夷挟制牢笼，是为至要。

两广总督王庆云因病解任，以广东巡抚劳崇光为两广总督，调江西巡抚耆龄为广东巡抚，以江西布政使恽光宸为巡抚，按察使毓科为布政使，候补按察使张敬修为江西按察使。④

---

① 《清实录·文宗显皇帝实录》卷二九三。
② 《筹办夷务始末》(咸丰朝)第 5 册，中华书局 1979 年版，第 1642~1643 页。
③ 《清实录·文宗显皇帝实录》卷二九三。
④ 《清实录·文宗显皇帝实录》卷二九四。

十三日己卯（10 月 8 日）

景淳、特普钦奏，会筹保护参山，藉杜夷人侵越。绥芬、乌苏里等处山场，向禁居民潜往，地方空旷，以致俄夷人船得以闯入。该将军等奏称，参山开采，需费较繁，惟令揽头招募人夫前往保护，听其自谋生计。该处地广山深，伐木、打牲、采菜、捕鱼均可获利，明春并可布种口粮以资接济。似此厚集人力，渐壮声威，夷人当不俟驱逐而自退。①

十四日庚辰（10 月 9 日）

本日彭蕴章等呈递僧格林沁寄惠亲王等信一函，据称本月十一日，大沽海口见有三桅夷船一只向北行驶，十二日仍在拦江沙外停泊，不知何国船只。如系俄夷，即派员告以如有应行进京事件，当由库伦行走，此地因与英、法二国接仗，即文书照会，不敢接收，看其如何答覆，再行核办。②

十五日辛巳（10 月 10 日）

前因记名水师总兵人员，将次用竣，降旨令两江、闽浙、两广总督于各该省遴员保奏。现在简放无人，清廷着该督等仍遵前旨，迅速保奏，送部引见，候旨简放，毋稍迟延。

调广东碣石镇总兵官林向荣为福建台湾镇总兵官。

十七日癸未（10 月 12 日）

景淳奏，俄夷勘界，先已派员守候，并筹办地方情形。吉林距乌苏里口三千余里，断非该夷所应到。俄酋木哩斐岳幅如至乌苏里地方，景淳亦未便前往与之见面，即饬在彼守候之署副都统富尼扬阿、协领禄昌向其详细开导，毋得迁延了事，致贻后患。夷目奇萨罗幅不肯收回人船，语言骄横，并拒阻赫哲，不准驱使及递送公文，复在乌苏里迤东之伯力地方聚集千余人，备有军械食粮，显有寻衅之意，狂悖已极，断非口舌所能折服。该将军前已令揽头招募人夫保护山场，并拟拣派丁壮数百名，于明春变装前往绥芬一带，以巡海捕牲为名，借助声势。

---

① 《清实录·文宗显皇帝实录》卷二九四。
② 《清实录·文宗显皇帝实录》卷二九四。

赏已革直隶总督谭廷襄五品顶带，往直隶大顺广一带帮办团练。①

十八日甲申（10 月 13 日）

本日据僧格林沁等奏，接收俄夷照会信函一折。俄夷既恐进京往返耽延，有需时日，又因北塘海面风浪，难以久停。该大臣等已与约定，暂在北塘停泊，听候伊格那提业幅回信到时，即便开行。所有该夷交来之驻京俄夷信函四件，已由军机处转交理藩院付该夷收领。一俟取到伊格那提业幅回信，即由军机处递交该大臣行营，令委员等交付该夷，饬令迅速开行。至俄夷照会内有物件几匣，同公文转送之语，本日该大臣等咨交军机处文内并无此件，并着查明办理。

钦差大臣僧格林沁等奏，请将调任盐运使崇厚暂缓交卸，留办团练。从之。②

李泰国抵广州，策动粤海关监督恒祺照会英国领事，任命英人费士莱为税务司，英人赫德和马迪森为副税务司。③

十九日乙酉（10 月 14 日）

劳崇光奏，前借绅士银两，请于续征关税内拨还。粤东前因军饷紧要，经黄宗汉饬令绅士伍崇曜代借银三十二万两应用，现届应还期限。清廷着照该督所请，俟粤海关税续行征有成数，陆续给还，以符原议。前据桂良、花沙纳奏，该大臣等在上海时，据黄仲畬禀称，叶名琛在总督任内有银二百万两，交与伍崇曜收存。嗣闻此项银两，系存于志诚信银号，有叶名琛家丁二人知悉。经桂良花沙纳函致毕承昭，嘱其密查。此信系由吴健彰交火轮船递粤，至今未有回信。此时毕承昭如尚未离粤，即着劳崇光询问该员，接到桂良等信函，何以未覆。并另派委员密行查访叶名琛，究有存银若干，是否在志诚信银号，据实覆奏，毋令伍崇曜等知悉，致有欺隐。④

廿二日戊子（10 月 17 日）

法国外长华勒夫斯基上奏拿破仑三世："本次（拟发动的第三次大沽之战）要求

---

① 《清实录·文宗显皇帝实录》卷二九四。
② 《清实录·文宗显皇帝实录》卷二九四。
③ 戴维斯：《美国外交文件：美国和中国（1842—1860）》第一辑第十八卷，威尔明顿学术资料出版公司 1973 年版，第 166 页。
④ 《清实录·文宗显皇帝实录》卷二九四。

赔偿是正当的。""除赔偿外，我皇政府实尚可考虑乘此千载良机从即将到来的远征中捞取另一种性质的好处，这就是在中国领土上获得某个据点，以使我们的军舰和商船在将来得在我们旗帜的保护下，在那里停泊和得到保护。"①

美使华若翰由日本回到上海，仍要求先开潮州、台湾两口。②

廿七日癸巳(10 月 22 日)

僧格林沁、恒福奏，俄夷得有回信，该船现已开行。该大臣等将伊格那提业幅回信，发给俄夷，该船即已开行。其留存寄京信件，即着递送军机处转交理藩院，以便发交伊酋收领。所称俄船时至海口，难于办认，拟由恒福咨行理藩院传知该夷，嗣后毋到海口，俟撤防后，再照前约。以后俄夷如有船只再到北塘求递书信，清廷着僧格林沁等仍将书信接收，许其转递京中，所请由恒福咨行理藩院之处，着毋庸议。

前任山东巡抚崇恩奏，遵查烟台海口，试办抽厘。得旨：该前抚所奏，尚有不实不尽之处。如该县等平日不免抽收，尚畏功令，不敢形诸禀牍。今既奉明文，诚恐入官无几，徒饱私橐。朕闻烟台一处，每船有七百金之多，此项非为通省陋规，即该处自然之利。若不认真查办，尚复成何事体？此时海防非吃紧之时，着派郭嵩焘轻骑减从，速往各处严密访查。仍会同文煜破除情面，核实具奏，务期有裨经费，杜侵渔而有限制，方为妥善。并着僧格林沁于营中拣派妥员，令郭嵩焘带往查办。③

廿九日乙未(10 月 24 日)

两广总督劳崇光与粤海关监督恒祺会见总税务司李泰国，令其从本日起照上海章程试办粤海关关税，由赫德任粤海关税务司。④

冬十月初三日己亥(10 月 28 日)

彭蕴章等奏，豫筹天津海防，仍请宣泄河水以制夷船。据称夷人被创以后，难保不再图窥伺，惟有泄水之法，使夷船不能深入，则炮台防兵更可得手。上年屡经

---

① 《第二次鸦片战争》(六)，上海人民出版社 1979 年版，第 237 页。

② 《筹办夷务始末》(咸丰朝)第 5 册，中华书局 1979 年版，第 1671 页。

③ 《清实录·文宗显皇帝实录》卷二九五。

④ 《筹办夷务始末》(咸丰朝)第 5 册，中华书局 1979 年版，第 1725 页。

议泄南北运河等水，旋因夷船退出未及详议。今查南运河水，应将沧州捷地堤淤河挑通，导之入海，再于天津城西开引河一道，令入南洼，则南运河之水可减。北运河水，应挑通杨村筐儿港，令由东淀入海，则北运河之水可减。大小西河水，应挑浚天津城东减水河，使之东流，则西河之水可减。再于马家口以下，开道引河，引水入南洼，并开浚白塘口，则海河之水可减。以上各口，或修理旧闸，或建筑土坝，无事则闭，有事则启，来源分则下流易浅，夷船断难深入，于守御之策，较有把握。海口久驻重兵，深恐经费难继，果能宣泄河水，使夷船不复能入大沽，直抵津城，则地险可恃，即可稍撤防兵。清廷着僧格林沁、恒福查照该大臣等所议，派委妥员分投履勘。①

初八日甲辰（11月2日）

以办理江苏海运出力，予知府蔡映斗等加衔升叙有差。

初九日乙巳（11月3日）

僧格林沁、恒福奏，遵筹宣泄河水，请简大员，会同查办。据称海河河水宽深，潮水长落，并无一定，非人力所能施。其沧州等处挑浚堤闸，前曾查办，民间多称未便。请派员会同履勘，再行兴办。清廷着僧格林沁、恒福派委妥员逐处履勘，如有把握，再行奏请兴办，傥多窒碍，即着毋庸办理。②

十四日庚戌（11月8日）

景淳、禄权奏，委员会晤俄酋，不遵开导。此次署副都统富尼扬阿会晤木哩斐岳幅，详细开导。乌苏里、绥芬不与俄国连界，无所用其查勘，令其收回人船。乃该酋愈加忿怒，声言到瑷珲另有剖辩，并催该署副都统下船，即溯游上驶。该酋在黑河口，不遵委员开导，骄恣已极。③

十五日辛亥（11月9日）

何桂清奏，美酋渎请潮州、台湾先行开市。潮州、台湾两处，各国私自买卖，

---

① 《清实录·文宗显皇帝实录》卷二九六。
② 《清实录·文宗显皇帝实录》卷二九六。
③ 《清实录·文宗显皇帝实录》卷二九七。

已越三年。清廷批复：此次美酋恳请先行开市，亦因贸易已久，欲掩其私开之迹，尚属心存恭顺，自未便执意阻止。俟何桂清与该夷会晤后，妥为筹议，具奏到日，再将潮州、台湾开市，并先完船只吨钞事宜，降旨明白宣示。此次如该夷别有要求，仍应据理驳斥，毋得率行允许。至所称英、法二国亦必相率前往，惟未换新约，税则断不任其牵混等语，究系照新章办理，抑或仍照旧章，着该督于覆奏时详细声明。

本日据何桂清奏，英、法二酋仍无动静，惟探闻粤东夷商，指告普鲁斯办理不善，揣度该国王必另派人来议和。又虑中国生异议，必准备兵船，同来寻衅，有不在天津而在盛京山海关等处，计期总在明春之说。又据奏称，外国商船麇集山东烟台地方，经旬累月，询之美、法领事，均称无船到东，英夷领事亦不知情，恐有奸民假托句（勾）结，私相贸易。现在条约，并无登州口岸，该夷本不应至烟台等处。僧格林沁等前派李湘棻会同郭嵩焘前往山东各海口查办此事，不可规目前小利，而开夷船私来贸易之端。清廷谕令文煜严禁该处海口商人私相贸易，如地方官知情故纵，即着严参惩办，使无内奸引诱，则夷船无利可图，不禁自绝。①

十九日乙卯 (11 月 13 日)

实授袁甲三漕运总督，仍署钦差大臣，督办安徽军务。

二十日丙辰 (11 月 14 日)

僧格林沁、恒福奏，遵旨议覆海口撤防各事宜，并恒福密陈僧格林沁办防劳瘁，请令入都陛见，来春再行赴津。清廷着僧格林沁带领京营官兵回京，以资休息，恒福着即回保定，以便整理地方公事。所有留防兵丁，统交乐善管带，仍着严密防范。

特普钦奏，夷酋绕越行走，无由会晤，现拟另行确探开导。特普钦行抵黑龙江城后，据夷目布色依文称，木酋即可到城，而探听该酋已绕越江城，由左岸径赴海兰泡，及派爱伸泰亲往海兰泡。布色依又称，未经接见木酋，并有何日到来亦不能定之语。据奏已饬爱伸泰另行确探，而该署将军拟即回任。

何桂清奏，探闻英、法等国明春必来寻衅，并有不在津沽而在盛京山海关等处之说。虽夷情诡诈，未可尽信，而思患豫防，理宜周密。现在山海关一带，业经僧格林沁奏请添拨兵勇驻扎。其盛京之没沟营、田庄台等处，据僧格林沁奏，前已拨解铜炮八位，现又拨解洋铁炮四位前往，该将军谅已布置周妥。所有兵丁，虽有奇

---

① 《清实录·文宗显皇帝实录》卷二九七。

凌阿等统带，不可无大员督率。清廷着玉明俟来春冰泮时，即督带防兵，并新练之马队二百名，亲往该处驻扎。并着景霖激励民团，以助兵力，如有夷船驶至，即诱使登岸，痛加截击，聚而歼旃，毋得稍存大意。①

廿一日丁巳(11 月 15 日)

何桂清奏，美国使臣请将条约宣示各口，先在潮州、台湾开市。何桂清在昆山与美利坚使臣华若翰会晤。该使臣坚以宣示条约等三事为请，此外各条及上海善后章程税则，均照前议缓办。经该大臣与该使臣要约明白，该使臣惟求恩膏速沛，俾永久相安，情词尚属恭顺。清廷加恩着照所请。所有潮州、台湾两口，准美国先行开市，并照新章完纳船只吨钞，其余新章税则等项暂缓举行。该大臣即行文各海口一体遵照办理，其潮州、台湾两口内应行设关征收商税之处，并着会同该督抚妥议章程具奏。②

廿四日庚申(11 月 18 日)

英国外相约翰·罗塞尔训令普鲁斯："如果中国政府不立即郑重道歉并履行我在前函中所开列的各项要求，我指令你向中国政府声明，英国女王政府将要求中国付出巨大的金钱赔偿。"③

廿五日辛酉(11 月 19 日)

前据特普钦奏，俄酋绕越黑龙江城行走，未得会晤，拟回任另加侦探。当经谕令特普钦必须与该酋会面，以免其有所籍口生衅。兹据奏，拜折后得信，木酋复到黑龙江城，即令署副都统爱伸泰阻截木酋，木酋不答，驱车而去。复饬爱伸泰至海兰泡与之会晤，并详加开导，该酋虽未听信，而绥芬、乌苏里等地方，中国不肯借给居住之意，已明白宣示。

黑龙江将军特普钦奏俄罗斯木酋经过黑河口，节次开导情形。得旨：该夷虚言恫喝，是其惯技，羞赧无词，即兔伏鼠窜。惟赖汝等坚持定见，莫堕其奸诡术中，方为妥善。将来即使用武，俾该夷知天朝仁义兼备，衅非我开，虽制胜未必确有把

---

① 《清实录·文宗显皇帝实录》卷二九七。
② 《清实录·文宗显皇帝实录》卷二九八。
③ 吟唎：《太平天国革命亲历记》上册，岳麓书社 1985 年版，第 178 页。

握，断不至为此犬羊之类所可訾议。①

廿六日壬戌（11 月 20 日）

以浙闽总督庆端兼署福州将军。

十一月初二日丁卯（11 月 25 日）

兵部尚书陈孚恩奏，应修运米剥船，饬天津道孙治等于年内一律修固。得旨：着恒福督饬该道等赶紧将官剥一律修齐，不准恃有民船，稍存玩忽。②

英国援军第一批六百名乘火轮船由日本抵上海。③

初三日戊辰（1 月 26 日）

英国陆军大臣西德尼·赫伯特致函陆军中将霍普·格兰特，劝他接受赴中国远征军统帅职务，并授意说：如果攻占大沽炮台仍不能使清政府屈服，则沿白河攻占天津可能会强逼中国皇帝屈服。但不要求助于进攻北京，因为这不仅是危险的，而且行动即使成功，很可能使中华帝国陷于瓦解，结果损害了英国的商业利益。我们的同盟军法国或许有不同的看法，因为他们不会有重大商业利益受到损害。④

初四日己巳（11 月 27 日）

本日据玉明等奏，会议明春没沟营设防事宜，并绘图贴说呈览。据称西弓湾等处现拟添筑炮台八座，炮位较少，不敷分布，拟请由津酌拨万斤及五六千斤铜炮十六尊，于明年开河时，运赴没沟营海口。并因西弓湾河面较宽，利用铁戗水雷，请饬一并拨给，派员由海运送到营，择要安设。

盛京将军玉明等奏，豫筹明春没沟营设防，并西弓湾扼要事宜。得旨：注意于西弓湾，扼要必胜，固属甚善。若炮台稍有意外，则后路虽有小庄子应援，恐一时气馁，御侮不足，自乱有余。总不如在大小潮沟立科碾子房等处，多设旗帜疑兵。

---

① 《清实录·文宗显皇帝实录》卷二九八。
② 《清实录·文宗显皇帝实录》卷二九九。
③ 《筹办夷务始末》（咸丰朝）第 5 册，中华书局 1979 年版，第 1716 页。
④ 《第二次鸦片战争》（六），上海人民出版社 1979 年版，第 245~247 页。

若伏而不动者，诱彼深入，彼若桀骜不驯，先行开炮，则操胜自我。即使意图窥伺，打水探询，则该夷有所顾忌，未必敢恣意所为，方为计之得也。①

初六日辛未（11 月 29 日）

前因节候严寒，海河冰冻，谕令僧格林沁于布置防兵事宜，料理完竣，即带领京营官兵回京，以资休息。兹据何桂清陈奏各情，并钞录新闻纸探报呈览，据闻英、法各调兵一万，印度一万赴津报复，为时在今冬明春，并不必等候开冻。其英中兵头曼斯必带兵六千，已抵香港。粤海关监督恒祺，亦咨称有夷兵到粤。清廷批示：所言调兵三万，或系恫喝之词，虽未必确实，而既有不待开冻之语，不可不豫为之防。所有应行酌撤之防兵，暂且毋庸议撤，并着僧格林沁暂缓来京，仍在防所，以资镇定。此次夷船如果前来，着恒福即派委妥员前往探问，告以钦差大臣现在上海，可往上海与何桂清商办。如欲在津换约，须俟奏明办理。傥仍不遵理谕，肆其狂悖，毁我防具，该大臣惟当激励兵勇，奋力攻击，挫其凶锋。

闽浙总督庆端奏整顿营伍情形。得旨：纸上谈兵，人人皆能。欲期其有成效，非亲历行阵者不能。训练固善，惟不可徒饰美观。又奏请以已革水师提督钟宝三留闽，交护提督蔡润泽差委。允之。②

初七日壬申（11 月 30 日）

以巡洋不力，摘护福建海坛镇总兵官颜青云顶带，勒限严缉。

初十日乙亥（12 月 3 日）

前据玉明等奏，会议没沟营设防事宜，当谕令僧格林沁酌量情形具奏。兹据奏称，没沟营毋须设防，添筑炮台营垒诸多窒碍，莫若在田庄台地方严密布置，较为得力。清廷即照所议办理。至田庄台营垒炮台，尚嫌卑薄，着玉明等豫先备办木植，一俟来春，即将营墙里外各竖木桩，用土培厚。原筑炮台，丈尺较低，亦着加高，以资抵御。由津运往之炮位，及原有炮位，如不敷用，即咨明僧格林沁再拨二三十位解往。如需大炮，须俟明年添铸后，方能拨运。铁戗不雷，既于田庄台河底不甚相宜，自无须安设。

---

① 《清实录·文宗显皇帝实录》卷二九九。
② 《清实录·文宗显皇帝实录》卷二九九。

钦差大臣科尔沁亲王僧格林沁等奏严防海口情形。得旨：前谕不可先行挑衅，实为要语。若该夷轮船冲击，毁具开炮，或登陆抄袭，亦断不可致失机宜。慎之。

江苏巡抚徐有壬，奏报江海关一年期满征收内地商税数目。得旨：所奏殊属含混，欲将此循例奏报之件隐为药税定则，可恶之至。①

十一日丙子 (12 月 4 日)

两江总督何桂清奏豫备潮州、台湾开市情形。②

十六日辛巳 (12 月 9 日)

新授江宁布政使薛焕现尚在京，无应办事件，本日谕令即赴新任。该藩司于夷务情形尚为熟悉，清廷着何桂清饬令驻扎苏常一带地方，随同办理夷务。③

十八日癸未 (12 月 11 日)

俄夷于黑龙江城对岸盖房，并欲抢取粮石，经署副都统爱伸泰与木酉辩论，乃该酉以递送公文为词，仍欲接盖房间。现查该夷历年在黑龙江左岸，已占踞五十余屯，即黑河口以下，直至东海，亦盖房多处。若任其盘踞，滋蔓难图，伊于胡底，必当思患豫防。特普钦等拟将该城养育兵二百八十余名，并挑备西丹，与官兵一体操练，复由墨尔根、布特哈备兵五百名，统归署副都统那尔胡善管带。④

二十日乙酉 (12 月 13 日)

咸丰帝谕令：前因夷船有赴津报复之信，谕令该大臣等暂缓撤防。如该夷来津，肆其狂悖，毁我防具，自当开炮轰击，特不可先行挑衅。该大臣于办理此事，胸中想已早有成算。倘其遣人投递书函，以求和为名，则未便即行攻击，又不便径行拒绝，应如何迎机而导，不至开衅，而又不坐失事机，该大臣等当先事豫筹，不可临时致有掣肘。僧格林沁为统兵大臣，固无与该夷讲和之理，而暗中筹画，俾恒

① 《清实录·文宗显皇帝实录》卷二九九。
② 《筹办夷务始末》(咸丰朝) 第 5 册，中华书局 1979 年版，第 1700~1701 页。
③ 《清实录·文宗显皇帝实录》卷三〇〇。
④ 《清实录·文宗显皇帝实录》卷三〇〇。

福办理，该大臣总操其柄。着僧格林沁、恒福会同商酌如何应付之法，先行具奏。至北塘地面，前据奏称无险可守，难设炮台。惟该处后路太空，万一该夷冲突而来，直扑天津，虽有马队抄袭，但恐地广兵单，不足以资抵御，自应办理民团。天津乡勇数万，着该大臣等择其精锐可靠者，挑选一万，勤加训练，于北塘至天津陆路地方，择地暗为设备。不但于北塘后路可援，亦可保障天津。其应如何密为布置，亦须未雨绸缪。着一并会同妥筹具奏。①

廿二日丁亥（12月15日）

法国陆军大臣训令，授命远征军司令孟托班："此次远征之目的在于：（一）越过不久前特使们曾到达过的地点。（二）在京城附近占有一个牢固且又具有威胁性的阵地：选择这个阵地既要考虑它的地理位置，同时也要根据朝天津方向已做过的勘察。"②

廿三日戊子（12月16日）

僧格林沁奏，海防紧要，请添调官兵，以资扼守。夷人报复来津，势必凶很，自应厚集兵力。本日已谕令常清、玻崇武，将前饬备调官兵各五百名，分别派令协领尚那布、恩成管带，于明年惊蛰以前到天津大沽防所听候调遣。③

廿五日庚寅（12月18日）

福建巡抚瑞璸因病乞假，以闽浙总督庆端兼署福建巡抚。

廿六日辛卯（12月19日）

本日据何桂清奏，英酋志在寻衅，并钞录新闻纸呈览。据称普酋因该国未派人接办，志气益骄，并探闻英夷轮船前在天津北河一带探水，有相离北河不远之处，水势宽深，大船可以近岸。该酋初意，一俟兵齐即赴天津，由水势宽深处登陆，直抄北河炮台之后。印度兵头欲将兵船分派通商各口封港，不准商船进出，较为省力。据何桂清奏称，法夷新派之副公使梅尔登与吴煦等认识，据称该国兵到，必先

① 《清实录·文宗显皇帝实录》卷三〇〇。
② 《第二次鸦片战争》（六），上海人民出版社1979年版，第248~249页。
③ 《清实录·文宗显皇帝实录》卷三〇一。

讲理，决不冒昧攻打。惟事系英夷会办，不能不一同发兵。

何桂清奏，英、法二国恳援美国章程完纳船钞，请旨遵行。中国接待外国，素守信义。本年天津之事，并非中国开衅。今英国公使普鲁斯、法国公使布尔布隆，以美国商船，海关现照新章只征船钞银，每吨四钱，照会何桂清，恳请将该二国船钞仿照征收。道光年间，曾有将来如有新恩，亦准各国均沾之语，自应俯顺商情，一律办理。清廷着何桂清咨饬五口通商处所，凡英、法二国征收船钞银，均照美国新章，准其每吨征银四钱。①

廿七日壬辰 (12 月 20 日)

玉明等奏，奉天盗风日炽，请饬热河派员合拿。据称奉天省西北一隅，时有结伙盗贼出没无常，皆因西北清河、松岭子、黎树沟等边门外地方，均系热河属界，一经派员往拿，匪党闻风出边，星散藏匿。本省委员难于越境访缉，请饬热河派委妥员合力兜截。②

廿八日癸巳 (12 月 21 日)

据两广总督崇光探闻，英夷调兵万余，驾驶火轮船于明年正二月由粤赴津，水陆并进，并调有黑夷马队一千名，浅水火轮船名根钵者五十只。其意似将以大队轮船，在大沽牵掣我军，而潜用浅水船装载陆兵至北塘，乘虚登陆。③

英人李泰国至粤海帮办缉私。④

三十日乙未 (12 月 23 日)

杭州织造恩麟奏，办运不敷，请援案筹拨。据称本年赶办大运，仅将余存银两发给，不敷之数尚多，请饬拨办理。清廷着浙江巡抚罗遵殿转饬该运司，不论何款，连实解津贴，共筹足银三万两，照案开销，务于明年三四月内，全行拨解该织造衙门，毋稍迟误。⑤

---

① 《清实录・文宗显皇帝实录》卷三〇一。
② 《清实录・文宗显皇帝实录》卷三〇一。
③ 《清实录・文宗显皇帝实录》卷三〇一。
④ 《筹办夷务始末》(咸丰朝) 第 5 册，中华书局 1979 年版，第 1725 页。
⑤ 《清实录・文宗显皇帝实录》卷三〇一。

十二月初二日丁酉(12月25日)

僧格林沁、恒福奏,遵筹海防布置事宜,绘图呈览,并遵保山海关统兵大员。用兵之道,不宜稍涉游移。僧格林沁等以夷情愿和则应在沪,欲战则必来津。大沽海口仍以鸡心滩为界,倘夷船驶入,毁我防具,自应开炮轰击,使官兵有所适从,不致懈怠。其或在外游驶,即派员迎至北塘,告以彼处有人看待,看其如何情形,再行驰奏,随机应变。其北塘陆路,暗伏地雷,不使占踞炮台,并有马队可以截击。又挑乞环濠,布置事宜。①

挑八旗两翼健锐营官兵各五百名,外火器营官兵四百名,内火器营巡捕营圆明园八旗营官兵各二百名,备天津防所调用。

调察哈尔马一千匹,赴天津防所备用。

初六日辛丑(12月29日)

两江总督何桂清、江苏巡抚徐有壬奏,新漕海运可虑。②

初七日壬寅(12月30日)

僧格林沁奏,山海关防务情形及京兵给假撤销。③

初九日甲辰(公元1860年1月1日)

文煜奏,查办烟台厘税,请将正署任知县,分别革职议处。山东省烟台海口,近年以来,商贾云集,俱系该地方官私行收税。经文煜委员严查,始据该县知县余栶将本年所收厘税报出,其上年征收若干,坚不承认,显有隐匿侵吞情弊。且该处甫议设局,另定章程,辄有商民聚众滋事,尤难保非该县句(勾)串指使,亟应彻底究办,以儆官邪。撤任福山县知县余栶,着即行革职,交文煜提省严行审办。署任福山县知县陈寿元,虽甫经接篆,惟于商民滋事,未能豫防,咎亦难辞,着交部照例议处。济南府知府余荣,系余栶之兄,恐有瞻徇护庇情弊,致案情难期核实,

---

① 《清实录·文宗显皇帝实录》卷三○二。
② 《筹办夷务始末》(咸丰朝)第5册,中华书局1979年版,第1733~1734页。
③ 《筹办夷务始末》(咸丰朝)第5册,中华书局1979年版,第1735页。

着即撤任，听候查办。①

潮州开市，海关起征。②

十一日丙午(公元 1860 年 1 月 3 日)

两江总督何桂清奏探英、法兵船到上海数目，并法夷向上海道胁和情形。得旨：该道驳饬梅尔登之语，尚属得体。然此时夷情虽骄，总不可使之远去，抚局难成。但能将偿费撤防两层，暗为消弭，仍应作为法夷并未助逆，先就范围，方为妥善。如能赴昆山面见更好。至英夷之狂悖，恐非言词所能化也。③

英国外相再次训令普鲁斯："我们要叫他们(清政府)因所犯错误而付出赔款，而且要清皇帝遵守自己的诺言，对我们的人员的伤亡付出赔偿，并补偿我们的巨大耗费。"④

十四日己酉(公元 1860 年 1 月 6 日)

两江总督何桂清、两广总督劳崇光奏，美在潮州开市情形。⑤

十五日庚戌(公元 1860 年 1 月 7 日)

郭嵩焘奏请将办理厘税含混之前任巡抚议处。山东海口，办理厘税，自应奏定章程，晓谕商民，妥为办理。前任巡抚崇恩于奉旨交办之件，仅札行各属，以致州县视为具文，并不实力办理。崇恩久任山东巡抚，于地方情形，必能熟悉，乃于各海口通商繁盛之处，不据实奏明，殊属玩泄。崇恩已补授内阁学士，着降补太常寺少卿，以示薄惩。

前因烟台有聚众毁局殴伤绅董之事，降旨令文煜将在籍主事萧铭卣等撤去，毋庸添派董事。兹据郭嵩焘、文煜奏称，烟台厘局，留委员董步云督办，仍派萧铭卣等分管银钱帐(账)簿，自系尚未接奉前旨。办理厘税，虽不能专任地方官，而绅士不得其人，徒滋流弊。清廷着文煜仍遵前旨，遴选廉干委员，会同地方官妥为办理，毋庸添派绅董。⑥

---

① 《清实录·文宗显皇帝实录》卷三〇二。
② 《筹办夷务始末》(咸丰朝)第 5 册，中华书局 1979 年版，第 1741~1742 页。
③ 《清实录·文宗显皇帝实录》卷三〇三。
④ 吟唎：《太平天国亲历记》上册，岳麓书社 1985 年版，第 179 页。
⑤ 《筹办夷务始末》(咸丰朝)第 5 册，中华书局 1979 年版，第 1741~1742 页。
⑥ 《清实录·文宗显皇帝实录》卷三〇三。

十六日辛亥（公元 1860 年 1 月 8 日）

前谕僧格林沁于本月中旬来京陛见。兹据奏称，接准何桂清咨，英、法兵船已到上海，仍拟驻扎海口，暂缓回京。清廷着僧格林沁仍于十七日启程，来京陛见。一切防务，仍遵前旨，交乐善、西凌阿暂行管理，并着恒福留心会商。所有京兵二千，准其分起轮替，给假回京，以示体恤。①

十八日癸丑（公元 1860 年 1 月 10 日）

本日据特普钦等奏，俄夷乘隙烧毁卡房，已派员修竣，并绘图贴说呈览。乌鲁苏牡丹卡房，虽在许借俄夷界址之内，而设立自康熙年间，且系要隘处所，岂容任外夷占踞。此次该夷因船只行驶不便，催令迁移，又未允许，乃转谓此卡为占其左岸借居之地，突令密奇达将卡房烧毁。经特普钦派佐领鄂尔精阿前往海兰泡查讯，据该夷通事石沙木勒幅直认不讳，并云木哩斐岳幅嗔怒，故令烧毁，如欲重修，可移在右岸。清廷以为，特普钦拟派官兵常川驻守，尚恐难资抵御。黑龙江之鄂伦春、赫哲费雅哈等部落，其人最为勇悍，务当收罗为我所用，不可使受夷人笼络。如果该夷再来肆扰，即可密调该数处之人，与之抵御。此外团练，亦当联为一气，使该夷稍知畏惧，不致得步进步。

浙江巡抚罗遵殿奏，本届海运，提前赶办，并筹变通之法。得旨：所奏殊无把握。层层折耗，实非计之得也。着户部速议具奏。②

十九日甲寅（公元 1860 年 1 月 11 日）

浙江巡抚罗遵殿奏，本年杭嘉湖三府属，应征起运漕白等粮七十二万余石，请准授案红白兼收，籼粳并纳。得旨：所请红白兼收籼粳并纳之处，着不准行。③

廿三日戊午（公元 1860 年 1 月 15 日）

闽浙总督庆瑞等奏，美在台湾开市事宜。④

---

① 《清实录·文宗显皇帝实录》卷三〇三。
② 《清实录·文宗显皇帝实录》卷三〇三。
③ 《清实录·文宗显皇帝实录》卷三〇三。
④ 《筹办夷务始末》（咸丰朝）第 5 册，中华书局 1979 年版，第 1751~1753 页。

山东道御史林寿图奏，明年再战，宜调江南健将。①

廿四日己未 (公元 1860 年 1 月 16 日)

肃顺、瑞常至俄罗斯馆，会晤俄使伊格纳切夫，再次声明《瑷珲条约》系弈山"擅行允许"，既未绘图呈报，也未经朝廷批准，因而无效。②

廿五日庚申 (公元 1860 年 1 月 17 日)

本日据特普钦等奏，俄夷复行拆毁卡房，并豫筹布置。此次俄夷因乌鲁苏牡丹卡房被毁后，重行修整，欲令拆移江右。经爱伸泰面见夷目布色依，开导不允，旋派夷官绰罗呢等四人带领夷众三十余名，并传集附近居夷，各带器械，将重修卡房，肆行砍毁。特普钦等以该处并无屯居旗户，非厚集兵力，难与较量，拟将该卡暂移江右霍罗绰地方，与阿敦吉林卡伦接续。

景淳奏，饬办团练，并招集揽头，分布要隘，绘图贴说呈览绥芬、乌苏里等处，业经景淳等招集揽头，发给印照腰牌，分投入山，择要屯扎，并添设台卡十四处，以资侦探。其阿勒楚喀等地方，亦经密办团练，操演西丹，并添造枪炮，制造药铅备用。所筹均尚周密。清廷着即照议办理。……珲春东岸居住之恰喀扯人等，因被俄夷骚扰来投，恳求接济，现拟派员查明，再行招抚。此项人众，被扰来投，自应妥为抚恤，免为俄夷所用。然或系俄夷指使而来，留之则为心腹之患，亦不可不防。清廷着景淳等督饬委员详加察访，不得稍存大意。如来意果属真诚，其人足资御侮，或即于苏城等处酌量拨给地亩，俾得前往开垦，设有缓急，亦可助我兵力。③

廿八日癸亥 (公元 1860 年 1 月 20 日)

庆瑞奏，遵保堪胜水师总兵人员。升署福建台湾澎湖协水师副将黄进平、台湾安平协水师副将黄礼鉁、升署台湾北路协副将曾玉明均着记名，以水师总兵用，仍照例送部引见。金门镇标左营游击谢曜辰、水师提标右营游击吴青华、水师提标左营游击李世雄、南澳镇标左营守备彭夺超、台湾水师协标右营守备吴朝成、水师提标左营守备卢成金着一并送部引见。

---

①　《筹办夷务始末》(咸丰朝)第 5 册，中华书局 1979 年版，第 1753~1754 页。

②　《筹办夷务始末》(咸丰朝)第 5 册，中华书局 1979 年版，第 1763 页。

③　《清实录·文宗显皇帝实录》卷三〇四。

以办理海运出力，予天津府知府石赞清等升补加衔有差。以验收全漕出力，予仓监督景霖等升叙加衔有差。①

法兵船折回粤东。②

廿九日甲子(公元 1860 年 1 月 21 日)

朝鲜国使臣三人于午门外瞻觐。

是年

英国商人霍金斯在虹口新建一座船坞"新船澳"，它附近的杜那普斯所办船坞经修建后，改称"老船坞"。两座船坞均属于霍金斯洋行。

广州船主在香港附近所制造的小轮"美利"号下水。③

咸丰十年　庚申　公元 1960 年

春正月初二日(1 月 24 日)

为支持俄使伊格纳切夫与清政府谈判，沙俄"阿穆尔委员会"通过决议，在天津附近海面集中部分俄国舰队，并建议伊格纳切夫暂离北京，到停泊在北塘的俄国船上去，和英法采取一致步调。④

美国驻俄公使皮肯斯致函美国国务卿，称俄国希望驻华美使华若翰与俄使伊格纳切夫在中国携手合作。⑤

---

① 《清实录·文宗显皇帝实录》卷三〇四。

② 《筹办夷务始末》(咸丰朝)第 5 册，中华书局 1979 年版，第 1762 页。

③ 刘传标：《近代中国船政大事编年与资料选编》第 1 册，九州出版社 2011 年版，第 21 页。

④ 卡巴诺夫：《黑龙江问题》，黑龙江人民出版社 1983 年版，第 247 页。

⑤ 奎斯特德：《一八五七——一八六〇年俄国在远东的扩张》，商务印书馆 1979 年版，第 237 页。

初四日己巳(1 月 26 日)

以神灵显佑，颁福建宁洋县关帝庙御书匾额曰"功被瀛壖"。

初七日壬申(1 月 29 日)

军机处照覆俄使伊格纳切夫：乌苏里河右岸虽无人居住，然系中国地方，岂能擅行借给外国占住？①

初十日乙亥(2 月 1 日)

何桂清奏，遵保堪胜水师总兵，并可备器使人员。升署京口协副将鞠耀乾着记名以水师总兵用，俟军务告竣，再行送部引见。广东海门营参将李新明、广东水师提标左营游击赖镇海、江南京口水师右营游击郭定猷，均着俟军务告竣，送部引见。

恒福奏，海口地方防兵不敷，请添调官兵。据称沿海一带地方宽阔，海汊纷歧，若夷人附岸而登，同时告警，其势不能彼此兼顾，拟请添调京兵二千名及得力马队千名。②

十二日丁丑(2 月 3 日)

文煜奏遵筹海疆布置情形。据称山东海岸，迤长三千八百余里，武定等府均属滨海，惟青州地处各府之中，拟令该满绿各营，勤加训练，何处有警，即由该副都统及该营将官带往何处救援，其余文登等营官兵同大沽口新设防兵，一体会筹堵剿。登标及文登营水师，为数无多，应暂行撤归陆路，仍由省派兵四百名，前往登州，交该镇曾逢年统带，并原有官兵，以一半守城，一半守险，并勤加了探。如该府所属及莱州有警，亦即分拨策应。仍劝谕绅民，办理团练，互相保卫。③

十三日戊寅(2 月 4 日)

直隶总督恒福，奏与僧格林沁同赴山海关察看防务。④

---

① 《筹办夷务始末》(咸丰朝)第 5 册，中华书局 1979 年版，第 1767~1768 页。

② 《清实录·文宗显皇帝实录》卷三〇五。

③ 《清实录·文宗显皇帝实录》卷三〇五。

④ 《筹办夷务始末》(咸丰朝)第 5 册，中华书局 1979 年版，第 1774~1775 页。

十六日辛巳(2月7日)

现在俄夷以吉林分界一节,屡次行文,晓渎不已,当经复以绥芬乌苏里等地界。奕山等妄行允许后,该处民人以中国地方,不应被夷人占踞,公同具呈控告,是以降旨将奕山革职。吉拉明阿枷号并未奉旨允准,傥该国前往占踞,该处民人出来争论,反伤和好。借此措词,以冀消其觊觎之心。如该酋伊格那提业幅将此覆文,知照木哩斐岳幅,恐其向该将军等询问吉林民人有无同递公呈,不愿该夷在绥芬、乌苏里住居之事。咸丰帝着景淳、特普钦遵照前说,加以开导,以坚其信,勿致语涉两歧,是为至要。①

十七日壬午(2月8日)

英国外相约翰·罗塞尔致函普鲁斯,告知"英国女王政府与法国政府议定,此次联军入北京的军费赔偿,应确定为每国六千万法郎"。②

十八日癸未(2月9日)

有人奏,各关税课本有定则,近因洋药收税,关津处所,多设海役巡查,往往一衣一履之漏报,罚至盈千累百,且有得钱卖放之事,税款仍难足额。其弊各关皆然,而杭关为尤甚。请明定罚款章程,无任胥吏舞弊。③

两江总督何桂清奏,咸丰九年十二月间,英、法夷船先后有十一只抵达;海运漕运已陆续放洋。④

廿四日己丑(2月15日)

英兵船四只由上海北上。⑤

---

① 《清实录·文宗显皇帝实录》卷三〇六。
② 吟唎:《太平天国革命亲历记》上册,岳麓书社1985年版,第179页。
③ 《清实录·文宗显皇帝实录》卷三〇六。
④ 《筹办夷务始末》(咸丰朝)第5册,中华书局1979年版,第1775~1777页。
⑤ 《筹办夷务始末》(咸丰朝)第5册,中华书局1979年版,第1811页。

廿五日庚寅(2 月 16 日)

扎拉芬泰奏,探悉夷情,请乘机扼要以资牵制。据俄酉匪苏勒与伊犁协领哈布齐贤等谈及以英夷欲赴津报复,莫若派兵遥攻印度地方,或可牵其内顾,而从此息兵。该将军探悉夷情,胪陈大略,亦以为机有可乘,因请怂恿俄夷率偏师以攻印度之东南,嘉奖廓夷出奇兵以捣印度之西北,并请密谕理藩院派员晓谕俄夷,使一面檄调廓夷。清廷以为俄、英、法三国本属通同一气,筹攻印度之举,不但无此兵力,即能取胜,而其地仍为俄国所有,中国不能享其利,故着扎拉芬泰密谕该协领等,不必与匪苏勒官再提此事。

有人奏,广东夷人占踞将军等衙署,设立英、法总局,不准地方官抽收厘金。城内奸细极多,官之动静,夷能周知,夷之情形,官难测探。劳崇光大有孤立之患,请饬巡抚耆龄速即赴任,择要驻扎外郡以相控制。清廷着耆龄于到粤后,酌度地势,驻扎外郡,与劳崇光互为援应。至英、法离合情形及调兵数目,虽经劳崇光探报,仍恐限于见闻,且因现处地内,或恐文报为夷人所见,有难于尽言之处,即着耆龄详细查探,随时密奏。

伊犁将军扎拉芬泰等奏报夷情叵测。得旨:目下津沽有备,实不虑其报复。果能悔过求和,天朝向以信义为主,断不以黩武佳兵为胜,亦不以开辟要荒为务也。此等语意,可作为该协领之意,随便向该夷官传述,以杜该夷轻视中国之念。又奏探悉夷情,拟酌施饵钳之略,豫防水陆之交。咸丰帝批:所奏实为详悉。汝之注意,正为该夷所愚,前折已批示矣,此折未尽情形,寄谕汝知。①

廿九日甲午(2 月 20 日)

福建道御史白恩佑奏,津防重大,请豫筹后路,以保万全。得旨:所奏因为慎重起见。然驻兵筹饷,徒自糜费,况八年因门户已失,不能不布置后路。现在津防周备,设该夷登岸,自有迎接之兵。着毋庸议。②

僧格林沁奏察看山海关地势,酌拟布置情形。③

---

① 《清实录·文宗显皇帝实录》卷三〇六。
② 《清实录·文宗显皇帝实录》卷三〇六。
③ 《筹办夷务始末》(咸丰朝)第 5 册,中华书局 1979 年版,第 1795~1796 页。

二月初一日丙申(2月22日)

前因田庄台地方情形紧要，谕令玉明等于两岸炮台营垒事宜，妥筹严密布置。兹据奏称，该处两岸炮台营墙均须加高培厚，系属必需之工，合之在防弁兵，按月口粮，需费已觉其巨。原拟备调赴防之官兵二千名，势难全令到防。拟先由内城调拨兵一千名，派协领双成等统带，于二月十六日，分赴田庄台两岸驻扎，并令挑马队二百名，由该将军亲自带往，相机布置。此外备调之兵一千名，分别留于各该处应援设伏，暂缓到防。清廷着照所议办理。①

初六日辛丑(2月27日)

咸丰帝谕令：何桂清奏，探闻夷船四只北驶，现仍设法转圜，并录夷商所拟条款呈览。上海夷商因华商徐昭珩等开导，开列八条，恳为照准，其中窒碍甚多。前年英酋额尔金，在津议定五十六款，本属不得已之举。迨夷船退出天津海口，特派桂良等前往上海，会同何桂清挽回驻京等四事。乃该酋不与桂良等相见，上年驶赴天津，先行开衅，经僧格林沁督兵痛击，大获胜仗。海口一切防务，经理实属不赀。现在该夷商拟列八条，意在弭兵息事，今有需银一百万两之条，又有天津所定和约不能更改一字之语，岂非多添百万。况法夷尚有兵费二百万两，亦未闻如何办法，不可堕其奸计。至先给照会一层，断无中国先给之理。若令华夷两商投递呈词，尚属可行。前谕何桂清在上海与该夷互换和约，今该夷仍欲进京，又有带兵至大沽口外驻扎，及带兵一二千至天津府城候旨，并请撤大沽之防各条，显系藉此要挟，乘间滋扰，岂可为其所愚？夷船四令北驶，意在拦阻漕船，为胁和之计，除头二批业已放洋，其三四批漕船，着暂缓放洋，以防疏失。现在京仓米石，可放至明年四月，俟事宜再图北上，亦尚无妨。至议和当在上海，若夷船驶至天津，桂良已交卸钦差关防，无人讲说，该夷即必欲到京换约，亦必须先在上海与何桂清议定，毫无异说，然后可照美夷之例，到京换约。既已议和，即不必携带兵船前来。若仍带兵船，则是有意寻衅。海口防兵，定当照上年办理。朕闻薛焕尚为夷人所信服，着该大臣即饬该藩司前往上海与吴煦等会同商办。必须设法消弭，并确探该夷如何动静，随时驰奏。如该夷不遵理谕，船只北驶，着薛焕即行兼程来京，不可耽延，总以在上海抚局有成为要。北塘一口，允其进京换约之路，并非议和之地。

何桂清奏，探闻夷船先有四只北驶，欲在直隶、山东一带扼要处所截我漕船，并传闻英、法兵齐，即赴天津，断不侵获炮台正面，必于大沽左近港口进兵，窥伺

---

① 《清实录·文宗显皇帝实录》卷三〇七。

炮台后路。清廷着僧格林沁即行驰赴大沽海口，严防炮台后路，勿令该夷抄截。①

俄人强占乌苏里卡伦，吉林将军景淳等派员筹办，并拟招集揽头。②

初七日壬寅（2 月 28 日）

僧格林沁奏，分拨官兵防守城池。山海关布置一切，现已办有头绪，分拨添调各官兵防守，认真操演，足资堵御。该大臣已启程回至大沽，将应办事宜，交增庆等接办。该处设有夷船驶至近岸，须先派员迎探，询其来意。如有应议事件，即妥为开导，令其前往上海，彼处另派有大员经理此事。倘执意不从，即令前往北塘商办。该夷或需用淡水食物，即行付给。设遇有夷人登岸购买物件，人数不多，不必遽行驱逐。惟须密为防范，总期示以镇静，不可先行开衅。如果该夷先开枪炮，实有狂悖情形，即着督率兵丁迎头截剿，以马队分两翼抄击，聚而歼旃。③

初八日癸卯（2 月 29 日）

英兵船四只抵山东芝罘岛。④

十六日辛亥（3 月 8 日）

英使普鲁斯、法使布尔布隆分别照会清政府大学士，要求中国认咎，并答应进京换约、赔偿军费、送还炮械船只、公使长驻京师及履行天津条约等条件，限三十日内答复。翌日，送到两江总督何桂清处转递。⑤

十七日壬子（3 月 9 日）

前据何桂清奏，正月内有英夷火轮船大小四只，由副兵头尊士督驾出口，探系前往山东、直隶交界总隘洋面驻扎，为拦阻漕船之计，当经谕令僧格林沁等一体严防矣。本日据文煜奏称，二月初八日，探有火轮船一只、夹板船三只，陆续由东南大洋驶至福山之罘岛口停泊。其是否尽系夷船及货船兵船，现尚未据探悉，而既已

① 《清实录·文宗显皇帝实录》卷三〇七。
② 《筹办夷务始末》（咸丰朝）第 5 册，中华书局 1979 年版，第 1804~1806 页。
③ 《清实录·文宗显皇帝实录》卷三〇七。
④ 《筹办夷务始末》（咸丰朝）第 5 册，中华书局 1979 年版，第 1821 页。
⑤ 《第二次鸦片战争》（四），上海人民出版社 1978 年版，第 307~310 页。

适符四只之数，且该夷前有阻拦漕船之说，亟应严密防范，以免疏虞。向来夷船所至之处，均赖有沿海居民接济食物，更有趋利奸商与之潜通贸易，夷船遂因此逗遛不去，以后遂难拒绝，贻害无穷。清廷着文煜督饬在事文武，在沿海一带晓谕居民，严切禁止，使该夷于食物贸易两无所得，其船只亦必不能久停。并着密饬前派护送漕船之登州镇总兵曾逢年亲统师船，督饬将弁，梭织巡查。其海运漕船，有收入山东各口者，并着妥为保护，不使夷船乘便抢掠，是为至要。①

英船四只开至金州游弋。②

十八日癸丑(3 月 10 日)

赏江宁布政使薛焕巡抚衔，帮办五口通商事宜。

二十日乙卯(3 月 12 日)

盛京将军玉明等奏，和尚岛海口游弋英船四只，现已驶回。③

廿二日丁巳(3 月 14 日)

咸丰帝谕令：前因何桂清奏夷船北驶，并将夷商所拟条款呈览，当将条款内窒碍之处逐层指示，复经降旨，将布政使薛焕赏加巡抚衔，令其帮办五口通商事宜。本日据何桂清奏，"华夷各商力图转圜情形，并拟饬薛焕驰赴上海，督同吴煦等密行筹商"。是该大臣虽未接奉前旨，而所办适相符合。薛焕于夷情尚为熟悉，即着何桂清督同该员，将夷务妥为筹办。至天津和约既定，而普鲁斯忽复称兵，是该夷先行背约，并非中国肯失信于外夷。此时兵威既振，岂能将前议之五十六款悉行照办？至兵费一层，中国既经得胜，即应该夷赔偿。若两抵不偿，已属通融办理，安有中国出银之理？无论后添一百万，即英夷四百万，必欲如愿，则法夷二百万，亦必效尤。当此各路军需紧迫，将何以应之。至大沽设防，系海疆应办之事，并非专为英、法，即使和约大定，亦未能遽行裁撤。果使该夷悔罪，诚心求和，前定之五十六款内，凡不可行之事，悉听何桂清等裁减。于上海议定以后，或欲援照美夷成例，减从来京换约，尚属可行。总之所拟八条内，窒碍过多，薛焕逐层指驳，尚为透彻，仍着督饬华商与夷商熟为筹酌。至普鲁斯之意，以为今年即再败衄，明年尚

---

① 《清实录·文宗显皇帝实录》卷三〇八。
② 《筹办夷务始末》(咸丰朝)第 5 册，中华书局 1979 年版，第 1822~1823 页。
③ 《筹办夷务始末》(咸丰朝)第 5 册，中华书局 1979 年版，第 17824~1825 页。

须报复，在中国岁岁设防，固属无谓，第不知该夷岁岁称兵，其经费复何所出？且彼一再战败，则凶焰自挫，安敢屡行犯顺？在该夷以此等无理之词，相为恫喝，亦不可不加指驳，以折服其心。惟该夷等来至中国，主客之势悬殊，无论为战为和，均利于速。而中国以逸待劳，则宜于应之以缓，以戢其骄志，俾就范围。该大臣等固宜据理力争，尤应委婉开导，自不必过于迫切，转致激之北来。何桂清与薛焕定能随机应变，善为羁縻，与之平心妥议。五十六款之中，惟四事最关紧要。前经叠次谆谕，当不烦赘述。①

廿七日壬戌（3 月 19 日）

宝鋆奏，豫杜转运流弊，请严定章程。海运米石，自天津验收后，沿途剥运，弊窦丛生，甚至有挟恨殴兵，不遵约束等情。迨经交部办理，罪止枷杖，该经纺船户等益无忌惮。法轻情重，殊不足以警刁玩。且此等案件，交部后尤应迅速办结。上年十月间，庆丰闸官剥船驾掌贺九等，暨十一月船户李成等案，据奏至今尚未咨覆。清廷着刑部迅将前送之船户经纪等，照该侍郎所奏，比照监守自盗律，加等治罪；因漕米犯案各棍徒等比照凶恶棍徒律，加等治罪，并将拟定罪名，详细咨覆，以凭核办。嗣后该验米大臣、仓场侍郎等，遇有此等案犯，均着一面交刑部，一面奏闻。②

因俄使知照至春融以后，有俄船前来北塘，拟于三月二十日以后由京派人赴北塘等候，并有书信一封，求为送至上海。是日军机处照覆伊格纳切夫，不允俄兵船到北塘停泊及由京送信上海，并将原信发还。③

廿八日癸亥（3 月 20 日）

巴夏礼强迫两广总督劳崇光将"九龙司地方一区（尖沙咀到油麻地）"四方哩"立批永租"给英国。④

三月初三日丁卯（3 月 24 日）

两广总督劳崇光奏："现侦探确实，英夷兵一万二千人，法夷兵约八千人，已

---

① 《清实录·文宗显皇帝实录》卷三〇八。
② 《清实录·文宗显皇帝实录》卷三〇八。
③ 《筹办夷务始末》（咸丰朝）第 5 册，中华书局 1979 年版，第 1829 页。
④ 《中文旧约章》第一册，生活·读书·新知三联书店 1957 年版，第 145 页。

陆续自伊本国开船，三月内可以到齐。""据商人等密报，将赴。该夷有马队兵二千，山东利津海口登岸，由武定府陆路直趋天津。"①

初四日戊辰（3 月 25 日）

前因特普钦等奏，将鄂伦春牲丁，收罗团聚，分布要隘。当谕令将如何酌给口粮，不受夷人笼络之处，妥议章程具奏。兹据该署将军等奏称，酌拟章程，绘图呈览。所有库玛尔、毕喇尔、托阿哩、多普、库尔五路鄂伦春，清廷着即照所拟地方，令其环居游猎，以备缓急调用。托阿哩、多普、库尔三路鄂伦春，既移于内兴安岭以内。其岭外呼伦贝尔卡伦之东谟哩勒克一带，地方辽阔，恐该夷窥伺，着即责成该处附近游牧之新旧巴尔虎人等一体防范，并准其于额尔固讷河以下布鲁河、谟哩勒克河两处，各添设卡伦一处，并在查边要路。额勒霍讷河根河渡口处，各添设卡伦一处，加派官兵坐守，与呼伦贝尔珠尔特依卡伦会哨巡查，以期周密。②

初六日庚午（3 月 27 日）

何桂清奏，英、法各酋呈递照会，意存挟制，并钞录新闻纸呈览。咸丰帝谕令：英、法各酋呈递大学士公文，有欲令中华认咎，派员赴津迎接，及长驻京城，赔偿兵费各节，大致相同。所递译出该夷新闻纸，有英、法增兵共有三万之众，携带炮械等具，仍攻天津，并有于北塘左右得水势深处，登岸直抄津口炮台之后等语。清廷着僧格林沁、恒福相度形势，妥为布置。俄酋伊格那提业幅，因吉林地界一事，不允所请，呈递照会，有兵船数只欲来北塘，并有俄酋书信，求为由京送至上海等语，当经给与照会，将原信发还。现届春融，如有俄夷兵船，前来北塘，僧格林沁等即告以原定和约，并无兵船前来之语。所立专条，系海口无事之时，方准俄夷由北塘行走。现在海口设防，若随带兵船前来，前各国言语像（相）貌，无从办认，且恐别国冒充滋扰，傥被官兵误伤，反失和好，勿得在海口逗遛，致多不便。该夷若以解送枪炮为名，驶至近岸，着仍遵前旨，令在拦江沙外停泊，由内地另派小船，搬运进口，仍当严密防范。至在京俄酋声称派人前赴北塘，难保不别生诡计。如果有俄夷，由京来至北塘，着该大臣等严密查访拿获，派人解京，毋令窥探虚实。③

---

① 《第二次鸦片战争》（四），上海人民出版社 1978 年版，第 316～317 页。
② 《清实录·文宗显皇帝实录》卷三〇九。
③ 《清实录·文宗显皇帝实录》卷三〇九。

初八日壬申(3 月 29 日)

咸丰帝谕令：昨据何桂清奏，夷酋意在胁制夷商，并接收英、法各酋照会公文呈览。业经谕令军机处，按照来文情节，分别咨覆该大臣转覆该酋矣。照会言词，诸多狂悖，而尤于驻京赔费二层，哓哓置辨。可见其意所专注，强词夺理。该大臣以覆文给予阅看后，即当饬令薛焕督同吴煦等密谕华商笼络夷商，设法详细开导，以期消患未萌。无论驻京一事，从前已说通融，断不能再准。即择地居住之说，亦不可行。该国通商处所，皆有领事官住居，何又添出官员，住居不通商处所。道光年间从无此事，亦不可行。至索偿兵费一节，英夷衅由自启，本无赔费之理。且中国所费，岂止数千百万，应向该夷索令赔偿，除抵还四百万外，尚须找给中国。惟夷情惟利是视，未必听从，万不得已，亦须将兵费二百万抵偿。其赔货之二百万，作为华商分年代赔，务令交还广东省城。法夷之二百万，亦准此办理。至增添口岸一节，除长江内固不可行，此外英国所求牛庄、登州皆与天津逼近，亦难允准，只可照美夷增潮州、台湾二口，此外不增。如必不得已，英国可再添其所请之琼州一处，法国可再添其所请之淡水一处，连潮州、台湾已共添四口，不为少矣。以上各条，何桂清等先勿宣露，应俟该夷悔罪求和，以为转圜地步。如该夷等于应行通融事宜，悉听该大臣等斟酌，各无异说，真心换约，方能援照美夷成案，准由北塘行走。若欲大沽撤防，可告以中国设防，虽换约之后，亦不能撤也。其游历内地及长江设立马头二条，该大臣等务当竭力消弭。盖一与换约，即当永远遵行，毋贻后日无穷之患。总之该夷此次照会，虽不露求和之意，已属外强中干，其情大可想见，全在该大臣等迎机以导，妥为办理，方不负朕委任也。如果该夷不听开导，船令竟行北驶，即着薛焕驰驿来京，不可耽延。①

十一日乙亥(4 月 1 日)

户部奏，闽省茶税延不奏报，请旨饬催。福建省征收茶税，前经户部奏准，令将所缴课银专款存储，每届三月奏报一次，并节次随案奏催勒限奏报。迄今仍未据该督抚奏报有案，以致无凭查核，实属迟延，难保无侵渔中饱情弊。清廷着庆端、瑞瑸迅即遵照该部前奏，速行造报，毋稍徇隐。

福建水师提督杨载福奏，策应江南水师，布置江面事宜。得旨：所请饬令和春抽调师船，着军机大臣存记，遇有江南廷寄，附便谕知。②

---

① 《清实录·文宗显皇帝实录》卷三〇九。
② 《清实录·文宗显皇帝实录》卷三一〇。

十二日丙子(4月2日)

和春、何桂清等奏,杭州毗连苏省,为财赋之区,断不容该逆久踞,致误东南大局。和春现既兼办浙江军务,清廷着即与张国梁、何桂清、王有龄通盘筹画,一面进攻杭城,一面严截窜路,毋令扰及附近各处,力保完善之区。并咨催前调闽兵二千及饶廷选所部兵勇,迅速赴浙,以厚兵力。其米兴朝一军已到江口,即可饬令攻城。苏州与杭州唇龄相依,据何桂清、徐有壬奏,已募上海炮船四十只,派员带赴嘉兴一带,迎头进击,并饬蔡映斗等严扼由浙入苏之路。

钦差大臣和春奏报杭城失守情形。得旨:览奏焦愤实深,叠派援兵,有无托故迁延,着查明正法。①

以江苏布政使王有龄署浙江巡抚。

十三日丁丑(4月3日)

和春、何桂清等奏,江南援兵会同杭州驻防官兵,克复杭州省城。杭州省城于二月二十七日,被贼攻陷,杭州将军瑞昌坚守驻防之城,与贼鏖战。候补提督张玉良亲督官兵,星夜遄行。本月初二日,驰抵大关,初三日早,出贼不意,将武林钱塘门外及昭庆寺贼垒全行扫荡。瑞昌调派八旗官兵,缒城拦剿,斩获甚多。张玉良挑选奋勇,缘城而上,瑞昌亦督队登城援应,我兵大队一拥登城,会同旗绿官兵,将城隍山校场等处屯聚逆匪,斩馘殆尽,遂将杭州省城克复。②

十四日戊寅(4月4日)

前因瑞昌等奏请饬乍浦副都强锡龄阿,再派官兵四百名来省助剿。当有旨令将此项官兵,连前调之兵共八百名,着瑞昌飞饬锡龄阿管带赴省,以资防剿。兹据锡龄阿奏,前调官兵四百名已派员管带,赴省应援,现在驻防官兵不敷调遣。乍浦地方滨临海口,民情浮动,实系紧要之区,既据称存兵不敷调遣,所有应行调赴应援官兵,除前次业经赴省之四百名外,其续调之官兵四百名,清廷着即毋庸派往。③

僧格林沁、恒福奏,英法有意求和,先投照会允递,未免示弱,可否体察情形

---

① 《清实录·文宗显皇帝实录》卷三一〇。
② 《清实录·文宗显皇帝实录》卷三一〇。
③ 《清实录·文宗显皇帝实录》卷三一〇。

办理。①

十五日己卯(4 月 5 日)

盛京将军玉明奏,田家庄海防工程已于初二开工。②

十九日癸未(4 月 9 日)

钦差大臣僧格林沁等奏,通筹全局,请在各省设法劝捐,以实部库而裕军储。得旨:所请晋豫东三省劝捐,接济京防各饷,实因顾全大局起见。现在指拨派拨以及药税加成各项京饷,奏咨严催,勒限起解,何啻至再至三。该督抚等自应激发天良,督饬藩司源源拨解,以京师为重。若再加以续捐三百万,多多益善,岂不更觉充裕。然各省劝捐,数载于兹,恐未必如前踊跃。况那(挪)东补西,不过变一名目而已。着户部认真查核,现在应拨京饷,已解若干,再行奏明,严催以其有益兵民。僧格林沁等所请,实属可行。惟应于此三省续捐数内,划拨京饷几成,海防经费几成,或先尽海防,有余再行解京,一面严催各项京饷,以清眉目,勿得专顾目前,致各省以劝捐为由,转置正拨于不问,希冀宽免严议。至应派道府大员以专责成,俟部议奏上时,再行分别寄谕。③

英国陆军大臣西德尼·赫伯特致函陆军中将霍普·格兰特:"巴麦尊勋爵认为占领北京会导致皇朝覆灭,使一切混乱,毁坏我们的贸易的看法是无根据的。不过,很清楚,我们不能在那儿过冬,而且我们必须紧接在到达之后立刻离开。"④

廿四日戊子(4 月 14 日)

据劳崇光奏近日夷务情形,请饬布置防范。所称英、法夷兵,陆续由本国分赴香港上海等处,与何桂清等探闻之词大略相同。惟据称商人密报,该夷有马队二千,将赴山东利津海口登岸,由武定府陆路直赴天津。该夷多带马匹,远涉重洋,似无其理。然所历闽广浙苏等省,随处可以买马,亦难保必无其事。山东省兵力单薄,前据文煜筹办海防,拟令青州适中之地驻扎重兵,以备闻警策应,其各海口未能设备。利津毗连天津,既有所闻,自应早为布置。清廷着僧格林沁即派妥员前

① 《筹办夷务始末》(咸丰朝)第 5 册,中华书局 1979 年版,第 1850~1852 页。
② 《筹办夷务始末》(咸丰朝)第 5 册,中华书局 1979 年版,第 1853~1854 页。
③ 《清实录·文宗显皇帝实录》卷三一〇。
④ 《第二次鸦片战争》(六),上海人民出版社 1979 年版,第 250 页。

往，察看情势，应如何扼要守御，使其不能深入之处，妥筹办理，一面飞咨文煜知悉。①

英使普鲁斯、法使布尔布隆、英陆军统领格兰特、法陆军统领孟托班、英海军统领尊士、法海军统领帕热在上海会议，决定封锁北直隶，占领舟山岛。②

廿五日己丑(4月15日)

陈孚恩、成琦奏，江浙海运商船陆续抵津，请饬该省粮道，迅速赴津办理。江、浙两省抵津米船，现已有二百三十余只。正在验收吃紧之时，各该粮道既未抵津，亦未据报启程日期。此后米船连樯北上，办理乏人，经费又无所出。清廷着何桂清、徐有壬、王有龄即饬各该粮道，迅速兼程前赴天津，毋任稽留，致误运务。③

廿六日庚寅(4月16日)

山东海面有外船游弋。④

普鲁斯、布尔布隆于上海招集英法商人会议，拟拦漕停税，后由于华商水手集千余人于会场外反对而作罢。⑤

廿七日辛卯(4月17日)

英外相罗塞尔训令第二次出任侵华特使额尔金：同清政府停战条件有三："（一）为在白河攻击联军部队的道歉。（二）天津条约的批准与履行。（三）为盟国海陆军战备费用赔款的支付。"⑥

廿九日癸巳(4月19日)

前据刑部奏，船户经纪人等偷窃米石，分别从严拟罪，当令载垣、彭蕴章复核

---

① 《清实录·文宗显皇帝实录》卷三一一。
② 《第二次鸦片战争》（六），上海人民出版社1979年版，第263~264页。
③ 《清实录·文宗显皇帝实录》卷三一一。
④ 《筹办夷务始末》（咸丰朝）第5册，中华书局1979年版，第1858页。
⑤ 《第二次鸦片战争》（四），上海人民出版社1978年版，第333页。
⑥ 《第二次鸦片战争》（六），上海人民出版社1979年版，第254~257页。

具奏。兹据载垣等详查例案，从重定拟。漕粮为天庾正供，颗粒皆宜珍惜，该经纪船户人等辄敢于起剥转运，沿途任意偷窃，甚至用药使水搀和舞弊，一经查拿，复敢纠众拒捕，实属目无法纪。清廷着照所拟，嗣后凡经纪船户偷盗漕粮，经兵役往拿，辄敢拒捕者，即照前定贺九一案，首犯于审明后即行处斩，为从各犯发新疆给官兵为奴，遇赦不赦。此外偷盗漕粮入已，数在六十石以上者，首犯斩监候，秋审入于情实，为从各犯发云贵两广极边烟瘴充军。数在六十石以下、二十石以上者，首犯绞监候，秋审入于情实，为从各犯发边远充军。数在二十石以下者，首犯发新疆给官兵为奴，遇赦不赦，为从各犯发近边充军。其用药使水灌米之案，首犯发新疆给官兵为奴，遇赦不赦，为从各犯发极边烟瘴充军。以上各项人犯，所有家产俱抄没入官。至因漕米犯案匪徒，仍照刑部原议，罪应枷杖者，发云贵两广极边烟瘴充军，徒罪以上，发新疆酌拨重地当差。该部即纂入则例，永远遵行。至所亏米石，应如何分别赔补之处。着该部查例具奏。

已革浙江按察使段光清奏，省城被陷，现办浙东防堵情形。得旨：此所谓不勘自招，城失即遁，城复即回，腼颜露面，何以生为？①

三十日甲午（4 月 20 日）

何桂清奏，夷酋接到回文，报复之念益坚。据称三月十三日，普鲁斯与夷商公议，先遣两轮船赴北洋听信，拦阻漕船，并阻南北往来商船。另遣轮船赴舟山听信，占踞定海，以为接应。夷商等因先经华商开导，再三劝阻未允。十四日，果有轮船二只北驶。十五、十七等日，复有轮船二只南驶。并闻英、法两夷在日本等处买马千余匹，送至上海之虹口地方喂养，制造叉式木架，钻有多孔，欲用木人乘马，中藏火器，以为陆路冲突之用。又闻前遣轮船北驶，已于成山外之海山扎有夷兵，专为拦阻漕船商船。普鲁斯之意，兵船至齐，概赴天津附近数处，一齐侵犯。现在江浙漕船到津者数已不少，该夷既欲拦截往来，则此项收泊沙船，或令其暂泊口内，或令其放洋，清廷着僧格林沁、恒福妥筹办理。其未经收口之船，一遇夷船拦阻，或赴奉天、山东暂时停泊，玉明、文煜亦当熟筹办法，毋令该夷抢掠。

僧格林沁拟在晋、东、豫三省劝捐，接济京津各饷。兹据户部奏，遵旨查核该三省历年捐输各案，为数业已不少，该士民情殷报效，虽捐项至再至三，犹形踊跃。请饬山东、山西、河南各巡抚，体察各该地方情形，奏明办理。

两广总督劳崇光奏，查明广东虎门城寨等处防兵口粮，核实截支。得旨：该部查核具奏，传回医痊兵丁，焉能如许之多，显系当时溃散，事定潜回，尚欲以并未

① 《清实录·文宗显皇帝实录》卷三一一。

奏明动用之项，滥应浮销。实属非是。况此项屡经展限，漫无稽考，更难保无另项侵那（挪），藉此了结之事。①

闰三月初一日乙未（4月21日）

据何桂清奏，夷酋接到回文，报复之念益坚，现仍拟设法开导。此次英酋普鲁斯接到军机处驳饬回文，大为拂意，既先遣轮船南北分驶，复有两国发兵，即到上海，并分路窜扰。清廷以为其盖见回文词气和平，故作此虚声恫喝之言，以冀尽如其愿，仍是该夷得步进步之惯技。并批复：上年英夷赴津，先行背约，致为我师所挫，实属咎由自取。即将从前所议条约，概作罢论，在我亦为理直。乃犹许其悔罪输诚，仍由何桂清与讲明条款，即准其照美夷之例，北来换约，我中国相待之恩，可谓宽大。乃该夷不自引咎，不遵开导，仍以必不可行之事，志在必行，在中国岂能受其挟制。现在天津等处，设防严密，如果该夷带兵前来，惟有与之决战。但此次用兵之后，该夷断非有心和好，所有前议条约，概作罢论。着保桂清即令薛焕等传谕夷商，使该夷知悉。

前因浙省军需紧要，谕令庆端等筹拨银十万两，恽光宸亦由江西筹拨协济。兹据瑞昌奏，现在地方残破，军饷浩繁，福建筹款尚无咨会。江西仅据来咨，只能解银三万两，不敷应用。清廷着庆端、瑞瑸仍遵前旨，于福建迅速筹拨，委派妥员解赴浙省交纳。②

英、法大小兵船十八只赴舟山定海登陆，分驻寺院，并遍贴告示。③

法国外交部训令第二次出任侵华特使的葛罗，亦称同清政府停战条件有三：（一）对联军旗帜在白河所进行的侮辱作正式赔礼道歉；（二）互换天津条约，并履行该条约；（三）对各该国政府支付六千法郎的赔偿。④

初二日丙申（4月22日）

有人奏，粤东省城，近有匪徒拐掳良民，贩与夷人，男女被掳者以数万计。夷人以省城之西关、番愚县属之黄埔、香山县属之澳门及虎门外之香港等处，设厂招买，每次买出外洋，皆满载而去。该匪徒始犹暗用术诱，近则明用强抢，省城附近一带村落，行人为之裹足。地方官不特不为禁止，且出示听人自卖。清廷着耆龄查

---

① 《清实录·文宗显皇帝实录》卷三一一。
② 《清实录·文宗显皇帝实录》卷三一二。
③ 《第二次鸦片战争》（四），上海人民出版社1978年版，第337页。
④ 《第二次鸦片战争》（六），上海人民出版社1979年版，第258~260页。

明，即行严禁，从重惩办。①

初三日丁酉（4 月 23 日）

前据僧格林沁以探有夷船，停泊驴驹河，裹去渔船，拘留米船各情，函致惠亲王等经军机大臣陈奏。本日据僧格林沁等奏，夷船于上月三十日，牵带米船三只，一并驶至大沽海口，在拦江沙外停泊，后将米船放回，该夷船即向东驶去。本日复据载垣面奏，接端华由工次来书，知明善接上海私信，该夷在广东募湖勇三千，在该处操演，意欲于山东海口一带空旷处所，登陆抄袭。复据卞宝书云，北仓地方，系上年美夷换约所经之路，该处空虚无备，恐美夷溷迹，导之使来。清廷着僧格林沁详查地势，如有可以绕越炮台直达京师之路，即着扼要防守，并即奏明添兵，以防抄袭。其防守炮台之兵，万不可轻易移动，致有疏虞。至山东沿海各口，防不胜防，惟利津地方距津较近，仍着查明具奏。

钦差大臣僧格林沁奏报，夷船停泊大沽海口半日，业经开驶，时时侦探，相机堵御。得旨：俟探有确情，即行奏报。此次夷船如果驶进沙内，不递照会，竟行毁防开炮，必其处心积虑，别蓄诡谋，接仗时尤应慎益加慎，不可稍存轻易之心。朕惟有昕夕一诚，默吁天祖，加佑我清，战则必胜，和则必坚，海氛永靖，休息人民，实所望而不敢必者也。②

初五日己亥（4 月 25 日）

户部奏，筹拟广东军饷，请饬新任巡抚妥为收放。前据劳崇光以军需紧急，请拨粤海关税银三十万两，当令户部核议，经该部以筹拨非易议驳。兹据奏称，新任巡抚耆龄将可到粤，如需饷实属紧要，应提关税若干，俟奏奉俞允后，须加谨存储，并利权须自我操，应急筹转移之法。清廷着耆龄酌度办理。③

初八日壬寅（4 月 28 日）

咸丰帝谕令：僧格林沁、恒福奏，夷船仍往祁口停泊，现又开驶。夷船在祁口地方来去无定，自系窥探虚实。该处既非要隘，无须驻扎官兵。设有夷人登岸滋

---

① 《清实录·文宗显皇帝实录》卷三一二。

② 《清实录·文宗显皇帝实录》卷三一二。

③ 《清实录·文宗显皇帝实录》卷三一二。

扰，即侦探确实，督兵截击，毋令深入。僧格林沁等因经费支绌，不敢豫调官兵，固为节省起见。但现在防务吃紧，仍须早为布置，以免临事周章。本日已令户部筹画银二十万两，解赴大沽军营。所有备调官兵，即可酌量奏调。至海防经费，亦不能全赖部拨，着恒福仍于本省司库款项内设法筹措。此次设防后，直隶省拨用军饷若干，着该督查明具奏，并随时造册报部，以凭稽核。漕船进口已有五百余只，该夷并未阑截，着僧格林沁等飞咨文煜催令山东各口停泊米船，迅速开洋赴津，以免耽延。本日据胜保等奏，请将大名道联捷所拨防兵六百名，长扎兰仪、上店、柳园河口，其口粮等项仍归直隶支放等语。此项防兵，系堵截捻匪阑入直境，所需口粮，着恒福照例支给。①

十八日壬子(5 月 8 日)

咸丰帝密谕：本日据何桂清奏夷酋复各呈递照会、意在以兵胁和一折，该酋等拦漕停税之举，虽经华商与洋商多方阻止，始行罢议。而兵齐报复之说，仍复牢不可破。所递照会，无非欲以兵胁和，言辞殊为狂悖。现在英酋已换额尔金，法酋已换葛罗，均有四月可到之说。既已换人，此时普酋等谅未必遽敢犯顺。该大臣惟当俟额酋等到后，仍饬薛焕督同吴煦，密饬华夷各商迎机开导，俾就范围。此时毋庸再与普酋哓辩，转令彼持之愈坚。至天津原定条约内为害最甚者，如夷船入江、海运河运，皆归其掌握，挟制无穷。夷人驻京，则中国为外夷所监守，自古无此体制，万不可行。其余各条，如无大窒碍之事，即不妨略予通融。如果该夷一意坚执，不肯改易，辄支奉有伊国敕谕，该大臣亦可云此事系属奉旨斥驳，藉以折服其言。至所称薛焕应否豫饬来京，此言殊属非是。天津非议和之地，溯查道光年间各国更换条约，均在外间议定章程，送至京师用宝。今既许其来京，碍难与普酋再说更改，必当事事说妥，然后许其进京。彼时薛焕前来，亦不过令其作一见证，并非在津议事也。该大臣仍当饬薛焕迅赴上海，设法挽救，岂可先令北来，竟以议和一事，诿之天津耶？至额尔金到沪，当以普酋背约一事责之，并非中国失信。此时仍准议和，系中国格外宽恕。所有在上海换约一事，不妨与额尔金说知，看其有无转机，再行酌办。至该大臣此次已许普酋等代奏，该夷必要索看上谕，为此另寄谕旨一道。以便该大臣于奉到时，或摘录给予阅看，或传述大意，令彼知悉。此密寄中言语，万勿先行宣露为要。②

---

① 《清实录·文宗显皇帝实录》卷三一二。
② 《清实录·文宗显皇帝实录》卷三一三。

廿二日丙辰(5 月 12 日)

闽浙总督庆瑞奏,荷兰船驶入厦门港口,旋即开行。①

廿三日丁巳(5 月 13 日)

何桂清奏,夷人闯入定海厅城。本月初一日,英、法兵船驶至定海衢头地方停泊,旋有夷官进城,分驻寺院,并遍贴夷示。该夷此次占踞定海,虽未肆扰,而以兵胁和,以地要和,情形殊堪痛恨。此时若调兵驱逐,是自开兵端。但何桂清系总理五口钦差,岂能付之不问? 清廷着即照会该酋等,责以定海并非通商之地,何以擅行居住,令其速即退出,免致开衅。看其如何回复,再行奏明请旨。现在战抚之局未定,正当吃紧之际,若任听额尔金等北驶,更难着手。着何桂清督饬薛焕,晓以桂良业经交卸钦差关防,花沙纳又病故,该酋贸然北来,无人讲话,该大臣系钦差办理各国通商事宜,若在止海商议,尚可代奏恳求。傥径至天津,恐徒启兵端,于事无益。并将本月十八日所寄谕旨,详加开导,使该夷得一退步,或可望其转圜。切不可意存推诿,激其决意北行。

两江总督何桂清奏,夷人闯入定海厅城,意在用兵。得旨:该夷以兵胁和,以地要和,若自我稍缓其辞,必启彼挟制之心。若一意决战,亦必激彼无一退步,再战不休,必致岁岁决战,终须归于抚局。此正当吃紧之际,朕心洞鉴,不致为所摇惑,即在京王大臣等亦深资协赞之功。卿总理五口,责无旁贷,务其内外一心,不可稍涉推托。朕必不因偶失一隅之地,即治卿之罪也。②

廿四日戊午(5 月 14 日)

抽查漕粮御史阿克敦布等奏,仓储紧要,请妥筹收运。本年海运漕粮,现已陆续抵津,自宜赶紧运仓,以昭慎重。清廷着天津通州验米大臣会同仓场侍郎,赶紧设法转运,迅速收入城仓,不得以车辆口袋不敷周转为词,致滋贻误,并着该御史等实力抽查,毋令积压。③

---

① 《筹办夷务始末》(咸丰朝)第 5 册,中华书局 1979 年版,第 1879 页。
② 《清实录·文宗显皇帝实录》卷三一四。
③ 《清实录·文宗显皇帝实录》卷三一四。

廿五日己未（5 月 15 日）

僧格林沁、恒福奏，北塘海口见有夷船二只停泊，现在防守情形。此次北塘口外，先后驶来夷船二只停泊，虽据称系俄国船只，而既有寄京信函，并不由舢板携带，且无通事。先称仅来大船一只，续又由南洋驶来一只，形迹可疑。据称大船上有通英、法言语之人，难保非英、法二夷溷入俄夷船内，希图窥伺。该大臣等现已派拨马步官兵，前往北塘驻扎，以备临时缓急之用。①

廿六日庚申（5 月 16 日）

署黑龙江将军特普钦，挑选余丁五百名作为步队，遣赴黑龙江附近地方择要屯扎，以为民间团练。②

廿八日壬戌（5 月 18 日）

有人奏杭州省城失陷情形。由于城内之贼久伏而不知，城外之贼纷来而不拒，加以不服管束之潮勇豫为内应，遂至数万士民横罹锋刃，惨不可言。臬司段光清防堵余杭等处，离省仅七十里。该司于城未破之先，私自回署接取眷属，派兵护送出城，郡民目击，无不忿恨，摇动军心，益无守志。

浙江巡抚王有龄奏，英、法兵入居定海城内。③

廿九日癸亥（5 月 19 日）

僧格林沁等奏，俄夷持有寄京信函，求为递送。俄夷船只驶赴北塘，呈出寄京信函二件，并称俟得回信，即便开行。经恒福将该夷信件封送军机处，已由理藩院转交夷馆。俄夷趁英、法来时，忽至北塘投信，显系藉此窥探虚实。所称信函并无关系英、法之事，原不足信。北塘地方皆未设防，恐该夷藉买食物为名，任意登岸，不可不豫为杜绝。如该夷需用淡水等物，清廷着恒福派人代为买办，毋许登岸盘踞。一俟在京俄酋寄有回信，即饬令迅速开行。

咸丰帝谕令：本日据薛焕奏，英酋额尔金、法酋葛罗尚未到沪，据称窥探防堵

---

① 《清实录·文宗显皇帝实录》卷三一四。
② 《筹办夷务始末》（咸丰朝）第 5 册，中华书局 1979 年版，第 1887 页。
③ 《筹办夷务始末》（咸丰朝）第 5 册，中华书局 1979 年版，第 1888 页。

虚实，测量水口浅深，意在用兵。夷情诡谲，安知非故为虚声恫喝，豫为胁和地步。现在天津等处严密设防，固不虑该夷北驶。惟思患豫防，亦须妥为筹画。如果任其带兵北来，与之决战，即我兵全操胜算，亦必至兵连祸结，后患无穷，终非善策。不若仍在上海反复开导，毋令决意北来，庶可消患于未形。何桂清身任钦差大臣，总理五口，筹办机宜，是其专责，不得意存诿卸。薛焕经朕特派办理夷务，亦不可稍涉大意，激之北来。战抚之局，现在未定，正可极力换回。若任听该酋率行北驶，径至天津，一经构兵，以后办理更难着手。着何桂清即饬薛焕回至上海，督率吴煦等相机开导。如该藩司所称旁敲侧击，引其入彀，方为正办，断不可使其骤然决裂，以期就我范围，是为至要。①

俄使伊格纳切夫收到外交部训令，赞扬他在北京的一切活动，建议他暂时离开北京，并通知业已组成一支特种分舰队派往中国水域，由他指挥。同时，指示他应在英法侵华战争中"竭力以调停人的身份出现"，并注意不使清王朝彻底覆灭，因为用"汉王朝来代替清王朝对我们是极为不利的。中国政府一旦将其统治重心由北京移到南方，势必摆脱俄国的影响，而落入海上强国——特别是英国的控制之中"。②

夏四月初一日乙丑(5 月 21 日)

俄使伊格纳切夫得知俄国舰队已到达天津海口，遂向军机处发出最后通牒，声称中国政府如按照俄国的条件办理两国东界，交换并确认布多戈斯基"所绘之图"，他愿意会商，以避免将出师之患难。若仍犹疑迁延，那么将于本月初八日启程前往北塘，限三日内答复。③

初三日丁卯(5 月 23 日)

上海道吴煦奉薛焕之命，带同上海知县刘郇膏往访法国领事爱棠，要求法军协防上海。④

初五日己巳(5 月 25 日)

有人奏，夷人登陆滋扰，必先句(勾)通内地民人为之向导，方敢深入。该夷

① 《清实录·文宗显皇帝实录》卷三一四。
② 布克斯夫登：《1860 年北京条约》，商务印书馆 1975 年版，第 50~51 页。
③ 《筹办夷务始末》(咸丰朝)第 6 册，中华书局 1979 年版，第 1895~1896 页。
④ 徐蔚南：《上海在太平天国时代》，上海市通志馆 1935 年版，第 236 页。

诡谲异常，现在沿海窥探，难免与内地民人句（勾）通，豫为临时向导。该大臣等营内官兵，似不至与该夷通气，惟乡勇及贩卖食物等人，恐有奸细溷迹，非认真稽查，未易败露。清廷着僧格林沁、玉明遇有形迹可疑之人，严密访拿，破其奸计。天津五方杂处，闽广人颇多，沿海各口地方辽阔，更恐有匪徒埋伏，为该夷所用。着恒福遴委干员会同地方官，并公正绅士，编查保甲，严拿奸细，使海滨肃清，以弭隐患。盛京之田庄台、没沟营等处，着玉明一体办理。其山海关一带，即着僧格林沁密饬增庆等严查拿办，断不可稍涉大意。

浙江巡抚王有龄奏，请截留未运漕米，抚恤难民，接济兵食。得旨：数处被贼，即通省无一完地，外省习气一何深也。若果泽逮吾民，尚能副朕之望。此不过为属员冒销地步，上无益而下有损，徒饱若辈之囊橐。言念及此，殊堪浩叹。汝新任封疆，好为之。①

山东巡抚文煜奏，洋船一只驶至，旋即开行。②

王有龄以钦命会办军务浙江巡抚名义，寄上海道吴煦札文一件，并附奏稿一件，命吴煦持札文迅即面至夷商，邀请英法出兵苏、常，代为剿贼，并请吴煦设法转递奏稿。③

初六日庚午（5 月 26 日）

英法兵船于山东洋面开始截抢漕船商船，并驶向金州海口，于和尚岛、青泥岙、大孤山等处停泊、游弋，演放枪炮，窥探军情。④

初七日辛未（5 月 27 日）

俄罗斯伊格那提业幅，现定于初八日，由京前赴北塘。本日业经传知顺天府，专派妥员护送前往。清廷着僧格林沁、恒福即行派委员弁，迅速探迎护送。俟该酋登舟后，即令开行，毋使在该处逗遛。其经行道路，务须由北仓行走，不准前往天津及大沽炮台后路等处，免其窥见，致令得我虚实。

闽浙总督庆端奏，闽省洋药正税，应俟上海议定章程，方能启征，现先筹拨闽海关银五万两解京。得旨：夷税未定，商税自有，何得如是含混。现在闽关若非畅

---

① 《清实录·文宗显皇帝实录》卷三一五。

② 《筹办夷务始末》（咸丰朝）第 6 册，中华书局 1979 年版，第 1898~1899 页。

③ 《吴煦档案中的太平天国史料选辑》，生活·读书·新知三联书店 1958 年版，第 44~45、90 页。

④ 《筹办夷务始末》（咸丰朝）第 6 册，中华书局 1979 年版，第 1919~1928 页。

旺，焉能若兹应手。尚欲划抵归还，是徒有药税之名，那东补西，惟亏正款。所请归还之处，毋庸议。若将来关税，籍口短少，必将前后任监督着落赔补。①

庆瑞等奏，琉球咨称，荷兰驶至交易，未允已回。②

初九日癸酉(5 月 29 日)

咸丰帝谕令：本日据薛焕奏，探闻英、法两夷欲战欲和，主见未定。续经探知，有定于四月内北来决战之说，并将新闻纸及所探夷船数目单钞录呈览。额尔金由英赴法兰西，本欲约葛罗同来，因法夷意欲决战，额酋亦不复来中国，仍听普鲁斯办理。此等传闻之词，本不足凭信。惟既有此说，亦见其本不欲战，碍难开口。有此机会，殊不可失。至所探英、法兵船现已由定海及各口陆续北驶，其举动总在四月以内，并欲用牛只驮负木人冲突，兼雇有广东跣足匪徒一千余名等情形。种种诡谋，亦不可不严为防备。僧格林沁等于海口防务，大致以虚实相间，马步相辅为主，布置自属周妥。倘夷船果于日内陆续驶至，应否将备拨官兵，先期调派以壮声势，即着僧格林沁、恒福悉心酌办。既有木人火牛等事，自应多挑濠沟为要。其余应如何设法抵御，并着豫为筹画。至俄酋伊格那提业幅到北塘后，倘必欲易换利哈彻幅前来，似亦无庸过于拦阻，致该夷有所籍口。仍着该大臣等酌度情形，妥为办理。

本日据薛焕奏，英、法仍图北驶报复，并探闻法兵欲分扰山东登州、莱州一带，牵掣我师，及兵船已由定海各口陆续北驶。其举动的期，约在四月以内。另雇熟习直隶路径之广东匪徒甚多，并欲用牛只驮负木人冲突，名为火牛阵各。英、法分兵滋扰登莱，以冀分我兵力，原在意计之中。现在登州等处，尚有夷船集泊，难保不招集熟悉山东路径之人为其向导。若由利津登岸，亦可由陆路径至天津。清廷着文煜严饬该处将弁暗为防备，一面严饬地方不准接济食物。倘该夷兵船陆续驶至，着该抚派委妥员，告以去年该国并未助英国打仗，如系换约而来，此处并无办理通商换约之责，务须在上海议定章程。经该省钦差奏明后，仍须由北塘进京换约，方不失两国和好之道。如该夷登岸滋扰，该抚务须临时酌量情形，妥为办理，切不可先行起衅，致令夷有所籍口，于大局转多窒碍。

钦差大臣僧格林沁等奏覆，相机布置，并俄夷得有回信、兵船并未开驶情形。得旨：俄夷备知底细，亦不在往返晤面，便可泄漏机关，总在御之得法。若海口立阻其来，反致该夷有所籍口。往返护送，不过在京饶舌，路途烦扰。若永泊拦江沙内，将来必形费手。③

①　《清实录·文宗显皇帝实录》卷三一五。
②　《筹办夷务始末》(咸丰朝)第 6 册，中华书局 1979 年版，第 1899~1900 页。
③　《清实录·文宗显皇帝实录》卷三一五。

北塘外又来英船一只，与俄船一处停泊。①

十三日丁丑（6 月 2 日）

美国华尔得到上海巨商四明公所董事候选道杨坊，及上海道吴煦之助，雇募旅居上海的外国冒险者组成洋枪队，自认统领，法尔思德、白齐文副之，驻松江广富林村，照洋法操练。军需由杨坊供给。②

十六日庚辰（6 月 5 日）

福建水师提督杨载福奏，遵旨防守李阳河，并进攻蠘矶获胜情形。得旨：蠘矶地方，能否据守。若不能守，迅将中垒攻克，并将其余三垒一律平毁，勿令该逆再踞。③

十九日癸未（6 月 8 日）

赏前任侍郎曾国藩兵部尚书衔署两江总督，未到任前，以江苏巡抚徐有壬兼署。

命江苏存政使薛焕署钦差大臣，办五口通商事。

闽浙总督庆瑞奏，英法兵船借助定海城内。④

法军约三四千人驶至烟台登岸扎营，英军续向金州集中。⑤

廿一日乙酉（6 月 10 日）

本日据玉明奏，漕船在山东洋面，初夷船截抢，该夷复在船演放炮位，并有夷船二只向青泥洼行驶。据称金州和尚岛口外，有火轮船一只停泊，并江南金永康等商船在山东洋面被劫。初八日，该夷火轮船一只，向东南洋驶去，复有该夷劫来丁游船一只，与前劫商船一处停泊。据被劫船户登岸声称，由上海装运漕米，行至威海城山头，被火轮船截抢，带到青泥洼口。原人俱令登岸，每商船有夷人五六名，

---

① 《筹办夷务始末》（咸丰朝）第 6 册，中华书局 1979 年版，第 1904 页。

② 《太平天国译丛》第三辑，中华书局 1985 年版，第 49~50 页。

③ 《清实录·文宗显皇帝实录》卷三一六。

④ 《筹办夷务始末》（咸丰朝）第 6 册，中华书局 1979 年版，第 1919~1920 页。

⑤ 《筹办夷务始末》（咸丰朝）第 6 册，中华书局 1979 年版，第 1929、1937 页。

并不交给原票。前后共劫去商船六只，并将船身另涂白色，欲改修火轮船，带赴天津打仗。该夷复在船演炮，惊骇乡民。又有白布篷船一只，四桅重叠篷大夷船一只，向青泥洼行驶。

因被劫船户原领票照被夷人扣留，无凭查验，难保非奸细假冒登岸窥探，更难保不藉此船只持票溷入各口。清廷着西拉布传集被劫船户水手，逐层盘诘，务得确情，并饬沿海各口弁兵，遇有商船停泊，加意盘查，毋堕奸计。

已革两江总督何桂清奏，和春溘逝，兵勇解体，大局摇动，非臣书生所能支持。得旨：平时无事，侈谈彼短，一旦决裂，尚不自知认罪，犹以书生自居，可叹可恨，殊有负书生两字。

命广西提督张玉良署钦差大臣，督办江南军务。①

廿二日丙戌（6 月 11 日）

山东巡抚文煜奏，上月下旬至本月上旬，七项洋船游弋窥伺。②

廿四日戊子（6 月 13 日）

本日据玉明奏，金州海口，叠见夷船劫留商船，并抢劫银两一切情形。又据文煜奏，夷船阑截漕船商船，现在暗为防范。沙船运米到津，前数月未闻有被火轮船抢劫之事，何以此时纷纷被劫，且有致毙人命之事，实堪诧异，难保非冒充英、法之人所致。清廷着薛焕一面照会英、法二国查询，如系该国之船，务须严行禁约，免起争端。傥有别国冒充英、法二国者，中国无从辨别，即由该二国查明照覆。一面饬令商人，仿照前次该夷欲截漕船，众商与之争论之意，向其理论。尔等既绝我等生计，只好从此罢市。薛焕须相机从中调处，断不可令其决裂，是为至要。③

以验收海运漕粮出力，兵部尚书陈孚恩等下部优叙，予户部员外郎文彬等加衔升叙有差。

廿五日辛卯（6 月 14 日）

本日据何桂清奏，水师无人统辖。又据庚长奏，江面艇船，因南路不通，无处领饷。

---

①　《清实录·文宗显皇帝实录》卷三一七。
②　《筹办夷务始末》（咸丰朝）第 6 册，中华书局 1979 年版，第 1924~1925 页。
③　《清实录·文宗显皇帝实录》卷三一七。

有人奏，杭州北新关为商贾辐辏之区，近来弊窦丛生，自南关至北关穿城二十余里，河流狭小，关吏创为五日十日满限之例，故使笨船阁（搁）拥，货船不得速行。一经满限，虽南关已经报税，北关仍复重征。自北而南亦如之，以致行商裹足。①

廿七日辛卯（6 月 16 日）

俄使伊格纳切夫带兵船两只抵达上海，会晤法使秘书哥士耆，怂恿英法北上攻打大沽，并告以京津防堵情形。②

廿八日壬辰（6 月 17 日）

文煜奏，夷人上岸扎营，张贴伪示，委员相机妥办。据称福山县于本月十九日，有自称法夷兵船，至烟台山下，约有三四千人，各执器械上岸，占住民房，即于山上扎营，并张贴伪示，尚不滋闹。现选长于词令之员，妥为开导。此次夷人占踞烟台，伪示内自称系法国孟姓，文煜现委署青州府知府董步云等前往相机妥办。清廷指示，总在该委员等剀切开导，劝其将船令撤回上海，毋行久踞，方为妥善。并饬沿海将弁于各路密为防范，固不可自启衅端，亦不得因其并不滋事，漫无准备。总宜暗中布置，有备无患，并严禁内地民人，接济食物，潜相句（勾）结，是为至要。③

廿九日癸巳（6 月 18 日）

前命曾国藩署理两江总督，尚未据奏启程，已降旨令薛焕暂署。惟现在上海办理夷务，正当吃紧之际，薛焕未可遽离，而苏、常猝遭蹂躏。其余各属地方，应如何筹防筹剿之处，及收集兵勇，筹备各路援兵粮饷军火，均属万分紧要。清廷着薛焕即在上海地方悉心筹办，务饬各属地方官联络绅民，同心御侮，毋令该逆再陷完善之地。

两淮盐运使乔松年奏，大江南北，贼势愈炽，而英夷志在觊利，尚非一意构兵，请暂主抚议。得旨：速就抚局，原属正办，若藉资夷力，后患无穷。

---

① 《清实录·文宗显皇帝实录》卷三一七。
② 奎斯特德：《一八五七——一八六〇年俄国在远东的扩张》，商务印书馆 1979 年版，第243 页。
③ 《清实录·文宗显皇帝实录》卷三一七。

以江苏布政使薛焕暂署两江总督。

命江西、福建各督抚速筹饷银，解往浙江，以备要需。

改江苏靖江县暂隶通州，从盐运使乔松年请也。①

俄使伊格纳切夫致函美使华若翰，称他奉命在英法对华战争中"严守中立"，担任"调人"，希望俄美两国采取联合行动。华若翰接信后立即表态，告知美国已决定和俄国政府采取相同的方针。②

五月初一日甲午（6 月 19 日）

本日据何桂清奏，徐有壬照会英、法，欲借夷兵防守苏州、该酋答以必须何总督来沪面商，方能定议，何桂清已坐轮船前赴上海商办各。清廷着薛焕即饬吴煦等告知该夷，徐有壬已死，此事毋庸再议。

已革两江总督何桂清奏，前赴上海，商借夷兵。得旨：苏垣保固，尚不可借用夷兵。今事已至此，何事可商。巧藉一避贼之地耳。③

以江苏布政使薛焕为巡抚，仍暂署两江总督。

闽浙总督庆瑞等奏，英船前来厦门，欲往天津。④

初二日乙未（6 月 20 日）

前据文煜奏，法夷孟姓船只，驶至烟台山下，约有三四千人，持械上岸，于山上扎营，并张贴伪示，尚无滋扰，已派署青州府知府董步云等前往询问来意。当经谕令该抚饬令该员等，谕该夷以上年曾经知照该国，按美利坚换约之事商办，未据答覆。今骤然带兵前来，查该处并非通商之地，亦非商办换约处所，未便久留，应即回上海，向钦差大臣商议，向其妥为开导。本日复据文煜奏，该夷自占踞张姓房屋后，复占踞比邻刘姓房屋，于山下开井二眼。二十一日已刻，东南洋南，复驶来火轮船二只，仍泊之罘岛，并由该船搬下马鞍二三百盘，并未见有马匹。又逼令各铺户买伊洋钱使用，似有挟制通商之意。清廷着仍饬前派之委员董步云等，谕以此处并非通商之地，劝其速回上海。并着密谕该处商民，不得行使洋钱，卖给马匹，并防其登岸掳抢。其烟台近处，如福山等县地方，均宜挑备官兵，暗中设伏。以备

---

① 《清实录·文宗显皇帝实录》卷三一七。

② 戴维斯：《美国外交文件：美国和中国（1842——1860）》第一辑第十六卷，威尔明顿学术资料出版公司 1973 年版，第 289 页。

③ 《清实录·文宗显皇帝实录》卷三一八。

④ 《筹办夷务始末》（咸丰朝）第 6 册，中华书局 1979 年版，第 1933~1934 页。

临时策应，免致仓猝为所袭踞。其内地民人接济食物，私行交易，仍须随时查察，严行禁止，毋稍大意。①

初三日丙申（6 月 21 日）

景淳奏，俄夷抢掠寻衅，现将卡伦官兵撤回，招抚赫哲代巡。俄夷由奇咭突赴乌苏里卡伦，抢掠食物，并欲将卡官等截留。业经景淳将该官兵等撤回，分派赫哲坐守。复据赫哲、保福等报称，该夷屡来探问兵数民情，似颇畏惧。复有夷人戏谑扎拉妻妾，经邻人劝散。该夷辄将扎拉邀去，强令归顺。扎拉即在彼探悉木酋与俄王意见未合，所率夷众，亦有怨恨木酋之语。随复逃回，求协领辑顺收留，已令将各赫哲招抚，搬入松花江内地。其宁古塔地方，有夷人房屋草堆，经恩骑尉明禄烧毁，亦无他事。

盛京将军玉明奏，查探金州海口夷情，并讯取被劫船户确供。得旨：严谕滨海居民，断不准接济食物，并禁其钱货互换。②

初六日己亥（6 月 24 日）

以署漕运总督王梦龄兼署江南河道总督。
以观剧弛防，前署漕运总督联英等下部议处。

初八日辛丑（6 月 26 日）

咸丰帝谕令：薛焕奏，英、法联为一气，狂悖愈甚。并据何桂清、王有龄奏，南北皆危，亟宜抚夷剿贼。英、法二夷知江南大营溃退，苏、常等处相继失陷，愈形狂悖，本在意中。何桂清又至上海，与普鲁斯商议，无怪该夷夜郎自大，肆意要求。江南贼势虽张，现在调集各路援兵，自能力图规复。若藉资夷力，更使该夷轻视中国，后患何可胜言。何桂清、王有龄所请断难允行。前据薛焕奏，英酋额尔金道经法国，因该国主一意主战，额酋已回覆该国主不来中国。此次普酋等又称额尔金、葛罗不日仍来中国，其中不无可乘之机。所称立即赴津，断不在上海停留，亦未可尽信。何桂清业经拿问，薛焕现署钦差大臣，责无旁贷，务须在上海妥为办理，不可往来徒报夷情，尤不可为何桂清豫为开脱。所有夷务，着即探明额酋等一到上海，即遵前奉谕旨，剀切开导，冀有转机。固不可因苏、常失陷，

---

① 《清实录·文宗显皇帝实录》卷三一八。
② 《清实录·文宗显皇帝实录》卷三一八。

稍示以弱，亦不可激之北驶，致启兵端。操纵之机，全在该署大臣悉心筹画，不得意存推诿，有负委任。美夷业经换约，何以亦欲赴津，显与英、法两夷暗中句（勾）结。若至天津，误伤该夷船只，必致有所借口，着薛焕详细告知，毋令前往，是为至要。

以海运漕粮验收完竣，户部侍郎宝鋆、仓场侍郎廉兆纶下部议叙，户部员外郎继格等加衔升叙有差。①

初九日壬寅（6 月 27 日）

命户部右侍郎刘昆往奉天巡查海口，会同盛京户部侍郎倭仁妥议税课章程。②

初十日癸卯（6 月 28 日）

前据文煜奏，夷船驶至烟台山下，占房开井，有挟制通商之意。当经谕令文煜饬令委员反复开导，并设伏严防。本日又据续奏夷务情形，并福山县知县陈寿元往见夷酋，情词尚为恭顺。夷人又占民房数处，并船上载来木料，盖屋数间，显系意图盘踞，在彼通商。各铺户纷纷关闭，早绝其望。本日又据文煜奏，夷人于续到之轮船二只内，起出马一百五六十匹。该抚现添调马队以备抵御。③

法国特使葛罗抵上海。次日，英国特使额尔金到达，华商杨坊等劝其与薛焕会晤，额尔金拒绝。④

十一日甲辰（6 月 29 日）

玉明奏，夷船陆续驶至，并于大孤山登岸。夷人火轮船，先后驶至金州海口者已有三十七只，与劫去商船同泊大孤山、和尚岛、青泥洼等处，并因一船垫破，有夷人二百余名于大孤山湾内登岸搭盖帐房栖止。清廷着玉明即知照该副都统，令其拣派明干员弁前往晓谕，以该处并非通商口岸，未可在此逗遛等词，婉言开导，令其迅速回船。⑤

---

① 《清实录·文宗显皇帝实录》卷三一八。
② 《清实录·文宗显皇帝实录》卷三一八。
③ 《清实录·文宗显皇帝实录》卷三一八。
④ 《第二次鸦片战争》(六)，上海人民出版社 1979 年版，第 259 页。
⑤ 《清实录·文宗显皇帝实录》卷三一九。

十二日乙巳(6月30日)

前因户部奏，广东省请拨关税充饷，应饬加谨存储。当谕耆龄于抵粤后，设法办理。本日据耆龄奏，访查粤海关收税数目，现拟筹办情形。粤海关征收税银，自上年八月起，所收银两被夷人提取大半。该抚拟嗣后以西江北江军需为名，所有关库收到税银，无论多寡，酌提十之五六，同省城各库银两，一并解往佛山，另款收存，以备拨解。余银留为补还该夷经费之用，并拟于佛山建筑城垣。俾商贾不招自至，渐收利权，且筑城以后，足以自固，该夷无可窥伺。清廷着耆龄熟筹酌办。至粤省商贾贸易，近因夷踞省城，本已争趋佛山，此时设法招徕，亦须以渐施行，使夷人不觉，以免因此启衅。

闽浙总督庆端等奏，闽省添调兵勇，筹饷裹带，赴援苏州。得旨：新调闽兵，声明由本省力筹裹带，并未奏明系动用何款，共银数若干。着户部存记，将来该省如果有意蒙混，即不准作正开销，责令分赔。①

庆瑞奏，法、美兵船来厦门，已驶出口。②

十三日丙午(7月1日)

玉明奏，金州续到夷船多只，调兵防剿。金州地方先后聚集夷船六十余只，在和尚岛、青泥洼、大孤山等处停泊，时复登岸拆毁民房，搭盖帐房，演放枪炮，抢掠牲畜，显有窥伺滋扰情形。该将军因金州城池紧要，将前次挑备省城等处官兵，调派记名副都统协领奇凌阿统带，驰赴金州，并前调熊岳官兵均归该协领统带。清廷着即责令与副都统希拉布，会同旗民地方官，斟酌缓急，妥为布置。惟盛京海口纷歧，各处防兵，总应暗中设伏，以备该夷大队深入滋扰。若将防兵聚集海岸，夷人窥我虚实，转得施其伎俩。

已革两江总督何桂清奏，江南饷源断绝，请饬拨接济。得旨：户部速议筹拨，并查明大营未溃以前已解未解之饷，划清界限，饬催具奏。③

十四日丁未(7月2日)

前据文煜奏，夷人续到轮船二只，内起出马一百五六十匹。复据玉明先后奏

---

① 《清实录·文宗显皇帝实录》卷三一九。
② 《筹办夷务始末》(咸丰朝)第6册，中华书局1979年版，第1966页。
③ 《清实录·文宗显皇帝实录》卷三一九。

报，夷人先后驶至金州海口者已有船六十余只，在大孤山、和尚岛、青泥洼等处停泊。本日复据劳崇光奏，该夷由上海赴东洋日本国购马五六百匹，运至浙江定海。又赴南洋曼奈即小吕宋购马一千二三百匹，运至广东香港，兵船旋亦驶赴上海，人数约一二万，尚有二三千人，在香港支搭帐房，亦一并登舟北驶。昨据耆龄奏，亦称"该夷以万余金购买稻草，访问欲载往天津，扎草人于马上，用冲头阵以当炮火，而以精锐继进。又欲填塞天津沟坎烂泥，免致陷足，复以千余金收买寸许厚木板，将载赴上海，打造小船，以备天津同时并进之用。又有马队三四千，亦均载往天津"等语。又奏英夷公使额尔金邀同法夷公使葛罗自伊本国前来。该二酋系咸丰八年在天津与桂良等面议条约之人。因上年普鲁斯等办理不善，致启衅端，是以伊等复来重理前说。各夷商惟恐兵连祸结，致妨贸易，屡求伍崇曜等探问。傥夷船抵津，未遽动兵，清廷着恒福当派员开导，毋先开衅。如该夷先行开炮，或旋诡计，僧格林沁即相机堵御，总在有备无患，计出万全，方为妥善。

据乔松年奏，淮海两属推广抽厘，可否改交署漕运总督察看办理。前据乔松年奏，请于淮海两属择地设局，推广抽厘，经户部议交两江总督察看办理。现在曾国藩尚未到任，所有该运司请于淮海两属推广抽厘之处，有无滞碍，清廷着王梦龄按照部议，就近察看情形，斟酌妥议办理，以免稽延。①

十五日戊申(7月3日)

前因何桂清等欲借夷兵规复苏城，叠经谕令薛焕阻止。兹据薛焕奏，俄酋抵沪，怂恿英、法北来打仗，并募勇及雇夷勇亲督进剿。俄夷使臣易哟学行抵上海，极力怂恿英、法打仗。普酋、咈酋为其所惑，主战之意愈坚，有不候额、葛二酋到来即行北驶之意，俄酋并许其同去。其为各夷相约而来，互通消息，狼狈为奸。俄酋希图于中取利，已无疑义。

昨据耆龄奏报，粤海关税数目，内称法兰西夷人，陆续提出关税银三十三万三千余两，美利坚夷人提出银四万两，均称系作抵六百万抚夷经费。美夷业经换给和约，尚属从权。法夷在天津虽有二百万两之议，现在并未换约，且英、法两国提取填筑地基银八万八千余两，夷兵防城经费洋银一万八千圆，该督未经奏明，何以准其提用。清廷着耆龄密派妥员进城面见劳崇光，询以各该夷已提银两，是否即在和约内所定之六百万两数内，必须询明，否则必为该夷所愚。今该夷既已提用，即将此款存记，以备将来扣除，务须严密办理。

暂署两江总督薛焕奏，俄夷抵沪，怂恿英、法二夷北来情形。得旨：俄夷怂恿

---

① 《清实录·文宗显皇帝实录》卷三一九。

英、法，不过为于中取利，此时应密饬华夷两商设法离间。①

美使华若翰离上海赴渤海湾。次日，俄使伊格纳切夫启程前往日本转赴渤海湾，并先遣译员去北塘投递致军机处照会。②

十七日庚戌(7 月 5 日)

英特使额尔金离上海乘船北上。③

十八日辛亥(7 月 6 日)

咸丰帝谕令：前因夷人于烟台地方占房盖屋，叠经谕令文煜严禁奸民接济并交易货物，及沿海民人不可任听该夷雇募服役，尚未据该抚将办理情形覆奏。近日朕闻夷人于到烟台后，将商船之大者悉行夺去，居民商贾迁徙一空，随至福山县城内，以修夷馆通商为辞，向该知县索取夫马，搬运瓦石。知县等官业已避去，复于庙岛长山岛修筑炮台数座，府城官属闻风远避。该夷即至城内，居府署者数日，复回岛中。并闻海口地方银价骤落，夷人所带广勇时出滋扰，土匪亦乘机掳抢，总兵曹逢年、署知县陈寿元并未认真弹压，民心不服。④

法国陆军司令孟托班抵达烟台。⑤

十九日壬子(7 月 7 日)

僧格林沁等奏侦探防守情形。据称海口一带，处处沟槽，今年雨水较多，濠墙外尽皆泥淖。该夷即欲填沟塞濠，亦不能尽知大沽营盘虚实，且正欲诱其深入。现已传知各营，并饬令西凌阿、增庆等严密防范，及沿海一带妥为侦探。

文煜奏，夷人到烟台后，续载来牛三四十只，上岸牧放，并搬取乱石，砌海岸马头。又驶来大船二只，载有夷兵五百。威海汛地方，至来轮船一只，有夷人十余名，声称英国有兵船四五十只，约兵万余，五七日内即到威海。烟台街上，夷人往来，约八九千。据通事云，大将军在后，尚有马八百对。二将军亚蒙先来，只为去岁天津之事。

---

① 《清实录·文宗显皇帝实录》卷三一九。

② 《筹办夷务始末》(咸丰朝)第 6 册，中华书局 1979 年版，第 2000、2003、2029 页。

③ 《筹办夷务始末》(咸丰朝)第 6 册，中华书局 1979 年版，第 2028 页。

④ 《清实录·文宗显皇帝实录》卷三一九。

⑤ 《筹办夷务始末》(咸丰朝)第 6 册，中华书局 1979 年版，第 1997 页。

本日有人奏，夷船泊福山海口，有马队三千，上骑中空木人，内装火药，每日上岸操演。复闻募到潮勇，约五六千人，闲日十余人或二三十人不等，结伴北行。文煜所派防堵兵五百名毫无觉察。又沂州府属之莒州不通大路，月内忽有南来人众数起，皆官兵衣装，口操粤音，称系由河南撤防回京，并无印文执照，该地方官弁亦不根究查询，任听行走。①

法国特使葛罗丽上海北上。②

二十日癸丑(7 月 8 日)

盛京将军玉明奏，金州海岸洋船及帐房日渐增加，夷人并在岸牧马。③

廿一日甲寅(7 月 9 日)

文煜奏，委员接见夷酋情形。清廷指示：该夷既肯与董步云等接见，仍应饬令该员等作为己意，告以大皇帝抚驭各国深仁厚泽。上年法国并未助英国打仗，虽未换约，和好自在。现在大沽防守严密，英国若去，必然吃亏，尔国何必前往。山东地方虽无办理通商大臣，然尔国如有可以商办之事，本省巡抚亦可代为转奏，使汝等下情可以上达。大皇帝宽大为怀，亦必有加恩之处。若随同英国与中国用兵，恐徒伤和好。如此晓谕，无论该夷听从与否，此意不妨令董步云等向其开导，兼可探听该夷动静，豫为准备。④

廿三日丙辰(7 月 11 日)

据薛焕奏，额尔金既抵吴淞口，法酋葛罗计可先后到沪，有即日北驶之说。夷人在奉天、山东洋面，抢掠船只，恐其探海口水浅之处，欲乘小船前来，情殊叵测。额尔金等既将即日北驶，恐其竟扑大沽，或用小船登岸，或搭造浮桥，或将所掠商船先来探试，均不可不防。清廷着僧格林沁等豫为布置，严密防备，毋使该夷得行诡计，方为妥善。至该夷于拦江沙外游驶，固不可先行议抚，如有可乘之机，亦不可因我有备，致失议和机会。其间操纵，该大臣等临时酌夺，迅速具奏。

薛焕奏，此次克复嘉定太仓，内有吕宋夷人一百名助剿。清廷以为虽非英、法

---

① 《清实录·文宗显皇帝实录》卷三一九。
② 《筹办夷务始末》(咸丰朝)第 6 册，中华书局 1979 年版，第 2028 页。
③ 《筹办夷务始末》(咸丰朝)第 6 册，中华书局 1979 年版，第 1984～1985 页。
④ 《清实录·文宗显皇帝实录》卷三二〇。

一类，究不必藉资夷人之力，着薛焕即将此项夷勇裁撤，给予募费，作为商雇并非官雇，以免将来有所籍口。其大西洋夷酋，并着设法驾驭，毋令附和英、法为要。

庆端奏，英、法二夷现居定海厅城，操演巡查，强索征册。据称该夷在定海约有三四千人，轮流入城操演，分段巡查，强索征册，意图征收钱粮。经该署同知甘炳密饬绅民，前向开导，即有法夷美理登赴厅，声称拨兵巡街，按月须贴巡费银两，并逼令开写钱粮数目。清廷着庆端、王有龄即饬该地方官会同委员妥为防范，仍与华商绅民等设法开导。当告以该厅钱粮数目，无从开写。不可为该夷所逼勒，致堕其奸计，亦不可因夷人强逼为词，豫为将来各项钱粮报亏地步。仍当激励民团，与之为难。若得百姓齐心，该夷必不敢肆无忌惮。一面即确探情形，相机筹办，毋令得步进步，多方要挟，以期就我范围，是为至要。

署钦差大臣江苏巡抚薛焕奏，英、法两夷兵船业有北驶，额尔金等现抵香港，并陈筹办情形。得旨：此时办法，总宜以华夷构兵，费出自夷商，由商力阻，并间其附和，为釜底抽薪之计。又奏克复嘉定、太仓两城，得旨嘉奖。①

廿六日己未(7月14日)

僧格林沁、恒福奏，遵调官兵到防，并俄夷船只停泊北塘，投递美夷信函。直隶备调官兵四千名，除分拨唐儿沽及环濠炮台等处防守外，所余及新调之兵共只有二千名，为数较单。青县一带为山东等省入京要道，亟宜驻扎重兵，以防奸宄阑迹。所有前项备调官兵二千名，清廷着僧格林沁等遵照前旨，拣派得力大员，迅饬前往该县驻扎。当由京营另调兵二千名，派克兴阿管带前往，一并驻扎青县，与直隶官兵分作两营，以厚兵力而资捍御。俄夷寄京信函，着恒福派员接收，转送京师。至美夷转递信函，和约内并未载有美国由天津海口呈递之条，是以碍难接收。如美国钦差船只到来，可告以尔国既已换约，自应按照条约办理，另无再议。如欲给英、法两国从中调处，亦须由上海办理五口通商钦差大臣处商议，方为信守和约之道。

本日据文煜奏，近日夷务情形，拟即出省筹办。所称夷人又续到轮船三只，夷兵夷官甚多，起出马二百数十匹，连前约共四百匹，炮车三十余辆，大小铜铁夷炮又小车一百余辆。孟酋亦已上岸，计共到夷兵一万，马四百余匹。文煜业已由省启程，驰赴青莱交界，密驻筹防，并先委派候补知府来秀驰往烟台，确查夷务情形，兼派李德增等分赴自登至直经过地方及沂莒一带，查拿奸细。

军机大臣等奏，美夷信件，可否令恒福接收。得旨：俄夷寄京信函，着恒福派员接收，持送京师。至美夷信函，碍难接收。可告以俄国现有驻京学生，尚可递

---

① 《清实录·文宗显皇帝实录》卷三二〇。

送。若事涉通商，总在五口钦差方能办理。美国于去岁已换和约，无可再议，实不能代为递送。即使美国钦差到此，递有信函，亦必咨照上海钦差办理。①

廿七日庚申 (7 月 15 日)

刘长佑奏，越南正贡届期，据呈请旨，并可否饬令于来岁年底到京。越南国上届应进例贡，因内地军务未竣，谕令缓至下次两贡并进，来年复届贡期。既经该国王沥诚恳请，若再行展缓，转不足以示怀柔。所有越南贡使，清廷着准其于来年六月以前到京，呈进贡物，不必俟至岁底。惟广西军务未平，尚须绕道行走，应如何早行开关，俾该贡使等得以如期抵京，即着刘长佑酌度情形办理。②

盛京将军玉明奏今日金州洋船情形。③

俄使伊格纳切夫率领兵船八只抵达北塘，驻京俄国东正教修士大司祭固礼闻讯，派人送来情报，并建议伊格纳切夫"务请大力说服英国人从速前来北京，中国现已极度虚弱"。④

廿八日辛酉 (7 月 16 日)

文煜奏近日夷情。据称该夷日在洋面抢船，本有欲游蓬莱之说，近又闻无暇往游。孟酋已到，问巡检严国祁由烟台赴天津有大河否。该酋带来兵千余人，马三四百匹，马高大者约有五尺，炮车三十余架。听其口气，似欲于过暑后，放船至海丰县属之大山地方，再行水陆并进，直赴天津。所抢船只，问作何用，据云用搭浮桥、装草料。请饬僧格林沁调派马队，前赴盐山扼截。至所到烟台海口，夷人及广东人约共一万数千人，小车共二百五六十辆，马共八百余匹，牛共一百六七十只，粮食军械不计其数。

咸丰帝谕令：昨据玉明奏，该夷轮船，驶入奉天之旅顺口、羊头洼等处，登岸抢掠食物。该二处乡民，聚集二三千人，持械喊逐。该夷惊窜回船，驶出口外，不敢停留。可见该夷尚有畏惧百姓之心。文煜当于民间接济分物、私相交易严切禁止外，仍须将团练事宜，迅速举行，使该夷知众怒难犯，不敢肆行滋扰。即不必因兵不敷调，另请增勇也。⑤

① 《清实录·文宗显皇帝实录》卷三二〇。
② 《清实录·文宗显皇帝实录》卷三二〇。
③ 《筹办夷务始末》(咸丰朝) 第 6 册，中华书局 1979 年版，第 2004～2006 页。
④ 布克斯盖夫登：《1860 年北京条约》，商务印书馆 1975 年版，第 82 页。
⑤ 《清实录·文宗显皇帝实录》卷三二〇。

廿九日壬戌(7 月 17 日)

本日薛焕奏，额尔金、葛罗已到上海，即日北驶，并派员来津听候差遣。薛焕署理钦差大臣后，即照会英、法、美、俄四酋。英、法并不照覆，额尔金、葛罗到沪，惟装运军火行李上船，并带有竹梯车马木刻假夷人等，数日内即行北驶。经华商杨坊等劝其与薛焕见面，该酋答以只知进京，不与外省官员相见。额酋即日起碇，葛罗尚须稍迟数日。美、俄两酋亦附和同行。该夷等联为一气，决意北驶，薛焕已无从劝阻。薛焕现派候补知府蓝蔚雯，带同候选知县黄仲畲及华商一二人，坐捕盗轮船，前来北塘，听候差委。①

葛罗于芝罘港致函孟托班和夏尔内海军中将，命他们按照原计划攻占白河口炮台，占领天津。法、英两国大使将再次至天津以等待中国政府重开谈判。在此以前不要和中国政府打任何交道，只有到那时，才能向北京表明抵抗是无益的。②

六月初二日甲子(7 月 19 日)

僧格林沁、恒福奏，北塘祁口续到夷船，接收俄夷信函，并请派谭廷襄等来津筹办。僧格林沁等派员接收俄夷信函，业将美夷信件令其撤回，惟明常既经出口，因又有美船驶至北塘，复行进口，情殊叵测。夷人在海口一带庙内住宿，和约内并未载有此条。清廷着僧格林沁等派员晓谕该酋，令其迅速下船出口，不可任其久踞，致堕术中。祁口往来之船，在高沙岭、驴驹河等处丈量水势。又有粤人登岸，询问赴津路径，其为英、法无疑。该大臣等尤当督饬南岸马队官兵，轮流至祁口一路巡防。如该夷有欲扎营情事，亦须派人向其开导，断不可如烟台、金州等处，任其登岸占踞，致令得步进步。总须以理相拒，不可衅自我开。并晓谕居民，不得与之接济，以杜该夷窥伺。至驻扎青县官兵，即照所请，派副将牛浩然管带，俟此项官兵到防，归克兴阿统带。

钦差大臣僧格林沁等奏请于谭廷襄、崇纶二员内，派一员来津议抚。得旨：僧格林沁素顾大局，深得兵心，于决战之时，固无罅隙之漏，而于抚局亦必能代为擘画。至恒福以封疆大吏，兼理防务，于议战议抚，胥关天下苍生，岂可稍存成见。若必欲仍复旧观，必以丁岁冬粤城未失以前论，试问能乎否乎？③

英法特使及两国海陆军统领会于烟台，会商进军计划，准备于六月十一日在北

---

① 《清实录·文宗显皇帝实录》卷三二〇。

② 《第二次鸦片战争》(六)，上海人民出版社 1979 年版，第 266~267 页。

③ 《清实录·文宗显皇帝实录》卷三二一。

塘河左岸入口处宜于停泊的地方会齐，十二日对河内任何可能有的障碍物进行侦查，然后再决定登陆和入侵的方式。①

初四日丙寅(7 月 21 日)

文煜奏续到夷船情形。据称烟台海口，续有夷船驶到，夷人、广东人约共一万四五千人，马一千一二百匹，骡七八十头，大车四十余辆，独轮小车一百余辆，木桶、木箱、麻袋等多件。委员问以现居烟台何事，答以避暑，七月后即赴天津。该夷复探听烟台至利津及利津至天津水陆程途远近，并于山南平地试演炮车。兼闻烟台铺户传说，该夷于六月初旬，即要起身，并该夷大将军即日坐船西行，已分咨僧格林沁等严防。

本日据薛焕奏，额尔金、葛罗于五月十七、十九日，先后由沪起碇，并探得该酋等有会齐兵船，于六月初旬，偕抵大沽海口，察看中国如何举动，始决战和。②

干王洪仁玕致函上海英国教士艾约瑟，约其来苏州面晤，并亲赴苏州相候。③

初五日丁卯(7 月 22 日)

劳崇光奏，探闻英酋额尔金等由香港上海即赴天津，并购得新闻纸，知英吉利国王之意主和。惟适值江苏军务决裂，难保该酋不故作刁难。夷人于山东、奉天等海口，业已肆行占踞。近复有人船陆续驶至北塘海口，若听其任意登岸，则麇聚既众，必至滋蔓难图，不可收拾。惟昨因俄酋来文内有愿为英、法说合之语，业将原文钞给僧格林沁等阅看，并谕令乘机妥办。本日据劳崇光奏报各情，亦与昨日薛焕所称该夷欲于到大沽后，察看中国举动再决战和之语暗合。是该夷等志在求和之说，尚非无因。清廷着僧格林沁、恒福酌量情形，如夷人日内续有船只到津，恣意上岸，图占民房，或支搭帐房居住，必须派人先行前往，善为开导，此处断难任所欲为，致将来追悔无及，不可令其踵山东故智。若英、法两夷到后，或遣员进口投递文书，则是意图求抚，自可藉弭兵端，即着恒福遵照前旨，设法办理。

本日据玉明奏续陈金州夷务情形，并筹酌设防。金州夷情猖獗，船既百数十只，人亦不下数万，登岸夷人诡称避暑暂驻，至今月余，毫无动作，难保不别寻衅端，水陆并进。现自金州至省城兵力空虚，并各海口在在均可登陆，防不胜防，亟应举办民团，以资堵御。清廷着景霖星速前往盖州驻扎，劝谕各州县村庄实力举

---

① 《第二次鸦片战争》(六)，上海人民出版社 1979 年版，第 269 页。

② 《清实录·文宗显皇帝实录》卷三二一。

③ 《太平天国文书汇编》，中华书局 1979 年版，第 312~313 页。

行。再关外旗堡甚多，亦当一体团练。即由玉明会同该府尹认真督办，务须旗民联为一气，方为妥善。……其没沟营铺团二千余勇，即着该府尹就近弹压。前备调之官兵一千五百名，并着玉明全数调出，在辽阳、盖州、适中之地择要驻扎，与民团相辅而行，以资联络。

劳崇光奏，请估变师船，备抵借款。此项师船，据称接该抚咨，仍由粤省派员雇募水兵，俟山东委员到粤，即会同管驾回东。而现在粤省受雇水兵，率多无业蜑民，远涉重洋，每虞滋事，且师船六号均属损漏不堪，难于修葺，空糜巨费，而无益护漕，自应准其变通办理。所有山东省护漕船只，或另行制造，或雇用民船，清廷着文煜就地方情形妥为筹办，并着就地配用水兵，以归简易而昭核实。

盛京将军玉明奏，金州夷船出入无定，并拿获奸细。得旨：拿获奸细，除应讯明分别办理者，自应解省研鞫，以重人命。若直供不讳，受夷指使侦探虚实者，即就地骈诛。

两广总督劳崇光奏，越南例贡应否展缓。得旨：已有旨令使臣于明年六月上旬抵京。如仍有梗阻，再由汝会同该抚具奏。①

李秀成致函上海英国教士艾约瑟·杨笃信，告知洪仁玕已抵苏州，请来面商一切。②

俄使伊格纳切夫乘船至烟台，向英法首领提供"自大沽炮台直至天津的白河两岸中国人所筑的全部防御工事"。③

初六日戊辰(7月23日)

本日据查文经奏、苏松太道于应解饷需，以本境调防及供应英、法两国防兵为词丝毫不解，迭经催提，仍属罔应，并请将寄存浙江宁波银十万两，由海道解往应用。清廷批示：夷人防兵，自应由夷酋发给口粮，断无中国支应之理。何以该署道员吴煦于查文经催饷时，辄以此言答覆。是否实有其事，着薛焕查明具奏，毋稍回护。④

初八日庚午(7月25日)

庆端奏，浙省军情万紧，即日统兵驰援，并请饬催各路援师会剿。逆匪窜陷嘉

---

① 《清实录·文宗显皇帝实录》卷三二一。
② 《太平天国文书汇编》，中华书局1979年版，第313~314页。
③ 《第二次鸦片战争》(六)，上海人民出版社1979年版，第511页。
④ 《清实录·文宗显皇帝实录》卷三二一。

兴，杭城危急。①

朝鲜国使臣任百经等三人于同乐园瞻觐。

初十日壬申（7 月 27 日）

薛焕奏称，捕盗轮船水手等全被普鲁斯唤去，现饬蓝蔚雯等改由陆路行走，星夜北上，并称上年天津开仗，系由普酋与法酋咘尔咘隆擅自主战，并非该国主本意，是以另派额酋、葛酋前来办理。其意原重在和，而不重在战，惟普酋恐一经议和，则益著其上年擅战之失。是以坚称国主主战，豫为布置。额、葛两酋既至以后，阻使不令见薛焕一面，使无从说合，无非一片私心。②

十一日癸酉（7 月 28 日）

前因夷人载马北行，当谕玉明、文煜严禁居民卖给马匹。该夷现于金州、福山等处停泊船只，搬运马鞍，包藏祸心，难免不为水陆并犯之计，恐其在各产马处所添买马匹，或密嘱奸商代为购求，并恐发捻各匪四路购买，不得不严为防范。盛京、吉林、黑龙江、绥远城、热河、察哈尔、大凌河及顺天直隶等省，或系产马之区及民间马匹，均宜严禁私贩。清廷着张祥河、董醇、玉明、景淳、特普钦、成凯、春佑、恒福、庆昀、侍顺、文煜、庆廉、英桂、谭廷襄派委干员严密稽查。③

英法兵船抵大沽拦江沙外停泊。④

十二日甲戌（7 月 29 日）

法军侦察驶北塘，侦查登陆地点，最终决定在北塘登陆。⑤

美使华若翰照会直隶总督恒福，愿为从中调处。⑥

十三日乙亥（7 月 30 日）

本日据军机大臣呈递僧格林沁致惠亲王等信函，内有该大臣派员查看美夷船

① 《清实录·文宗显皇帝实录》卷三二一。

② 《清实录·文宗显皇帝实录》卷三二一。

③ 《清实录·文宗显皇帝实录》卷三二二。

④ 《筹办夷务始末》（咸丰朝）第 6 册，中华书局 1979 年版，第 2048 页。

⑤ 《第二次鸦片战争》（六），上海人民出版社 1979 年版，第 269~270 页。

⑥ 《第二次鸦片战争》（六），上海人民出版社 1979 年版，第 437~438 页。

只，告以该国前托转递信函，所以未经接收之故。该夷深为诧异，及同委员至俄船查询。俄夷明常则称已将信函代为呈递。是明系俄夷从中播弄是非，有意挑衅，希图取利，亟应乘势离间，以破奸谋。该大臣等拟仍派员赴美船，告以总督公文可以接收，并申明前信未收之说。①

英法联军驶赴北塘，距北塘八海里处遇俄美船只。伊格纳切夫随即向联军提供"在北塘连一道障碍物也没有碰到过"的情报。②

十四日丙子(7月31日)

本日据僧格林沁等奏，夷船先后驶至海口十余只，并接收美夷照会，钞录呈览。

文煜奏遵办沿海团练，派拨勇丁，分别设防，并仍饬委员开导夷人。东省沿海之蓬莱、福山等县，经各地方官劝办团练，已有万人之多，并经该抚将雇募勇丁分扎大山利津等处。清廷均着照议办理。美夷到津以后，经恒福派员告以由俄酋递来该夷信函，并未接收，而俄酋则称美夷所诧信函业已代为递交，欲以我之不覆激怒美夷。是其蓄心挑衅，已可概见。此时美酋有与恒福照会，明露欲为英、法调处之意，而并不索回文，是欲中国挽其调停，以便肆行要挟。恒福现未给与覆文。本日已谕知该督等照覆美酋，令其告知英、法傥欲换约，须照上年美国换约成规，令该酋等少带从人，由北塘来京，将应行斟酌各款议定后，再行彼此互换。

钦差大臣僧格林沁等奏夷船续到海口，并筹办情形。得旨：美夷既有照会，即应照覆，以免将来口实。只得告以中国原无必战之心，不可授以仗彼求和之柄。又批：其机虽在该夷，先机而导，遇机而发，则仍操之自我，不可只图其易而避其难。又批：该夷有心求和，彼必有一番挟制，理势然也。又批：甚好，此为议抚之端倪，不可作为战后之地步。③

清廷得知，烟台洋人已于初五六日分十船向西北驶行。④

十五日丁丑(8月1日)

薛焕奏克复松江府城，现饬乘胜进剿。江苏松江府城被贼匪窜踞，经薛焕饬令候补道张景渠等会同直隶州州同应宝时等约会民团，分投进剿。五月二十七日，贼

---

① 《清实录·文宗显皇帝实录》卷三二二。
② 《第二次鸦片战争》(六)，上海人民出版社1979年版，第511~512页。
③ 《清实录·文宗显皇帝实录》卷三二二。
④ 《筹办夷务始末》(咸丰朝)第6册，中华书局1979年版，第2044~2045页。

匪分路出巢，图窜上海。官军乘其不备，即刻进攻，直抵南门城下，施放枪炮，轰毙逆匪多名。城内各匪慌乱，我军攻破城门，应宝时督令兵勇首先由南门杀入，兵勇民团，一齐拥进，毙贼一千余名，当将松江府城克复。①

十六日戊寅(8 月 2 日)

僧格林沁、恒福奏，夷船连樯而至，津沽防守吃重。夷船一百数十只，均在拦江沙外停泊，距海口不过三四十里。僧格林沁调派马步官兵，分扎各路，并于埝子庄地方豫筹马队，以备临时截击。②

英国教士艾约瑟、杨笃信等自上海抵苏州，与干王洪仁玕会晤。时一外国商人自沪来苏州，谈及洪仁玕前致各国领事书并未拆阅，干王颇愤慨。③

十七日己卯(8 月 3 日)

咸丰帝谕令：昨因夷船在拦江沙外，谕令恒福先行照会该酋，令其少带从人，来京换约。本日据僧格林沁等奏，夷船三十余只，驶至北塘海口，夷人登岸，占踞村庄。恒福现已照会美酋，转约英、法二夷进京换约。所办尚为妥善。惟当接美酋照会时，即应立时照覆，今英、法既已在北塘登岸，始行照覆美酋，已属落后一着。傥美酋不为即达，英、法必至立起衅端，着恒福即赶紧分拟照会，径行给与英、法两酋。其英夷照会内，不必提上年打仗之事，但告以汝等此次既到北塘，足见真心和好，有意换约而来。如愿照美国之例，进京换约，必代为转奏。俟奉旨允准，即可由此北上。法国照会内，告以上年尔国并未助英国打仗，大皇帝深为嘉奖。此次来至北塘换约，从此更可永敦和好。如此分别照会，其看如何答覆，迅即驰奏。如该夷愿照美国之例进京，其坐轿及少带从人之处，即在此内，不必专意提及。傥该夷必欲坐轿进京，亦不必过于阻止，但告以只可在城外坐轿，就必以此小节，致误大局。以后照会，务须心平气和，以礼相接，不必稍露用武之意，致该夷难以转圜。至大沽后路及天津郡城，着僧格林沁仍严密防范，毋稍大意。④

山东巡抚文煜奏，烟台洋人又往西北开驶多船。⑤

直隶总督恒福照覆美使华若翰，请其转达英、法二使，可照美国之例进京换

---

① 《清实录·文宗显皇帝实录》卷三二二。

② 《清实录·文宗显皇帝实录》卷三二二。

③ 吟唎：《太平天国革命亲历记》上册，上海人民出版社 1997 年版，第 230~232 页。

④ 《清实录·文宗显皇帝实录》卷三二二。

⑤ 《筹办夷务始末》(咸丰朝)第 6 册，中华书局 1979 年版，第 2056~2058 页。

约，请其转约该二使，即日进口，择地面商一切。花若翰当即回复，英、法即欲交兵，此时业已无法调停。①

十八日庚辰(8月4日)

僧格林沁等奏，美夷照会内称，英、法两国即欲交兵，现有夷匪结队出村，意图扑犯。清廷着恒福仍遵前旨，迅速分别照会英、法两酋，令其照美夷之例，进京换约，并须心平气和。

玉明奏，查探金州夷情。据称大小孤山、青泥洼、大鱼沟等处，岸上夷人所搭帐房及马匹器械，逐渐收撤回船，驶出外洋，难保非会齐赴津。

直隶总督恒福奏请截留税银等三万五千余两，拨充海防经费。得旨：虽济海防急需，他处亦无款可筹，何不顾大局若是耶。着户部速议具奏。②

二十日壬午(8月6日)

咸丰帝谕令：前据僧格林沁等奏，夷匪由北塘结队出村，意图扑犯，经我军击退，当谕令恒福分别照会英、法两酋，令其照美夷之例，进京换约，以冀夷情就范。兹据僧格林沁等奏夷人势大志骄、暂难议和，沥情直陈一折，所奏情形尚为透彻。此次夷人连樯而至，原属意存叵测，不可不严为之防。僧格林沁恐一意主抚，以致懈我军心，所虑尚是。惟恒福身任地方，抚事责无旁贷。且十七日之战，既已击毙夷匪五十余名，以后该夷并无动静，未必非候我给与照会，藉此转圜，此机断不可再失。总当遵奉叠次谕旨，照会该夷，不可任令委员籍口风浪不顺，畏葸不前。傥再贻误事机，致令大局决裂，惟恒福是问。该督专办抚局，务当平心和气，妥速办理。此时先行给与照会，并非求和，因去岁该夷既受惩创，今番先行照会，不但不为示之以弱，尤见中国宽大，并可看其如何举动，是以屡降谕旨，令恒福遵办。若一经开仗，则荼毒生灵，滋扰海口。傥仍不受抚，结怨愈深，后患终无了期，亦非万全之策。该督总当仰体朕心，曲为开导，以顾大局。若坐失机宜，该督不能当此重咎也。

口外地方，经庆昀派委骁骑校兴福等前往草地及黑城子、白城子等处详加履勘，并无俄夷藏匿形迹。附近蒙古，亦佥称俄夷去年六月回国后，至今并未复来。惟此后难保无该夷潜来寄迹，清廷仍着该署都统随时严密访查，毋令在该处

---

① 《第二次鸦片战争》(四)，上海人民出版社 1978 年版，第 449 页。
② 《清实录·文宗显皇帝实录》卷三二二。

藏匿。①

廿一日癸未(8 月 7 日)

盛京将军玉明奏,金州洋船连日出口九十余只。②

廿二日甲申(8 月 8 日)

本日据僧格林沁等奏,英夷送来免战白旗,拟即照会,令其定期会晤,并将照会及旗式各件,抄录进呈。夷船于驶近北塘河口后,瞥见火攻木筏备齐,即匆迫回驶,以致轮船阁(搁)浅。其船上夷人二名,上岸各执白旗一面,上书免战二字。另有折叠白布一块,据称须留作往来之用。清廷批示:此即夷人先已自屈,显有就我范围之意,此机断不可失。恒福所给英夷照会,深得大体。惟法国亦有兵船在津,虽未答话,未便置之不理,亦须一律给与照会,不可专给英夷,致令有所籍口。日内该夷或有照会,或与该督晤面,务须迎机而导,不必责备其去岁开仗之非。即可向该夷告以援照美夷之例,减带从人,由北塘进京换约。设或该夷另有条款,及格外要求,无论如何为难,恒福断不必当面驳诘,亦不可故作刁难,惟当允其即为陈奏。若在北塘议和,稍不遂意,必有变更,总不如准其进京商议为妥,尤不可令该夷稍生疑虑,方能就我抚局。如愿来京换约,即与该夷约定日期,迅速具奏。③

廿三日乙酉(8 月 9 日)

特普钦等奏春夏夷情,并开江以后过往人船数目。据称夷人请禁换酒,未经允许,海兰泡迤北地方有夷人前往开垦。经委员往见该酋理论,业经将垦地之人唤回查办,所种之地平毁。夷酋玛克什莫幅等来见,经爱绅泰以绥芬、乌苏里夷人必应撤回之语,详为开导。清廷以为所办均尚妥协。惟开江以后,下驶人船为数不少,且载有木箱万余件,口袋三万余条。据称系前往奇咭、阔吞等处,搬移眷口,运送口粮,语涉掩饰,难于凭信。恐于奇咭、阔吞地方,亦有私垦地亩情事,该处系暂借给俄夷居住之处,岂容开垦荒地,为久安之计。且所借地方亦应查明,以免侵越。清廷着特普钦等派委妥员前赴吉林一带,严密查访。该夷于奇咭、阔吞等处占

---

① 《清实录·文宗显皇帝实录》卷三二二。
② 《筹办夷务始末》(咸丰朝)第 6 册,中华书局 1979 年版,第 2068~2069 页。
③ 《清实录·文宗显皇帝实录》卷三二三。

踞地面若干，有无私行开垦之事，并于松花江一带各屯密查，该夷有无占踞开垦之处，务即据实奏闻。

据文煜奏，福山县烟台口岸逼近夷氛，商贾裹足，税厘局委员在彼株守，徒多烦费，暂行撤回，俟事平再设。烟台税厘局，原系收海口商贾之税，并抽厘金。现在虽系该夷盘踞，难保无贪利商人，前往私行贸易。若内地停止抽收税厘，恐该夷得以暗中取利。且夷船已多退出，与前数月情形亦有不同。清廷着文煜严密查明，如该处尚有商人贸易，仍当抽收厘税，以重课项，不得任听该委员一面之词，遽行撤回。

本日据薛焕奏，松江克复后，查获贼匪伪谕一纸，内有两粤兵勇三千余人，欲由上海投诚字样。广勇通贼，为害非鲜，请通饬各省军营，裁汰驱逐，毋令入伍。

华尔洋枪队联合清军李恒嵩再攻清浦，复为李秀成所败，失去大量军械。①

廿四日丙戌(8月10日)

实授曾国藩两江总督，并命为钦差大臣，督办江南军务。

廿六日戊子(8月12日)

本日僧格林沁等奏，英夷接收照会，并未照覆。旋据奏称，接得英夷照会，钞录呈览，并俄夷同来，应否准其会面。清廷批复：英酋额尔金既投递照会，虽语多要挟，然并非专意主战，亦可概见。此次不必直斥其非，亦不必言上年接仗之事，致该夷无所转回。但告以中国与尔国并无必战之心，额尔金系八年原议和约之人，此时前来换约，与八年原约并无不合。如有应行面议之事，大皇帝现派有钦差在京面议，汝等即可定期，由北塘进京，议定为是。至本年二月普酋照会军机处文书，及军机处如何答覆，此处并不知悉，将来汝等到京后，自可向钦差议论。如该酋取出普酋照会文底，及军机处照覆，与恒福阅看，即告以此系普鲁斯一面之词。况八年和约，系额尔金所议。今额尔金到此，自应按八年和约办理。普酋之事，本处不知悉，无须在本处提起。②

廿七日己丑(8月13日)

僧格林沁等奏，夷人分股攻扑新河，马队不能支持。据称二十六日，夷人出

---

① 《太平天国史译丛》第三辑，中华书局 1985 年版，第 64~65 页。
② 《清实录·文宗显皇帝实录》卷三二三。

队，马步约有万余，分扑新河军粮城。我军因众寡不敌，现已退守唐儿沽。唐儿沽距大沽，仅止八里，为大营后路，最关紧要。清廷着即严饬克兴阿等扼守壕墙，不准稍有松懈。恒福办理抚局，责无旁贷，不得因业经接仗遂置抚局于不问，着仍遵前旨，迅速照会该酋，设法转圜，以顾大局。

前据庆昀奏，口外草地黑城子、白城子地方，并无俄夷藏匿情形，当谕令该署都统随时密查。现在俄夷船只在天津一带海口停泊，张家口外为俄夷往来熟径。此时虽无该夷藏匿，难保无内地汉奸，暗通消息，务当严密查拿。至元宝沟地方，该夷前既有紧要之语，应如何防备之处，清廷着庆昀不动声色，遴委明干之员，密赴远近一带，时常查探。①

盛京将军玉明奏，金州海岸，洋船又退三十二只。②

廿八日庚寅（8 月 14 日）

英法联军出队五六千人、炮车二百余辆，攻占唐儿沽。直隶总督恒福照会英、法使者，已派钦差大臣在北京候议。③

廿九日辛卯（8 月 15 日）

朱谕僧格林沁：握手言别，倏逾半载。现在大沽两岸正在危急，谅汝在军中忧心如焚，倍切朕怀。惟天下根本不在海口，实在京师。若稍有挫失，总须带兵退守津郡，设法迎头自北而南截剿，万不可寄身命于炮台。切要切要。以国家倚赖之身，与丑夷拌命，太不值矣。离营后，南北两岸炮台，须择可靠之大员，代为防守，方为妥善。朕为汝思之，身为统帅，固难言擅自离营。今有朱笔特旨，并非自己畏葸，有何顾忌。若执意不念天下大局，只了一身之计，殊属有负朕心。握管不胜凄怆，谆谆特谕。

本日据僧格林沁等奏，唐儿沽被贼占踞，大沽两岸危在旦夕。据称该夷大队，于二十八日卯刻，先欲渡河，因我兵防守严密，随向唐儿沽攻扑。我军相持两时，伤亡甚重，余俱退回。现在拉撤浮桥，令溃兵均归北岸炮台，以图扼守清廷，着西凌阿即将营城驻扎之吉林等马队，刻即统带前赴大沽，救援后路，与僧格林沁合力夹击，以分贼势。

---

① 《清实录·文宗显皇帝实录》卷三二三。
② 《筹办夷务始末》（咸丰朝）第 6 册，中华书局 1979 年版，第 2082 页。
③ 《第二次鸦片战争》（四），上海人民出版社 1978 年版，第 466 页；《第二次鸦片战争》（六），上海人民出版社 1979 年版，第 273～275 页。

连日叠据僧格林沁等奏，英、法等夷占踞北塘村庄，其大股分扑新河军粮城，我军接仗失利。本日据奏，唐儿沽亦被占踞，大沽炮台万分危急。现在夷氛猖獗，其或袭天津，或趋京师，均未可定，亟宜厚集兵力，以严捍卫而固畿疆。清廷着托明阿于原调马队一千外，再行挑拨马队五百名，共一千五百名，成凯、德勒克多尔济、英桂于太原绥远归化各城内，挑选驻防兵一千名，春佑挑选热河兵五百名，谭廷襄挑选陕西兵三千名，庆昀于原调马队一千外，再行挑选马队一千名，共二千名，文谦挑选直隶兵三千名，并文煜将本年原调之山东兵三千名，恩燮将本年原调之青德州兵五百名，玻崇武酌量于密云调派若干名，均须赶紧调派，一律精壮，配齐军装器械火药铅丸，各派大员管带，即日启程驰抵通州，听候瑞麟调遣。①

三十日壬辰(8月16日)

本日据僧格林沁等奏，二十八日卯刻，与夷人接仗后，至二十九日申刻，夷人仍踞唐儿沽，并未出村寻衅。该大臣等将应设炮位等妥为布置，人心较定。并由恒福给与英佛照会，告以大皇帝业已派有大臣在京，等候该使臣等商议，尚未接有该夷照覆。现已将文俊、恒祺前往北塘伴送该使臣进京换约之处，明降谕旨。该大臣等现在无论行抵何处，清廷着即兼程前进。傥该夷索看旨意，可即将本日明发谕旨，给予阅看。接见以后，是何情形，着即详细驰奏。②

恒祺奉命照会英法二使，业经派有钦差大臣前来议事，不日可到，请停止干戈。③

太平军李秀成统军自松江进攻上海，占领泗泾镇。④

秋七月初一日癸巳(8月17日)

前因僧格林沁等奏，唐儿沽被夷占踞，大沽炮台危急，当令僧格林沁妥筹大局办理。兹据奏称，回守天津必致兵心摇动，夷船一经入河，津郡万难保全。现在情形，惟有严守大沽。已连日设法布置，激励马步官军竭力固守。咸丰帝要求其勿专以大沽为重，置京师于不顾。

清廷着恒福再行给与英、法照会，以钦差业经赶到津城，即可前赴北塘，与

---

① 《清实录·文宗显皇帝实录》卷三二三。
② 《清实录·文宗显皇帝实录》卷三二三。
③ 《第二次鸦片战争》(四)，上海人民出版社1978年版，第474页。
④ 《吴煦档案中的太平天国史料选辑》，生活·读书·新知三联书店1958年版，第386页。

额、葛两酋会晤，由文俊等伴送来京办理换约之事。如该夷酋应允，不妨优加礼貌，不至妄生疑虑。至该夷酋行走道路，总宜设法宛转，令其由北塘进京，方无意外之虞。①

福建道御史许其光奏，宜以广东事为戒，不可急与议和。②

初二日甲午(8月18日)

据载垣等呈递大沽海口探报，内称二十八日，侍卫布尔和德解到所获夷人十五名，内有广西长发贼十名。清廷指示，所捡夷人五名内，如有俄、美两国之人，不可伤害，派员送还，并照会该二国既与中国和好，尔国之人，断非助战，想是误被裹胁，看其如何回答。英、法二夷接到照会，有无回信，并着迅速驰奏。③

李秀成再次致函英、法、美公使，声明兵到上海，不扰外人，请悬挂黄旗以示区别。嗣后留大军于上海郊外，亲率卫队三千人抵达徐家汇，逼上海西南两门，突遭英、法军队猛烈射击。部队伤亡三百余人。④

英、法两国使者照会恒福，称必须将大沽两岸炮台占取，使河道通畅，并将本年二月所开条款概准，方能罢兵。⑤

文俊、恒祺抵津，照会英、法二国使者，声明钦奉谕旨前来，护送使臣赴京互换条约。⑥

初三日乙未(8月19日)

僧格林沁等奏，接得英夷照会，极为狂悖，钞录呈览，并该夷占踞大小梁子。又据恒福奏，夷情紧急，请由军机处迅即照会。旋据奏报，接到法夷照会呈览，该夷言词狂悖，其意将以全力攻扑大沽及两岸炮台，现复占踞大小梁子，夷势万分猖獗，现由军机处拟出照会，已交文俊等转达该夷。其能否听从罢兵，尚未可知。该大臣等自当固守炮台，悉力抵御。恐该夷攻扑炮台后面，营外并无援兵，清廷本日传谕宽惠等，令派官绅带领天津兵勇，驰往大沽一带救援，并谕将天津以南州县民团调出，山海关马队已寄增庆等，令其飞催前进。

---

① 《清实录·文宗显皇帝实录》卷三二四。
② 《筹办夷务始末》(咸丰朝)第6册，中华书局1979年版，第2097~2099页。
③ 《清实录·文宗显皇帝实录》卷三二四。
④ 《太平天国史译丛》第三辑，中华书局1985年版，第69页。
⑤ 《第二次鸦片战争》(四)，上海人民出版社1978年版，第486~490页。
⑥ 《第二次鸦片战争》(四)，上海人民出版社1978年版，第492~493页。

直隶总督恒福奏，夷情紧急，请将所请各条，俯赐曲从。得旨：战机已决，挽回无术，现仍拟由文俊等转覆该夷，不过希其万有一得，以不改前年原约为钓饵也。

命防堵山海关正红旗汉军副都统增庆，将调赴山海关之吉林黑龙江官兵一千三百名，交副都统格绷额管带，驰赴大沽，听候调遣。

命长芦盐政宽惠等调防守天津官兵，并郡城练勇，赴大沽防剿。①

浙江巡抚王有龄奏，英、法在定海骚扰，强索巡费。②

李秀成率军转向上海县城法租界，遭英法军队射击，未还击，即退走。其时太平军已经从三面包围上海县城。③

初四日丙申（8月20日）

李秀成督军由上海西外转向英租界，遭黄浦江中两艘英国炮舰轰击，李面颊受伤。时前约之内应两广兵勇已为薛焕所杀。④

初五日丁酉（8月21日）

本日据宽惠等奏，遵拨防守天津旗绿各营兵五千余名，并挑选练勇二千余名，派员管带，前赴大沽，听候僧格林沁调遣。大沽后路，声威已壮。惟该夷现在占踞大小梁子，逼近西沽，虽有马队在彼守御，恐亦未必得力。既有天津兵勇数千，足敷剿办清廷。着该大臣悬立重赏，激励众心，内外夹击，并派队渡河由唐儿沽进攻，以保北炮台后路，不可全行调守濠墙，致令后援兵单，不能牵制贼势。并须于贾家桥一带，加意严防，以通饷道，尤为第一关键。其余通大沽饷道，如新城等处亦须分筹守堵，毋为该夷占踞。八年间，诸臣条奏御炸炮火箭之法，或用牛皮藤牌以避之；或分马队为两翼，置之阵后，斜抄而出，使该夷不得抄我军之后；或乘夜进攻；或乞濠沟数十道，俟该夷开枪，我兵即伏濠中，枪过越出，逼近敌前，使该夷火器无所施其伎俩；或以零星队伍，诱其施放枪炮，突然抢入该夷队中，短兵相接，亦可制胜。其言不无可采，清廷着该大臣体察情形，相机筹办。⑤

李秀成自上海撤兵，往援嘉兴。⑥

---

① 《清实录·文宗显皇帝实录》卷三二四。

② 《筹办夷务始末》(咸丰朝)第6册，中华书局1979年版，第2100~2112页。

③ 《太平天国史译丛》第三辑，中华书局1985年版，第69页。

④ 吟唎：《太平天国革命亲历记》上册，上海人民出版社1997年版，第214~221页。

⑤ 《清实录·文宗显皇帝实录》卷三二四。

⑥ 《吴煦档案中的太平天国史料选辑》，中华书局1985年版，第3页。

初六日戊戌(8 月 22 日)

僧格林沁等奏，北岸石缝炮台失守，现拟遵旨退守。据称初五日卯刻，该夷马步万余，攻扑石缝炮台，因药库被然，以致炮台失陷，提督乐善登时阵亡，现拟督带重兵扼守通州。咸丰帝着僧格林沁等将大沽兵勇一面撤退，一面前赴津城，将海河两岸及郡城守御事宜，督饬宽惠等妥为筹画后，再赴通州，未可因该处水陆受敌，置之不顾。至大沽炮位军火不少，并着恒福将可以运回者，即行搬运。其不能搬运者，炮位即应钉眼，或推落海河。其余军装火药粮饷等均应立时焚毁，毋许存留资敌。

本日据恒福奏称，事势危急，已劝明僧格林沁即日启程，退守通州一带，保卫京师，并将照会英、法之件呈览。本日复据文俊等奏称接到英、法照覆，必欲钦派全权大臣，能允二月定款者，方肯会晤。钦派重臣一节，该督业经允许，清廷着再行给与照会。现在大沽业已撤防，所有海河内一切防具，亦须多日方能撤清，庶可由此赴津。惟既敦和好，兵船不必多带，恐致百姓惊扰，反为无益。至该夷屡次以和误我，此时大沽之防既撤，由津至通一带，布置尚未周备，亦正可藉此稍缓时日。该督一面会商僧格林沁等于附近天津及由津至通一带择要设备，毋稍疏虞。

清廷着焦祐瀛飞速前进，驰抵天津，赶即出示晓谕四乡居民，激以大义，并悬赏格，令其同心杀贼。该夷如不受抚，竟来扑犯，即纠集团勇，痛加剿洗，使该夷知所畏惧。

瑞麟奏通州设防情形并河西务官军应否赴通，及请调京旗炮位。所有伊勒东阿统带官兵四千名，清廷令仍驻河西务，听候僧格林沁调遣，备调京兵五千名，令办防王大臣催令赴通，一俟到齐，即着瑞麟量为派拨，择要驻扎。

薛焕奏，近日各路军情，请饬统兵大员派兵驰援。据称苏省自松江克复后，余匪复陷嘉定，进踞南翔镇，招集附近土匪，图窜上海。青浦县踞城逆匪，距上海密迩，虽经兵练攻击，未能得手。沪城兵力甚单，请速催曾国藩、瑞昌督师赴援。清廷谕知瑞昌、王有龄，饬张玉良迅派劲旅三千驰赴沪上。

命杭州将军瑞昌等拨兵三千名，驰赴上海交巡抚薛焕调遣。①

初八日庚子(8 月 24 日)

据僧格林沁奏，天津无可守御，现往蔡村候旨，并现拟调兵固北面之防，自请治罪。清廷着照所议办理。其通州河西务原驻各兵，无庸撤回京师。该大臣将所带

① 《清实录·文宗显皇帝实录》卷三二四。

官兵留于通州驻扎，即着迅速来京，面受机宜，再行回至防所，节节向前布置，以卫京师。

恒福奏，炮台撤防，退回津郡。文俊等奏，津兵撤调赴通，人心震动，应亟筹保卫。清廷指示：据恒福将给与夷人照会呈览，着恒福即先行给与英法照会，以现已派桂良及该督为钦差大臣，前来商办。该夷得此消息，暂不至即肆猖獗。津城防守事宜，虽不便明为办理，亦不可不暗中防范。

巴栋阿奏，夷船入江上驶。据称六月二十一日，有夷人炮船一只经过瓜州江面，船上有夷人二名水手、夷人数名、宁波人十余名。问系英吉利国船，由上海前赴金陵传教，并呈出致镇江元戎信一封、耶稣书三本，称说三二日即回。至今尚未回驶，请饬严防。

以山海关副都统成保署直隶提督。

命大学士桂良驰赴天津，会同直隶总督恒福，办理夷务均授为钦差大臣。

以科尔沁亲王僧格林沁办理海防，未能周妥，革去正黄旗领侍卫内大臣、镶蓝旗满洲都统，并拔去三眼花翎。①

初九日辛丑（8月25日）

本日据文俊等奏称前由军机处拟定照会底稿，已照录送往，未接照覆。复据恒福等奏，英兵已入津城。该督接见巴酋，其意总以未经派有钦差，不能停止干戈为词。桂良候领钦差大臣关防，即日启程，约十五日必可到津。已由桂良拟就照会，着恒福转交该使臣，俾知桂良克日可到，以免再有疑虑。恒福、恒祺均着居住城外，以便与桂良面商一切。②

初十日壬寅（8月26日）

昨据文俊等奏，夷众占扎津城，往来文报，恐有拦截。当谕文俊毋庸回京，即在杨村驻扎。兹据载垣等呈递文俊所寄信函，有由杨村河西务一路回京之语。夷人既占津城，文报到时，若被搜获拆看，必致另生枝节。文俊着仍遵前旨，毋庸回京，即折回杨村驻扎，俾往来密寄事件，得以设法转递，以免疏虞。

据焦祐瀛、张之万奏，驰抵天津，查访情形危急。据称该夷盘踞天津郡城，若遽出示时晓谕四乡居民同心杀贼，必至立起衅端，尤恐有误大局。

命直隶布政使文谦，将天津寄存藩库饷银二十余万两迅解通州，撤顺天原设粮

---

① 《清实录·文宗显皇帝实录》卷三二四。
② 《清实录·文宗显皇帝实录》卷三二四。

台，均归天津道孙治经理。并另拨银三万两，解交光禄寺少卿焦祐瀛等办理团练。①

十二日甲辰(8 月 28 日)

恒福等奏津郡夷务情形，并知照焦祐瀛等在西乡安抚居民。夷情狡诡异常，既经该大臣等设法转圜，令将城上所竖旗帜暂行撤去，并看守夷兵亦暂撤退，民心得以稍定。清廷着恒福传谕该少卿等，仍当纠集团勇，备豫不虞，一面安抚居民，力求镇定，一面仍暗为设防，以资捍卫。不得因现在议抚，稍涉大意。

薛焕奏，青浦官军失利，松江府城复陷，上海情形危迫，请饬督师大臣兼程援救。

前据巴栋阿奏，六月间有夷船一只入江上驶，问系英吉利船，由上海前赴金陵传教，至今未回。复据王有龄奏，搜获逆目伪文，有洋人兄弟来降之语。本日薛焕折内，亦称洋泾滨夷房墙壁黏贴伪示。该逆与夷人，设或暗中句(勾)结，剿办尤难措手。清廷着薛焕派员设法密为离间，毋令联成一气。②

十三日乙巳(8 月 29 日)

江浙漕船三只，共装漕米四千七百三十石，因洋面未靖，暂行收泊山东俚岛口内。清廷着文煜派员确切查明此项漕米，如令在船停泊，是否不至霉变，抑或于附近地方，暂行露囤，俟海防事竣，再行运津兑收。该抚即体察情形，妥为办理。③

十四日丙午(8 月 30 日)

咸丰帝谕令：桂良奏筹商议抚各节，请旨遵行。桂良此次到津，大局所关，自当豫行筹画，以便与该夷晤商。如该夷照会内所称在京居住一层，该夷与桂良在上海，既有择地居住之议，未便任其翻悔。且其照会内，尚有遵照天津所立和约第三款或长行居住、或随时往来、候其国王谕旨等语，尚非坚意驻京。着桂良等极力挽转，但能消弭此事，方为妥善。如万难阻止，亦可允其驻京，但不得多带从人，致令居民惊扰。如但欲于海口随时往来，亦须先期知照中国，即可派员护送。至该夷称欲送还船只一层，可告以大沽炮台，工程巨万，今被尔国攻毁，较船只之费尤

---

① 《清实录·文宗显皇帝实录》卷三二四。
② 《清实录·文宗显皇帝实录》卷三二五。
③ 《清实录·文宗显皇帝实录》卷三二五。

巨，足可相抵。且去年所沈之船尚在水中，未尝为中国所有。如欲送还炮位，可告以炮位现时均在海口，应由贵国自行认收。其所称赔偿各项，虽未定有数目，难保不多方需索，谅桂良等必能随机应变，斟酌妥办。①

钦差大臣桂良行抵杨村途次，接到英法照会，要求除全允二月所列"四款"外，又增添天津开埠通商、增加赔款二条，必须将前后所开条款一概允准，再入京换约。②

十五日丁未(8月31日)

咸丰帝谕令：法夷照会，词似近理，而处处要挟，心殊叵测。即如赔费一节，作为互敦和好，在此次兵费以外，显系暗伏战机，为将来多索地步。津郡通商，与英夷同。长驻京师，与二月间照会中国如不允从凯送至京之语，亦隐连线索，现在实难豫为挽回。俟桂良报到，再为斟酌。③

十六日戊申(9月1日)

本日据桂良奏，接到英、法照会，请旨遵办。该夷照会内称，总以天津通商、赔偿兵费为退兵息兵之关键。咸丰帝谕令：该大臣等前此给予照会，所云无不可商者，原指见面互相商办，并非直言允许。现在该夷狂悖异常，固应示之以信，使其不疑，然仍须斟酌妥善，俾无后患，方合办法。桂良驰抵津郡，与该酋等晤面，如提及索赔兵费，若能相机开导，减去若干，固属甚善。否则必不可减，亦应与之言明宽定限期，并由何项扣还，庶可从容办理。至天津通商一层，可告以不独八年所定和约，并无此条。即本年二月所要四款，亦无此语。况八年和约，有牛庄而无天津，原系以此易彼，今何又多此款。如此辩论，看该夷如何回答。若仍不能挽回，亦应告以通商虽无不可商办，但该国既带兵船，不独大沽天津民心惊疑，即商贾亦必裹足不前，实与尔等无益。如该夷允许，不带兵船驻扎，若欲建夷楼，与不退兵船无异，亦不可允许。总之赔费通商，即使允准，亦必将兵船退出海口，方能定议换约。其舟山、烟台二处亦均须退出，始可办理。两国既云和好，必须以礼相待。若占踞地方，以兵胁和，实非长久之道。桂良等务当于羁縻之中，仍寓挽救之意。

本日据毓科奏，逆匪由宜兴间道入浙，迭陷于潜临安，窜入余杭，直扑省垣，现催副将文瑞等就近赴援，并请闽省派兵援救。

---

① 《清实录·文宗显皇帝实录》卷三二五。
② 《第二次鸦片战争》(四)，上海人民出版社1978年版，第532~534页。
③ 《清实录·文宗显皇帝实录》卷三二五。

抚恤福建澎湖厅遭风灾民。①

十七日己酉(9 月 2 日)

闽浙总督庆瑞奏，定海又驶来兵千余，驻城之兵已退城外。②

十八日庚戌(9 月 3 日)

以江苏上海被围，命杭州将军瑞昌等迅速派员赴援，再续派援兵以资策应，并命办理江北军务福建陆路提督李若珠，饬总兵曾秉忠统带长龙等船，飞速驰救。

十九日辛亥(9 月 4 日)

本日据桂良等奏夷务情形一折，据称接到夷酋照会内，有所请各款，必得一概允准，不容再事商量。如有一款不准，即行带兵北犯之语。又据该酋声称，英、法两国进京，每处约计四五百人，并须另派数十人先期进京，观看京中房屋，察其情形，实欲藉此沿途窥我虚实。请将通州防兵如何撤避，免致该夷窥见生疑籍口。清廷以所请断难一概允准，并不许其来京多带从人及先期派人来京，严谕桂良等设法挽回开导。又据载垣等呈递桂良等信函，内有据英酋额尔金遣人送信，云"伊国派有进京买物之人，行至距津百余里地方，为官兵盘获。现已派员赴通，请将盘获之人释放"。清廷着僧格林沁等即将所获之人解回天津，交桂良等办理，并着饬令官兵照旧严密巡查，嗣后如有此等藉端窥探奸细人等，仍应上紧缉拿，不得因此次盘获之人解回天津，以致稍涉疏忽。③

桂良等奏，夷务急迫，不得已将所求各款允准，及该夷索讨赔项，设法商办。

福建提督李若珠奏，美国牧师往金陵传教，现已驶回。④

二十日壬子(9 月 5 日)

本日据桂良等奏，接到英、法罢兵照会，并议减赔偿现银，及巴酋即欲先期进京。咸丰帝谕令：该夷照会内明谓俟条款议妥后方能罢兵，该大臣等并未细心阅

---

① 《清实录·文宗显皇帝实录》卷三二五。
② 《筹办夷务始末》(咸丰朝)第 6 册，中华书局 1979 年版，第 2201~2202 页。
③ 《清实录·文宗显皇帝实录》卷三二五。
④ 《筹办夷务始末》(咸丰朝)第 6 册，中华书局 1979 年版，第 2210~2211 页。

看，讵知该夷包藏祸心，焉得谓之罢兵。桂良等惟当仍遵前旨，与之言明。索赔兵费一层，仍应宽定限期，并由何项扣还，斟酌妥办。所有先付现银之处，断不准允许。至进京换约一层，务令该夷先将兵船马队，全行退出海口，并不准多带从人，方准来京。桂良等拟令恒祺、崇厚伴送夷酋巴夏礼先行进京之处，着不准行。即将来准其进京换约，亦不得任令该夷酋随带护卫兵将。总须商定随带从人数目，方为妥善。所有以上各条，均须与该夷议定，奏明请旨。如尚未议定，二十二日不准即与该夷盖印画押。该大臣等惟当刚柔互用，极力挽回，不准以顾大局为词，再行渎请，致滋贻误。

正在寄谕间，接据桂良等奏报，英、法二酋，欲每国先给银一百万方议罢兵，并额酋定于二十一日与桂良等晤面，二十二日将现言各条当面盖印画押后，即行令巴夏礼，随带数十人进京，观看沿途及京中房屋住址。桂良等已派恒祺、崇厚伴送进京。咸丰帝谕令：该夷包藏祸心，欲藉此窥我虚实，已严谕桂良等设法挽回。第恐该夷桀骜性成，或竟派人先期来京看视。如来人无多，仍即盘获解津，交桂良等办理。倘该夷带兵而来，即设法拦阻，以未奉谕旨，不能令其过去为词，阻令回津。如该夷不遵理谕，先行开衅，着即督兵截击，以戢凶锋。如恒祺、崇厚伴送同来，即传旨令，其仍行伴送回津，毋许进京，是为至要。该大臣赶紧整兵严备，以防不测，并着谕知瑞麟，一体会商严防，毋稍大意。

本日据惠亲王等呈递焦祐瀛等信函，内称夷酋巴夏礼等欲在天津设立马头，倘不准，即带兵北犯，并又调夷兵二千来津，如无照会允许，即居住官署，带兵前进，无可再商。

庆昀奏，访查通夷要犯现经他往，先将家室人等解送讯究。要犯吴三即吴金榜，已经热河访获解京，由京解往通州交僧格林沁审办。据庆昀奏，该犯雇工韩双喜供词，有吴金榜与关四认识强盗，来往分银，并吴金榜、关四勾结俄夷，商议买马送往天津。若有兵来，即在元宝沟屯聚。

文煜奏请驰赴通州一带，协同防剿。现在通州一带防剿事宜，由僧格林沁等严密布置。山东地方亦关紧要，文煜着勿庸自行赴通，即将所有先后派拨山东官兵，迅催管带之员，赶赴通防，勿稍迟误。其山东沿海防务，仍应慎密筹办，不可稍涉疏虞。①

廿一日癸丑(9月6日)

据桂良等奏，接奉严谕，沥陈急迫情形，并夷酋必欲先期进京及夷人借住盐政

---

① 《清实录·文宗显皇帝实录》卷三二五。

官署。①

廿二日甲寅(9 月 7 日)

庞钟璐奏，上海、常熟情形危急，请饬援救。据称江阴逆匪，于七月初间连日出扑，向东焚掠，现在贼踪离常熟不过二三十里，请饬江北诸军速往援救。

李若珠奏，派拨师船赴援上海，请饬上游师船迅速下驶，以资防剿。据称逆匪自复陷松郡，大股窜至上海城外，民团官军多被冲散，存城兵勇无多。现在该县三面被围，情形万分危急。经派令都司姜德管带练勇五百名驾船前往，并派曾秉忠管驾长龙等船顺流赴沪。现在长江下游，务须多派艇师，节节防备。请饬杨载福迅催上海师船，克期下驶，兼顾南北。②

俄使伊格纳切夫会晤葛罗，怂恿英法联军尽快进入通州。适值北京俄国东正教首领固礼派波波夫送信到天津，告知清政府正在通州集结重兵，伊格纳切夫又立即将这一情报告知葛罗和额尔金。③

廿三日乙卯(9 月 8 日)

朱谕惠亲王等：中国以天下之势，而受累于蠢兹逆夷，廿载于兹，战抚两难，诚堪浩叹。盖谋国者务为长久之计，应变者尤赖握要之图。朕不惮详思，夜以继昼，恐召对时，事有或遗，因缕晰而细言之。一、大沽为津郡门户，门户既失，则蕞尔之城，已在该夷掌握。通商一层，许与不许等，该夷既占炮台及三岔河等处，将来多集兵力，只能野搏，断不能肉身与船炮争锋。朕初意未尝不善，以桂良此次抵津，不许津郡则必战，引之深入，决战之后，则明言新条不算，仍引旧约。如再不能，则以津城通商换驻京一款，斯则可矣。今既经该大臣等已允通商，只可就议条款，暂示羁縻，决裂之时，将桂良等撤下，或即斥革，办到何地步，再因时处置。二、索费一层，多方要挟，必遂其欲而后止。无论二百万不能当时付与，即有此款，亦断无此理。城下之盟，古之所耻。若再腼颜奉币，则中国尚有人耶。三、带兵换约，谓各有戒心，不得不防。若既议抚，何必拥兵？若拥兵而来，显怀莫测。即使迁就进京，必仍有断难应允之条款。彼时欲战不能，欲允不可。况陆续潜来之夷队，虽有兵而不能阻，煽惑依附之匪类，虽严示而不能禁，大患切肤，一决即内溃于心，京师重地，尚可问乎？以上二条，若桂良等丧心病狂，擅自应许，不

---

① 《清实录·文宗显皇帝实录》卷三二六。
② 《清实录·文宗显皇帝实录》卷三二六。
③ 布克斯盖夫登：《1860 年北京条约》，商务印书馆 1975 年版，第 118~121 页。

惟违旨畏夷，是直举国家而奉之。朕即将该大臣等立置典刑，以饬纲纪，再与该夷决战。三、巴酋进京一层，两国既经议和，一切供给，自应饬该司妥为筹办，何必先来踏勘。况该夷酋惊吠狂嗥，亦必多为挟制。既来则不肯走，与带兵换约一事，其害相等，断断不能应许。四、津城大沽，不能即时退兵一层，既经议抚，则应罢兵，岂有以刃加颈而索偿之理。况此条与赔费为一事，互相牵连，不过再为添偿地步，决裂之后亦可以向该夷索费为消弭之法。五、决战宜早不宜迟。趁秋冬之令，用我所长，制彼所短。若迟至明岁春夏之交，则该夷又必广募黑夷，举四国之力与我争衡。再句(勾)通发逆，远近交攻，支持颇觉费手。以上各条，竭朕心思，手书示专亲王、载垣、端华、肃顺、军机大臣等，办法亦只能如此。若别有良谋，可再详细面陈，勿稍缄默。

王有龄奏，浙省需米甚殷，援案招商，恳请免税。浙江军糈民食，需米甚殷，现经该抚出示招商，购买台米洋米，并咨闽广等省一体招商运米赴浙。所有经由水陆各关口，清廷着准其一律免税，以广招徕而资接济。俟该省米粮充裕，即行停止。

据桂良等叠奏，夷酋不遵开导，并夷情危急情形。据称夷酋巴夏礼以不允先期进京，拟即不候伴送，先行启程。并据桂良等将该夷酋照会呈览，内有桂良并无画押之权，欲带夷兵赴通州另议。夷人狂悖桀骜，心怀叵测，清廷着僧格林沁等即行严密防堵，并于各路多设侦探，不可稍涉大意。

命怡亲王载垣、兵部尚书穆荫为钦差大臣，往通州筹办抚局。

命署户部右侍郎袁希祖往天津查办团练。[1]

廿四日丙辰(9月9日)

据桂良等密奏，现在英、法夷酋以条约未定，即欲带兵北来。本日已命怡亲王载垣、尚书穆荫即日前赴通州，现在先给该夷照会，杜其进兵之计。清廷着僧格林沁即日盖用钦差大臣关防封妥，派委员前迎该夷投递，毋稍迟误。

恒福恳请俄使伊格纳切夫转告联军在津再停留三天。伊格纳切夫拒绝，称首先必须满足俄国的各项要求，才同意出面斡旋。[2]

廿五日丁巳(9月10日)

钦差大臣僧格林沁等奏通州布置情形。得旨：现在议抚之王大臣，料已行过通

---

① 《清实录·文宗显皇帝实录》卷三二六。

② 布克斯盖夫登：《1860年北京条约》，商务印书馆1975年版，第129~131页。

州，惟不知此时已见仗否？若尚未决裂，僧格林沁等断不可轻于一试。总期于抚局有丝毫之益，实为万幸也。

钦差大臣桂良等奏节次遵旨办理夷务情形。得旨：桂良、恒祺着即赴通州候旨，恒福着仍驻津郡。

以办理夷务未能妥协，撤大学士桂良、直隶总督恒福钦差大臣，武备院卿恒祺帮办大臣，命将钦差大臣关防交怡亲王载垣等祗领，江苏委员蓝蔚雯等仍听候差委。①

山西再调官兵一千赴通州，及军械赴京。②

廿六日戊午（9 月 11 日）

本月二十五日，兵部递到俄夷使臣伊格那提业幅咨文一件，据称欲于英、法二国钦差进京之后，暂迟数日启程赴京等语。清廷指示：此次俄夷尾随英、法前来，即使阻止，谅该夷亦未必肯听。兹已由军机处咨覆该夷，令其俟英、法二国议定后再行来京。此刻正在商议之际，不必前来。惟该夷若知载垣等出京，伊亦必来见，面议此事。该王大臣等亦即照军机处咨文答覆可也。③

廿七日己未（9 月 12 日）

署黑龙江将军特普钦等奏，目前乌苏里、绥芬河情形较为严重，若腹地先清，则奇喀、阔吞自难久占。④

廿九日辛酉（9 月 14 日）

咸丰帝谕令：僧格林沁、瑞麟奏，夷人逐日前进，其意必至通州。现在严阵以待，以备截击。据称载垣等接英夷照会，仍欲赴通商议，经载垣等复又两次给与照会，该夷并不照覆，仍往前进。载垣等现已折回通州。据探该夷前队已至河西务，僧格林沁等现派格绷额督带马队驻扎安平，俟该夷探马到时，着即拦阻，毋令再行前进。如不听从，即行拿获。至夷人后队，倘越过马头，即着僧格林沁等迎头截击，尽歼丑类。该夷以数千之众，深入内地，我军数万合力兜击，无难一鼓荡平。

---

① 《清实录·文宗显皇帝实录》卷三二六。
② 《筹办夷务始末》（咸丰朝）第 6 册，中华书局 1979 年版，第 2266~2267 页。
③ 《清实录·文宗显皇帝实录》卷三二六。
④ 《筹办夷务始末》（咸丰朝）第 7 册，中华书局 1979 年版，第 2277~2278 页。

该大臣等惟当激励众兵，同仇敌忾，以副朕望。

咸丰帝颁发内帑二十万两，普赏内外防堵巡防兵丁。

李若珠奏，沪城解围，现又添兵往援，并金坛失守各情形。逆众围扑上海，经在城文武奋力击退，守城兵勇，不过千余人。现在逆踪尚在数十里内，各处援师未到。①

驻津英国翻译官孟姓带兵将天津知府石赞清劫走。②

八月初一日壬戌（9 月 15 日）

德楞额等奏自请带兵赴通。据称探得夷船，驶入海口，现在山东军务，虽当江北吃紧之际，较之津通轻重悬殊，商令哈勒洪阿暂扎韩庄，德楞额分带兵勇一千名，星驰赴通，听候调遣。

据载垣等奏，载垣等在通已与巴夏礼、威妥玛接晤，言尚驯顺，呈出在津时与桂良等议定续增条约八款，惟天津通商一款极有关系。第桂良等业经允许，难于翻悔，当即给与照会。俟额尔金到通，即行盖印画押，再行进京换约。其所带队伍，悉驻张家湾以南五里外，不再前进一寸。该大臣等现既准额酋抵通。其照会内有随带弁兵约照一千之数，其余扎营，总于张家湾以南五里之外。③

初二日癸亥（9 月 16 日）

怡亲王载垣、兵部尚书穆荫奏，夷酋抵通画押。得旨：带兵进城一节，令其仍照与桂良商定。英、法两国，每国不得过四百人。现银一节，换约后在津郡于两月限内缴清。

初四日乙丑（9 月 18 日）

咸丰帝谕内阁：朕抚驭寰海，一视同仁，外洋诸国互市通商，原所不禁。英吉利、法兰西与中华和好有年，久无嫌隙。咸丰七年冬间，在广东遽启兵端，闯入我城池，袭掳我官吏。朕犹以为总督叶名琛刚愎自用，召衅有由，未即兴问罪之师也。八年间，夷酋额尔金等赴诉天津，当谕总督谭廷襄前往查办，该夷乃乘我不备，攻踞炮台，直抵津门。朕恐荼毒生灵，不与深较，爰命大学士桂良等往与面

---

① 《清实录·文宗显皇帝实录》卷三二六。
② 《第二次鸦片战争》（五），上海人民出版社 1978 年版，第 81~83 页。
③ 《清实录·文宗显皇帝实录》卷三二七。

议，息事罢兵。因所请条约多有要挟，复令桂良等驰往上海，商定税则，再将所立条约讲求明允，以为信据。讵夷酋普鲁斯等桀骜不驯，复于九年驾驶兵船，直抵大沽，毁我防具，经大臣僧格林沁痛加轰剿，始行退去。此由该夷自取，并非中国失信，天下所共知也。本年夷酋额尔金、葛罗等复来海口，我中国不为已甚，准令由北塘登岸，赴京换约。不意该夷等包藏祸心，夹带炮车，并马步各队，抄我大沽炮台后路。我兵撤退后，复至天津。因思桂良系前年在津原议之人，又令驰往，与之理喻，犹冀该夷等稍知礼义，但使所求尚可允许，亦必予以优容。岂意额尔金等肆意要求，竟欲梦索兵费，强增口岸，陈兵拥众，入我郊畿，凶狡情形，至于斯极。爰命怡亲王载垣、兵部尚书穆荫前往再三开导，并命将所请各条，妥为商办。逆夷犹敢逞凶，带领夷兵，逼近通州，称欲带兵入见。朕若再事含容，其何以对天下。现已严饬统兵大臣带领各路马步诸军，与之决战。近畿各州县地方士民，或率领乡兵，齐心助战，或整饬团练，阻截路途。无论员弁兵民人等，如有能斩黑夷首一级者，赏银五十两。有能斩白夷首一级者，赏银一百两。有能揑斩著名夷酋一人者，赏银五百两。有能焚抢夷船一只者，赏银五千两。所得资财，全行充赏。天津百姓，素称义勇，务各敌忾同仇，明攻暗袭，以靖逆氛。朕非好武穷兵之主，凡此不得已之苦衷，当为天下臣民所共谅。至该夷所掳闽广等处内地人民，皆朕赤子，如能自拔来归，或斩夷首来献，朕亦必予以厚赏。该夷去国万里，原为流通货物而来，全由刁恶汉奸百端唆使，以致如此决裂。并当谕令各海口，一律闭关，绝其贸易。其余恭顺各国，各安生理，毋相惊扰。经此次剀切明谕，该夷傥能醒悟，悔罪输诚，所有从前通商各口，朕仍准其照常交易，以示宽大之仁。如尚执迷不悟，灭理横行，我将士民团等惟有尽力歼除，誓必全殄丑类，其毋后悔。

前因李若珠奏，师船赴援上海，长江一带空虚，请饬杨载福迅催上游师船，克期下驶。当经谕令杨载福，即饬吴全美等师船驶赴下游，以资防剿。兹据李若珠奏称，逆众掳船，意图北窜，虽经艇船截击获胜，而兵力单薄，急待上游师船，迄今未到。

本日据载垣、穆荫奏，夷情恣肆，万难允许。该夷巴夏礼等已带四十余人抵通州，呈出照会，有互换和约时须将该夷国书亲呈御览之语。经载垣等再三驳诘，坚执如故。此系该夷狡诈，故生枝节，国体所存，万难允许。该王大臣可与约定，如欲亲递国书，必须按照中国礼节，拜跪如仪，方可允许。设或不能，只宜按照美、俄两国之例，将国书赍至京师，交钦差大臣呈进。俟接收后，给与玺书，亦与亲递无异。现在抚局将有成说，不值因礼节而决裂。设该夷固执前说，不知悔悟，惟有与之决战。其队伍敢过张家湾以北，即着该王大臣一面赶紧知照僧格林沁等督兵剿办。该王大臣即一面回京，毋得泥于议抚，致误战局。

本日载垣等奏，英夷孟姓，带兵将天津府知府石赞清劫去，当即询问巴夏礼，据称知有此事，惟不肯认错，言词桀骜。

据载垣、穆荫奏，巴夏礼坚欲撤退僧格林沁张家湾之兵。该王大臣与之剖办，掉头不顾，骤马逃去。该王大臣因其狂悖已甚，立即知照僧格林沁与之开仗，大兵获胜，巴夏礼业已就掳。巴酋系该夷谋主，善于用兵，现在就获，夷心必乱。若更以民团截其后路，可望一鼓歼除，清廷着恒福即会同焦祐瀛等乘此声威，激励团勇，一涌而前，痛加剿洗。

僧格林沁等奏，巴夏礼被获，夷队来扑，我军退至八里桥。①

初五日丙寅（9 月 19 日）

金州复到夷船三十余只，夷情叵测，不可不防。所有金州续到夷船，如敢登岸肆扰藉端寻隙，清廷着玉明督饬在防兵丁，相机堵剿。倘该夷深伏不动，即密为防范，不必挑衅。

清廷着乌兰都迅即统带所部马队官兵二千三百名，星夜趱行，前赴通州以西八里桥地方，听候僧格林沁等调拨，毋稍迟延。

清廷着景淳等即将挑出之兵一千名，催令管带员弁，星速赶赴通州以西八里桥军营，听候调遣。②

初六日丁卯（9 月 20 日）

咸丰帝谕令：英、法二夷连樯北来，攻夺大沽炮台，占踞津郡，多方要挟。叠经特派钦差大臣往议抚局，以示宽大。该夷得步进步，要求无厌，势难迁就。现在业于张家湾通州一带开仗，抚局已形决裂。本日据耆龄奏，查明粤海关提补法兰西夷兵费，并英、法二夷填筑地基及防城兵费各款。该夷拥兵踞城，挟制官吏，尚欲因我之财力以充养兵造作之资，实属异常狡诈。目下和议不成，惟有与之决战。此项防城兵勇，何能再为应给。着耆龄即知照劳崇光向该夷驳斥，即行停止，毋赍盗粮。至夷商欲求息兵，以利贸易，正可乘机利导，以离其心。着劳崇光等密饬伍崇曜及华商等向夷商开导，告以该夷恃强贪黩，苛求不已，以致激起兵端，现已明降谕旨，命通商各口，闭关绝好，停其贸易，尔辈衣食之源从此断绝，甚为可悯。尔辈若能同心寄信，向额酋理论，令其罢兵息事，退出津城。大皇帝仁德如天，不究既往，自可仍准照旧通商，以修和好。尔辈仍收无穷之利，岂不甚善。如此办理，或可藉以转圜，以收弭兵之效。广东省城现在夷兵不多，是否可以乘机收复，着耆龄与劳崇光密为筹办。该抚拟改驻惠州，去省较近，诸事可就近商酌。其佛山抽厘

① 《清实录·文宗显皇帝实录》卷三二七。
② 《清实录·文宗显皇帝实录》卷三二七。

一事，仍着妥为劝导，俾众心乐从，毋令滋事。本日又据查文经奏，江南垫放广东红单船饷，请饬粤省按月筹还等语。广东原雇红单船五十只及续雇二十七只，所需经费，向由广东筹备。因粤省未能如期解到，叠经江南粮台先后筹垫代发，计共银九十三万余两。上海贼踪遍地，饷源断绝，兵勇窘急，时有涣散之虞。现在江南粮台，安设江北，着劳崇光等分饬藩司、粤海关先行按月各筹还银五万两，迅饬委员乘坐海艇，克期解交江南粮台，以济要需，毋许推诿。

焦祐瀛等奏，招集壮勇五百名，驰往杨村，密为布置。①

广东巡抚耆龄奏，英法索款三项，并佛山抽厘及拟驻扎惠州。②

初七日戊辰（9 月 21 日）

载垣、穆荫办理和局不善，着撤去钦差大臣，恭亲王奕䜣着授为钦差便宜行事全权大臣，督办和局。

军机大臣呈递胜保信函，知前路接仗失利，大营退扎八里桥，胜保已受重伤，抚局难成。

光禄寺少卿焦祐瀛等奏，请将巴夏礼极刑处死。得旨：是极，惟尚可稍缓数日耳。又奏集团剿夷。得旨：汝等办理机宜，惟有激励众心，以牵制该夷。现在只有战之一端，断不准仍存回护。虽有军营或他处知照，亦无顾忌。务期事在必成，将来可望转圜时自有朱笔改定寄谕为凭，以期尔等志果心坚。③

恭亲王奕䜣照会英、法二使，即派恒祺、蓝蔚文等前往面议和局，请暂息干戈。④

初八日己巳（9 月 22 日）

以秋狝木兰，自圆明园启銮，皇长子随驾。

大学士瑞麟、光禄寺卿胜保奏，在八里桥与夷人接仗，胜保受伤。得旨：胜保着赏假调理，瑞麟着毋庸来园，即在城外督率伊勒东阿接应，随同僧格林沁截击。⑤

是日驻跸南石漕行宫。

---

① 《清实录·文宗显皇帝实录》卷三二七。
② 《筹办夷务始末》(咸丰朝) 第 7 册，中华书局 1979 年版，第 2330~2333 页。
③ 《清实录·文宗显皇帝实录》卷三二七。
④ 《第二次鸦片战争》(五)，上海人民出版社 1978 年版，第 113 页。
⑤ 《清实录·文宗显皇帝实录》卷三二七。

美教士罗孝全，自上海到苏州，会晤李秀成。在罗建议下，李秀成写了《致英国专使额尔金勋爵书》，称奉天王诏令，欲与会晤以阐明形势，彼此间达成友善之谅解。①

初九日庚午（9 月 23 日）

留京办事王大臣，着派豫亲王义道、大学士桂良、协办大学士户部尚书周祖培、吏部尚书全庆、义道、全庆着仍在禁城，周祖培着仍在外城，桂良着仍在城外。

咸丰帝谕令：前有旨令景淳、特普钦等各拨兵一千名，猎户一千名，前赴通州一带，交僧格林沁等调遣。昨据景淳等奏派兵一千名，业已启程。现在夷氛逼近京城，朕于本月初八日巡幸木兰，所有前调吉林、黑龙江兵丁，如已进山海关，即着春佑迅速知照带兵官，饬令折赴热河护驾，毋庸前赴通州。再热河行宫及一切供应，着春佑即饬该总管及地方官妥为打扫豫备，是为至要。②

初十日辛未（9 月 24 日）

咸丰帝寄谕钦差大臣僧格林沁等：朕于八月初八日启銮，巡幸木兰，本日已驻跸要亭行宫。所有前调西安马队，昨据乌兰都奏报行抵保定，现在计已全到大营。此项马队，即着该大臣等饬令乌兰都带领全队，迅赴热河护驾，毋得迟延。据恭亲王等奏报夷务情形，业已谕令相机办理。第该夷桀骜异常，抚局恐不可恃，着该大臣等激励军心，力图剿办，不得任令攻扑城池，是为至要。途中并无探报，嗣后如何情形，务须随时奏报，以慰朕怀。前颁赏兵丁银十二万两，存寄圆明园银库，候该大臣等派员只领。因经费不敷，业已提赴行在备用，即着该大臣等由粮台另行拨款赏给后，再报销可也。③

十一日壬申（9 月 25 日）

本日据胜保奏，夷氛逼近阙下，请飞召外援以资夹折。据称用兵之道，全贵以长击短。逆夷专以火器见长，若我军能奋身扑进，兵刃相接，贼之枪炮近无所施，必能大捷。蒙古京营兵丁，不能奋身击贼。惟川楚健勇，能俯身猱进，与贼相搏，

---

① 《太平军在上海》，上海人民出版社 1983 年版，第 52 页。
② 《清实录·文宗显皇帝实录》卷三二七。
③ 《清实录·文宗显皇帝实录》卷三二七。

逆夷定可大受惩创。请敕下袁甲三等各于川楚勇中，挑选得力若干名，派员管带，即行启程，克日赴京，以解危急。清廷着曾国藩、袁甲三各选川楚精勇二三千名，即令鲍超、张得胜管带，并着庆廉于新募彝勇及各起川楚勇中挑选得力者数千名，即派副将黄得魁、游击赵喜义管带。安徽苗练，向称勇敢，着翁同书、傅振邦饬令苗沛霖遴选练丁数千名，派委妥员管带，均着兼程前进，克日赴京，交胜保调遣。①

十二日癸酉（9 月 26 日）

僧格林沁等奏，法兰西国通事爱姓，欲轻骑进城，与恭亲王会晤，心怀疑虑，须有确据，方肯进城。并巴夏礼须加以恩礼，妥为看待，以为转圜地步。法夷通事既欲求见，未必无转圜之机，清廷即着奕䜣给与照会，择城外适中之地，派恒祺等前往会晤，看其光景如何，斟酌办理。现在尚议抚局，巴夏礼自应妥为看管。倘抚局不成，该夷攻扑城池，着庆惠、绵森、奕山、赛尚阿等悉力固守，万一势不可支，即将巴夏礼提出正法，并着奕䜣等先行知照庆惠等知悉。

咸丰帝谕令：前有旨命桑春荣、会同张祥河等，将顺天东南两路团练先行举办。谅己实力奉行。现在夷氛逼近京城，难保不分股四扰。所有顺天西北两路，均应一律举办。着张祥河、桑春荣、董醇迅饬地方官会同绅士，赶紧举行。总期协力同心，互相保卫，毋得有名无实。天津等处民团，前已令恒福等迅即调齐截剿该夷后路。其武清、通州一带，均属顺天地方，并着张祥河等激励民心，同仇敌忾，节节牵制，毋令该夷肆意前进，是为至要。②

俄使伊格纳切夫由津至张家湾，向额尔金等提供一张北京详图，包括重要街道和房屋。③

十三日甲戌（9 月 27 日）

直隶总督恒福奏，遵谕石赞清开导夷人。得旨：俾该夷酋知惧知恩，断无是理。

十四日乙亥（9 月 28 日）

薛焕奏，嘉兴军营将士，请留获罪大员督剿。据称副将吴再升等禀称，各营兵

---

①　《清实录·文宗显皇帝实录》卷三二八。

②　《清实录·文宗显皇帝实录》卷三二八。

③　《第二次鸦片战争》（六），上海人民出版社 1979 年版，第 514~515 页。

丁因已革总督何桂清前曾筹画军糈，接济兵食，愿令该革督赴营督剿，俟克复苏州，再行赴京伏罪。何桂清身任封疆大吏，弃城不守，以致江苏全省糜烂，厥咎甚重。清廷着薛焕仍遵前旨，迅即派员押解来京，听候审办。该将士等请留军营督剿之处，着不准行。

薛焕奏，江南水师军饷，前奉旨由江北粮台暂行支放，经乔松年奏准由各省拨银二十万两，现在奏明，仍归江南粮台支放。所有各省未解之款，请饬改解南台，以归画一。其续拨之银三十万两，请饬闽海等关仍解江北，交王梦龄封储，奏明动用。

本日据护理山海关副都统和盛阿奏，老龙头海口有夷船停泊，请留吉林黑龙江兵丁以资防守。清廷已准其截留吉林余丁一千名，协同山海关兵丁防守。此项兵丁约于本月二十日前后即可抵关，着恒福即派道府大员迅速前往，安设粮台，支放口分。

老龙头海口，于八月初九日有夷船二只前来停泊。现在山海关兵力较单，清廷着准将吉林兵一千名，留备防范之用。其黑龙江兵二千名，俟进关时，仍令其折赴热河。至官兵口分，着准其援照成案，提用关税盈余银两支放，即按官每日一钱五分、兵每口一钱之数，以示体恤。其练丁二百名口分，均着由盈余银内支领。倘有不敷，即着乌勒洪额捐办。①

黑龙江余丁两千分作两起，前赴通州。②

十五日丙子(9 月 29 日)

光禄寺少卿焦祐瀛等奏，派拨乡勇，于黄花店设伏。得旨：既有敢死之士，着设法饬令该勇等将夷酋或领事之首级，枭其一二，以寒贼胆。

署陕西巡抚谭廷襄奏，盘获传教夷人。得旨：着由豫楚解回广东。③

十六日丁丑(9 月 30 日)

咸丰帝至热河，诣绥成殿行礼。

袁甲三奏，北路军务紧要，请饬带兵大员回京。

本日据恭亲王奕䜣等奏，办理夷务紧急情形，并往来照会五件。该夷既有在通州议和之语，似有转机。

---

① 《清实录·文宗显皇帝实录》卷三二八。

② 《筹办夷务始末》(咸丰朝)第 7 册，中华书局 1979 年版，第 2369 页。

③ 《清实录·文宗显皇帝实录》卷三二八。

直隶总督恒福奏请随扈。得旨：着毋庸前来。俟夷务定局，回銮时赴口接驾。道路亦不必照例豫备。①

奕䜣等奏，洋兵已至朝阳门外。②

十七日戊寅（10 月 1 日）

义道等联衔具奏，权济艰危，以维大局。据称恭亲王奕䜣办理抚局，渐有端绪。惟恐心不坚定，或有迁避之意，则抚局又裂，该夷势必带兵直趋木兰，请饬奕䜣仍驻城外，妥办抚局。

前有旨谕知僧格林沁，饬令乌兰都统带西安马队，星夜前赴热河随扈。现在胜保在京防剿，兵力较单，该副都统无论行抵何处，即带领全队，迅行折回，直赴京师，归胜保调遣。

钦差大臣僧格林沁奏，夷情紧急，请饬赶办抚局。得旨：力挽抚局，已屡谕恭亲王矣。至管带蒙古兵之侍卫，着毋庸由军营派来。③

山东巡抚文煜奏烟台洋船来往现存书目，并遵旨防范。④

十八日己卯（10 月 2 日）

恭亲王等奏，抚局难成，现仍竭力挽回。夷人运送大炮、云梯，显系欲为攻城之举，城内外兵力疲馁，战守皆无足恃。京师为根本重地，倘有疏虞，大局何堪设想。据该夷等照会，无非欲送还巴夏礼等始肯罢兵，转圜之机，在此一线。该夷如肯遵照恭亲王等所给照会，退至张家湾一带，酌定适中之地，定期各派委员，将在津续定条约，盖印画押，再将巴夏礼等送回，固属甚善。如必不肯遵行，或并无照覆前来，不必待其进攻城池，莫若即将所获巴酉等送还以示大方，尚可冀其从此罢兵换约，不值为此数十夷丑，致令亿万生灵，俱遭涂炭。至亲递国书一节，该夷照会有不尽此礼，则国书不便呈上，及向未列入准此动兵之议。一切相机行事之处，清廷着恭亲王等斟酌办理。

本日据官文等奏，探闻夷人窜扰天津，拟派都兴阿统带马队入援。该大臣等既请派都兴阿来京，清廷即着统带马队四百名，星夜前来，归僧格林沁大营，以备攻剿。湖北营中练勇，向称骁健善关，并着官文等挑选一二千名，另派得力将领管

---

① 《清实录·文宗显皇帝实录》卷三二八。

② 《筹办夷务始末》（咸丰朝）第 7 册，中华书局 1979 年版，第 2374~2374 页。

③ 《清实录·文宗显皇帝实录》卷三二八。

④ 《筹办夷务始末》（咸丰朝）第 7 册，中华书局 1979 年版，第 2380~2381 页。

带，迅速赴京，听候调遣。

以英、法逆夷入犯京师，命绥远城将军成凯、盛京将军玉明、陕甘总督乐斌、山东巡抚文煜、河南巡抚庆廉、山西巡抚英桂赴京合剿，以库伦办事大臣德勒克多尔济署绥远城将军，盛京户部侍郎倭仁署盛京将军，甘肃布政使林扬祖署陕甘总督，山东布政使清盛署山东巡抚，河南布政使贾臻署河南巡抚，山西布政使常绩署山西巡抚。①

二十日辛巳（10 月 4 日）

本日据恭亲王奕诉等奏，抚不可恃，请饬统兵大臣激励兵心，以维大局。据称夷情狡诈不测，现虽给予照覆，暂为缓兵之计。而夷兵距京甚近，战守既一无足恃，即和局亦万不能成。

前因和盛阿奏，老龙头海口见有夷船，当经谕令截留吉林兵一千以资防守。本日据景淳等奏，挑派官兵已于八月初五至初十全数启程。此项官兵未有马匹，他处亦无可拨，抵关时，清廷着宝山即饬带兵官改为步队，布置要隘。

巴栋阿奏，镇营兵勇困苦，请饬拨饷需。镇江一府孤悬大江南岸，现当防剿吃紧之时，饷需岂宜久欠。昨据薛焕奏，镇江一军现无拨款，上海势难兼顾，请饬部按月拨银十万两，以济要需。清廷业已谕令户部速议具奏。未经拨款之先，仍着巴栋阿督同该道府设法接济，以维大局。②

廿一日壬午（10 月 5 日）

咸丰帝谕令：前因事机紧迫，谕令将巴夏礼等放还以示大方。原恐该夷即欲攻城，藉此保全亿万生灵之命。恭亲王等现派恒祺、蓝蔚雯等与该酋商办从前允许各条，如何派员会晤画押并覆给该夷照会，使知羁留该酋原为商办和约起见。此中操纵，甚合机宜。如该酋肯许，日久相安不至别生枝节，即可与之约定画押盖印。倘该酋推诿不肯担承，仍令其致书额尔金等极力挽回。将来抚局若成，恭亲王不妨接见该酋面示天朝宽厚之恩，并晓以利害令其心折再行送还。至换约以后情形原难豫料，设该夷再有反复，则其曲在彼，而我为有辞。惟此时不能不慎之又慎，以期防患于未形。谅恭亲王等必能筹虑周详也。僧格林沁、瑞麟及城守大臣，昨已寄谕令其悉心战守。西安兵既已调赴石硖，即着驻扎该处，以资防守。③

---

① 《清实录·文宗显皇帝实录》卷三二八。
② 《清实录·文宗显皇帝实录》卷三二八。
③ 《清实录·文宗显皇帝实录》卷三二九。

盛京将军玉明奏金州今日洋船数目并严防情形。①

廿二日癸未（10 月 6 日）

以英法联军抵德胜门、安定门，恭亲王奕䜣照会英法二使，并令巴夏礼付函一件，通知中国将于二十四日派员会晤，顺便礼送所留英法两国人员，请退兵停止干戈。②

英法联军败僧格林沁、瑞麟军于德胜门、安定门外，由黄寺、黑寺直趋西北，进占圆明园，大肆抢掠。总管内务府大臣文丰自尽。③

廿四日乙酉（10 月 8 日）

恭亲王奕䜣等奏，巴夏礼等尚未送还。得旨：览巴、威各酋往返信字，具见逆夷暂戢桀骜，无非为此羁囚，执意进兵，不必相顾等语。尤觉情见乎词，先行纵归，必另生诡计。着俟抚局已成，不致别生枝节，即加紧驰奏，以便降旨回銮。慎之密之。照常情形，无决裂之事，仍六百里具奏，不必加紧。④

廿五日丙戌（10 月 9 日）

前有旨谕令庆廉迅派副将黄得魁等带勇驰赴京师，归胜保调遣。现在该夷直扑圆明园，焚烧街市，大肆猖獗，实堪发指。着庆廉赶紧饬令该副将等统带得力各勇，星夜前来，毋得迟延。

前据宝山奏，吉林头起官兵业已抵关，日内想已陆续到齐。清廷着即严密布置，以资守卫。前调黑龙江兵二千名计期亦应进关，现在夷氛紧急，着即飞催带兵官迅速前赴热河。

恭亲王奕䜣等驰奏，正议抚局，该夷酋于二十二日直犯圆明园，焚烧街市。清廷着玉明即速调齐马步队官兵，备齐军装火药，无分昼夜，兼程前来大兰行营，以备防剿，并着星夜传知吉林、黑龙江将军一体派兵内援可也。⑤

---

① 《筹办夷务始末》（咸丰朝）第 7 册，中华书局 1979 年版，第 2407～2409 页。
② 《第二次鸦片战争》（五），上海人民出版社 1978 年版，第 164 页。
③ 《第二次鸦片战争》（五），上海人民出版社 1978 年版，第 166～172 页；《第二次鸦片战争》（六），上海人民出版社 1979 年版，第 346～370 页。
④ 《清实录·文宗显皇帝实录》卷三二九。
⑤ 《清实录·文宗显皇帝实录》卷三二九。

英法军退出圆明园，屯聚德胜门、安定门之间。圆明园被抢掠一空。①

廿六日丁亥（10 月 10 日）

奕䜣等奏，洋人占据圆明园，现退至卢沟桥驻扎。②

直隶总督恒福奏，遵旨办理山海关粮台，及埋伏杨村官兵杀伤洋人，呈验首级。③

廿七日戊子（10 月 11 日）

英军司令格兰特在圆明园抢得的赃物在德胜门外驻地拍卖，拍卖及抢掠现金约九万三千银元，三分之二归士兵，三分之一归将领。④

廿八日己丑（10 月 12 日）

夷人退出园庭，仍盘踞黑寺一带。僧格林沁着革去爵职，仍留钦差大臣，瑞麟着即革职，均仍留军营带兵堵剿，保护京城。⑤

廿九日庚寅（10 月 13 日）

庆惠等奏释放夷首，保全大局。据称夷匪窜踞圆明园一带地方，内外城人心十分惊惧，僧格林沁、瑞麟两军溃散，胜保手无重兵，城守事宜，未可深恃，公同将巴夏礼等交恒祺送往该营，以示宽大。

克勤郡王庆惠奏请饬恭亲王入城办抚。得旨：已谕恭亲王择地就近驻扎，断难在城内办抚。又奏连日多有溃兵进城，批：进城溃兵，应严密访查，不可置之不问。⑥

奕䜣奏，洋人推出园庭，园中抢掠一空，已派兵剿匪。⑦

---

① 《第二次鸦片战争》（五），上海人民出版社 1978 年版，第 172 页；《第二次鸦片战争》（六），上海人民出版社 1979 年版，第 346~370 页。

② 《筹办夷务始末》（咸丰朝）第 7 册，中华书局 1979 年版，第 2413 页。

③ 《筹办夷务始末》（咸丰朝）第 7 册，中华书局 1979 年版，第 2417~2418 页。

④ 《第二次鸦片战争》（五），上海人民出版社 1978 年版，第 351~352 页。

⑤ 《清实录·文宗显皇帝实录》卷三二九。

⑥ 《清实录·文宗显皇帝实录》卷三二九。

⑦ 《筹办夷务始末》（咸丰朝）第 7 册，中华书局 1979 年版，第 2422~2423 页。

山东、陕西官兵日内到齐，拟全交胜保统带。①

美国浸礼会牧师罗孝全由苏州抵天津，洪秀全授为通事官领袖，协助洪仁玕办理外交事务。②

九月初一日辛卯（10 月 14 日）

盛京将军玉明、奉天府府尹景霖奏，金州洋船尚有八只，团练虽已举行，存城兵少，应统筹全局调度，请保卫陪都以重根本。得旨：已有旨令汝带兵速赴承德，谅已接奉矣。③

初二日壬辰（10 月 15 日）

胜保奏，齐集援兵，静以观变。清廷着即授为钦差大臣，并开缺以侍郎候补，总统各省援兵。④

山东海丰募勇一千，绅庄勇三千，赴京。⑤

山西巡抚英桂奏，大同兵二千赴京，并筹银五万两赴行在缴纳。⑥

俄使伊格纳切夫自通州赶到安定门外，会见额尔金和葛罗，参与英法制定致清政府最后通牒文稿。⑦

初四日甲午（10 月 17 日）

咸丰帝谕令：义道等联衔具奏，夷人入城，现尚安静，专待办抚王大臣亲来换约。义道等不候恭亲王等函商，辄即暂开一门，许其入城，虽为保护城池起见，实属冒昧。然事已至此，若再与决裂，势必阖城生灵被其荼毒。此时若在城外画押，该夷必不肯从，着恭亲王等迅即入城，与该夷将本年所议续约，画押盖印，并将八年天津和约互换，令其退出京城，再商定驻京章程，方为妥善。

恭亲王等奏，北路空虚，请饬僧格林沁驰赴古北口，督兵设防。

恭亲王奕䜣奏接英、法照会筹办情形。得旨：盖印画押原令在城外，进城不过

①　《筹办夷务始末》（咸丰朝）第 7 册，中华书局 1979 年版，第 2423 页。

②　《太平军在上海》，上海人民出版社 1983 年版，第 69 页。

③　《筹办夷务始末》（咸丰朝）第 7 册，中华书局 1979 年版，第 2429~2431 页。

④　《清实录·文宗显皇帝实录》卷三三〇。

⑤　《筹办夷务始末》（咸丰朝）第 7 册，中华书局 1979 年版，第 2437 页。

⑥　《筹办夷务始末》（咸丰朝）第 7 册，中华书局 1979 年版，第 2440~2441 页。

⑦　布克斯盖夫登：《1860 年北京条约》，商务印书馆 1975 年版，第 190~195 页。

换约之一事。此时冒险进城，虽为顾惜大局，傥该夷不允复出，尚复成何事体。

云南提督傅振邦奏请带兵赴京。得旨：汝欲赴京自效，奋勇可嘉。惟捻匪逼近东境，能截贼回巢，勿使北窜直东，即为汝功。①

初五日乙未（10 月 18 日）

钦差大臣僧格林沁等奏，抚局未可豫料。得旨：抚局能成与否，实难豫料，所奏情形已悉。至新到之兵，已有旨全数归胜保统带矣。②

英军马步数千人奉额尔金之命，赴海淀焚烧圆明园。③

初六日丙申（10 月 19 日）

据恒福奏，夷氛逼近京城，万分危急，征调外省兵勇应援，数逾巨万，所需粮饷一切急须筹备，以济要需。清廷着谭廷襄、常绩转饬各藩司，不论何款，迅速各动拨银二三十万两，委员星驰解直应用，毋误要需。

本日据恭亲王奕䜣等奏，夷人把守安定门，并于城上屯扎夷兵。虽目下仅止游行街市，尚不滋事，日久恐未必相安。咸丰帝谕令：现在恭亲王等已给与该夷照会，并添派崇纶与恒祺协同办理。着即饬令将退兵各层迅速定议，俟该夷酋进城，即行前往画押换约，保全大局，毋再耽延，致生枝节。此时天气尚未严寒，该夷如能早退，朕即可回銮以定人心。再俄使伊格那提业幅进京后，如欲从中说合，不必拒绝。傥有可乘之机，恭亲王等相机办理可。

总管内务府大臣宝鋆奏，禁园被抢，印信遗失。得旨：文明革职留任，宝鋆只知顾一己之命，前于御园被毁，既不前往，今于专管之三山亦被抢掠，又不前往，不知具何肺肠，实我满洲中之弃物也。姑念其城内尚有照料宫庭事件，着暂免正法，撤去巡防降为五品顶带，一切差使暂停开缺，以观后效。

以江苏上海带兵迁延革副将向奎职，留营效力。④

初七日丁酉（10 月 20 日）

盛京将军玉明等，遵旨带兵驰赴热河。⑤

---

① 《清实录·文宗显皇帝实录》卷三三〇。
② 《清实录·文宗显皇帝实录》卷三三〇。
③ 《第二次鸦片战争》（五），上海人民出版社 1978 年版，第 212 页。
④ 《清实录·文宗显皇帝实录》卷三三〇。
⑤ 《筹办夷务始末》（咸丰朝）第 7 册，中华书局 1979 年版，第 2465~2466 页。

初八日戊戌 (10 月 21 日)

庆昀奏请带官兵前赴行在。据称探闻夷匪猖獗，绕至京北，请由张家口驻防旗营内挑选精壮五六百名，带赴行在随驾当差，或派往何处防堵，请旨遵行。清廷着庆昀无庸前来。①

初九日己亥 (10 月 22 日)

胜保奏已到官兵数目，并请派大员帮办。据称各省官兵陆续已到六千五百名，现令分地屯扎，俟河南、山东、陕甘等省兵勇到齐，约有一万五千余名。

英、法照会，订期初十日换约。

署山海关副都统宝山奏报吉林官兵业经调齐。得旨：各项兵团统归汝调遣。

命山东、山西各巡抚，亲带兵勇，驻扎直隶境内备调。②

发交英法赔恤银五十万两。③

初十日庚子 (10 月 23 日)

英方提出增加三条：九龙司等地方并归英属香港界内；续增条约请明降谕旨颁布；华民出口赴英毋庸禁阻。法方提出增加两条：照道光二十六年谕旨，准军民学习天主教，给还各省教堂、学堂、茔坟、田土、房产；准华民出口。恭亲王奕均照允。④

十一日辛丑 (10 月 24 日)

僧格林沁奏，派员防守古北口。据称和议渐有就绪，有无变更，尚难豫定，古北口虽有马队，尚形单薄。现饬成保带领提标官兵，会同乌兰都布置防守并令密云协领恩成带兵五百名，前往驻扎，统归成保管带。清廷俱着照所议办理。

杜翮奏，檄调民团赴北援剿。据称探闻夷情猖獗，飞札调取郓城民勇三千名，派赵康侯、季锡鲁带领北上，已于本月初一日启程，并由藩库借拨银四万两以作饷

---

① 《清实录·文宗显皇帝实录》卷三三〇。
② 《清实录·文宗显皇帝实录》卷三三〇。
③ 《第二次鸦片战争》(五)，上海人民出版社 1978 年版，第 198 页。
④ 《第二次鸦片战争》(五)，上海人民出版社 1978 年版，第 198~199 页。

需。清廷着杜翻、文煜酌量情形，将此项勇丁饬令折回，赴峄县一带，随同德楞额剿办捻匪，或酌留一半归文煜统带。

钦差大臣袁甲三奏，逆夷逼近畿郊，自请北上助剿。得旨：览奏已悉。现已退守临淮，况围攻凤阳二城贼氛正炽，汝断难远离，所请毋庸议。

光禄寺少卿焦祐瀛等奏，夷踪北犯，自请严议。得旨：数万劲旅，尚不能稍遏凶锋，汝等所齐之团焉能自效，所请严议，着宽免。①

宁夏官兵一千五百名赴通州。②

太原再添兵五百名应援。③

额尔金进入北京城，住怡亲王府，与恭亲王在礼部将中英《北京条约》(续增条约)画押，并互换中英《天津条约》。《北京条约》共九款，包括增开天津为通商口岸、割九龙半岛南端的九龙司、准许华人赴英作工、赔偿英国兵费八百万两等。④

十二日壬寅(10月25日)

直隶总督恒福奏报驰抵古北口，请赴行在。得旨：汝现已抵口，一切筹画粮饷，疏通文报，暨严查奸宄，弹压地方，在在均关紧要，仍着暂缓来见。⑤

葛罗进北京城，住贤良寺，与恭亲王奕䜣在礼部将中法《北京条约》(续增条约)画押，并互换中法《天津条约》。其所签中法《北京条约》共十款，包括允许法籍教士在中国自由传教、归还以前所没收的天主教堂、增开天津口岸、准允华人赴法作工、赔偿法国兵费八百万两等。⑥

十四日甲辰(10月27日)

盛京将军玉明遵旨督同熊岳马队一千起程。⑦

陕甘总督乐斌遵旨带兵赴援。⑧

---

① 《清实录·文宗显皇帝实录》卷三三〇。
② 《筹办夷务始末》(咸丰朝)第7册，中华书局1979年版，第2487页。
③ 《筹办夷务始末》(咸丰朝)第7册，中华书局1979年版，第2488~2489页。
④ 《中外旧约章汇编》第一册，生活·读书·新知三联书店1957年版，第144~146页。
⑤ 《清实录·文宗显皇帝实录》卷三三〇。
⑥ 《中外旧约章汇编》第一册，生活·读书·新知三联书店1957年版，第146~148页。
⑦ 《筹办夷务始末》(咸丰朝)第7册，中华书局1979年版，第2493~2494页。
⑧ 《筹办夷务始末》(咸丰朝)第7册，中华书局1979年版，第2495~2496页。

十五日乙巳(10 月 28 日)

咸丰帝谕内阁：恭亲王奕䜣奏、英、法两国互换和约一折。英、法两国业经朕派恭亲王奕䜣，于本月十一、十二等日与换和约，从此永息干戈，共敦和好。所有和约内应行各事宜，即着通行各省督抚大吏，一体按照办理。

咸丰帝谕令：本日据恭亲王奕䜣等奏办理英、法两夷换约情形，并自请议处各一折。据称英、法两酋业已于本月十一、十二等日互换和约。朕阅两国和约内虽折内有增减，大致尚无出入，所请明降谕旨一条，自系慎重之意。朕思和约已换，似不如示之以信，使之不疑。本日明降谕旨一道，着恭亲王等宣示该夷，并交内阁发钞，令中外不逞之徒，知和议已成，不敢乘机滋事，亦可定人心而杜奸谋。至换和约以后，夷兵退至津城，回銮后能否不至再有要求，及任意来往，必须与之议定，以免再生枝节。其亲递国书一节，虽经巴酋与恒祺言及，作为罢论，照会中究未提及，亦须得有确据。所议现银一百万两为期甚近，着即于宗人府所存工程银内拨给四十万，其余六十万即饬户部迅令附近省分凑拨，如限内不能赶到，着由内库先行垫拨，各省解到再行归还。恭亲王办理抚局，本属不易，朕亦深谅苦衷。自请处分之处着无庸议。另片奏俄夷照会，请派大员商酌。该夷要求，本在意中，所称未了之事，若待其明言，转恐又多需索。着即令瑞常等告以绥芬、乌苏里等处均照奇呥、阔屯之例，借与该夷居住，此外俱不必提及，以杜其得步进步。

胜保奏，僧格林沁等所统各队，请饬分别撤留。该夷和约已换，各省续调兵勇纷纷前来，未免虚糜粮饷，清廷着胜保先将河南所调之勇，饬令折回。此外兵勇酌量情形具奏，再降谕旨停其赴京。①

十七日丁未(10 月 30 日)

英使额尔金要求，必须等到批准谕旨后方肯撤兵，并自拟谕旨一道，必须照其所拟宣布。恭亲王允为入奏。②

十八日戊申(10 月 31 日)

景淳奏恳前来热河随同护驾。清廷着景淳着无庸前来，所调阿拉楚喀、拉林各兵五百名，撤回归伍，以息兵力而资镇定。

---

① 《清实录·文宗显皇帝实录》卷三三〇。
② 《第二次鸦片战争》(五)，上海人民出版社 1978 年版，第 229~230、234~236 页。

据庆端、瑞璟奏，苏常嘉兴尚未克复，江浙两省应运漕米，能否按额运津，实难豫定。京仓为积储重地，俸饷攸关，自应豫筹接济，以免匮乏。现在筹办台米，明年解运京仓。①

奕䜣等奏，应给英法兵费百万，请拨用各省银两。②

十九日己酉(11月1日)

特普钦等奏，挑选齐齐哈尔布特哈、呼伦贝尔马队官兵五百余名，派呼兰城守尉清凯统带，于九月十八日启程，由草地取道进法库边门。现在抚议渐已就绪，此项官兵，清廷谕特普钦等赶紧撤回，着宝山即行派员迎探，无论行抵何处，令其折回毋庸前来。

乔松年奏请驰赴畿辅带勇御敌，清廷着毋庸前来。③

廿一日辛亥(11月3日)

乐斌奏督兵启程，并请卸任西宁办事大臣暂署总督。据称上次续派官兵二千名，又饬派凉州等营官兵一千名，定于九月初九日统带起身。清廷着毋庸前来。

曾国藩奏，请于该大臣与胡林翼二人中钦派一人带兵北上。清廷着均毋庸来京。④

廿三日癸丑(11月5日)

本日据僧格林沁等奏，现派佐领纪文光等，运送制胜得胜铜炮八位，九月十八日起身，前赴热河。此项炮位解到古北口时，清廷即著恒福截留，于要隘处所相地安设，以资防守。

以天津海口兵溃，革总兵官文祥参将和升职，予阵亡侍卫扎精阿等五十五员、副前锋校保林等七百五十八名祭葬世职。⑤

奕䜣等奏，法使请代攻剿，俄使请定边界。⑥

---

① 《清实录·文宗显皇帝实录》卷三三一。
② 《筹办夷务始末》(咸丰朝)第7册，中华书局1979年版，第2524页。
③ 《清实录·文宗显皇帝实录》卷三三一。
④ 《清实录·文宗显皇帝实录》卷三三一。
⑤ 《清实录·文宗显皇帝实录》卷三三一。
⑥ 《筹办夷务始末》(咸丰朝)第7册，中华书局1979年版，第2540~2541页。

中俄《北京条约》议妥，除北京、张家口、齐齐哈尔三处通商以及在张家口设立领事未准外，另乌苏里江以东的中国居民仍准留住原地，其余一概允准。①

廿四日甲寅(11 月 6 日)

前因给事中唐壬森奏，杭州北新关弊窦丛生，商贾裹足，当经谕令王有龄饬该关监督严密访查具奏。兹据王有龄奏称，北新关设有南北二口，凡南路已经输税之货，行至北口，若过限五日，重复征收，载在志书，并非奏准定例，书役往往藉此诈赃。又各关口过往行人，携带用物，其应纳税不过三分者，向准免税，其后渐有并计纳税之事，皆由陆家埠艮山门、螺蛳埠草桥门等处管口家人及巡拦人等索诈留难，大为行旅之害。清廷着该关监督严密稽查，将过关五日十日之限一概删除，其零星货物仍照定例，不过三分者概予免税，以便商民。②

廿五日乙卯(11 月 7 日)

恭亲王奕䜣等奏，英夷允期退兵，并已接见额酋，法使请代中国攻太平军。得旨：二夷虽已换约，难保其明春必不反复。若不能将亲递国书一层消弭，祸将未艾。即或暂时允许作为罢论，回銮后自津至京要挟无已，朕惟汝等是问。此次夷务步步不得手，致令夷酋面见朕弟，已属不成事体。若复任其肆行无忌，我大清尚有人耶?③

金州熊岳兔儿岛海口，尚有夷船九只。④

英国公使普鲁斯到北京。⑤

廿六日丙辰(11 月 8 日)

恭亲王奕䜣等奏，夷酋带兵回津。

恭亲王奕䜣等奏，议定俄国条约，开单呈览。俄国使臣呈出条约十五款，经恭亲王令瑞常等，会同该国使臣伊格那提业幅，逐层商酌定议，尚属妥协。清廷即着照所议办理。

---

①　《第二次鸦片战争》(五)，上海人民出版社 1978 年版，第 245~246 页。

②　《清实录·文宗显皇帝实录》卷三三一。

③　《清实录·文宗显皇帝实录》卷三三一。

④　《筹办夷务始末》(咸丰朝)第 7 册，中华书局 1979 年版，第 2550 页。

⑤　《第二次鸦片战争》(五)，上海人民出版社 1978 年版，第 265 页。

恭亲王奕䜣等奏，夷酋带兵回津，请简大员羁縻。得旨：此次办法，实属毫无把握，在京并未言明，含混退兵。欲使恒祺等随时羁縻，不来则已，来则必启争端。况经换约，何法弭之。种种贻患，实难枚举。若不能万分妥实，不妨据实密奏。万不准轻惑浮言，避居怨府。以后夷务应办之事尚多，恭亲王等岂能因兵退回銮，即可卸责。

命武备院卿恒祺办理海口通商事宜，长芦盐运使崇厚以三四品京堂候补，帮同办理。①

廿七日丁巳(11月9日)

咸丰帝谕令：英、法两国于本月十一、十二等日，互换和约，业已陆续退兵。俄国使臣复呈出条约十五款恳求商定，经恭亲王令瑞常等与该国使臣伊格那提业幅逐层商酌，会同定议。业经谕令恭亲王等照议办理，现拟即日定期画押盖印。所有单开之十五款，着钞给景淳、特普钦等阅看，俟与该国使臣晤面时，即可按照办理，以期共敦和好，永靖边疆。②

英法自行刊刻通行各省条约告示一千五十张，条约文本一千二百八十册，请恭亲王在告示钤用钦差大臣关防，另备公文知照，由该酋等带往各省，交府尹、督抚宣布。③

廿八日戊午(11月10日)

山海关老龙头海口，复泊英船四只，驶去二只。④

廿九日己未(11月11日)

湖广总督官文奏，吁恳提兵入援京师。清廷着毋庸前来。

恭亲王奕䜣等奏，请豫定回銮日期。得旨：览奏具见悃忱，惟此时尚早。况胜保系带兵大员，抚局亦不应干涉。又奏法酋所要北堂，可否允准。批：此事尚系小节。既经盖用护照，亦未便再事争执。东西二堂究在何处，速查覆奏。⑤

---

① 《清实录·文宗显皇帝实录》卷三三一。
② 《清实录·文宗显皇帝实录》卷三三一。
③ 《第二次鸦片战争》(五)，上海人民出版社 1978 年版，第 267~268 页。
④ 《筹办夷务始末》(咸丰朝)第 7 册，中华书局 1979 年版，第 2568 页。
⑤ 《清实录·文宗显皇帝实录》卷三三一。

三十日庚申 (11 月 12 日)

据恭亲王奕䜣等奏，夷人送到刊刻条约通行各省，请密谕沿海各督抚酌办。英、法两夷，业经换约退兵，该夷送到刊刻通行各省条约告示，请钤用钦差关防，由该酋等自行带往各省，交府尹督抚宣布。恭亲王等以事既通行，若不钤印，恐为籍口，业已照办。

恭亲王奕䜣等奏，夷兵全数退津。得旨：夷兵虽退，一切未经议妥，殊无把握。退津情形，是否祗留夷酋数人，抑全队驻津，续行探明驰奏。①

冬十月初一日辛酉 (11 月 13 日)

恭亲王奕䜣等合词吁请回銮，咸丰帝意本年暂缓回銮，俟夷务大定后，再将回銮。

曾国藩奏请调粤军助剿。现在夷人换约退兵，各路援兵均经撤退。曾国藩前请率兵入卫，业已谕令毋庸前来。兹据奏请饬刘长佑，令蒋益澧即率所部三千入皖会剿，系为厚集兵力起见。所请饬调粤军会剿之处，清廷着无庸议。②

英法二使，已由通州水路回津。③

初二日壬戌 (11 月 14 日)

恭亲王奕䜣奏请饬文祥回京，商办抚局。祥着即回京，帮同恭亲王商办抚局事宜。④

初四日甲子 (11 月 16 日)

直隶总督恒福奏，津郡新设埠口通商，请饬文谦筹办。得旨：饬令文谦赴津，会同恒祺等办理通商事宜，吴廷栋着回省督办防务。⑤

署山东巡抚、布政使清胜奏，和议将定，请将海丰驻兵撤回，并报洋人在烟台

---

① 《清实录·文宗显皇帝实录》卷三三一。

② 《清实录·文宗显皇帝实录》卷三三二。

③ 《筹办夷务始末》(咸丰朝)第 7 册，中华书局 1979 年版，第 2583 页。

④ 《清实录·文宗显皇帝实录》卷三三二。

⑤ 《清实录·文宗显皇帝实录》卷三三二。

存船数目。①

初五日乙丑(11月17日)

前因刘昆等会议奉天海口，变通收税章程，当交户部议奏。兹据该部奏称，酌拟加增税额四条。清廷着照所请。所有奉天所产黄豆豆饼，照例收税。此外包头油篓税银，由行栈交该关各口税书承收，除该关每年正额赢余之外，加银八万两，作为赢余解部。即责成该监督于本年八月新关期起，按季解京。如有亏短，勒令照数赔补。再有多余，尽收尽报。其船规一项，原定税银太轻，着将各船只照原征银数，各加一倍，以咸丰八年报部税数作为正额。此外再加一倍，作为赢余，由各口岸追册，详报盛京将军等汇总奏报。除留支各项外，其余悉数解部，如有亏短，着落经征之旗民地方官赔补。至各项货物，经过内河各口岸，定为每石征银四分，以咸丰八年归公银数，作为正额再加一倍，作为赢余。此项银两，以钱一串抵银一两搭放盛京官兵俸饷。如征收不能足数，亦着落经征之员赔补。其内河渔字号小船，着照未逾式船，使一体报店，交纳船规十七两。除牛庄一口办理商捐，其余各海口，均着盛京将军饬旗民地方官查照办理。其大小牛船，亦照渔船一律加倍收税。并另委妥员，常川在彼。实力稽察。如有无票私船。即行拿办。

富森奏请提师入都协剿，清廷着毋庸前来。

命直隶布政使文谦筹饷二十万两，解往钦差大臣僧格林沁军营。②

恭亲王奕訢等将英、法、美八年及本年条约，印刷成册，咨行通商各省，其余各省亦于初七日另行印刷送达。③

初六日丙寅(11月18日)

恭亲王奕訢等奏，俄夷和约已换。此次恭亲王等于本月初二日，业将俄夷呈出条约画押盖印，与之互换。惟地图一分，系绥芬、乌苏里河分界之据，因前定条约，曾添入空旷之地。遇有中国人住并渔猎之处，俄人均不得占之语，一经画押，漫无限制，告以明春须派员互勘，未即画押。其馈送枪炮一节，未知是否真诚，以后再当相机办理。此次俄夷所换条约十五款，除吉林、黑龙江二处已令军机大臣钞寄行知外，其余各省，尚有应行行文知照之处，清廷着恭亲王等一体知照，以便届时会同酌办。至俄、美两国和约国书等件在海淀被夷兵抢掠，恐该两国知业经失

---

① 《筹办夷务始末》(咸丰朝)第7册，中华书局1979年版，第2592~2593页。

② 《清实录·文宗显皇帝实录》卷三三二。

③ 《第二次鸦片战争》(五)，上海人民出版社1978年版，第305~306页。

落，有所籍口，着饬令恒祺等设法向巴酉索取，务须令原本归还，免致将来饶舌。①

容闳与教士杨笃信等自上海抵达天京，次日会晤洪仁玕，建议七事。②

十一日辛未(11月23日)

刘长佑奏越南国入贡届期，察看道路情形，请旨遵行。现在广西南、太、浔、梧等府军务未竣，道路尚多梗阻，所有越南国丁巳、辛酉两届例贡，清廷着暂行展缓。

本年秋间，英、法两国带兵扑犯都城，业经换约退兵，俄罗斯使臣伊格那提业幅亦即随后换约。该酋见恭亲王奕䜣等，面称发逆在江南等处横行，请令中国官军于陆路统重兵进剿，该国拨兵三四百名在水路会击，必可得手。又称明年南漕运京，恐沿途或有阻碍。伊在上海时，有美国商人及中国粤商，情愿领价采办台米、洋米运津。如令伊寄信上海领事官，将来夷船沙船均可装载，用俄、美旗帜，即保无虞。清廷着曾国藩等公同悉心体察，如利多害少，尚可为救急之方，即行迅速奏明，候旨定夺。至代运南漕一节，江浙地方沦陷，明岁能否办理新漕，尚无定议。然漕粮为天庚正供，自不可缺，该酋所称采办运津之说，是否可行，应如何妥议章程办理之处，并着曾国藩、薛焕、王有龄酌量情形，迅速具奏。③

十三日癸酉(11月25日)

俄使回国，仍以送炮、助战二事为请。④

法国特使葛罗照会恭亲王，称布尔布隆已至天津，其本人数日后回国，一切事宜由布尔布隆接办。⑤

十四日甲戌(11月26日)

倭仁等奏请将通商条约先行封寄。前据恭亲王奕䜣等奏，英、法两国条约交夷酋带往各省。兹据倭仁等奏称，夷人刊刻条约，自行宣布，恐真伪莫辨，转多籍

---

①　《清实录·文宗显皇帝实录》卷三三二。

②　《太平天国史译丛》第一辑，中华书局1981年版，第207~208页。

③　《清实录·文宗显皇帝实录》卷三三三。

④　《筹办夷务始末》(咸丰朝)第7册，中华书局1979年版，第2617~2618页。

⑤　《第二次鸦片战争》(五)，上海人民出版社1978年版，第304页。

口。奉天海口新设埠口尤关紧要。所有英、法等国八年及本年所议条约，清廷着奕䜣钞录一分，先行密封寄交倭仁等斟酌办理，其余闽浙、两广、山东、江苏、浙江等省均着一体钞寄，以免歧误。①

恭亲王照会英使普鲁斯，申明大皇帝愿见各国钦差与否，均可自主，断无勉强之理。②

十七日丁丑(11 月 29 日)

僧格林沁等奏请裁减兵额。据称本年天津海口一带接仗，察哈尔官兵首先溃败，实属不堪调用，而该处兵额最多，若不量予裁减，必致虚糜粮饷。清廷着庆昀查明该处兵额共若干名，其分拨各台者若干，游牧者若干，汰除老弱，简择精壮尚可练习者若干，应如何酌量分别裁减之处，着妥议具奏。

察杭阿奏，据住京俄罗斯达喇嘛固里报称，俄罗斯北馆后墙有空地一段，官房七间，求为查验给予，圈进馆内，建盖房间。当经该衙门查明，该处官街空地内有官房七间，俱损坏坍塌，可否给予俄罗斯北馆圈进之处，据情请旨。此项地段，既系官街空地，基址亦不甚大，官房七间亦经坍损，清廷着给与该馆，准其建盖房屋，惟不得于原指丈尺之外，再行侵越。

十八日戊寅(11 月 30 日)

王梦龄奏请将应行封储款项，先行提拨。部拨粤海关征存税银二十万两，系应交王梦龄另款封储之项。既据该署漕督奏，江南粮台，解拨寥寥，大江水师及镇营兵勇，无款可筹。清廷着准其于粤海关饷二十万两内，先提银十万两拨交江南粮台，支应水陆各饷，仍责成办理粮台各员核实造报，以重帑项。③

二十日庚辰(12 月 2 日)

前据恭亲王奕䜣等奏，俄、美等国八年间所换和约各件并美国国书，因英、法两国滋扰淀园，均已遗失。当经谕令恭亲王等饬恒祺等在津向各国询明取回。兹据奏称，恒祺已向该酋再三盘诘，声称当时抛弃焚烧，事所难定。并据俄酋伊格那提

---

① 《清实录·文宗显皇帝实录》卷三三三。
② 《第二次鸦片战争》(五)，上海人民出版社 1978 年版，第 324 页。
③ 《清实录·文宗显皇帝实录》卷三三三。

业幅面告奕䜣云，条约已经刊布，别无他用，无需寻觅。因思美国远在上海，尚未知悉，清廷着薛焕即行知照美酋，告以该国国书及原本条约税则存在海淀，被英、法等国滋扰时业已遗失，寻觅无踪。现在条约刊本，业经通行各省，将来遇有两国交涉事件，均可照此为凭。

恭亲王奕䜣等奏，英国欲于长江通商，业经给予照覆允准。长江通商一节，八年原定和约内载明，除镇江一年后立口通商外，其余自汉口溯流至海各地，选择不逾三口，准为夷船出进货物通商之区。今该国以抚局已成，欲先赴汉口、九江两处开商，应纳税饷，或在上海镇江各关，按照新章交纳。并据该酋照会内称，先向海关报明护船兵器火药铅弹等物，请给照单。该关口查明所报军器数目，如在情理之中，即注明给发。傥有额外军器，或并无照单、私行售卖者，即将该船所载货物全行入官，并驱逐该船出口，不准在江面贸易。清廷着照章办理。①

廿四日甲申 (12 月 6 日)

英国伦敦布道会传教士杨笃信，经罗孝全的帮助，得到一份由太平天国幼主签发的《宗教自由诏》。②

廿五日乙酉 (12 月 7 日)

江海关按新章征税。③

廿六日丙戌 (12 月 8 日)

毓科奏，部拨袁甲三营军饷，江西无款垫解，请饬福建督抚将军赶紧筹解。袁甲三营军饷前经户部咨令福州将军在于闽海关税银内筹拨十万两，因恐缓不济急，先令江西省由丁漕项下垫解，俟闽海关拨解归款。旋经毓科以江西饷项艰窘无款垫解，四次咨催福州将军赶紧筹拨，迄今尚未据闽海关报解。现在袁甲三军营正当攻剿吃紧之时，待饷孔殷，闽省大吏岂容任意推诿。清廷着文清、庆瑞、瑞瑸迅将应解袁甲三营军饷派委妥员解往。④

---

①　《清实录·文宗显皇帝实录》卷三三三。

②　吟唎：《太平天国革命亲历记》下册，上海人民出版社 1978 年版，第 380~381 页。

③　《第二次鸦片战争》(五)，上海人民出版社 1978 年版，第 334 页。

④　《清实录·文宗显皇帝实录》卷三三四。

廿七日丁亥(12 月 9 日)

恭亲王奕䜣等奏呈进俄夷地图,并请派员履勘。得旨:互换和约,着收存礼部备查,毋庸赍赴行在。至明岁季春赴吉林查勘分界事宜,应派何人前往,方昭妥慎,着恭亲王酌拟请旨。①

廿八日戊子(12 月 10 日)

英使普鲁斯照会恭亲王,同意清帝接见与否,断不勉强。②

十一月初二日辛卯(12 月 13 日)

邵灿、王履谦奏,筹画团练经费,并防堵钱塘江口情形。逆匪业窜桐、温、处、台及宁绍等属处处可通,浙东完善地方,亟宜力图保护。邵灿现已撤去团练大臣,所有派防江口之余姚练丁,为数不多,恐难堵御。清廷着王有龄迅即调集兵勇,严行防守,毋令该逆纷窜。至宁波道府县所办厘捐等项,据邵灿等奏称多有不实不尽,着王有龄即行彻底查明,认真整顿,务令丝毫悉归公用,毋任隐匿侵吞。③

初三日壬辰(12 月 14 日)

薛焕奏覆,借助俄、法兵助剿利多害少,代运南漕殊多窒碍。④

初四日癸巳(12 月 15 日)

奕䜣等奏,英使照会,勘得津城以南,紫竹林至下园地一块,约四顷有余,欲立契永租,启造领事官署及英商住房栈之用。已照会允咨直隶总督转饬地方官,与该国领事官妥为商办。⑤

---

① 《清实录·文宗显皇帝实录》卷三三四。
② 《第二次鸦片战争》(五),上海人民出版社 1978 年版,第 324~325 页。
③ 《清实录·文宗显皇帝实录》卷三三五。
④ 《第二次鸦片战争》(五),上海人民出版社 1978 年版,第 319~322 页。
⑤ 《第二次鸦片战争》(五),上海人民出版社 1978 年版,第 325~326 页。

初五日甲午（12 月 16 日）

恭亲王照会法使布尔布隆，允法国租用东交民巷景崇府为法使寓所。①

初六日乙未（12 月 17 日）

以办理各国和约完竣，恭亲王奕䜣下宗人府优叙，大学士桂良、户部左侍郎文祥下部优叙，余升叙有差。

初七日丙申（12 月 18 日）

吏部尚书陈孚恩奏，法兰西国夷目在保定索传牌，欲往陕西。得旨：此事已知。现在西巡之举，行当作为罢论，况该夷不过专为传教，无足重轻。

初九日戊戌（12 月 20 日）

御史高延祜奏请将浙江团练，归并巡抚办理，以专责成。前因邵灿督办浙江团练，未能妥协，谕令王有龄酌保在籍公正大员接办。兹据该御史奏称，请照陕甘、四川章程，责成巡抚督办。所有浙江团练事宜，清廷即着王有龄督同该省绅士认真经理，以收实效。②

法副使美理登来京，求给公所，已将景崇府给与。③

十三日壬寅（12 月 24 日）

前因英、法夷酋携带条约前往通商各海口，并以奉天等处新设埠口尤关紧要，谕令倭仁等于该酋到后，妥为驾驭。本日据御史徐启文奏称，各省通商处所，宜慎选委员，以免启衅损威。奉天牛庄、直隶天津、山东登州等海口通商事属创始，该将军等于各该夷到后，遇有交涉事件，自必斟酌妥善。惟地方州县及差委各员，傥不能洁己奉公，必至为该夷轻视，甚或拨弄是非，因而启衅，于抚局大有关系。清廷着玉明、倭仁、景霖、恒福、文煜于各该州县及办理海口通商各委员，务择操守

① 《第二次鸦片战争》（五），上海人民出版社 1978 年版，第 329~330 页。
② 《清实录·文宗显皇帝实录》卷三三五。
③ 《筹办夷务始末》（咸丰朝）第 7 册，中华书局 1979 年版，第 2652~2653 页。

廉洁、明干有为之员，酌量调派，责令认真经理，不得令庸劣之员办理夷务，以致启衅损威，是为至要。

以办理各国和约出力，赏武备院卿恒祺头品顶带，候补京堂崇厚侍郎衔，复侍郎崇纶职，并下部议叙。

命山东巡抚文煜迅解银十万两，直隶布政使文谦迅解银十七万两，赴钦差大臣僧格林沁军营。①

容闳、杨笃信等离开南京回到上海。②

十九日戊申（12 月 30 日）

前因俄国续约内载，东西两边设立界牌，应由两国派出信任大员秉公查勘。东界在乌苏里河口会齐，于咸丰十一年三月内办理。西界在塔尔巴哈台会齐商办，不必限定日期。东界会勘，已明降谕旨，令仓场侍郎成琦前往会同吉林将军景淳办理。所有西界会勘大员，清廷着景廉于就近各城大臣中择其熟悉情形、通达事体者，酌拟数员，开列清单，候旨简派，即由伊犁发给地图，前往塔尔巴哈台会同俄国使臣公同查勘。

命仓场侍郎成琦驰往吉林会同将军景淳查勘俄国分界事宜。③

廿三日壬子（公元 1861 年 1 月 3 日）

以办理换约支应事宜妥协，兼管顺天府府尹张祥河下部优叙，赏府尹董醇二品顶带，余升叙有差。

廿五日甲寅（公元 1861 年 1 月 5 日）

前据恭亲王奕䜣等奏接见俄夷换约各情一折，内有该酋面称发逆横行江南，愿拨夷兵助剿，及明年南漕运京，或有阻碍，上海美商、粤商情愿领运台米、洋米运津二事。当经谕令曾图（国）藩、薛焕、袁甲三等公同悉心妥议具奏。嗣据袁甲三、薛焕先后覆奏，所陈均各有所见。本日曾国藩奏称，金陵发逆之横行，皖吴官军之单薄，均在陆而不在水，此时陆军不能遽达金陵，即令俄夷兵船由海口进驶，亦未能收夹击之效，应请传谕该酋奖其效顺之忱，缓其会师之期，俟陆军克复皖浙苏常

---

① 《清实录·文宗显皇帝实录》卷三三五。
② 《太平天国史译丛》第一辑，中华书局 1981 年版，第 209 页。
③ 《清实录·文宗显皇帝实录》卷三三六。

各郡后，再由统兵大臣约会该酋派船助剿，庶在我足以自立，在彼亦乐与有成。法夷此请亦可奖而允之，惟当先与约定，兵船经费若干——说明，将来助剿时，均由上海粮台支应，以免争衅。与薛焕所奏大同小异。各国甫经换约，所请助兵运米两事，意在见好中国，袁甲三谓借夷剿贼，有害无利，自是正论。但拒之太甚，转启该酋疑虑，果能因势利导，操纵在我，于军务漕运，不无裨益。曾国藩所奏俟官军陆路得手，再约其水路会剿，似尚可行。惟所需兵费，是否与之先期约定着恭亲王奕䜣等悉心体察，酌议具奏。其请帮运南漕一节，据曾国藩请饬薛焕在上海与之订明粤商取保领价，美商听其自行经理，惟据薛焕所奏，桂良等前在上海议定米谷等粮，均不准运外国，但准夷商从此口运至彼口，仍完出口税银，似可令其照办运津，官为收买。美商领价采办台米洋米运津，薛焕虑其将来籍口漕粮归其运办，所见亦是。但官为收买，又恐有勒掯居奇之弊。若商运商买，是否可行，于仓储有无补益，并着奕䜣等详细妥筹，统俟议定章程，再与该国会商办理。①

十二月初二日辛酉（公元 1861 年 1 月 12 日）

前据曾国藩、袁甲三、薛焕等覆陈夷酋拨兵，助剿江南逆匪，及美商等领运台米、洋米运津二事，当经谕令恭亲王奕䜣等悉心体察，酌议具奏。本日复据瑞昌、王有龄奏称，江浙两省兵力不敷剿办，借资外国之兵，有无格外要求，虽难豫料，但彼由京陈请，亦足征同仇敌忾之诚。如果照议举行，可期迅速应手。并称由外国领价买米，恐银先入手，随意开销，或藉此把持渔利，将来南漕海运转多掣肘，请令其自行贩运，官为收买。②

初三日壬戌（公元 1861 年 1 月 13 日）

恭亲王奕䜣等奏，通判潘国荣愿捐炮位，请旨饬办。据称前任浙江运司潘仕成之子、分发湖北试用通判潘国荣呈称，情愿回粤倡办捐铸炮位一万斤，共二十尊，每尊自三五百斤至一千斤不等，合膛炮子五千斤，另炸炮十尊、炮子一百枚、力木炮架三十座，足敷配用，或按洋式铸造，或购自洋船。并称回粤后愿推广劝捐，每捐炮十尊，带炸炮三尊，俟有成数，呈缴广东督抚验收，由海船运至上海，或山东天津等处，听候拨用。清廷寄谕劳崇光、耆龄饬令潘仕成，同伊子潘国荣妥为办理。

恭亲王奕䜣等奏，山东金山失利，请饬僧格林沁慎重严扼。得旨：所虑实与历

---

① 《清实录·文宗显皇帝实录》卷三三六。
② 《清实录·文宗显皇帝实录》卷三三七。

次寄谕相符，现在只以力扼北犯为要著，未可轻进而转致疏虞。又奏通筹夷务全局，酌拟章程。批：惠亲王总理行营王大臣、御前大臣军机大臣，妥速议奏单并发。①

英国公使威妥玛来京探询。②

初四日癸亥（公元 1861 年 1 月 14 日）

巴栋阿奏酌调师船严防江面，并英船入江，密筹办理。据称英船准其入江通商，必由下游而上。现在下游各口防堵吃紧，该处原泊师船虽多，并无大员驾驭，请饬黄彬带船下驶居中调度，不独使英国官商见我水寨军容之盛，即南岸各处港口亦可杜贼北窜。至金陵观音门、浦口九洑洲等处贼船，较前更多，镇城孤悬南岸，全仗江面通行。万一该匪并力下驶，镇郡恐难支持。请饬李德麟带领全帮炮船，赴镇巡防。清廷着都兴阿酌度形势，妥筹办理。③

初六日乙丑（公元 1861 年 1 月 16 日）

薛焕奏请饬奕䜣等发给英人李泰国札谕，令其帮办各口通商事务。新定通商税则，既有外国人帮办税务一条。该英人李泰国，系总司税务，所有新设通商各口，自可令其一体经理。清廷着奕䜣等即行发给执照，交李泰国收执，责令帮同各口管理通商官员筹办。并着恭亲王等咨行通商各省将军、督抚、府尹等一体查照。其置买巡船等件及辛工经费，亦着一并咨饬各口，与李泰国会议妥办，毋任冒滥。

江苏巡抚薛焕奏，各国开办新章，上海税厘两碍情形。得旨：现在各省厘捐，军食攸赖，应如何严定稽核章程，着户部议奏。

初十日己巳（公元 1861 年 1 月 20 日）

惠亲王等奏，会议恭亲王奕䜣等奏办理通商善后章程。据称恭亲王奕䜣等筹议各条，均系实在情形，请照原议办理。京师设立总理各国通商事务衙门，着即派恭亲王奕䜣、大学士桂良、户部左侍郎文祥管理，并着礼部颁给钦命总理各国通商事务关防。应设司员，即于内阁部院军机处、各司员章京内满汉各挑取八员，即作为定额，毋庸再兼军机处行走，轮班办事。侍郎衔候补京堂崇厚，着作为办理三口通

---

① 《清实录·文宗显皇帝实录》卷三三七。
② 《筹办夷务始末》（咸丰朝）第 8 册，中华书局 1979 年版，第 2682~2683 页。
③ 《清实录·文宗显皇帝实录》卷三三七。

商大臣，驻扎天津，管理牛庄、天津、登州三口通商事务，会同各该将军督抚府尹办理，并颁给办理三口通商大臣关防，毋庸加钦差字样。其广州、福州、厦门、宁波、上海及内江三口、潮州、琼州、台湾、淡水各口通商事务，着署理钦差大臣江苏巡抚薛焕办理。新立口岸，除牛庄一口仍归山海关监督经管外，其余登州各口，着各该督抚会同崇厚、薛焕派员管理。所有各国照会及一切通商事宜，随时奏报，并将原照会一并呈览，一面咨行礼部，转咨总理各国通商事务衙门，并着各该将军督抚互相知照。遇有交卸专案，移交后任，其吉林、黑龙江中外边界事件，并着该将军等据实奏报，一面知照礼部，转咨总理衙门，不准稍有隐饰。

恭亲王奕䜣等奏请由广东、上海各派识解外国言语文字二人来京差委，及各海口内外商情各国新闻纸，应由各该大臣暨各该将军督抚府尹按月奏报，并知照礼部转咨总理衙门，即由该王大臣饬知礼部，由该部咨行可也并准于八旗中挑人学习外国言语文字，知照俄罗斯馆妥议章程，认真督课。如能熟习各国文字，即奏请奖励。至各口洋税现有扣款，议定按税扣归二成，立有会单。又有夷人帮同司理税务，每月征收若干，自宜彻底澄清，不致侵蚀中饱。第将来扣款既清之后，应如何妥议章程，俾无日久弊生，清廷著恭亲王奕䜣等再行悉心妥议，以免弊混。其余未尽事宜，并著随时详议具奏。①

十四日癸酉(公元 1861 年 1 月 24 日)

恭亲王奕䜣等奏遵议借夷剿贼并代运南漕各情一折。前据曾国藩、薛焕、袁甲三并瑞昌、王有龄等驰奏遵议借夷剿贼及帮运南漕各折片，谕令恭亲王奕䜣等悉心酌议。兹据奏称，将曾国藩等原奏悉心参核，江南官军现尚未能进剿金陵，即令夷船驶往，非特不能收夹击之效，并恐与贼相持，如薛焕所虑句(勾)结生变，尤宜豫防。该抚所拟令夷兵由陆进剿，非独经过地方惊扰，即支应一切，诸多窒碍。夷性贪婪，一经允许借兵剿贼，必至索请多端，经费任其开销，地方被其蹂躏。并于英酋威妥玛来见，与之谈论终日。该酋已吐实语，谓剿贼本中国应办之事，若借助他人，不占地方，于彼何益。非独俄、法克复城池不肯让出，即英国得之，亦不敢谓必不据为己有，因举该夷攻夺印度之事为证。借夷剿贼，流弊滋多，自不可贪目前之利，而贻无穷之患。惟此时初与换约，拒绝过甚，又恐夷性猜疑，转生叵测。惟有告以中国兵力足敷剿办，将来如有相资之日再当借助，以示羁縻，并设法牢笼，诱以小利。佛夷贪利最甚，或筹款购其枪炮船只，使有利可图，即可冀其昵就，以为我用。傥上海夷人谆请助兵剿贼，清廷着曾国藩、薛焕量为奖勉。傥有兵船驶入内地，即按照条约拦阻，并着该大臣等就现有兵力，设法攻剿逆匪，毋再观

---

① 《清实录·文宗显皇帝实录》卷三三七。

望。至法夷枪炮，既肯售卖，并肯派匠役教习制造，着曾国藩、薛焕酌量办理。即外洋师船，现虽不暇添制，或仿夷船制造，或将彼船雇用，诱之以利，以结其心，而我得收实济。若肯受雇助剿，只可令华夷两商自行经理，于大局或可有利无弊，并着该督抚斟酌试行。将来于通商各口关税内，酌提税饷，仍济军需。其代运南漕一节，亦照恭亲王等所议，由薛焕出示招商运津，无论华商、夷商一体贩运，按照税则，完纳税饷，官为收买，按照时价，公同估断，无须与该夷豫行会商。美夷质性较醇，与英、法情形不同，其应如何縻系，使为我用，俾其感顺，以杜俄夷市德于彼之心，亦着曾国藩、薛焕随时酌量情形，妥为办理。另奏上海通商各小国，见英、法、美三国换约，未免觊觎。前经桂良在上海时严行拒绝，薛焕曾随桂良在彼，深知其事，并着该抚务照前年办理情形，豫为杜绝，毋令径驶天津，又费唇舌。并晓谕英、法、美三国，以各小国小弱之邦，不得与三国平列，一体换约，令其帮同阻止，方为妥善。如各小国不遵理谕，径赴天津，惟薛焕是问。

恭亲王等奏请饬东三省练兵，并筹画饷需。据称吉林、黑龙江与俄夷相邻，边防紧要，近因军营需用马队纷繁，于吉林、黑龙江屡次征调，实有空虚之患，请饬该将军等于东三省各营兵丁勤加训练，弓马之外，兼习技艺抬枪，按期操演，各路军营以后不得再调该处马队。

毓科奏，寇氛逼近浔防，请暂缓九江通商。英国在九江通商，业经允准，惟此时贼犯彭泽、湖口，恐于该国贸易有碍，清廷着恭亲王奕䜣等即将毓科所奏情形，照会英国使臣，与之婉商，俟明春贼势渐平，九江一带江面安静，再行办理。①

十六日乙亥（公元 1861 年 1 月 26 日）

恭亲王奕䜣等奏，各省新闻纸应分别咨送，章京司员仍请兼本衙门办事。得旨：现在总理衙门，既有军机大臣兼领，似亦可饬章京往返查核要件，阁部司员既请毋庸本衙门止差，隶礼、兵两部接发文件，似亦可令该部兼行司员专司其事，该部堂官亦当豫闻。若如所请，军机处兼行章京两处行走，应归何处查核勤惰，并保举参劾。如何办理，以上数层，着再行覆奏。②

十八日丁丑（公元 1861 年 1 月 28 日）

前因恭亲王奕䜣等奏请将长芦盐政一缺裁撤，归直隶总督兼管，当交户部议奏。兹据奏称，长芦盐务，改直隶总督统辖，可期全纲整饬。长芦盐政一缺，清廷

---

① 《清实录·文宗显皇帝实录》卷三三八。
② 《筹办夷务始末》（咸丰朝）第 8 册，中华书局 1979 年版，第 2708~2710 页。

着即裁撤。所有督办运课事宜，统归直隶总督管理。

以奉天修筑海防工竣，并热河随围出力，赏协领景运等花翎，哈尔尚阿等蓝翎，余加衔升叙有差。①

十九日戊寅（公元 1861 年 1 月 29 日）

以筹办山东海防并防御捻匪出力，予道员敬和、同知王钟、知州彭坦、守备谢炳等花翎，知府蒋斯嶟蓝翎，余升叙有差。

廿二日辛巳（公元 1861 年 2 月 1 日）

以天津海防局办理文案出力，赏同知陈翰芬花翎，余升叙有差。

廿三日壬午（公元 1861 年 2 月 2 日）

景淳奏陈俄国分界江道险阻，势难如约会齐。据称此次成琦至乌苏里江口会齐，必须开江后方能行船，约四月下旬可到。如由江口上往兴凯湖，中国既无火轮船驾驶，又无陆地可通，锅帐等项无法驮运，恐致临时贻误。至黑龙江下流至乌苏里河口界限分明，易于勘办。惟兴凯湖至图们江，必须该管熟悉地方情形之员，会同履勘，方期日后照办，不至节外生枝。应俟成琦行抵吉林，或委该地方大员分赴会齐，或亲诣兴凯湖一带勘办，容再妥议具奏。清廷着恭亲王奕䜣、桂良、文祥将景淳所奏情形悉心筹画，并着成琦于明春前赴吉林与景淳会商，总期及早设法亲至兴凯湖、图们江一带，与俄国使臣查明交界地方，不可落后，方为妥善。②

廿四日癸未（公元 1861 年 2 月 3 日）

恭亲王奕䜣等奏，遵办新设衙门未尽事宜，酌拟章程十条，开单呈览，并覆奏章京司员等兼行走。所有单开各条尚属妥协，惟内酌筹经费一条，所称心红纸张等项银两，拟于天津、上海酌提关税起解部饷款内，按各口提用数目，均匀酌提银两，由各该将军、督抚、府尹、监督解总理衙门，以资办公。此项银两亟资办公，恐各口酌提，一时未能应手，清廷着即按照所定每月支领银两数目，径由户部关支，将来各口解到酌提关税银两统交户部，毋庸解交总理衙门。该衙门如有不敷之

---

① 《清实录·文宗显皇帝实录》卷三三八。
② 《清实录·文宗显皇帝实录》卷三三九。

处，即奏明由户部支领。至各省机密事件，应照例奏而不咨。如事关总理衙门者，即由军机处随时录送知照，亦甚便捷，着毋庸由各口先行咨报总理衙门，以归画一。其军机章京于满汉各员内挑取各四员，作为总理衙门额外行走，专管交涉事件及检查机密文移，责任綦重，虽不必常川到衙门，而该章京等在两处行走，恐日久有互相推诿之弊。其应如何酌定章程，以免旷误之处，清廷着再行妥议。①

廿五日甲申（公元 1861 年 2 月 4 日）

抚恤琉球国遭风难夷如例。

是年

杜那普船坞为上海船商捐资建造的"钧和"号小巡逻船下水。②

咸丰十一年　辛酉　公元 1861 年

春正月初三日壬辰（2 月 12 日）

据薛焕奏，英国领事争辨赔款，并阻挠税捐。赔补一项，据英国领事密迪乐称普鲁斯来文，系于上海关总收数内各扣赔项二成，除洋商按货完税外，尚有外国商船所完船钞及海关所收罚充入官等款，亦应一并核扣，争之甚力。又上海新定洋药纳税章程，密迪乐称洋商已完上海进口税，断不能重收华商税捐。其私贩洋药窝居洋泾滨之骆增美一犯，该公使并不准查拿，于税捐殊多掣肘。清廷着恭亲王奕䜣等，即照会普鲁斯，告以既于关税内交还二成，即不应再扣船钞罚款两项。况船钞系充浮桩号船塔表望楼等项经费，罚款系随案充赏，并不收库，均无从追回核扣。并令其通饬各口领事官一体遵照，以杜狡执。至洋商进口，华商出口，所纳洋药之税两不相碍。该领事总以征收华商之税，碍及洋商贸易，亦难保非藉词挟制，业已

---

① 《清实录·文宗显皇帝实录》卷三三九。
② 刘传标：《近代中国船政大事编年与资料选编》第 1 册，九州出版社 2011 年版，第 22 页。

密谕薛焕妥为办理，并着奕䜣等随时留心防范，无庸先给照会。倘普鲁斯转据密迪乐之言，有所陈渎，即据理辩论，并将私贩之犯令其交出，以杜欺蒙。①

初五日甲午（2 月 14 日）

本日据景淳等奏，密陈俄国分界珲春，势难密防，并绘图贴说呈览。新定俄国条约内，载明遇有中国人住之处及渔猎之地，俄国均不得侵占。俄国明知珲春南岸旧有屯户居住，如欲以珲春河为界，于条约所载相背。该国议由瑚布图河口顺珲春河分界，人心已不免惊慌。若成琦等未到以前，该国之人业已恃强占踞，则事属已成，难与理论。清廷着奕䜣等即酌拟照会二件，一照会俄国总理各国事务大臣，告以现派大臣查勘地界俄国之人，应俟勘明地界之后方可居住，不得先行占踞，致该处屯户惊疑；一作为成琦之意，照会东海滨省固毕尔那托尔，亦嘱其俟该侍郎与景淳勘明珲春地界方可令俄人居住。总须遵照条约中国人住之处及渔猎之地，该国不得占踞，方为妥善。②

初八日丙申（2 月 16 日）

恭亲王为船钞、罚款不在赔款扣数之内，照会英国公使普鲁斯。③

初十日己亥（2 月 19 日）

上海英国领事密迪乐上书英外相，称太平军优遇外国人，无意启衅。英军如助清军，实为不智。④

十七日丙午（2 月 26 日）

本日据色克通额奏，接木哩斐岳幅与军机大臣咨文，代为呈递。文内大意，以俄国上年在京所定条约第四款，有交界各处，准许两国所属之人，随便交易，并不纳税。黑龙江将军、副都统并不遵照办理，恳请将将军副都统更换。黑龙江未与俄国通商，断无遽将该将军等更换之理。该处何以不照条约办理，必须查明，以免该

---

① 《清实录·文宗显皇帝实录》卷三四〇。
② 《清实录·文宗显皇帝实录》卷三四〇。
③ 《第二次鸦片战争》（五），上海人民出版社 1978 年版，第 384~385 页。
④ 吟唎：《太平天国革命亲历记》下册，上海人民出版社 1978 年版，第 371~378 页。

酉籍口。清廷着恭亲王奕䜣等即行文特普钦等，令其按照条约第四款，出示晓谕该处商民，互相贸易，仍作为该将军等本意，俾该国不再疑其阻挠，方为妥善。

直隶总督恒福因病解任，以山东巡抚文煜署直隶总督，赏署陕西巡抚谭廷襄二品顶带，为山东巡抚，未到任前，以布政使清盛署理。①

天王洪秀全诏谕各方洋人："凡未助妖之人，皆须宽赦。外国商人，一如兄弟，杀人者死。前曾诏明，外国人犯，须交罗孝全会同各国领事审理，由朕裁决。今再诏命天朝通事官领袖罗孝全总理外国商人事务，各国可派领事官协同办理，并公选一正式裁判官，由朕任命，协同罗孝全会审外人犯罪案件，仍由朕作最终裁决。"②

十九日戊申（2 月 28 日）

九江通商，英使坚欲前往。③

二十日己酉（3 月 1 日）

英舰长雅龄奉何伯之命照会太平军天京当局，提出包括英商船经过南京不得干涉等八条要求，基本得到满足。④

廿五日甲寅（3 月 6 日）

闽浙总督庆端等奏请留丁忧道员司徒绪专办福州通商事务。得旨：该员先因军务奏留，继奉新章，回籍守制，自应恪遵。兹以夷务籍口，并请就近起复，不过为保留闽省补用地步，所请不准行。⑤

闽浙总督庆瑞等奏，英国厦门租地案已委员查勘。⑥

廿六日乙卯（3 月 7 日）

本日据薛焕奏，英国兵船驶赴长江，前往汉口等处，路过金陵，欲见发逆。并

① 《清实录·文宗显皇帝实录》卷三四一。
② 《太平天国史新探》，江苏人民出版社 1982 年版，第 336~337 页。
③ 《筹办夷务始末》（咸丰朝）第 8 册，中华书局 1979 年版，第 2745~2746 页。
④ 英国国会蓝皮书：《关于扬子江向外国贸易开放的文书》，1861 年，第 7~9 页。
⑤ 《清实录·文宗显皇帝实录》卷三四一。
⑥ 《筹办夷务始末》（咸丰朝）第 8 册，中华书局 1979 年版，第 2747~2748 页。

据巴栋阿奏，英国商船现抵镇江，有轮船一只前往金陵上游，查看江面，欲使粤匪知其来往通商，毋得拦阻。英夷于九江、汉口两处开商，先与发逆接交。该夷甫与中国换约，虽不助我剿贼，亦未必遂句(勾)通粤逆，再启兵端。惟此后该国商船往来江面，恐金陵逆匪借伊船只，装载贼匪，驶入天津海口，其患不可不防。此事若由中国稽查，恐该夷心生疑忌，不如向该酋告以现在汉口、九江通商各国船只往来甚多，恐粤匪假充商贾混迹其中，窜入天津海口，中国无从稽查，应由贵国派人将出口进口人数严密查察。如有贼匪潜赴天津，务即代为拿获，以见彼此和好之道。清廷着恭亲王奕䜣等悉心筹议，或行文照会或与威妥玛等当面言定之处，即行酌量办理。①

京口副都统巴栋阿奏，英人巴夏礼来镇筹办通商。②

廿九日戊午(3 月 10 日)

户部奏请饬催寄囤漕粮赴津。上年江、浙两省海运漕粮船只，因天津戒严，在奉天、山东各口岸分别暂停寄囤，共漕米一万五千余石。现在春融，海洋安静，清廷着玉明、倭仁、景霖、清盛即饬各属，将上年寄囤之江浙尾漕克期运赴天津交纳，仍将转运船米数目先行咨报户部，以凭查核，毋稍稽延。③

二月初四日壬戌(3 月 14 日)

玉明等奏，水师巡船不敷派拨，请仍归旧制。所有奉天水师营巡哨战船，清廷着仍归旧制，以战船三只巡哨，其余战船俱令守口，以节经费。至应修应造船只，着闽浙总督、浙江巡抚督饬所属赶紧修造完竣，驾送奉天海口，以资利用，毋得迟误。④

初六日甲子(3 月 16 日)

王履谦奏，浙江团练捐输事无专责，请旨遵。据称自邵灿撤去团练大臣以后，前调绅士谢敬、邵清益等所部乡勇防守萧山等处，现在无所禀承，地方官办理劝捐，有烟刨、盐斤、酱缸等捐名目，房捐自三间以上，每月每间输钱五十文暨一二百文不等，事涉烦苛。挨户征索，敛怨必深。浙西一带贼氛充斥，浙东防务正形吃重，所有谢敬等所募乡勇，清廷即着听候该抚及王履谦调度。至地方官劝办捐输，

① 《清实录·文宗显皇帝实录》卷三四一。
② 《筹办夷务始末》(咸丰朝)第 8 册，中华书局 1979 年版，第 2751~2752 页。
③ 《清实录·文宗显皇帝实录》卷三四一。
④ 《清实录·文宗显皇帝实录》卷三四二。

固宜认真办理，亦不可过事烦苛，致失民心。如有不肖官吏多立名目，侵渔肥己者，即着该抚查明参奏。①

初八日丙寅（3 月 18 日）

清盛奏，法酋索还天主堂地基，请旨办理。据称法兰西主教江类思等赴省接见，口称伊国旧有天主堂一座，在西门内熨斗隅，日久被占，现须交还，应否另查官地抵给。山东省城有原设天主堂地基，自应给还该国。惟废址久经改造民房，转相承买，各执契据，势难概令迁移。除茔地业经查出应行交还外，清廷着清盛按照该国天主堂原基亩数，另查官地抵给，听其修造。如查无官地，即置买民地一段，给予该夷建立天主堂。其买地价值，如该夷情愿归还，即照数收回。如不肯给价，亦不必与之争辩，以示羁縻。嗣后该省地方与各国交涉事件，遇有应办者，即奏明办理，不得尽诿之总理衙门及通商大臣，致令该夷纷纷进京，有所籍口。②

初十日戊辰（3 月 20 日）

玉明等奏，会同筹拟通商章程。奉天牛庄通商，本属创始，惟当遵照条约，以期日久相安。该将军等所拟章程，如栈店民房不令出租，剥船先令报明货物，雇工发给执照，均与新议条约不甚符合，务须斟酌办理，不得轻议更张，致该夷籍口滋事。至英法等国税则条约第五款内，载明豆石、豆饼在登州、牛庄两口者，英、法两国商船不准装载出口，该将军等拟令以货物兑换豆石，尤属显违条约，断不可行。各国在牛庄通商，如该夷不遵条约，该将军等即可据理折辩。若条约中所载各款业经议定，恐难变通。乌勒洪额系办理牛庄通商之员，清廷着即于开河以前赴牛庄驻扎，妥为办理。至天主堂一节，若听该夷自行择地，特恐有碍民居，该将军等既于牛庄没沟营相度空旷地方，即着饬令地方官豫为躧定，俟该夷到时，指定处所，令其速盖。③

十一日己巳（3 月 21 日）

庆端、瑞璸奏，武弁纵匪在洋劫掳分赃，探闻潜回广东，请饬查拿。匪首王文广即王瑞，以广东勇首迭次保举，洊升都司，并赏戴蓝翎，乃不思立功报效，辄敢

---

① 《清实录·文宗显皇帝实录》卷三四二。
② 《清实录·文宗显皇帝实录》卷三四二。
③ 《清实录·文宗显皇帝实录》卷三四二。

置造艇船，假名贸易护商，纵令匪党在洋劫掳，坐地分赃。上年夏间，在南台地方开炮逞凶，经庆端等委令副将吴鸿源出洋剿捕，复敢纠集广艇，勾通粤逆，突入海口滋扰。现又潜回广东香港地方，纠结匪类，意图报复，实属罪大恶极。王文广着即斥革、拔去蓝翎，着劳崇光、耆龄严饬地方文武密速查拿，务期弋获，就地正法，以绝根株，勿任漏网。①

十二日庚子(3 月 22 日)

户部奏，本年应运新漕，浙省实运米数及受兑章程，未据奏报。清廷着王有龄督饬藩司、粮道迅将本年实运米数及由何处海口受兑之处，妥议章程具奏，不得以军务未完藉词稽延，致误运务。

补铸钦差大臣关防，从钦差大臣两江总督曾国藩请也。②

京口副都统巴栋阿奏，镇江英人租地，及长江上驶夷人船只数目。③

十三日辛未(3 月 23 日)

英、法公使已定期来京。④

布鲁西亚国投文立约通商。⑤

天津开埠，海关启征。⑥

十五日癸酉(3 月 25 日)

黑龙江将军特普钦等奏，俄夷欲借驿马递文，现经阻止。得旨嘉奖。

英、法公使十二日由津启程来京。⑦

十八日丙子(3 月 28 日)

英国驻华海军司令何伯命舰长雅龄会同牧师慕威廉会见太平军当局，投递照

---

① 《清实录·文宗显皇帝实录》卷三四三。

② 《清实录·文宗显皇帝实录》卷三四三。

③ 《筹办夷务始末》(咸丰朝)第 8 册，中华书局 1979 年版，第 2763~2764 页。

④ 《筹办夷务始末》(咸丰朝)第 8 册，中华书局 1979 年版，第 2765 页。

⑤ 《筹办夷务始末》(咸丰朝)第 8 册，中华书局 1979 年版，第 2770 页。

⑥ 《第二次鸦片战争》(五)，上海人民出版社 1978 年版，第 449 页。

⑦ 《筹办夷务始末》(咸丰朝)第 8 册，中华书局 1979 年版，第 2682~2683 页。

会，要求：英国欲在吴淞与福山间沿江建置航线标志，勿令天津侵入上海吴淞附近两日路程以内，倘若天国当局愿意遵守此约定，英国将设法阻止所有中外军队自该处出击太平军。①

十九日丁丑（3 月 29 日）

恭亲王奕䜣等奏，接据崇厚函称，布鲁西亚国帮办班德赴津求见，并有该国公使迁爱纶布递奕䜣照会一件，内称奉伊国特简前来中国，商定通商。该王大臣等拟请特派大员赴津办理，于崇纶等三员内酌派一员帮办，并令哥士耆等赴津帮助。布鲁西亚国投递照会，欲通商换约，据哥士耆声称与之换约可令其稽查漏税，于中国有裨。威妥玛则称布鲁西亚亦系大国，不可与换约，该两国既不能代为阻止，即当与之换约，以示一视同仁之意。惟应统归总理各国事务衙门办理，未便另派钦差前往，致与美、法等国互有歧异。奕䜣等既未能分身赴津，清廷着派崇纶会同崇厚办理该国换约通商事务，仍由奕䜣等照会迁爱纶布，令其在津与崇纶等商办。哥士耆既称帮同阻止进京，即令其随同崇纶，前往晓谕迁酋，阻其住京。布鲁西亚国之外，尚有大西洋国，难免恳求换约，将来亦可照此办理。其余各小国，若纷纷换约，亦属不成事体，应如何豫为拒绝，并着奕䜣等悉心筹画，妥为办理。②

奕䜣等奏英、法公使到京情形。③

巴夏礼会同舰长雅龄进入南京，与赞嗣君蒙时雍晤谈。④

廿二日庚辰（4 月 1 日）

恭亲王奕䜣等奏，英兵回津，法兵南行，及汉口通商情形。⑤

廿三日辛巳（4 月 2 日）

在英人的逼迫下，太平军南京当局答应英人在本年内不进入上海吴淞附近百里以内。⑥

---

① 吟唎：《太平天国革命亲历记》上册，上海人民出版社 1978 年版，第 266～267 页。
② 《清实录·文宗显皇帝实录》卷三四三。
③ 《筹办夷务始末》（咸丰朝）第 8 册，中华书局 1979 年版，第 2776～2777 页。
④ 英国国会蓝皮书：《关于中国叛乱和扬子江贸易的文件》，1861 年，第 10 页。
⑤ 《筹办夷务始末》（咸丰朝）第 8 册，中华书局 1979 年版，第 2787 页。
⑥ 吟唎：《太平天国革命亲历记》上册，上海人民出版社 1978 年版，第 272～275 页。

廿四日壬午(4 月 3 日)

礼部奏朝鲜国王遣使臣瞻觐，可否带赴行在。咸丰帝着毋庸前赴行在，礼部仍照例筵宴，并赏给该国王玉如意一柄、蓝蟒缎二匹、妆缎二匹、大卷八丝缎二匹、小卷五丝缎二件、瓷器四件、漆器四件，赏给该使臣大缎各一匹、瓷器各二件、漆器各二件、大荷包各二对、小荷包各三对，由礼部交该使臣只领，以示朕优礼藩封至意。①

湖广总督官文奏，英国官商到汉，察看地势。②

江苏巡抚薛焕奏，英、法、美三国请印游历执照四十余份。③

廿五日癸未(4 月 4 日)

奕䜣等奏，俄国照会内称，前允送枪炮，因事阅两年，须加修补。该国教演鸟枪兵丁及运送匠役，须于四月初十日左右到恰克图。此项匠役，均能查看山宝。又喇嘛固理自称恰克图地方较远，须令该国之人，至张家口一带教演。其炮位五十尊，运至天津海口交纳。恭亲王奕䜣等现拟先挑熟习火器兵丁数十名，仍在恰克图试演。除存留鸟枪数十杆外，其余着色克通额、多尔济那木凯俱由库伦妥速运京。至该国所称查看山宝，系希冀开矿，此事弊窦甚多，断难允准。该国人如未经提及开矿，该大臣等即毋庸先说，反致启贪利之心。倘若论及其事，即着设法阻止。并于该国运送鸟枪时，拣派妥员严密侦探，加意防范。其炮位是否由津运送，并着色克通额等随时探明具奏。④

三月初一日己丑(4 月 10 日)

前因景淳奏，俄国分界，道路险阻，恐难如约会齐，当经降旨，令该将军将应办事宜，先期料理，并饬成琦赶到，照会该夷约期会勘。并据恭亲王等奏，于上年十二月二十七日，照会俄酋伊格那提业幅，钦派大臣成琦，拟于四月下旬，到彼会同查勘。兹据景淳奏，由兴凯湖至图们江，山路崎岖，拟于五月中旬，在兴凯湖守候俄国大员勘办，并拟照会呈览。清廷着景淳仍遵前旨，将应办事宜及应需船粮、

---

① 《清实录·文宗显皇帝实录》卷三四四。
② 《筹办夷务始末》(咸丰朝)第 8 册，中华书局 1979 年版，第 2788~2790 页。
③ 《筹办夷务始末》(咸丰朝)第 8 册，中华书局 1979 年版，第 2791~2792 页。
④ 《清实录·文宗显皇帝实录》卷三四四。

车驮各项，先期料理齐备，俟成琦一到，即于四月下旬赶至兴凯湖，与该国会勘地界，不可落后。至乌苏里河口一带，虽界限分明，仅止立牌等事，然亦不可办理含混，致贻后患。着即责成副都统富尼扬阿于四月初间前往，妥为办理，不可迟至五月。景淳俟成琦到后，即定期会同前往，毋得以道路险阻为词，致有延误。①

初二日庚寅（4 月 11 日）

奕䜣等奏，挑选兵丁赴恰克图演习火器，并请派大员管带。清廷着照所请，即行知管理圆明园健锐营、外火器营大臣，每营所挑选兵丁二十名、章京各二员，前赴恰克图，演试俄国运来鸟枪。②

初八日丙申（4 月 17 日）

太平军再占浙江海盐。次日，攻下乍浦，进占平湖。

初十日戊戌（4 月 19 日）

江西巡抚毓科奏，英国参赞巴夏礼等来九江租地立约。③

十一日己亥（4 月 20 日）

奕䜣等奏布鲁西亚国通商事宜，奏派崇纶赴津办理，请由军机处恭拟上谕一道，交崇纶赍往，给与该酋阅看，以免歧误。清廷以为崇纶赴津，似无庸给与上谕。④

十三日辛丑（4 月 22 日）

薛焕奏，英国参赞巴夏礼到镇江租地立约。⑤

---

① 《清实录·文宗显皇帝实录》卷三四五。
② 《清实录·文宗显皇帝实录》卷三四五。
③ 《筹办夷务始末》（咸丰朝）第 8 册，中华书局 1979 年版，第 2808~2810 页。
④ 《清实录·文宗显皇帝实录》卷三四六。
⑤ 《筹办夷务始末》（咸丰朝）第 8 册，中华书局 1979 年版，第 2815 页。

二十日戊申(4 月 29 日)

办理三口通商大臣崇厚奏，天津货船进口按则征税。①

廿二日庚戌(5 月 1 日)

奕䜣等奏，法兰西国哥士耆声称，现既和好，拟不俟缴款扣清，先行撤兵，将粤城让出。惟藩司衙门，曾经伊国修盖，欲赁与领事官永远居住。英国如赁居省署房屋，即法兰西国可代为阻止。现与哥士耆议定，将来扣款交清后，所租藩司衙门旧地一并交还。彼时如中国仍欲将此地租与法兰西国，任听中国自便，并于契内载明。旋由普鲁斯、布尔布隆将退出粤东省城照会递到。清廷着劳崇光。耆龄即照奕䜣等所议办理。②

李泰国已经回国，另荐二人来津。

廿五日癸丑(5 月 4 日)

普鲁士国艾林波来沪谒见，江苏巡抚薛焕力阻其赴津。③

山海关监督务勒洪额奏，牛庄有洋船两只进入。④

廿六日甲寅(5 月 5 日)

据御史许其光奏，法兰西国租赁藩司衙门，与新约不符，请饬另筹核办。清廷以为若事属碍难，即可毋庸置议。

薛焕奏，浙省海盐、平湖、乍浦失守，现派兵勇防剿。据称海盐县城于二月二十七日失守，经苏省援师，会同浙师克复。续有金陵逆匪数万，从苏常窜聚嘉兴、嘉善，复于三月初八日，窜入海盐。乍浦、平湖，均于初九日失陷。副都统锡龄阿、前总兵米兴朝，均不知下落。薛焕现已与提督曾秉忠筹拨兵勇，并收集浙省溃兵，严扼金山要隘。⑤

---

① 《筹办夷务始末》(咸丰朝)第 8 册，中华书局 1979 年版，第 2827～2828 页。

② 《清实录·文宗显皇帝实录》卷三四七。

③ 《筹办夷务始末》(咸丰朝)第 8 册，中华书局 1979 年版，第 2831～2832 页。

④ 《筹办夷务始末》(咸丰朝)第 8 册，中华书局 1979 年版，第 2833 页。

⑤ 《清实录·文宗显皇帝实录》卷三四七。

普鲁士国艾林波抵津。①

廿九日丁巳(5 月 8 日)

英国驻华海军司令何伯听闻太平军占领乍浦，疑其将进攻宁波，拟派军舰前往。②

是月

英国商人福士特，在福州马尾莲花潭创办附件造船公司，建有木质船坞，雇佣中国工人承接船舶建造与修理。③

夏四月初一日己未(5 月 10 日)

办理三口通商大臣崇厚奏普鲁士国艾林波抵津来谒情形。④

初四日壬戌(5 月 13 日)

官军克复海盐，并击退钟埭贼匪。本年二月间，逆匪窜陷海盐，经瑞昌等饬令已革副将张威邦等，会同署江南提督曾秉忠援兵，于二十九等日克复。其盘踞钟埭贼匪，亦经已革总兵米兴朝等沿河冲杀。击毁贼船，将贼卡全行烧毁，平湖境内一律肃清。惟前据薛焕奏称，海盐克复后，逆贼于三月初八日复将该县窜陷，分犯乍浦，副都统锡龄阿等不知下落，平湖已于初九日失陷。⑤

初六日甲子(5 月 15 日)

色克通额等奏，俄国送到鸟枪，派兵演习，拟于乌里雅苏台将军库存内，拨解火药等项，并酌拟酬答该国，及赏给使臣等缎匹。清廷着色克通额等行知乌里雅苏

---

① 《筹办夷务始末》(咸丰朝)第 8 册，中华书局 1979 年版，第 2836~2837 页。

② 呤唎：《太平天国革命亲历记》下册，上海人民出版社 1978 年版，第 317~318 页。

③ 刘传标：《近代中国船政大事编年与资料选编》第 1 册，九州出版社 2011 年版，第 23 页。

④ 《筹办夷务始末》(咸丰朝)第 8 册，中华书局 1979 年版，第 2839~2840 页。

⑤ 《清实录·文宗显皇帝实录》卷三四八。

台将军，于库存内迅速拨解火药三千斤，铅丸三百斤，火绳五百斤，以备演习。①

初七日乙丑(5 月 16 日)

据恭亲王奕䜣等奏，接据艾林波照会，及崇纶等函商办理情形，将原照会及崇纶等信函呈览。布鲁斯国艾林波抵津，与崇纶等会晤，因该侍郎等未奉有全权大臣便宜行事之旨，照会奕䜣等恳请代奏，方能会办通商事宜。现据奕䜣等于摘录谕旨内，加入全权等字，以免猜疑，清廷即着照所拟，寄交崇纶等，俟艾林波索看谕旨时，即填写奉旨日期，给予阅看。倘崇纶等能向艾林波开导，以总理衙门即系全权大臣，该公使不复狡执，肯与崇纶等商办，则此次摘录谕旨，即可无庸给与阅看。至所称日尔曼谷情，能否统归该国商办，并着密饬崇纶、崇厚悉心商酌，以归简易。

本日据薛焕奏，镇江军饷急迫，请将沪商应完闽粤海关税银，划抵协饷。据称苏省协饷，广东奉拨粤海关税银二十万两，又应解协饷每月五万两，红单等船经费每月十万两，除已解到五万两外，其余尚无续解之款，福建奉拨闽海关税银十万两，至今亦未解到。现有沪商周公正等欲赴闽粤二省购办茶叶等货，并备缴纳关税银两，因长途携银不便，意欲在沪设法汇兑。薛焕已将商本银截留十万两解往镇江军营，并准该商划抵关税。②

初十日戊辰(5 月 19 日)

英国驻华海军司令何伯因华尔引诱英国水兵参加中国内战，至松江将其逮捕，交上海美国领事。美领事以华尔已入大清籍而释之。另说，华尔从囚室逃脱。③

十二日庚午(5 月 21 日)

前据薛焕奏，海盐等处失守，当谕令瑞昌、王有龄迅拨劲旅，会合攻剿。乍浦为出海要口，宁、绍、温、台在在可通，若令该逆偷渡，浙东大局不堪设想。现在该将军等咨商薛焕、曾秉忠，分军由平湖进攻，并饬张威邦等由海宁进攻，飞催袁君荣等艇师迅速前进，水陆会剿。清廷着即严饬该员等迅克各城，毋令逆匪久踞，并令张景渠等严扼各海口，勿使阑入浙东扰及完善之区。王履谦前奏乍浦贴近海

---

① 《清实录·文宗显皇帝实录》卷三四八。
② 《清实录·文宗显皇帝实录》卷三四八。
③ 《太平天国史译丛》第三辑，中华书局 1985 年版，第 72~77 页。

宁，与绍属之㟖山、丁家堰瞬息可达，该处防务吃紧，着即激励民团实力守御。据瑞昌等奏，绅士谢敬带勇防堵余姚海口，贼匪私造姚勇号衣，意在窥伺宁、绍，尤应严密稽查，毋稍疏懈。昨据薛焕奏，米兴朝带勇退守洙泾，显有畏葸逃避情事，已谕令薛焕就近查明具奏。①

以福建澎湖协副将黄进平为海坛镇总兵官。

十三日辛未(5 月 22 日)

现在记名水师总兵人员，将次用竣，清廷着两江、闽浙、两广总督于水师副将内，遴选堪胜水师总兵者，各保二三员，迅速送部引见，候旨记名，以备简用。不得以无员可保，一奏塞责。其水师参将游击各员，如有材艺出众、可备器使者，并着核实保奏，毋拘资格。②

十四日壬申(5 月 23 日)

此次成琦等与俄国会勘地界，设该国公使，因谕旨内无全权等字样，不肯会勘，必至临期请旨，往返需时，清廷着即发给"全权大臣""便宜行事"字样上谕一道，交成琦、景淳祗领收存。倘该国公使索看，即行宣示。如并未问及，此旨即毋庸给予阅看。现在俄使已赴乌苏里江口，成琦等行抵该处，即与该使臣会同办理可也。③

艾林波照会，日耳曼地方欲来中国通商者有二十余国，欲在台湾之鸡笼、浙江之温州通商，又欲照各国驻京。④

十五日癸酉(5 月 24 日)

朝鲜国王李昪遣使表贺巡幸及岁贡方物，赏赉筵宴如例。

二十日戊寅(5 月 29 日)

英人李泰国回国，其所荐之赫德、克士可士先后到津。

---

① 《清实录·文宗显皇帝实录》卷三四九。
② 《清实录·文宗显皇帝实录》卷三四九。
③ 《清实录·文宗显皇帝实录》卷三四九。
④ 《筹办夷务始末》(咸丰朝)第 8 册，中华书局 1979 年版，第 2865~2866 页。

两广总督劳崇光、粤海关监督毓清奏，清交结英法两国第一二结扣款，分别为二十一万六千七百八十六两六分八厘、一十二万二千四百八两八钱一分四厘。①

廿一日己卯(5 月 30 日)

据劳崇光奏，盐务缉私紧要，请在隘口设立排船。广东盐务积疲已久，私贩充斥，以致官引滞销，课项征收短绌。北江一带，枭匪联帮贩私，持械拒捕，大为盐务之害。清廷着照所请，所有清远县属白庙地方，即添设排船，制备枪炮，编立字号，发给兵役。遇有大伙私匪，执持火器军械抗拒，即格杀勿论。如零星私贩并未拒捕，仍照常缉拿，不得概行施放枪炮。

前据薛焕奏，截留茶商银十万两，划抵闽粤两省，应解镇江协饷，当经谕令文清等于协饷内扣除，仍将未解饷银速行如数筹解。本日据巴栋阿等奏称，镇江饷匮日久，军心涣散，辄欲投贼，幸薛焕截留茶商银十万两，解到散放，群情稍定。惟贼匪骤至，数逾三万，势将久行围困。清廷着巴栋阿、冯子材严行守御，伺隙而动，并督饬水陆各军一体严防。②

廿五日癸未(6 月 3 日)

据王有龄奏，宁波设立新关，征收外国税钞。据称宁波税钞，向由上海代为收纳，给发免单，但无关考成，易滋流弊。现在已设有新关，令外国人帮司税务，应请嗣后凡外国贸易进口税钞各归各口，各自征收。所有免单认单，概行停止。江苏上海关代征各口税钞，原因有外国人帮同照料，从权办理。现在宁波既设新关，且有外国人日意格为副税务司，自应以各收各口税钞为正办，清廷谕知薛焕照王有龄所议办理。本日官文奏，英、俄各国商船，陆续到汉口，英国有领事官金执尔同往，俄国船到，并未报知，来去自由，亦无领事官偕来，语言不通，任意装载往来，莫从理喻。清廷着奕䜣等即照会俄国，嗣后该国商船到汉口，务须有领事官偕往，去来必须报明，不得任意装载往来，以杜诡计。其各国出口货税，交纳稽查各章程，并着奕䜣等迅速酌议，咨覆官文查照办理。

清廷薛焕查明，嗣后外国贸易商船，如由上海等处出口之货，江海等关只收本关出口税钞，毋庸另给印单。代收浙海关进口税钞，傥税已交纳，货未销售，仍赴别口销卖，所收税银，或即行发还，或给予票据，留抵本关下次之税。所有免单认

---

① 《筹办夷务始末》(咸丰朝)第 8 册，中华书局 1979 年版，第 2871~2872 页。
② 《清实录·文宗显皇帝实录》卷三五〇。

单，即着停止。其浙海关征收税钞，亦即照此办理，以清界限而杜影射。①

湖广总督官文奏，英、美在汉口通商，俄船亦来汉。②

英使普鲁斯照会恭亲王，抗议广东惠潮嘉道不准英领事进入潮州。③

廿六日甲申(6月4日)

江西巡抚毓科奏，英在九江量地立约。④

廿八日丙戌(6月6日)

英、法在天津分别租地四顷有余。⑤

五月初三日庚寅(6月10日)

薛焕奏称，前准文清咨会奉拨闽海关税银十万两，协济镇江军饷，已筹拨五万两发交司库。嗣据庆端函称，闽海关所拨之项，因汀州等处相继失守，调兵防剿，需饷浩繁，已将前项全数动用，请饬速筹补解。清廷着庆端、瑞瑸即饬该藩司将前项拨存动用银五万两，赶紧筹补，克日交江苏委员钱宝传由海运解。其余银五万两，即于茶商应完税银项下扣抵，以符奉拨原数，毋得迟延推诿。⑥

初四日辛卯(6月11日)

恭亲王奕䜣奏，普鲁斯声称广东潮州府城开办通商，领事官欲往府城，惠潮嘉道不令进城，并呈递照会，请饬广东督抚酌量办理。清廷谕知劳崇光等体察民情，遵照条约，酌量办理。奕䜣等总理各国事务，如各省督抚办理外国事务有未尽妥协之处，经该国公使呈诉，即当酌量事之轻重，扎饬各该督抚遵照施行，一面奏闻，使各国知总理衙门事权较重，遇事可以代为办理。若因该国所请，事事降旨，不但无此体制，且恐各国视总理衙门不过仅能转奏，必启轻视之心，于事无益。嗣后各

---

① 《清实录·文宗显皇帝实录》卷三五○。
② 《筹办夷务始末》(咸丰朝)第8册，中华书局1979年版，第2875~2877页。
③ 《第二次鸦片战争》(五)，上海人民出版社1978年版，第481~484页。
④ 《筹办夷务始末》(咸丰朝)第8册，中华书局1979年版，第2881页。
⑤ 《筹办夷务始末》(咸丰朝)第8册，中华书局1979年版，第2884页。
⑥ 《清实录·文宗显皇帝实录》卷三五一。

国公使如求奕䜣等奏请谕旨，即告以应由总理衙门扎饬各督抚遵照条约办理，未便据情奏请谕旨，如此则呼应较灵，亦可杜该国无厌之请矣。①

英国海军军舰舰长照会乍浦太平军守将，要求对方不进入距宁波两日行程之内地区。②

十二日己亥(6 月 19 日)

恭亲王奕䜣等奏，各口关税，现当开办之初，总理税务司赫德，来京所议章程，头绪纷繁，实难洞悉流弊，请饬户部会商办理。现在办理各口关税，事属创始，奕䜣等未能洞悉流弊，自系实在情形。惟此次各口，设立新关，与外国交涉，设一切章程，未能妥协，徒滋争论。且各口情形不同，恐户部不能悬定。所有各口关税章程，清廷仍着奕䜣等悉心酌拟具奏，并咨令办理各口通商大臣各就地方情形妥为筹议。务各破除情面，力洗积习，以免外国商人，有所籍口。③

十六日癸卯(6 月 23 日)

署直隶提督成明奏，收存炮位，暨防兵分别归伍。得旨：着照所拟办理，并将现存炮六十八尊斤两尺寸，详细开单，咨送总理行营处备查。④

山海关监督福瑞奏牛庄通商情形。⑤

十八日乙巳(6 月 25 日)

崇厚奏，山东登州新开口岸，遴委妥员，前往会办。据称山东登莱青道崇芳等，所议通商章程，虽系因地制宜，与条约新章多有不符之处，并恐该道等于现办新章，未能熟谙。现派直隶候补知府王启曾等赴登州，请饬谭廷襄转饬崇芳等会同妥办。登州开埠通商，事属创始，于中外交涉事件，必须遵照条约新章妥为筹办，庶各国商民不致别生枝节。清廷着谭廷襄饬令登莱青道崇芳等，俟王启曾到后，即会同该员，将一切通商事宜，悉心筹画，妥为办理，务令地方税务，两有裨益，毋得稍存畛域，致滋流弊。

---

① 《清实录·文宗显皇帝实录》卷三五一。

② 吟唎：《太平天国革命亲历记》下册，上海人民出版社 1978 年版，第 318 页。

③ 《清实录·文宗显皇帝实录》卷三五二。

④ 《清实录·文宗显皇帝实录》卷三五二。

⑤ 《筹办夷务始末》(咸丰朝)第 8 册，中华书局 1979 年版，第 2899 页。

通商大臣崇厚奏请委通判沈雄等办理关税。得旨：或系隔省，或系京员，恐此端一开，皆以通商为捷径。所请不准行。①

二十日丁未(6 月 27 日)

前因恭亲王奕䜣等奏，法夷枪炮现肯售卖，并肯派匠役教习制造，当谕令曾国藩、薛焕酌量办理。本日复据奕䜣等奏请购买外洋船炮，据称大江上下游设有水师，中间并无堵截之船，非独无以断贼接济，且恐由苏常进剿，北路必受其冲。据赫德称，若用小火轮船十余号，益以精利枪炮，其费不过数十万两。至驾驶之法，广东、上海等处可雇内地人随时学习，亦可雇用外国人，令司柁司炮。其价值先领一半，俟购齐验收后，再行全给。并称洋药一项，如照所递之单，征收华洋各税四十五两之外，于进口后，无论贩至何处销售，再由各该地方官给与印票，仿照牙行纳帖之例，每帖输银若干。如办理得宜，除华洋各税外，岁可增银数十万两。此项留为购买船炮，亦足裨益。现在赫德已回天津，令其将船炮洋枪价值分晰开单呈递。东南贼势蔓延，果能购买外洋船炮，剿贼必能得力。惟各路军饷不足，必须豫筹银款，以资购办。奕䜣等现拟于上海广东各关税内，先行筹款购买，俟将来洋药印票税，收有成数，再行归款。并给赫德札文，令其购买运到时，即交广东、江苏各督抚雇内地人学习驾驶。清廷着劳崇光、耆龄、薛焕并传谕毓清，即按照所奏，豫为筹计。其应酌配兵丁，并统带大员及陆路进攻各事宜，并着官文、曾国藩、胡林翼先行妥为筹议。一俟船炮运到，即奏明办理。

恭亲王奕䜣等奏，覆陈税务事宜，并赫德呈递清单，及禀呈内所陈各事宜，分别办法。所有长江一带通商，在上海总纳税饷，征收子口税，设立关卡及请领印票执照，通商各口每年应收洋税银两，各口征税费用各款，本日已谕令薛焕、崇厚查办。其会缉私盐，及洋药茶叶抽厘，有碍关税各款，亦谕劳崇光等查核覆奏矣。洋药抽税章程，前经王大臣会议税则通行，但今昔情形不同，未便拘泥。赫德既称收税愈重，则走漏愈甚，其论尚可采择。清廷即着恭亲王奕䜣等斟酌情形，妥议章程，总期税务日有起色。将来如有窒碍之处，仍可由该王大臣等随时变通，不必令原议诸臣另议，反不能洞悉流弊。至内地货物，出口而复进口，条约税则未经分晰，牵混之语甚多。既经奕䜣等照会英、法两国，拟令内地货复进口时，完一正税准扣二成，若完一半正税不扣二成，完清之后仍逢关纳税，应俟该二国照覆到时，再行妥商筹办。此项货税，为内地关课大宗，易起影射偷漏之弊，果能就我范围，既可杜内地商民句(勾)串情弊，亦可杜外国人入内地通商藉端起衅。

恭亲王奕䜣等奏商办税务事宜，先将该总税务司所递清单禀呈分别办法，开单

---

① 《清实录·文宗显皇帝实录》卷三五二。

呈览。现当开办关税之初，必须严定章程，方期税课日增，且以杜影射偷漏之弊。今据该总税务司赫德呈递清单七件、禀呈二件，经恭亲王奕䜣等逐层辩论，分别办法，其中不无可采之处。如长江一带通商一款，据称起货下货，均在上海征纳税饷。其镇江以上、汉口以下，准商人任便起货下货。镇江以上，即作为上海内口，无庸设虚立之关等语。长江贼匪出没无常，商贩走私难于查拿，固宜于总处纳交，以免偷漏。然任便起卸货物，又恐漫无限制。又所称征收子口税，须择紧要处所设立关卡，系专指洋货进口、土货出口而言，非土货出口复进口可比，自应设卡征收。土货出口以过卡准照为凭，洋货进口以入卡准照为断，总期该商进口出口货物，完一正税，即有一子税，庶税课可期充裕。此项子税，既为条约中应行之事，且系内地税，可以不扣二成。又洋药各口征税情形一款内，据称通商本口，作洋药生理者，或令请领字号招牌，或令呈明请领印票执照。以上各款，清廷着薛焕、崇厚妥筹办理。又通商各口征税费用，每年通共银五十七万两零一款，单内所开各项人数及应给银数，是否均属允协，并着薛焕、崇厚妥议章程，会商核办。至广东私盐与私货同路进入，应设巡船禁止绕越，令粤海关监督并广东盐运司会同合办，每缺各出十余万两经费，而国课可增五十余万一节。广东盐运司及粤海关，均有例设巡船，但会同出款巡缉，有无窒碍。着劳崇光、耆龄会同毓清，妥速核议。又称广东设有洋药抽厘总局，如有人先输五十两，即无庸在关上完纳正税。又澳门漏税之茶叶，日见其多，每百斤税银二两五钱，抽厘局只征五钱，即可任商绕越走私，无一肯到关纳税，设局抽厘，原以补正税之不足，若如赫德所称洋药茶叶，一经抽厘，转于关税有碍，是否实有其事，并着劳崇光等据实查明。赫德所递各件，及奕䜣等给英、法照会，已咨行各口通商大臣，即着薛焕等按照各款详细覆奏。①

六月初一日戊午（7 月 8 日）

以失察兵勇抢劫外夷商船，署江南提督曾秉忠下部议处，哨官曾以忠等分别严惩。

初二日己未（7 月 9 日）

恭亲王奕䜣等奏，接收布鲁斯国照会，拟即酌定章程，并钞录照会呈览。艾林波投递照会，语多不驯，一经崇纶等驳诘，即知谢罪，并更改照会。惟驻京一节，仍执五年为期。此时只可从权允许，以示羁縻。所有该国派员驻京一节，清廷着奕

① 《清实录·文宗显皇帝实录》卷三五三。

诉等即传谕崇纶等，再为开导。若能于章程交换后，过六年再办，为期自觉较宽。傥艾林波执意恳求，即准其于互换后过五年再办，仍俟崇纶等与艾林波将一切章程议定，由奕诉等具奏后，再行明降谕旨。①

初四日辛酉(7月11日)

成琦、景淳奏，会办俄国分界事宜一律完竣，并将记文碑文钞录呈览。成琦等与俄使定议后，照依和约，将应办事宜逐件会商，作记绘图，画押钤印，彼此互换。其立界牌处所，由乌苏里河口至图们江口，共该八处，清廷着即将已分界址摘画地图，钞录碑文，分咨三姓、宁古塔各该副都统，转饬珲春协领，按照方向，设立界牌，俾永远遵守。该使本欲藉白棱河之讹，为侵占穆楞河地步，逼近宁古塔，为通三姓、珲春要路，经成琦等力争，始强指奎屯必拉之分支小河，称为土尔必拉即白棱河。所有俄字记文，其中恐有含混，为将来狡赖地步，着成琦等将记文及界牌一并咨送总理各国事务衙门，存案备查。该侍郎等随带司员章京等始终勤奋，着准其分别核实请奖。②

初八日乙丑(7月15日)

官文等奏，英、法等国商船，经过长江，请严禁汉奸附载轮船，贪利济匪。据奏四月十六日，有洋船一号，至安庆城下停泊，次早始开赴下游，轻载而去。旋据投诚贼供，城内米粮将尽，因洋船来此，城内贼匪向买油盐米粮，用小船接递入城。经官文等札饬委员察访，询据两国领事官金执尔等，金称英、美两国商船到岸，不能中途私行买卖。安庆停泊之船，其为奸徒假冒无疑。请嗣后有贼之处，遇商船停泊，即由中国查拿，尽法惩治。果系洋商，照约将货物入官究办。洋船驶入中国，原与内地各市镇通商，以敦和好，断无与贼匪往来、暗通接济之理，自系汉奸假冒影射，从中贪利。若不严行禁绝，无论安庆不能克复，皖楚肃清无期，即后患不可胜言。清廷着奕诉等即照会英、法两国留京公使，严查奸人附载轮船，贪利济匪。凡洋船由安庆等地经过，不得停泊城下，禁止汉奸与城贼句(勾)通接济。其美利坚、布鲁斯两国，亦应一体照会。此外他国有无商船往来，上海等处是否别有假冒洋商之奸匪，应如何一律严查禁止，亦由该各国公使妥议办理，庶于官军剿贼机宜，不至掣肘，而各国亦可永敦和好。③

---

① 《清实录·文宗显皇帝实录》卷三五四。
② 《清实录·文宗显皇帝实录》卷三五四。
③ 《清实录·文宗显皇帝实录》卷三五四。

廿二日己卯（7 月 29 日）

杭州将军瑞昌等奏，军需紧急，请拨粤海关银十万两充饷。得旨：着由六百里寄信与劳崇光，无论何款，先拨四五万两，由海道运浙。①

廿三日庚辰（7 月 30 日）

俄使坚欲进京贸易，奕䜣等已允其赴津。②

廿七日甲申（8 月 3 日）

奕䜣等奏，接据英国照会及威妥玛称，有宁波危急，地方官向民间派银雇船，并不设防之说，请饬查办。英国普鲁斯照会内称，乍浦失守后，宁波地方官未能用心设防。又威妥玛面称，宁波地方官不为设备，仅欲雇外国兵船代为防堵，劝百姓捐银五十万两，以为雇船之费，且恐地方官藉此从中渔利等情。清廷王有龄确切查明，严饬该地方官，认真防守，不得稍有疏懈。其雇募外国兵船一节，是否属实，并着严密查访。傥有藉端侵蚀情弊，即行严参惩办。

又据都兴阿奏，都司李德禄等轰击君山贼队，忽有外国人乘坐沙关快船一只下驶，师船追击，即弃船逃走，船内搜出伪求天义陈坤书印凭一张，内开"上海夷酋玛士多等采办洋货，由福山进口"等字样。有无句（勾）结贼匪情事，已飞咨薛焕办理。清廷着薛焕查明，由黄田港驶出之船究系何国船只，妥为办理，以免别滋事端。

瑞昌、王有龄奏，浙省军饷积欠过多，各防兵勇枵腹荷戈，哗溃堪虞。各省协饷，除福建外，并无丝毫解到。闻粤海关有封储银两，现存关库，可否酌拨银十万两航海解浙。清廷着劳崇光无论何款，先行拨银四五万两，派委妥员克日管解启程，由海道运赴浙江，以资接济，毋得迁延推诿，致有贻误。③

琉球国咨请荷兰船勿再驶往，并转知法国将人接回，闽浙总督庆瑞等已咨薛焕查照。④

---

① 《清实录·文宗显皇帝实录》卷三五五。
② 《筹办夷务始末》（咸丰朝）第 8 册，中华书局 1979 年版，第 2959~2960 页。
③ 《清实录·文宗显皇帝实录》卷三五五。
④ 《筹办夷务始末》（咸丰朝）第 8 册，中华书局 1979 年版，第 2969~2970 页。

秋七月初二日戊子(8 月 7 日)

明谊等奏,俄国使臣未到,先派委员查勘界址,改定地图。前据奕䜣等奏,接准俄国照会,约定于咸丰十二年四月十三日在塔尔巴哈台会商查办西界。业经知照明谊等届期前往,着明谊等即饬派出委员按照地图详细履勘,并将旧案地图检查明白。如有疑似不清之处,查照更改,一俟地图改定,明谊即行回任,俟明年会办届期,再赴塔尔巴哈台与明绪会同俄使查办可也。①

初三日己丑(8 月 8 日)

僧格林沁沁奏,准拨长芦盐课,请饬先行征解。僧格林沁军营兵饷,前经户部核议,准拨长芦辛酉年盐课十万两以供支放。现因长芦盐课奏销展限,尚未启征,未能拨解。该大臣军营兵饷,积欠口分两月有余,现当攻剿吃紧之际,岂容以停兵待饷,致有贻误。清廷着文煜转饬该运司,无论何款,先行照数拨解,俟盐课启征,再行归款,以济要需。②

初九日乙未(8 月 14 日)

薛焕奏,上海兵勇日多,乏员管带,请饬都兴阿于扬营游击林丛文、都司杨心纯二员中酌派一员,巴栋阿等于镇营副将熊兆周、文龙德二员内酌派一员,各带亲兵数十名赴沪。上海防剿正当吃紧之时,新募各勇需员管带,副将文龙德一员,前据巴栋阿奏准仍留镇江,毋庸派令赴沪外。其林丛文等三员内,清廷着都兴阿、巴栋阿、冯子材各酌量派委一员,管带亲兵数十名,前赴上海,听候薛焕差委。③

初十日丙申(8 月 15 日)

色克通额等奏,俄人往来,每日行五六站,驿丁疲乏,恐有贻误,应日行三站,以纾乌拉之力。又寄京公文信函,渐见加增,应按照和约,每月一次。请饬令总理衙门行知该国。清廷着奕䜣等行知俄国使臣伊格那提业幅,或饬谕巴里玉色克行文该国,以此后俄使往来,至速亦须日行三站,丁力方能支应。倘必欲每日行五

---

① 《清实录·文宗显皇帝实录》卷三五六。
② 《清实录·文宗显皇帝实录》卷三五六。
③ 《清实录·文宗显皇帝实录》卷三五六。

六站，转恐贻误，有失和好。至该国由恰克图寄京公文信件，和约内载明每月一次。兹据色克通额等奏，自本年正月至五月，该国寄京公文书信等已有十余次之多，似此逐渐加增，伊于胡底，并着奕䜣等行文伊格那提业幅，嗣后寄京公文信函，务须按照条约，每月一次，不得加增。①

十二日戊戌(8 月 17 日)

前因浙省需饷，节经催令文清将闽海关每月协济银五万两如数解往。兹据庆端等奏，本年关税因奉提京饷等项，致浙饷未能拨解。惟该省待济孔亟，请饬文清先行提拨关税银十万两，分批解浙，以拯饥军。浙省贼氛环逼，饷糈匮乏，各军悬釜待炊，非速筹协济，深虞哗溃。清廷着文清先行提拨阅税银十万两，派委妥员克日分批解往，毋稍迟误。其每月协饷，仍着陆续筹解，以资接济。②

十七日癸卯(8 月 22 日)

寅刻，咸丰帝崩于避暑山庄行殿寝宫。

十八日甲辰(8 月 23 日)

总理各国事务衙门奏陈与布鲁斯国议定通商条约情形，计条约四十二款，专条二款，税则条约十款，大致与英、法各国相同。③

二十日庚戌(8 月 25 日)

署湖南巡抚文格奏报，二月初五日，英国水师提督贺布船只驶抵岳州。四月初二日，新到美国兵船大小各一只，系美国水师提督司百龄来汉查办通商事务。④

二十五日辛亥(8 月 30 日)

福州将军文清、福建巡抚瑞璸奏报，英国领事星察理、嘉乐士于四月二十八日

---

① 《清实录·文宗显皇帝实录》卷三五六。
② 《清实录·文宗显皇帝实录》卷三五六。
③ 《筹办夷务始末》(同治朝)第 1 册，中华书局 2008 年版，第 1~3 页。
④ 《筹办夷务始末》(同治朝)第 1 册，中华书局 2008 年版，第 12 页。

与委办通商事务护监法道刘翊宸在福州面晤。①

廿八日甲寅(9月2日)

崇纶、崇厚与布鲁斯国公使艾林波在天津签订《通商条约》。②

廿九日乙卯(9月3日)

《交换沙面租界协定》签订，沙面以西 264 亩土地划为英租界，以东 66 亩划为法租界。上海法租界扩大道上海县城小东门外，面积达 1124 亩。③

三十日丙辰(9月4日)

以浙江采买米石，免商船经过江苏各关厘税。④

八月初一日丁巳(9月5日)

咸丰七年十一月英法联军进入广州时，毁坏城上及城外炮台，将驻防旗营督抚两标及广州协军械除损坏外，概行搬去收藏。两广总督劳崇光等要求英、法交还收存旗、绿各营军械以便修整应用，同时还奏报潮州阻止英国领事坚佐治入城实情，奏报英国参赞巴夏礼因不满中国刑讯而屡次滞留知县于其公寓中。⑤

初四日庚申(9月8日)

曾国藩奏请将上海现泊轮船，驶赴上游，豫为练习。现在筹买外洋船炮，以资剿贼，而购到尚需时日，曾国藩请先将现泊上海洋船，令楚军豫为演驾。清廷着薛焕即将上海现泊之"土只坡"号洋船，迅派干员，克日押令上驶安庆一带，交曾国藩军营，俾资演习。楚军饷项缺乏，一切弁勇工匠口粮，仍照向章在于上海支领。

---

① 《筹办夷务始末》(同治朝)第 1 册，中华书局 2008 年版，第 13 页。
② 《中外旧约章汇编》第一册，生活·读书·新知三联书店 1957 年版，第 163~174 页。
③ 袁继成：《近代中国租界史稿》，中国财经出版社 1988 年版，第 375 页。
④ 《清实录·穆宗毅皇帝实录》卷一。
⑤ 《筹办夷务始末》(同治朝)第 1 册，中华书局 2008 年版，第 13~20 页。

其损坏轮船一只，并着迅速修理完好，驾赴安庆，俾两船更替轮转，以资利用。①

初十日丙寅(9 月 14 日)

巴栋阿、冯子材派劲旅一千四百余名赴上海听薛焕调用，并先期密商都兴阿豫备炮船兵勇，以备临时策应。

十七日癸酉(9 月 21 日)

户部奏请饬催广东省采买洋米运京。上年经户部奏请由福建、广东二省，采买台米洋米，由海运津。旋因广东省尚未覆奏，复奉朱批严催，迄今半年之久，仍未据该督等覆奏。广总督劳崇光、广东巡抚耆龄被责令查照该部前奏设法采买，并将现办情形即行覆奏。②

十九日乙亥(9 月 23 日)

总理各国事务大臣奕䜣等奏，英国领事布鲁斯照会，潮州事件已行知广东督抚。③

廿六日壬午(9 月 30 日)

改丁忧福建金门镇总兵官陈国泰为署任，仍留营。
以江南水师防剿出力，予总兵官周希濂等加衔升叙有差。

廿七日癸未(10 月 1 日)

大学士九卿会同议上皇考大行皇帝尊谥曰显皇帝，庙号曰文宗。

廿八日甲申(10 月 2 日)

有人奏，江北水师抽厘扰害，请饬查禁。清廷着薛焕按照所参各款，严密访

① 《清实录·穆宗毅皇帝实录》卷二。
② 《清实录·穆宗毅皇帝实录》卷三。
③ 《筹办夷务始末》(同治朝)第 1 册，中华书局 2008 年版，第 24~29 页。

查，据实具奏，毋稍徇隐。①

九月初一日丙戌（10月3日）

大学士桂良等奏，遵旨谨拟崇上母后皇太后徽号曰慈安皇太后，圣母皇太后徽号曰慈禧皇太后。②

初三日戊子（10月6日）

两广总督劳崇光举荐水师总兵，广东升署香山协副将李懋元、升署顺德协副将卫佐邦、升署崖州协副将蔡先攀均着记名以水师总兵用，并着送部引见；升署澄海营参将陈佐光、水师提标中军参将邢麟阁、升署新会营参将尹达章、升署水师提标右营游击郑耀祥，也一并送部引见。

补铸乍浦副都统印信，从浙江巡抚王有龄请也。

初四日己丑（10月7日）

总理各国事务奕䜣与布鲁斯国定约，及定使臣住京房屋。③

十七日壬寅（10月20日）

汉口通商，上海完税，不便稽查，官文奏请于汉口设立海关。④

两广总督劳崇光奏报，英、法两国兵丁议定于秋分节后退出广东省城，英国领事罗伯逊借住长春仙馆。⑤

十八日癸卯（10月21日）

英、法交还广州。⑥

---

① 《清实录·穆宗毅皇帝实录》卷三。
② 《清实录·穆宗毅皇帝实录》卷四。
③ 《筹办夷务始末》（同治朝）第1册，中华书局2008年版，第31~33页。
④ 《筹办夷务始末》（同治朝）第1册，中华书局2008年版，第35~37页。
⑤ 《筹办夷务始末》（同治朝）第1册，中华书局2008年版，第37~38页。
⑥ 《第二次鸦片战争》（五），上海人民出版社1978年版，第546页。

十九日甲辰（10 月 22 日）

总理各国事务奕䜣等奏报，英国在津兵丁，于八月十六、二十七日，共撤兵一千名回国，英国在津印度马队黑兵，现已全行退出；布鲁斯国使臣艾林波，于本月初九日放洋南驶。①

三十日乙卯（11 月 2 日）

皇太后暂时权理朝政，载垣等解任。

抚恤琉球国遭风难夷如例。②

十月初一日丙辰（11 月 3 日）

改派盛京户部侍郎倭仁为正使，前往朝鲜国，颁大行皇帝遗诏。③

初四日己未（11 月 6 日）

江苏金匮县华翼纶等三人，自上海之安庆曾国藩大营，请兵东下，声称上海每月可筹六十万两军饷。④

十二日丁卯（11 月 14 日）

拟定《长江通商章程》十款、《通商各口通共章程》五款。⑤

掌湖广监察御史魏睦庭奏请购买英、法船炮。⑥

廿一日丙子（11 月 23 日）

穆克德讷等奏，英、法两国遵照前议，于九月初一等日次第撤兵出城，将省城

---

① 《筹办夷务始末》（同治朝）第 1 册，中华书局 2008 年版，第 39～40 页。

② 《清实录·穆宗毅皇帝实录》卷五。

③ 《清实录·穆宗毅皇帝实录》卷五。

④ 《曾国藩全集·日记一》，岳麓书社 1978 年版，第 670 页。

⑤ 《筹办夷务始末》（同治朝）第 1 册，中华书局 2008 年版，第 49～54 页。

⑥ 《筹办夷务始末》（同治朝）第 1 册，中华书局 2008 年版，第 61～62 页。

各门交还。十八日一同登舟,由黄浦向香港而去,均属安静。①

两广总督劳崇光奏报,英国领事改租将军署二堂后房屋。②

廿三日戊寅(11 月 25 日)

庆端奏,赴浙督剿,并请饬闽海关及广东省拨解军饷。浙省军务,当十分吃紧之时,庆端现督兵勇赴浙,需饷甚急,与寻常饷项不同。清廷着文清、劳崇光、耆龄迅速筹拨巨款,陆续接济,毋稍迁延,致滋贻误。③

廿六日辛巳(11 月 28 日)

英国驻华海军司令何伯派大佐科贝特乘舰赴宁波,与驻宁波英领事夏福礼、美国领事卜威廉、法国舰长奥卜刺、英国舰长赫克斯汉会商对付太平军进攻宁波的办法。议定同太平军交涉四条:一、双方不伤害,不干涉,否则给予全部、充分的赔偿;二、力劝太平军在他们控制的地区,或到宁波以后不要征收过分税收;三、不要进入外国租界内;四、不论城内外居住的外国人,太平军不得有任何微小的伤害和干扰。④

廿七日壬午(11 月 29 日)

宁波领事馆翻译休莱特等赴余姚会晤太平军将领黄呈忠,投递英、法、美议定的照会。黄表示,如若进攻宁波遇到清军抵抗,不能负责居留城内外国人的生命,但当尽一切力量防止侵扰,并写有回函。⑤

廿九日甲申(12 月 1 日)

奕䜣等奏,天津法国士兵,大部已于十四日撤走南驶,仅大沽炮台驻扎二百五十名。⑥

---

① 《清实录·穆宗毅皇帝实录》卷八。
② 《筹办夷务始末》(同治朝)第 1 册,中华书局 2008 年版,第 66~67 页。
③ 《清实录·穆宗毅皇帝实录》卷八。
④ 呤唎:《太平天国革命亲历记》下册,上海人民出版社 1978 年版,第 329 页。
⑤ 呤唎;《太平天国革命亲历记》下册,上海人民出版社 1978 年版,第 330~332 页。
⑥ 《筹办夷务始末》(同治朝)第 1 册,中华书局 2008 年版,第 72 页。

十一月初一日乙酉(12 月 2 日)

英国领事馆翻译休莱特等至奉化会晤太平军主将范汝增，投递英、法、美所议定的照会。范答应迟一星期再进攻宁波，并复照各国领事，称所请一切均一一照准。①

初二日丙戌(12 月 3 日)

总理各国事务衙门奏，习教人众，请分别良莠，饬令地方官妥为办理。据称，法国条约内载天主教原以劝人行善为本，揆其劝善之意，与释、道同，是以康熙年间曾经准行。惟近来各省习教之人，与不习教者，往往彼此龃龉。若不持平办理，殊不足以昭公允。清廷着照所请，嗣后各该地方官凡交涉习教事件，务须查明根由，持平办理。如习教者果系安分守己，谨饬自爱，则同系中国赤子，自应与不习教者一体抚字，不必因习教而有所刻求。傥或倚恃教民，不守本分，干预别项公私事务，或至作奸犯科，霸地抗租，欺侮良民，则不独为中国之莠民，亦即系伊教中之败类，必应照例治罪，决不能因习教而稍从宽假。各该地方官务当事事公平，分别办理，以示抚绥善良之至意。②

初三日丁亥(12 月 4 日)

庆昀等奏，筹运俄国呈进枪炮。据称接准库伦咨称领运俄国呈进枪炮等件，已由所属爱曼沙毕约备驼六百只，车五十辆，分起赴恰克图领送赛尔乌苏，更换运京。俄国呈进枪炮，原数系枪一万杆，炮五十六尊。已到恰克图者，仅鸟枪二千杆，炮六尊，并炸炮五百件，架二分。③

廿二日丙午(12 月 23 日)

直隶天津府知府一缺，地处海疆，关系紧要，现在办理各国通商事务，尤非守洁才优、精明干练、熟习外国情形之员不能胜任。清廷着文煜、崇厚体察情形，秉

---

① 呤唎:《太平天国革命亲历记》下册，上海人民出版社 1978 年版，第 330~332 页。
② 《清实录·穆宗毅皇帝实录》卷九。
③ 《清实录·穆宗毅皇帝实录》卷九。

公拣选，于通省内酌保数员，候旨简放。①

廿八日壬子(12 月 29 日)

奕诉等奏请，饬上海海关每结报明所免单数目，并饬通商各口奏报已收船钞子税半税数目。②

俄国使臣巴留捷克，求让馆地三处，已允其二。③

太平军忠王李秀成攻克杭州。

是月

两江总督曾国藩创办安庆内军械所，并命徐寿、华蘅芳等试造轮船。④

英国商人约翰·卡杜·柯拜修复并扩建在黄埔的船坞，成立柯拜船坞公司。⑤

十二月初五日戊午(公元 1862 年 1 月 4 日)

江苏巡抚薛焕奏，浙江贼匪窜踞绍兴府城后，宁波府城已于十一月初八日失守，并陷镇海县城。现在掳掠钓船，以为纵横海上之计，请严防吴淞口。近年宁波海船，出入大江，已成熟游之路。吴淞口系入江要道，尤为上海门户，亟应严密防堵。惟曾秉忠所统炮船分布泖淀等湖，已形单薄。该抚现于松江宝山各防抽拨炮船十余只，饬赴吴淞口驻泊，惟皆系内河小艇，不能下碇。口外大洋，尚不足恃。现在大江水师，有大小战船三百数十号，素称坚实。清廷着都兴阿、黄彬即派得力将弁，带战船数号，飞速驶赴吴淞口扼泊，万一贼欲航海北趋，准薛焕随时咨调。并着都兴阿等务饬各镇将，如闻有警，立即飞驶前往，堵截逆船，以固长江要口。

清廷着庆端即于台湾、漳泉等水师内，挑选精锐数千名，配齐船炮粮饷，克日由海道驶赴浙江，探明捷径，迅速援救杭州。其温州、黄岩等处水师，如有可调

---

① 《清实录·穆宗毅皇帝实录》卷一一一。

② 《筹办夷务始末》(同治朝)第 1 册，中华书局 2008 年版，第 82~83 页。

③ 《筹办夷务始末》(同治朝)第 1 册，中华书局 2008 年版，第 84 页。

④ 《近代中国海军》，海潮出版社 1994 年版，第 1178 页；刘传标：《近代中国船政大事编年与资料选编》第 1 册，九州出版社 2011 年版，第 23 页。

⑤ 刘传标：《近代中国船政大事编年与资料选编》第 1 册，九州出版社 2011 年版，第 24 页。

派，则去杭较近，并着庆瑞一并派拨，由海援杭。①

江苏巡抚薛焕奏报，宁波失守后，英、法两国商人入城游玩，有许售洋枪之说。②

初八日辛酉(公元 1962 年 1 月 7 日)

清廷着于台湾、漳、泉等营及浙省之温州、黄岩等水师内，挑选精锐数千名，配齐船炮粮饷，派委得力大员统带，驶赴宁波，将招宝山等处海口占住，即会合陆军迅速攻克宁波、镇海两城。广东水师着劳崇光、耆龄酌量调派数千名派员统带，驶赴宁波会剿。洋人与该匪，据薛焕奏称似有往还。其火轮船可否雇为我兵乘坐，清廷着该抚妥为筹办。至奉天直隶山东福建广东等海口，并着玉明、文煜、崇厚、谭廷襄、庆端、劳崇光、耆龄于各该省应防海口，筹酌章程，严密设防。各省商船往来南北海口，深恐良莠不齐，或为匪徒句(勾)结，或该匪冒作商船，藉以窜扰，并着玉明等将各该省海口商船，编列字号，实力稽查，以杜该匪影射。③

太平军忠王李秀成自杭州攻向松江、上海，向当地军民与洋人发布告示。④

十四日丁卯(公元 1862 年 1 月 13 日)

薛焕奏请于中外商人运赴各省货物过沪时，汇缴应纳之税，给发收单，执赴各该省抵税，扣收协饷。即将所收银两，由沪随时购办米石，源源接济，余银解杭充饷，以救贴危。清廷着官文、李续宜、毛鸿宾、劳崇光、耆龄等遵照，如有各商由沪运货到来者，执持上海此项税单，即行照数抵充浙省军饷，以资接济。如有海道及他路可通浙省，均着各该督抚等尽心筹画，各将应解浙省月饷，分途拨运，以济燃眉。⑤

浙江士绅与英法领事麦华佗、爱棠及义勇统领韦珀，迭次会商后在上海成立"中外会防局"，制订分区防守计划。英法驻沪海陆军全部出动。⑥

①　《清实录·穆宗毅皇帝实录》卷一二。
②　《筹办夷务始末》(同治朝)第 1 册，中华书局 2008 年版，第 85~86 页。
③　《清实录·穆宗毅皇帝实录》卷一二。
④　《太平天国文书汇编》，中华书局 1979 年版，第 155~156 页。
⑤　《清实录·穆宗毅皇帝实录》卷一三。
⑥　《太平天国史料丛编简辑》(六)，中华书局 1963 年版，第 137~139、165~170 页。

十七日庚午(公元 1862 年 1 月 16 日)

三口通商大臣崇厚以为北洋三口,自本年开办以来,天津一口办有规模,直隶沿海各海口如沧州、滦州、乐亭、昌黎间有海船装货出入,奕䜣等请饬令山东莱青道改驻扎烟台海口,作为税务监督,并饬下东海关监督关防。①

本年八月间,有英国商船在温州、登州贩货走私,英国领事强辩,奕䜣等奏请饬浙江、山东严禁。②

李秀成部败清军与洋枪队后,占领奉贤。③

廿一日甲戌(公元 1862 年 1 月 20 日)

因太平军与英人决裂,罗孝全逃出南京。④

廿五日戊寅(公元 1862 年 1 月 24 日)

太平军攻陷杭城,将拦截吴淞口。清廷着薛焕即饬曾秉忠等缓攻青浦,先因内防。并着曾国藩催令统带老勇八千人,赴沪助剿。浙江溃军,航海退至吴淞口,着薛焕饬令防堵吴淞口参将张凤翔将溃军船只,截留海口之外,妥为安插。⑤

英国使臣卜鲁士照会,称山东六省大吏多违和约,及山东、浙江多纵容走私,浙江南津、湖北叶家市浮征税饷,要求明降谕旨,进行查办,为奕䜣等拒绝。⑥

太平军假扮洋商,奕䜣等照会英法使臣,要求帮同设法防范。⑦

三口通商大臣崇厚拟拣派京兵二百名,请外国教练训练,得到批准。⑧

廿六日己卯(公元 1862 年 1 月 25 日)

清廷晓谕:逆匪窜陷杭州宁波等府,沿海各口须加意防范。前经总理各国事务

---

① 《筹办夷务始末》(同治朝)第 1 册,中华书局 2008 年版,第 91~92 页。
② 《筹办夷务始末》(同治朝)第 1 册,中华书局 2008 年版,第 92~93 页。
③ 光绪《奉贤县志》卷二〇。
④ 《太平军在上海》,上海人民出版社 1983 年版,第 69~74 页。
⑤ 《清实录·穆宗毅皇帝实录》卷一四。
⑥ 《筹办夷务始末》(同治朝)第 1 册,中华书局 2008 年版,第 96~105 页。
⑦ 《筹办夷务始末》(同治朝)第 1 册,中华书局 2008 年版,第 106~110 页。
⑧ 《筹办夷务始末》(同治朝)第 1 册,中华书局 2008 年版,第 110~111 页。

衙门将税务司赫德申呈，函致薛焕，酌量购买外国船炮等物。两月以来，未据函覆。刻下宁波一口，防堵最关紧要。着薛焕将前次购买外国船炮寄谕及总理衙门所寄信函，迅即转致劳崇光、耆龄、庆端、瑞瑸等会商筹出款项，一体雇觅轮船，派委得力员弁，挑选内地兵勇，驶赴宁波海口，合力堵剿。转瞬春水滋生，防务万分吃紧。该督抚等当妥速办理，毋得藉端推诿，贻误事机。大江师船，近多朽坏，前经寄谕劳崇光、耆龄调拨红单船只来江，以便裁撤更换，何以尚未奏报起程。现在吴淞口等处亟需水师防堵，而船只不敷分布。着劳崇光、耆龄、迅即调派分备李荣升、黄联开等管带贞吉红单拖罾等船星速来江，交都兴阿调遣，毋稍迟误。①

廿七日庚辰（公元 1862 年 1 月 26 日）

薛焕奏江浙绅士，呈请借调英法两国兵众剿贼，并将该绅等公禀信函呈览。清廷批复：逆匪窜陷杭城，上海一隅，久为垂涎之地。该绅士等因有借助英、法两国兵众合剿之请，第上年本有借兵剿贼之议，惟威妥玛在京，前经恭亲王等面商。威妥玛有"借兵剿贼，克复城池，即行占踞，系外国向章"之语。虽其言未必尽确，而其不肯诚心相助，亦可概见，因奏请停止。现在该绅等既与巴夏礼议及，自必深悉其情。本日已饬总理衙门与英、法在京使臣妥为筹商。但该使臣未必遽能顺应，而英、法向以商人为重，并畏百姓。清廷着薛焕密饬该绅等多集华商百姓，剀切开导洋商，以洋商货物在沪，须拨兵助剿，殄除粤匪，方足以资保护。惟事关借助外国兵众，既未能操纵自我，尤当防患未萌。该绅等所称两害相形，则取其轻，自系确有所见。且与巴夏礼亦有成说，傥仅以索谢等事为请，则尚可权许以救目前之急。如其占踞地方，句（勾）结逆匪，阻挠官兵进剿，则当深思熟虑，力持大体，不可稍涉迁就。除饬令总理衙门竭力商办，以顺舆情外，并着薛焕督饬该绅等酌量办理，毋稍拘泥，毋涉大意。②

是年

美商在广州黄埔创办旗记铁厂，修理船舶，有船坞三座。③

---

① 《清实录·穆宗毅皇帝实录》卷一四。
② 《清实录·穆宗毅皇帝实录》卷一四。
③ 刘传标：《近代中国船政大事编年与资料选编》第 1 册，九州出版社 2011 年版，第 24 页。

同治元年　壬戌　公元 1862 年

正月初二日乙酉（1 月 31 日）

总理衙门分函薛焕、赫德迅速筹款银八十万两，或租或买船炮，堵剿太平军。①

初四日丁亥（2 月 2 日）

应曾国藩所请，以蒋益澧为浙江布政使，曾国荃为浙江按察使。并将曾国藩所请福建闽海关拨济浙江月饷三万两，谕庆端等拨解交左宗棠军营。广东粤海关拨解浙江月饷十万两，谕劳崇光等或由江西转解左宗棠军营，或由海道驶运上海，由曾国藩转解左宗棠军营。因上海虽僻处一隅，势如累卵，而该处华洋商贾辐凑，饷源甚裕，如能协力保全，得人而理，于饷需筹济，定属有裨，且能缓急就近应手，清廷着曾国藩、左宗棠悉心筹画。②

清廷谕曾国藩、左宗棠，洋人不足恃，仍须酌派兵将保护上海。③

初十日癸巳（2 月 8 日）

劳崇光奏，请将衰庸之水师员弁分别勒休革职。广东龙门协都司何琨镛、提标守备李茂阶身体孱弱，精神委靡；海安营守备高耀能染患风痰，不能出洋巡哨，均着勒令休致。崖州协守备黄绍晋性耽安逸，庸懦无能；碣石镇守备冯宝光巡洋不力，捕务废弛，均着即行革职。

江苏巡抚薛焕奏，江浙两省逆匪纠众数十万，并力东趋，窜陷奉贤南汇川沙三厅县。宝山吴淞口情形吃重，松江上海，危急万分，现在赶催兵勇赴援。清廷着都兴阿、黄彬迅饬鞠耀乾赶紧起程，速赴吴淞口驻泊扼堵，并着添派得力炮船，前往

---

① 《近代中国海军》，海潮出版社 1994 年版，第 1179 页。
② 《清实录·穆宗毅皇帝实录》卷一五。
③ 《筹办夷务始末》（同治朝）第 1 册，中华书局 2008 年版，第 117 页。

援救，以期力保完善之区。

前据薛焕奏江浙绅士请借英法官兵剿贼，当经谕令该抚督同该绅等酌量办理。兹据薛焕奏，贼扑吴淞口，经法国轮船协同水师击退，请饬总理衙门与英、法驻京使臣将借师会剿商定，俾洋人益形鼓舞。同治帝批复：借师助剿一节，业谕总理衙门与英、法驻京使臣商酌，上海为通商要地，自宜中外同为保卫，军务至紧。若必俟总理衙门在京商酌，转致稽迟，即着薛焕会同前次呈请各绅士，与英法两国迅速筹商，克日办理。但于剿贼有裨，朕必不为遥制。其事后如有必须酬谢之说，亦可酌量定议，以资联络。①

十三日丙申(2 月 11 日)

薛焕奏，逆匪窜逼沪江，在沪英、法文武各员协助剿办。据称逆匪自窜陷奉贤等处后，直扑吴淞镇，复扰及东西摆渡。官军奋力攻击，该处适当法国轮船驻泊，并陆岸建有炮台，水陆开炮相助，毙贼无算。其上海城垣，亦经会同英、法文武各员乞濠筑墙，筹商防剿。英、法两国，自换和约，彼此均以诚信相孚。此次在上海帮同剿贼，尤见真心和好。清廷仍着薛焕督饬官军认真防剿，力扫贼氛。嗣后英、法文武各员，续有协同助剿之处，均着薛焕随时迅速驰奏，不得没其劳勚，以彰中外和好，同心协助之意。②

十七日庚子(2 月 15 日)

同治帝晓谕，近日风闻直隶沧州海口，有海船驶至，所载系江浙难民，并已驶进海汊，已由总理衙门行文文煜等查办。旋据崇厚呈报总理衙门，与所闻情形略同。现在海河未尽开冻，北风司令，南省船只，何以遽能驶至。且江浙难民，避至闽广等处，尚在意中，何以辄来北省。雇赁海船，价值非轻，既系难民，何能有此力量。实属可疑。着文煜、崇厚刻即遴派干员，星驰前赴沧州查看，该船共系几号，所载共若干人，是否实系难民。如形迹实有可疑，即会同该地方文武设法掳拿。此项船只，既已托称难民，即未携带器械，亦恐系贼匪假冒，探问直省虚实而来。文煜等务当督饬委员及该地方官严行查究，认真办理，不得稍涉草率。倘敢意存将就，或以驱逐出境，即为了事。将来别经访闻，惟文煜等是问。盛京为根本重地，山东密迩畿辅，防范尤宜严密。即着玉明、僧格林沁、谭廷襄将各该海口防

---

① 《清实录·穆宗毅皇帝实录》卷一五。
② 《清实录·穆宗毅皇帝实录》卷一六。

务，派委贤员，会同各该地方官实心办理，毋许稍涉松懈，致有贻误。①

十八日辛丑（2月16日）

清廷着冯子材前赴上海统率各军。并着薛焕另由上海宽备粮饷，随时解往。命广东巡抚耆龄驰往福建，办理援浙军务，以两广总督劳崇光兼署巡抚。

十九日壬寅（2月17日）

准升闽安协副将颜青云，着记名以水师总兵用，俟军务告竣，再行送部引见。署闽安水师协标左营都司铜山营守备刘兴邦、护理福宁镇左营水师游击南澳左营守备张绍祖均俟军务告竣送部引见。

廿一日甲辰（2月19日）

前因杭州宁波府失守，沿海各口，宜加防范，谕令薛焕等将购买外国船炮速筹办理。兹据总理各国事务衙门奏，购买船炮银两，与署总税务司赫德核计，约需八十万两，请饬该抚赶紧与赫德商酌购买，并请饬闽粤两关，分筹银两。清廷即着薛焕督饬该税务司，将应购船炮军械等速为购买。其船只务须购觅兵船，不可以货船信船充数。其驾驶轮船，应否雇用吕宋等国之人，以免临时挟制，着薛焕商令赫德相机办理。至酌配兵丁，及统带大员，着曾国藩于水师官兵内，遴派得力镇将并兵丁等听候调遣，一俟船炮购齐，即行饬赴上海等处，以资防剿。现在北洋防务，尤关紧要，并着薛焕于购齐后，酌分数只驶赴天津，毋许稍分畛域。应需价值银两，着劳崇光于粤海关税项下，筹银二十万两；文清、庆瑞、瑞瑸于闽海关厦门税项下，筹银十五万两，以备咨取；其余银两，即着薛焕于江海关关税等项下赶紧筹款应用。其闽粤两海关所筹银两，现已令总理各国事务衙门行文各省，办理洋药票税，俟征有成数，即为归补各关之款，以昭核实。

据总理各国事务衙门奏，请饬江苏等省筹款，购买外洋船炮。复据片奏，逆匪窜扰上海，万一情形吃紧，恐江苏势难兼，顾请即由两应总督商办。清廷着劳崇光探明，如上海有未能兼顾之势，或赫已经经抵粤，即由劳崇光饬令赫德赶紧妥办。其闽海、厦门二关应筹银两，即着文清等解交劳崇光查收应用。该督等接奉此旨，即当探明上海情形，迅速筹办，毋许推许。如果各关饷项不敷，即着劳崇光另行筹

---

① 《清实录·穆宗毅皇帝实录》卷一六。

款办理。①

直隶总督文煜奏，遵查沧州海口，并无难民船只。

京兵将挑选一百二十名，赴天津由英人训练。②

英国使臣以保护海港为名，要求开放禁令，准许豆石出口，得到清廷许可。③

廿三日丙午（2月21日）

曾国藩奏，遵保堪胜水师总兵人员。提督衔以总兵尽先题奏李朝斌、总兵衔尽先选用副将喻俊明、任星元、记名总兵丁泗滨均着记名以水师总兵用，俟军务告竣，再行送部引见。

以前任浙江布政使徐宗干为福建巡抚，未到任前，以学政厉恩官暂署。

湖广总督官文奏，长江暂订章程诸多室碍，请饬另议。④

廿五日戊申（2月23日）

直隶总督文煜等奏，查勘海口形势，筹议设防。大沽海口炮台，虽由英、法二国拨兵驻守，仍应随时体察情形，暗中防范，以免临时掣肘。所有北塘防守分兵练勇各事宜，清廷即照该督等所奏，及现办章程七条办理。其天津郡城兵勇，亦当逐日训练，以资防范。文煜、成明所挑督提各标兵，并咨调密云官兵，清廷均着照办。惟京旗兵丁，现在赶紧训练，如遇必须调拨之时，再由文煜等随时驰奏。至每月需用饷银，除谕知山西陕西两省，查照前案筹拨协饷外，其盐斤复价，及厘捐等款，着准其留于天津，给发兵饷。

同治帝晓谕，逆匪自攻陷浙江宁波郡县后，掳掠钓船势将北驶。天津海口为近畿要地，已谕令文煜、崇厚、成明驰赴北塘海口，扼要设防。因思山海关地方，滨临海面，亦关紧要。着成禄将该处驻防兵丁，加意操练，与北塘声势联络，并多设侦探，随时知照，一遇有警，即彼此互相策应，毋令艇匪得以近岸。如有难民等船只，亦须加意盘诘，以免疏虞。又谕，北塘海口设防，需用浩繁，必须随时接济，方免匮乏之虞。着英桂、瑛棨查照上届海防案内照数筹拨，按月委解。此次海防紧要，非寻常拨饷可比，该抚等务当设法筹款，源源接济，毋许

---

① 《清实录·穆宗毅皇帝实录》卷一七。

② 《筹办夷务始末》（同治朝）第1册，中华书局2008年版，第129~130页。

③ 《筹办夷务始末》（同治朝）第1册，中华书局2008年版，第130~131页。

④ 《筹办夷务始末》（同治朝）第1册，中华书局2008年版，第136~138页。

迟误。①

廿七日庚戌(2 月 25 日)

江苏巡抚薛焕奏,洋人协同官军剿贼出力,恳请奖励。逆匪扑犯松江,经美国人华尔带领洋枪队,直入迎旗浜贼营,列队轰击,毙贼千余人,搶斩数百人,复会合官军,进攻天马山辰山贼营,首先冲阵,所向辟易,将贼营十一座一律踹毁,洵属异常出力。华尔曾在道员吴煦及美国领事处禀明,愿伍中国臣民,更易中国服色,具见恂忱。华尔着赏给四品顶戴花翎,仍令在松江教习兵勇,协同官军剿贼,并着薛焕传旨嘉奖。

薛焕、庞钟璐奏,借助西兵一事,日来经总理衙门,与英、法两国公使筹商。据英国公使言,事属可行,惟可暂而不可常。清廷批复:当告以现因援兵未到,故须借助外国,一俟劲旅云集,自可无须协助。至天津防务,则须俟购有轮船兵,力方厚该使臣亦颇首肯。惟于松沪吏治军务,颇多訾议,薛焕务当整躬率属,以肃观瞻,激励将士,毋任懈弛,庶免外国人轻视。至英国使臣,则以前请将各省书院改为天主堂,未邀允许,颇为晓晓。此时虽未能任其要求,亦不能不设法笼络。其果否助兵,尚无成说。并据该使臣言,吴淞开炮击贼,系法国人之事,而谕旨则谓英、法各员协助剿办,颇为不平。此因洋人气量浅隘,亦见其务求实际,不尚虚假。此后薛焕等奏报军情,断不可稍有饰说。至现在与洋人如何商议,已否得有眉目,并着一面办理,一面据实驰陈,俾总理衙门洞悉情形,可将该两国曲为开导。其购买船炮一节,前据赫德声称已亟致李泰国,令伊国购办。现复据英国卜使照会,香港尚有船炮,可以购买。即着薛焕询问赫德,如果可于香港购买,自较便易,其应需价值银两,并着速为筹备,毋致临事掣肘。寻奏,遵询赫德,香港无可购买,现托英国代办,可期坚实适用。②

以福建缉贼海盗出力,赏知府陈谦恩道衔,余升叙有差。

廿九日壬子(2 月 27 日)

劳崇光在广州与赫德议定,清廷向英国购买兵轮七艘,连同火炮、火药等共计银六十五万两。③

---

① 《清实录·穆宗毅皇帝实录》卷一七。
② 《清实录·穆宗毅皇帝实录》卷一七。
③ 《近代中国海军》,海潮出版社 1994 年版,第 1179 页。

二月初四日丁巳(3 月 4 日)

庆端奏请将应付船只、迟误各员分别摘顶。前署福建台湾镇总兵曾元福，雇募台湾壮勇备调，延不到营；署鹿港同知恩煜并不雇备船只，以致停军待渡；台湾道府均不就近督催，实属不知缓急。前署台湾镇总兵曾元福、同知恩煜均着摘去顶带，恩煜并即撤任。

山东巡抚谭廷襄奏，遵办海防。现饬登州镇总兵官曾逢年严加防守，并令参将玉山于胶莱等处创设团营，藉资添拨。武定与直隶接壤，已饬在籍办团前任广东臬司赵长龄督团防范。

山海关副都统成保奏，遵设海防，派兵赴石河海口严查，并令驻防弁兵，驰往阳河口秦王岛两处，常川驻扎侦探。①

曾国藩奏报，借助洋人，宜于宁波、上海，不宜于苏、常。②

初五日戊午(3 月 5 日)

湖南巡抚毛鸿宾奏，洋人税收制度较中国尤为严密，长江税收章程急宜补救。③

初十日癸亥(3 月 10 日)

三口通商大臣崇厚奏报，天津自去春开办通商以来，进口外国洋药，照条约每百斤纳税银三十两，现因筹办海防，拟试办抽厘金，每洋药一斤抽捐等用银一钱八分六厘。④

奕䜣等奏，英人吾百四德，私运货物至京，已由法馆起出充公。⑤

十五日戊辰(3 月 15 日)

江苏巡抚薛焕奏，逆匪窜陷奉贤南汇川沙等厅县。各属难民逃至上海，现饬藩

---

① 《清实录·穆宗毅皇帝实录》卷一八。

② 《筹办夷务始末》(同治朝)第 1 册，中华书局 2008 年版，第 142~143 页。

③ 《筹办夷务始末》(同治朝)第 1 册，中华书局 2008 年版，第 143~144 页。

④ 《筹办夷务始末》(同治朝)第 1 册，中华书局 2008 年版，第 146~147 页。

⑤ 《筹办夷务始末》(同治朝)第 1 册，中华书局 2008 年版，第 151~152 页。

枭两司督同上海县妥为抚恤。

十六日己巳(3月16日)

江苏巡抚薛焕奏，浦东逆匪，逼近上海，会同英法两国剿除高桥贼垒，大获全胜。逆匪自经官军击败后，退踞天马山后及陈坊桥等处。正月初八初十等日，参将李恒嵩乘胜攻破天马山后及陈坊桥等处贼营，败匪退入青浦城中。其浦东大股，盘踞高桥，意欲断我吴淞要隘。美国人华尔约同英国水师提督何伯、法国水师提督卜罗德各带中外枪炮队伍，并炮船轮船，排泊浦滨。华尔率队登岸，首先冲入高桥，径扑贼首巢穴，以洋枪连环轰击。副总领美国人白齐文裹创力战。英、法二国队伍各开枪炮攻击。华尔冒烟直进，立将贼营攻破，杀贼一千五百余名。其镇北一村，亦同时攻入。镇东大垒屯贼，穷蹙奔逃。华尔会同美、法将士追杀三十余里，立将该镇贼垒，全行扫荡。英、法两国，前在上海帮同剿贼，已获胜仗。

据薛焕奏，美国人华尔营内副总领白齐文，前经随同攻剿迎旗浜天马山等处，冲锋陷阵，此次官军进攻高桥，白齐文首先冲入贼垒，被贼砍伤右臂，犹复裹创力战，叠破贼垒，实属异常出力。该副总领并在苏松太道衙门禀明，愿为中土编氓，宣力戎行，足征忱悃。白齐文着赏给四品顶带花翎，与华尔一并在松江教习兵勇，协同官军剿贼，并由薛焕传旨嘉奖。①

薛焕又奏，有英商船在长江被截，请派兵船会同英船巡哨。②

十九日壬申(3月19日)

福建巡抚瑞璸奏，琉球国贡使在闽日久，道路尚未疏通，援案请先行颁赏，遣发该使臣回国，仍将贡物存储司库，俟下届例贡到时，汇同恭进，如所请行。

停福建本年例贡果品。

抚恤朝鲜国遭风难夷如例。

廿二日乙亥(3月22日)

英国驻扎福州领事官星察理，以福州口岸每年洋船进出时屡有冲礁破坏，请在福州口岸洋面白墩上建一光明大石塔表，自白墩至罗星塔，共设大小浮桩二十处，

---

① 《清实录·穆宗毅皇帝实录》卷一九。
② 《筹办夷务始末》(同治朝)第1册，中华书局2008年版，第157页。

石塔表三五处，其工料银二千五百四十三两，在闽海关船钞项下拨付。①

廿三日丙子(3 月 23 日)

文煜等奏请留副将办理海防。直隶保定营参将岳克清阿前经降旨补授云南曲靖协副将，现据文煜等奏称该员于滇省情形，未经谙悉，于直隶海口操防，诸臻得力。岳克清阿着准其开云南曲靖协副将缺，留于直隶，仍带副将原衔，以参将候补。其所请以直隶副将酌补之处，着不准行。

前因浙江宁波等城失守，贼匪有掳船纵横海上之信，谕令文煜等前往天津海口办理防务。现在浙中贼匪，尚无欲由海道他窜消息。文煜统辖全省，事务较繁，未便株守一隅，所有天津海口防务如实已诸臻周密，清廷着文煜即行回省。文煜起程以后，所有天津海防应办事宜，及镇道以下各官，均归崇厚、成明督率调度，以一事权。②

廿四日丁丑(3 月 24 日)

薛焕奏，洙泾防兵溃散，请将带兵之提督降补。清廷批复：署江南提督福建陆路提督曾秉忠带兵驻防洙泾要隘，当逆匪分股来扑，失去炮船，水陆各军，纷纷溃退，以致逆匪阑入。该署提督所部兵勇，于上年曾经抢劫英国丝船，此次督防洙泾，复不能力遏贼氛，失去要隘，实属不知振作，贻误事机，仅以副将参将降补，不足蔽辜。曾秉忠着即行革职，发往曾国藩军营差遣委用。以观后效。③

前因购买洋船，须配兵勇，谕令曾国藩先行筹备。兹据曾国藩奏，楚军水勇仅能用之江面，未能强令出洋。清廷晓谕，现筹购买外国船炮，本拟用于江面剿贼，并非施之海洋。惟楚军由江北赴沪，陆路多梗，故有由海道前往之谕。至外国船只，尚称坚致，而英法住京公使，则称凡上海等处洋商所售船只，均不可恃，必须于伊等本国及香港购觅，方可利用。此时伊等已函致各该国带兵员弁，帮同物色。购船一事，谅可即有头绪，所有应配兵勇，仍着曾国藩先事豫筹。其如何赴沪，临时再行酌办。上海被匪窜伺，势不能不借洋人之力，协同守御，曾国藩亦曾奏及。至规复苏浙失陷地方，自应别筹良策。前据薛焕奏称，江浙绅士殷兆镛等呈请借助西兵，规复苏常各属城池，当以该绅士等情殷桑梓，或非无见，谕令薛焕酌度情形办理。兹据恭亲王等奏称，江苏绅士潘曾玮带同浙人龚橙，复由沪航海来京，诉称

---

① 《筹办夷务始末》(同治朝)第 1 册，中华书局 2008 年版，第 159~160 页。
② 《清实录·穆宗毅皇帝实录》卷二○。
③ 《清实录·穆宗毅皇帝实录》卷二○。

乡间被陷，恳请借用英、法等国官兵速筹规复，已谕令总理衙门向各该国住京公使筹商。惟上海为洋人通商之地，借助尚属有辞。若攻剿内地贼匪，辄欲用外国兵力，揆度洋人情形，虽不至遽有他虑，而军行饷随，一切供应之烦，亦恐万难撙挂。以该绅士等情词恳切，固难重拂舆情，亦须顾全国体，此事是否可行，即着曾国藩悉心筹酌，迅速驰奏。①

以江苏萧塘剿贼获胜，赏洋将华尔、白齐文三品顶带。

湖南巡抚毛鸿宾奏报，议复广东巡抚耆龄抽茶叶落地税之说，要求湖南出洋茶叶经过地方，应免完纳厘税。②

廿五日戊寅（3月25日）

王庆云奏，请定官弁士子兵丁吸食洋药限制。前于咸丰九年间，经惠亲王等奏定弛禁洋药章程内，官弁士子兵丁，仍不准其吸食，以示限制。兹据王庆云奏，沥陈官弁士子兵丁吸食洋药，请严定限制。所陈流弊，实为切中窾要。洋药一项，虽已弛禁，惟流弊之甚者，于风俗纪纲，殊有关系。除平民仍照变通章程，不在例禁外，其官弁士子兵丁三项，着仍照变通章程，一例禁止，并着文武各该管上司及学政教官等实力查察，有犯者立予重惩斥革，不准姑容徇隐，以期力挽颓风。至太监服役禁近，宫卫森严，尤不准以洋药带入禁地，着总管内务府大臣饬知内廷总管太监等严行禁止。③

廿七日庚辰（3月27日）

前因左宗棠军营需饷，谕令庆端、瑞璸于闽海关按月拨银三万两，解交左宗棠粮台。兹据庆端奏闽海关税银，除扣还英法两国十分之四，并拨解该督军营按月协饷五万两外，实无余款可提，请于拨解该督军营五万两内，按月拨出银三万两，径解左宗棠粮台。两湖江西，本有协浙之饷，请饬两湖江西督抚一并就近解交左宗棠粮台。现在左宗棠一军，由徽入浙，粮台需饷，最关紧要。清廷着官文、严树森、毛鸿宾先各拨银十万两，嗣后仍各按月接济银二万两。其江西省按月应解协浙银两，并着李桓一并接济，均着解交左宗棠粮台。

前因已革道员张景渠经手关务，并风闻有于宁波失守后，将关税银二百万两载赴定海之事，谕令曾国藩、左宗棠查奏。兹据总理各国事务衙门奏，据薛焕咨称，

---

① 《清实录·穆宗毅皇帝实录》卷二〇。
② 《筹办夷务始末》（同治朝）第1册，中华书局2008年版，第167~168页。
③ 《清实录·穆宗毅皇帝实录》卷二〇。

张景渠于应交英法国第四结扣款，遽行那(挪)用。迨宁郡失守，又以该郡绅富迁避上海，饬捐归款，一再延宕，以致各该领事催索各情，请饬查抄该革员资财备抵。清廷批复：浙海关扣款，系交涉外国之项，张景渠何得擅自那(挪)用，且欲令由宁搬避赴沪之绅富，捐输归款，尤出情理之外，亟应严行惩办。着曾国藩、薛焕、左宗棠将该革员张景渠寄居处所及原籍资财，先行查抄，并查明该革员有无另行寄顿之处，一并查抄备抵。仍严讯该革员于浙海关第四结，应交英法国各二成银两，有无侵蚀，务得确情。并将该关已征正税银两及库存各款确切查明。若有亏短那(挪)用情弊，即照数严追勒缴，毋稍瞻徇。其浙海关第三结收税银若干，应交英、法国二成银各若干，及曾否解沪清交之处，并着薛焕查明覆奏。①

美商在上海成立旗昌轮船公司。②

三月初二日甲申(3 月 31 日)

英法两国驻京公使声称，愿意帮助官军剿贼，派师船驶往长江，协同作战。清廷令曾国藩、都兴阿察探。③

初五日丁亥(4 月 3 日)

江苏巡抚薛焕奏报，华尔率洋枪队助战，取得大胜，解泗泾之围。华尔着赏副将衔。④

初六日戊子(4 月 4 日)

总理各国事务衙门奏，请饬地方官于交涉教民事件，迅速持平办理。前据该衙门具奏，法国天主教原以劝人行善为本，康熙年间，曾经准行，是以降旨令地方官妥为办理。兹据该衙门奏称，前次明降谕旨之后，复经该衙门行文各省遵照办理。各省地方官于奉文后，未经认真妥办。清廷着各督抚转饬地方官照依此次所奏，于凡交涉教民事件，务须迅速持平办理，不得意为轻重，以示一视同仁之意。⑤

---

① 《清实录·穆宗毅皇帝实录》卷二〇。
② 刘传标：《近代中国船政大事编年与资料选编》第 1 册，九州出版社 2011 年版，第 24 页。
③ 《筹办夷务始末》(同治朝)第 1 册，中华书局 2008 年版，第 169~170 页。
④ 《筹办夷务始末》(同治朝)第 1 册，中华书局 2008 年版，第 173~174 页。
⑤ 《清实录·穆宗毅皇帝实录》卷二一。

奕䜣等奏，牢笼法国，即所以保上海。①

十一日癸巳(4月9日)

山东省城济南府、历城县会同法国传教士江类思书立合同，将天主教堂归还法国。②

十三日乙未(4月11日)

有人奏，薛焕恣意营私，于上海城内开设书画局，并与署藩司吴煦等开设钱铺，合伙贩货至各海岸，假商人字号，掩人耳目。

十五日丁酉(4月13日)

英国教练、总兵斯得弗力声称，天津地方紧要，必须再调京兵三百六十名来津训练，得到准许。③

奕䜣等饬税务司赫德前往湖北，与官文及江汉关总督商讨修订长江税务章程。④

十七日己亥(4月15日)

户部奏，京仓需米孔殷，请旨分别饬催。京仓米石，亟宜设法筹备。前据江苏巡抚奏请采办粳籼米各十万石，赶紧放洋，现在曾否采办足数，未据奏到。广东捐缴米价银两，现仅解到头批，其余尚未续报委解。至福建捐购米石，仅据运到二万四千余石，续报起运二千石，以后捐购若干，迄未奏报。清廷着各该督抚遵照该部奏案，将捐购米石，迅速筹办，分批运津。⑤

廿一日癸卯(4月19日)

修盛京金州水师营战船，从将军玉明等请也。

---

① 《筹办夷务始末》(同治朝)第1册，中华书局2008年版，第180～181页。
② 《筹办夷务始末》(同治朝)第1册，中华书局2008年版，第182～183页。
③ 《筹办夷务始末》(同治朝)第1册，中华书局2008年版，第183～185页。
④ 《筹办夷务始末》(同治朝)第1册，中华书局2008年版，第185～188页。
⑤ 《清实录·穆宗毅皇帝实录》卷二二。

廿三日乙巳（4 月 21 日）

朝鲜国使臣徐宪淳等三人于神武门外瞻觐。

廿七日己酉（4 月 25 日）

清廷令李鸿章署理江苏巡抚，薛焕专办通商事务，派晏端书前往广东督办厘金。上海为饷源重地，稽查税务，联络洋人，在在均关紧要。薛焕既无须兼顾地方，其通商事宜，自可专心办理。惟洋人以中外多方笼络，甫为我用，而逆党黄畹为贼画策，欲与洋人通好，设其计得行，于军务殊有关系。阅该逆禀内，于洋人多丑诋之词，业经薛焕饬令吴煦告知英法领事，破其奸谋，仍着薛焕会商曾国藩、李鸿章妥为办理。

沈葆桢奏，法国天主教堂均被拆毁，现饬查拿首要各犯惩办。据称本年二月，忽有湖南合省公檄痛诋该教，遍贴街市。适值开考，生童哗然，订期齐集，于十七日二更时分，突有多人拥至筷子巷及袁家井教堂，立时拆去，并将习教之义和酒店等器皿货物打毁。该教士坐船一只，及五里庙巷地方教堂，同时被毁。事起仓卒，禁遏无从，及进贤县习教之徐敏山等房屋器物，亦被拆毁。徐、陈二姓指控樊学仁为首，现在查拿。清廷着该抚确切查明，据实具奏，仍将为首滋事之人严密查拿究办。①

派都察院左副都御史晏端书驰赴广东，督办厘金，接济江苏、安徽、浙江三省军饷。

命江苏巡抚薛焕以头品顶带充办理通商事务大臣。李鸿章署江苏巡抚。

江苏上海剿贼获胜，洋将华尔、何伯等得旨优奖。

廿八日庚戌（4 月 26 日）

缓征福建澎湖厅被风灾区地种船网沪缯银。

是月

曾国藩令徐寿、华蘅芳在安庆内军械所开始制作蒸汽机模型，准备制造轮船蒸汽机。②

---

① 《清实录·穆宗毅皇帝实录》卷二三。
② 刘传标：《近代中国船政大事编年与资料选编》第 1 册，九州出版社 2011 年版，第 25 页。

夏四月初一日癸丑(4月29日)

两广总督劳崇光奏,遵旨雇募红单拖罾等船,须俟立夏后南风司令,始能前赴江南防剿。

初七日己未(5月5日)

曾国藩奏,借助洋兵攻剿苏、常之不可行。清廷指示:现在李鸿章所带湘勇到沪,即可将沪上各营,力加整顿,不必专藉华尔之军,方能剿贼。

江苏巡抚薛焕奏,比利时国使臣来沪投递照会,恳请换约。据称比利时国公使包礼士,自称奉伊国主之命,派至中华进京请立约通商。经薛焕再三力阻北行,始在沪候旨。清廷批示:比利时国于九年间,在沪投递照会,恳求通商。经何桂清照覆,其事并未具奏。该国系法兰西属国,通商各事理应附于法国名下办理。该公使所称与英国为姻亚之邦,其意即拟援上年布鲁斯国之例,径自换约,已饬总理衙门告知法国在京公使力为拦阻,并着薛焕妥为开导,告以该国既在各口通商,毋庸另立条约。如该公使必求立约为据,即照上年布鲁斯国之例办理,断不能与英、法相同。此时该国换约与否,于大体并无增损,惟允行太易,则恐得步进步,翻多唨渎,不可不稍为操纵,以防其弊。着薛焕酌量情形,妥为筹办。傥该公使必欲来津,务告以上年布国换约,均系三口通商大臣崇厚办理,薛焕亦系办理通商大臣,事权相同,在津允行者,在沪亦可主持,毋须远涉重洋。如此剀切拦阻。①

薛焕奏报华尔近日助战情形。②

初八日庚申(5月6日)

奕訢等奏,湖南巡抚毛鸿宾请将洋商茶捐改为子税在湖南征收一节,应饬下湖广总督官文,归入现议《长江章程》案内,一并讨论。③

初十日壬戌(5月8日)

命五口通商大臣薛焕办理比利时国通商事务。

---

① 《清实录·穆宗毅皇帝实录》卷二四。
② 《筹办夷务始末》(同治朝)第1册,中华书局2008年版,第198~200页。
③ 《筹办夷务始末》(同治朝)第1册,中华书局2008年版,第204~206页。

十六日戊辰(5 月 14 日)

江苏巡抚薛焕奏，官军约会英、法将士，将南翔罗店贼垒扫平，并克复嘉定县城。据称三月二十七等日，经薛焕派队会合英、法两国之兵，进攻南翔，各将弁踔濠而进，击毙发逆多名，追至镇外鹤槎山。逆营死力坚守，英、法两国将士，督队与官军齐进，直逼墙濠。四月初一日，官军分队进剿，逆匪弃营西窜，追斩甚多。英国带兵官受伤。①

十八日庚午(5 月 16 日)

朝鲜国王遣使表进方物，命留抵下次正贡，赏赉如例。

廿二日甲戌(5 月 20 日)

清廷指示：华尔于赏加副将后，仍未薙发易服，其不受钤束，已可概见。惟现在既用其力，不得不于裁制之中，仍寓羁縻之意，着薛焕、李鸿章酌量相机办理。至会防局官绅，专恃洋人为政，不顾后患，朝廷早知其流弊，薛焕等务当咨商曾国藩悉心防范，毋任把持。②

廿四日丙子(5 月 22 日)

庆端奏，台湾彰化县会匪滋事，台湾道孔昭慈督兵剿捕，勇丁内变，官兵被害。彰化县城失守，该道尚无下落，已派曾玉明等督勇往剿。台湾孤悬海外，人心浮动，办理稍失机宜，必至全台震动。曾玉明既为台人所信服，清廷着即飞饬该总兵统带兵勇，克日驰赴彰化剿办，并饬总兵林向荣实力进剿。③

廿六日戊寅(5 月 24 日)

薛焕奏克复青浦大概情形，并遵旨查抄张景渠家产。此次英、法二国将士与华尔会克青浦，自可乘胜进攻，惟英、法二国剿贼，流弊滋多，即华尔亦有不受羁勒

---

① 《清实录·穆宗毅皇帝实录》卷二五。
② 《清实录·穆宗毅皇帝实录》卷二六。
③ 《清实录·穆宗毅皇帝实录》卷二六。

之意。清廷着薛焕妥为驾驭。道员张景渠情罪重大，该大臣等因其在沪并无寄顿财产，派员前赴定海查抄。张景渠由宁波逃避之时，雇觅轮船，装载资财，若在沪上洋行细询所雇何船，载往何处，不难水落石出，即着薛焕咨商李鸿章严密查办。①

颁发朝鲜国崇上慈安皇太后、慈禧皇太后徽号诏书，赏该国王缎匹如例。

廿八日庚辰（5月26日）

河南道监察御史曾协均奏，英、法、俄三国心存叵测，宜筹防范。②

五月初一日壬午（5月28日）

李鸿章奏，已革道员张景渠、署宁波府知府林钧由定海率领广艇，攻复镇海县城，进攻宁波。外国兵船，同开大炮，轰入城内，当将宁波府城克复。清廷着曾国藩、左宗棠迅即遴派贤能员弁酌带水陆官兵由闽航海，前赴宁波郡城督办防务。至道员张景渠前在宁波溃退，闻有雇觅轮船，装银二百万两，运赴定海之事，节经谕令曾国藩、左宗棠拿问严审。如果属实，该员情罪重大，断不准藉收复镇海等处为词，希冀开复。③

李鸿章奏，官军会同英法劲旅，收复青浦县城。④

初四日乙酉（5月31日）

徐宗干奏台湾匪徒滋事，现筹剿办情形。台湾彰化县匪徒戴万生等聚众滋事，前经庆端驰奏，当即寄谕该督抚等督饬文武，实力进剿。兹据徐宗干奏，与前情大略相同，所称总兵胡向荣到台未久，恐难得力。曾玉明在台屡立战功，熟悉情形，应令酌带弁兵飞渡，前往督办。升任湖北汉黄德道洪毓琛为台民攀留，飞檄权署道篆，以资熟手。清廷着即赶紧督饬曾玉明、洪毓琛等文武兵勇实力办理，务令克日蒇事，毋致蔓延。护提督石栋所请调回赴浙师船，由鹿港登岸，堵截匪众下窜。并该抚所筹将雇募台勇所余经费尽数留台，支应饷需，及由省局筹备接济，均着照议迅速妥办。⑤

---

① 《清实录·穆宗毅皇帝实录》卷二六。
② 《筹办夷务始末》（同治朝）第1册，中华书局2008年版，第222~223页。
③ 《清实录·穆宗毅皇帝实录》卷二七。
④ 《筹办夷务始末》（同治朝）第1册，中华书局2008年版，第226~227页。
⑤ 《清实录·穆宗毅皇帝实录》卷二七。

明绪奏，接准俄国覆文，请仍照原定条约，查勘地界。

初十日辛卯（6 月 6 日）

耆龄奏，拔营赴闽，并筹雇红单船，协防福州海口。据称酌调飞虎等营，并添募香山等县老勇共五千名，筹备饷银二十万两，现已措齐，于本月十五日，次第拔营前进。该抚俟各队拔齐，亦即起程。并因五虎门海口，防兵无多，雇募红单船十只，饬赴五虎海口。①

十三日甲午（6 月 9 日）

李鸿章奏，外国将士会同常胜军攻克南桥贼垒，法国提督阵亡，恳请赏恤。四月十八日，英国提督何伯、法国提督卜罗德统带兵众，协同候补副将华尔进剿浦东南桥镇。该逆恃三道土城更番施放枪炮，子密如雨。法国提督卜罗德勇往直前，扑近城濠，挥军冒烟冲入，贼众惊溃，当将南桥镇贼垒攻克。正在督战间，卜罗德中枪阵亡。清廷着李鸿章遵旨派委道府大员前往赐祭一坛，并着赏给库存貂皮百张，彩绒四端，交议政王转给卜罗德家属祗领，用彰优异而慰忠魂。

传谕实录馆总裁官，所有自道光三十年正月十五日以后，至咸丰十一年七月十六日止，凡有交涉外国事件，着照皇祖宣宗成皇帝实录之例，另为一书，该总裁等敬谨纂辑，毋稍漏略。②

十五日丙申（6 月 11 日）

拨广东运库海关银各五万两，解赴江苏清江浦军营，以济饷需。

十七日戊戌（6 月 13 日）

总理各国事务衙门奏，外国与贼接仗，构衅甚深，闻将调集印度兵，大举助剿，请饬江浙督抚迅速筹议。

前因薛焕熟悉外国情形，谕令以头品顶带，充办理通商事务大臣，并叠谕将洋人协剿情事，会同新署巡抚李鸿章妥为经理。兹据薛焕奏，南洋通商各口，事隶将军督抚监督办理，若专设大臣统辖，地方较多，鞭长莫及，事势亦多格碍，请即裁

---

① 《清实录·穆宗毅皇帝实录》卷二七。

② 《清实录·穆宗毅皇帝实录》卷二八。

撤，各归本省督抚将军经理。并片陈长江通商，事属创始，必须平时勋望隆重，乃能詟服远人，请于官文、曾国藩特简一员，兼领其事。清廷批示：南洋通商大臣，本系道光年间经耆英等议定设立，以为交涉事件在外商办之计。迨英、法各国公使驻京后，一切紧要事件，均由总理衙门办理。其余关税事务，则由管关之监督道员会同各国领事官经理，仍由该省将军督抚稽察，已足以资控驭。上海虽为各国汇集之所，而所设止有领事官，若该道员办理得宜，巡抚妥为稽察，则诸务已有责成。所请裁撤之处，洵为因时制宜。①

命工部左侍郎恒祺会同三口通商大臣崇厚办理大西洋国通商事宜。

以福建水师出洋捕盗出力，予副将吴鸿源优叙，赏把总林天从蓝翎，余加衔升叙有差。

奕䜣等奏，请饬李鸿章、左宗棠宁波应派华兵防守，华尔当留心防范。②

奕䜣等奏，大西洋国请立约通商。该国在澳门居住二百余年，极为安静，近因中国未与换约，不能约束其众，以致漏税诸弊甚多，故请求换约。清廷派恒祺为全权大臣，会同三口通商大臣崇厚办理。③

二十日辛丑(6月16日)

前据总理各国事务衙门奏称，英国领事官吉必勋向崇厚声称，青浦、嘉定二城，发逆大队涌至，华尔察看情形，难以抵御，将该二城焚毁，退回上海。兹据李鸿章奏，逆匪围攻嘉定，英、法提督见贼势过众，遽挟该地方文武及留防兵勇出城，退驻南翔镇，复由该镇撤回上海。其青浦松江两城，虽经大股贼匪攻扑，官军尚能住守。华尔并率洋枪队，在松郡东门击贼。④

前任詹事府殷兆镛奏洋务四事：挑选慎，约束严，器械精，赏罚信。⑤

廿三日甲辰(6月19日)

据总理各国事务衙门奏称，接据法国照会，内称贵州提督田兴恕起意凌辱教人，去年屡次带兵攻击贵阳等处天主堂，并派团务道赵畏三等往青岩等处，攻坏学堂，将该处习教张如洋等，并不审问，即行处斩。何冠英与田兴恕有致府县公信内

---

① 《清实录·穆宗毅皇帝实录》卷二八。

② 《筹办夷务始末》(同治朝)第1册，中华书局2008年版，第239~240页。

③ 《筹办夷务始末》(同治朝)第1册，中华书局2008年版，第243~244页。

④ 《清实录·穆宗毅皇帝实录》卷二八。

⑤ 《筹办夷务始末》(同治朝)第1册，中华书局2008年版，第252~254页。

云，驱逐教人，并藉故处之以法。本年正月间，开州夹沙龙地方，因逼胁教人共祭龙灯，知州戴鹿芝将传教人文乃耳，及中国人吴贞相等拿去，用极刑处死，仍派团首搜寻奉教之人，拿获严办。现署巡抚韩超，又不将和约张贴，知府多文、知州戴鹿芝语言悖妄，骇人听闻。请饬骆秉章等派员密查。①

廿七日戊申 (6 月 23 日)

江西巡抚沈葆桢奏，查明教堂被毁，自请严议。据称法国传教人初到江省，形踪叵测，绅民不能无疑。时值生童云集，众情汹汹，遂将教堂拆毁，绅士夏姓等哄传各节。经署南昌府知府王必达验无左证，业经咨请总理各国事务衙门办理。现在滋事之犯远扬，即为首为从，实系何人，无从访问，自请交部严加议处。清廷批复：天主教弛禁，原一时权宜之计。此时内患未平，岂容另生枝节。且该国在上海助剿逆匪，不得不暂示牢笼。所赖各地方大吏，曲体朝廷不得已之苦心，当于羁縻之中，默寓防范之意，断不可操之过急，别构衅端，是为至要。②

廿九日庚戌 (6 月 25 日)

前因总理各国事务衙门接据法国照会，田兴恕上年屡次攻击贵阳等处天主堂，并杀害习教张如洋等，当经该衙门行文该提督咨覆。嗣据该提督声覆，因带兵剿杀，不能分别是否习教。清廷指示：嗣后黔省遇有传教之人，即着与平民一体相待，断不可图泄一时之愤，有误大局。③

福建巡抚徐宗干奏请借洋商银十万两，以资接济。④

美国领事强迫上海道台划定虹口美租界，但没有正式勘定界址。⑤

六月初二日癸丑 (6 月 28 日)

奕訢等奏，宁波之役，英、法殒命兵弁请谕褒奖。⑥

英国使臣卜鲁士愿意替代中国练兵于上海、福州。⑦

---

① 《清实录·穆宗毅皇帝实录》卷二九。
② 《清实录·穆宗毅皇帝实录》卷二九。
③ 《清实录·穆宗毅皇帝实录》卷二九。
④ 《筹办夷务始末》(同治朝)第 1 册，中华书局 2008 年版，第 269~270 页。
⑤ 袁继成：《近代中国租界史稿》，中国财经出版社 1988 年版，第 375 页。
⑥ 《筹办夷务始末》(同治朝)第 1 册，中华书局 2008 年版，第 271~272 页。
⑦ 《筹办夷务始末》(同治朝)第 1 册，中华书局 2008 年版，第 273~277 页。

各国从前历年和约原本，前次在海淀遗失，法国使臣哥士耆交换所拾得各国和约章程等十八件。①

上海拟将代征汉口、九江两地通商关税。②

初四日乙卯（6 月 30 日）

以出洋获盗，予福建副将吴鸿源以总兵官升用。

十六日丁卯（7 月 12 日）

薛焕奏筹办比利时国通商事务大略情形，并钞录照会呈览。该国公使包礼士有订于六月初四日与该大臣会晤之语。该公使所递三条和约，以十二年为期，并递京用宝。该国大小官员商民船货均与别国受益最优者同一条，薛焕因其包罗各国条约在内，拟设法消弭。清廷责成薛焕悉心经理，总期于迁就之中，无损国体，但能限制一分，即收一分之益。所定章程，尤须使将来皆可仿照办理。③

湖广总督官文奏，已与赫德更定长江章程，请议遵行。

湖南出口茶叶，拟定在江汉关出保单，在湖南卡完银。④

十九日庚午（7 月 15 日）

以管带水师出力，予江南都司龚文林优叙。

二十日辛未（7 月 16 日）

抚恤琉球国遭风难夷如例。

廿三日甲戌（7 月 19 日）

薛焕奏，比利时国通商立约已将大致议定，将条约开单呈览。另片奏洋人性情

---

① 《筹办夷务始末》（同治朝）第 1 册，中华书局 2008 年版，第 277～280 页。

② 《筹办夷务始末》（同治朝）第 1 册，中华书局 2008 年版，第 280～282 页。

③ 《清实录·穆宗毅皇帝实录》卷三一。

④ 《筹办夷务始末》（同治朝）第 1 册，中华书局 2008 年版，第 291 页。

拗执反复，画押不宜迟延。清廷批示：比利时国使臣包礼士愿望过奢，经薛焕率领吴煦、薛书堂悉心筹办，与该使臣再三辩论，将驻京一节删去，并将伊所递三条内暗为消融，刚柔互用，甚为得体。现议条约所称各口派委领事驻扎照各国一体贸易及商民违约各情，均照各国章程办理，三款并议定在上海换约，俱属妥协。其用宝一款，尚系该国心存仰慕，于体制亦无违碍，并可允准。①

廿六日丁丑(7 月 22 日)

李鸿章奏，探悉英国有兵万余来沪，止在上海百里内攻剿，不便远征，我军势难与之强合。又于新闻纸内，得悉英国欲买汉口地段，俟代攻破一城后，藉以交抵。②

李鸿章奏，豆石开禁，于海运军需有关，请留上海归华商运销。③

台湾淡水之八里岙，拟定通商码头，开市收税。④

廿八日己卯(7 月 24 日)

华蘅芳、徐寿所制火轮船试演。⑤

七月初二日癸未(7 月 28 日)

浙江定海总兵李德麟禀告，六月初一，三名洋人登上周家圩港酗酒滋事，与当地居民发生争斗。⑥

十六日丁酉(8 月 11 日)

与大西洋国签订通商条约五十四款。⑦

---

① 《清实录·穆宗毅皇帝实录》卷三二。

② 《筹办夷务始末》(同治朝)第 1 册，中华书局 2008 年版，第 311~312 页。

③ 《筹办夷务始末》(同治朝)第 1 册，中华书局 2008 年版，第 313~314 页。

④ 《筹办夷务始末》(同治朝)第 1 册，中华书局 2008 年版，第 315~316 页。

⑤ 刘传标：《近代中国船政大事编年与资料选编》第 1 册，九州出版社 2011 年版，第 25 页。

⑥ 《筹办夷务始末》(同治朝)第 1 册，中华书局 2008 年版，第 317~318 页。

⑦ 《筹办夷务始末》(同治朝)第 1 册，中华书局 2008 年版，第 324~338 页。

二十日辛丑(8月15日)

有人奏，江南水师亟宜整顿。据称曾秉忠所带炮船，冯日坤、冯树勋所募水师，多系广勇，桀骜不驯，私立水卡，劫掠行旅，与贼往来。其江路自三江营以下，设有艇船，总兵吴全美、李德麟等不能约束，闻其兵勇因饷缺铳击李德麟坐船。有散而为盗者，有举船附逆者，自崇海至通靖江面劫案叠出，间奉檄饬，则焚毁沿江村庄捏报胜仗。①

廿三日甲辰(8月18日)

以闽浙总督庆端为杭州将军，广东巡抚耆龄为闽浙总督。

廿四日乙巳(8月19日)

以河东河道总督黄赞汤为广东巡抚，未到任前，仍以两广总督劳崇光兼署。以山东巡抚谭廷襄暂署河东河道总督。

廿五日丙午(8月20日)

恭亲王等奏，遵议改设长江通商大臣。各国于沿海五口通商，历年已久，均有旧章可循。而长江上下，计有二千余里，地处腹心，事关创始，自应将通商大臣改驻长江。清廷着曾国藩于镇江金陵或汉口九江察度形势，择一扼要之处，咨商薛焕酌量具奏。②

制定同文馆章程六条，作为学习洋文规范。③

廿六日丁未(8月21日)

清廷晓谕：前据总理各国事务衙门奏田兴恕起意杀害传教民人等情，当经谕知骆秉章等派员密查，尚未据详查覆奏。因思此事关涉国体，若徇外国人之请，将中国带兵大员即行惩办，转足以长其骄。而田兴恕自二月间谕令出省剿贼，迄今半

---

① 《清实录·穆宗毅皇帝实录》卷三四。
② 《清实录·穆宗毅皇帝实录》卷三五。
③ 《筹办夷务始末》(同治朝)第1册，中华书局2008年版，第343~346页。

载，贵东遍地皆贼，并无一兵进剿。闻其行步须人扶掖，若不稍加薄惩，无以示儆。因降旨将该提督交部议处，饬赴四川差委，着骆秉章即令将石逆悉数歼除，用赎前愆。既可以杜洋人之口实，而于整顿军务，亦有裨益。①

奕䜣奏，美国使臣蒲安臣，呈递国书。②

廿七日戊申(8月22日)

抚恤琉球国遭风难夷如例。

廿九日庚戌(8月24日)

都兴阿奏，水师饷绌，续调师船将到，请将口岸盐厘，归于水营，以资接济。另奏洋人与周家圩港居民争闹情形，与前奏大约相同，惟所称烧毁红单大船三只，不知掳去几人，并洋人行抵江阴江面，又毁自上海前来之商船一只，掳去搭船客人数名。

薛焕奏，比利时国通商条约，议定画押，并缕陈杜绝驻京。③

八月初二日壬子(8月26日)

李鸿章奏，官军收复青浦、余姚。④
李鸿章奏，镇江立口通商。⑤

十六日丙寅(9月9日)

英国未先商及建造上海炮台，即催送工费。⑥

廿一日辛未(9月14日)

前因江浙军务紧要，特派晏端书驰赴广东，驻扎韶关，督办广东通省厘金，接

①　《清实录·穆宗毅皇帝实录》卷三五。
②　《筹办夷务始末》(同治朝)第1册，中华书局2008年版，第354~356页。
③　《清实录·穆宗毅皇帝实录》卷三五。
④　《筹办夷务始末》(同治朝)第1册，中华书局2008年版，第359~360页。
⑤　《筹办夷务始末》(同治朝)第1册，中华书局2008年版，第360~362页。
⑥　《筹办夷务始末》(同治朝)第1册，中华书局2008年版，第368~369页。

济军饷。嗣据晏端书奏，因省城应办事宜，尚未就绪，是以尚未赴韶。至韶关厘金，拟先支四个月，赶解浙皖，以应急需。①

廿三日癸酉（9 月 16 日）

抚恤琉球国遭风难夷如例。

廿六日丙子（9 月 19 日）

劳崇光奏，广东省城及近省各属，骤遇风灾，酌量抚恤。滨海居民，猝遇风灾，漂没田庐，伤毙人口，纵横几及千里。

前因李鸿章奏请将前调之红单等船，即行停止，谕令都兴阿酌量具奏。本日据劳崇光奏，雇募红单战船四十号，派游击黄联开等管带，定期六月二十八日开行。因连日风信靡常，未能起碇，暂泊省河。七月初一日，陡起飓风，沈失船四号，收回船三十六号，均已损坏残破。现竭二十余昼夜之力修葺完好，并将遗失军火炮械按照原配数目补发。另借给口粮银二千两，于七月二十五日一同起碇放洋，前赴都兴阿军营。②

廿八日戊寅（9 月 21 日）

前因京仓需米孔殷，谕令盛京将军于沿海仓存粟米，筹拨二十万石，迅速解京，并着直隶总督雇备船只，派员押赴奉天装运，严禁停船待米情弊。所有贩运米石至津及来京售卖者，所过关卡，概免纳税抽厘。兹有人奏，访闻头批船只，已于五月内抵奉，奉省故为留难勒齐开兑，其小船剥运海口锦州府县，又不妥速筹备，惟勒令船户自行垫办，船户赔累不及以致装运迟滞。迨米船到津天津道，仍复勒指规费，并不赶运赴通。又闻天津道李同文张贴告示，惟粳米、稻米、粟米免税，黍米、玉米仍照常纳税抽厘，遂有米免粮不免之说，致商贩裹足不前。③

闰八月初三日癸未（9 月 26 日）

江宁将军都兴阿奏洋人与定海周家圩港争闹情形。据称洋人烧毁红单大船三

---

① 《清实录·穆宗毅皇帝实录》卷三八。
② 《清实录·穆宗毅皇帝实录》卷三八。
③ 《清实录·穆宗毅皇帝实录》卷三八。

只，烧毙水勇一名，查无下落兵勇夫役共十五名，沈失炮位二十九尊。①

十五日乙未（10 月 8 日）

本日据恭亲王等面呈崇厚致总理各国事务衙门信函内称：副将华尔于八月间进剿慈溪，受伤身故，现在所部常胜军，暂交部将白齐文、法思尔德接带，英国却欲荐人，尚在未定。并据法国公使哥士耆函称，宁波与余姚势甚危急，亟宜严加堵御。所有前已议准该国副将拉伯拉德在宁波管带本兵，并训练中国兵丁，请总理衙门行文李鸿章迅给凭札，并令左宗棠转饬宁波道将该处防务统交筹办，必可竭力部署。

总理各国事务衙门奏，布鲁斯国公使到沪，请派大员互换条约。所有此次互换条约，即着派薛焕办理。薛焕等所称该公使系属领事，不应径用照会，亦为体制起见。现经总理各国事务衙门拟先令于上海司道中酌派一员出名照覆，即由给与照会之司道与之换约。倘该公使必欲索取全权大臣字样，薛焕即援照与比利时国换约之例，由薛焕拟给照会换约。②

十七日丁酉（10 月 10 日）

署江苏巡抚李鸿章奏，遵查周家圩民人，与洋人因酗酒起衅。洋人两次捉去粤勇十七名，烧毁红单船三只，买米商船一只，并捉去商人卢胜金等二十八名。英国领事照会，称拿获盗船移请讯办。经上海县讯明，卢胜金等并无为匪不法情事，取保释放。③

十八日戊戌（10 月 11 日）

左宗棠奏，访闻已革宁绍台道张景渠重资寄顿，有籍隶广东之浙江候补通判郑寿南，于上年雇坐火轮船，同张景渠家人载银数十万两，运赴广东香港地方，并闻其银亦非张景渠一人所有，请查传郑寿南严讯确情。张景渠既有家人同船护送，则香港地方，必有该革员寄顿无疑。惟香港地方，现隶英国，该革员若寄顿资财，必与英国商人暗地句（勾）通。若非派委妥员善为办理，必至别生事端。清廷着晏端书、劳崇光密传郑寿南到案，研讯确情，即派委妥员，设法详慎查办，不可稍有不

---

① 《筹办夷务始末》（同治朝）第 1 册，中华书局 2008 年版，第 377～378 页。
② 《清实录·穆宗毅皇帝实录》卷四〇。
③ 《筹办夷务始末》（同治朝）第 1 册，中华书局 2008 年版，第 382～384 页。

实不尽，亦不致英国人另生枝节，方为妥善。

李鸿章奏华尔复取慈溪殒命情形，请赐忧恤。①

二十日庚子（10月13）

恭亲王等奏，筹议法国派兵防守宁波海口，钞录法国照会呈览，并兵力不敷，权宜办理各缘由。法国因美国华尔，隶归中国，屡立战功，叠荷褒奖，以为荣耀。现值宁波海口吃紧，愿将伊国副将勒伯勒东权受中国职任，带兵防剿。是其愿为中国出力，以敦和好之忱，尚无虚假。且据该国照会内，有宁波绅士，公呈宁波道，移知上海道，转请法国即派勒伯勒东前赴宁郡，筹办防守等情。当此兵勇缺乏之时，自应俯顺舆情，以资守御。惟用外国之兵剿贼，必须听受中国节制，其所保守地方，仍应中国主持。现由总理各国事务衙门与之定议，该国情愿以勒伯勒东权受中国职任，听浙江巡抚及宁波道节制。清廷着薛焕、李鸿章、左宗棠将该副将在宁波所练中国兵丁一千五百名应给饷项，即行支放。并据恭亲王等奏称，以该副将既归该省大员节制，即应由该大臣巡抚给付札凭，以一事权，即着薛焕、李鸿章、左宗棠等悉心妥筹，或由李鸿章，或由左宗棠，发给勒伯勒东札付，既须事权归一，又须力能控制，方免纷歧迟误。该副将既受中国职任之后，即应一视同仁，遇事持平办理，一切按照中国法制，不得稍存偏倚，亦不得稍有宽纵，以肃军律。②

廿二日壬寅（10月15日）

以擅离防所，革江北水师营总兵官李德麟职，仍留营。

廿三日癸卯（10月16日）

以记名总兵官李逢春，为浙江定海镇总兵官。

廿四日甲辰（10月17日）

据总理各国事务衙门奏称，江西、湖南烧毁教堂之案，迄今数月，所有该教士被毁之屋宇、资财、书籍、衣服等项，总未完结，以致各教士纷纷来京，向法国住

---

① 《筹办夷务始末》（同治朝）第1册，中华书局2008年版，第385~387页。
② 《清实录·穆宗毅皇帝实录》卷四〇。

京公馆，朝夕声诉。经该衙门与该国哥公使叠次剖辩，并照会往还，始能稍有端绪。据该公使照会内所拟各条，事多隔阂，惟究应如何结局，仍应酌度外省情形办理。

廿五日乙巳（10 月 18 日）

有人奏，帮办军务水师总兵黄彬不理营务，专以收取厘金，侵吞肥己为事，并纵容所部艇师拦劫商民，惨杀无辜。清廷着曾国藩、李鸿章按照所参各款，严密查办。

廿九日己酉（10 月 22 日）

总理各国事务衙门奏，俄国公使把留捷克递该衙门照会，内称该国现派水师提督颇颇福带领兵船，前赴中国。如贼匪扰乱紧要海口，该提督帮同中国官兵，堵御击退，请代为具奏。宁波、上海业经英、法二国派兵帮同防剿，现在俄国兵船前来助剿，似未便听其自为主张，可否令与英、法二国合力剿办。抑此外另有紧要应防海口，专令俄国会同该处带兵官设法防御，请饬下曾国藩等妥筹办理。并据另片密陈，江北里下河各处，地属膏腴，逆匪久已窥伺，而长江水师单薄。若令该国带兵官统率兵船，驶入长江，会同江北水师实力防剿，或出不意，焚烧贼船，似可得力。且查长江一带，时有洋商接济贼匪枪炮火药，虽各该国官员亦偶尔稽查，然船只太众，究难免疏于防范，且恐有心袒庇，未能净尽。惟俄商皆由陆路贸易，长江往来船只稀少，尚无此等弊端。若属以办理此事，似无所用其回护，是否可无窒碍之处，请一并饬下曾国藩等筹办。清廷批示：借兵助剿一事，难免流弊。惟英国现在上海助守，法国复派员赴宁国设防，俄国前于王家寺等处，亦曾帮同出力。兹该国复派武员前来助剿，过为拒绝，则该国必以英法籍口，转疑中国有轻视彼族之心。应即俯如所请，准其带兵前来助剿。本日并据该衙门奏，已与该国公使豫为筹定，据称颇颇福约一月后，方可行抵上海，应令与江省地方及统兵各官公同商酌，察看何处情形吃重，令其前去会剿，无不遵从。又探询其船可否得价受雇，则称该国官船，断难受雇，此议系专为和好，并无他意。①

洋船私贩及接济军火，英国使臣卜鲁士已有照覆，奕䜣等请饬沿海严查。②

---

① 《清实录·穆宗毅皇帝实录》卷四一。
② 《筹办夷务始末》（同治朝）第 1 册，中华书局 2008 年版，第 422 页。

九月初一日庚戌（10 月 23 日）

福建遣散台勇，于省城地方，因索诈不遂，辄敢聚众抢货，枪毙铺民。

福建巡抚徐宗干奏复借洋商银两办法：借银十万两，内贴息银一万一千两，议在闽省海关及洋药厘税下分期扣还。①

初二日辛亥（10 月 24 日）

英桂奏，河防紧要，拟募勇千名训练成军。天津海口，有现经训练洋枪队之绿营官兵尚可移缓就急。清廷着崇厚酌量情形，如可抽拨，即于天津镇标下、现经训练之绿营官兵内挑选数百名，并原带员弁，迅速具奏，听候调用。②

总理衙门英赫德之请，札令总税务司李泰国经办购买船炮事宜。③

初三日壬子（10 月 25 日）

前因徐宗干奏，请以候补知府陈懋烈补授懿湾府知府，当经降旨允准。兹据吏部奏称，台湾府员缺，应由该部于实缺人员内，请旨简用。该抚以候补人员请补，于例未符，请旨遵行。清廷批复：自系查照定章办理，惟念海疆要缺，简调无人，既据该抚奏称人地相需，所有台湾府知府员缺，着仍准其以陈懋烈补授，此系特旨简用之员，嗣后不得援以为例。④

初八日丁巳（10 月 30 日）

崇厚等奏称，天津训练洋枪之绿营官兵，止五百名，现在逐日操演阵法，正当吃紧之时，且会同外国防守大沽，最关紧要，不宜调拨他用。

初九日戊午（10 月 31 日）

清廷晓谕，前据英国公使，在总理各国事务衙门面称中国勇丁，令外国人训

---

① 《筹办夷务始末》（同治朝）第 1 册，中华书局 2008 年版，第 4257 页。
② 《清实录·穆宗毅皇帝实录》卷四二。
③ 《近代中国海军》，海潮出版社 1994 年版，第 1179 页。
④ 《清实录·穆宗毅皇帝实录》卷四二。

练，渐与相习。该勇不久且忘其为中国人，必致中国官员不能驾驭。此时或未能派员分管，将来必须令中国得力员弁随时留心，与兵丁等一同学习，俾资管带，次第收回兵权，着李鸿章妥为筹办。

英国领事罗伯逊由香港调到火轮兵船二只，来广东协防。

夷商控告运货车夫滋闹，并差弁各供，情节支离，请饬查讯。据称英商利渣士洛询等，由张家口归化城，赴山西丰镇厅销货，因未销售，先行回口，将货物暂存丰镇厅，令引路之民人王善看守。彼时王善假冒差官，该厅同知不察虚实，又不候英商到厅，辄令差役雇车，将货物交王善等运回张家口。车夫郭隆等索价滋闹，经洋商呈诉后，庆昀饬令万全县知县查讯各供，词多矛盾。清廷着庆昀咨交英桂提同全案卷宗人等，逐层讯究。寻奏，英商利渣士洛询等因丰镇厅货物滞销，欲回张家口售卖，转托丰镇厅同知福祥代雇车辆，福祥劝令少待，英商不允，即将货物封存，只身先行。福祥因洋货久存旅次，恐有遗失，即代雇大车八辆，添派壮役，将货运至张家口交清。车夫等当向索取车价，英商以车非己雇，不肯给发，以致滋闹。查福祥为慎重商货起见，尚无不合，应请免议。车夫等因索价启衅，照例拟杖。至冒充差官之王善，俟拿获另办。①

华尔部将白齐文接掌常胜军。②

廿四日癸酉 (11 月 15 日)

以记名提督秦如虎署浙江提督。

廿五日甲戌 (11 月 16 日)

薛焕奏，荷兰国总领事呈递申陈，恳请立约。荷兰国与中国通商最久，颇称驯顺。此次该总领事方姓呈递申陈，恳请换约，自系见布鲁斯、比利时、大西洋先后立定条约，心生羡慕，亦欲一例邀恩。览其申陈词语，均尚恭顺，尚可援照比利时国之请。清廷准其议立条约，以示一视同仁之意，即着薛焕、李鸿章相机妥办。至申陈内称伊主为大皇帝，薛焕拟即令其更改，所筹甚是。将来议立条约一切事宜，仍着派薛焕与之商办。即照办理比利时国成案，将住京一节，豫为杜绝，议定后即在上海由薛焕与之换约。另片奏，布国换约一节，俟崇厚将用宝条约，赍送到沪，遵旨筹办。并请将方姓申陈原文，暂留上海，与布国领事列斐士辩论时，据以为

---

① 《清实录·穆宗毅皇帝实录》卷四二。

② 《筹办夷务始末》(同治朝)第 1 册，中华书局 2008 年版，第 426 页。

证。清廷均着照薛焕所奏办理。①

李鸿章奏，中外合军，攻取嘉定县城。②

廿六日乙亥（11 月 17 日）

以神灵显应，加广东合浦县陈四公封号曰"宣威"，陈五公封号曰"昭武"。

总理各国事务衙门奏，练兵必先练将，请饬沿海统兵大臣悉心拣选。逆贼窜扰东南，蔓延沪上宁波等海口，官兵不能得力，暂假洋人训练，以为自强之计，原以保卫地方，不至使洋人轻视，谓中国兵力不足恃，业于天津、上海等处先后办理。近来宁波亦已照办，惟以洋人训练，即以洋人统带，是其既膺教习之任，并分将帅之权，日后征调，必多掣肘。且兵少则不足以示强，兵多则饷需太巨，莫若选择员弁，令其学习外国兵法，去其所短，用其所长，于学成后自行训练中国勇丁，则既可省费，亦不至授外国人以兵柄。清廷着曾国藩、薛焕、李鸿章、左宗棠商酌，于都司以下武弁中，择其才堪造就，酌挑一二十员，令其在上海、宁波学习外国兵法，以副参大员统之，会同外国教练之官，勤加训练。其练习勤惰，即责成统带之员留心稽查，分别惩劝。练成之后，即令各该员弁转传兵勇，以资得力。如新练之将弁，数月后得有成效，即可将上海、宁波等处学习外国兵法勇丁，交其统带，不必再令外国人经管。届时即着曾国藩等迅速具奏，以便饬知总理衙门照会各国公使，再行撤去外国统带之员，以一事权。白齐文所统常胜军，如或不听调度，即着李鸿章派令勇往知兵之镇将接替。广东福建等省营伍久弛，而广州福州各海口，必须仿照上海等处学习洋人兵法，以免外国籍口于中国兵力难恃，不肯协力防剿。着文清、耆龄、徐宗干、穆克德讷、刘长佑、黄赞汤于旗绿各营内拣择骁勇员弁，学习外国兵法，断不可惜目前之小费，以致仓猝间不能悉心斟酌，为外国所把持，转涉糜费。其中国内地兵丁，仍应饬令随时训练中国兵法，不可偏废。至天津所练之兵，并着文煜、崇厚仿照办理，拣择妥员，以备统带。以上各口，除学习洋人兵法外，仍应认真学习洋人制造各项火器之法，务须得其密传，能利攻剿，以为自强之计。③

廿九日戊寅（11 月 20 日）

总理各国事务衙门奏，购买外国船炮，明春可到，请饬豫派将弁水勇，以备演

---

① 《清实录·穆宗毅皇帝实录》卷四四。

② 《筹办夷务始末》（同治朝）第 1 册，中华书局 2008 年版，第 433~434 页。

③ 《清实录·穆宗毅皇帝实录》卷四四。

习，并请妥筹配派。清廷批复：购买外国船炮，近以剿办发逆，远以巡哨重洋，实长驾远驭第一要务。曾国藩前次覆奏，有驶到安庆汉口时，商定奏办之语。第俟该船驶到，再行商办，诚恐一时选派，难得其人。且停泊过久，难保洋人不另出主见，流弊不可不防。现在既据赫德呈称，此项船炮，明春可到，其单内所称轮船应派官兵及炮手、水手、水师等兵，并船上当差甚苦，须用健壮之人。虽较之上年所开之单，尚为核实，惟是否应如此酌派，殊难悬揣。官文：曾国藩久辖南疆，见闻较稔，着即相度机宜，参以赫德之言，悉心筹酌，将应用将弁兵丁水手炮手等人，于该船未到之先，一律配齐，俟轮船驶到，即可上船演习，免滋流弊。至酌留外国水手等人，多则经费太巨，少则教导不敷，应如何办理之处，并着届时与税务司等熟商妥办。其赫德单内有水手用山东人，炮手用湖南人，水师用八旗人之语，自系为胆气壮实。及火器娴熟起见，惟因地制宜，仍在官文曾国藩详悉筹办，务收实用。其应如何选派之处，即着迅速具奏。①

奕䜣等奏，湖广总督官文与赫德议定长江章程七条。②

冬十月初二日辛巳（11月23日）

以广东龙门协副将王鹏年为琼州镇总兵官。

金陵求援，李鸿章派常胜军前往。③

十二日辛卯（12月3日）

实授李鸿章江苏巡抚。

常胜军已增至一千九百名，九月十二日在宁波滋事抢署。④

十四日癸巳（12月5日）

前据僧格林沁奏称，通判潘国荣在广东捐铸大小炮位一百十八尊，拟由海道运至山东。因河冻冰结，海运炮位船只碍难进口，请俟明春再行演试。⑤

---

① 《清实录·穆宗毅皇帝实录》卷四四。
② 《筹办夷务始末》（同治朝）第1册，中华书局2008年版，第445~449页。
③ 《筹办夷务始末》（同治朝）第1册，中华书局2008年版，第453~454页。
④ 《筹办夷务始末》（同治朝）第1册，中华书局2008年版，第465~466页。
⑤ 《清实录·穆宗毅皇帝实录》卷四六。

十五日甲午(12月6日)

薛焕等奏,华尔所部,本系数百名,现留松江者,已有四千五百余人之多,习气渐形犷悍,吴煦等不为限制,听其自行添募,实属漫无主见。清廷着严饬吴煦、杨坊,将现存实数截止,止准陆续设法,裁汰疲弱,断不准再行添募。①

十六日乙未(12月7日)

有人奏,粤东犯官陶昌培、章昇耀在粤数年,私设炮船,包揽私盐洋乐,私蚀国帑,约有数十万。数年来私积当逾百万,现计尚应有数十万。清廷着刘长佑、晏端书密速派委妥员,将该犯官等财产一并查封。

文煜等奏官兵学习外国枪炮技艺情形,及安置防兵、裁撤支应局,并请酌保防兵。

廿一日庚子(12月12日)

阎敬铭赏给二品顶带,署理山东巡抚。

徐宗干奏剿办台湾及延属匪徒情形。台湾彰化匪徒,频犯鹿港军营,署总兵曾玉明等屡次败贼于大脚佃庄等处,并将潮洋厝等处匪巢攻毁。②

十一月初四日壬子(12月24日)

徐宗干奏,台属军情复紧,亟筹添兵济饷,前往援应。据称官军正在围逼彰化县城,另股匪党,窜陷斗六,嘉义可危,郡城亦将震动。

初六日甲寅(12月26日)

浙江黄岩镇总兵黄彬,自帮办江北军务以来,总统水师,从未见其于沿江贼匪所踞各城及附近口岸痛剿一次,攻克一城,专以设卡罔利为事,纵容兵勇拦劫商民,藉图肥己。黄彬着撤去帮办军务、总统水师各差,即行革职,并着都兴阿解交

---

① 《清实录·穆宗毅皇帝实录》卷四六。
② 《清实录·穆宗毅皇帝实录》卷四七。

曾国藩军营听候查办。①

江苏巡抚李鸿章奏报俄国提督颇颇福，于十月十六日由日本抵上海，十八日带该国兵官奇颇叔等前来面晤。②

初七日乙卯（12 月 27 日）

薛焕等奏，遵筹荷兰国通商事宜，并钞给该领事札文呈览。此次荷兰国恳请换约，经薛焕示以和好，晓以利害，所给札文，诚信周到，甚为得体。第该国既以换约为请，恐日后仍遣使前来。现在给与札文之后，该领事方姓有无他语，清廷仍着薛焕、李鸿章留心察看，随时具奏。傥该国遣使前来，即着薛焕等妥为办理。③

初十日戊午（12 月 30 日）

浙江巡抚左宗棠、江苏巡抚李鸿章奏，中法合军收复浙江上虞。

法国因宁波海口吃紧，愿将该国副将勒伯勒东权受中国任职，带兵防剿。④

以克复浙江上虞县城，英国税务司日意格得旨嘉奖。

十四日壬戌（公元 1863 年 1 月 3 日）

耆龄奏，围攻汤溪，蹋毁贼垒，进取武义，并拨兵援剿台湾逆匪。

十五日癸亥（公元 1863 年 1 月 4 日）

总理各国事务衙门奏，江西等省教民事件，请饬迅速完结，并钞录法国照会呈览。清廷批复：法国派兵在上海等处助剿，已非一次。此次照会内所称各情，显因教民案件，未能尽遂所请，作此恫吓之词，岂能遽为所慑。第天主教自弛禁以后，教民案件，即系地方大吏应办之事。况外国人性情卞急，值此多事之秋，不能不稍顺其意，免致掣肘。中外交涉事件，如果中国理长，固可与之力争，然尚有多方狡执之事。若贵州等省教民一案，难保非滥杀无辜。若再迁延不结，难免外国人籍口

---

①　《清实录·穆宗毅皇帝实录》卷四八。

②　《筹办夷务始末》（同治朝）第 2 册，中华书局 2008 年版，第 486~487 页。

③　《清实录·穆宗毅皇帝实录》卷四八。

④　《筹办夷务始末》（同治朝）第 2 册，中华书局 2008 年版，第 490~4491 页。

有意延阁（搁）。①

上海洋商运豆，暂维持现状。②

廿三日辛未（公元 1863 年 1 月 12 日）

前因浙江宁波海口，关系紧要，特谕秦如虎前往署理浙江提督。嗣据耆龄奏，秦如虎伤发未痊，尚未驰赴新任。因思浙江巡抚左宗棠等督率官军，进围汤溪等城，指日即可扫荡而下。已革道员张景渠会同法国武官今充中国总兵之勒伯勒东，及现充税务司之法国人日意格等奋勇立功，克复上虞县城，复力图进攻绍兴，浙东军务，渐有起色。官军进剿之际，宁波府城，不可无武职大员镇守，着耆龄即饬秦如虎迅速驰赴署任，毋稍延缓。③

廿五日癸酉（公元 1863 年 1 月 14 日）

顺天府府尹林寿图奏，请厘剔闽省积弊。据称闽省州县交代未清者数百案，无案不与军需缪辖。全闽土产，以洋药茶叶为大宗，自添设厘金以来，微至手挈肩挑，亦皆层层抽税，商民交困。

廿七日乙亥（公元 1863 年 1 月 16 日）

徐宗干奏，调集内地官兵，渡台分剿，并台湾道洪毓琛沥陈彰化逆匪情形。

廿九日丁丑（公元 1863 年 1 月 18 日）

薛焕、李鸿章奏，筹办布鲁斯国换约事宜。外国总领事之职，应与藩臬同品。薛焕等以列斐士本职，不应以平行照会，呈递总理衙门，设法剀切开导，令其改缮申陈。外国与中朝往来，交接礼数，国体攸关。薛焕等与该公使反复谕导，不激不随，得以折服其心，改具申陈，永为定式，深堪嘉尚。列斐士将德意志公会二十二国，各缮洋字条约一分，欲于换约时均请查收，并请中国亦备汉文条约二十二本，与天津所立条约原本同日互换，以便分交公会各国收领。经薛焕等逐层剖驳，据理开导，该公使改请于原立条约互换之后，照录分送。现仍饬由刘郁膏给

---

① 《清实录·穆宗毅皇帝实录》卷四九。
② 《筹办夷务始末》（同治朝）第 2 册，中华书局 2008 年版，第 495~496 页。
③ 《清实录·穆宗毅皇帝实录》卷五○。

予照覆，并催速为换约，斟酌极为妥协。清廷着薛焕、李鸿章悉心筹商，相机办理。如能令列斐士俯首听命，即着迅速办结，以免别生枝节。如该公使再三恳请，未便操之过蹙，系属实情，所请照录条约二十二本，仅钤用江苏藩司印信之处，即着准其照办。至各国呈递洋字条约一层，如该公使再行固请收纳，并着照薛焕李鸿章所拟，与该公使议明，即交换约衙门存案，不得请递都门，以示羁縻而昭限制。①

奕䜣等奏，与英国使臣卜鲁士，复议长江子口税章程。②

十二月初一日戊寅（公元 1863 年 1 月 19 日）

总理各国事务衙门奏，接据英国公使信函，请降旨解散发逆胁从，并钞录威妥玛原信呈览。据该公使函称，逆首洪秀泉闻已携资财逃去，金陵城墙炮台，无人防守，克复甚易。英国副领事官福姓采悉贼情，如官军能晓谕逆贼投诚，无不赦罪，不及一旬，必有内应。当经恭亲王等将大概情形陈奏，请饬曾国藩等酌办。③

初四日辛巳（公元 1863 年 1 月 22 日）

李鸿章奏，白齐文因来沪抢夺军饷，被解去常胜军兵权。④

初六日癸未（公元 1863 年 1 月 24 日）

户部奏，请饬催各省关经征洋药税厘银两，开单呈览。洋药税银，自咸丰九年征收以来，各省关每多蒂欠，解款寥寥，皆由不肖官吏，展（辗）转那（挪）移，意存侵渔，以致将此项巨款寝归无著，殊属不顾大局。清廷着各省关督抚监督等迅即查明本年收银若干万两，一面奏报数目，一面于奉到谕旨之日起，限一月内，将征收税银，飞速解部。倘再迟延玩误，或零星起解，藉图塞责，着户部查照吏部新章，严参惩办。来年洋药税银，尤应力图整顿，涓滴归公。着即按照户部单开数目，年清年款，不准稍有亏短，亦不准以别款抵解，常年京饷，更不得牵混减抵。其办理厘卡各员职名，仍着开明报部，以凭查核。⑤

---

①　《清实录·穆宗毅皇帝实录》卷五〇。

②　《筹办夷务始末》（同治朝）第 2 册，中华书局 2008 年版，第 510~511 页。

③　《清实录·穆宗毅皇帝实录》卷五一。

④　《筹办夷务始末》（同治朝）第 2 册，中华书局 2008 年版，第 520~521 页。

⑤　《清实录·穆宗毅皇帝实录》卷五一。

十四日辛卯（公元 1863 年 2 月 1 日）

薛焕、李鸿章奏，十一月二十日与布鲁斯国换约。①

十五日壬辰（公元 1863 年 2 月 2 日）

有人奏，盐商亏欠正供，请饬严追。据称长芦各商，侵渔掩饰，即如蓟州等六州县商人张日高亏欠课银至十余万之多，前欠未能归款，又复积有新亏，请饬严查。

有人奏，江苏知府俞斌初至上海贸易，并无资本，得官后暴富。咸丰八年间，令其弟参将俞奎藉捕盗之名，装戴违禁货物，出洋贩卖，获利数十万，请将该员家产查抄。清廷着曾国藩、李鸿章即将俞斌家产严密查抄，并按照所参各款，彻底根究。从严参办。②

十八日乙未（公元 1863 年 2 月 5 日）

编纂四国事件册档完竣。咸丰九年曾有谕旨，将军机处册档内所有道光三十年以后关涉俄、英、法、美四国事件，派令章京令分别录出，另立一档。③

十九日丙申（公元 1863 年 2 月 6 日）

官文、曾国藩奏筹办新添轮船大概情形。据称与彭玉麟、杨岳斌往返密商，所拟派令蔡国祥、盛永清等统辖分领船只，及每船酌留外洋三四人，司柁司火，其余配用楚勇，学习驾驶炮位。轮船驶到，计总须至明年春间。

二十日丁酉（公元 1863 年 2 月 7 日）

湖广总督官文奏，江汉海关于十一月二十日开关征税。④

---

① 《筹办夷务始末》（同治朝）第 2 册，中华书局 2008 年版，第 534~535 页。
② 《清实录·穆宗毅皇帝实录》卷五二。
③ 《筹办夷务始末》（同治朝）第 2 册，中华书局 2008 年版，第 548~549 页。
④ 《筹办夷务始末》（同治朝）第 2 册，中华书局 2008 年版，第 556~557 页。

廿三日庚子（公元 1863 年 2 月 10 日）

总理各国事务衙门奏，法国传教士由京前往湖南、江西省城，派弁护送。清廷着官文于该教士等到武昌时，开诚劝导，令其暂住湖北，从缓前进，以免别滋事端，仍飞咨沈葆桢、毛鸿宾会商妥办。①

圆明园都司禀称，十二月十一日，英人张勉行潜入圆明园翻阅书籍。②

廿五日壬寅（公元 1863 年 2 月 12 日）

两广总督劳崇光奏，遵派内地官兵，练习外国兵法。据称派拨旗绿官兵，教练外国兵法，派中国官一同演习，兼有大员专司督率稽查。今日同襄教练之劳，即豫储他日统带之任，止令中国师外国之长技，不令外国夺中国之兵权。清廷着按照现筹办法，饬令派出各官，督率兵丁，逐日训练，以期精熟。③

廿六日癸卯（公元 1863 年 2 月 13 日）

命办理通商事务大臣薛焕来京，以江苏巡抚李鸿章暂署办理通商事务大臣。

廿七日甲辰（公元 1863 年 2 月 14 日）

调两广总督刘长佑为直隶总督，未到任前，以兵部左侍郎崇厚署理。

廿八日乙巳（公元 1863 年 2 月 15 日）

以户部右侍郎董恂署办理三口通商事务大臣。

朝鲜国王遣使表贡方物，赏赉如例。

三十日丁未（公元 1863 年 2 月 17 日）

耆龄奏，贼援汤溪，迎剿获胜，及催调水陆援师进攻台湾。

---

①　《清实录·穆宗毅皇帝实录》卷五三。
②　《筹办夷务始末》（同治朝）第 2 册，中华书局 2008 年版，第 563 页。
③　《清实录·穆宗毅皇帝实录》卷五三。

李鸿章等奏，法国勒伯勒东炮伤阵亡，请旨优恤，并暂派达耳第福接统宁军，及派常胜军赴常昭协守。①

是年

英国人尼柯逊与包义德投资白银十万两在上海浦东陆家嘴创办祥生船厂，内设铁长、钢炉房、干船坞，经营船舶修造，兼制造军火。

江南制造局在虹口建造上海当时最大船坞（现上海船厂西厂），长 280 英尺，吃水 14 英尺。②

同治二年　癸亥　公元 1863 年

正月初四日辛亥（2 月 21 日）

都兴阿奏，裁撤水师旧船，并布置江防。据称江防师船，并新调红单船及在楚打造长龙船炮划，共四百六十三只。兹酌核裁撤朽烂红单、拖罾各船共一百二十九只，以节糜费。③

初七日甲寅（2 月 24 日）

现在记名水师总兵将次用竣，着两江闽浙两广总督于水师副将内，遴选堪胜水师总兵者，各保奏数员，候旨记名简用。

洪毓琛奏，郡城防守粗定，现拟先靖近城各路再剿彰逆。台湾匪徒猖獗，彰城尚被匪踞，嘉义及郡城时形吃紧，必须添兵济饷，方足以资攻剿。

广东阳江镇总兵官黄礼畛因病解职，以记名总兵官任星元为广东阳江镇总兵官。

---

① 《清实录·穆宗毅皇帝实录》卷五三。
② 刘传标：《近代中国船政大事编年与资料选编》第 1 册，九州出版社 2011 年版，第 26~27 页。
③ 《清实录·穆宗毅皇帝实录》卷五四。

初九日丙辰(2 月 26 日)

江西巡抚沈葆桢奏,九江英国领事佛礼赐、美国领事毕格租地建房。①

初十日丁巳(2 月 27 日)

清廷拟再拨兵丁四百余名交付英人训练。②

十六日癸亥(3 月 5 日)

前因法国公使与总理各国事务衙门照会内,有"广东省官政失宜,贼匪欲占省城,及旗兵亦有渐乱之势"等语,当经密谕刘长佑、黄赞汤、穆克德讷等悉心查察具奏。兹据穆克德讷等奏称,上年闰八月,因粮饷支放无期,八旗贫苦寡妇约有四五十人,同到该将军署外,禀告乞恩。其时观看人多,未免嘈杂,洋人未知其详,心怀疑虑,以为渐乱。③

二月初十日丙戌(3 月 28 日)

清廷晓谕,前据总理各国事务衙门奏,遵议设立学习外国语言文字学馆,为同文馆当经照所议行,该衙门已行知该将军等遵照矣。因思总理衙门,固为通商纲领,而中外交涉事件,则广东、上海为总汇之所。现据李鸿章奏称,上海已议设立外国语言文字学馆,而广东事同一律,亦应仿照办理。着库克吉泰、晏端书于广州驻防内公同选阅,择其资质聪慧,年在十四岁内外或年二十左右,而清汉文字,业能通晓质地尚可造就者,一并拣择,延聘西人教习,兼聘内地品学兼优之举贡生员,课以经史大义俾得通知古今,并令仍习清语,厚其廪饩,时加查考。傥一二年后,学有成效,即调京考试,授以官职,俾有上进之阶。④

江苏巡抚李鸿章、浙江巡抚左宗棠奏,进军绍兴,法人达耳第福殒命。⑤

---

① 《筹办夷务始末》(同治朝)第 2 册,中华书局 2008 年版,第 581~582 页。

② 《筹办夷务始末》(同治朝)第 2 册,中华书局 2008 年版,第 582 页。

③ 《清实录·穆宗毅皇帝实录》卷五五。

④ 《清实录·穆宗毅皇帝实录》卷五七。

⑤ 《筹办夷务始末》(同治朝)第 2 册,中华书局 2008 年版,第 609~610 页。

十九日乙未(4月6日)

徐宗干奏，台湾各路官军叠获胜仗，并内地援师抵郡会剿。

二十日丙申(4月7日)

两广总督刘长佑奏，遵查粤省盐务，向归总商六人综理，认饷纳课，责无旁贷。其各埠商贩，悉由总商招徕，虽无行票之名，隐寓行票之法。道光二十九年以前，正课从无短绌，自军兴各埠糜烂，私贩充斥，以致鹾纲日敝，但使严缉枭匪，官引自可畅销。若令改引用票，恐零星小贩散漫难稽，一切帑本息银，转致无人专任，于公项殊多窒碍。至厘剔陋规，追缴欠款，已饬属严查，次第整顿。①

法国派兵，来粤教习军士。②

交付总税务司赫德购买外洋船炮费用，共计银二十五万两。③

廿二日戊戌(4月9日)

予浙江绍兴阵亡洋将达尔第福赏恤，如总兵官例。

廿七日癸卯(4月14日)

前因管带常胜军之白齐文不遵调遣，将道员杨坊殴伤，并抢劫饷银四万余圆，当将白齐文革去三品顶带，交李鸿章严拿，按照中国制度办理。兹据总理各国事务衙门奏称，美国公使蒲安臣为白齐文表功辩诬，白齐文潜逃来京，该衙门王大臣未经传见，亦未接其折件，英国公使复为缓颊，美国公使亦代为认罪，现饬白齐文仍行回沪，听候李鸿章办理。④

三月初五日辛亥(4月22日)

福州口税关，拟拨付银一万八千两，在临江附近建洋税关公所。⑤

---

① 《清实录·穆宗毅皇帝实录》卷五八。
② 《筹办夷务始末》(同治朝)第2册，中华书局2008年版，第614~615页。
③ 《筹办夷务始末》(同治朝)第2册，中华书局2008年版，第616页。
④ 《清实录·穆宗毅皇帝实录》卷五九。
⑤ 《筹办夷务始末》(同治朝)第2册，中华书局2008年版，第646页。

初六日壬子(4 月 23 日)

奕䜣等奏报，法国新任公使柏尔德密到京谒见。①

初八日甲寅(4 月 25 日)

沈葆桢奏，法国传教士罗安当到浔，现饬九江道将应给该教士赔款五千两，就近提银交付。其吴城地基，亦由该道转饬该同知遵照办理。惟据南昌县呈验通衢揭帖，有四维不日来省商集照前议行事等语。罗安当上年到京，经总理各国事务衙门再三开导，令其暂缓回江，该教士坚执不从，止得准其前去，复谕令官文于该教士到汉口时，设法挽留，该教士并未谒见官文，现已由湖北护送到浔，是其即欲晋省，已可概见。沈葆桢令九江道付给赔款，吴城同知照给地基，若该教士闻知省城物议纷腾，自知慎重，不即赴省，该抚自可相机办理。如果执意前来，沈葆桢务当遵照和约，熟筹妥办。②

福州将军兼管闽海关税务文清奏报，英国领事郇和，现已经移住台湾沪尾，且有洋船停泊口岸，现拟在沪尾口岸通商。③

十四日庚申(5 月 1 日)

丹麦请立约通商。④

十八日甲子(5 月 5 日)

会福州将军文清来京，以闽浙总督耆龄为福州将军。以浙江巡抚左宗棠为闽浙总督，江苏布政使曾国荃为浙江巡抚，未到任前，以左宗棠兼署。

免琉球国遭风夷船进口货税。

十九日乙丑(5 月 6 日)

总理各国事务衙门奏，请饬禁止商船运济贼粮。据称自长江通商后，不但洋商

① 《筹办夷务始末》(同治朝)第 2 册，中华书局 2008 年版，第 647 页。
② 《清实录·穆宗毅皇帝实录》卷六○。
③ 《筹办夷务始末》(同治朝)第 2 册，中华书局 2008 年版，第 653 页。
④ 《筹办夷务始末》(同治朝)第 2 册，中华书局 2008 年版，第 655 页。

惟利是图，易以米粮济贼，即内地商船，往往借竖洋旗闯过关卡，暗以米粮运济金陵贼匪。近闻江北之米商船任意装载，运赴金陵销售，船上亦并不借竖洋旗，各关卡亦并非毫无觉察。而淮安等关分卡，希图收税；里下河一带厘卡，希图抽取厘金，一经征完厘税，即不问其所之各情。着李鸿章、吴棠督同淮安关监督妥议章程，将前项情弊，设法禁止。①

同文馆添开法、俄文馆。②

廿八日甲戌（5 月 15 日）

耆龄奏台湾官军剿匪情形，添派曾元福驰往夹剿及嘉义解围，并遵将闽省援师，分驻金处各属情形。③

夏四月初四日庚辰（5 月 21 日）

着吴棠将拨借淮关应解部库洋药税银四千两，另行指项划解，以清部款。

初六日壬午（5 月 23 日）

署两广总督晏端奏，法国拟派兵与英人一同训练清兵。④

初八日甲申（5 月 25 日）

罗惇衍奏，请饬粤东督抚修筑省垣炮台。据称广东省城，自咸丰六年用兵以后，险要地方，均经焚毁，炮台百无一存，肇庆客匪猖獗日甚，请饬该省督抚筹画经费，为征剿兵饷及修复炮台之用。⑤

初九日乙酉（5 月 26 日）

以前任江苏巡抚薛焕署礼部左侍郎，并在总理各国事务衙门办事。

---

① 《清实录·穆宗毅皇帝实录》卷六一。
② 《筹办夷务始末》（同治朝）第 2 册，中华书局 2008 年版，第 657 页。
③ 《清实录·穆宗毅皇帝实录》卷六一。
④ 《筹办夷务始末》（同治朝）第 2 册，中华书局 2008 年版，第 673~674 页。
⑤ 《清实录·穆宗毅皇帝实录》卷六三。

十二日戊子(5 月 29 日)

朝鲜国使臣尹致秀等三人于神武门外瞻觐。

十六日壬辰(6 月 2 日)

沈葆桢奏，请将江海关代征九江洋税，抵解京饷。清廷着曾国藩、李鸿章迅饬江海关，速将前项税银匀月分批，解京充饷，抵作江省应解奉提地丁之项，毋稍延宕。其尾欠银数，仍着沈葆桢于地丁项下，征存搭解。①

十七日癸巳(6 月 3 日)

戈登既由松来沪，商借英国炮火，约定带队前往会攻，着李鸿章即饬戈登带同常胜军，即日前往昆山协剿，毋得稍涉迟滞，致误戎机。

以记名总兵官王吉为江南狼山镇总兵官，王东华为福建金门镇总兵官。

十九日乙未(6 月 5 日)

礼部奏，朝鲜国王李昇遣员以先诬未尽昭雪，请将谬妄书籍恳恩刊正。朝鲜国王先系源流，与李仁任即李仁人者，族姓迥别。我朝纂修明史，于该国历次办雪之言，无不一一备载，仰见列圣睿裁，折衷至当，久已颁行天下，中外皆知。今该国王因见康熙年间郑元庆所撰《廿一史约编》，记载该国世系多诬，遣员奉表来京，吁请刊正，情词肫挚，具见谊笃本根，实事求是。郑元庆《约编》一书，如所称该国王国祖康献王为李仁人之子，实属舛误，惟系在明史未修以前，村塾缀缉之士，见闻未确，不免仍沿明初之讹，岂足征信？该国有原奉特颁史传，自当钦遵刊布，使其子孙臣庶知所信从。《约编》一书，在中国久已不行，亦无所用其改削。着各省学政通行各学，查明晓谕。凡该国事实，应以钦定明史为正，如有前项书籍流播士林，其中讹载该国之事，不得援据，以归画一而昭信守。②

廿二日戊戌(6 月 8 日)

徐宗干奏，台湾官军获胜，抽调官兵援剿，并防捕汀州府属游匪。

---

① 《清实录·穆宗毅皇帝实录》卷六四。
② 《清实录·穆宗毅皇帝实录》卷六四。

廿六日壬寅（6月12日）

署两广总督晏端奏，流民杀澳门小西洋二人。①

廿七日癸卯（6月13日）

晏端书奏保堪胜水师总兵人员。除卫佐邦一员，前经劳崇光保奏，业已记名外，升署香山协副将陈佐光、升署大鹏协副将许颖升均着记名以水师总兵用，俟军务告竣再行送部引见。升署水师提标右营游击郑耀祥、补用游击香山协都司黄廷彪、升署闽粤南澳镇右营游击赖建猷、升署水师提标后营游击汤骐照、升署海安营游击雷秉刚均着俟军务告竣送部引见。

前因刘长佑奏，军务紧要，请调总兵李明惠等赴直差委，当经谕令毛鸿宾，饬令该总兵等募勇成军，由轮船驶赴天津，所需口粮，即由湖南广东筹给。兹据晏端书等奏，轮船以贩货为主，原非专载行人矣。勇为数既多，必须数船并发，尤难同时觅雇。且轮船定价，每人约需百金，计李明惠等募勇一千五百名，搭船一项，已需银十数万两，粤理各库，搜括已空，一时实难得此巨款。查湖南省至广东省，水陆计程二千余里，加以由海赴津，轮船驶行各口，又无定期，程途实形迂折，不如由楚豫径赴大顺广一带，较为便捷。②

是月

李泰国、赫德进京，向总理衙门汇报购买、组建舰队事宜，并面递在英与阿思本所订统带轮船合同十三款及经费清单。③

五月初五日庚戌（6月20日）

署礼部左侍郎薛焕奏，洋务掣肘，须斟酌自强，中国练兵不可稍缓。④

---

① 《筹办夷务始末》（同治朝）第 2 册，中华书局 2008 年版，第 689~690 页。
② 《清实录·穆宗毅皇帝实录》卷六五。
③ 《近代中国海军》，海潮出版社 1994 年版，第 1179 页。
④ 《筹办夷务始末》（同治朝）第 2 册，中华书局 2008 年版，第 700~701 页。

初八日癸丑(6 月 23 日)

署两广总督晏端耆奏，粤省同文馆现已庀材修筑，选择八旗子弟年幼性慧者二三十人，延西人及内地名师教习，至一切章程，容再悉心核议。①

初十日乙丑(6 月 25 日)

直隶总督刘长佑等奏，遵查直省军饷绌乏，请留芦盐复价一款，并酌拨天津洋药厘捐，以济急需。如所请行。②

十二日丁巳(6 月 27 日)

李鸿章奏请酌给教习炸炮之法人毕乃尔吕加顶戴，以示鼓励。③

十六日辛酉(7 月 1 日)

香港黄埔船坞公司成立，此后相当长时期内垄断了华南船舶修造业。④

廿一日丙寅(7 月 6 日)

命署两广总督都察院左副都御史晏端书来京供职，以湖南巡抚毛鸿宾为两广总督，湖南布政使恽世临为巡抚。

廿三日戊辰(7 月 8 日)

总理各国事务衙门奏，中国自置火轮兵船，将抵海口，所有添买军装器械，豫筹月支经费，在各海关分拨，并酌定节制章程。据称此项轮船，除前拨过银八十万两外，并在英国借银十五万两，在上海借银十二万两，共计需银一百零七万两。又

---

① 《清实录·穆宗毅皇帝实录》卷六六。
② 《清实录·穆宗毅皇帝实录》卷六七。
③ 《筹办夷务始末》(同治朝)第 2 册，中华书局 2008 年版，第 706 页。
④ 刘传标：《近代中国船政大事编年与资料选编》第 1 册，九州出版社 2011 年版，第 27页。

应支粮饷军火等项一切用款，每月统给银七万五千两，均经该衙门向李泰国再四驳诘，酌定章程。及由中国选派武职大员，作为该师船之汉总统，所延外国人阿思本作为帮同总统，以四年为定。用兵地方，听督抚节制调遣。阿思本由总理衙门发给札谕，俾有管带之权，随时挑选中国人上船学习。清廷着即照议办理。此项轮船驶抵海口后，即着曾国藩、李鸿章节制调遣，并着派令武职大员作为汉总统会同办理。其前所拟之蔡国祥，如能胜任，着即责令统带，以资得力。①

洋务总司李泰国开单呈览，十三海关外国人每年共支经费银七十万二百两，征税银一千二百万余两。②

廿五日庚午(7月10日)

清廷与丹麦签订通商条约五十五款。③

六月初一日丁丑(7月16日)

刘长佑、崇厚奏请将江、海关欠解免税单银拨还济饷。清廷着李鸿章自五月起，由上海税厘项下，每月拨还欠解海关免税单银二万两，按月解赴直隶军营，毋稍延缓。④

十一日丙戌(7月26日)

户部奏，酌提奉天省旗仓粟米运京。奉天辽阳等十三城，旗仓粟米，存储尚多，着玉明等酌提十万石运京备用。所需船只，着直隶总督饬令天津宁河二县，迅速雇备，前赴奉省，装载运津。其水脚等项及运通事宜，均仍责成天津道仿照上年拨提奉省粟米章程妥为经理，限八月内全数抵通，以供支放。⑤

洋商进口洋货，交过正税后，如欲改运别口售货，按约准发免单。奕䜣等奏，经与各国照会，自本年四月十五日起，各口进口洋货一律停止免单。⑥

---

① 《清实录·穆宗毅皇帝实录》卷六八。
② 《筹办夷务始末》(同治朝)第2册，中华书局2008年版，第727页。
③ 《筹办夷务始末》(同治朝)第2册，中华书局2008年版，第727~741页。
④ 《清实录·穆宗毅皇帝实录》卷六九。
⑤ 《清实录·穆宗毅皇帝实录》卷七〇。
⑥ 《筹办夷务始末》(同治朝)第2册，中华书局2008年版，第763~764页。

廿一日丙申(8 月 5 日)

晏端书等奏，遵筹修筑炮台，及高州肇罗等处军情。广东省垣炮台，自咸丰六、七年间被毁无存，现在该省发逆客匪蔓延肆扰，省城亟应豫筹守备。晏端书等以重新创建，经费浩繁，拟激劝绅民捐资办理，其踊跃输将认真出力者，从优请给奖叙。清廷着即照所请办理。①

广东琼州镇总兵官王鹏年因病休致。以尽先副将彭楚汉为广东琼州镇总兵官。

廿九日甲辰(8 月 13 日)

命广东巡抚黄赞汤、布政使文格来京，以两淮盐运使郭嵩焘署广东巡抚，广东按察使吴昌寿为布政使，督粮道李瀚章为按察使。

秋七月初二日丙午(8 月 15 日)

抚恤朝鲜国遭风难夷如例。

李鸿章奏，太平军仍有洋船接济，白齐文已投苏州。②

初四日戊申(8 月 17 日)

奕䜣等奏，严禁洋船济贼，已给英、法、俄照会。③

初十日甲寅(8 月 23 日)

两江总督曾国藩奏，遵查南洋通商大臣一缺，筹度现在情形，仍请无庸改设。下所司议，寻议奏，通商大臣一缺，实系有名无实，应请旨暂行责成李鸿章经理，仍加"钦差大臣"字样，其经费请照江苏巡抚养廉数目发给一半，以资办公。从之。④

---

① 《清实录·穆宗毅皇帝实录》卷七一。
② 《筹办夷务始末》(同治朝)第 2 册，中华书局 2008 年版，第 787 页。
③ 《筹办夷务始末》(同治朝)第 2 册，中华书局 2008 年版，第 798~799 页。
④ 《清实录·穆宗毅皇帝实录》卷七二。

十二日丙辰(8 月 25 日)

徐宗干奏台湾军务情形。副将曾元福自进扎白沙阮后，设计攻破大岸头各庄竹围，并将大埔八卦山等处贼巢尽行焚毁，正可乘胜进取。惟吴鸿源以冒暑督战染疫，暂回嘉城。徐宗干因统率乏人，檄令曾元福由间道直趋嘉义，接署水师提督。①

抚恤朝鲜国遭风难夷如例。

十三日丁巳(8 月 26 日)

李鸿章奏，荷兰国遣使立约，拟令遵旨即在上海商办，并近日军情。荷兰国派使臣矾姓立约，乘驾轮船赴京，现先至上海欲请该抚转奏，情词尚为恭顺。惟仅递照会，未来晤商，难保不以主命为词，乘轮船赴津莙直到京，别更无从拦阻。现在该抚照覆该使先令其前来面商一切。该使如肯先来面议，着李鸿章剀切开导，申明比国成案，豫将住京一节力为杜绝，并将换约事宜即由该抚在上海妥为办理。如该使执意赴津，或直抵京师，已谕知总理各国事务衙门豫为筹办矣。②

二十日甲子(9 月 2 日)

福州查获英商私运枪械，内含大小洋枪一千零五十枝，铜帽二百万粒。③

廿四日戊辰(9 月 6 日)

命三口通商大臣兵部左侍郎崇厚办理荷兰国通商条约事务。

八月初六日庚辰(9 月 18 日)

阿思本率领八艘舰船抵达天津。④

---

① 《清实录·穆宗毅皇帝实录》卷七三。
② 《清实录·穆宗毅皇帝实录》卷七三。
③ 《筹办夷务始末》(同治朝)第 2 册，中华书局 2008 年版，第 828~829 页。
④ 《近代中国海军》，海潮出版社 1994 年版，第 1179 页。

十二日丙午(9 月 24 日)

戈登请添英兵，提督薄朗赴京，请饬总理衙门先与要约。①

十五日己丑(9 月 27 日)

以调度乖方，福建护水师提督吴鸿源革职逮问。以援剿迟延，革福建护参将吴连升职，仍留营。②

廿五日己亥(10 月 7 日)

前据左宗棠奏台湾粤勇溃散情形，当经降旨，将署提督吴鸿源革职拿问，所有福建水师提督，即命林文察署理，责令迅速起程，渡台剿匪。本日接据原任台湾道洪毓琛六月初三日折报，所陈军务迁延兵饷匮绌情形，并请特派大员来台督师，勒限灭贼。

闽浙总督左宗棠等奏，广东红单师船剿匪得力，请留闽省水师调遣，并将管带船勇各将弁归闽补用。允之。③

福州将军耆龄等奏请台湾添设海关子口。④

廿七日辛丑(10 月 9 日)

浙江巡抚曾国荃奏，轮船入江，不尽所长，请裁沿海水师，以轮船缉捕海盗。⑤

廿八日壬寅(10 月 10 日)

崇厚奏，与荷兰签订通商条约十六款。⑥

---

① 《筹办夷务始末》(同治朝)第 2 册，中华书局 2008 年版，第 853~854 页。
② 《清实录·穆宗毅皇帝实录》卷七六。
③ 《清实录·穆宗毅皇帝实录》卷七七。
④ 《筹办夷务始末》(同治朝)第 2 册，中华书局 2008 年版，第 885~886 页。
⑤ 《筹办夷务始末》(同治朝)第 2 册，中华书局 2008 年版，第 887~888 页。
⑥ 《筹办夷务始末》(同治朝)第 2 册，中华书局 2008 年版，第 890~891 页。

是月

徐寿、华蘅芳试造蒸汽机成功。①

九月初四日戊申（10 月 16 日）

李鸿章奏，上海学习洋人火器，现制开花炮、自来火等件，粗具规模，必须好学深思之文员，会同讲求，始可推行尽利。查有江西候补知县丁日昌，在广东高州军营督办火器，业已告竣，请饬催赴沪。清廷着毛鸿宾、晏端书、郭嵩焘速即饬令丁日昌赶紧起程赴沪，督匠趱造，以资攻剿，毋稍迟延。②

初七日辛亥（10 月 19 日）

应法国领事李添嘉要求，先后增拨旗兵三百名、官员六人，交法人训练。③

十八日壬戌（10 月 30 日）

奕䜣等奏，英法租界未付租银。④

廿九日癸酉（11 月 10 日）

以江苏水师遗失炮船，革参将陈浚家、游击黎占雄职，仍留营。

冬十月初六日己卯（11 月 16 日）

总理各国事务衙门奏，博采众论，请撤退轮船，以杜流弊。又密陈撤退轮船详细情形，将李泰国革退。前经内外诸臣详议，不惜重价，原期利器归公，操纵由我，使外洋顿失所恃。总理衙门因需款甚巨，且驾驭洋人不易，迟久未即议行。嗣

---

① 刘传标：《近代中国船政大事编年与资料选编》第 1 册，九州出版社 2011 年版，第 29页。
② 《清实录·穆宗毅皇帝实录》卷七八。
③ 《筹办夷务始末》（同治朝）第 2 册，中华书局 2008 年版，第 897 页。
④ 《筹办夷务始末》（同治朝）第 2 册，中华书局 2008 年版，第 916～917 页。

因宁波失守，海口设防，九洑洲尚未克复，发逆亦有购船之说，不得已奏明委办，并将代买轮船之李泰国所定十三条驳正酌改、五条奏明行知右省。乃此次管带轮船之阿思本到后，李泰国忽将前次议定业经奏准之五条，背而不遵，仍将驳正不用之十三条，重新提起，定欲照办。此十三条，与札饬赫德、李泰国原文，设立合同之意不符，总理衙门正在与之驳辩。适据曾国藩函称，前此奏准配用楚勇，并无专用洋人之议。若蔡国祥另带中国师船，不得为轮船之主。则是未收购船之益，先短华兵之气。现在蔡国祥已另募水勇，自为一营，拟俟阿思本轮船到后察看，如其意气凌厉，不如早为疏远。或竟将此船分赏外国，不索原价，折其骄气。曾国荃亦奏称，江边仅金陵一城未复，长江水师帆樯如林，与陆军通力合作，定可克期扫荡，实不藉轮船战攻之力。并因轮船所需经费甚巨，请裁沿海水师，节省饷需，以资酌剂。李鸿章复函称，蔡国祥虚拥会带之名，毫无下手之处，一家吴越，小大异形，强弱异势，终不能相为附丽。议者或拟送还外国，以省纠缠，或拟调巡沿海，以资控驭，或借以载运盐米，上下长江，出入津洋，收其余利，藉得实际，似皆可说而不可行。现经总理各国事务衙门王大臣与卜鲁士等反复会商，因阿思本有遣散弁兵之语，即就其说，并将轮船撤退，买价仍由英国交还中国，卜鲁士亦允照办。惟弁兵薪工及来往经费，议由中国备给，并另赏阿思本银一万两。该使臣等惊愕之余，继以感激。此项薪工经费等项，虽糜费较多，然此后每岁省近百万，且免日后另有要求无厌之请，办理颇为决绝，亦欲以折服外国虚骄之气。且轮船价值，该公使既允为扣还，亦未至全行弃掷。至李泰国之为人，本极刁诈，中外皆知，久欲去之而不能。今以办船贻误，遽行革退，藉此驱逐。其总税务司一缺，派赫德办理，且看该税务司能否称职。再由总理各国事务衙门及该督抚等察看具奏，随时办理。至轮船既已不用，中国必须力求自强之策。曾国藩前称兵力不足，在陆而不在水，曾国荃、李鸿章亦均有不愿借资轮船之意。着曾国藩、李鸿章激励水陆各师，整饬船炮，务期精益求精，使江南地方，渐次全复，即外国亦必群相慑服，不至有所籍口。至轮船入江，拖带盐船，有害无利，并着严行禁止。曾国荃前奏请裁沿海水师，节省经费一折，即着毋庸再议。①

初九日壬午 (11 月 19 日)

徐宗干奏，台湾官军，剿平南路逆垒，现饬迅赴彰城，并请将吴鸿源暂缓拿问。

---

① 《清实录·穆宗毅皇帝实录》卷八一。

十五日戊子(11月25日)

据张凯嵩奏,越南国王阮福时因奉到文宗显皇帝遗诏,拟请遣使恭进香礼,又赍递表文方物,庆贺登极。清廷着张凯嵩即行知该国王,令其不必遣使远来进香。其庆贺登极方物,亦无庸呈进,以示怀柔藩服至意。①

十八日辛卯(11月28日)

徐宗干奏,署陆路提督林文察,现在署理水师提督,应否饬令兼署,请旨遵行。据称闽省水陆两提督,未便并驻海外。林文察前经奏署陆路提督,据报带印东渡,曾元福病已痊愈,业赴嘉义接印。可否改派曾元福接护陆路提督,或仍令护理水师提篆。清廷批复:林文察既已携带陆路提督印信赴台,即着毋庸兼署水师提督。台湾军务,如林文察一人可以办竣,而曾元福才具尚堪胜任,所有水师提督一缺,即着左宗棠等饬令曾元福内渡,奏请接护。倘曾元福必须留台助剿,即着将水师提督印信送回内地由左宗棠等遴派妥员,奏请接署,以免偏重之虞。②

廿二日乙未(12月2日)

据阎敬铭奏,本年六月二十二日,有上海高和顺米船,由江南佘山口放洋北上。驶至黑水外洋,遇盗劫去货物,并捐米一百余石,拒杀水手郑明瑞,现由石岛口岸放洋,赴天津交兑。③

十一月初九日壬子(12月19日)

奕䜣等奏,赴津教练京兵请撤回一半,仍将京兵调换赴津。④

廿二日乙丑(公元1864年1月1日)

丁曰健奏,出师放洋,由省对渡淡水沪口,现拟添勇筹剿。台湾匪徒,滋事日

---

① 《清实录·穆宗毅皇帝实录》卷八二。
② 《清实录·穆宗毅皇帝实录》卷八二。
③ 《清实录·穆宗毅皇帝实录》卷八三。
④ 《筹办夷务始末》(同治朝)第3册,中华书局2008年版,第980~981页。

久，亟应速为剿除。徐宗干现挑省兵四百名，派参将田如松统带赴台。丁曰健亦自省径渡淡水之沪尾口登岸，驰至艋舺。左宗棠、徐宗干即饬吴鸿源、曾元福、曾玉明各军分路并进。①

十二月初六日戊寅（公元 1864 年 1 月 14 日）

丁曰健奏剿破葭投老巢，扑灭逆匪巨股。台湾民军自攻克水里港福州厝等数十匪庄北路逆匪，渐就穷蹙，经丁曰健派令文武员弁，移营进逼，由水师寮等处，奋力进攻，抢入葭投庄内，生擒伪先锋等多名，全股匪徒，歼毙殆尽。②

初八日庚辰（公元 1864 年 1 月 16 日）

李鸿章奏攻克平望镇及九里桥黎里等贼垒，并常州之军，攻克孟河，海盐之军，攻克玛城等。清廷着照李鸿章所请，于收复浙省府县，即由该抚慎选妥员暂委代理。其所请饬令候守应宝时、帮同关道黄芳筹办洋务，作为通商大臣衙门随员，以资得力之处，即着照所拟办理。戈登于赏给银两，不敢遽领，即俟其回国时，再行赏给，及将功牌仿照外国宝星式样制造，一并发给，以示优赏。③

十一日癸未（公元 1864 年 1 月 19 日）

巴扬阿奏请旨严禁驻防官兵吸食洋药。

十四日丙戌（公元 1864 年 1 月 22 日）

罗惇衍奏，劣绅句（勾）通外国，勒还巨款，请收回印票，以杜后患。据称已故候选道伍崇曜捐输银三十二万两，诿与美国，要在粤海关索本息银四十七万余两。今该绅已于十月二十四日病殁，恐海关原给印票一落于美夷之手，则持券来索，又费唇舌，且酿事端，请令两广总督察看妥办。清廷着毛鸿宾、郭嵩焘、毓清查前项银两。④

---

①　《清实录·穆宗毅皇帝实录》卷八六。
②　《清实录·穆宗毅皇帝实录》卷八七。
③　《清实录·穆宗毅皇帝实录》卷八七。
④　《清实录·穆宗毅皇帝实录》卷八八。

二十日壬辰(公元 1864 年 1 月 28 日)

英国使臣卜鲁士缴纳第一次住府租银。①
中国第一艘以蒸汽机为动力的木质小火轮在安庆军械所内下水试航。②

廿四日丙申(公元 1864 年 2 月 1 日)

徐宗干奏,克复彰化县城;曾玉明、丁曰健奏,会师克复彰化,并攻克要隘情形。
清廷以克复福建彰化县城,赏守备郑荣等花翎,举人蔡鸿猷等五品衔蓝翎,余加衔升叙有差。③

廿八日庚子(公元 1864 年 2 月 5 日)

朝鲜国使臣赵然昌等三人于午门外瞻觐。

是年

俄国在汉口英租界附近开设顺丰砖茶厂,这是外国在中国兴办的第一家制造工厂。
英商赛马会在天津租界开办。④
美商科而(T. J. Falls)在虹口老船澳附近成立旗记铁厂,经营船舶修造。
英国商人在上海建立浦东船厂(C. M. Drem)。
曾国藩派容闳赴美购买"制造机器之机器"。⑤

---

① 《筹办夷务始末》(同治朝)第 3 册,中华书局 2008 年版,第 1005~1006 页。
② 刘传标:《近代中国船政大事编年与资料选编》第 1 册,九州出版社 2011 年版,第 29 页。
③ 《清实录·穆宗毅皇帝实录》卷八九。
④ 袁继成:《近代中国租界史稿》,中国财经出版社 1988 年版,第 375 页。
⑤ 刘传标:《近代中国船政大事编年与资料选编》第 1 册,九州出版社 2011 年版,第 29~30 页。

同治三年　甲子　公元 1864 年

正月十七日己未(2 月 24 日)

台湾添设海关正口子口三处。①

廿七日己巳(3 月 5 日)

以福建台湾生捦首逆戴万生，赏守备徐荣生等花翎，县丞费荩臣等蓝翎，余加衔升叙开复有差。予福建台湾四块厝阵亡五品军功林赤赏恤加等。②

二月廿三日甲午(3 月 30 日)

以福建台湾南北两路肃清，赏护提督副将曾元福巴图鲁名号，道员丁曰健二品顶带。

三月初八日戊申(4 月 13 日)

以福建台湾攻克四块厝贼巢，擢生员蔡怀斌以同知用，赏游击王世清等花翎，守备林廷栋等蓝翎，余升叙开复有差。③

二十日庚申(4 月 25 日)

法人德克碑，因带兵帮助收复杭城，被赏银一万两。④

---

① 《筹办夷务始末》(同治朝)第 3 册，中华书局 2008 年版，第 1014~1015 页。
② 《清实录·穆宗毅皇帝实录》卷九二。
③ 《清实录·穆宗毅皇帝实录》卷九六。
④ 《筹办夷务始末》(同治朝)第 3 册，中华书局 2008 年版，第 1048~1049 页。

廿三日癸亥(4月28日)

前因总理各国事务衙门奏,请将上年奏拨轮船经费银五十万两有奇,全数拨归曾国藩军营充饷,当经谕令李鸿章等将此项内有着之款二十万两零,先行尽数解赴曾国藩军营。如已起解来京,即于邻近各省奉拨京饷项下,划抵拨解。其如何划拨之处,俟户部核定,再行谕知办理。兹据户部片奏,曾国藩营饷除湖南等省应协之饷仍令照常协解外,所有此项轮船余款等银两,先经总理衙门札饬解部。现在奏充曾国藩军饷,如未起解北上,应由李鸿章迅速委员,分批解往,如已起解,即责成李鸿章分晰奏明,再由该部查照总理衙门原奏,将原拨江皖邻近各省解部京饷,照数划出,饬令就近解交。①

以福建台湾攻克四块厝贼巢出力,予参将林文明以副将用。

四月初八日戊寅(5月13日)

三口通商大臣崇厚奏报,布鲁斯国使臣李福斯航海北来,欲进京呈递国书。②

十四日甲申(5月19日)

以故朝鲜国王世子袭爵,命户部左侍郎皂保为正使,正白旗汉军副都统文谦为副使,往封。

戈登因带来常胜军帮助官军收复常州,着赏加提督衔。③

十九日己丑(5月24日)

以浙江处州镇总兵官李朝斌为江南提督,遇缺提奏提督黄翼升为江南水师提督,记名总兵官陈国瑞为浙江处州镇总兵官,擢江南狼山镇右营游击阳利见为淮扬镇总兵官。

廿三日癸巳(5月28日)

命福建水师提督杨岳斌督办江西皖南军务,浙江按察使刘典帮办军务。

---

① 《清实录·穆宗毅皇帝实录》卷九八。
② 《筹办夷务始末》(同治朝)第3册,中华书局2008年版,第1068页。
③ 《筹办夷务始末》(同治朝)第3册,中华书局2008年版,第1074~1075页。

修补浙江海宁州石塘，从闽浙总督左宗棠请也。

廿四日甲午（5 月 29 日）

因洋务交涉繁剧，奕䜣等拟《内外兼顾章程》三条。①

廿五日乙未（5 月 30 日）

大西洋国公使阿穆恩请互换条约。②

廿七日丁酉（6 月 1 日）

富明阿奏，江防下游肃清，拟裁师船节饷。

廿八日戊戌（6 月 2 日）

总理各国事务衙门奏，请派京营弁兵，学制火器。据称练兵之要，制器为先，洋人所制炸炮、炸弹等项，尤为行军利器。现在李鸿章军营，制造此项火器，已有成效。拟请饬火器营于曾经学制军火弁兵内，拣派武弁八名，兵丁四十名，发往江苏，一体学习。③

大吕宋国来请立约，奕䜣等奏请先告以领事不得以商人充当。④

廿九日己亥（6 月 3 日）

奕䜣奏，大西洋国使臣阿穆恩到津，请派员互换条约。⑤

五月初七日丙午（6 月 10 日）

以浙江温州镇总兵官吴全美为福建水师提督。

---

① 《筹办夷务始末》（同治朝）第 3 册，中华书局 2008 年版，第 1076~1078 页。
② 《筹办夷务始末》（同治朝）第 3 册，中华书局 2008 年版，第 1078~1079 页。
③ 《清实录·穆宗毅皇帝实录》卷一〇一。
④ 《筹办夷务始末》（同治朝）第 3 册，中华书局 2008 年版，第 1089~1090 页。
⑤ 《筹办夷务始末》（同治朝）第 3 册，中华书局 2008 年版，第 1096~1097 页。

初八日丁未（6月11日）

以记名总兵官刘连升为浙江温州镇总兵官。

日斯巴尼亚国请立约通商，三口通商大臣崇厚豫先申明不得以商人兼充领事。①

十一日庚戌（6月14日）

前因权授江苏省总兵戈登协克常州，降旨赏加提督衔，并颁给旗帜功牌，以示优异，仍俟将常胜军部署妥协，再由李鸿章奏请嘉奖。兹据李鸿章奏，戈登部署所带之常胜军，甚属妥协，请旨嘉奖。戈登着赏穿黄马褂，赏戴花翎，并颁给提督品级章服四袭。以示宠荣。②

廿一日庚申（6月24日）

三口通商大臣崇厚奏报，大西洋国使臣阿穆恩，因有要求未能换约，即行回澳。③

廿四日癸亥（6月27日）

以福建台湾防剿出力，赏道员史翼久按察使衔。以福建台湾叠克贼巢，免已革副将吴鸿源罪。

廿九日戊辰（7月2日）

总理各国事务衙门奏，丹国换约届期，请派员互换。丹国前立条约，声明以一年为期，或在天津，或在上海互换。兹届换约之期，据英国住京公使威妥玛呈递照会，内称丹国现派水师副提督璧勒前来，不日到沪，请派员互换。着派提督衔李恒嵩会同布政使刘郁膏将上年与丹国所立条约妥为互换，即由李鸿章谕知遵办。其条

---

① 《筹办夷务始末》（同治朝）第3册，中华书局2008年版，第1098~1099页。
② 《清实录·穆宗毅皇帝实录》卷一○三。
③ 《筹办夷务始末》（同治朝）第3册，中华书局2008年版，第1111~1112页。

约各本，着俟崇厚派员赍送至沪时，即交李恒嵩等祗领办理。李鸿章于一切事宜，并着督同商榷，以臻妥协。①

六月十二日辛巳(7 月 15 日)

大西洋国使臣阿穆恩，自沪照会，仍请求换约。总理各国事务大臣薛焕、三口通商大臣崇厚已给照覆。②

十五日甲申(7 月 18 日)

奕䜣等奏，布鲁斯国使臣李福斯进津时所坐兵船在大沽拦江沙外将三艘丹麦商船扣留。③

二十日己丑(7 月 23 日)

曾国藩奏报,戈登语及白齐文暗回中国,招集无赖,雇佣轮船,将赴金陵助济逆酋。④

廿三日壬辰(7 月 26 日)

以浙江定海捕海盗出力，赏守备卢士煦花翎，余升叙有差。

廿七日丙申(7 月 30 日)

天津所练京旗洋枪队官兵全行撤回京城，拟挑两镇官兵归队训练。⑤

七月初六日甲辰(8 月 7 日)

广州将军瑞麟奏陈广东同文馆开办情形，及所拟《广东同文馆章程》十五条。⑥

---

① 《清实录·穆宗毅皇帝实录》卷一〇四。
② 《筹办夷务始末》(同治朝)第 3 册，中华书局 2008 年版，第 1132~1133 页。
③ 《筹办夷务始末》(同治朝)第 3 册，中华书局 2008 年版，第 1144~1146 页。
④ 《筹办夷务始末》(同治朝)第 3 册，中华书局 2008 年版，第 1153 页。
⑤ 《筹办夷务始末》(同治朝)第 3 册，中华书局 2008 年版，第 1156~1158 页。
⑥ 《筹办夷务始末》(同治朝)第 3 册，中华书局 2008 年版，第 1166~1169 页。

法国将前派来粤教习洋枪之武弁兵丁全行调取回国。①

初九日丁未（8月10日）

富明阿奏，派员管带裁撤头批师船回粤，并将二、三批师船陆续撤回。据称广东来江红单、拖罾各大船七十六只，杂项快艇十九只，现裁出二十五只，作为头批，发给一月口粮，派令副将赖镇海管带，于七月初三日起程回粤，在粤守领欠饷，经手散放。并将二批师船，于七月中旬，交副将林宜华管带。其三批应裁各大船，由吴全美统带回粤。②

十三日辛亥（8月14日）

李鸿章奏报与丹麦换约情形。③

十八日丙辰（8月19日）

徐宗干奏，台湾官军，攻克彰化小埔心贼垒，生擒渠逆，平毁匪庄。

十九日丁巳（8月20日）

张凯嵩奏，越南例贡届期，据情代奏，并密陈南太两郡，尚有梗阻，可否照案暂行展缓。清廷批复：越南国王阮福时因现届乙丑例贡之期，请将上二届丁巳辛酉两贡，一并恭进，具见诚悃，亟应行令依期入贡，以遂其爱戴之忱。惟张凯嵩所陈左江南太两郡，道路尚多梗阻，绕越无从，自系实在情形。已照该抚所请。准其暂行展缓矣。越南国例贡，业经三届展缓，恐远人或生触望，着张凯嵩于军务完竣、道路流通之时，即行奏明请旨，无庸迟至下届例贡之期，始行令其并进，并由该抚宣布朝廷德意，俾该国王知悉，以示体恤。④

---

① 《筹办夷务始末》（同治朝）第 3 册，中华书局 2008 年版，第 1169~1170 页。
② 《清实录·穆宗毅皇帝实录》卷一〇八。
③ 《筹办夷务始末》（同治朝）第 3 册，中华书局 2008 年版，第 1173~1175 页。
④ 《清实录·穆宗毅皇帝实录》卷一〇九。

廿二日庚申 (8 月 23 日)

景纶、麟瑞奏，俄酋欲至吉林，理阻不服。据称俄官石沙木勒幅等乘坐轮船带领兵役多名向松花江上驶，声称欲由三姓往见吉林将军，议办要事。经景纶等派员迎阻，坚不允从，并在沿途观绘山川形势，已于本月初七日行过胡尔哈河，向小古洞河一带上驶。①

廿九日丁卯 (8 月 30 日)

总理各国事务衙门奏，荷兰国换约届期，请派员互换。荷兰国前立条约，载明一年期内，或在天津，或在上海互换。兹届换约之期，据该国公使矾大何文呈递照会，内称请派员前往广东互换。清廷着派郭嵩焘将上年与荷兰国所立条约妥为互换。其条约各本俟崇厚派员赍送至广东时，即着郭嵩焘祗领办理。并令军机处将寄谕摘录，一并发往。如该使索看凭据，即可给予阅看。俟换约事毕，此旨仍缴还军机处备查。②

三十日戊辰 (8 月 31 日)

俄船驶抵吉林，吉林将军景纶称未与接见，遂即回帆。③

八月初八日丙子 (9 月 8 日)

广东南韶连镇总兵官勒福因病解职，擢琼州镇左营游击卓兴为南韶连镇总兵官。

初九日丁丑 (9 月 9 日)

铸给江南长江水师提督印信，从总督曾国藩请也。

---

① 《清实录·穆宗毅皇帝实录》卷一一〇。
② 《清实录·穆宗毅皇帝实录》卷一一〇。
③ 《筹办夷务始末》(同治朝)第 3 册，中华书局 2008 年版，第 1196~1197 页。

二十日戊子(9 月 20 日)

因洋务愈剧，人少事多，奕䜣等酌拟《变通章程》五条。①

廿七日乙未(9 月 27 日)

李鸿章致函总理衙门，建议在沪设厂造船，并准华商购买洋船。②

美国商人佛南(S. C. Farnham)投资白银十万两，在上海虹口桥创办耶松船厂，经营船坞及码头、堤岸、仓库设计与施工。③

九月初六日甲辰(10 月 6 日)

总理衙门收到李鸿章函，开始筹议设立江南制造总局船厂。④

十二日庚戌(10 月 12 日)

拨江苏小洋枪一千杆，洋火药五千瓶，小铜帽五十万粒，解赴甘肃军营备用。

十七日乙卯(10 月 17 日)

与日斯巴尼亚国定约五十二款。⑤

十八日丙辰(10 月 18 日)

李鸿章奏请与英使酌议，将上海—豆石归华商运销。⑥

---

① 《筹办夷务始末》(同治朝)第 3 册，中华书局 2008 年版，第 1213～1217 页。
② 《近代中国海军》，海潮出版社 1994 年版，第 1179 页。
③ 刘传标：《近代中国船政大事编年与资料选编》第 1 册，九州出版社 2011 年版，第 30 页。
④ 刘传标：《近代中国船政大事编年与资料选编》第 1 册，九州出版社 2011 年版，第 31 页。
⑤ 《筹办夷务始末》(同治朝)第 3 册，中华书局 2008 年版，第 1230～1233 页。
⑥ 《筹办夷务始末》(同治朝)第 3 册，中华书局 2008 年版，第 1236～1238 页。

总理衙门复函李鸿章，赞同在沪筹设船厂，并望讲求驾船之法。①

十月初一日戊辰（10 月 30 日）

前据总管内务府大臣奏，粤海关欠饷甚巨，请饬部妥议章程，当经谕令户部迅速妥议具奏。兹据奏称，粤海关指拨一切款项，该监督如能移缓就急，将各处要款陆续匀解，亦何至积欠累累，至于此极。且户部于上年奏停洋税亲填簿及题本案内，行令各关从第一结起，按季造具四柱清册送部。乃该关奉文以后，迄今年余，应解之款，既不认真筹措，应造之册，又复置若罔闻。现在该关监督，业经更换，请饬两广总督督同前任粤海关监督毓清迅速办理。②

初四日辛未（11 月 2 日）

抚恤琉球国遭风难夷如例。

十一月初六日癸卯（12 月 4 日）

左宗棠奏，交卸抚篆，赴闽督师剿贼。浙江初复，百度维新。左宗棠于除匪安良、剔除铜弊、修复水利诸大端，竭虑殚心，渐有端绪。此时交卸起程，蒋益澧护理抚篆，自属责无旁贷。所有海塘工程、农田水利，及滨海各郡整饬水师，台州所属惩除豪恶各事宜，并着与杨昌浚审度时势，次第筹办。③

十三日庚戌（12 月 11 日）

署福建台湾镇总兵官曾元福奏，续获匪首廖谈等，现定期驰赴漳属。

英国公使威妥玛、福州税务司美理登因潮州一带形势紧张，提出可借兵襄助，为清廷拒绝。④

---

① 刘传标：《近代中国船政大事编年与资料选编》第 1 册，九州出版社 2011 年版，第 31 页。

② 《清实录·穆宗毅皇帝实录》卷一一六。

③ 《清实录·穆宗毅皇帝实录》卷一二〇。

④ 《筹办夷务始末》（同治朝）第 3 册，中华书局 2008 年版，第 1283～1284 页。

廿四日辛酉（12 月 22 日）

总理衙门、户部奏，据美国公使蒲安臣在总理衙门呈递照会，内称咸丰八年，伍崇曜向美国旗昌洋行借银三十二万两，经前任两广总督会同粤海关监督立揭银单，由伍崇曜交与洋行收执，请饬广东督抚，将伍氏欠项查明，于应缴各项内，先行拨抵，或由伍氏自行划扣，将印票收回，并将各年款项，分晰造报。伍崇曜前代筹借三十二万两，当时给与海关印票，初无借自美国之说。前经谕令毛鸿宾传谕该故员家属，将此项银两妥为筹措、自行经理，尚未据该督等将现办情形具奏。兹据美国公使呈递照会，请照单计息清还。此项银两，既经发给印票，自应早为清理。现由户部查明，该省递年应行报解各款内，有伍氏所开之怡和等行，欠缴公项银二百六十八万余两。清廷着毛鸿宾、郭嵩焘、师曾迅将伍怡和等行积年欠解公项，截至本年止，究竟有无按限完缴，据实查明，勒限催解。一面在于应缴各项内，准其先行拨抵，或由伍氏自行划扣，抑或仍归藩库转发，务须迅速妥办，将印票仍由海关收回，以免缪辖。①

十二月初一日戊辰（12 月 29 日）

左宗棠奏，督师入闽，行抵浦城，现筹剿办情形。闽省漳州各城，均为贼踞。清廷指示：其闽粤滨海地方，着左宗棠、徐宗干、毛鸿宾、郭嵩焘拨兵严防，倘任令匪踪入海剽掠，必惟该督等是问。②

以浙江温州台州巡洋出力，赏都司汤昭龙等花翎，余加衔升叙有差。

初七日甲戌（公元 1865 年 1 月 4 日）

护浙江巡抚蒋益澧奏，遵旨筹修海塘要工。得旨：着即将近水缺口，妥速督率堵筑，务须料实工坚，一律稳固。其应须筹款兴办石工之处，并着俟省城善后办有端绪，即亲赴海宁一带，沿塘察看，会商李鸿章等酌量奏请开办。③

---

① 《清实录·穆宗毅皇帝实录》卷一二二。
② 《清实录·穆宗毅皇帝实录》卷一二三。
③ 《清实录·穆宗毅皇帝实录》卷一二三。

十五日壬午（公元 1865 年 1 月 12 日）

　　总理各国事务衙门奏，请饬各省地方官于中外交涉事件按照条约办理。据称江苏麻庄地方有英国人一名，布国人三名，抢取乡村物件，与民人互斗，伤死乡民三人。被该处民人将该洋人等拿获，缚送地方官办理。乃该地方官展转推诿，并不收理，以致延阁（搁）三日。该洋人等被捆致毙二人，已由该衙门咨行该省查办。清廷着各直省督抚严饬该地方官，嗣后遇有外国人不持执照，擅入内地及持有执照，而或有不法情事，抑或照内查有讹误者，均着按照条约，拿交领事官惩办。其或官府未及觉察，先由民闲受害之家拿送者，一经解到，亦着按约就近送交领事官惩办。①

二十日丁亥（公元 1865 年 1 月 17 日）

　　蒋益澧奏闽省军情吃紧，派兵扼扎浦城衢州，并勘明塘工，酌筹办理情形。海塘工程，既据蒋益澧亲自履勘，查出尤险工三千八百余丈，最险工四千三百余丈，自应先行修筑，以卫民生。第柴埽各工，撙节估计，亦须四五十万金。蒋益澧现在委员劝办米捐，雕瘵之余，恐难集成巨款。清廷着李鸿章派员劝谕苏、松、太所属殷实之户，量力捐助，俾得早日兴工，于江浙两省地方，均有裨益。②

廿一日戊子（公元 1865 年 1 月 18 日）

　　左宗棠等奏官军逼攻龙岩，扼守漳平获胜，暨由连城进剿，先胜后挫。

　　毛鸿宾等片内所称据总税务司赫德面称，适见新闻纸，言"侍逆李侍贤现踞漳州，句（勾）串洋人，帮同袭取泉州，进袭福州，约将海口通商地面让给洋人"等语，原不足据以为信。而各处流氓鬼子，希图句（勾）结罔利，亦事所或有。请饬福建防范，并饬总理衙门照会各国驻京公使，转饬驻扎闽省洋官及领事官等约束商民各等情。清廷本日谕令总理各国事务王大臣妥筹办理，着英桂、徐宗干严饬所属，妥为稽查。如有外国流氓句（勾）结生事，拿交各国领事官从严惩办。

　　毛鸿宾、郭嵩焘另片奏，香山富民陈守善、徐瓜林二户，皆以依附洋人致富，始而避居澳门，继而避居天津。此辈挟资既富，声气易通，谣言之兴，未始不由于此，现饬查拿究罚。清廷晓谕，捐务之兴，原系朝廷不得已之举，必须准情酌理，

---

　　① 《清实录·穆宗毅皇帝实录》卷一二四。
　　② 《清实录·穆宗毅皇帝实录》卷一二四。

多方劝谕，方可以免怨尤。若派捐勒捐，自不免人言藉藉。该督抚以此次谣言之起，谓苛派扰民，逼迫各富户迁徙澳门香港，查访不得主名，疑为陈守善等所为，欲行拿办。该富户等坐拥厚赀，一味悭吝，虽属可恶，然朝廷有宽大之体，遽加以造言之罪，查拿严惩，恐弭谤适以召谤。该督抚仍当斟酌妥办，未可一意孤行，致失人心。①

廿二日己丑(公元 1865 年 1 月 19 日)

礼部奏，琉球国使臣呈称，该国世子此次恭进方物，恳照道光二年六年咸丰元年五年准予赏收，免其留抵。清廷着照所请。此次所进方物，准予赏收。下次正贡届期，该国遣使来京时，再当优加赏赉，用昭柔惠远藩至意。②

抚恤朝鲜琉球二国遭风难夷如例。

廿七日甲午(公元 1865 年 1 月 24 日)

福建台湾道丁曰健奏，探闻内地漳郡不守，移商镇臣迅速折回，妥筹防范。得旨：仍严防漳郡逆匪，毋令偷渡句(勾)结。③

朝鲜国使臣俞章焕等三人，琉球国使臣毛克述，于午门外瞻觐。

是年

"洋泾浜北首理事衙门"设立，英、美两国取得对公共租界民刑事案件的陪审权。

营口成为中国东北第一个开放的港口，并划定了英租界。④

徐寿、华蘅芳奉命赴金陵，放大续造轮船，安庆内军械所制造轮船工作停止。⑤

① 《清实录·穆宗毅皇帝实录》卷一二五。
② 《清实录·穆宗毅皇帝实录》卷一二五。
③ 《清实录·穆宗毅皇帝实录》卷一二五。
④ 袁继成：《近代中国租界史稿》，中国财经出版社 1988 年版，第 376 页。
⑤ 刘传标：《近代中国船政大事编年与资料选编》第 1 册，九州出版社 2011 年版，第 32 页。

同治四年　乙丑　公元 1865 年

春正月初六日壬寅(2 月 1 日)

同治帝谕内阁:国家绥怀远服,闾泽覃敷,于外藩各国朝贡进京,无不体恤备至,恩体有加。凡赏赉筵宴及一切典礼,定例本极周详。第恐日久相沿,各该承办衙门,或致视为具文,供应草率,殊非朝廷厚待远人之意。现值朝鲜、琉球使臣来京朝贡,着各该衙门于一切应行事宜,务须懔遵定例,拣派妥员详慎办理,毋得任听吏胥苟简从事。该堂官等仍应逐一稽察,如查有办理不能妥协之处,即将承办之员据实参处,以昭慎重而示怀柔。①

初十日丙午(2 月 5 日)

颁赏朝鲜国王李熙匾额曰"教敷箕壤",琉球国王尚泰匾额曰"瀛峤屏藩"。

十五日辛亥(2 月 10 日)

署福建台湾镇总兵官曾元福奏,舟师出洋巡缉,歼捡盗匪多名。得旨:着仍饬派出之游绍芳等,统带师船,认真巡缉,毋令漳台逸匪偷窜。②

以福建台湾府境肃清,予知县白鸾卿以同知直隶州知州用,与都司傅廷玉等均赏花翎,从九品李守谐蓝翎,余加衔升叙有差。

二十日丙辰(2 月 15 日)

厦门税务司休士等盘获递送逆信,句(勾)通洋人之陈金陇即陈九里,已将该犯讯明正法,并请将休士等嘉奖。③

---

① 《清实录·穆宗毅皇帝实录》卷一二六。
② 《清实录·穆宗毅皇帝实录》卷一二七。
③ 《清实录·穆宗毅皇帝实录》卷一二七。

廿四日庚申（2月19日）

乔松年奏皖省需饷愈急，请饬江海关照旧拨解协饷。据称江海关，每月协济皖饷二万两。经李鸿章以皖省肃清，兵勇无多，奏请停止。现在防兵未撤，勇数有增无减。各省协饷，报解已属寥寥。若上海关又复停止，皖省便无可指之饷。清廷着李鸿章将江海关每月协拨皖饷二万两，仍照旧按月拨解。如江海关现存款项，均系指定各省紧要饷需，未能兼筹皖饷，即着曾国藩将前次奏定江北粮台改拨皖饷之二万两，按月拨解乔松年军营，以济要需。①

廿五日辛酉（2月20日）

奕䜣等奏，美国文士丁韪良所译《万国律例》刊成，由董恂作序。②

廿六日壬戌（2月21日）

琉球国王尚泰遣使奉表谢恩，并贡方物。赏赍筵宴如例。

廿七日癸亥（2月22日）

朝鲜国王世子李熙遣使表贺万寿、元旦、冬至三大节，并贡方物赏赍筵宴如例。

三十日丙寅（2月25日）

奕䜣等奏，英国使臣威妥玛交付第二期住府租银一千两。③

二月初一日丁卯（2月26日）

本年轮应查阅福建、浙江、广东、广西四省营伍之期，福建着即派左宗棠，浙江即派马新贻，广东即派毛鸿宾，广西即派张凯嵩，逐一查阅，认真简校。如查有

---

① 《清实录·穆宗毅皇帝实录》卷一二八。
② 《筹办夷务始末》（同治朝）第4册，中华书局2008年版，第1325~1326页。
③ 《筹办夷务始末》（同治朝）第4册，中华书局2008年版，第1330页。

训练不精，军实不齐，即将废弛之将弁据实参奏，现在该四省均有防剿事宜，尤须随时加意整顿，毋得视为具文。

初六日壬申(3 月 3 日)

李鸿章奏派兵由海道赴闽，请饬福建广东各督抚协力筹济。刘铭传、周盛波等军，前谕李鸿章饬令赴闽援剿。兹据奏称，该军二十四营，现扎皖豫交界之三河尖，离苏已千余里。往返征调，必误师期。豫省捻踪，飘忽靡常。仍应暂留该军驻淮河上游，以资扼堵。该抚现派郭松林统带楚勇七营，杨鼎勋统带淮勇六营，益以曹仁美黄中元各营，并由上海雇备轮船赴闽助剿。清廷着该抚即行飞饬丁日昌赶将轮船雇备催令该军等迅速起程，并将军装口粮妥为筹备，以利师行。现在侍逆大股，久踞漳州，窥伺泉、厦。郭松林等所统，均系洋枪队，攻坚破敌，所向有功。该军由沪航海，至厦登岸，相机进剿，甚为便捷。着左宗棠于此军抵闽后，妥为调遣，饬令会剿漳州踞逆，迅歼巨憝，力拔坚城。广东官军，前已越境克复永定县城。并着毛鸿宾、郭嵩焘懔遵前旨，饬令方耀等军乘胜进攻漳州，与江苏闽浙各军协力进取。其王德榜、黄少春等分剿汀漳之贼，现在情形若何，着左宗棠妥为部勒，随时驰奏。苏省饷需，入不敷出，李鸿章现拟将郭松林等援闽之军，照苏省各营饷章，暂行匀拨，于上海、厦门两处设局解运，具见畛域不分，以后惟当源源接济，以资饱腾。苏军向系按照各营人数，另给食米柴薪油烛等项，俾临敌不至缺乏。惟郭松林等军抵闽后，去苏日远，势难琐屑代谋。着左宗棠、徐宗干即行派委妥员筹款就近采办，随营转运以期无误。军情贼势靡定，郭松林等进剿之军，将来若去厦门日远，苏省亦难兼顾。并着左宗棠、徐宗干、毛鸿宾、郭嵩焘就近协力筹济，毋使停兵待饷，致误事机。闽省筹饷，较苏省尤为竭蹶，李鸿章仍当于无可设法中竭力筹解，顾全大局，方为妥善。刘铭传等军，现扎三河尖，本归曾国藩调遣。现在豫省贼势南趋，皖省边防，甚关紧要。该军等既已毋庸赴闽，仍着曾国藩妥为调度，饬令扼要严防。①

奕䜣等奏，英、法照会，请在江宁开埠。②

初八日甲戌(3 月 5 日)

闽浙总督左宗棠委托总税务司美里登从英国购买轮船"长胜"，排水量一百九

①　《清实录·穆宗毅皇帝实录》卷一二九。

②　《筹办夷务始末》(同治朝)第 4 册，中华书局 2008 年版，第 1332~1334 页。

十五吨。①

初十日丙子(3月7日)

两广总督毛鸿宾降调，以漕运总督吴棠署两广总督，兵部右侍郎彭玉麟署漕运总督。

十三日己卯(3月10日)

补铸福建台湾镇总兵官印信，从总兵官曾元福请也。

十五日辛巳(3月12日)

英桂、徐宗干奏，饬禁洋人通贼，并办理泉州等处防务。前因毛鸿宾奏、侍逆李侍贤有句(勾)串洋人之谋，谕令英桂等查拿。兹复据英桂等奏，访闻洋人惹隔孙，有与漳逆串通贸易情事，讯据惹隔孙供称被英人蒲浪诱骗到漳，曾与侍逆会饮，并无接济军火，而蒲浪又控称系惹隔孙令伊赴漳，作为通事。供词诡诈，显系互相狡赖。清廷着英桂等札行该国领事官，务将实情讯出，严行惩办。侍逆李侍贤等被剿穷蹙，计无复之，必将句(勾)串洋人，希图窜逸。朝廷早经虑及，故叠次谆谕该将军督抚等严密查访。而洋人贪狡性成，惟利是视。若该逆等啖以重利，其句(勾)通贸易者，正恐不止惹隔孙一人。此时贼势如困兽在槛，尤宜加意防范。着英桂、左宗棠、徐宗干一面多派弁兵，梭缉访拿，一面行知各该国领事官，讲明信义，令其一体查禁。至泉州地方，会匪伏莽尚多，同安安溪等县联界之处，僻境纷歧，难保无匪徒导引，绕袭官军后路。着英桂等严饬派出之道员张启煊、知府程荣春，会同泉郡文武，将守御事宜，悉心筹办，派拨兵勇，于边境各要隘密拿奸匪，以杜句(勾)结。②

署理广东巡抚郭嵩焘奏，因对方所持非原本，与和国公使换约未成，另行订期。③

---

① 刘传标：《近代中国船政大事编年与资料选编》第 1 册，九州出版社 2011 年版，第 32 页。

② 《清实录·穆宗毅皇帝实录》卷一三〇。

③ 《筹办夷务始末》(同治朝)第 4 册，中华书局 2008 年版，第 1336~1337 页。

十六日壬午(3 月 13 日)

以广州将军瑞麟暂署两广总督，湖南布政使石赞清暂护巡抚。

廿二日戊子(3 月 19 日)

沈葆桢奏，闽省踞逆窜动，筹备边防情形。福建龙岩州城克复后，余贼入漳。南阳汪逆窜上杭所属之白沙地方，沈葆桢已檄席宝田由石田、刘胜祥由广昌督队西驰，并调炮船上驶。①

廿三日己丑(3 月 20 日)

大西洋国使臣阿穆恩照会薛焕、崇厚，要求中国在澳门只可以照旧设立官员，不得照旧权而行，被拒绝。②

廿四日庚寅(3 月 21 日)

浙江巡抚马新贻奏，勘明海塘工程，现于翁家埠分设一局，派委前按察使段光清驻扎工所，监督一切。得旨：着即督饬段光清等核实勘估，认真兴办，务须工坚料实，不准有草率偷减之弊以卫民生而革浮费。③

廿七日癸巳(3 月 24 日)

因英国领事官柏威林入漳州与乱军见面，福州将军英桂请旨传谕驻京英国公使，将之撤换。④

廿九日乙未(3 月 26 日)

丁曰健奏，官军剿灭全股踞逆，全台肃清，台湾地方，业已安定。清廷着曾元

---

① 《清实录·穆宗毅皇帝实录》卷一三一。
② 《筹办夷务始末》(同治朝)第 4 册，中华书局 2008 年版，第 1338~1340 页。
③ 《清实录·穆宗毅皇帝实录》卷一三一。
④ 《筹办夷务始末》(同治朝)第 4 册，中华书局 2008 年版，第 1340~1341 页。

福、丁曰健将善后一切事宜妥为筹办。①

三月初三日戊戌（3 月 29 日）

因军需待饷，福州将军英桂等奏请向洋商借用银三十万两。②

初九日甲辰（4 月 4 日）

英国商人社团在广州创办的于仁船坞公司正式在香港注册，资本达五十万元。③

十一日丙午（4 月 6 日）

江苏巡抚李鸿章奏，郭松林等援闽之军，应由厦门进兵。得旨：即着密饬于到厦后，察酌贼势进取，先截其窥伺海滨之路。如贼股窜粤，即着奋力跟追，与闽师奋攻，以收夹击之效。潮州一带，该抚即咨明广东督抚，厚集兵力，水陆严防，以期有备无患。④

夏四月初三日丁卯（4 月 27 日）

署漕运总督兵部右侍郎彭玉麟奏请开署缺并本缺，专办水师事务。得旨：览奏情词恳挚，出于至诚，彭玉麟着准其开漕运总督署缺，所有长江水师善后应办事宜，仍着该侍郎妥为料理。⑤

初五日己巳（4 月 29 日）

补铸浙江盐运副使、盐运司经历、运库大使、杭州嘉兴松江等批验大使、仁和许村西路黄湾下沙曹娥长亭等盐场大使各印信条记，从闽浙总督左宗棠请也。

---

① 《清实录·穆宗毅皇帝实录》卷一三一。
② 《筹办夷务始末》（同治朝）第 4 册，中华书局 2008 年版，第 1349 页。
③ 刘传标：《近代中国船政大事编年与资料选编》第 1 册，九州出版社 2011 年版，第 32 页。
④ 《清实录·穆宗毅皇帝实录》卷一三三。
⑤ 《清实录·穆宗毅皇帝实录》卷一三五。

同文馆汉教习二年期满，奕䜣等奏请，照章奖叙。①

初十日甲戌(5月4日)

福州将军英桂奏，请花费四万圆购买英国轮船作为中国总巡师船。②

十一日乙亥(5月5日)

台湾道丁曰健，督军搜拿巨匪，并查办善后，妥筹防海，及捰获嘉义逆首等犯正法。清廷着曾元福等查明保奏，毋许冒滥。

以福建台湾全境肃清，赏道员丁曰健布政使衔，总兵官曾元福提督衔。③

十二日丙子(5月6日)

阎敬铭奏，贼踪复窜海赣一带。此股窜匪，经僧格林沁追剿，由海沭折回邳境，复至赣榆东安庄等处，往来奔突。已成穷寇无归之势。该处东滨大海，若能三面蹙之，必可就地殄除。清廷着阎敬铭严饬派出之丁宝桢、赣登泰两军，实力防守，并着僧格林沁妥筹兼顾，彭玉麟仍遵叠次谕旨，带领轻利炮船，由浦入东，阻遏河险。④

十五日己卯(5月9日)

僧格林沁所寄刘长佑函内，声称贼于初二日窜赴邳州，经官兵赶至，复由东北遁过沂河，旋又折自红花埠向东南而逸。此时海州赣榆一带，当又吃紧。该匪被追穷急，难保不由海口觅船，遁入外洋，清廷着吴棠督饬该地方官，将海州赣榆等处海口船只，先行提往他处，毋为该逆抢掳。欧阳利见水师业已起程赴浦，黄翼升炮船，仍着曾国藩、李鸿章迅催前进，均着归吴棠调遣，一面严诸里下河水路，一面严扼海口，以防纷窜。

左宗棠、徐宗干奏官军两路进剿，叠获大捷。闽贼趋重西面，恐以粤东为去路。硔口、铜山均系闽省海边要口，徐宗干已调萧瑞芳红单船六号驶赴硔口，左

---

① 《筹办夷务始末》(同治朝)第 4 册，中华书局 2008 年版，第 1354~1355 页。
② 《筹办夷务始末》(同治朝)第 4 册，中华书局 2008 年版，第 1359~1360 页。
③ 《清实录·穆宗毅皇帝实录》卷一三六。
④ 《清实录·穆宗毅皇帝实录》卷一三六。

宗棠又调吴全美统带红单、拖罾等船四十号驶赴铜山。清廷着催令星速到防，并督饬该提督实力严密梭巡，不得稍有疏失。石码海澄等处，即饬杨鼎勋等军严密扼守，以截侍逆南窜之路。粤省之汕头海口，瑞麟等亦当加意严防，务臻周密。

福州将军英桂等奏，两次捡获李侍贤句(勾)串英、美、布国八人船只；另查获违约之古董英船。①

三口通商大臣崇厚奏，天津练兵请移驻大沽，由英国武官句得斯教练。②

廿二日丙戌(5月16日)

因沙船生计竭蹶，李鸿章奏请以奉天杂米谷与油豆饼并行贩卖。③

廿五日己丑(5月19日)

闽浙总督左宗棠奏，遵查杭、嘉、湖三府漕额甚重，请按科则重轻，统减三分之一。下部议。寻议：原减数目过多，拟请于三十分中减去八分。从之。④

闽浙总督左宗棠等奏，拿获大西洋国私运枪炮船只。⑤

廿九日癸巳(5月23日)

以神灵显应，颁福建天后宫匾额曰"慈航福普"。

命钦差大臣协办大学士两江总督曾国藩赴山东督师剿贼，以江苏巡抚李鸿章暂署两江总督，江苏布政使刘郇膏暂护巡抚。

以筹运京仓米石出力，予福建道员耿曰椿等加衔升叙有差。

李鸿章奏请先在江苏设立制造局，制造枪炮军火等，并以苏淞太道丁日昌为制造局总办。⑥

---

① 《筹办夷务始末》(同治朝)第4册，中华书局2008年版，第1362~1364页。

② 《筹办夷务始末》(同治朝)第4册，中华书局2008年版，第1365页。

③ 《筹办夷务始末》(同治朝)第4册，中华书局2008年版，第1366~1367页。

④ 《清实录·穆宗毅皇帝实录》卷一三七。

⑤ 《筹办夷务始末》(同治朝)第4册，中华书局2008年版，第1367~1368页。

⑥ 刘传标：《近代中国船政大事编年与资料选编》第1册，九州出版社2011年版，第33页。

三十日甲午(5 月 24 日)

清廷晓谕：昨因直东防务吃紧，谕令崇厚统带洋枪队一千五百名，驰赴畿南，与刘长佑会商防剿。此起洋枪队，崇厚统带起程外，所有该处原练勇丁，即着崇厚饬令天津道李同文随时认真操练，务令技艺娴熟。其天津防务，并着饬令该道员妥为筹办。洋枪队尚须添练，即着责成李同文于天津芦台两镇标内认真选择添练，以资防剿。天津驻扎各国之领事官，向与中国道员平行，如海口通商事务，有应咨行事件，即由李同文随时咨行。其应行陈奏事宜，即由该道员呈明总理各国事务衙门转行奏闻，并着崇厚传知该道员钦遵办理。①

五月初三日丁酉(5 月 27 日)

三口通商大臣崇厚奏，遵旨筹划天津练勇事宜；英、法两国驻扎大沽口之官兵，行将撤回。②

初七日辛丑(5 月 31 日)

许彭寿、潘祖荫奏，请饬江苏巡抚解落地开花炮，并拣谙悉制造火器之员由轮船北上。军机大臣呈递崇厚给总理各国事务衙门信函，内称现带洋枪队赴景州，技艺阵势，尚称娴熟，以之战守，可望得力。现筹破贼之方，惟外国所制之开花炮尤为制胜，闻戈登剿时，所练洋枪队，上海尚有千名，请饬江苏巡抚查明调派。戈登虽去，仍可邀外国人帮同统领。清廷着即查明戈登所练洋枪各队，尚有若干，酌量派拨，迅即由轮船赴津，并将落地开花炮多为筹备，一并由轮船带来。其带队洋人，应否酌派数员，随同内地将弁管带，如令其前来，必须妥筹章程，核定饷项，以免临时籍口事后要挟等弊。丁日昌能否令其北上，如该员不能离沪，即另派妥员，带领熟谙制造火器之匠役数人，赶紧前来。该抚一面筹画调派，一面奏闻，毋稍延缓。至崇厚信函所称英国营总句得斯愿意随征，因畿面距津较远，该营总现管理海口炮台，须奉该国公使谕派，方可前往等情，清廷谕令总理各国事务衙门相机办理。③

---

①　《清实录·穆宗毅皇帝实录》卷一三七。

②　《筹办夷务始末》(同治朝) 第 4 册，中华书局 2008 年版，第 1372~1373 页。

③　《清实录·穆宗毅皇帝实录》卷一三八。

初八日壬寅(6月1日)

户部奏,遵旨酌筹直东军饷。据称山东、河南、山西等省,向有协解僧格林沁军饷,应令解归曾国藩拨用。两淮盐厘项下,原有协济月饷,仍令曾国藩就近酌提,并请于江海关税银内提款动用。①

初九日癸卯(6月2日)

杨能格奏,庆阳粮台存饷,拨解罄尽,各省协饷无期,请饬酌拨两淮盐课、江海关税课。清廷着曾国藩、李鸿章、刘郇膏于两淮盐课江海关税课项下,查照从前协拨甘饷之数,筹银各数十万两,赶紧陆续拨解,并于五六月间,先筹银二十万两,分作两批,迅解庆阳粮台,以应急需。②

两江总督、江苏巡抚李鸿章同意江海关道丁日昌将因贪污案革究的海关通事唐国华等筹资赎罪的四万两银子买下上海虹口美商旗记铁厂,责成丁日昌负责督察筹划,并将丁日昌、总兵韩殿甲所主办的原有两洋炮局一同并入,定名为江南机器制造总局。③

十三日丁未(6月6日)

左宗棠、徐宗干奏,官军进逼漳州大捷。昨据李鸿章奏援闽苏军会合浙军分路进逼,于四月二十一日克复漳州府城。

以滥索供应,革护送琉球国贡使委员福建参将富勒恒额职,知府陈恩布、知县杨承恩下部议处。

十五日己酉(6月8日)

李鸿章奏,遵派兵将航海赴津。李鸿章恐贼北趋震惊畿辅,派常镇道潘鼎新带所部淮勇十营由海道赴天津,清廷着刘长佑先派大员在津迎护,豫备剥船往大沽接运,再酌雇船只车辆由天津陆续装运南下。其开花炮队酌挑轻利者带赴行营,其笨

---

① 《清实录·穆宗毅皇帝实录》卷一三八。
② 《清实录·穆宗毅皇帝实录》卷一三八。
③ 刘传标:《近代中国船政大事编年与资料选编》第 1 册,九州出版社 2011 年版,第 35 页。

重者即留镇津郡。军情旦夕变迁，届时何路紧要即派赴何路防剿，均由刘长佑与该道酌商办理稳慎防剿。其在直隶时归刘长佑调遣，俟曾国藩到东境即归曾国藩调遣，每月饷项着直隶山东督抚按月各拨银一万五千两。所有军火一切要需，着李鸿章督令丁日昌随时筹拨应用。沪关应解夏季京饷五万两，着准其作为该军北援饷需，嗣后仍筹解十万两，以符本年户部原派之数。①

十七日辛亥(6 月 10 日)

御史汪朝棨奏沿海水师营务废弛，请饬提镇等官勤加操演。清廷批复：沿海水师办理海防至为紧要，若如该御史所奏种种废弛弊窦丛生，若不严加整顿，何以肃营制而重海疆。着阎敬铭严饬水师员弁认真训练，力除委靡恶习，毋得视为具文。②

金陵伪森王侯玉田，交通洋盗，盘踞香港，专办闽贼接济。经英国领事罗伯逊照会香港公使码沙，被捡获解回。③

十八日壬子(6 月 11 日)

左宗棠等奏，官军攻克漳州、南靖两城。

以福建台湾剿匪出力赏道员曾云峰都司李准芳等花翎，千总徐毓恩等蓝翎，余加衔升叙开复有差。予福建台湾阵亡游击叶得茂等三十一员祭葬世职，绅民兵勇一千三百十九名赏恤如例，一并附祀道员孔昭慈专祠。

廿一乙卯(6 月 14 日)

李鸿章奏援闽苏军克复漳浦筹办情形，并运解开花炮赴津，拟派洋枪队伍北上路。李鸿章已派潘鼎新统领淮勇九营并开花炮队一营北上，清廷着该抚饬令迅速由沪航海赴津。现当直东军务吃紧之时，所有轮船雇价自难过与较值，总以多行定雇速行开驶北来为要。其炮子解津以后，如须由陆路载运东省，津门现有演习之炮车可期载用轻便，不致运掉维艰。着李鸿章即将需用炮子多解赴津以备施放，并着派令熟练委员带领匠役器具，由轮船一并赴津开局铸造炸弹，以利攻击。天津现有新练洋枪队一千五百名调赴直东一带防堵，苏省洋枪队止有千名仅敷本地之用，即着

---

① 《清实录·穆宗毅皇帝实录》卷一三九。
② 《清实录·穆宗毅皇帝实录》卷一三九。
③ 《筹办夷务始末》(同治朝)第 4 册，中华书局 2008 年版，第 1381~1382 页。

仍留青浦，无庸调赴直隶。管带洋枪队之副将余在榜袁九皋二员，亦着无庸再调。①

投靠苏州发逆之美国人白齐文，在漳州被捡获。②

廿八日壬戌（6 月 21 日）

崇厚现饬陈济清另立水师一营，酌给银两募勇雇船，并饬天津道筹办洋铁炮数十尊运营。清廷着阎敬铭再行筹办水师炮船数十只，选派得力将弁管带，以期联络声势，毋稍迟缓。③

闰五月初五日戊辰（6 月 27 日）

刘长佑奏暂驻开州督造炮船。

前因李鸿章奏拿获投贼洋人白齐文等，请旨饬遵，当谕令该衙门妥议具奏。兹据总理各国事务衙门奏称，此次给予署美国使臣卫廉士照会内，历述白齐文屡次罪状，应查照前议，即行正法。该使复以白齐文既经投贼，美国不应庇护，惟可否归在中国严办，应请国政训示如何办理，再为照知。清廷着左宗棠、李鸿章暂行严密押禁，听候办理。此次访拿出力之税务司等，并着李鸿章查照江浙等省打仗出力之外国员弁，给予功牌前案，妥为制办，分别给领。④

初九日壬申（7 月 1 日）

李鸿章奏，潘鼎新一军由沪航海赴津，并余在榜一营，难再撤回。潘鼎新一军业已到津，清廷着刘长佑饬令雇备船只，由水路前赴张秋一带，扼要驻扎。余在榜洋枪队一营，即已北来，即令与潘鼎新一同驻守直东交界要地，听候调遣。前经谕令直隶山东每月各拨银一万五千两为该军饷项，着刘长佑、阎敬铭督饬藩司，源源解济，如尚不敷，直隶准于天津关动支，山东准于东海关动支，必须宽为筹备。⑤

署两江总督李鸿章、闽浙总督左宗棠奏，防剿吃紧，请将本年军政展缓举行。从之。

---

① 《清实录·穆宗毅皇帝实录》卷一四〇。
② 《筹办夷务始末》（同治朝）第 4 册，中华书局 2008 年版，第 1387~1388 页。
③ 《清实录·穆宗毅皇帝实录》卷一四〇。
④ 《清实录·穆宗毅皇帝实录》卷一四一。
⑤ 《清实录·穆宗毅皇帝实录》卷一四一。

十一日甲戌(7 月 3 日)

清廷晓谕，前因浙江叠遭兵燹，小民流离失所，令左宗棠将杭、嘉、湖三属应征漕粮税则查明，各按重轻分成奏请减免，嗣据奏请将杭、嘉、湖三属漕粮，酌量核减，经户部议覆，统按原额于三十分中减去八分。①

十五日戊寅(7 月 7 日)

马新贻奏，核减金华、衢州、严州、处州四府属浮收银米。

御史汪朝棨奏，长芦盐务废弛，应遴员官运。

有人奏，风闻江苏海门厅同知李焕文于咸丰十一年在海门设立江防局，仅募炮船两只，信任局董沈器之等分肥冒奖，并遇民间讼事，罚捐充饷，甚至局董挟势诈害民命；又复与绅民在公署挟妓饮酒，请饬查办。清廷着李鸿章按照所参各节确切查明。寻奏，李焕文业经革职，沈器之等尚有已捐未缴应行罚赔之项，俟追缴全完，另请开复。②

十八日辛巳(7 月 10 日)

总理各国事务衙门奏，据总税务司赫德呈称番禺县第四号巡船有漏税洋药二百余个，经粤海关扦手头目鲍朗查拿，并起获番禺县旗帜灯笼军营炮火等件，又差票二纸，其为该县巡船无疑。清廷着瑞麟、郭嵩焘、师曾访查确实，迅将此案人犯全行拿获，将洋药船只照例入官，并查取番禺县职名，照案参处，以清弊窦。本日复据御史潘斯濂奏，粤省捕务因循，盗风日炽，请饬督抚认真整顿。南海番禺顺德三县，劫案甚多，获案者不过十之一二，州县官置民事于不问。③

廿一日甲申(7 月 13 日)

闽浙总督左宗棠，咨送议拟华商买受租雇洋船章程。④

---

① 《清实录·穆宗毅皇帝实录》卷一四二。

② 《清实录·穆宗毅皇帝实录》卷一四二。

③ 《清实录·穆宗毅皇帝实录》卷一四二。

④ 台北"中央研究院"近代史研究所：《海防档》(甲)，1957 年，第 821 页。

廿三日丙戌(7 月 15 日)

以验收海运漕粮完竣，予兵部尚书载龄、仓场侍郎宋晋优叙，余加衔升用有差。

六月初三日丙申(7 月 25 日)

抚恤琉球国遭风难夷如例。

初五日戊戌(7 月 27 日)

崇厚奏分别撤留防兵，并请将所节兵饷修筑大沽炮台。直东地方平靖，西路防兵已经次第酌撤，崇厚现拟将东路防兵撤回洋枪队及津海通永三营官兵归伍，酌留直字前后右等营马步勇队，并现办之水师炮营均归陈济清统领巡防。清廷着饬令春霖等将洋枪队等营官兵分起管带回津，以节经费。大沽炮台，英国既将退出，即可将撤回之洋枪队并海口官兵分派驻扎。崇厚俟查验水师炮船后，着即起程回津，将接收炮台各事宜妥为办理。该侍郎前次奏准由长芦运库匀拨之盛京饷银，并山海、东海两关洋税，此时洋枪等营既经撤回归伍，一切军火饷需，均可节省，即着照所请，将此项节省之款，作为修补大沽炮台添办炮位之用。一俟炮台工竣后，应需防兵月饷，由崇厚核定数目奏明，按月照拨。①

初九日壬寅(7 月 31 日)

清廷晓谕，定陵工程需饷紧要。前经谕令各该省督抚等迅速筹解，统限于上年十二月内，如数解清。兹据恭亲王等奏称，各省欠解饷银，除四川陕西两省均已陆续交清欠款外，广东粤海关欠解银二十七万两，仅汇解银五万两；河南欠解银三十一万两，仅解银十二万两，二省共欠饷银尚有四十万两之多。清廷着瑞麟、郭嵩焘、师曾迅将粤海关所欠饷银二十二万两，分为五批起解，限定五个月扫数解齐。②

---

① 《清实录·穆宗毅皇帝实录》卷一四四。
② 《清实录·穆宗毅皇帝实录》卷一四四。

十二日乙巳(8 月 3 日)

崇厚奏查演水师炮船完竣，请撤神机营马队回旗，并请筹留防勇队饷项。署通永镇陈济清所造水师炮船，经崇厚调赴张秋黄运交汇之所，操演驾驶，均属灵便。清廷着崇厚、阎敬铭檄饬该署镇将此项水师加意讲求，认真操演，俾成劲旅。①

十三日丙午(8 月 4 日)

奕䜣等奏，天津利记、仁记洋行私运马匹被查获。②

十五日戊申(8 月 6 日)

阎敬铭奏，现饬马队兵勇赴徐，并裁减步勇，筹办炮船。该抚现饬由兖赴徐，听候调遣，步勇遣撤一千名，酌留一千名，所设炮船，因北方木料工匠，一切异宜，拟在清淮购买。③

廿二日乙卯(8 月 13 日)

以江苏集团御贼，永广上海县学额四名，宝山县二名。

廿三日丙辰(8 月 14 日)

以验收海运漕粮完竣，予户部左侍郎吴廷栋、仓场侍郎钟岱等议叙有差。

廿五日戊午(8 月 16 日)

前因曾国藩等奏请将苏、松等属地漕钱粮一体酌减，当经谕令户部妥议具奏。兹据奏称，漕项一款，额征正银六十余万两，实为办运要需。历届海运成案，除动支漕赠等银外，尚须另提津贴。若将漕项随同正漕核减，必至运费不敷，多提津贴凑用。是减一分漕项，即增一分津贴，于民生仍无裨益。清廷着曾国藩、李鸿章等

---

① 《清实录·穆宗毅皇帝实录》卷一四五。
② 《筹办夷务始末》(同治朝)第 4 册，中华书局 2008 年版，第 1421 页。
③ 《清实录·穆宗毅皇帝实录》卷一四五。

惟当于苏省地漕等款仿照浙省办法斟酌情形，核实删减浮收。①

廿九日壬戌（8 月 20 日）

修造直隶额设暨续增漕粮剥船，从验米大臣载龄等请也。

秋七月初三日乙丑（8 月 23 日）

李鸿章奏请将已革道员家产发还。已革署浙江宁绍台道张景渠，前在关道任内，动用浙海关第四五结二成扣款，当经降旨，将该员家产查抄备抵。兹据奏称，该员前在宁波道任内，尚得民心，且联络弁兵，乘间克复镇海，并克宁波、绍兴各府城，著有劳绩。前欠银两，现已分结交清。所有张景渠查抄家产，清廷着准予发还收领。

李鸿章奏援闽苏军，航海回沪，现令暂扎镇江，再商调遣。

暂署两江总督李鸿章奏，丁忧署福建陆路提督郭松林呈请开缺回籍终制。得旨：郭松林带兵素能得力，在江浙等省屡着战功，着毋庸开缺，赏假四个月回籍。一俟假满，即前赴江苏军营听候调遣。②

初六日戊辰（8 月 26 日）

比利时国使臣金德来津请求再定条约。③

初八日庚午（8 月 28 日）

投逆洋人白齐文等三犯在解送途中覆舟溺毙。④

十一日癸酉（8 月 31 日）

派户部右侍郎董恂、兵部左侍郎崇厚办理比利时国通商事务。

---

① 《清实录·穆宗毅皇帝实录》卷一四六。
② 《清实录·穆宗毅皇帝实录》卷一四七。
③ 《筹办夷务始末》（同治朝）第 4 册，中华书局 2008 年版，第 1446~1447 页。
④ 《筹办夷务始末》（同治朝）第 4 册，中华书局 2008 年版，第 1449~1450 页。

十三日乙亥 (9 月 2 日)

追予杭州阵亡副都统关福祭葬世职，杭州乍浦殉难驻防官兵妇孺一千五百八十名口分别旌恤如例。

十六日戊寅 (9 月 5 日)

兼署两广总督瑞麟奏广东省防剿吃紧，请将本年军政展缓举行。从之。

廿一日癸未 (9 月 10 日)

有人奏参天津道李同文，于岁修剥船银两全行入橐，并不修理，以致船只朽坏，装运时每至全船沈溺。该道于稿城获鹿清宛易州等州县任内亏空，至今交代全未清结；征收海关税，该道任用子弟以多报少。清廷着刘长佑按照所参各节，确切查明。①

廿二日甲申 (9 月 11 日)

抚恤琉球国遭风难夷如例。

廿七日己丑 (9 月 16 日)

署广东巡抚郭嵩焘奏报与荷兰国互换条约情形。②

廿八日庚寅 (9 月 17 日)

前据张亮基奏，法国主教胡缚理办理兴义回匪抚局，执迷不悟，当将原折批令总理各国事务衙门议奏。兹据奏称，本年闰五月间，曾经法国繙译官丰大业，以贵州兴义府匪首，求该省主教作保，俱愿投降等词，向该衙门呈递。当经驳斥，并函致崇实、骆秉章令其密致劳崇光等慎重防维，毋为所惑。嗣据崇实等覆称，因恐中途泄露，未经函知。现经该衙门将张亮基所奏各情与法国使臣伯洛内阅看，已商允

---

① 《清实录·穆宗毅皇帝实录》卷一四九。

② 《筹办夷务始末》(同治朝)第 4 册，中华书局 2008 年版，第 1454~1455 页。

该使臣函致胡缚理不得干预该省军务。是该公使亦以胡缚理办理招抚之事为非，并无异说。清廷着劳崇光、张亮基、裕麟传知胡缚理，将法国传教人向来所持谕单声明开导，遇有地方公私事件及现在剿捕事宜，毋令从中干涉，致多棘手。至刘鸿魁集团剿贼，何以旋被杀害，究系杀自何人，有无主使，并该员是否实有纵练杀毙教民之事，仍着劳崇光、张亮基、裕麟查明据实具奏，不准稍有隐饰。①

三十日壬辰(9月19日)

以神灵默佑，海运平稳，颁直隶天津府海神庙匾额曰"寰海镜澂"，天后庙匾额曰"赞顺敷慈"，风神庙匾额曰"功昭圣若"。

三口通商大臣崇厚，奏报接受天津海口炮台，并察看应修工程。②

八月初一日癸巳(9月20日)

李鸿章奏，请成立江南制造总局。③

初十日壬寅(9月29日)

署两江总督李鸿章奏，遵筹御史陈廷经奏请整顿绿营制造军火。现在置办外国铁厂机器，并局制造，并饬派京营弁兵学习，以修武备。又奏遵查海门厅同知李焕文等被参各款，请革职严讯。如所请行。④

唐国华报效，购洋人机器厂，改名江南制造总局。⑤

十一日癸丑(9月30日)

广东巡抚郭嵩焘奏沥陈多病蹇讷，恳请开缺，另简能员接任，为清廷拒绝。

孙长绂奏，娄云庆、席宝田两军现议取道赴粤会剿，并筹防后路情形。康逆汪海洋久踞镇平，伺隙图逞，近因侍逆李侍贤穷蹙往投，索还旧党，互相猜忌。汪海

---

① 《清实录·穆宗毅皇帝实录》卷一四九。

② 《筹办夷务始末》(同治朝)第4册，中华书局2008年版，第1461~1462页。

③ 《近代中国海军》，海潮出版社1994年版，第1180页；刘传标：《近代中国船政大事编年与资料选编》第1册，九州出版社2011年版，第38~39页。

④ 《清实录·穆宗毅皇帝实录》，卷之一五一。

⑤ 《筹办夷务始末》(同治朝)第4册，中华书局2008年版，第1465~1469页。

洋于七月初三日夜遂将李逆杀毙。清廷着刘坤一、孙长绂飞檄该两军迅即取道入粤，归左宗棠调度，相机合剿。①

廿二日甲寅（10 月 11 日）

刘长佑奏，山东枭匪凶焰未息，亟宜及早歼除。山东滨海之区，盐匪聚众滋事，膋不畏法。自阎敬铭到任以来，虽叠次捕获，而此拿彼窜，究未大受惩创。现在该匪在沧州盐山等处拒捕抗官，且据商人晋源昌禀报有案，若不赶紧缉捕，尽法究治，何以重鹾政而遏乱萌。清廷着阎敬铭按照刘长佑所陈各节，严饬所属，遴派弁役，实力巡缉。

刘长佑奏，直隶操防紧要，请饬催固本军饷。本年春间直隶设防以来，经费支绌。现在东西两路留防兵勇人数尚众，加以月协淮勇军饷，并添设水师，制造炮船，需用不赀。②

廿三日乙卯（10 月 12 日）

左宗棠等奏官军剿贼获胜，现饬各军分道进剿。窜粤余逆，惟汪海洋一股，凶狡最著。此次经康国器督军痛剿，歼毙悍贼甚多。汪逆身受重创，一时猝难远窜。

总理各国事务衙门奏，江西赣州羁押英人，请按约核办。英人瞒四辉里被江西省指为通贼之人，在赣州府羁押，历经九江道行文查询，而赣南道复称并无其事。惟据英国照会内，实指英之之名，并瞒四辉里亲笔书信为凭，其非捏造可知。英人游历各处本属条约所有，即使有通贼情事，亦当按照条约办理，何得率行羁禁。迨至九江道查询，又恐该国不服，含糊掩饰，希图销灭殊失诚信相待之道。清廷着李鸿章、刘坤一、孙长绂迅派道府大员，确切查明。英人如尚在赣州府监禁即行按照条约，解交该省领事官讯办，不得再事隐瞒。如或始终掩饰，不肯实陈，别经查出，必将该地方官从重治罪。③

英法照会，交还天津炮台。④

奕䜣等与法使删定第二十二款船钞输纳方法。⑤

---

① 《清实录·穆宗毅皇帝实录》卷一五二；刘传标：《近代中国船政大事编年与资料选编》第 1 册，九州出版社 2011 年版，第 39 页。

② 《清实录·穆宗毅皇帝实录》卷一五二。

③ 《清实录·穆宗毅皇帝实录》卷一五二。

④ 《筹办夷务始末》（同治朝）第 4 册，中华书局 2008 年版，第 1479~1480 页。

⑤ 《筹办夷务始末》（同治朝）第 4 册，中华书局 2008 年版，第 1481~1482 页。

廿五日丁巳(10月14日)

户部奏，江浙来年海运及山东新漕，请饬催赶办。所有来年海运事宜，清廷着左宗棠、马新贻援照成案，迅速办理。

廿八庚申(10月17日)

御史汪朝棨奏，江浙水灾，请旨饬查赈济，以恤灾黎。本年五月二十四五等日，浙江之杭、嘉、湖、严、绍五府所属各县大雨阅七昼夜不绝。绍兴府山水陡发，海塘冲坍。萧山县沿江地方，水与屋齐，居民淹毙者万余。严州府城外，江水时亦骤发。其苏、松、杭、嘉、湖五府及太仓州，霪雨不止，低田尽被淹没，禾稼大伤。

以福建办理通商出力赏协领长庆花翎，余加衔升叙有差。①

福州将军英桂等奏报，洋人教习在福州练兵情形。②

三十日壬戌(10月19日)

总理各国事务衙门奏传教士在酉阳州被人殴毙，并教民房屋均被烧抢，请饬查严办。据称接据法国公使照会，内称四川酉阳州民人冯仕银等将该处城乡教民房屋烧毁，家财掳抢。冯文愿等复率多人拆散经堂，将司铎店主何魁殴毙。知州悬案不办，并将传教士玛弼乐银钱抢尽，殴伤毙命，掷尸河坝，捏报因入庙之人与之口角，用石块打毙。并称该知州将冯仕银等召至署内饮酒，协谋屠灭。

总理各国事务衙门奏，广东潮州府城尚未准英人进城，与条约不符，请派大员妥筹办理。清廷晓谕：潮州府城，准英人进城通商，载在条约，久已颁行，并奉文宗显皇帝谕旨，令该省督抚按照条约办理。何以五年之久，尚未准该国人入城？现据英国照会，势难中止。万一该国不能忍耐，恃强入城，与国体更有关系，何如晓谕绅民？按照条约，准其入城，略无痕迹之为愈乎？瑞麟于接奉此旨后，酌带委员，驰往潮州，拣择通达事理之绅士斟酌情形，督饬该地方官晓谕开导，使知外国和好已久，彼此相安。此番照约入城，系奉旨允行之事，断难阻止，毋为浮言所惑。俾该领事按约进城，用符定约，方可以示诚信。至华商曾源成亏欠英商银二万四千余圆之多，即使内地民人交易，亦当按律严追，讵得以事属英商，转存歧视？从来地方官办理中外事件，俱存此意，以致口实愈多。并着瑞麟查明，按照条约，

---

① 《清实录·穆宗毅皇帝实录》卷一五二。

② 《筹办夷务始末》(同治朝)第4册，中华书局2008年版，第1487~1488页。

将曾源成欠项严追归款。倘再迁延不交，即着按律治罪，以昭平允。瑞麟出省后，所有中外及地方应办事宜，均着郭嵩焘妥为经理，用副委任。①

九月初二日甲子(10 月 21 日)

瑞麟等奏花旗匪党乞降，收复长乐县城。

初七日己巳(10 月 26 日)

李鸿章奏报，常胜军自咸丰十年至同治元年，共花费银两二百五十余万，在江海税关、捐厘总局与上海绅富等捐款中支出。②

初八日庚午(10 月 27 日)

王榕吉奏，请调臬司旧部，并江南炮船赴晋演造。晋省弁兵不习水战，造办炮船，亦未合式。现在江南炮船甚多，清廷着曾国藩、李鸿章拣派营官一员，管带炮船十数只，广募舵工船匠，由运河入黄，沂流赴晋，务于河冰未结之前驰往，不可稍涉迟缓。

修福建台湾战船，从巡抚徐宗干请也。③

十一日癸酉(10 月 30 日)

工程处奏，广东粤海关及河南省积欠工程饷银，请饬该督抚监督飞速拨解。现在定陵顺水峪工程，虽已告竣，尚有欠放之款。清廷着瑞麟、郭嵩焘、师曾将粤海关欠解工程饷银十五万两，吴昌寿将河南省欠解工程饷银十万两，按照前次奏定章程，移缓就急，依限筹解。④

十二日甲戌(10 月 31 日)

瑞麟等奏会剿镇平逆匪，康逆率党窜出。康逆因守镇平，自花旗投诚后，其势

① 《清实录·穆宗毅皇帝实录》卷一五二。
② 《筹办夷务始末》(同治朝)第 4 册，中华书局 2008 年版，第 1510 页。
③ 《清实录·穆宗毅皇帝实录》卷一五三。
④ 《清实录·穆宗毅皇帝实录》卷一五四。

日孤，经方耀等分路进攻，又经江闽各军，会合追截，该逆马队数千，突向新铺一带奔窜。镇平县城，旋即收复。①

十四日丙子(11月2日)

与比利时签订通商条约四十七款。②

十五日丁丑(11月3日)

闽浙总督左宗棠奏，遵查侍逆李侍贤败溃后，投入康逆汪海洋伙内，已于七月初三日夜为汪海洋所杀。

廿六日戊子(11月14日)

容闳在美国朴得公司所购机器百余台到沪，后由李鸿章奏请全部并入江南制造总局。③

廿九日辛卯(11月17日)

马新贻奏浙江台州府属，民情强悍，聚众械斗等案，层见叠出，地方官每因吏议綦严，不无瞻顾消弭之弊，拟请嗣后台州府属各县遇有此等案件，如有知情故纵及讳匿不报者，仍照例参处，如仅止失于觉察，准其宽免处分。

冬十月初九日庚子(11月26日)

马新贻奏，核减漕南浮收，禁革陋规，以肃漕政。浙省正漕，前经降旨分成核减，并准部议以漕项筹抵运费，皆所以轸恤民艰。兹据马新贻奏称，请将额外浮收，痛加裁汰，核实酌留耗余办公，以苏民困。计杭州府属共可减浮收米六万四千六百余石，嘉兴府属共可减浮收米二十八万五千三百余石，湖州府属共可减浮收米十三万六千八百余石。杭嘉湖三府南米，共可减浮收折色钱二十四万七千余串。清

---

① 《清实录·穆宗毅皇帝实录》卷一五四。
② 《筹办夷务始末》(同治朝)第4册，中华书局2008年版，第1513~1526页。
③ 刘传标：《近代中国船政大事编年与资料选编》第1册，九州出版社2011年版，第39页。

廷着照所请。①

十二日癸卯（11 月 29 日）

左宗棠、徐宗干奏剿办上下府各属土匪情形。福建兴泉永漳各属小刀会等匪党，素为民害，经左宗棠等派兵剿捕，将首要各犯次第捡斩。

十三日甲辰（11 月 30 日）

崇实奏教士被殴，凶犯未获，请将署任知州及卸任知州摘顶勒缉。前因总理各国事务衙门奏四川酉阳州人，殴毙法国传教士，并烧抢教民房屋，当经谕令崇实、骆秉章确查惩办。兹据崇实奏称，先有酉阳州教民张天兴等具控张玉光等纵抢叠殴各情，正在饬属审办，复据报传教士冯弭乐自行前赴酉阳，住居城隍庙，被不知姓名多人殴伤殒命，凶犯逃逸。请将署知州等摘顶勒缉。②

十六日丁未（12 月 3 日）

潮州绅民，约英领事坚佐治入城三日。③

廿一日壬子（12 月 8 日）

王榕吉奏，江南炮船未到，请旨再行饬催。前因王榕吉奏称晋省造办炮船未能合式，请调江南炮船。当经谕令曾国藩、李鸿章拣派营官一员，管带炮船十余只，广募舵工船匠，由运河入黄，沂流赴晋，于河冰未结之前驰往。迄今一月有余，据称尚未调到。现在晋省河防吃紧，且瞬届隆冬，河冰渐结，清廷着曾国藩、李鸿章迅将前次所调炮船，赶紧派员带赴晋省，免致为河冰阻隔，贻误事机。④

廿五日丙辰（12 月 12 日）

万青藜、卞宝第奏，官荒地亩，拟试垦水田，请饬议筹办。据称宁河县与天津

---

① 《清实录·穆宗毅皇帝实录》卷一五六。
② 《清实录·穆宗毅皇帝实录》卷一五七。
③ 《筹办夷务始末》（同治朝）第 4 册，中华书局 2008 年版，第 1550~1552 页。
④ 《清实录·穆宗毅皇帝实录》卷一五八。

县交界地方，有荒地六七十里，旷无居人，地力废弃可惜。查宁河等县所属塌河淀军粮城等处，滨临海河，若引水灌溉，可开稻田一千余项，岁可收稻米十数万石，于北地仓储，近畿民食，均有裨益。请饬侍郎崇厚派员履勘，会议章程，请旨办理。

拨山东地丁银四万两，天津山海东海关税银各二万两，解赴盛京户部，以济军需。①

廿八日己未(12月15日)

以神灵显佑，颁江苏扬州府甘江汛风神庙匾额曰"应律扬仁"，宝应县大王庙匾额曰"波恬仰镜"。

刘郇膏奏，苏、松等处减赋数目，间有参差，据实更正检举。据称江苏苏、松、太等处共应递减米四十七万七百余石，惟松属低薄加科田荡，有一亩四五分或二三亩始准熟田一亩者，前奏照原田顷亩作为中则派减，核与赋役全书不符，且与前奏苏、松、太章程第二条所开前顷田荡仍照折实熟田科则一体核减之处，亦未吻合。②

三十日辛酉(12月17日)

浙江巡抚马新贻奏，营兵尚未归伍，请将本年军政展缓举行。从之。

十一月初三日甲子(12月20日)

命刑部右侍郎谭廷襄在总理各国事务衙门行走。

初五日丙寅(12月22日)

户部奏，遵议江苏减免漕粮章程数目。江苏苏、松、常、镇、太五属，编征米二百二万余石，原系汇同漕赠行月南恤局粮等款一串惩收，自应如李鸿章等所奏，无分起运留支，一体并减。沿海瘠区加减之数，并着照章分别核派，应减科则另行造报。③

---

① 《清实录·穆宗毅皇帝实录》卷一五八。
② 《清实录·穆宗毅皇帝实录》卷一五八。
③ 《清实录·穆宗毅皇帝实录》卷一五九。

奕䜣等奏同文馆考核情形，优秀者酌拟八、九品官，仍留馆学习；同时重拟《同文馆章程》六条。①

英国派阿礼国为公使，接替回国之卜鲁士。②

十一日壬申（12 月 28 日）

林鸿年奏，滇事难期速效，请调员督练洋枪，以期制胜。据称探闻滇省回练，或袭通海，或扰广南，省回马起陇等亦有带兵占住宜良县署之事，并分攻古城小仓各营寨。杨盛宗所部兵练，为数不多，难敷防剿。近闻迤西匪徒，多习枪炮，欲图制胜，不可无所挟持。请饬李鸿章迅拨李恒嵩来营，训练洋枪队。清廷着李鸿章传知总兵李恒嵩，酌带洋枪旧部练勇数人，迅速入滇，探明林鸿年行营，前往听候差委。

予福建洋面阵亡游击陈韶舞祭葬世职。③

十五日丙子（公元 1866 年 1 月 1 日）

前据瑞麟等奏遵旨开导潮郡绅民，按照条约，准英人进城，并据英国领事申称，此次进城，百姓不悦，当交总理各国事务衙门议奏。兹据该衙门奏称，已将此案办成原委知照前署英国公使威妥玛。旋接该使信函，并录呈该国领事详报一纸，所称百姓哄闹情形，较瑞麟等所奏尤甚，请仍饬该督等设法办理。清廷着瑞麟、郭嵩焘设法宛转开导，谕以准英人进城，不过为遵奉条约，不准其开行设店等事，实所以保护闾阎。仍一面饬道员张铣等将匿名揭帖之人严拿究办。如该领事仍前狡执，或令其再入潮城一次，惟须办理慎密，必使百姓不逞刁风，洋人亦不长骄气，方为妥善。④

十六日丁丑（公元 1866 年 1 月 2 日）

总理各国事务衙门奏，请分拨津郡洋枪队，防护营口。据称现闻奉省盗风日炽，并有欲扰营口之说。该处额设防兵单薄，万一有警，营口一无所恃。文祥等现在带兵剿办，觉贼势稍重，所带之兵，尚恐不敷剿捕，势难分拨兼顾。拟将天津候调之洋枪队兵一千名，先行移缓就急，酌量拨派。没沟营为奉省财赋之区，久为贼

---

① 《筹办夷务始末》（同治朝）第 4 册，中华书局 2008 年版，第 1560~1564 页。
② 《筹办夷务始末》（同治朝）第 4 册，中华书局 2008 年版，第 1564 页。
③ 《清实录·穆宗毅皇帝实录》卷一六〇。
④ 《清实录·穆宗毅皇帝实录》卷一六〇。

所窥伺，且该处为各国洋商聚集之所，或有疏虞，必至籍口亏折，另生枝节，亟应豫筹堵御，以遏逆氛。清廷即着照该衙门所拟，将此起候调之洋枪队，拨派五百名，驰起营口扼要驻扎，以资保卫。其余五百名，仍着崇厚备齐，听候文祥福兴等调遣。

有人奏，山东省掖县西繇场地面向设有官滩户交课，近有奸民伙贩私盐甚多，该场大使汪杖并不禁止严拿，难保无包庇故纵情事，请饬查办。盐场为国课所出，如有奸民私贩，亟应严拿惩办，清廷着阎敬铭按照所参各节，查明该大使江杖有无纵私废公情事，据实具奏。

以记名总兵官陈东友为福建金门镇总兵官。①

十七日戊寅（公元 1866 年 1 月 3 日）

官文奏，特参带领遣散勇丁与洋人滋事之都司把总，请旨分别革职拿问。据称前在谋胜营充当营官之都司尹昌景寓居汉阳南岸嘴地方，因与洋人口角争斗，带领遣撤勇丁夏修荣等执械帮殴，致将洋人殴伤。现饬江汉关监督照会法国领事，照例办理。清廷批复：尹昌景着即革职拿问；把总陈士雄手持洋枪，随同助势，着一并革职；并着勒令知县尹启健将伊侄尹昌景交出，严拿在逃之陈老表等到案，再行讯究；余着照所议办理。②

十八日己卯（公元 1866 年 1 月 4 日）

恩合等奏，战船在洋遭风，遗失军械，开单呈览。本年五月间，委总巡佐领乔永杰等驾驶旅顺口战船在孤山洋面堵截贼匪，猝遭风浪，以致战船漂没，军械遗失。清廷着乔永杰交部议处，所有船只军械等项着各该部按照原开数目分别制造，并即移咨闽浙总督、福建浙江巡抚赶紧成造，解送盛京，以资巡哨。③

十九日庚辰（公元 1866 年 1 月 5 日）

闽浙总督左宗棠奏，遵查曾宪德前在延建邵道任内因误用参将吴连升，未能痛剿窜贼，故于密考内参劾，旋因李逆侍贤句（勾）结洋人，饬委该道查办，卒能钤制柏威林，断其接济之路，知其才可用，未敢以前事掩其所长。惟两次奏保该员，

---

① 《清实录·穆宗毅皇帝实录》卷一六〇。

② 《清实录·穆宗毅皇帝实录》卷一六〇。

③ 《清实录·穆宗毅皇帝实录》卷一六〇。

漏未将密考叙入，应请交部察议。得旨：左宗棠着加恩免其察议。①

廿四日乙酉(公元 1866 年 1 月 10 日)

据刘长佑奏称，防饷繁巨，立虞匮乏，请在盐斤复价项下，再行提拨银十万两，并于节年盐课、灶课、包课各项下，凑拨银五万两。清廷着准如数动拨，俾供支放。②

廿五日丙戌(公元 1866 年 1 月 11 日)

浙江巡抚马新贻奏，嘉、湖二属兵燹之后，复被水灾虫灾，请将应征白粮，按照漕粮成熟分数收运。下部知之。

以浙江督办土备塘工出力，予同知赵立诚等弁叙有差。

抚恤朝鲜国遭风难夷如例。

廿六日丁亥(公元 1866 年 1 月 12 日)

以广东高澜三灶洋面捕盗出力，赏游击卫明英等花翎，千总郑现升等蓝翎，余加衔升叙有差。

以广东嘉应州城被匪窜陷，革知州程培霖职，仍戴罪效力。

廿七日戊子(公元 1866 年 1 月 13 日)

户部奏，豫拨来年京饷。据称历届京饷，均系年前豫拨，现届应行豫拨同治五年京饷。拟在各省地丁盐课关税等项银内，拨银六百万两，请饬各该省于来年分批起解。清廷着各该将军通商大臣督抚盐政监督等，务于来年开印后，分批起解，限五月前解到一半，十二月初间全数解清，不准截留改拨。③

廿九日庚寅(公元 1866 年 1 月 15 日)

御史王师曾奏，山东东路防守单弱，请饬带兵提臣，总办青莱各府团练。

---

① 《清实录·穆宗毅皇帝实录》卷一六〇。
② 《清实录·穆宗毅皇帝实录》卷一六一。
③ 《清实录·穆宗毅皇帝实录》卷一六一。

三十日辛卯（公元 1866 年 1 月 16 日）

抚恤琉球国遭风难夷如例。

初五日丙申（公元 1866 年 1 月 21 日）

奕䜣等奏，英、法两国赔款付欠各数及尾数找清办法。①
俄使照会，商船请照法国船钞章程。②
此次考核后，同文馆外国教习媒人送银两百两。③
英国公使阿礼国呈交第三次住府租银。
署两广总督瑞麟等奏，粤东积欠军饷，暂借英商颠志银十万两。④

初七日戊戌（公元 1866 年 1 月 23 日）

前因文祥等奏，宁远所属中后所，为山海关门户，请调洋枪队兵防守，当经谕令崇厚即行调派。兹据崇厚奏称，津郡存营官兵，已三次调派出师，至一千五六百名之多，现在仅存洋枪队千余名。大沽海口，附近青沧一带，向有匪徒，与关外马贼声气相通，宜加防范。若过事空虚，设有缓急，难资备御。清廷着崇厚仍遵前旨，即饬春霖迅速管带出关，毋稍延误。⑤

初八日己亥（公元 1866 年 1 月 24 日）

以乍浦副都统明兴兼署杭州副都统。

初九日庚子（公元 1866 年 1 月 25 日）

前因左宗棠奏，闽省鹾纲疲坏，请试行票运一年，当交户部议奏。嗣经该部以闽盐改行票运，全议更张，恐亏课病民，咨令该督妥筹，期于毫无窒碍。兹据奏

---

① 《筹办夷务始末》（同治朝）第 4 册，中华书局 2008 年版，第 1589～1592 页。
② 《筹办夷务始末》（同治朝）第 4 册，中华书局 2008 年版，第 1598～1599 页。
③ 《筹办夷务始末》（同治朝）第 4 册，中华书局 2008 年版，第 1602 页。
④ 《筹办夷务始末》（同治朝）第 4 册，中华书局 2008 年版，第 1604～1605 页。
⑤ 《清实录·穆宗毅皇帝实录》卷一六二。

称，自本年闰五月起，试行票运，甫及半年，所收实解之款，已抵前次一年及一年半之数。向之疲滞口岸，自试行新章以来，渐有商贩认办，各衙门一切陋规，所裁不下七八万两，群情翕然。且厘随课出，皆取之买票商贩，并未沿海散抽。数月以来，亦无私枭拒捕之案。从前县澳官帮，坐收课费，以充私囊，今则挈向时官吏私攫之款，涓滴归公。至闽盐积欠数百万两，现虽专顾课厘，而旧欠仍未尝不按期催缴，请仍饬部将试改票运行止速行议覆。清廷着照所请，先行试办一年，俟有成效，即行奏明着为定章，以肃鹾政而裕课饷。

前因李鸿章奏已革道员张景渠联络弁兵，克复镇海并宁波绍兴各府城，著有劳绩，请将该革员家产发还，当经降旨允准。兹据左宗棠奏称，张景渠前在宁绍台道任内，弃所辖地方，避贼而逃，仓库钱粮，付诸一掷，获咎较重。前次查抄该革员资产，业经遵旨变充兵饷，分赏将士，请无庸发还。清廷着照所请，浙江前次抄变张景渠原籍资产，即着无庸发还。①

初十日辛丑（公元 1866 年 1 月 26 日）

户部等衙门奏，遵议筹拨内务府需用银两。前因内务府奏称用款支绌，当交户部会同内务府妥议具奏。兹据该衙门等奏称，各省欠款太巨，遽令批解，势必不能，而借支部库又非长策，请设法变通，酌核解款，及暂行添拨。清廷着照所请。其暂行添拨之两淮盐课银三万两，两浙盐课银三万两，山东盐课银三万两，广东盐课银三万两，江海关洋税银三万两，闽海关洋税银三万两，浙海宁波口洋税银三万两，江汉关洋税银三万两，临清关税银三万两，福建茶税银三万两，共银三十万两，即着各该督抚盐政监督等于来年开印后，陆续解交内务府。至粤海关公用银三十万两，自同治五年起，如有蒂欠，并着户部照章奏参，实予革职。②

十四日乙巳（公元 1866 年 1 月 30 日）

浙江巡抚马新贻奏，通省各官，现无合例堪保亦无不职应劾之员，请将元年、本年两次大计展缓举行。从之。

十六日丁未（公元 1866 年 2 月 1 日）

阎敬铭奏办理东省筹防，编设马队，并拟添火器，暨筹办东路防务。

---

① 《清实录·穆宗毅皇帝实录》卷一六二。
② 《清实录·穆宗毅皇帝实录》卷一六二。

十九日庚戌（公元 1866 年 2 月 4 日）

总理各国事务衙门奏，英国领事前入潮州，未能完结，请饬瑞麟遵旨妥筹办理。据称英国领事坚佐治前入潮州一事，本系按约办理，何以该处刁民，捏造讹言耸惑众听。即如瑞麟前奏内所称，潮州绅民恐该领事入城后，在城建造天主堂，有所伤犯，是以峻拒。其实近来建堂传教各案，俱系法国人所为，从未闻英国人偶有此事，是编造谣诼者，于英国、法国尚不能分晰清楚，岂可轻信以滋群疑。至开张行店设立关卡各节，该领事既言明不办，自应坚守成约。清廷着瑞麟督饬在事各员，逐层明晰开导，尽释绅民之疑。俾该国领事得以按约入城，如该员等办理未能妥协，瑞麟务遵前旨，亲往潮州督办此事。总以绅民共信，不以一时私见，致误中外和好大局，方为妥善。傥办理无方，或令衅端由此而启，必惟瑞麟是问。至前次张贴匿名揭帖之人，仍着饬令地方官不动声色，严密查拿，不得稍涉张惶，致滋他事。①

二十日辛亥（公元 1866 年 2 月 5 日）

总理各国事务衙门奏，接据法国公使信函，密陈办理黔省教务。据称法国公使遣翻译官呈递胡缚理禀函各件，内叙招抚回匪始末，并称陆佑勤等造言捏谤，致张亮基屡屡寻衅，又称永宁州有杀死司铎教民之事。②

廿四日乙卯（公元 1866 年 2 月 9 日）

同治帝御重华宫，赐琉球国使臣东国兴等二人食。

廿七日戊午（公元 1866 年 2 月 12 日）

署两江总督李鸿章奏，江苏甫经肃清，正佐各员实缺无多，历俸亦多未满，请将咸丰九年同治元年暨本年大计展缓举行。从之。③

以江苏办理海运出力，予知府汪有勋等加衔升叙开复有差。

朝鲜国使臣李兴敏等三人于午门瞻觐。

---

① 《清实录·穆宗毅皇帝实录》卷一六三。

② 《清实录·穆宗毅皇帝实录》卷一六三。

③ 《清实录·穆宗毅皇帝实录》卷一六四。

李鸿章奏上海会防局开办、裁撤始末。①

是年

英国在上海租界开设汇丰银行。②

厦门海关将捕获的英国走私轮船"古董"号改装为巡逻船"靖海"号，首任管带为康长庆。

英格兰人莫尔海在上海浦东建立火轮船厂，主营修船。

厦门船坞有限公司所建"白拉梅"船坞竣工。

左宗棠让德克碑，将拟办船厂、船式、轮机及有关机器绘成图式，带到法国采购。③

同治五年　丙寅　公元 1866 年

春正月初二日壬戌（2 月 16 日）

以福建筹备兵糈，予将军英桂、总督左宗棠、巡抚徐宗干等议叙有差。

初五日乙丑（2 月 19 日）

免福建本年例贡品物。

初六日丙寅（2 月 20 日）

总理各国事务衙门奏，酌派前任山西知县斌椿率同官生等前赴外国游历，采访

---

① 《筹办夷务始末》（同治朝）第 4 册，中华书局 2008 年版，第 1617~1619 页。

② 袁继成：《近代中国租界史稿》，中国财经出版社 1988 年版，第 376 页。

③ 刘传标：《近代中国船政大事编年与资料选编》第 1 册，九州出版社 2011 年版，第 40 页。

风俗。从之。①

同文馆派三名学生随赫德前往英国游览。②

十一日辛未(2月25日)

署两广总督瑞麟等奏报，嘉应失陷，潮州吃紧，俟防务稍松后再议英人进入潮州一事。③

十三日癸酉(2月27日)

前据万青藜、下宝第奏，官荒地亩，拟试垦水田，当经谕令崇厚会同顺天府直隶总督派员履勘。兹据万青藜等勘明海河北岸，自邢家沽起，至卧河村止，开浚环渠，中开泄水渠一道，渠旁两岸，可开垦稻地五百余顷，计需渠工约银八千数百两。此项银两，清廷准由崇厚借款兴办，即着督饬委员招户认垦，将酌定章程及应行事宜认真经理。

福建巡抚徐宗干奏，边防未靖，请将各属动缺仓谷从缓买补。报闻。④

十五日乙亥(3月1日)

御保和殿，赐文武大臣、蒙古王、贝勒、贝子、公、额驸、台吉暨琉球使臣等宴。

左宗棠等奏，官军进逼嘉应东路，痛剿扑垒悍贼，大获胜仗，首逆汪海洋伏诛。

十八日戊寅(3月4日)

仓场侍郎锺岱、宋晋奏，排造船只，请格外加增价银。清廷着照所请，所有该仓场现在排造船四十只，每只于例价加价外，准其增领银三百二十一两五钱，即着户部于该仓场年前借拨银十万两内，先行拨给银五万两，为排船并行漕各事

---

① 《清实录·穆宗毅皇帝实录》卷一六五。
② 《筹办夷务始末》(同治朝)第4册，中华书局2008年版，第1621~1622页。
③ 《筹办夷务始末》(同治朝)第4册，中华书局2008年版，第16234页。
④ 《清实录·穆宗毅皇帝实录》卷一六六。

之需。①

十九日己卯（3 月 5 日）

马新贻奏，总兵出尖巡哨，遇贼被害，调兵歼捕巨寇。同治帝批示：引股外洋盗匪，胆敢于水师巡哨之时，驾驶广艇，围裹师船，抗拒官军，致令署总兵刚安泰等同时战殁，实属罪大恶极。现经署副将张其光等统率师船，驶往剿捕，立将首匪梁彩斩馘，毙匪多名，夺获船只器械，并捡获戕害官军各犯，剿办尚属迅速。着马新贻将省城事宜妥为部署，即驰赴宁波海口，督饬在事各员弁，将余匪搜捕净尽，务绝根株，以清洋面。

以浙江剿办主山洋匪获胜，赏副将张其光巴图鲁名号，予阵亡总兵官刚安泰、游击蔡凤占、千总江潜蛟、把总牟仁彪祭葬世职加等。②

廿一日辛巳（3 月 7 日）

前因左宗棠奏，粤海关收税，请由督抚设法筹办，当谕令户部议奏。兹据奏称，该关积弊已深，历任总督监督，纵不至尽属肥己，亦难保不受家人丁书之业蔽。今左宗棠奏闻每岁不下二百万两，与该关奏报银数大相悬殊，请饬两广总督广东巡抚查明办理。清廷着瑞麟、郭嵩焘严密查明该关各口实在收税数目，以及蒙蔽情形，妥议章程，限三个月内，详细奏明，再由该部酌核办理。③

廿六日丙戌（3 月 12 日）

清廷与英、法商定招工章程二十二款。④

二月初二日壬辰（3 月 18 日）

李鸿章奏，核奖各税务司赫德、吉罗福等七人。⑤

---

① 《清实录·穆宗毅皇帝实录》卷一六六。
② 《清实录·穆宗毅皇帝实录》卷一六六。
③ 《清实录·穆宗毅皇帝实录》卷一六七。
④ 《筹办夷务始末》（同治朝）第 4 册，中华书局 2008 年版，第 1624~1638 页。
⑤ 《筹办夷务始末》（同治朝）第 4 册，中华书局 2008 年版，第 1638~1639 页。

洋枪队法人将领毕乃尔愿隶安徽合肥县籍。①

初三日癸巳（3 月 19 日）

总理各国事务衙门奏，广东办理英领事入潮城一案，复接英国照会，请派员随两广总督前往潮州妥办。英人进潮城一事，经瑞麟与该领事言明，不开行店，不设关卡，不建天主堂。业经坚佐治允肯照办，将此晓谕绅民。洋人进城一次，旋经官绅护送出城。前据瑞麟等奏，坚佐治入城以后，潮民复张揭帖，聚众喧呼，实因通事佛礼赐邀求建立洋馆，暂住一月，一时哄传，遂至复滋疑议。坚佐治以此不甚惬意，现摘传潮城绅士数人到省，面加开导，熟筹经久善策。英国使臣阿礼国此次在总理衙门呈递照会，语多激切，若不妥筹了结，深恐别滋衅端。本日因两淮盐运使丁日昌系潮州原籍，前在上海，洋人熟悉，清廷令其随同瑞麟前赴潮州办理。着李鸿章即传知该运使，即日由上海乘坐轮船赴广东省城，随同瑞麟赴潮，务须不激不随，顾全大局，方为妥善。②

初七日丁酉（3 月 23 日）

总理各国事务衙门奏称，江宁还堂一事，前经李鸿章咨据江宁府禀称，该国不愿城外择地抵换，应令自来江宁，与该处官绅面议。兹据法国公使照会内，以并无完结之信为词，请以三个月为限，仍请饬令李鸿章妥筹速结。金陵教堂，业经该署督允议抵还，如能于城外择地抵换，清廷即着李鸿章速为议结。倘该国主教必欲在城内建堂，该署督亦当于城内另择一区，给与修造，总期彼此相安，群情帖伏，毋任地方官籍词迁延，致该国有所籍口，日事哓哓也。寻据江宁府知府涂宗瀛禀称，与教士雷通骏辩论数月，仍遵前说，以城内小桃源空基一处查还，并将该教士现寓小丰富巷旧屋及旁基稍为加宽，给与栖身，均缮立汉文、洋文合同，互换结案。下所司知之。

总理各国事务衙门奏，查还陕西教堂，请饬速办。各省查还天主堂旧址，原系按照和约办理，自应早为完结，以免外国人籍口。陕西省已历五年，尚未办结，叠经总理各国事务衙门咨催。该抚仅以西安教堂并无实在凭据，未能照办；城固教堂则因主教未到莫可筹商等词声覆。今该国公使以陕省因循未办，请立限六个月，期内交还。清廷着刘蓉迅饬该地方官，将查还西安城固原有教堂速行设法办结，并立

---

① 《筹办夷务始末》（同治朝）第 4 册，中华书局 2008 年版，第 1640~1641 页。
② 《清实录·穆宗毅皇帝实录》卷一六八。

564

予限期，毋得再事迟缓。①

十四日甲辰(3 月 30 日)

左宗棠奏，粤省军务告蒇，班师回闽，请令高连升带所部赴任。②

十八日戊申(4 月 3 日)

马新贻奏筹办海塘情形，称石塘工程危险，雇夫储料，均难凑手，未能迅速集事。浙省海塘为两省民命所关，清廷着该抚督同司道严饬各厅弁设法筹款，多购料物，将土塘埽工认真保护，未堵缺口赶紧修筑，断不可怠缓因循，停工待饷。据奏此次筹修海塘工程，均系该司道会同稽核，实用实销，各厅弁皆三年杭城克复后始行委署，于银钱全不经手，与从前领项承修者迥不相同。③

十九日己酉(4 月 4 日)

予浙江洋面阵亡外委林鹰扬祭葬世职加等。

二十日庚戌(4 月 5 日)

总理各国事务衙门奏，据总税务司呈递《局外旁观论》，英国使臣呈递《新议论略》，于中外情形深有关系，请饬交沿海沿江通商口岸地方各督抚大臣妥议。中国军务未平，帑项未裕，洋人即因此以生觊觎。总税务司赫德所陈局外旁观论，大旨有二：曰内情，曰外情。英国使臣威妥玛所陈新议论略，大旨有二：曰借法自强，曰缓不济急。其词与局外旁观论大意相同，而措词更加激切。其所以挟制中国者，以地方多故，不能保护洋商为兢兢。现据总理各国事务衙门奏称，窥洋人之立意，似目前无可寻衅，特先发此议论，为日后藉端生事地步。若不先事通筹，恐将来设有决裂，仓卒更难措置。同治帝晓谕：因思外国之生事与否，总视中国之能否自强为定准。该使臣等所论，如中国文治、武备、财用等事之利弊，并借用外国铸钱造船军火兵法各条，亦间有谈言微中之时。总在地方大吏实力讲求，随时整顿，日有

---

①　《清实录·穆宗毅皇帝实录》卷一六八。

②　《清实录·穆宗毅皇帝实录》卷一六九。

③　《清实录·穆宗毅皇帝实录》卷一六九。

起色，俾不至为外国人所轻视，方可消患未萌，杜其窥伺之渐。至所论外交各情，如中国遣使分驻各国，亦系应办之事。此外所论各节，反复申明，总以将来中国不能守信为疑。所陈轮车电机等事，虽多窒碍难行，然有为各国处心积虑所必欲力争之事，尤恐将来以保护洋商为词。即由通商口岸而起，江苏、江西、浙江、湖广、闽粤各省，及三口通商地方，均系沿江沿海，与该洋人日相交涉。该督抚等俱应熟悉中外情形，应如何设法自强，使中国日后有备无患，并如何设法豫防，俾各国目前不致生疑之处。着官文、曾国藩、左宗棠、瑞麟、李鸿章、刘坤一、马新贻、郑敦谨、郭嵩焘、崇厚各就该处情形，及早筹维，仍合通盘大局，或目前即可设施，或陆续斟酌办理，或各处均属阻滞，断不可行，务条分缕析，悉心妥议，专折速行密奏。此事关系中外情形甚重，该督抚大臣等务当共体时艰，勿泥成见，知己知彼，保国保民，详慎筹画，不可稍涉疏略，是为至要。

总理各国事务衙门奏，请饬各省督抚将中外交涉事件迅速了结。同治帝晓谕：洋人性多坚执，遇有交涉事件，必求悉如所愿。惟在临事揆度机宜，办理迅速，方不至因迟生疑，因疑生愤。乃近来各省办理交涉事件，不论事之难易，相率悬宕，甚至有数年不结者。即如广东潮州入城一事，不立教堂，不设关卡，不开行栈三条，言之已久。阿礼国断非近日始知，乃先则不言，而近忽言并无其事，可见因循延误，于和好大局关系匪轻。着各该将军督抚府尹等严饬各地方官，嗣后于中外交涉事件，务须迅速办理。其易于了结者，固应随时妥办。即有难为之事，亦当折之以理，谕之以情，与之反复辩论，万不可一味迟延，致彼族有所籍口，激成他变，是为至要。①

廿六日丙辰（4月11日）

马新贻奏巡视海口情形，酌议改造战船往。官军搜捕洋盗，全赖船械得力，方能奏效。马新贻现拟改造红单广艇三十号，合之张其光原带广艇十只，共计四十号，分派温州等处各要口，并购买外国轮船一两只，以为游击雕剿之用。清廷着照所请行，仍着马新贻督饬沿海各将弁，就现有师船，认真巡缉，搜捕余匪，以靖地方。②

命署广东巡抚郭嵩焘来京，以浙江布政使蒋益澧为广东巡抚，浙江按察使杨昌浚为布政使，补用道王凯泰为浙江按察使。

---

① 《清实录·穆宗毅皇帝实录》卷一六九。
② 《清实录·穆宗毅皇帝实录》卷一七〇。

三月初二日辛酉(4 月 16 日)

清廷饬户部先行借拨库银十万两以应要需外，着添拨两淮两浙山东广东盐课，及江海关、闽海关、浙海宁波口、江汉关洋税、临清关税、福建茶税均着遵限于六月前各将添拨银数筹解一半，统于十二月扫数解清。其粤海关应解银三十万两，着该监督源源报解，毋得延缓干咎。①

初五日甲子(4 月 19 日)

派工部尚书单懋谦、仓场侍郎锺岱前往天津验收海运漕粮，户部左侍郎皂保前往通州，会同仓场侍郎宋晋办理验收事宜。

初九日戊辰(4 月 23 日)

马新贻奏，福建崇安县突被斋匪阑入，派兵越境剿办。据称崇安斋匪于二月十五日阑入县城，句(勾)结九龙山土匪，人数甚众。清廷着马新贻即饬副将余朝贵等会同江闽各军合力兜击，以期一鼓聚歼。②

十一日庚午(4 月 25 日)

刘坤一奏，请将九江关短征各款银两，免其赔缴，并将征收比较单呈览。据称九江关短绌赢余银两，实因兵燹之后，商贩无几，加以常税多归洋税，短收实出有因，并将船料盐木等项税银短收原委，详细缕陈，恳请将本届短征赢余银两及以后征收赢余银两，如有短少，暂免着赔，俟税务渐有起色，即请复归旧制。清廷暂免着赔。③

十五日甲戌(4 月 29 日)

本日据李鸿章将丁日昌拟陈办理潮州交涉洋务事宜，据情转奏，开单呈览。据称潮郡绅民，不愿洋人入城，一在惜虚声，一在惧实祸。洋人必欲汲汲入城者，一

---

① 《清实录·穆宗毅皇帝实录》卷一七一。
② 《清实录·穆宗毅皇帝实录》卷一七一。
③ 《清实录·穆宗毅皇帝实录》卷一七二。

恐他处效尤，一苦他国嘲笑，并虑入城之后，难于长久相安。所陈应办事宜三条，如立威宜留余地，劝谕宜通民志，绅士宜才德并用。清廷着李鸿章即饬丁日昌赶紧驰回粤东本籍，听候瑞麟调遣，毋稍稽延。粤省督臣，既据丁日昌声称未便径赴潮郡，先亵威重，致事后转多窒碍，着瑞麟即行先赴嘉应驻扎，传谕潮郡得力绅士赴辕开导，并择仕潮素得民心之大员会同绅士亲往抚慰劝谕，俾潮郡绅民自行转圜，使洋人入城之举，出于绅民，而非由于大吏之迫胁，庶日久可以相安无事。前任广东藩司李福泰、潮阳令冒澄素得该郡民心，李福泰着暂留粤东，与冒澄均由瑞麟酌量派往潮郡，曲行晓谕绅民，并将该郡政令之不便于民者，先行裁革，以顺民情。绅民中有才德可用取信于民者，该署督即行酌量收用，以冀因势利导。总期事在必成，顾全大局，不可畏难中止。丁日昌所称洋人入城之后，恐其以利饵诱愚民，当徐图防范一节，着瑞麟于该员到辕后，饬令将防范事宜豫行筹画，毋稍疏忽。①

十六日乙亥(4月30日)

奕䜣等奏，请饬沿海各省督抚，凡外国交出中国人犯，咨商核复，奏明办理。②

十七日丙子(5月1日)

有人奏，天津关向在三河县设有分口，近闻三河县税局，又在宝坻新集镇等处设立分局，遇有船运车运，无论未税已税及应税不应税之物，概行讹索，请旨饬查。清廷着万青藜、卞宝第确切查明，按律严惩。寻奏：遵查新集镇分局收税历年已久，均系按照税则，并无讹索等事。惟东路七县共分局二十一处，不免多扰，应请饬部核减。从之。③

廿一日庚辰(5月5日)

山东巡抚阎敬铭奏，军务吃紧，请将上年大计再缓举行。从之。

廿六日乙酉(5月10日)

总理各国事务衙门奏，据崇厚函称，奉省马贼于三月初九日窜至牛庄，遽行失

---

① 《清实录·穆宗毅皇帝实录》卷一七二。
② 《筹办夷务始末》(同治朝)第5册，中华书局2008年版，第1715~1716页。
③ 《清实录·穆宗毅皇帝实录》卷一七二。

守，距营口九十里，该处惊惶之至。没沟营地方，为税课攸关，额设防兵单薄，万一有警，所系非轻，兼之洋商聚集，倘有疏虞，必至籍口亏折，请饬拨兵前往防护。清廷着文祥等悉心酌度，如兴京无事，即将春霖所带洋枪队五百名调赴营口，仍另拨得力将弁，迅速往援。崇厚一面筹防南路发捻，一面将天津所练洋枪队酌量分拨数百名，酌齐器械，委员统带前往，听候调遣。①

廿八日丁亥(5月12日)

福建已革参将蔡润泽，前经左宗棠等奏请暂缓发遣，留营效力，当经降旨允准。兹据该督等奏称，同治三年九月间，漳州被匪窜扰，该革员在厦门亲操练勇，于金鸡亭地方扼守要隘，涉历风涛，不避艰险，请以都司留于水师补用。蔡润泽着准其以都司留于福建水师补用。

左宗棠、徐宗干奏，收复崇安、建阳两城，派军会剿斋匪。

蒋益澧奏赴程起粤日期，拟于酌带亲兵数百人外，再添带部勇数营赴粤，藉资分布。清廷着即照所拟办理，俟粤东通省肃清后，再行酌量裁撤。蒋益澧以该省前曾协济浙江军饷，并筹发该抚一军援浙饷银三十余万两，现拟暂由浙省筹银一二十万两，移济广东目前之急。清廷着马新贻即行设法迅筹接济，不得稍分畛域。②

是月

徐寿、华蘅芳等研制的中国第一艘轮船"黄鹄"号在南京试航。③

夏四月初二日庚寅(5月15日)

长善奏山海关防剿官兵不敷差遣，请调员来关助剿。

初三日辛卯(5月16日)

马新贻奏，遴员请补知府州县各缺。据称浙江严州府海宁州乌程慈溪山阴江山等县，自经兵燹之后，地方情形之难易，迥非从前可比，非才识兼优、熟悉情形之员，不能胜任。而合例应补者，又皆人地未宜，不得不破格请补。严州府知府，清

---

①　《清实录·穆宗毅皇帝实录》卷一七三。

②　《清实录·穆宗毅皇帝实录》卷一七三。

③　《近代中国海军》，海潮出版社1994年版，第1180页。

廷着准其以刘汝璆补授；海宁州知州，着准其以靳芝亭借补；乌程县知县，着准其以曾国霖补授；慈溪县知县，着准其以贺瑗补授；山阴县知县，着准其以杨恩澍补授；江山县知县，着准其以陶鸿勋补授。①

十六日甲辰(5 月 29 日)

浙江巡抚马新贻奏，杭城两次殉难之官绅、士民、妇女业经建立崇义祠，恳恩列入春秋祀典。允之，并颁匾额曰"湖山正气"。

十八日丙午(5 月 31 日)

浙江巡抚马新贻奏，遵查浙江月协甘饷二万两，闽饷十四万两现将协闽一款，奏明停止，移为海塘之用。惟甘肃军务正紧，不能不兼筹并顾，拟自本年六月为始，添拨银三万两，共五万两，按月解运。下部知之。②

廿八日丙辰(6 月 10 日)

以福建台湾搜捕逆匪出力，赏副将汤得升巴图鲁名号，在籍员外郎黄景琦等花翎，通判萧澈等蓝翎，知府陈懋烈等加衔升叙有差。③

廿九日丁巳(6 月 11 日)

瑞麟等奏，粤海关历年欠解广储司公用银两，无款带解，开单呈览。内务府用款支绌，经户部等衙门议令直省各关口，欠数在百万以外者，或解五万，或解八万，自同治五年起，每年带解。今粤海关欠解广储司公用之款，至二百三十余万两之多，实属积压太巨。该督抚监督请暂缓带解，俟一二年后，察看关税征收稍有起色，再行筹补带解清款。惟内务府用款支绌，亦属实在情形，着瑞麟等仍遵前旨，设法带解，以充公用。其参价带缴一项，亦即酌量解缴，毋稍迟误。至数目不符之处，着户部按照单，查核更正。④

---

① 《清实录·穆宗毅皇帝实录》卷一七四。
② 《清实录·穆宗毅皇帝实录》卷一七五。
③ 《清实录·穆宗毅皇帝实录》卷一七五。
④ 《清实录·穆宗毅皇帝实录》卷一七五。

三十日戊午(6月12日)

英国汕头领事坚佐治告假回国，改以固威林署理领事。①

五月初一日己未(6月13日)

英国派粤之教练官兵撤回，旗营弁兵三百六十四名照旧由领事教演习。②

初五日壬戌(6月17日)

总理各国事务衙门奏，比利时国换约届期，请派员互换。比利时国前立条约，声明一年期内，在沪互换。现据该国公使金德呈递照会，内称请派员前往上海会办。该公使现往东洋，约计三个月后可以到沪，应于本年九月以前互换。清廷着派郭柏荫将上年与比利时国所立条约妥为互换。其修约各本，俟崇厚派员赍送至江苏时，即着郭柏荫祗领，届期前往上海办理，并着军机处将此次寄谕摘录，一并发往。如该使索看凭，即可给与阅看，俟换约事毕，此旨仍缴还军机处备查。③

初八日丙寅(6月20日)

福建水师提督吴全美因病解职，以漳州镇总兵官李成谋为水师提督，记名总兵官孙开华为福建漳州镇总兵官。

以福建官军殄灭斋匪，予提督黄少春优叙，余加衔有差，免署知府同知周星诒处分。

初九日丁卯(6月21日)

福建海坛镇总兵黄进平、台湾镇总兵曾玉明、闽粤南澳镇总兵颜青云、福建台湾道丁曰健、台湾府知府陈懋烈均着开缺来京，交该部带领引见。

---

①　《筹办夷务始末》(同治朝)第 5 册，中华书局 2008 年版，第 1729~1730 页。
②　《筹办夷务始末》(同治朝)第 5 册，中华书局 2008 年版，第 1731~1732 页。
③　《清实录·穆宗毅皇帝实录》卷一七六。

初十日戊辰（6 月 22 日）

单懋谦等奏验收剥运船米，请饬直隶迅解船只。直隶沿河各州县，从前失修缺额船二百九十余只，限令本年正月间，一律照数赔补，乃逾限已久，各州县仍未交齐，此外尚有应解抵补船七百六十余只，交者更属寥寥。清廷着刘长佑严饬沿河各州县将应交船只勒限一律交齐，解赴天津应用。①

以记名总兵官鞠耀乾为福建海坛镇总兵官，杨政谟为闽粤南澳镇总兵官。

十一日己巳（6 月 23 日）

现在记名水师总兵人员，将次用竣。清廷着两江、闽浙、两广总督于水师副将内遴选堪胜水师总兵者，各保奏数员，迅速送部引见候旨记名，以备简用，不得以无员可保一奏塞责。其水师参将游击都司守备各员，如有材艺出众、打仗屡著劳绩者，并着核实开单具奏。②

十六日甲戌（6 月 28 日）

御史朱镇奏，广东滨海州县，每于海潮退后，水涸成滩，名曰沙地，绅衿据为私产，请饬清查丈量，以裕国赋而免侵渔。清廷着两广总督广东巡抚严饬滨海各州县，将此项沙地认真丈量，悉数造册，计亩升科，毋任该绅等垄断弊混。其州县各员，果能办理妥善，并准仿照近畿办理黑地章程，奏请奖叙。③

六月初三日庚寅（7 月 14 日）

左宗棠奏，现拟试造轮船，并陈剿捻利用车战片。中国自强之道，全在振奋精神，破除耳目近习，讲求利用实际。该督现拟于闽省择地设厂购买机器，募雇洋匠，试造火轮船只。所需经费，清廷即着在闽海关税内酌量提用。至海关结款虽完，而库储支绌，仍须将此项扣款按年解赴部库，闽省不得辄行留用。如有不敷，准由该督提取本省厘税应用。

以浙江攻克南田盗垒，并水师巡洋出力，赏知府刘璈巴图鲁名号，游击梁得

---

① 《清实录·穆宗毅皇帝实录》卷一七六。
② 《清实录·穆宗毅皇帝实录》卷一七六。
③ 《清实录·穆宗毅皇帝实录》卷一七七。

义、同知郭定勋等花翎，把总张朝光等蓝翎，余加衔升叙开复有差；予阵亡游击吴德华等十一员祭葬世职加等。①

初七日甲午(7 月 18 日)

英照会朝鲜不卖伙食，法照会朝鲜杀害教士，拟用兵该国。奕䜣等已复文排解。②

法照会南方数省欺凌陷害传教士及习教人，将派兵船给予保护。奕䜣等予以驳回。③

十四日辛丑(7 月 25 日)

军机大臣会同兵部等部核议钦差大臣官文等会奏长江水师事宜。一、新设长江提督，应驻太平府以资控制，无庸议驻芜湖。二、建提督行署于岳州。与太平衙署各以半年分驻。以便周历巡查。三、长江提督有交涉外国事件。定为文武兼用之缺，仍归江楚两总督节制。遇有紧要事件，准其单衔具奏。四、提督之下，设岳州、汉阳、湖口、瓜洲、四总兵，并隶以狼山镇总兵，共六标二十四营。五、江面正流，上起洞庭湖，经鄱阳湖，下至狼山镇，均归长江提督统辖，余仍旧制。六、副将参将游击为营官，拟沿江分汛建立衙署。七、都司以下为哨官，即住哨船办公，不准建衙。八、每营皆以都司二员管驾长龙船为左右领哨，分派守备管驾三板船为副领哨。九、各营皆设督阵大三板一号，长龙二号，副将营三板四十号，参将营、游击营、各递减十号。十、领哨都司，另给无兵三板一号，以期打仗便捷。十一、自提督以下，均酌设稿书书识，办理文案，十二、兵丁优给口粮，按季在江宁武昌两盐道库支领。十三、凡副将营设都守千把外委四十三缺，参将营三十三缺，游击营二十三缺。十四、提督准给坐船四号，总兵三号，副参游各二号，都司以下至外委各一号。十五、千把外委员缺，由提督遴员题补，都守员缺，由提督主稿，会同总督办理。副参游均作为题缺。至总兵缺出，则以该提督并江楚两总督所保堪胜人员，候旨简放。十六、酌留江楚厘卡数处，由各盐道经收，为长江水师俸饷船炮之费。十七、于安庆武昌长沙三省城设局，制造子药。十八、于汉阳吴城草鞋夹三处各设船厂，排定各营哨轮年修理。十九、雨篷旗帜等项酌筹经费，按年交哨官承领修换。二十、廉俸兵米均照陆营支给。二一、申明登岸吸洋烟赌博三禁，违者分别参办。二二、水师责成，以驱逐游匪、严防劫盗为重。遇有失事，即行开

---

① 《清实录·穆宗毅皇帝实录》卷一七八。
② 《筹办夷务始末》(同治朝)第 5 册，中华书局 2008 年版，第 1774~1776 页。
③ 《筹办夷务始末》(同治朝)第 5 册，中华书局 2008 年版，第 1779~1782 页。

参。二三、归隶长江人员，有原保官阶较大未经补实者，准以小缺借补。二四、战船不准擅离汛地，私借者照例议处。二五、长龙长四丈有奇，安炮六位。三板长二丈九尺，安炮四位。二六、狼山江面较宽，风涛不测，应另造大船轮船以资巡缉。二七、禁止商民私设炮船。即于战船内奏派巡缉私盐。其未经奏派者，概不准干预盐务。二八、建立衙署军装局，即于酌留厘卡内动款支用。二九、京口、狼山、湖口、汉阳、岳州五处水师标营，悉归长江提督节制。其向无水师名目者，仍照旧章办理。三十、水师技艺，首重驾船，次演炮，哨官则兼阅枪箭。每年春季，提督在上江会同两湖总督简阅一次，秋季在下江会同两江总督简阅一次，核其优劣，分别保奖参办。以上三十条，均应如所奏办理。未尽事宜，仍令该督等妥议具奏。从之。①

十八日乙巳(7月29日)

杭州将军昆寿因病解职，以密云副都统连成为杭州将军。广东学政刘熙载因病解职，命内阁学士杜联提督广东学政。以验收海运漕粮完竣，予工部尚书单懋谦，仓场侍郎锺岱扰叙，余加衔升叙有差。②

十九日丙午(7月30日)

前据户部议覆左宗棠奏、粤海关收税银数，与该关奏报悬殊，请饬该督抚查明办理，当经谕令瑞麟等查议具奏。兹据瑞麟、蒋益澧奏称，粤海关收税事宜，从前曾改隶将军督抚等官经理，自乾隆十五年以后，始专设监督，着为成例，未易轻议更张。至该关额征总数，从前贷物归并一口，不及九十万两。近来五口通商，每年征税总及百万，但能严查偷漏隐匿等弊，税务自可日有起色。体察目前事势，似不必改由督抚办理。清廷着该监督严行钤束，力禁侵渔，查明各口收数，核实清厘，不得稍有隐漏。③

廿一日戊申(8月1日)

法国将与朝鲜构兵，礼部拟行文该国王查照。④

---

① 《清实录·穆宗毅皇帝实录》卷一七八。
② 《清实录·穆宗毅皇帝实录》卷一七九。
③ 《清实录·穆宗毅皇帝实录》卷一七九。
④ 《筹办夷务始末》(同治朝)第5册，中华书局2008年版，第1787~1788页。

廿二日辛亥(8月2日)

刘长佑奏，请将海运出力人员，分别奖励，开单呈览。同治四年，江苏海运事竣，天津通州在事各员，自不无微劳足录。惟查阅单内所保各员，较之同治二、三两年，所保人数，多至数倍，未免冒滥。清廷着该督再行确切查明，分别删减，核实奏请奖励。①

廿五日壬子(8月5日)

以神灵显应，加浙江上虞县潮神封号曰"护国"。

廿八日乙卯(8月8日)

以通州验收漕粮完竣，予户部左侍郎皂保等议叙，余加衔升叙有差。

廿九日丙辰(8月9日)

朝鲜国使臣柳厚祚等三人于午门外瞻觐。

秋七月初二日戊午(8月11日)

彭祖贤奏，请停止清丈苏松等属田亩，即将现征经费，亟修水利。据称东南平定之后，各州县筹办善后，于田捐之外，加派清丈费，核计费银约有百余万两。如能恪守旧章，于例不准丈之田，一概停止，即可移出此项余费，开浚河道。苏、松、太各属海口淤浅已久，若先将刘河疏通，复将吴淞江等处次第择要疏治，其利甚溥。②

初三日己未(8月12日)

左宗棠、徐宗干奏，台湾军功人员，保奖过优，请旨撤销。

---

① 《清实录·穆宗毅皇帝实录》卷一七九。
② 《清实录·穆宗毅皇帝实录》卷一八〇。

初四日庚申(8月13日)

以册封朝鲜国王妃,派理藩院右侍郎魁龄为正使,委散秩大臣希元为副使往封。

初六日壬戌(8月15日)

直隶练兵,奕䜣等奏,请改为六军拱卫京师。①
奕䜣等奏,山东营口应练洋枪队以资保卫。②
江苏巡抚郭柏荫与比利时国换约。③

初八日甲子(8月17日)

广东巡抚蒋益澧奏,统筹粤东全局,所陈有整饬吏治、整顿厘税、清厘交代、教练水师、酌增兵饷、筹办土客、清理欠饷、裁汰兵勇八条。另奏筹办洋务宜建厂造船。

前据左宗棠奏,拟于闽省择地设厂,购买机器,募雇洋匠,试造火轮船只,当谕令该督照议办理。兹据蒋益澧奏,拟于沿海省分建设铁厂,制造轮船,或在福建设厂,或在广东设厂。清廷着瑞麟、蒋益澧咨商左宗棠会筹妥办。④

初九日乙丑(8月18日)

署两江总督李鸿章奏,请将新授福建海坛镇总兵官鞠耀乾暂留江宁副将署任。允之。

初十日丙寅(8月19日)

聘请时任江汉关税务司法国人日意格为船政帮办。闽浙总督左宗棠与其到马

---

① 《筹办夷务始末》(同治朝)第5册,中华书局2008年版,第1800~1803页。
② 《筹办夷务始末》(同治朝)第5册,中华书局2008年版,第1805~1806页。
③ 《筹办夷务始末》(同治朝)第5册,中华书局2008年版,第1806页。
④ 《清实录·穆宗毅皇帝实录》卷一八〇。

尾，选定中歧山下一处滨江土地为船政厂址。①

十一日丁卯(8 月 20 日)

两广总督瑞麟等奏报潮州英国领事二次入城情形。②

十七日癸酉(8 月 26 日)

前据李鸿章等奏，查明苏松等属裁除浮收实数，禁止大小户名目，当经降旨令该督等勒石遵行。兹复据李鸿章等将减定征漕余耗折价各数，查明具奏，开单呈览，苏、松、常、太四府州属，共减去浮收米三十七万四千六百余石，减去浮收钱一百六十七万六千二百余串。又苏、松、常、镇、太四府一州所属各厅县，共额征银二百十五万两零，折收钱文，除镇江府属未定外，苏、松、常、太四府州属，共减去浮收钱四十万余串。该署督等即将减去浮收实数，钦遵勒石，永远奉行。至镇江府属四县，减定赋额，应征米十九万三千二百余石，共减去浮收数目若干，着该署督等于启征时另行酌核，奏明办理。

吏部议准浙江巡抚马新贻奏请，将台州府同知改驻家子，管理海门巡防海口事宜。移原驻海门之临海县县丞于花桥，黄岩县同城县丞于乌岩，宁海县同城县丞于亭傍，责令分司缉捕，以专责成。③

十九日乙亥(8 月 28 日)

以浙江温州搜捕海盗并攻毁北麂盗垒出力，予总兵官刘连升等优叙，赏同知冯英彰、游击李扬威等花翎，守备吴永兴等蓝翎，余升叙开复有差。④

二十日丙子(8 月 29 日)

日国使臣玛斯请求互换条约。⑤

---

① 刘传标：《近代中国船政大事编年与资料选编》第 1 册，九州出版社 2011 年版，第 49 页。

② 《筹办夷务始末》(同治朝)第 5 册，中华书局 2008 年版，第 1809~1812 页。

③ 《清实录·穆宗毅皇帝实录》卷一八一。

④ 《清实录·穆宗毅皇帝实录》卷一八一。

⑤ 《筹办夷务始末》(同治朝)第 5 册，中华书局 2008 年版，第 1829~1830 页。

廿一日丁丑(8 月 30 日)

都兴阿奏,查办大孤山匪徒,并拨换营口洋枪队伍。

予浙江黄岩阵亡盐大使郑煜等祭葬世职加等。①

廿六日壬午(9 月 4 日)

三口通商大臣崇厚奏报在天津马兵挑换、添购马匹及大沽炮台择修情形。②

八月初五日辛丑(9 月 13 日)

直隶总督刘长佑奏,实缺将弁,率多在外防剿,请将上届及本年军政一并展缓举行。从之。③

十三日己亥(9 月 21 日)

清廷拟裁山海关监督,改设海关道以一事权。④

十七日癸卯(9 月 25 日)

实授广州将军瑞麟两广总督。

陕甘总督杨岳斌因病解职,调闽浙总督左宗棠为陕甘总督,以漕运总督吴棠为闽浙总督。未到任前,以福州将军英桂兼署。调河东河道总督张之万为漕运总督,以河南布政使苏廷魁署河东河道总督。

廿一日丁未(9 月 29 日)

礼部奏陈朝鲜国王咨文,冀藉隆庇。⑤

---

① 《清实录·穆宗毅皇帝实录》卷一八一。
② 《筹办夷务始末》(同治朝)第 5 册,中华书局 2008 年版,第 1832~1833 页。
③ 《清实录·穆宗毅皇帝实录》卷一八二。
④ 《筹办夷务始末》(同治朝)第 5 册,中华书局 2008 年版,第 1838~1839 页。
⑤ 《筹办夷务始末》(同治朝)第 5 册,中华书局 2008 年版,第 1845~1846 页。

廿四日庚戌（10 月 2 日）

前据郭嵩焘奏，南海生员邹伯奇木讷简古，专精数学；海宁生员李善兰淹通算术，尤精西法，宜并置之同文馆，以资讨论。现在总理各国事务衙门同文馆，正在需才之际，该生员等既通西法，自可有裨实用，清廷着瑞麟、蒋益澧、马新贻迅将邹伯奇、李善兰咨送来京，前赴总理各国事务衙门，听候该管王大臣试验，再行奏请给予官职，以资差委。①

廿八日甲寅（10 月 6 日）

奕䜣等奏，请于天津设局制造军火机器。②
福州将军兼管闽海关税务英桂等奏报与英国领事商定洋银纳税补水章程。③

廿九日乙卯（10 月 7 日）

三口通商大臣崇厚奏请大沽炮台，每月给予演练经费。④

三十日丙辰（10 月 8 日）

意大利国请立约通商。⑤

九月初一日丁巳（10 月 9 日）

前据左宗棠、徐宗干奏请将福宁府知府丁嘉玮调补福州府知府，经吏部核与例案不符议驳。兹据左宗棠等奏，丁嘉玮才识通达，干练勤能，于闽省情形最为熟悉，请仍以丁嘉玮调补。该督抚自系为人地相需起见，福建福州府知府员缺，清廷着准其以丁嘉玮调补，仍送部引见。

命户部左侍郎谭廷襄会同三口通商大臣崇厚办理义大利亚国通商条约事务。

---

① 《清实录·穆宗毅皇帝实录》卷一八三。
② 《筹办夷务始末》(同治朝)第 5 册，中华书局 2008 年版，第 1850~1851 页。
③ 《筹办夷务始末》(同治朝)第 5 册，中华书局 2008 年版，第 1851~1852 页。
④ 《筹办夷务始末》(同治朝)第 5 册，中华书局 2008 年版，第 1855~1856 页。
⑤ 《筹办夷务始末》(同治朝)第 5 册，中华书局 2008 年版，第 1856 页。

以福建巡洋出力，予千总刘廷华等升叙开复有差。

追予福建台弯殉难道员孔昭慈建立专祠，谥刚介。①

初二日戊午（10月10日）

蒋益澧奏，查明太平关税务积弊，请裁撤书吏家丁，派员帮办，并将巡抚等衙门陋规全数革除。据蒋益澧所奏，广东太平关额征银两，历年亏短，递有加增，而各衙门陋规及家丁书吏侵渔甚多，积习相沿。清廷着照该抚所请，所有经征太平关之家丁书吏永远裁革，由该抚派委廉能之员，帮同南韶连道管理。其巡抚衙门月费等项，并文武各衙门规费，南韶连镇总兵薪水，均着一并裁撤归公，试办一年，再由该抚察看情形，酌定章程，奏明办理。②

初四日庚申（10月12日）

瑞常等奏，造办处库款支绌，请饬催粤海关应交要款，并苏州办公银两，迅速解京。本年粤海关监督应交造办处停修米艇银三万两，日久未解，现在该处承办差务，需款孔殷。清廷着师曾即将前项银两于本年冬间扫数解京，不准稍有延宕。③

初七日癸亥（10月15日）

闽浙总督左宗棠等奏，捕治兴化、泉州、汀州各处土匪，拿获多名，就地正法。④

初十日丙寅（10月18日）

以河运海运验收米石完竣，予郎中瑞斌、道员许道身等议叙。

十一日丁卯（10月19日）

都兴阿奏请调天津炮船搜剿岛贼，并官军续获首伙各犯，及请催山东等处月

---

① 《清实录·穆宗毅皇帝实录》卷一八四。
② 《清实录·穆宗毅皇帝实录》卷一八四。
③ 《清实录·穆宗毅皇帝实录》卷一八四。
④ 《清实录·穆宗毅皇帝实录》卷一八四。

饷。长山各岛，必须乘船搜捕，而奉天营船重笨，驶驾不能合宜。该将军业已咨商崇厚，酌调轻利小号兵船十余只，赴奉搜剿。

予广东崖州阵亡都司梁国定祭葬世职加等。①

十三日己巳（10 月 21 日）

候补内阁侍读学士钟佩贤奏，海塘关系东南大局，请派员督修以策万全。据称此项工程，非用数年人力、数百万帑金，不足以臻巩固。若为苟且补苴之计，岁费仍不下数十万，而工之能否无虞，仍不敢必。清廷着吴棠于赴闽浙新任时，便道先往海塘，详细查勘，与马新贻妥速筹商，现办土备塘，是否足资捍御，如必须兴筑石塘，应如何筹拨款项，约期竣事。该学士所请于停解闽省月饷十四万之外再提厘金八成，专办塘工之处，均着统筹全局，酌度奏明办理。苏、松、太当海塘下游，与浙省休戚相关，如须通筹协济，即着咨商该省督抚一体会筹兴办。②

十四日庚午（10 月 22 日）

追予江苏金山卫阵亡总兵官黄金友、副将覃联升、游击昆禄建立三忠祠，并饬地方官春秋致祭。

十五日辛未（10 月 23 日）

御史范熙溥奏，闽省崇安斋匪滋事，官军击毙者率皆异地匪徒。

补铸浙江黄岩镇中军游击、杭州城守中军都司钱塘水师都司各关防，从巡抚马新贻请也。③

十七日癸酉（10 月 25 日）

瑞麟、蒋益澧奏筹办西江土客械斗，添兵扼堵。另片奏据法国教士文铎德赴营，声称客匪中有奉教者一千五百余人，请分别安置。该督抚令其查明确数造册，不准携带尺寸军械，分作数次带赴军营，按名点验，押送恩平、新会两县暂住，不

---

①　《清实录·穆宗毅皇帝实录》卷一八四。
②　《清实录·穆宗毅皇帝实录》卷一八四。
③　《清实录·穆宗毅皇帝实录》卷一八四。

必带领到省。①

十八日甲戌(10月26日)

与意大利国签订通商条约五十五款。②

十九日乙亥(10月27日)

追予广东随征江南阵亡知府梁廷玺等祭葬世职,南海等处殉难勇丁妇女一千五百二名口分别旌恤如例。

三口通商大臣崇厚筹办机器总局,拟量经费之多寡购买外国机器。③

二十日丙子(10月28日)

浙江巡抚马新贻奏,办理垦荒事宜,已有头绪,并清理庶狱,以重农事。

廿三日己卯(10月31日)

清廷在福州马尾设立总理船政事务衙门,作为设厂造船的管理机构。

廿七日癸未(11月4日)

左宗棠奏,筹议变通闽浙兵制。闽省绿营兵制,额冗饷薄,素不训练,临事不能收一战之功,并不能为一日之守。该督现拟将无用之兵,汰除四成,即以裁兵之饷,加给存营之兵,并营抽练。清廷着即照所请办理,并着督饬水陆各营认真训练,务当切实讲求,不可有名无实。左宗棠起程在即,所有未尽事宜,并着英桂、吴棠、徐宗干悉心筹画,俾臻妥善。水师船炮,尤宜讲求坚利。闽省购造粤东拖罾船只,亦当力求坚固,不可以敝窳充数。左宗棠前奏闽省设厂制造轮船,尤为水营要务,即着吴棠接办,不可日久废弛。④

---

① 《清实录·穆宗毅皇帝实录》卷一八五。
② 《筹办夷务始末》(同治朝)第5册,中华书局2008年版,第1866~1880页。
③ 《筹办夷务始末》(同治朝)第5册,中华书局2008年版,第1882~1883页。
④ 《清实录·穆宗毅皇帝实录》卷一八五。

十月初二日丁亥(11 月 8 日)

朝鲜国王呈送礼部咨文，阐述英商骚扰经过，请求排解，杜绝交易之说。①
护理江苏巡抚郭柏荫奏陈与比利时国换约情形。②

初六日辛卯(11 月 12 日)

奕訢奏，接到法使照会，以高丽海口均经兵船堵塞，不日攻打交兵，暂止别国
船只前往。③

初七日壬辰(11 月 13 日)

三口通商大臣崇厚奏陈履勘大沽炮台工程。④

十一日丙申(11 月 17 日)

英桂、徐宗干奏，闽省绅民，恳留督臣暂缓西行。据该绅民等呈称，闻左宗棠
调补甘肃之命，惶然如失所恃，并以创造轮船一事，机不可失。如使总督暂驻闽
中，豫将赴甘之师先行部署，俟外国工匠毕集，创造一有端绪，即移节西征，既省
待兵待饷之期，又无顾此失彼之虑。清廷着左宗棠暂缓交卸督篆，克日催督工匠上
紧制造，妥定章程，与英桂、沈葆桢、会商办理。⑤

十三日戊戌(11 月 19 日)

前因闽省设厂制造轮船，事关紧要，特经谕令吴棠接办。复经谕令左宗棠将轮
船事务办有端倪，交英桂、吴棠、沈葆桢等经理。兹据左宗棠奏，请派重臣总理船政
接管局务。该督以轮船事在必行，不以去闽在迩，遽行阁置。清廷着遵奉前旨，将设
局造船事宜办有眉目，再行交卸起程。所有船政事务，着沈葆桢抚总司其事，并准其

---

①　《筹办夷务始末》(同治朝)第 5 册，中华书局 2008 年版，第 1885~1889 页。
②　《筹办夷务始末》(同治朝)第 5 册，中华书局 2008 年版，第 1889~1890 页。
③　《筹办夷务始末》(同治朝)第 5 册，中华书局 2008 年版，第 1895 页。
④　《筹办夷务始末》(同治朝)第 5 册，中华书局 2008 年版，第 1897~1898 页。
⑤　《清实录·穆宗毅皇帝实录》卷一八六。

专折奏事，先刻木质关防印用，以昭信守，一俟局务办成，再行奏请部颁关防。①

十五日庚子（11月21日）

前因总理各国事务衙门奏请裁撤山海关监督，改设道员，专以旗员补放，地方如何管辖，请饬盛京将军奉天府府尹三口通商大臣妥议，当经降旨依议，嗣据该将军等体察情形覆奏，复降旨令该部速议。兹据吏部等衙门奏称，请将沿海之金州厅、岫岩城、复州、海城、盖平县地方官员及所属佐杂悉归新设道员管辖，并于奉天省候补杂职内拣派二员交该道差委，即于营口直班。其余各府州县，遇有中外交涉税务事件，由该道檄饬遵办。金州厅等处钱谷刑名事件，统归督催稽查，其命盗等案解勘仍照旧例办理。盖州城守尉、牛庄防守尉二员，毋庸归该道节制，如有需兵稽查剿捕之处，准其移行该城守尉调拨。该口所收常洋各税，应令该道每月详报三口通商大臣，由该大臣分咨查核奏报，其征收税项，仍遵旧定关期办理，毋庸按照经征代征在任月日核计，以杜牵混。山海关所辖水旱马头，共三十余处，仍令照则征收，无论直隶奉天等处口岸，均由该道核实稽征。除金州厅等处地方归该道管辖外，并将监督原管之海口一并归其管理、海城、盖平二县，仍照旧轮往营口住班。倘遇中外交涉关系紧要事件，准该道专折奏闻，其寻常地方税务等事，仍分详将军府尹三口通商大臣核办。②

奕䜣等奏，朝鲜国李兴敏致信礼部尚书万青黎，汇报洋船进入情形。③

十六日辛丑（11月22日）

昨已有旨将广饶九南道俊达调补新设之奉天锦州山海兵备道员缺，着刘坤一催令俊达迅速赴任。其广饶九南道，本日业经简放景福，着该抚先行遴派妥员接署，以便俊达起程。将来景福到任后，于地方吏治洋务，办理一切，能否胜任，并着刘坤一随时察看奏闻。④

十八日癸卯（11月24日）

官恒奏，拨米抵津，同知不为筹运，请旨饬运。

---

① 《清实录·穆宗毅皇帝实录》卷一八六。
② 《清实录·穆宗毅皇帝实录》卷一八六。
③ 《筹办夷务始末》（同治朝）第5册，中华书局2008年版，第1904~1906页。
④ 《清实录·穆宗毅皇帝实录》卷一八七。

二十日乙巳(11 月 26 日)

因法国照会朝鲜事牵涉中国，奕䜣等给予照覆，并照会各国使臣。①

廿一日丙午(11 月 27 日)

马新贻奏，开办海宁绕城石塘，绘图呈览。海塘为东南农田要务，而海宁塘工贴近城垣，尤关紧要。既据马新贻督饬道员陈璚等亲加履勘，自应赶紧兴办。所有海宁鱼鳞石工二百六十余丈，清廷即照该抚所请，拣用旧石，如有不敷，设法采办。其建复坦水需用石槐桩木等件，务择坚料，以期经久。所需经费银二十四万两，准其照数动用。②

廿二日丁未(11 月 28 日)

以直隶天津海防练兵出力，擢参将春霖以总兵官用，赏知府周家勋二品封典，守备岳树标等蓝翎，余加衔升叙开复有差。

以山东水陆各营防河剿匪出力，赏总兵官赵三元一品，封典道员王成谦、参将杨殿邦李炳武、都司杨长林巴图鲁名号，道员潘骏文、守备李兆龙等花翎，盐大使卢朝弼等蓝翎，余加衔升叙开复有差。③

廿四日己酉(11 月 30 日)

左宗棠奏筹办台湾吏事兵事，请责成该镇道等经理。台湾一郡，远隔大洋，番民杂处，易启衅端。现当生齿日繁，洋舶来往，尤宜加意整顿，以奠岩疆。该督拟复班兵旧章，三年更成；复设道标，以重事权，申明镇兵归道察看之例，以互相维制；移修船之费，以制船巡洋；募练水兵，裁革陋规，别筹津贴，以资办公。左宗棠另折奏，厘定闽省各属进出款项，请将各厅县应征地丁粮米等款数目出示勒石，以杜浮取，提款筹补流摊，以祛官累，酌提税余，以充公费。清廷即着照所请行。

调福建福宁镇总兵官刘明灯为台湾镇总兵官，擢湖南抚标中军参将罗大春为福

---

① 《筹办夷务始末》(同治朝)第 5 册，中华书局 2008 年版，第 1906~1910 页。

② 《清实录·穆宗毅皇帝实录》卷一八七。

③ 《清实录·穆宗毅皇帝实录》卷一八七。

建福宁镇总兵官。①

廿五日庚戌（12 月 1 日）

瑞麟等奏，粤东拐卖人口出洋之奸徒，请于审明后即行正法。清廷着即照该督等所拟，于审明后为首斩决、为从绞决，由该督抚提勘后即行正法，以挽颓风。其有情愿出口者，即照条约办理，无庸禁阻。

廿七日壬子（12 月 3 日）

前因闽省设厂制造轮船，谕令沈葆桢帮同该省督抚等悉心区画；嗣据左宗棠奏，请派重臣总理船政，复谕令沈葆桢总司其事，与英桂、吴棠、徐宗干会商办理。兹据左宗棠奏，该抚两次呈称，以丁忧人员不应与闻政事，如奉旨饬办，亦必俟明年六月服阕后，始敢任事；其未释服以前，遇有咨奏事件，请由督抚臣代为咨奏。清廷着其会同该省督抚联衔奏事，以重事权。其购买机器等项，共需银十三万三千八百余两，着照左宗堂所筹，先行动款应付，以便兴办。②

左宗棠奏，造轮船为要务，速效、虚靡之说均不可听。③

廿八日癸丑（12 月 4 日）

以神灵显应，加浙江会稽县汉孝女曹娥封号曰"灵感"。

崇厚奏，直隶分设六军，应办炮位等项，由津设局制造，请饬督臣筹款拨用。直隶练兵需用火器，前经总理各国事务衙门奏准在津设局，于关税项下作正开销。兹据崇厚奏称，选匠购料，仿照外洋成式制造，统计炮位炮车一切，共需银六万九千余两。天津关奉拨京协各款，为数浩繁，万难筹措，请饬直隶督臣由长芦运司在于盐课项下筹拨应用。清廷即着崇厚督同天津道专设局厂遴派妥员，认真赶办，所需经费，即由刘长佑于盐课项下随时筹拨，责成天津道核实报销，务期工坚料实。着刘长佑督饬藩司，无论何款，迅拨银四五千两，限于十一月内解交广恩库以应要需，毋再延宕。④

---

① 《清实录·穆宗毅皇帝实录》卷一八七。
② 《清实录·穆宗毅皇帝实录》卷一八七。
③ 《筹办夷务始末》（同治朝）第 5 册，中华书局 2008 年版，第 1934~1935 页。
④ 《清实录·穆宗毅皇帝实录》卷一八七。

十一月初一日丙辰（12 月 7 日）

左宗棠奏，闽省武营捐班太多，请分别办理，并请停止报捐武职。清廷批示：不独福建一省为然，嗣后各直省报捐武职，均着永远停止。

命钦差大臣两江总督曾国藩回任，授江苏巡抚李鸿章钦差大臣，专办剿匪事宜。

以记名总兵官吴光亮为闽粤南澳镇总兵官。

拨江苏大小炮位六十尊，洋火药一万斤洋枪四百杆，解赴贵州布政使严树森行营备用。①

初三日戊午（12 月 9 日）

山东巡抚阎敬铭因病乞假，以布政使丁宝桢暂署巡抚。

初四日己未（12 月 10 日）

福州将军署闽浙总督英桂奏准由闽海关四成项下拨银四十万两作船政经费，并将闽海关月协五万两充拨船政经费。

初五日庚申（12 月 11 日）

清廷拟设馆学天文、算学。②

左宗棠上《详议创设船政章程购器募匠教习折》与《密陈船政机宜并艺局章程折》。

初九日甲子（12 月 15 日）

清廷接到朝鲜国王给礼部的咨文，称法国舰艇闯入，占据江华府。③

十一日丙寅（12 月 17 日）

以广东布政使李福泰为福建巡抚，未到任前，以署布政使道员周开锡护理，以

---

① 《清实录·穆宗毅皇帝实录》卷一八八。
② 《筹办夷务始末》（同治朝）第 5 册，中华书局 2008 年版，第 1945~1946 页。
③ 《筹办夷务始末》（同治朝）第 5 册，中华书局 2008 年版，第 1948 页。

河南按察使吴昌寿为广东布政使。

予故福建巡抚徐宗干祭葬，谥清惠，入祀名宦祠，并入国史循良传。①

十六日辛未(12 月 22 日)

拨山海关扣存洋税银五万两，解赴奉天，以备军需。②

十七日壬申(12 月 23 日)

福建船政设求是堂艺局，对外招生 105 名。③

廿一日丙子(12 月 27 日)

前任知县斌椿等出洋游历归来，撰有日记，抄录进呈。④

廿二日丁丑(12 月 28 日)

清廷核准崇厚花费银八万两，购买外洋机轮等器具。⑤

廿四日己卯(12 月 30 日)

同治帝晓谕：左宗棠奏详议船政章程并艺局章程，各开单呈览及晓谕日意格。此次创立船政，实为自强之计。若为浮言摇惑，则事何由成？自当坚定办理，方能有效。左宗棠所见远大，大臣谋国，理当如此。其所议优待局员，酌定程限，甚为周妥，均着照所请行。若五年限满，洋员教有成效，即着照所议加赏，以示奖励。其日意格、德克碑，勤劳既著，忠顺可嘉，尤当优加赏赉，并着英桂等存记。俟五年后，中国工匠如能按图监造，自行驾驶，即着奏闻，候旨破格，于原定赏银之外，再给优赏。届时甘肃必早底定，朝廷不难令左宗棠赴闽，共观厥成。该督等可

---

① 《清实录·穆宗毅皇帝实录》卷一八九。
② 《清实录·穆宗毅皇帝实录》卷一八九。
③ 刘传标：《近代中国船政大事编年与资料选编》第 1 册，九州出版社 2011 年版，第 57 页。
④ 《筹办夷务始末》(同治朝)第 5 册，中华书局 2008 年版，第 1958~1959 页。
⑤ 《筹办夷务始末》(同治朝)第 5 册，中华书局 2008 年版，第 1959~1960 页。

传谕日意格、德克碑，俾其专心教习，毋稍疑惑。其余所议各条，亦属妥协，并着照所议办理。左宗棠虽赴甘省，而船局乃系该督创立，一切仍当豫闻。沈葆桢总理船政，其未服阕以前，遇有船局事宜，由英桂等陈奏；服阕以后，由沈葆桢会同该督抚陈奏，均着仍列左宗棠之名，以期终始其事。另片奏船局经费，不敷银两，请于续拨银两内动用等语，着照所请。所有前项不敷七万两，即于续拨闽海关每月五万两内支用，着英桂如数筹拨，毋许迟误。道员胡光墉，既据左宗棠历试可以相信，即着交沈葆桢差遣。其补用道叶文澜、同知黄维煊着准其留闽，并候补经历徐文渊均交沈葆桢差遣。军功贝锦泉热悉洋务，堪作船主，自应破格录用，即着以都司留于福建水师，尽先即补，并赏加游击衔。此后如能奋勉立功，并着沈葆桢等再请优奖，用资鼓舞。其余如有可用之才，即由沈葆桢酌委。①

廿六日辛巳(公元 1867 年 1 月 1 日)

蒋益澧奏粤东征收色米，州县折价太多，拟先于广州所属核实裁减。据称广东色米一款，以正耗统计，不过银二两上下，即敷支销。乃广州府属征收色米，每石征银多者八两有奇，少亦七两零。惟新安一县，征银五两八钱，略为轻减，然较之支销之数，亦浮收甚重。蒋益澧现饬藩司等，先将广州所属各县征收色米，通盘筹画，每石酌减银若干两，实征银若干两，速定章程，会详具奏。②

廿八日癸未(公元 1867 年 1 月 3 日)

增设奉天营口海防同知一缺，从三口通商大臣崇厚请也。

三十日乙酉(公元 1867 年 1 月 5 日)

两广总督瑞麟、广东巡抚蒋益澧购买法国兵轮两艘、英国轮船一艘。③

是月

左宗棠在上海购入一艘香港轮船，命名为"华福宝"，作为船政学堂的练习舰，首任管驾贝锦泉。④

---

① 《清实录·穆宗毅皇帝实录》卷一九〇。
② 《清实录·穆宗毅皇帝实录》卷一九〇。
③ 《近代中国海军》，海潮出版社 1994 年版，第 1180 页。
④ 刘传标：《近代中国船政大事编年与资料选编》第 1 册，九州出版社 2011 年版，第 58 页。

十二月初一日丙戌（公元 1867 年 1 月 6 日）

户部奏，豫拨来年内务府经费。各省关应解内务府经费银两，经户部议定，拟拨两淮盐课银四万两，两浙盐课银四万两，广东盐课银四万两，江汉关洋税银四万两，江海关洋税银四万两，闽海关常税银五万两，浙海关常税银五万两，共三十万两，请饬勒限完解。①

福建船政学堂开学，时称"求是堂艺局"。②

初二日丁亥（公元 1867 年 1 月 7 日）

马新贻奏，海运商船赔累，请酌加水脚，并请饬产船地方，雇船协济。近年海运漕粮，均系借资商船。该商等承运官粮，往返动逾半年，费用加增，每多赔累，自应优加体恤，以广招徕。清廷着准照马新贻所请，此次海运封雇各商船，于例给水脚之外，每石酌增银一钱五分，以资津贴。浙江本届新漕，米数较增，尤须多备船只，俾敷装运。着直隶总督山东巡抚即饬产船各地方官尽数挑选坚实东卫等船，赶紧驶赴上海协运，俾免贻误。③

初九日甲午（公元 1867 年 1 月 14 日）

左宗棠奏，遵保堪胜水师总兵，并堪膺保荐各员。署福建海坛镇总兵候补参将黄联开、尽先副将李廷芳、吴奇勋均着记史以水师总兵用，并着送部引见。候补都司杨廷辉、升用都司陈世荣、升用守备曾文章均着一并送部引见。

曾国藩再陈下悃，请开两江总督。④

十二日丁酉（公元 1867 年 1 月 17 日）

崇厚奏，议覆奉省改设道员，应请加衔。奉天新设奉锦山海道员缺，清廷着准其照福建台湾道例，赏加按察使衔，以符体制。其添设海防同知，亦系海疆要缺，俸满时送部引见。

---

① 《清实录·穆宗毅皇帝实录》卷一九一。

② 《近代中国海军》，海潮出版社 1994 年版，第 1180 页；刘传标：《近代中国船政大事编年与资料选编》第 1 册，九州出版社 2011 年版，第 58 页。

③ 《清实录·穆宗毅皇帝实录》卷一九一。

④ 《清实录·穆宗毅皇帝实录》卷一九一。

广东水师提督温贤因病解职，以阳江镇总兵官任星沅为水师提督，顺德协副将卫佐邦为阳江镇总兵官。①

十五日庚子（公元 1867 年 1 月 20 日）

以浙江海运漕粮出力，予知府郭式昌等升叙有差。

十九日甲辰（公元 1867 年 1 月 24 日）

兵部议覆闽浙总督左宗棠奏请将福建水师后营游击，移扎马港厅锚五店地方，并拨千总把总各一员，外委额外各二员，战守兵二百四十名，以资控制。从之。②

廿一日丙午（公元 1867 年 1 月 26 日）

以江苏海运漕粮出力，赏总兵官郑海鳌正一品封典、张国英提督衔，余加衔升叙有差。③

廿三日戊申（公元 1867 年 1 月 28 日）

清廷制定《同文馆学习天文、算学章程》六条。④

廿四日己酉（公元 1867 年 1 月 29 日）

以神灵显应，颁江苏高邮州龙王寺匾额，曰"德普安流"。
以江苏清水潭坝工合龙，予巡抚李鸿章、遭运总督张之万优叙，赏守备庄容淮花翎，余加衔升叙开复有差。⑤

廿五日庚戌（公元 1867 年 1 月 30 日）

改福建金门镇总兵官为副将，添设中军都司一员，移镇标右营游击，守备改驻

---

① 《清实录·穆宗毅皇帝实录》卷一九二。
② 《清实录·穆宗毅皇帝实录》卷一九二。
③ 《清实录·穆宗毅皇帝实录》卷一九三。
④ 《筹办夷务始末》（同治朝）第 5 册，中华书局 2008 年版，第 1982~1985 页。
⑤ 《清实录·穆宗毅皇帝实录》卷一九三。

湄州，专隶水师提督统辖，裁左营游击守备。从总督左宗棠请也。①

廿六日辛亥(公元 1867 年 1 月 31 日)

抚恤朝鲜国遭风难夷如例。

廿八日癸丑(公元 1867 年 2 月 2 日)

朝鲜国使臣李丰翌等三人于午门外瞻觐。

是年

英国太古洋行轮船开始经营中国沿海航运，不久经营中国内河航运。②
上海创办第一家民营船舶修造厂"发昌号"。③

同治六年　丁卯　公元 1867 年

正月初四日己未(2 月 8 日)

调浙江衢州镇总兵官唐殿魁为广西右江镇总兵官。

初六日辛酉(2 月 10 日)

以记名总兵官李恒嵩为浙江衢州镇总兵官。

十一日丙寅(2 月 15 日)

以江苏巡抚李鸿章为湖广总督，仍在营督办剿匪事宜。调湖南巡抚李瀚章为江

---

① 《清实录·穆宗毅皇帝实录》卷一九三。
② 袁继成：《近代中国租界史稿》，中国财经出版社 1988 年版，第 376 页。
③ 刘传标：《近代中国船政大事编年与资料选编》第 1 册，九州出版社 2011 年版，第 60 页。

苏巡抚，命署理湖广总督。开江苏布政使郭柏荫缺，命署巡抚。擢两淮盐运使丁日昌为江苏布政使。

十二日丁卯(2 月 16 日)

以广东官军历年剿匪暨广州等处筹饷团练出力，赏布政使张兆栋、总兵官黄武贤、黄朝恩从一品封典，按察使郭祥瑞、都司周升等花翎，通判丁祖望等蓝翎，余加衔升叙开复有差。①

礼部奏，朝鲜国王咨文陈述洋匪侵扰情形。②

十九日甲戌(2 月 23 日)

上御抚辰殿大幄次，赐王公大臣、蒙古王、贝勒、贝子、公、台吉暨朝鲜使臣等食。

廿一日丙子(2 月 25 日)

总理各国事务衙门奏，请派员充总管新设同文馆事务大臣。清廷着太仆寺卿徐继畲仍在总理各国事务衙门行走，充总管同文馆事务大臣。惟寺务恐难兼顾，着开太仆寺卿缺，以专责成而资表率。③

廿九日甲申(3 月 5 日)

御史张盛藻奏，天文、算学等事，宜归钦天监工部，毋庸招集正途学习。清廷批复：前据总理各国事务衙门奏请设同文馆，专用正途科甲人员学习天文算术，并拟章程六条呈览，当经降旨依议。兹据张盛藻奏，科甲正途，读书学道，何必令其习为机巧，于士习人心大有关系。朝廷设立同文馆，取用正途学习，原以天文算学为儒者所当知，不得目为机巧。正途人员，用心较精，则学习自易，亦于读书学道无所偏废。是以派令徐继畲总管其事，以专责成，不过借西法以印证中法，并非舍圣道而入歧途，何至有碍于人心士习耶？该御史请饬廷臣妥议之处，着毋庸议。④

---

①　《清实录·穆宗毅皇帝实录》卷一九四。

②　《筹办夷务始末》(同治朝)第 5 册，中华书局 2008 年版，第 1987~1991 页。

③　《清实录·穆宗毅皇帝实录》卷一九五。

④　《清实录·穆宗毅皇帝实录》卷一九五。

二月初一日乙酉(3月6日)

予江苏牛洪港巡洋阵亡总兵官易华元祭葬世职加等。

初六日庚寅(3月11日)

吴棠、马新贻奏，遵勘浙省海塘要工，筹拨款项，分别工程办理。浙江海塘，吴棠等以堵御缺口之柴坝为最要，保护残损石塘为次要，拟每年拟定银八十万两，佐以海塘捐输，次第兴修。清廷批示：海宁塘工，现在止办有二成，马新贻饬令酌加锭铜，自当益臻坚固。闻道光年间，帅承瀛在浙江巡抚任内，修理海盐石塘最为精密，历久不坏。即着饬令在工各员，仿照办理。傥此次海宁塘工，办理不能经久，必将承办各员赔修治罪，决不宽贷。海塘用款虽繁，历届办理银数，皆有案可稽，现即工料较昂，何至七八百万。该督抚等不可任听属员张大之词，稍存畏难之心，是为至要。吴棠另片奏，降调道员陈璃请留浙差委。陈璃人既明干，着准留于浙江办理海塘工程，交马新贻差遣。①

十一日乙未(3月16日)

前据左宗棠奏，于浙闽广东酌派西征的饷，并令浙江划拨江苏月饷，当经谕知曾国藩等遵照办理。兹复据左宗棠奏称，欠解甘饷，各省督抚亦有难于兼顾者，请饬就各省情形拟定实数，按月委解。其用兵省分酌减人数饷数，匀出十成之一，协济甘饷。其无军务省分，或将该省防军酌减，协济甘省兵勇，仍按月匀加甘饷，以期通力合作各。

福建台湾道吴大廷奏陈台湾吏事兵事，在换班兵，重海防，裁陋规，禁土豪，端士习，以及驭生番，查洋船，兴社仓，立义学诸务，均拟次第筹办。②

予福建大嵛山巡洋阵亡千总黄维荣祭葬世职。

十三日丁酉(3月18日)

瑞麟、蒋益澧奏，裁减广州府属征收米折，酌定银数。通计广州府属十四县，每年减征银一十六万五千四百余两。清廷着照所请，由该督抚等出示通行，勒石永

---

① 《清实录·穆宗毅皇帝实录》卷一九六。
② 《清实录·穆宗毅皇帝实录》卷一九六。

远遵行。

瑞麟奏，遵保堪胜水师总兵。广东龙门协副将邢麟阁、水师提标游击黄廷彪、汤骐照均着交军机处存记，遇有广东外海水师总兵缺出，请旨简放。另片奏尽先参将黄联开、黄贤彪、彭玉俱系候补人员，于水师极为熟悉，请破格擢用，清廷均着照所请，存记录用。除黄贤彪一员甫经引见外，邢麟阁、黄廷彪、汤骐照、黄联开、彭玉均着送部引见。①

瑞麟、蒋益澧奏，剿办惠潮嘉各州县匪乡，歼除首逆。

十五日己亥(3 月 20 日)

奕䜣等奏，据新闻纸，日本欲进兵朝鲜，可否密咨该国王；日本进兵朝鲜，患为甚，且为中国切腹之患。②

十七日辛丑(3 月 22 日)

以神灵显应，加安徽颍上县龙神封号曰"显佑"。

朝鲜国王咨文，俄人在兴庆府沿江筑屋。③

廿一日丙子(2 月 25 日)

太仆寺卿徐继畲为总管同文馆事务大臣。④

英国公使阿礼国呈交第四次住府租银一千两。⑤

廿二日丙午(3 月 27 日)

福州将军英桂致函总理衙门，称正月十七日，闽海关税务司美理登来函，以为福建船政试造轮船欠妥，"徒糜巨款，终无成功"。⑥

---

①　《清实录·穆宗毅皇帝实录》卷一九六。

②　《筹办夷务始末》(同治朝)第 5 册，中华书局 2008 年版，第 2006~2009 页。

③　《筹办夷务始末》(同治朝)第 5 册，中华书局 2008 年版，第 1992~1995 页。

④　《筹办夷务始末》(同治朝)第 5 册，中华书局 2008 年版，第 2010~2012 页。

⑤　《筹办夷务始末》(同治朝)第 5 册，中华书局 2008 年版，第 1994 页。

⑥　刘传标：《近代中国船政大事编年与资料选编》第 1 册，九州出版社 2011 年版，第 60~61 页。

廿六日庚戌（3月31日）

山东巡抚阎敬铭因病解职，以布政使丁宝桢为巡抚，按察使潘鼎新为布政使，盐运使卢定勋为按察使。①

廿七日辛亥（4月1日）

法国驻华大使伯洛致函总理衙门，承认造船系中国自主之事，否认要美理登会办船政，建议船政聘请各国人才。②

三十日甲寅（4月4日）

朝鲜国王咨文，陈述与俄国交兵情形。③

三月初三日丁巳（4月7日）

以征漕滋事，山东知州李铭舟革职讯办。

初六日庚申（4月10日）

福建台湾镇总兵官刘明灯等奏，台境土匪歙戢，现拟筹办海防。④

初八日壬戌（4月12日）

山海关等四关奏请增加经费，船钞自三十一结拟交总税务司。⑤

---

① 《清实录·穆宗毅皇帝实录》卷一九七。
② 刘传标：《近代中国船政大事编年与资料选编》第1册，九州出版社2011年版，第61页。
③ 《筹办夷务始末》（同治朝）第5册，中华书局2008年版，第2017~2018页。
④ 《清实录·穆宗毅皇帝实录》卷一九八。
⑤ 《筹办夷务始末》（同治朝）第5册，中华书局2008年版，第2025~2027页。

十五日己巳 (4 月 19 日)

以记名总兵官方友才为浙江温州镇总兵官。

十九日癸酉 (4 月 23 日)

总理各国事务衙门奏，遵议大学士倭仁奏同文馆招考天文算学，请罢前议。同文馆招考天文算学，既经左宗棠等历次陈奏，该管王大臣悉心计议，意见相同，不可再涉游移。即着就现在投考人员认真考试，送馆攻习。至倭仁原奏内称，天下之大，不患无才，如以天文算学必须讲习，博采旁求，必有精其术者，该大学士自必确有所知。着即酌保数员，另行择地设馆，由倭仁督饬讲求，与同文馆招考各员互相砥砺，共收实效。①

廿一日乙亥 (4 月 25 日)

大学生倭仁奏，并无精于算学之人，不敢妄保。②

廿五日己卯 (4 月 29 日)

善感总督左宗棠奏，甘饷已向沪上洋商议借银一百二十万两，请饬各省各关遵办。③

夏四月初三日丙戌 (5 月 6 日)

连成奏，遵筹酌补驻防兵额，请饬福州调拨，并酌添协佐各员以资差委。杭州驻防，现经陆续收集，仅止三百余名，自应酌量添拨，用资镇守。前据昆寿奏，请于福州驻防内调拨，业经降旨允准，即着英桂于所辖驻防官兵内，拨给五百余员名，移扎杭州镇守。其应建衙署兵房，并着连成咨商马新贻拨款兴修，毋稍迟缓。杭州驻防旗营，即着照连成所请，再添设协领一员，佐领二员，防御二员，笔帖式

---

① 《清实录·穆宗毅皇帝实录》卷一九九。

② 《筹办夷务始末》(同治朝)第 5 册，中华书局 2008 年版，第 2035~2036 页。

③ 《筹办夷务始末》(同治朝)第 5 册，中华书局 2008 年版，第 2037~2038 页。

一员，以资分任。其委前锋校领催委前锋马甲各额缺，并着照连成所请，如数添设。①

初四日丁亥（5月7日）

以神灵默佑颁福建天后庙匾额曰"惠普慈航"，尚书庙匾额曰"朝宗利济"，拿公庙匾额曰"恬波仰镜"，苏神庙匾额曰"仁周海澨"。

据赵新等奏，上年十一月自琉球回棹，该国王尚泰恳请代奏，令陪臣子弟四人入监读书。清廷着照所请，所有该国陪臣子弟四人，俱准其入监读书，用遂其观光之志。②

初七日庚寅（5月10日）

御史兴福奏，天津厘捐章程未能画一，请饬三口通商大臣转饬该地方官，遇有夹板船到岸，除洋商照免外，凡系内地商货出卖者，亦按照买主抽收五厘，以复旧章。清廷着崇厚妥议具奏，寻奏：查定章卖主买主，各抽五厘，系指内地闽广商船言之。凡外国运货来津之船，不论洋货土货，例赴新关纳税，即不抽厘。上年冬因厘金未畅，设法整顿。洋货卖与华商后，由所买之商，抽收五厘，已属权宜之法。若必买卖主均抽，实与条约不符，转多窒碍。③

曾国藩奏请留江海关税二成，其中一成作为江南制造局造船专款。④

初九日壬辰（5月12日）

以神灵显应，加山东张秋镇河神封号曰"显佑"，曹将军封号曰"孚惠"。

十三日丙申（5月16日）

三口通商大臣崇厚奏与西班牙国换约情形。⑤

---

① 《清实录·穆宗毅皇帝实录》卷二〇〇。
② 《清实录·穆宗毅皇帝实录》卷二〇〇。
③ 《清实录·穆宗毅皇帝实录》卷二〇〇。
④ 刘传标：《近代中国船政大事编年与资料选编》第1册，九州出版社2011年版，第61页。
⑤ 《筹办夷务始末》（同治朝）第5册，中华书局2008年版，第2039~2040页。

十七日庚子(5 月 20 日)

都兴阿奏，山东欠饷过多，请旨饬催迅解，并请将前借山海关洋税暂缓扣还。

廿二日乙巳(5 月 25 日)

免故兼署福州将军福建巡抚徐宗干应赔短征关税银。

廿四日丁未(5 月 27 日)

朝鲜国王咨文，接到预防日本入侵之通告。①

廿五日戊申(5 月 28 日)

前因左宗棠奏，陕甘需饷孔殷，请于上海洋商借银一百二十万两，由各关税项下拨还。当经谕令曾国藩等督饬各海关监督，按数出给印票，遵照办理。兹据左宗棠奏，此次行粮，仅止五万余两，入关后军饷，专恃洋商借款，暂资接济。现闻山西运城商银尚多，可供汇兑，请饬应协各省速发印票，交上海转运局道员胡光墉领取，交洋商兑取现银，付与票商，即可换取票商银票，至运城收兑。清廷着曾国藩、英桂、吴棠、瑞麟、谭廷襄、曾国荃、马新贻、李福泰、蒋益澧、郭柏荫、师曾各懔遵前旨，按照左宗棠所定数目交胡光墉领取，向洋商兑取现银，付与票商，即换取票商银票，至运城收兑。②

法国全权大使兰盟抵京接办事物。③

廿六日己酉(5 月 29 日)

三口通商大臣崇厚在天津所办军火机器总局正式开工兴建厂房。开办经费二十余万，规模仅次于江南制造局。④

---

① 《筹办夷务始末》(同治朝)第 5 册，中华书局 2008 年版，第 2042~2043 页。

② 《清实录·穆宗毅皇帝实录》卷二○一。

③ 《筹办夷务始末》(同治朝)第 5 册，中华书局 2008 年版，第 2047~2048 页。

④ 刘传标：《近代中国船政大事编年与资料选编》第 1 册，九州出版社 2011 年版，第 62 页。

廿七日庚戌(5月30日)

以前任浙江提督郑魁士署直隶提督。

五月初二日乙卯(6月3日)

有人奏,本年二月间,有苏省漕船一只,行至山东沾化县海滨落浅,为土匪抢去货物,将船拆毁,该县勒令水手改供。并有天津县张姓于姓商船,在该县海面遭风落浅,粮货均被抢劫,赃贼无获。该县书役及劣绅李姓均与贼通,请饬查办。清廷着丁宝桢按照所参各节,确切查明。寻奏:遵查漕船确系遭风沈溺,并非被劫。于姓、张姓商船,系被居民乘危捞抢,业经获犯。饬府严讯,李连春与书役等查无通贼情事。前代理沾化县知县张浚源实无勒令改供情弊,惟勘验未即禀报,殊属迟延,署知县张道南于各案均已通禀,惟缉犯未能全数弋获。①

初五日丁巳(6月6日)

福建船政求是堂艺局迁回马尾新校舍,初七上课。学堂分前学堂、后学堂。前学堂即制造学校,另有实习课(蒸汽机制造与船体制造实习);后学堂专业有驾驶和管轮。②

初六日戊午(6月7日)

张之万奏,阜宁海匪,聚众劫掠,请饬调轮船出洋夹击。阜宁地处海滨,毗连直东洋面,匪首沈如鈚胆敢聚众抢掠,虽经张之万派兵拆毁其巢,而该匪驶至外洋,欲结幅匪滋扰。张之万雇募商船,出洋追剿,恐未能得力。上海向有轮船及捕盗局绿皮艇师,原以备捕剿海盗之用。清廷即着曾国藩、郭柏荫迅速调派出洋,奋力追击,务将首匪弋获,不使一名漏网。其江北沿海各隘口,并着张之万派兵严密堵截,毋令登岸。傥有接济匪粮者,着各严行查禁,以期迅速蒇事,免滋后患。③

---

① 《清实录·穆宗毅皇帝实录》卷二〇二。
② 刘传标:《近代中国船政大事编年与资料选编》第1册,九州出版社2011年版,第65~66页。
③ 《清实录·穆宗毅皇帝实录》卷二〇二。

初八日庚申(6 月 9 日)

以神灵显应，加浙江绍兴府三江牐汤神封号曰"孚惠"，莫神封号曰"灵应"，并颁匾额曰"神功永赖"。

初十日壬戌(6 月 11 日)

瑞常等奏，请将解交剥船延误之州县惩处。直隶各州县，失修缺额剥船二百九十余只，本应照数赔补，以备由津运通之用。嗣经仓场侍郎饬令各州县雇备民船抵补，俾资轮转，原系通融办理。乃本年各该州县于应交剥船报解寥寥。叠经瑞常等勒限严催，竟未能如数解齐，甚至有一船未解者。清廷仍着瑞常等严檄催提。①

十五日丁卯(6 月 16 日)

奕䜣等奏，明年五月为重修各国条约之限，已派章京造册，请饬通商大臣咨送能员以备查询。②

十九日辛未(6 月 20 日)

礼部呈朝鲜国王咨文，回复与俄国交兵情形。③

廿五日丁丑(6 月 26 日)

礼部奏，琉球国使臣呈称，该国王此次恭进方物，恳照历年成案，准予赏收，免其留抵。此次所进方物，清廷准予赏收，下次正贡届期，该国遣使来京时，再当优加赏赉。④

廿七日己卯(6 月 28 日)

以神灵显应，加浙江温州府杨府神封号曰"福佑"，湖南长沙县周真人封号曰

---

① 《清实录·穆宗毅皇帝实录》卷二〇二。
② 《筹办夷务始末》(同治朝)第 5 册，中华书局 2008 年版，第 2055~2057 页。
③ 《筹办夷务始末》(同治朝)第 5 册，中华书局 2008 年版，第 2060~2062 页。
④ 《清实录·穆宗毅皇帝实录》卷二〇四。

"普佑"，瞿真人封号曰"溥护"。

瑞麟、蒋益澧奏，遴员升署要缺知府。广东惠州府民俗强悍，素称难治，现当剿曾匪乡之际，尤宜慎选贤能，以资教化。既据瑞麟等声称，署广州府南海县知县郑梦玉勤恳笃实，所至有声，着准其升署惠州府知府，嗣后不得援以为例。①

廿八日庚辰（6 月 29 日）

都兴阿等奏，岫岩厅界各官，互相禀揭，现在撤调来省审办。据称通判牟毓塈之门丁顾思齐带勇到大孤山，执持云龙大旗，向铺商查船诈钱。骁骑校阿勒精阿以商民窝棚侵占官街，押令拆卸。大孤山商民因此歇业。该通判与阿勒精阿互相禀揭，并据总理各国事务衙门等咨称，顾思齐私设卡伦，向进口船只勒令输税。现将厅界各官撤委撤任，并提顾思齐审办。②

六月初二日甲申（7 月 3 日）

清廷录取天文、算学考生三十名。③

初十日壬辰（7 月 11 日）

近闻直隶地方，夏间海啸，遍地皆盐。青沧盐匪，屡有爬盐洒卖之事。现因缉枭马勇外调，该匪窜出任邱雄县容城一带，复绕至霸州东安等处，句（勾）结各处饥民抢掠盐店，并抢劫铺户，逼索村庄马匹银钱，形同马贼。

李鸿章奏，派令刘铭传等分三路逼贼而前，扼之于胶莱河一带，而先筹布运防，使贼不能窜出，以期聚而歼旃。④

十二日甲午（7 月 13 日）

福建台湾镇总兵官刘明灯、台湾道吴大廷奏，捡获戴逆案内要犯，并捕斩会首及积年著匪多名。

福建台湾道吴大廷奏，整顿海防，添制龙艒。得旨：即着会同刘明灯随时整

① 《清实录·穆宗毅皇帝实录》卷二〇四。
② 《清实录·穆宗毅皇帝实录》卷二〇四。
③ 《筹办夷务始末》（同治朝）第 5 册，中华书局 2008 年版，第 2076 页。
④ 《清实录·穆宗毅皇帝实录》卷二〇五。

顿，并严饬管带各船员弁实力梭巡，以清积弊。

十四日丙申（7 月 15 日）

改福建陆路提标前后二营漳州镇标右营云霄营各游击为都司，兴化城守左营都司为守备，裁泉州城守营都司二缺，长福营右军都司、同安营都司、兴化城守右营守备、延平城守右营守备、诏安营守备各一缺。并裁各营千总三十二员，把总六十七员，外委七十八员，额外外委四十七员，马步守兵一万六千三百三十五名。增设督标中等四十一营，每营号令兵七名，枫岭营四名。从兼署闽浙总督福州将军英桂请也。①

日意格在法国租借一艘夹板船，载船厂器材、钢铁二百五十余吨，抵达马尾。②

十五日丁酉（7 月 16 日）

英桂奏遵旨酌拨福州驻防官兵，移扎杭州。

十六日戊戌（7 月 17 日）

三口通商大臣兵部左侍郎崇厚奏，遵查霸州等处，时有枭匪抢掠，已饬守备郑明保管带团勇，驰往剿捕。报闻。③

十七日己亥（7 月 18 日）

都兴阿奏，辽阳匪徒滋事，请暂留洋枪队查办。

福建台湾镇总兵刘明灯等奏，美船水手生番戕害，李领事带兵船来台，要求会剿。④

十八日庚子（7 月 19 日）

以江苏苏松镇总兵官杨鼎勋为浙江提督，记名总兵官章合才为江苏苏松镇总兵官。

---

① 《清实录·穆宗毅皇帝实录》卷二〇五。

② 刘传标：《近代中国船政大事编年与资料选编》第 1 册，九州出版社 2011 年版，第 69 页。

③ 《清实录·穆宗毅皇帝实录》卷二〇六。

④ 《筹办夷务始末》（同治朝）第 5 册，中华书局 2008 年版，第 2086~2089 页。

十九日辛丑(7 月 20 日)

三口通商大臣崇厚奏报，天津寄存火药轰发，现饬采买赔补。

二十日壬寅(7 月 21 日)

户部奏，请饬催各省应解京饷。清廷着照所请，除江苏厘金二十万、浙江厘金十万两业经提拨外，再添拨广东厘捐银十万两，福建厘捐银十五万，两江西厘捐银十万两，浙海关洋税银二十万两，闽海关洋税银十五万两，着各该将军督抚等按照添拨数目一并于年内解到。①

廿一日癸卯(7 月 22 日)

谭廷襄奏，直隶盐枭土匪蠢动，拟请官兵缓赴东省防河，迅将匪众扑灭。

廿二日甲辰(7 月 23 日)

山东巡抚丁宝桢奏，军务未竣，请将本年乡试展缓举行。从之。
刑部会同奕䜣等奏，沪上张湛金杀法捕巴陇案，请提前办理。②

廿三日乙巳(7 月 24 日)

都兴阿奏，辽阳邪匪逃逸，已令洋枪队起程回津。
浙江黄岩镇总兵官丁泗滨因病解职，以记名总兵官李新燕为浙江黄岩镇总兵官。
添建浙江驻防满营衙署，从巡抚马新贻请也。③

廿四日丙午(7 月 25 日)

豁免浙江海盐县无着学租银。

---

① 《清实录·穆宗毅皇帝实录》卷二〇六。
② 《筹办夷务始末》(同治朝)第 5 册，中华书局 2008 年版，第 2091~2093 页。
③ 《清实录·穆宗毅皇帝实录》卷二〇六。

廿八日庚戌(7 月 29 日)

以验收海运漕粮完竣,予协办大学士瑞常、侍郎宋晋优叙,道员恒庆等加衔升叙有差。

廿九日辛亥(7 月 30 日)

以神灵助顺,加江苏高邮州五龙将军封号曰"显应"。
琉球国使臣毛文彩于午门外瞻觐。

秋七月初一日壬子(7 月 31 日)

户部奏,遵议右赞善徐申锡积谷条陈。前因畿辅亢旱,曾经截拨漕粮等项以备赈济,并谕直隶总督顺天府府尹妥议救荒之策,犹恐粮价增昂,民食缺乏。江苏、浙江等省,既属丰稔,即着该省督抚迅各筹款,采买米粮数十万石,由海船运赴天津。一切经费,准其作正开销。并着盛京将军奉天府府尹察看该处情形,能采买粟米若干石,即行奏明,由户部筹款拨给,赶紧购运,仍均准其免税。①

初三日甲寅(8 月 2 日)

英翰奏,亲抵宿迁,布置运防,并请饬催江海关协饷。江海关应协皖饷,前经部议照常拨解,现在皖军出境防堵,需用甚急。清廷着曾国藩、郭柏荫迅为按月筹拨,不得仍前延误。
总理各国事务衙门奏请采买洋米,以济民食。如所请行。②

初七日戊午(8 月 6 日)

以神灵助顺,颁广东惠州府碣石元武山玄天上帝庙匾额曰"威宣岭表"。

初八日己未(8 月 7 日)

直隶总督刘长佑等奏,遵筹救荒赈恤,续拟分拨米石,广招商贩,并劝捐平粜

---

① 《清实录·穆宗毅皇帝实录》卷二〇七。
② 《清实录·穆宗毅皇帝实录》卷二〇七。

各章程。

山东巡抚丁宝桢奏，防剿吃紧，请将本年军政暂缓办理。从之。①

初九日庚申(8月8日)

两广总督瑞麟参奏，巡抚蒋益澧任性妄为，劣迹彰著，署藩司郭祥瑞朋比迎合，相率欺蒙。清廷命闽浙总督吴棠驰赴广东查办事件，以福州将军英桂兼署闽浙总督。

山东巡抚丁宝桢奏，捻军中有洋匪二人，句(勾)结洋人百余名，到崂山商量购买军火。②

初十日辛酉(8月9日)

前因左宗棠奉命西征，特令沈葆桢总理船政。兹据沈葆桢奏报任事日期，并沥陈七难。

十二日癸亥(8月11日)

都兴阿等奏，探闻山东发逆窜扰情形，饬滨海各城严防。东省水师船只为数不多，且恐未能坚实。上海所设捕盗轮船坚固迅捷，素称得力。清廷着曾国藩速饬应宝时多拨船只，挑选得力将弁，配齐炮火，驶赴烟台一带，交丁宝桢督同潘霨就近调遣。至登莱沿海口岸较多，李鸿章、丁宝桢、都兴阿、崇厚各当督饬将弁及各地方官，严密巡防。③

廿一日壬申(8月20日)

福州将军兼管闽海关税务英桂等奏勘视船厂一切情形。④
闽浙总督吴棠奏，台湾美商船只与生番构衅。⑤

---

① 《清实录·穆宗毅皇帝实录》卷二〇七。
② 《筹办夷务始末》(同治朝)第5册，中华书局2008年版，第2097页。
③ 《清实录·穆宗毅皇帝实录》卷二〇七。
④ 《筹办夷务始末》(同治朝)第5册，中华书局2008年版，第2105~2106页。
⑤ 《筹办夷务始末》(同治朝)第5册，中华书局2008年版，第2106~2108页。

廿四日乙亥(8 月 23 日)

补铸浙江嵊县知县印信,从巡抚马新贻请也。

廿五日丙子(8 月 24 日)

都兴阿奏,匪徒句(勾)结木犯,闯入孤山,商令大员前往督办。

以验收海运漕粮完竣,予户部右侍郎毕道远、仓场侍郎锺岱议叙郎中锺禄等加衔升叙有差。①

廿九日庚辰(8 月 28 日)

以浙江按察使王凯泰为广东布政使,前任四川按察使蒋志章为浙江按察使。以私行回籍,广东守备孙清纲革职拿办。

八月初二日壬午(8 月 30 日)

李鸿章奏,捻匪由海神庙扑渡潍河,全股回窜。

初三日癸未(8 月 31 日)

通政使司通政使于凌辰奏,查出南海工程土方尺丈估算浮冒。三海工程,前经魁龄等督饬算房人等搏节估计,实需银六万一千余两,浮冒至六千余两之多。②

初五日乙酉(9 月 2 日)

以祷雨灵应,封直隶邯郸县龙神庙为圣井龙神,列入祀典,并颁匾额曰"嘉澍应时"。

因台湾生番与美国商船发生冲突,奕䜣等上奏,强调生番虽非法律能绳,但其地属中国版图。③

---

① 《清实录·穆宗毅皇帝实录》卷二〇八。
② 《清实录·穆宗毅皇帝实录》卷二〇九。
③ 《筹办夷务始末》(同治朝)第 5 册,中华书局 2008 年版,第 2111~2112 页。

初六日丙戌(9月3日)

盛京将军都兴阿奏,孤山剿贼,大获胜仗。

初九日己丑(9月6日)

盛京将军都兴阿奏,探明东省捻匪,被官兵遏截后路。所有奉天滨海各城,一体遴派马队官兵,豫筹严防。得旨:登莱近无贼踪,滨海处所,毋庸另筹设防。现在大孤山等处匪徒滋扰,该将军当严饬派出各兵及所属各州县,认真堵剿,以靖地方。①

十六日丙申(9月13日)

山东巡抚丁宝桢奏,利津海口现虽疏浚,至一切防务,已派总兵官赵三元带领炮船沿河梭巡,复饬该地方官派拨丁役,逐段防范。报闻。②

清廷拨付银八万两,由丹麦领事密妥士倩人赴外洋购买机器,现所购运来天津。③

十八日戊戌(9月15日)

日意格雇佣的夹板船从法国运来铁厂使用的半数器具及两百余吨铁。④

廿二日壬寅(9月19日)

三口通商大臣兵部左侍郎崇厚奏,据报枭匪南窜,现拨队分驻静海,以资堵剿。

廿六日丙午(9月23日)

调湖南提督黄少春为浙江提督,浙江提督杨鼎勋为湖南提督。

---

① 《清实录·穆宗毅皇帝实录》卷二〇九。
② 《清实录·穆宗毅皇帝实录》卷二一〇。
③ 《筹办夷务始末》(同治朝)第5册,中华书局2008年版,第2114页。
④ 刘传标:《近代中国船政大事编年与资料选编》第1册,九州出版社2011年版,第72页。

三十日庚戌(9 月 27 日)

三口通商大臣兵部左侍郎崇厚奏请撤山东武定防河练军回直，以资防剿。得旨：即将陈济清所部，撤回静海沧州一带，探明贼踪，会同余承恩等军实力剿洗，以期迅扫贼氛。①

船政大臣前署江西巡抚沈葆桢奏，查看福州海口创修船坞工程，并豫行练习水勇。②

九月初五日乙卯(10 月 2 日)

直隶总督刘长佑奏，防剿吃紧，请将本年军政展缓举行。从之。

初七日丁巳(10 月 4 日)

以神灵显应，加江苏吴江县城隍神封号曰"溥庇"。

初九日己未(10 月 6 日)

抚恤琉球国遭风难夷如例。

十四日甲子(10 月 11 日)

户部奏，来岁海运河运新漕，请饬各省力筹足额，提前赶办。海运河运雇备商船，江苏省业经曾国藩奏加水脚，其浙江江北应用船只，清廷着各该督抚等体察情形酌办。③

十五日乙丑(10 月 12 日)

以神灵显应，加广东德庆州龙母神封号曰"溥佑"，广西梧州府三界神封号曰"灵感"。

---

① 《清实录·穆宗毅皇帝实录》卷二一〇。
② 《筹办夷务始末》(同治朝)第 5 册，中华书局 2008 年版，第 2116~2118 页。
③ 《清实录·穆宗毅皇帝实录》卷二一一。

总理各国事务衙门奏，豫筹修约事宜，请饬滨海沿江通商口岸地方将军督抚大臣各抒所见。前因原议十年修约，为期已近。据该衙门奏，请饬南北洋通商大臣于熟悉洋务各员中，每处选派二员，于十月咨送来京。当经降旨允准，惟前奏止欲于选派各员内，将群策群力之效，而于通盘大局，尚待筹商。咸丰十年换约后，原因中国财力不足，不得不勉事羁縻。而各国诡谋谲计，百出尝试，尤属防不胜防。转瞬换约届期，彼必互相要约，群起交争，或多方胁制，以求畅遂所欲，均属意中之事。值此时势，惟仅恃笔舌以争之，此外别无可恃。各该将军督抚大臣受国厚恩，当此外患方殷，亟应合力齐心，先事图维，为未雨绸缪之计。清廷着曾国藩、李鸿章、都兴阿、英桂、刘长佑、吴棠、瑞麟、李瀚章、崇厚、郭柏荫、刘坤一、李福泰、马新贻、丁宝桢、曾国荃、蒋益澧通盘筹画。左宗棠、沈葆桢筹办船政事宜，于洋务尤有关系，并着悉心酌核，妥筹速奏。本年十二月，即英约前期六个月先行酌改之期，各该将军督抚大臣，务于十一月内奏到，毋稍延缓。俟总理衙门密函条说寄到时，诸臣其审时度势，妥筹万全，以济时艰，而副委任。①

奕䜣等奏，请饬江苏、广东督抚将外国语文学馆中有成效者送京考试。②

二十日庚午（10 月 17 日）

总理各国事务衙门奏，义大利亚国换约届期，请派员互换。义大利亚国前立条约，声明一年互换。现据该国公使呈递照会，内称拟于九月间赴沪，即可在彼换约，请派员前往上海会办。该公使现已到沪，应即将条约互换。清廷着派丁日昌将上年与义大利亚国所立条约妥为互换。其条约各本，俟崇厚派员赍送至江苏时，即着丁日昌祗领，届期前往上海办理。

署杭州将军明兴奏，兵燹之后，官员多未足额，请将本年军政展缓举行。从之。③

廿一日辛未（10 月 18 日）

神机营续挑马队官兵五百余员名赴津演练，需用马五百五十匹。清廷着色尔固善如数挑选，于十月内一律解赴天津，交崇厚验收。

天津枪对约请美国军人巴非教练步队。④

---

① 《清实录·穆宗毅皇帝实录》卷二一一。

② 《筹办夷务始末》（同治朝）第 5 册，中华书局 2008 年版，第 2117～2118 页。

③ 《清实录·穆宗毅皇帝实录》卷二一二。

④ 《筹办夷务始末》（同治朝）第 5 册，中华书局 2008 年版，第 2132 页。

廿六日丙子（10 月 23 日）

都兴阿、奕榕奏，孤山木匪续经揄获五十余名，并拿获匪首金四彪等正法，地方渐已肃清。大东沟木匪盘聚至数千人，经奕榕派员开导，均各畏罪抒诚，愿将木植尽数交官。

李鸿章奏，捻逆回窜东境，追剿获胜，遵复剿贼情形。张之万奏，贼由郯宿回扰海境，淮东吃紧，六塘河未便撤防。①

冬十月初四日癸未（10 月 30 日）

署闽浙总督英桂奏，浙省营制未定，请将元年及本年军政展缓办理。从之。②
欧洲一艘夹板船运载福建船政铁厂的两部轮机及其他机器抵达马尾。③

初七日丙戌（11 月 2 日）

总理船政前江西巡抚沈葆桢奏，洋将日意格带同洋员十二人、女眷四口、幼孩一口，乘船来到马尾。其机器各件随后抵达。④

十五日甲午（11 月 10 日）

山东巡抚丁宝桢奏，军务未竣，请将本年文武乡试，展至下科一并举行。从之。⑤

十七日丙申（11 月 12 日）

仓场侍郎锺岱、宋晋奏，查明通关税课历年动缺银两，请分别追赔。通关税课，每年例征正额赢余银一万二千三百余两，乃自道光十九年以后，历年短征，及书吏认交追交那移垫用各款，共计银二万二千七百余两之多。

---

①　《清实录·穆宗毅皇帝实录》卷二一二。

②　《清实录·穆宗毅皇帝实录》卷二一三。

③　刘传标：《近代中国船政大事编年与资料选编》第 1 册，九州出版社 2011 年版，第 72 页。

④　《筹办夷务始末》（同治朝）第 6 册，中华书局 2008 年版，第 2140 页。

⑤　《清实录·穆宗毅皇帝实录》卷二一三。

沈葆桢奏，洋将购器募工，均已就绪，并请令周开锡始终其事，留李庆霖差遣。洋将日意格回国采办器具，俱已齐备，并雇觅工匠人等，月后可陆续到闽。清廷着沈葆桢会同英桂、李福泰督饬局员及该洋将等将应办工程妥速布置，一面赶造船身，轮机到时即可配制。①

廿五日甲辰（11月20日）

左宗棠奏议覆修约事宜，以为夷务之兴，其始于战国不悉夷情，而操之太蹙，疑之太深，遂致决裂不可收拾。②

廿六日乙巳（11月21日）

总理各国事务衙门奏，美国使臣蒲安臣处事和平，能知中外大体，可否权充中国使臣，出使西洋，试办一载。得旨：着即派往有约各国，充办理各国中外交涉事务大臣。③

十一月初一日庚戌（11月26日）

清廷派海关道志刚、礼部郎中孙家谷同浦安臣前往有约各国，充办理中外交涉事务大臣，并给浦安臣出使条规八条。④

初三日壬子（11月28日）

英国公使阿礼国呈交第五次住府租银一千两。⑤
署理江苏巡抚广西巡抚郭柏荫奏，与意大利国换约，因约不全，先换一半。⑥

初四日癸丑（11月29日）

因直隶枭匪滋事，直隶总督刘长佑着即行革职，交官文差遣委用，责令带队自

---

① 《清实录·穆宗毅皇帝实录》卷二一四。
② 《筹办夷务始末》（同治朝）第6册，中华书局2008年版，第2152~2156页。
③ 《清实录·穆宗毅皇帝实录》卷二一四。
④ 《筹办夷务始末》（同治朝）第6册，中华书局2008年版，第2165~2168页。
⑤ 《筹办夷务始末》（同治朝）第6册，中华书局2008年版，第2174~2175页。
⑥ 《筹办夷务始末》（同治朝）第6册，中华书局2008年版，第2175~2178页。

效，以赎前衍。以大学士官文署直隶总督。①

初五日甲寅（11 月 30 日）

户部奏，请饬滨临江海各省解钱筹铜。前因铜斤缺乏，鼓铸当十大钱，原为一时权宜之计，行之日久，不无流弊。近来市廛行使暗中折减，于国用民生均有未便。惟欲规复圜法，必须筹备制钱。京师自通行大钱以来，所有制钱大都运往外省。若欲鼓铸新钱，又非一二年所能骤复。户部议令滨临江海各省筹解制钱，实为便捷之法。前经谭廷襄函商湖北督抚，拟于盐厘项下，酌提制钱，由轮船运津，据称事属可行。此外如江西、江苏、浙江、广东四省均有海船可通，各该省厘金较旺，自可一律提解。清廷着曾国藩、郭柏荫、英桂、马新贻、瑞麟、蒋益澧、李瀚章、何璟、刘坤一各于盐卡厘卡收款内每年酌提制钱三十万串，由轮船装运天津，交崇厚择地严密收存，听候提用。酌提钱文，准照银价划抵应解京饷，其制钱一千合银若干，及运脚若干，即着各该督抚迅速议定具奏。所提之钱，务须年清年款，以两年为止，不准稍有短解。此项钱文即名为天津练饷，以昭慎密，不可稍有宣露，致令外来商民传播都城，有碍钱法。其湖北施、宜等处向多铜矿，着该督抚饬属招商试办，酌抽矿税，试行有效，即筹款收买商铜，以裕鼓铸，并着妥议章程具奏。至滨海商贾，向有贩运红铜条铜等项，应如何招商收买之处，并着各该督抚三口通商大臣妥速议奏。②

十二日辛酉（12 月 7 日）

广东巡抚蒋益澧滥支帑项，违例任情，署布政使按察使郭祥瑞显违定例，见好上官，均着交部严加议处。盐运使方浚颐会衔详送蒋益澧公费，亦有不合，着交部议处。③

十六日乙丑（12 月 11 日）

以江苏阜宁剿办海匪出力，予知县江鸿以同知用，千总王林以守备用均赏花翎，守备魏长龄等蓝翎，余升叙开复有差。

---

① 《清实录·穆宗毅皇帝实录》卷二一五。
② 《清实录·穆宗毅皇帝实录》卷二一五。
③ 《清实录·穆宗毅皇帝实录》卷二一六。

十七日丙寅（12 月 12 日）

内务府奏，请将各省关汇兑银两严定限制。粤海关解交公用及各省关应交课税银两，大半因道路梗阻，委员汇兑，往往有奏报起程后迟至数月始行到京者。而汇兑银号，又复迁延时日，影射不交，实于库款大有关碍。①

十八日丁卯（12 月 13 日）

总理各国事务衙门奏，请饬催各直省将军督抚大臣将豫筹修约事宜迅速覆奏。前因各国换约期近，密谕该将军督抚大臣悉心筹画，于十一月内覆奏。迄今已届两月，仅据左宗棠、瑞麟、都兴阿先后奏到。②

福建马尾船厂，新到购自各国一批机器。③

廿二日辛未（12 月 17 日）

崇厚奏，调拨洋枪炮队，进剿枭匪。直隶枭匪马行剽疾，官军以步追骑，势每不及。崇厚现饬邓启元管带洋枪炮队，取道沧南追剿，并仿照奉省剿办马贼之法，调拨车辆，咨送士卒前往，以期马步合队，车骑并进。④

廿五日甲戌（12 月 20 日）

吏部奏，遵议蒋益澧等处分。广东巡抚蒋益澧滥支帑项，违例任情，经吏部议以降四级调用，着加恩改为降二级调用。署广东布政使按察使郭祥瑞显违定例见好上官，着照该部所议降四级调用。两广盐运使方浚颐会衔详送巡抚公费，亦有不合，着降一级留任。两广总督瑞麟于郭祥瑞等筹送巡抚公费等事，均未能当时驳饬，着罚俸九个月。

兼署闽浙总督英桂奏，提臣李成谋巡阅台湾，回省尚需时日。本年军政，未能

---

① 《清实录·穆宗毅皇帝实录》卷二一六。

② 《清实录·穆宗毅皇帝实录》卷二一六。

③ 刘传标：《近代中国船政大事编年与资料选编》第 1 册，九州出版社 2011 年版，第 73 页。

④ 《清实录·穆宗毅皇帝实录》卷二一七。

依限办理。下部知之。①

廿六日乙亥(12 月 21 日)

调福建巡抚李福泰为广东巡抚,以河南布政使卜宝第为福建巡抚。以长芦盐运使梅启照为广东按察使。

廿八日丁丑(12 月 23 日)

御史朱澄澜奏请惩巨匪以卫良民。据称浙江嘉兴府地方,向多枪匪及破靴党,或助逆为要酋,或聚众为大盗。近因营务处裁撤,匪焰渐涨,拟访查缉拿。②

福建台湾镇总兵官刘明灯奏,美国领事李让礼进剿生番,已与番目卓杞议和撤兵。③

廿九日戊寅(12 月 24 日)

予福建巡洋阵亡守备布义等祭葬世职。

三十日己卯(12 月 25 日)

以山东海丰等处剿匪出力,予知县刘辂等加衔升叙有差。

十二月初一日庚辰(12 月 26 日)

福建船政设立绘事院,招收三十九名少年,学习船图、机器图、船体、机器绘算概要等,学制三年。④

初五日甲申(12 月 30 日)

两广总督瑞麟等奏,购买英法轮船六只以备巡缉粤洋,预计花费银两二十四万

---

① 《清实录·穆宗毅皇帝实录》卷二一七。
② 《清实录·穆宗毅皇帝实录》卷二一七。
③ 《筹办夷务始末》(同治朝)第 6 册,中华书局 2008 年版,第 2245～2247 页。
④ 刘传标:《近代中国船政大事编年与资料选编》第 1 册,九州出版社 2011 年版,第 74页。

四千四百三十七两。①

福建船政第一座船台竣工。②

初六日乙酉（12 月 31 日）

湖广总督李鸿章附呈藩司丁日昌条陈，提出创建轮船水师，设立北洋提督、中洋提督、南洋提督。③

江南制造局徐寿建议翻译西方国家技术书籍。④

初七日丙戌（公元 1868 年 1 月 1 日）

山东道监察御史薛斯来奏，换约届期，请于近京设立重镇。⑤

初九日戊子（公元 1868 年 1 月 3 日）

前因户部奏，遵议右赞善徐申锡积谷条陈，当经降旨，谕令江苏、浙江督抚迅筹采买米粮数十万石，由海运津。兹据太仆寺少卿彭祖贤奏，东南谷贱伤农，畿辅宜筹足食，请饬江苏招商贩运，以资调剂。向来沿海地方，运米出口，例禁綦严。惟现在南北米价悬殊，若准内地商船接踵贩运，畿辅民食，庶可藉资接济，自应变通办理。清廷着两江总督、江苏巡抚转饬苏松太道，督饬沿海州县出示招商，凡沙船卫船及宁波、福建、广东商船，均准其在上海等处运米赴天津售卖，随时由地方官给予护照。所过关卡并准免纳税厘，以广招徕。⑥

十四日癸巳（公元 1868 年 1 月 8 日）

马新贻奏，海宁绕城石塘将次工竣，现办西防石塘大工，通共约需银四十八万

---

① 《筹办夷务始末》（同治朝）第 6 册，中华书局 2008 年版，第 2254～2256 页。

② 《近代中国海军》，海潮出版社 1994 年版，第 1180 页。

③ 《近代中国海军》，海潮出版社 1994 年版，第 1181 页。

④ 刘传标：《近代中国船政大事编年与资料选编》第 1 册，九州出版社 2011 年版，第 74 页。

⑤ 《筹办夷务始末》（同治朝）第 6 册，中华书局 2008 年版，第 2283～2284 页。

⑥ 《清实录·穆宗毅皇帝实录》卷二一八。

九千两。①

十五日甲午（公元 1868 年 1 月 9 日）

福州将军兼署闽浙总督英桂等奏报美领事李让礼同台湾镇道，与番目卓杞议和。②

朝鲜国王与礼部咨文，称已经核实，所谓日本兴师朝鲜之说不足信。③

十七日丙申（公元 1868 年 1 月 11 日）

命降调广东巡抚蒋益澧以按察使候补，发往陕西军营，交钦差大臣左宗棠差委。

十八日丁酉（公元 1868 年 1 月 12 日）

调闽浙总督吴棠为四川总督，未到任前，以成都将军崇实兼署。以浙江巡抚马新贻为闽浙总督，未到任前，以福州将军英桂兼署。调署湖广总督江苏巡抚李瀚章为浙江巡抚，命署江苏巡抚郭柏荫赴湖北巡抚本任，以江苏布政使丁日昌为巡抚。

十九日戊戌（公元 1868 年 1 月 13 日）

以浙江办理海运漕粮完竣，予知府谭钟麟等升叙有差。④

廿一日庚子（公元 1868 年 1 月 15 日）

两江总督曾国藩奏，淮、扬、通三属应征漕米现因夏秋灾歉，饬属酌减米价以恤民艰，仍由官买米办运，由来春苏属海运回空沙船运津。下部知之。⑤

---

① 《清实录·穆宗毅皇帝实录》卷二一九。
② 《筹办夷务始末》（同治朝）第 6 册，中华书局 2008 年版，第 2296～2298 页。
③ 《筹办夷务始末》（同治朝）第 6 册，中华书局 2008 年版，第 2298～2300 页。
④ 《清实录·穆宗毅皇帝实录》卷二一九。
⑤ 《清实录·穆宗毅皇帝实录》卷二二〇。

廿四日癸卯（公元 1868 年 1 月 18 日）

郭柏荫奏，拿获枪船匪徒首要各犯，解散余党。江浙地方，向有枪船匪徒聚众抢掳，最为闾阎之害。经郭柏荫会同马新贻、李朝斌密派员弁，先后将著名首犯金幅、卜小二、卜长生捡获，讯明正法，并将悍党数十名一并拿获惩办。其余胁从，概行解散。①

福建船政船厂建造的第一艘木胁无装甲商船，安放龙骨，开工制造，后命名为万年清。②

廿八日丁未（公元 1868 年 1 月 22 日）

前因左宗棠奏，请借用洋商银两，当经谕令该衙门妥筹办理。兹据总理各国事务等衙门奏称，照案借银，行息太重，四成洋税一项，不妨暂为通融。请将左宗棠原拟代借之款划分为二，一半提用洋税，一半由各海关向洋商借用。清廷着曾国藩等按照该衙门所拟各节，先由应解部库四成洋税项下提出银一百万两，飞速解交左宗棠军营支用。其一百万两，由各海关出具印票，由各督抚加盖关防，交胡光墉、应宝时向洋商借用，由江宁等省各藩司于应协甘饷项下拨还，并委解部库交纳归还四成洋税之款，仍足二百万两之数。③

朝鲜国使臣金益友等三人于午门外瞻觐。

是年

厦门船坞有限公司，在鼓浪屿兴建第三座船坞。

霍金斯洋行组建上海船坞公司。④

---

① 《清实录·穆宗毅皇帝实录》卷二二〇。
② 刘传标：《近代中国船政大事编年与资料选编》第 1 册，九州出版社 2011 年版，第 76 页。
③ 《清实录·穆宗毅皇帝实录》卷二二〇。
④ 刘传标：《近代中国船政大事编年与资料选编》第 1 册，九州出版社 2011 年版，第 77 页。

同治七年　戊辰　公元 1868 年

春正月初一日庚戌（1 月 25 日）

以江南水师暨马队官军会剿捻匪出力，予总兵官缪福宾、者贵以提督简放，赏总兵官叶志超、杨岐珍巴图鲁名号。①

初三日壬子（1 月 27 日）

署闽浙总督英桂议覆浙江省减兵增饷章程。除海塘兵六百五十四名向来不与征调无庸置议外，拟裁水陆额兵一万三千八百二十九名，实存兵二万二千五百七十六名，加马兵月饷银一两，马乾五钱，战兵月加一两，守兵月加五钱，添嘉兴、湖州两协水师兵五百名。均照楚军章程，选锋操练，并增修器械，添造战船，酌给备弁以下津贴、各营公需用费。下部议，从之。②

初六日乙卯（1 月 30 日）

御紫光阁，赐蒙古王、贝勒、贝子、公、台吉暨朝鲜使臣等宴，并赏赉有差。

初十日己未（2 月 3 日）

以巡洋获盗，予福建守备苏桂森等加衔升叙有差。

拨直隶天津关税、山东地丁银各十万两，解赴直隶军营备用。

拨两淮盐课、两浙盐课、福建茶税银各六万两，江汉、江海、闽海、浙海四关洋税、湖北盐厘银各五万两，四川津贴、广东盐课、河南驿站存银暨太平关税银各四万两，淮安关税银一万两解交内务府备本年经费。③

---

① 《清实录·穆宗毅皇帝实录》卷二二一。
② 《清实录·穆宗毅皇帝实录》卷二二一。
③ 《清实录·穆宗毅皇帝实录》卷二二一。

十五日甲子(2月8日)

拨户部银二十万两交神机营备用。①

十九日丁卯(2月12日)

福建船政后学堂增设管轮学堂(轮机专业),培训轮机管理人才。②

廿四日癸酉(2月17日)

福建船政前学堂,增设艺圃,又称艺徒学堂,招收艺徒百余人,培养车间技术工人,学制五年。③

廿五日甲戌(2月18日)

天津所存之洋米,并起卸未收之洋米,清廷均着崇厚先行拨运直境各处,接济南军食用。④

廿六日乙亥(2月19日)

命钦差大臣左宗棠总统直隶各路官军。

以浙江台州剿办土匪出力,赏同知吴琼、守备毕生太等花翎,千总罗懋勋等蓝翎,知府刘璇等加衔升叙开复有差。

二月初二日庚辰(2月24日)

沈葆桢奏报造船开工日期,并陈明船厂情折。据称开造轮船铁厂,关系最重。

---

① 《清实录·穆宗毅皇帝实录》卷二二二。
② 刘传标:《近代中国船政大事编年与资料选编》第1册,九州出版社2011年版,第78页。
③ 刘传标:《近代中国船政大事编年与资料选编》第1册,九州出版社2011年版,第78页。
④ 《清实录·穆宗毅皇帝实录》卷二二三。

上年十二月间，船台造成一座，所运铁器木料，亦已附舶而来，当亲率在事官绅工匠，前赴船坞开工。

以福建开办船厂出力，赏洋将日意格等花翎职衔有差。①

初六日甲申(2 月 28 日)

前据彭祖贤奏，请截留漕米以济军粮，谕令户部速议具奏。兹据奏称，海运新漕，须三四月之交，方能抵津。专恃截漕助饷，尚恐缓不济急。且官军追贼，所向靡定。漕粮抵津之日，是否仍须截留，亦难豫拟。请饬直隶总督届时酌量。清廷即照该部所议，着官文于漕船抵津后，酌量彼时军务情形。如果需用漕粮接济兵糈，即行奏明办理，至现时筹拨兵粮。前据崇厚奏称，华洋各商贩运津粮米，共有十七万余石。②

初十日戊子(3 月 3 日)

瑞麟将湘军裁撤，腾出巨饷，为广东练兵恤伍之需。③

十五日癸巳(3 月 8 日)

抚恤琉球国遭风难夷如例。

十六日甲午(3 月 9 日)

蒋益澧奏，改办太平关税，收支确数，及征收洋税数目。广东太平关税务，经蒋益澧奏明改办后，一年期满，共征正额赢余银十八万和千八百余两，又江海关代征丝税纹银四万二千九百余两。较之额定数目，不惟不亏，并且大有加增。④

十八日丙申(3 月 11 日)

以江苏办理海运漕粮出力，赏参将丁仁麟从一品封典，知府李铭皖三代二品封典，余加衔升叙有差。

---

①　《清实录·穆宗毅皇帝实录》卷二二四。
②　《清实录·穆宗毅皇帝实录》卷二二四。
③　《清实录·穆宗毅皇帝实录》卷二二四。
④　《清实录·穆宗毅皇帝实录》卷二二五。

清廷接到美使卫廉士照会，称朝鲜留有两名美国人，请为查办。①

廿八日丙午(3 月 21 日)

清廷接到奏报，浦安臣抵达上海，二月开洋出使。②

三月初四日壬子(3 月 27 日)

户部奏，遵议乔松年奏请拨海关四成洋税济饷。陕西回逆纷扰，需饷浩繁，庆泾各营，亦须力筹接济，亟应赶紧筹拨。清廷着照该部所议，自本年三月起，即着英桂、瑞麟、郭柏荫、李瀚章、李福泰、何璟、师曾于闽海等关四成洋税项下按月各拨解一万两，其广东江苏原定每月协饷一万两，仍着瑞麟、曾国藩、丁日昌如数拨解，以济要需。③

初七日乙卯(3 月 30 日)

崇实奏，练军剿捕盐枭，获匪多名，续派马步驰剿。④

初八日丙辰(3 月 31 日)

以山东登州等处防剿捻匪出力，予升任盐运使潘霨等加衔升叙有差。

初九日丁巳(4 月 1 日)

福建船政副监督德克碑代雇洋员五人、洋匠十七人到厂。⑤

十九日丁丑(4 月 11 日)

以神灵助顺，加江苏宿迁县金龙四大王封号曰"襄猷"，山东汶上县永济神封

---

① 《筹办夷务始末》(同治朝)第 6 册，中华书局 2008 年版，第 2327~2328 页。
② 《筹办夷务始末》(同治朝)第 6 册，中华书局 2008 年版，第 2337~2338 页。
③ 《清实录·穆宗毅皇帝实录》卷二二六。
④ 《清实录·穆宗毅皇帝实录》卷二二六。
⑤ 刘传标：《近代中国船政大事编年与资料选编》第 1 册，九州出版社 2011 年版，第 79 页。

号曰"显应"。①

是月

广东巡抚蒋益澧，与两广总督瑞麟会商，向法国购买西式军舰"恬波"号回国，首任管带龙飞(英国人)。②

是年春

福建船政衙门在马尾婴脰山修建天后宫，供奉"天上圣母"，作为轮船下水及出海前祭祀的场所。天后宫夏至前后落幕，耗工料银 3082 两。③

夏四月初一日己卯(4 月 23 日)

宋晋奏请变通漕务章程。

英桂等奏请筹米运津。英桂等以畿辅大兵云集，需粮孔亟，拟拨款购米十万石，由轮船运赴天津，听候提拨。④

初二日庚辰(4 月 24 日)

以浙江水师巡洋出力，赏都司张勋等花翎，知县刘定国等蓝翎，余加衔升叙有差。

予浙江因公淹殁把总毛化辉、外委陈凤华祭葬恤荫加等。

初三日辛巳(4 月 25 日)

三口通商大臣兵部左侍郎崇厚奏，福建筹济兵米，现由轮船起运到津，拟饬天津道会同该省委员先行验收屯栈。报闻。⑤

---

①　《清实录·穆宗毅皇帝实录》卷二二七。

②　刘传标：《近代中国船政大事编年与资料选编》第 1 册，九州出版社 2011 年版，第 79 页。

③　刘传标：《近代中国船政大事编年与资料选编》第 1 册，九州出版社 2011 年版，第 78 页。

④　《清实录·穆宗毅皇帝实录》卷二二八。

⑤　《清实录·穆宗毅皇帝实录》卷二二八。

初七日乙酉(4 月 29 日)

刘典奏,新拨三关洋税银两,拟分别派员领解,请催原拨广东江苏协饷及请饬湖广等省将奉拨陕省赈银迅解。①

初八日丙戌(4 月 30 日)

罗惇衍等奏,贼逼津门,请饬各路官军合击,并请饬统兵大臣择要驻扎。海运米石船只,清廷着罗惇衍等会商崇厚设法保护,毋稍大意。②

初九日丁亥(5 月 1 日)

前据户部奏,请饬滨临江海各省督抚筹解制钱运津,为京师变通圜法之用。现马新贻先提十万串,分批委员由轮船解赴天津。

钦差大臣左宗棠奏,官军由德州驰赴天津,力图截剿捻匪。③

十一日己丑(5 月 3 日)

左宗棠奏,捻匪由天津静海折窜而南。

十二日庚寅(5 月 4 日)

罗惇衍等奏,捻匪现由静海沧州窜至盐山,去津稍远。

崇厚拟添练洋枪炮勇二营,练勇二营,并雇借外国轮船,水陆兼防。清廷均着照所拟办理,所需经费,即着于盐关两库应解本年京饷项下,先行借拨银三四十万两,克期举办,事竣核实报销。

山东登州镇总兵官周惠堂开缺养亲,以记名总兵官陈择辅为山东登州镇总兵官。④

---

① 《清实录·穆宗毅皇帝实录》卷二二八。
② 《清实录·穆宗毅皇帝实录》卷二二八。
③ 《清实录·穆宗毅皇帝实录》卷二二八。
④ 《清实录·穆宗毅皇帝实录》卷二二九。

十六日甲午(5 月 8 日)

苏凤文奏，越南正贡届期，据情代奏。越南贡使经由太郡，傥因镇安邻氛未靖，清廷即着该抚设法妥为护送，令其绕道前进。①

福建船政雇佣夹板船"马梨阿勒各三丁"，运载第二批机器设备抵达马尾。②

十七日乙未(5 月 9 日)

以福建台湾叠次缉匪出力，赏同知吴本烈、都司李忠元等花翎，知县朱必昌等蓝翎，余加衔升叙有差。

十九日丁酉(5 月 11 日)

李鸿章奏，捻逆由天津一带窜向盐山等处，经刘松山等追剿叠胜，该逆以官军俱在运东，仍图西窜。③

布鲁斯国使臣李福斯呈递国书。④

廿二日庚子(5 月 14 日)

三口通商大臣兵部左侍郎崇厚奏，办理津郡保甲，抚恤难民。⑤

廿七日乙巳(5 月 19 日)

署直隶总督官文奏，派按察使张树声等察看民团，互相激劝，以资保卫。

福建台湾镇总兵官刘明灯奏，整顿台湾营务，稍有端倪，恳请入觐。清廷着俟二三年后，该地方大定，再行奏请。⑥

---

①　《清实录·穆宗毅皇帝实录》卷二二九。

②　刘传标：《近代中国船政大事编年与资料选编》第 1 册，九州出版社 2011 年版，第 79 页。

③　《清实录·穆宗毅皇帝实录》卷二二九。

④　《筹办夷务始末》(同治朝)第 6 册，中华书局 2008 年版，第 2353~2354 页。

⑤　《清实录·穆宗毅皇帝实录》卷二三〇。

⑥　《清实录·穆宗毅皇帝实录》卷二三〇。

闰四月初二日己酉(5 月 23 日)

罗惇衍、锺岱奏，请将押运漕米赴通各员弁分别奖惩。本年海运剥船抵通，业已陆续验收。其第一起第九起漕白粮米全数交清，米色干洁。该押运员弁，尚属认真。惟第十六起剥船，短欠漕米至一百四十余石之多，且有潮湿搀杂情形，自应分别奖惩。①

抚恤朝鲜国遭风难夷如例。

三口通商大臣崇厚奏，捻军近至天津，法署领事德微理亚、英领事孟甘相助巡防，请饬嘉奖。②

初五日壬子(5 月 26 日)

以福建省城新建天后宫落成，颁匾额曰"德施功溥"。

初八日乙卯(5 月 29 日)

以浙江嘉兴等处拿办枪匪出力，予知府蒋泽澐等升叙有差。

免琉球国贡船随带货物税银。

初十日丁巳(5 月 31 日)

新设广东赤溪同知、司狱各一缺，拨新宁县额进客童二名为赤溪厅学额，隶肇庆府学。升广海寨游击为副将，与那扶都司均移扎赤溪。拨钦州左营雷州左营千总、把总各一员，惠州左营三江左营外委各一员，各标兵四百六十一名，为赤溪新营。升广海寨守备为都司，移琼州右营守备于那扶，改佛山同知为简缺。裁琼防同知、广海寨主簿各一缺。从总督瑞麟等请也。③

江南制造总局设立的翻译馆正式开馆，致力于专业技术翻译，先后译印各类书籍一百五十九种。④

---

① 《清实录·穆宗毅皇帝实录》卷二三一。

② 《筹办夷务始末》(同治朝)第 6 册，中华书局 2008 年版，第 2359 页。

③ 《清实录·穆宗毅皇帝实录》卷二三一。

④ 刘传标：《近代中国船政大事编年与资料选编》第 1 册，九州出版社 2011 年版，第 80~81 页。

十一日戊午（6 月 1 日）

崇厚奏称，沧州减河防务未周，事机万紧。沧州开放减河石坝，以运河水灌入下游，因刘庆庄以下地势渐高，未能达海。其山东海丰县地方，兼有直赴大沽海口捷径一条，又有地方岑子头大路一条，直通天津葛沽咸水沽等处。现在减河营墙，自石坝起至周庆庄止，虽已筑有营墙，其周庆庄以下至祁口海河，约四五十里，水势散漫，深不过一二尺。岑子头大路，并未淹没。该处营墙未立，兼无兵队驻守，势极空虚。现潘鼎新军，向南进剿，仅有杨鼎勋，并刘景芳数营分布，殊属不敷防守。清廷着左宗棠、李鸿章赶紧拨兵，前赴减河下游海滩处所，扼要驻防。①

十六日癸亥（6 月 6 日）

李文田奏，广东盗风日甚一日，各种会匪名目不一，抢掳械斗之事，附省数县，无日无之。②

二十日丁卯（6 月 10 日）

奕䜣等奏，大西洋国久占澳门，拟请日使玛斯代办收回。③

廿四日辛未（6 月 14 日）

崇厚奏，派拨兵勇，赴减河下游防守，并曾国藩等奏调用闽省轮船赴津。苏省捕盗轮船，不适于用，闽省之华福宝轮船，现在上海，可以移调北来。俟驶抵天津后，清廷着崇厚饬令该督带委员沈应奎等，于津门沿海洋面一带，实力巡缉，以杜洋人接济捻匪暗相勾结之弊。所有军火粮饷，并着妥筹接济，毋令缺乏。④

廿八日乙亥（6 月 18 日）

礼部奏朝鲜国王咨文，称无扣留英美之人。⑤

---

① 《清实录·穆宗毅皇帝实录》卷二三一。
② 《清实录·穆宗毅皇帝实录》卷二三二。
③ 《筹办夷务始末》（同治朝）第 6 册，中华书局 2008 年版，第 2364～2367 页。
④ 《清实录·穆宗毅皇帝实录》卷二三二。
⑤ 《筹办夷务始末》（同治朝）第 6 册，中华书局 2008 年版，第 2374～2378 页。

廿九日丙子(6 月 19 日)

以广东潮州镇总兵官翟国彦为水师提督，肇庆协副将杨青山为潮州镇总兵官。

五月初七日癸未(6 月 26 日)

补铸福建台湾水师副将、左营游击、中军守备各关防条记，从署总督英桂请也。①
大西洋约改缮后，交玛斯送换，并颁国书。②
奕䜣等奏，收回澳门用经费一百三十万两，拟向洋商存款借用。③

初九日乙酉(6 月 28 日)

都兴阿已抵津门，现于津防洋枪炮队内，拨兵一千二百余名，派王佐臣统领，前赴减河驻扎。④

初十日丙戌(6 月 29 日)

丁宝桢奏，请将藉端讹赖并纵子滋事之游击革职审办。署福建海坛营游击陈期登，管驾金州战船，辄敢私带货物，沿途逗遛卸卖，藉端讹赖，扰累商人。伊子在即墨县境滋事，酿成命案，经该县提审，并不将人犯交出。复以亟应出洋，属令将已获之犯释回。清廷着陈期登革职拿问，交丁宝桢提省严行审讯，勒令将伊子及在场之水兵全数交出，按律惩办。

罗惇衍等奏，夹板船试运江苏米石，验收办理情形。江苏田捐采买米三万石，试用夹板船运津。经罗惇衍等前赴紫竹林查阅，除将已到米石验收外，尚有未到米四千五百三十石。

以直隶天津验收海运漕粮完竣，予户部尚书罗惇衍优叙，余加衔升叙开复有差。

以防护海运米石出力，赏同知朱其昂等花翎，知县钱开震等蓝翎，余加衔升叙有差。⑤

---

① 《清实录·穆宗毅皇帝实录》卷二三三。
② 《筹办夷务始末》(同治朝)第 6 册，中华书局 2008 年版，第 2380~2381 页。
③ 《筹办夷务始末》(同治朝)第 6 册，中华书局 2008 年版，第 2381~2382 页。
④ 《清实录·穆宗毅皇帝实录》卷二三三。
⑤ 《清实录·穆宗毅皇帝实录》卷二三三。

十八日甲午(7月7日)

沈葆桢奏，江岸坍塌，逼近船台，现筹堵御。船台前江岸，于闰月十九日夜间，被风浪冲啮，塌入水中。所岸旁堆积群材，虽经拖运中间，台前亦添钉巨桩三层，暂资堵御。惟岸址未坚，风涛不时冲激，其势断不能久。该大臣现拟疏泄积水，改筑石堤，将环岛长濠一律填塞，俾土性干凝，岸旁地基巩固。

浙江衢州镇总兵官简桂林因病解职，以前任福建金门镇总兵官陈东友为浙江衢州镇总兵官。①

十九日乙未(7月8日)

福建船政雇用的夹板船"洋彼尔士"号运载的第三批机器抵达马尾。②

廿一日丁酉(7月10日)

以通州验收海运漕粮完竣，予刑部右侍郎英元议叙，余加衔升叙有差。

廿三日己亥(7月12日)

同文馆天文、算学诸生三十人，考核后黜落二十人。③

廿七日癸卯(7月16日)

丁日昌奏，运解军火赴京，请饬妥为护送。神机营派队剿贼，需用军火，现据丁日昌奏称，制就开花轻铜炮，并兵枪马枪火箭等项，派委候补直隶州知州广元，由轮船解赴天津，转运至京。惟现在直东一带，民团盘诘甚严，运解恐致阻滞。此项军火解抵天津后，清廷着崇厚严饬地方官沿途照料，妥为接护。④

---

①　《清实录·穆宗毅皇帝实录》卷二三四。

②　刘传标：《近代中国船政大事编年与资料选编》第1册，九州出版社2011年版，第83页。

③　《筹办夷务始末》(同治朝)第6册，中华书局2008年版，第2398~2399页。

④　《清实录·穆宗毅皇帝实录》卷二三四。

六月初四日庚戌(7月23日)

江南制造总局第一艘木壳轮船"恬吉"号下水。①

初九日乙卯(7月28日)

山东巡抚丁宝桢奏,连日剿贼获胜,暨修筑马颊河墙渐可竣工。得旨:高唐一带河墙,该抚当严饬地方官督率绅团赶紧兴筑完固,水师炮船现赴临清。着丁宝桢即饬带兵员弁,驶赴运河归李鸿章调遣。

补铸福建邵武府知府印信,从巡抚李福泰请也。②

礼部奏朝鲜国王咨文,陈述美、俄洋人情形。③

十七日癸亥(8月5日)

福建船政雇用的夹板船"汪德乃木"号运载的第四批轮船机器抵达马尾。④

二十日丙寅(8月8日)

抚恤朝鲜国遭风难夷如例。

廿八日甲戌(8月16日)

江西巡抚刘坤一奏,接据总理各国事务衙门咨调九江关呃吩轮船,赴天津巡防。现饬驾赴上海,修舱坚固,即行放洋北上。下所司知之。⑤

廿九日乙亥(8月17日)

以浙江办理海宁石塘工竣,予道员唐树森等升叙开复有差。⑥

---

① 《近代中国海军》,海潮出版社1994年版,第1180页。
② 《清实录·穆宗毅皇帝实录》卷二三五。
③ 《筹办夷务始末》(同治朝)第6册,中华书局2008年版,第2414~2418页。
④ 刘传标:《近代中国船政大事编年与资料选编》第1册,九州出版社2011年版,第87页。
⑤ 《清实录·穆宗毅皇帝实录》卷二三六。
⑥ 《清实录·穆宗毅皇帝实录》卷二三六。

是月

广东向法国购买的"镇海"号、向英国购买的"镇涛"号兵船，先后抵达。①

七月初一日丙子(8 月 18 日)

山海关副都统长善奏，英国兵船过山海关赴牛庄，提督士都克斯等来见。②

初九日甲申(8 月 26 日)

日斯巴尼亚国使臣回国，新任使臣克维度呈递国书。③

十一日丙戌(8 月 28 日)

江苏巡抚丁日昌奏，意大利使臣骆通恩寄到原约，已与互换。④

十四日己丑(8 月 31 日)

三口通商大臣兵部左侍郎崇厚奏，饬派道员杨咏春、知府任信成、分赴天津河间各属，督同地方官清查余匪，抚恤难民。报闻。⑤

十八日癸巳(9 月 4 日)

以神灵显应，加江苏宿迁县金龙四大王封号曰"辅化"。

十九日甲午(9 月 5 日)

总理船政前江西巡抚沈葆桢奏，从外洋所购四起机器已经全部运到。⑥

---

① 刘传标：《近代中国船政大事编年与资料选编》第 1 册，九州出版社 2011 年版，第 92 页。

② 《筹办夷务始末》(同治朝)第 6 册，中华书局 2008 年版，第 2424 页。

③ 《筹办夷务始末》(同治朝)第 6 册，中华书局 2008 年版，第 2428 页。

④ 《筹办夷务始末》(同治朝)第 6 册，中华书局 2008 年版，第 2428 页。

⑤ 《清实录·穆宗毅皇帝实录》卷二三八。

⑥ 《筹办夷务始末》(同治朝)第 6 册，中华书局 2008 年版，第 2432~2436 页。

二十日乙未(9月6日)

调两江总督曾国藩为直隶总督，闽浙总督马新贻为两江总督，以福州将军英桂为闽浙总督，正蓝旗汉军都统文煜为福州将军。①

八月初一日乙巳(9月16日)

同治帝晓谕：台湾地方关击最为紧要。道员吴大廷前因患病内渡，经沈葆桢留于船政局差委，即着英桂等饬令迅回本任，以重职守。总兵刘明灯，能否胜任，并着英桂、卞宝第留心察访。如不称职，即行据实参奏毋得稍涉瞻徇，致滋贻误。

以尽先副将黄联开为福建海坛镇总兵官。②

礼部奏朝鲜国王咨文，陈述俄人越边情形。③

初四日戊申(9月19日)

以直隶天津管驾轮船巡防出力，予同知沈应奎等加衔开复有差。④

初五日己酉(9月20日)

令两江总督马新贻充办理通商事务大臣。

奕訢等奏，山东烟台有广东人与洋人私挖金矿，已令禁止，拟拨津队驻防。⑤

初九日癸丑(9月24日)

广东南韶连镇总兵官卓兴因病解职，以记名总兵官方耀为广东南韶连镇总兵官。

十三日丁巳(9月28日)

以神灵显应，颁江苏高邮州康泽侯庙匾额曰"福绥临泽"。

---

① 《清实录·穆宗毅皇帝实录》卷二四〇。
② 《清实录·穆宗毅皇帝实录》卷二四〇。
③ 《筹办夷务始末》(同治朝)第7册，中华书局2008年版，第2443~2445页。
④ 《清实录·穆宗毅皇帝实录》卷二四〇。
⑤ 《筹办夷务始末》(同治朝)第7册，中华书局2008年版，第2448页。

以江苏江阴等处巡洋获盗出力，擢巡检马声焕以知县用，赏游击张焜巴图鲁名号，千总龚云鹏等蓝翎，余升叙有差。

十四日戊午(9 月 29 日)

日使玛斯请求照法国纳船钞。①

十八日壬戌(10 月 3 日)

总理各国事务衙门奏，办理中外交涉事件，关系重大，请饬格外慎密。西洋各国，自入内地以来，办理诸多棘手。凡遇中外交涉事件，有关击大局者，自宜慎密将事，不得稍有泄漏。乃曾国藩于密陈筹议修约事宜折件，不能慎密，致被人传钞。业经交部议处，此事若再追究，诚恐欲盖弥彰，转于大局无益。第思各直省将军督抚三口通商大臣等，均有中外交涉事件。遇有奉到密寄谕旨，及总理衙门密行文件，并该将军督抚等密奏折件，若复稍涉大意，致有泄漏，则机事不密，咎有攸归。嗣后务当格外慎密，以维大局。如有在事各员，不能体会此意，一经察出，定当从重惩处，决不宽贷。②

廿一日乙丑(10 月 6 日)

福建船政雇用的夹板船"华德西乐"号载木五百余节，抵达马尾。③

廿三日丁卯(10 月 8 日)

三口通商大臣兵部左侍郎崇厚奏，各军凯撤，并亲赴津南查勘抚恤。

廿五日己巳(10 月 10 日)

以神灵显应，加江苏宿迁县金龙四大王封号曰"灵感"。

前因左宗棠奏请议拨实饷，当谕令军机大臣会同户部速议具奏。兹据奏称，拟

---

① 《筹办夷务始末》(同治朝)第 7 册，中华书局 2008 年版，第 2454~2455 页。
② 《清实录·穆宗毅皇帝实录》卷二四一。
③ 刘传标：《近代中国船政大事编年与资料选编》第 1 册，九州出版社 2011 年版，第 93 页。

由各海关六成洋税内，凑拨银一百万两，为该督西征军饷，并由该督酌量协济甘省。清廷着曾国藩、马新贻、丁日昌于江海关拨银五十万两，英桂于闽海关拨银二十万两，郭柏荫、何璟于江海关拨银十五万两，师曾于粤海关拨银十万两，李瀚章于浙海关拨银五万两。①

九月初三日丁丑(10 月 18 日)

以神灵助顺，加山东临清州漳河神封号曰"显应"。

丁日昌奏筹办禁绝枪船情形，督饬府县编查水陆保甲，凡有渔船农船，均于户下注明。并令水陆居民藏有枪炮军器者，悉数呈缴，概不准乘用枪船。其无军器者，勒限改作农船。如仍有打造枪船式样者，立将该船截毁，并将制造工匠及雇船之人严行惩办。

十五日己丑(10 月 30 日)

山东巡抚丁宝桢、三口通商大臣崇厚奏陈《驻烟台队伍章程》。②

十六日庚寅(10 月 31 日)

山东巡抚丁宝桢奏，今日宁海各处，有洋人试挖金矿。③

十七日辛卯(11 月 1 日)

曾国藩奏，新造轮船工竣，并陈上海机器局筹办情形，及请奖上海通商委员。中国试造轮船，事属创始，曾国藩将第一号轮船成造，据称坚致灵便，可涉重洋，此后渐推渐精，即可续造暗轮大舰。④

廿四日戊戌(11 月 8 日)

总理各国事务衙门奏，台湾壮勇杀死教民，英桂尚未将办理情形咨报，而该国

---

① 《清实录·穆宗毅皇帝实录》卷二四一。
② 《筹办夷务始末》(同治朝)第 7 册，中华书局 2008 年版，第 2464~2465 页。
③ 《筹办夷务始末》(同治朝)第 7 册，中华书局 2008 年版，第 2467~2468 页。
④ 《清实录·穆宗毅皇帝实录》卷二四三。

使臣屡请拿办正凶，情词迫切。①

奕䜣等奏，大西洋国使臣照会换约，因日本使臣玛斯无信，暂为照覆。②

美国使臣劳文罗斯呈递国书。③

廿七日辛丑(11 月 11 日)

抚恤琉球国遭风难夷如例。④

廿八日壬寅(11 月 12 日)

总理船政前江西巡抚沈葆桢奏，南洋所购造成木材已到。洋将日意格所托国人购办木材不堪任用。⑤

冬十月初一日甲辰(11 月 14 日)

前因福建台湾镇总兵员缺紧要，当经谕令英桂等察看刘明灯能否胜任。兹据奏称，该总兵于台湾重镇，不甚称职。刘明灯着即开缺，交英桂、卞宝第再行详加察看。台湾镇总兵员缺，着该督抚等于通省总兵内拣员调补，所遗员缺，着朱德明补授。

前据李鹤年奏，请将应解京协各饷停缓，并据苏廷魁等奏荣工情形变更，请添拨部款八十万两。前次部拨之两淮盐厘闽海关洋税银二十九万两，先将两湖应解京饷截留。所拨河南漕折银二十一万两一并由部库筹拨。叠交户部议奏，兹据该部奏称，拟再于部库内拨给银六十万两，并由江海关拨解洋税银十万两，江汉关拨解洋税银五万两，闽海关添拨洋税银五万两，以足八十万两之数。⑥

初四日丁未(11 月 17 日)

以江南淮安等处漕粮试行海运出力，予知府沈寿嵩等加衔升叙有差。

---

① 《清实录·穆宗毅皇帝实录》卷二四三。

② 《筹办夷务始末》(同治朝)第 7 册，中华书局 2008 年版，第 2480~2481 页。

③ 《筹办夷务始末》(同治朝)第 7 册，中华书局 2008 年版，第 2483 页。

④ 《清实录·穆宗毅皇帝实录》卷二四三。

⑤ 《筹办夷务始末》(同治朝)第 7 册，中华书局 2008 年版，第 2488~2490 页。

⑥ 《清实录·穆宗毅皇帝实录》卷二四四。

美国使臣劳文罗斯进呈书籍、谷种。①
英国使臣阿礼国呈交第六次住府租银。②

初八日辛亥(11月21日)

左宗棠奉命四征，饷项刻不容缓，江海关银五十万两，闽海关银二十万两，江汉关银十五万两，粤海关银十万两，浙海关银五万两，统于本年年底，扫数解齐，毋得迟延蒂欠。③

十八日辛酉(12月1日)

六名广东籍同文馆学生在广东得到任用。④

廿一日甲子(12月4日)

福建船政雇用夹板船"麻勤阿立三丁"号运载第二批暹罗木到马尾。⑤

廿四日丁卯(12月7日)

以神灵显应，加江苏扬河厅康泽侯封号曰"绥靖"。⑥

廿七日庚午(12月10日)

改丁忧杭州将军连成为署任。
福建船政雇用的夹板船"安密喇"号运送第三批暹罗木到马尾。⑦

---

① 《筹办夷务始末》(同治朝)第7册，中华书局2008年版，第2492页。
② 《筹办夷务始末》(同治朝)第7册，中华书局2008年版，第2493页。
③ 《清实录·穆宗毅皇帝实录》卷二四四。
④ 《筹办夷务始末》(同治朝)第7册，中华书局2008年版，第2494~2496页。
⑤ 刘传标：《近代中国船政大事编年与资料选编》第1册，九州出版社2011年版，第95页。
⑥ 《清实录·穆宗毅皇帝实录》卷二四五。
⑦ 刘传标：《近代中国船政大事编年与资料选编》第1册，九州出版社2011年版，第95页。

廿八日辛未(12 月 11 日)

丁日昌奏,委解洋枪赴津,请饬接护。神机营备用来福枪,现经丁日昌向外洋定购一千杆,业已到扈,委员赍领,仍由轮船解津,转运至京,赴总理各国事务衙门交纳。

十一月初五日戊寅(12 月 18 日)

衍秀、毕道远奏,本届海运余米,米色甚坏。清廷着直隶总督转饬天津道,于明岁验收海运各项余米,务须认真查验,不得草率从事。又片奏,嗣后筹备抵正米石,所有应解随漕银两,请照海运正漕之例一律批解。清廷着两江总督江苏浙江巡抚查照办理。

改浙江黄岩、宁海两县县丞为要缺,常山、海盐两县县丞为简缺,从巡抚李瀚章请也。①

十八日辛丑(12 月 31 日)

予福建台湾伤亡副将江国珍祭葬世职。②

廿八日辛未(公元 1869 年 1 月 10 日)

闽浙总督兼理福州将军英桂等奏,台湾七案结,五洋人私买樟脑,未有章程。英领事吉必勋于议结之案,忽然翻约,开炮掳船,占踞营署,逼死副将大员,杀伤兵勇,焚烧军火局库,索取兵费。清廷谕令总理各国事务衙门知会英国公使办理。③

十二月初三日丙午(公元 1869 年 1 月 15 日)

内务府同治八年分应需经费,拟拨两淮盐课银六万两,两浙盐课银六万两,福建茶税银六万两,江汉关洋税银五万两,江海关洋税银五万两,闽海关常税银五万

---

① 《清实录·穆宗毅皇帝实录》卷二四六。
② 《清实录·穆宗毅皇帝实录》卷二四七。
③ 《筹办夷务始末》(同治朝)第 7 册,中华书局 2008 年版,第 2504~2508 页。

两，浙海关常税银五万两，九江关常洋两税银五万两，湖北盐厘银五万两，广东盐课银四万两，四川按粮津贴银四万两，太平关常税银三万两，淮安关常税银一万两，共银六十万两。①

初七日庚戌（公元 1869 年 1 月 19 日）

前据英桂等奏，台湾洋人违约妄为等情，当经谕令总理各国事务衙门知会英国使臣办理。兹据奏称，台湾樟脑一案，叠经咨行该督抚早为办结，免致藉端生衅，乃迁延日久，致有开炮掳船杀伤兵勇之事。现经该衙门将领事等逞凶违约情形，照会该国使臣，令其从严惩办，尚未接有照覆。惟该督抚前奏台湾焚烧教堂，并华洋交殴，谋死教徒各案，已结五起，未结二起，及吉必勋覆文一切情形，未据咨报，总理衙门无凭办理。中外交涉事件，必须彼此随时知照，方免舛误，岂可稍涉迟延。清廷着英桂、卞宝第即将办理已、未结教案启衅情由，及与该领事面议各节，并来往文件，赶紧详细咨报该衙门核办，并将此案始末情形，据实咨报，不得稍有回护粉饰，致滋口实。②

初九日壬子（公元 1869 年 1 月 21 日）

福建船政雇用的夹板船"悦诺花思得"号运载第四批暹罗木到马尾。③

初十日癸丑（公元 1869 年 1 月 22 日）

以浙江办理海运出力，予知府王维炘等加衔升叙开复有差。

十三日丙辰（公元 1869 年 1 月 25 日）

福建船政雇用的夹板船"巴奴格"号运送的第五批暹罗木到马尾。④

---

① 《清实录·穆宗毅皇帝实录》卷二四八。
② 《清实录·穆宗毅皇帝实录》卷二四八。
③ 刘传标：《近代中国船政大事编年与资料选编》第 1 册，九州出版社 2011 年版，第 95 页。
④ 刘传标：《近代中国船政大事编年与资料选编》第 1 册，九州出版社 2011 年版，第 95 页。

廿一日甲子（公元 1869 年 2 月 2 日）

奕䜣等奏，与英国使臣阿礼国修约，彼此或允或否大概情形。①

廿三日丙寅（公元 1869 年 2 月 4 日）

总理各国事务衙门奏，接据英国照会，据实奏闻。洋弁在台湾违约妄为，前经总理衙门照会英国使臣办理，现据该国使臣阿礼国照覆，以一切情形，未据台湾领事详报，若确情果与所奏相同，必将该领事暨洋将责处，其索去之洋银，亦为办理退还。并称吉领事已解任两月，现咨请本国水师提督派员总管兵船，前赴台湾会同郇领事，与地方官妥速办结。是该使臣亦属自知无理，惟以英民在台久受冤抑，地方官不早为申理，致酿巨案。其意直以办理失宜，归咎于地方官，自占地步。设将来该领事所报，与英桂等前奏不符，该使臣必将藉端抵赖。清廷着英桂、卞宝第懔遵前旨，迅将此案始末情形，确切查明咨报该衙门核办。至洋人在台有无冤抑之处，一并据实陈明，均不得回护粉饰，俾该使籍口狡展，庶办理方有把握。寻奏：遵查洋案一律办结，业将全案始末，咨报总理各国事务衙门。至洋人久受冤抑，乃吉必勋诡饰之词，实无其事。下所司知之。

两江总督马新贻等奏，现在应办事宜最要者六条：曰培养民生以筹办善后，修筑运堤以宣防河务，清查官亏以讲求吏治，选择将才以整顿绿营，酌留水师以联络江海，恪守条约以办理洋务。②

廿七日庚午（公元 1869 年 2 月 8 日）

朝鲜国使臣金有渊等三人于午门外瞻觐。
福建船政总第二号旧式木质跑船"湄云"号船身安放龙骨。③

---

① 《筹办夷务始末》（同治朝）第 7 册，中华书局 2008 年版，第 2513~2518 页。
② 《清实录·穆宗毅皇帝实录》卷二四九。
③ 刘传标：《近代中国船政大事编年与资料选编》第 1 册，九州出版社 2011 年版，第 95 页。

同治八年　己巳　公元 1869 年

春正月初七日己卯(2 月 17 日)

清廷会商妥议有关修改和约意见六条。①

十二日甲申(2 月 22 日)

瑞麟奏,现派镇道大员,驰赴潮州办理抢掳械斗。广东潮州府属,素有抢掳械斗之案。经瑞麟督饬藩臬出示晓谕,各属械斗稍知敛迹,而匪类仍未捆交。该督因派总兵方耀、道员文星瑞带兵先赴惠州所属之陆丰,再赴潮郡,相机办理。

以江苏领解海运漕粮无误,予知府沈寿嵩等加衔升叙有差。②

十四日丙戌(2 月 24 日)

总理各国事务衙门奏,密陈办理夷务宜策万全。③

十七日己丑(2 月 27 日)

曾国藩奏,略陈直隶应办事宜,请调军驻守,并饬江苏酌拨银两。④

十九日辛卯(3 月 1 日)

总理船政前江西巡抚沈葆桢奏,外洋所购造船陆续运到,第二号船经始。⑤

---

① 《筹办夷务始末》(同治朝)第 7 册,中华书局 2008 年版,第 2592~2595 页。
② 《清实录·穆宗毅皇帝实录》卷二五〇。
③ 《清实录·穆宗毅皇帝实录》卷二五〇。
④ 《清实录·穆宗毅皇帝实录》卷二五一。
⑤ 《筹办夷务始末》(同治朝)第 7 册,中华书局 2008 年版,第 2603~2605 页。

廿八日庚子(3 月 10 日)

福建巡抚卞宝第因病乞假，以闽浙总督英桂兼署巡抚。

三十日壬寅(3 月 12 日)

三口通商大臣崇厚奏，天津机器局拨款四成银十万两，所买机器各件，由英国装运夹板来津，陆续可以运到。①

二月初一日癸卯(3 月 13 日)

本年轮应查阅福建浙江广东广西四省营伍之期，福建着即派英桂，浙江即派李瀚章，广东即派瑞麟，广西即派苏凤文，逐一查阅，认真简校。

越南国王阮福时遣使呈进方物，并补进上三届例贡，命留抵三次正贡，赏赉如例。

改福建海坛镇右营游击为都司，裁水师各标营千总九员、把总十六员、外委二十二员、战守兵六千七百三十九名。从闽浙总督英桂请也。②

初四日丙午(3 月 16 日)

抚恤朝鲜、琉球二国遭风难夷如例。

初六日戊申(3 月 18 日)

越南国使臣黎竣等三人于神武门外瞻觐。

初八日庚戌(3 月 20 日)

总理各国事务衙门奏，四川酉阳州民教仇杀，现筹办理情形。据称法国使臣罗淑亚，以酉阳州一案情事重大，必欲派员前往会办，经该衙门阻止，该使函开四款，约须照办，旋带同由川省来京传教士至署，声言民教仇杀，皆由该省官员暗中

① 《筹办夷务始末》(同治朝)第 7 册，中华书局 2008 年版，第 2605~2606 页。
② 《清实录·穆宗毅皇帝实录》卷二五二。

唆使，又复函开五款，砌词挟制，均经该衙门逐层辩论，仍请饬妥速办结。①

初十日壬子(3月22日)

福建船政雇用夹板船运载的第六批暹罗木到马尾。②

廿二日甲子(4月3日)

抚恤琉球国遭风难夷如例。

廿二日甲子(4月3日)

闽浙总督英桂等奏，美国与台湾生番冲突一案已办结。③

廿三日乙丑(4月4日)

彭玉麟奏，遵筹水师分汛事宜，布置周妥，再行回籍。④
赫德请奖掖各口税务司十八人。⑤

廿四日丙寅(4月5日)

以神灵显应，加山东东海孝妇祠封号曰"诚感"。

廿五日丁卯(4月6日)

吏部、兵部会同奕訢等议覆广东同文馆学生职员补用章程。⑥

---

① 《清实录·穆宗毅皇帝实录》卷二五二。
② 刘传标：《近代中国船政大事编年与资料选编》第1册，九州出版社2011年版，第96页。
③ 《筹办夷务始末》(同治朝)第7册，中华书局2008年版，第2629~2630页。
④ 《清实录·穆宗毅皇帝实录》卷二五三。
⑤ 《筹办夷务始末》(同治朝)第7册，中华书局2008年版，第2613~2633页。
⑥ 《筹办夷务始末》(同治朝)第7册，中华书局2008年版，第2633~2635页。

廿八日庚午(4 月 9 日)

福建船政雇用夹板船运载的第七批暹罗木到马尾。①

三月初十日壬午(4 月 21 日)

福建船政雇用夹板船运载的第八批暹罗木到马尾。②

十一日癸未(4 月 22 日)

改福建台湾镇标右营台湾协中营澎湖协左右二营都司、台湾镇标右营守备为千总，噶玛兰守备为把总。裁台湾协中右二营澎湖协左右二营守备各一缺、千总十四缺、把总十七缺、外委四十六缺，马兵五十名，战兵三千七百四十七名，守兵三千一百五十六名。改台湾镇标右营为道标，专隶台湾道管辖。从闽浙总督英桂请也。③

十二日甲申(4 月 23 日)

调直隶按察使张树声为山西按察使，山西按察使史念祖为直隶按察使。

十六日戊子(4 月 27 日)

直隶总督曾国藩等奏，代造两湖剥船，已成一百六十只，请钦派大臣验收。④

二十日壬辰(5 月 1 日)

兵部等部议覆调任两江总督曾国藩酌改江苏水师营制事宜。一、江苏水师，应

---

① 刘传标：《近代中国船政大事编年与资料选编》第 1 册，九州出版社 2011 年版，第 96 页。

② 刘传标：《近代中国船政大事编年与资料选编》第 1 册，九州出版社 2011 年版，第 96 页。

③ 《清实录·穆宗毅皇帝实录》卷二五四。

④ 《清实录·穆宗毅皇帝实录》卷二五五。

改为内洋外海里河三支，以资控驭。二、内洋外海营数，应以苏松镇川沙、吴淞二营改归福山镇管辖，并提督所辖南汇营、苏松镇中营、左营、狼山镇掘港营为外海六营，苏松镇右营、福山镇左营、狼山镇右营并新设通州海门二营为内洋五营。三、里河水师，应以原设提标右营、太湖左营、右营并添设淞北淞南二营为五营，专归提督管辖。四、狼山镇新设通州海门二营，应归江南提督专管，并由长江水师提督兼辖。五、外海每营拨广艇二号，内洋每营拨三板十二号，太湖等营酌拨三板十三号至二十号不等，应即兴修。六、续造轮船四号，分拨提督及苏松各镇，专巡外海内洋。七、江宁设立船厂，按年轮修战船，轮船应由上海船坞整理。八、水师专以管船为主，每船设一官，大者设两官，其无船之弁兵，一律裁撤。九、里河内洋兵粮，照长江章程给发，外海较为辛劳，应递加以示区别。十、前议设立淮扬水师，应行缓办。十一、太湖七营，改为里河五营，应裁员弁，遇有里河缺出，即行酌补。十二、所裁内河外海及通州海门两营守备等员，分归两提督先行序补。十三、苏松镇中军，应仍其旧；狼山、福山裁去中营，应以通州营游击为狼山镇中军；福山营游击为本镇中军，各留陆兵百名，以备差遣。十四、统计水师俸饷，岁需十五万余两，兵米杂费四万余两，核算历年司库实发银两，足敷支放，无庸另议款项。以上十四条，均应如所请办理，从之。①

廿七日己亥(5 月 8 日)

户部奏请饬催各省关应解本年京饷，并四成洋税银两。②

廿九日辛丑(5 月 10 日)

福建船政雇用夹板船运载的第九批暹罗木到马尾。③

夏四月初一日癸卯(5 月 12 日)

予浙江因公淹殁知府志动祭葬恤荫。
抚恤朝鲜国遭风难夷如例。

---

① 《清实录·穆宗毅皇帝实录》卷二五五。
② 《清实录·穆宗毅皇帝实录》卷二五五。
③ 刘传标：《近代中国船政大事编年与资料选编》第 1 册，九州出版社 2011 年版，第 97 页。

十二日甲寅(5 月 23 日)

福建船政雇用夹板船运送的第十批暹罗木到马尾。①

十五日丁巳(5 月 26 日)

魁龄等奏，剥船工程完竣，请派员验收，并筹议弥补库款。②

十八日庚申(5 月 29 日)

直隶提督刘铭传因病解职，实授傅振邦直隶提督。
调福建陆路提督郭松林为湖北提督，湖北提督江长贵为福建陆路提督。

十九日辛酉(5 月 30 日)

奕䜣等奏，福州口川石山，英国兵官枪毙华民一案，已照会英国公使阿礼国。③

廿四日丙寅(6 月 4 日)

沈葆桢等奏，前任台湾道吴大廷因病开缺，回籍调理，现在船政需员，请饬仍赴闽省。清廷着刘昆迅即饬令该员赶紧赴闽，襄理船政，不得迟延。④

廿九日辛未(6 月 9 日)

前因给事中陈鸿翊奏请整顿长芦盐务，当经降旨交户部议奏。兹据奏称，陈鸿翊所拟各条，或系申明成例，或系现办有案，或款由外销，向未报部。总之芦纲积弊，在引案虚悬，乏人认运，因而交款日绌，浮费过重，商力难纾，正供遂至暗

---

① 刘传标：《近代中国船政大事编年与资料选编》第 1 册，九州出版社 2011 年版，第 97 页。
② 《清实录·穆宗毅皇帝实录》卷二五六。
③ 《筹办夷务始末》(同治朝)第 7 册，中华书局 2008 年版，第 2645~2646 页。
④ 《清实录·穆宗毅皇帝实录》卷二五七。

亏，请饬迅速整顿。清廷着曾国藩按照该部议奏各条，督饬长芦运司将应办事宜赶紧修举。①

五月初一日壬申（6月10日）

福建第一号船"万年清"号下水。②

初二日癸酉（6月11日）

两江总督马新贻等奏长江水师续议事宜。一、江西议裁之九江水师营，拟改为九江城守营，并专设大孤山、湖口县、彭泽县、萧家岭各陆汛酌留守备一员、把总三员、外委额外外委各二员，兵丁二百名；议裁之鄱湖营，拟改设康山、瑞洪二陆汛，酌留把总外委各一员，兵丁四十名。二、湖南议裁之洞庭水师营，拟改为龙阳城守营，酌留守备外委各一员，把总二员，兵丁一百六十名；议裁之岳州水师营，仍酌留水师兵丁七十八名，归陆路城守营管辖。三、湖北议裁之汉阳营水师千总，应请无庸裁撤，惟将新堤把总移扎黄陵矶，酌留兵丁十名；议裁之荆州水师营，酌留守备一员，兵丁九十二名。下部议，从之。③

初十日辛巳（6月19日）

前因户部奏，请饬滨临江海各省解钱筹铜，叠经湖广等省，将钱文解存天津，听候拨用。兹据该部奏称，库款不敷周转，请停止天津练饷钱文，无庸在京饷内划抵，仍将所拨银两解京。

户部奏，援案请饬各省续拨京饷。据称各省解款，除截留抵拨不计外，截至四月底止连已解未到并计仅止一百余万两，而部库实存无多，每月放款甚巨。现复库款支绌，必须豫为筹备。清廷着照该部所请，添拨山东地丁银十万两，河南地丁银十万两，驿站存剩银六万两，河浙盐课盐厘银五万两，福建厘捐银五万两，浙江茶课银五万两，两淮盐厘银二十万两，四川盐厘银五万两，按粮津贴银十万两，九江关常洋两税银二十万两，赣关税银四万两，共凑拨银一百万两。④

---

① 《清实录·穆宗毅皇帝实录》卷二五七。
② 《近代中国海军》，海潮出版社1994年版，第1180页。
③ 《清实录·穆宗毅皇帝实录》卷二五八。
④ 《清实录·穆宗毅皇帝实录》卷二五八。

廿四日乙未(7 月 3 日)

直隶总督曾国藩奏，筹议练军事宜，请参用练勇之法。一、文法宜简。二、事权宜专。三、情意宜洽。每哨仍以十人为队，并另立马队营，不令杂于步队之内，仍由部添拨月饷二万两。下部议，从之。①

廿五日丙申(7 月 4 日)

为酬答美国赠书籍、种子，清廷购买中国书籍十种一百三十套、中国五谷菜子十六种、花子五十种，还赠美国。②

廿九日庚子(7 月 8 日)

两江总督马新贻等奏，击散海阜一带匪船，仍饬该管营县会缉首要各犯。得旨：着即檄饬该员等督队出洋，勤加搜捕，并会同营县将首要各犯，悉数歼捦，毋留余孽。③

六月初三日癸卯(7 月 11 日)

以记名总兵官张其光为浙江衢州镇总兵官。

初四日甲辰(7 月 12 日)

总理船政前江西巡抚沈葆桢奏，第一号轮船万年清下水，外洋所购五起木料到厂。④

初九日己酉(7 月 17 日)

奥斯马加国，请立约通商。⑤

---

① 《清实录·穆宗毅皇帝实录》卷二五九。
② 《筹办夷务始末》(同治朝)第 7 册，中华书局 2008 年版，第 2654 页。
③ 《清实录·穆宗毅皇帝实录》卷二五九。
④ 《筹办夷务始末》(同治朝)第 7 册，中华书局 2008 年版，第 2659~2661 页。
⑤ 《筹办夷务始末》(同治朝)第 7 册，中华书局 2008 年版，第 2661 页。

十二日壬子(7 月 20 日)

派总理各国事务衙门大臣兵部尚书董恂、三口通商大臣兵部左侍郎崇厚,办理奥斯马加国换约事宜。①

十四日甲寅(7 月 22 日)

直隶总督曾国藩奏请将广东琼州镇总兵官彭楚汉留于直隶差委。允之。

十五日乙卯(7 月 23 日)

以广东海门营参将黄廷彪为琼州镇总兵官。

二十日庚申(7 月 28 日)

以神灵显应,加封福建福州府金柳二神为将军。

廿二日壬戌(7 月 30 日)

上海制造机器马枪,分解京津。②

廿九日己巳(8 月 6 日)

以验收海运漕粮完竣,予工部尚书毛昶熙、仓场侍郎衍秀优叙,郎中玉珩、道员周家勋等奖叙有差。③

秋七月初一日辛未(8 月 8 日)

总理各国事务衙门奏,洋人在台湾违禁滋事,现筹办理情形。洋人美利士等在台湾大南澳地方伐木垦荒,私贩军火,交通生番。业经该衙门照会英、布两国使

---

① 《清实录·穆宗毅皇帝实录》卷二六〇。
② 《筹办夷务始末》(同治朝)第 7 册,中华书局 2008 年版,第 2665 页。
③ 《清实录·穆宗毅皇帝实录》卷二六一。

臣，由中国自行拿办，并知照该督抚酌核办理。此事英国使臣自知理屈，已据照覆，饬将英人名康撤回。而布国使臣，则请将美利士暂行停办，显有祖护之意。清廷批示：此时该洋人等曾否撤回，抑仍在该处招募工作，如果不遵条约，任性妄为，自应由该督抚查拿惩办。惟事关中外交涉，必须有明干大员随时斟酌办理，方臻妥协。台湾道一缺，关系紧要，未便久悬。着英桂、卞宝第迅速拣员奏补，或先择人署理，责成将洋人交涉事件察看情形，妥慎筹办。总期不激不随，毋稍偏倚。①

初二日壬申(8 月 9 日)

英桂、卞宝第奏请简台湾道员缺，并请以杨在元试署台湾镇总兵。

文煜等奏，洋务日繁，请调员来闽差遣。闽省福州口洋务日繁，必须添员办理，方臻妥协。前福州府知府丁嘉玮，福建尽先补用；参将王荣和，既据该将军等奏称该员等熟悉洋情，自应俯如所请。②

初五日乙亥(8 月 12 日)

以验收海运漕粮完竣，予仓场侍郎延煦、毕道远议叙，员外郎廷彦等加衔升叙有差。

十六日丙戌(8 月 23 日)

礼部奏，接到朝鲜国王咨文，以鸭江之北，凤城之外，游民盖屋垦田，请严行禁止。③

十八日戊子(8 月 25 日)

户部奏，请饬催各省应解京饷。据该部查明，截至七月十八日止，除天津关十五万两准其留用，长芦盐课二十五万两内划拨造船经费等款外，余银并福建盐课，均已解清。湖北安徽地丁、浙江厘金、两浙盐课盐厘、河东加课羡余、四川盐厘津贴、福建茶税、九江关常洋两税，报解过半。山东浙江地丁、广东盐课帑息、山东

---

① 《清实录·穆宗毅皇帝实录》卷二六二。

② 《清实录·穆宗毅皇帝实录》卷二六二。

③ 《清实录·穆宗毅皇帝实录》卷二六三。

盐课加价、湖北盐厘、闽海关常洋两税、江汉关洋税，亦据报解及半。其余山西等省地丁、两淮等处盐课、粤海等处关税，或解不及半，或丝毫未解。①

廿五日乙未（9月1日）

与奥斯马加国签订通商条约四十五款。②

廿七日丁酉（9月3日）

英桂、卞宝第奏缉拿游勇土匪情形，请从严惩办。福建兴、漳、泉三府属地方，民情强悍，抢案频仍。延建邵等府，每逢茶市，即有本省汀州及广东、江西客民数万人前来佣工，于市罢后，匿居山厂，伺隙抢劫，甚至纠众肆掳。本年五月间，建阳县地面，拿获会匪张淙保等，据供听从江西客匪吴三保结众拜盟，名胜人会，订期焚抢黄阮，再攻崇安。③

八月初一日庚子（9月6日）

德英等奏，俄人越境要求通商各情，请饬总理各国事务衙门按约办理。黑龙江内地各处，向无外国通商处所。兹据奏称俄人轮船，由松花江上驶，抵呼兰河口停泊，要求通商。经该署将军等派员往阻，俄官嘎尔幅以批挞生科发给执照前来，不能将商船唤回，并请给文保护商人，在各处大开通商。该署将军等复查此次人船数目无多，亦未携有器械，现已由呼兰河口开船东下，请饬总理各国事务衙门照覆该国住京公使，严禁俄国官商滥行越境。清廷德英等仍当密饬防卡官弁，如再遇俄人入境，即按照条约，设法拦阻，毋任其乘隙阑入，并一面严禁军民私相贸易，以弭衅端。④

初十日己酉（9月15日）

户部奏，遵催西征协饷。江浙等省协济左宗棠等饷项，总计八百十余万两。前经户部奏催，仅据湖北续解银八万两，浙江续解银二十万两，江西续解银六万两，

---

① 《清实录·穆宗毅皇帝实录》卷二六三。
② 《筹办夷务始末》（同治朝）第 7 册，中华书局 2008 年版，第 2699~2712 页。
③ 《清实录·穆宗毅皇帝实录》卷二六三。
④ 《清实录·穆宗毅皇帝实录》卷二六四。

江苏续解银四万两，广东续解银十二万两，安徽续解银二万两，山西续解银二万两零，山东续解银二万四千两，粤海关续解银二万两。①

十八日丁巳(9 月 23 日)

丁日昌奏，请将熟悉洋务之参将仍行留沪。福建奏，调参将王荣和，既据该抚奏称，在沪办理中外交涉事件经手未完，着准其留沪差委，以资熟手，即由该抚知照文煜等，毋庸调赴闽省。②

九月初一日己巳(10 月 5 日)

江南制造局所造第三艘木壳暗轮兵船"测海"下水，首任管带王予照，驻防吴淞口一带，负责海口防御。③

初五日癸酉(10 月 9 日)

总理各国事务衙门奏，遵义教士被伤殒命，请饬查明妥办。贵州遵义县教士与平民相争，据法国公使则称遵义县民，打毁经堂学堂医馆，抢掳什物。其启衅由于勒令跨越十字架，跪写出教甘结，以致教士三人收入县署，赵教士被伤殒命，梅教士恐亦被杀死。而曾璧光函致该衙门，则称教民杨希伯挟嫌启衅，众怀不平，将经堂医馆打毁，其教士不肯回省，并非遵义县收入署中。④

初十日戊寅(10 月 14 日)

以浙江巡洋剿匪出力，赏守备黎林等花翎，知县刘定国等蓝翎，余升叙有差。予阵亡都司何宽等祭葬世职加等。

十四日壬午(10 月 18 日)

以神灵显应，加江苏宿迁县金龙四大王封号曰"德庇"。

---

①　《清实录·穆宗毅皇帝实录》卷二六四。

②　《清实录·穆宗毅皇帝实录》卷二六五。

③　刘传标：《近代中国船政大事编年与资料选编》第 1 册，九州出版社 2011 年版，第 104 页。

④　《清实录·穆宗毅皇帝实录》卷二六六。

谕军机大臣等，前因文煜等奏，暹罗国进贡，请由天津进京，据情代奏，当交礼部议奏。兹据奏称，现在中原底定，由粤赴京，驿路并无梗阻。即有应行绕道之处，亦可知照经过地方官妥为接护。若由海道至天津，经涉重洋恐有风涛之险，地方官无从防护应。无庸更变旧章。清廷即着照所议，暹罗国进贡，照旧航海至广东虎门，起旱后驰驿赴京，毋庸改由天津。①

十九日丁亥（10 月 23 日）

奕䜣等奏与英使阿礼国修约前后情形，及所修《英国新修条约十六款》《英国新修条约善后章程十款》《英国新修税则十二项》。②

二十日戊子（10 月 24 日）

瑞麟、李福泰奏，前浙江盐运使潘仕成，以潘继兴商名承充临全埠盐商，近因商力不足，改归官办。该员亏欠课款甚巨，业经该督等将潘仕成家产查封备抵，潘仕成着即革职，勒限追缴，如逾限不完，即着从严参办。

金顺奏，请饬天津采办军火。现在金顺所部各营，防剿吃紧，所请在天津采买洋药五千磅，大铜帽一百万粒。清廷着崇厚赶紧派员照数购买。③

移福建凤山县兴隆里巡检于枋寮，并拨台湾道标千总一员、兵一百名同往驻扎。从闽浙总督英桂请也。

廿一日己丑（10 月 25 日）

刘坤一奏，请饬江苏巡抚转饬江海关，将代征赣关丝税银两解部，以抵该关奉拨京饷。据称赣关征税短绌，全赖江海关代征丝税，以资补苴。近因江海关需用经费浩繁，由苏省两次奏准，免其补解，以致赣关应放虔标兵饷不敷支发。应解内务府参价银两，亦无款可筹，现当续拨京饷紧。该关税项支绌，清廷着马新贻、丁日昌转饬江海关，将同治七年代征丝税银三万六千余两，即由江苏省就近委员解部，以抵赣关应行拨解京饷。其尚欠银三千余两，着刘坤一于提到八年续征丝税时，即行找解足数，以后逐年代征丝税。并着马新贻、丁日昌饬江海关遵照部议，

---

① 《清实录·穆宗毅皇帝实录》卷二六六。
② 《筹办夷务始末》（同治朝）第 7 册，中华书局 2008 年版，第 2745~2767 页。
③ 《清实录·穆宗毅皇帝实录》卷二六七。

照数拨还俾得凑放兵饷，及委解参价，以济要需。①

廿七日乙未(10 月 31 日)

沈葆桢奏，新造轮船赴津，请派大员勘验。福建新造第一号轮船，沈葆桢现派道员吴大廷监驶赴津。清廷着派崇厚前往验收，所有船身机器汽炉一切，是否悉臻完善，并着详细勘明，据实覆奏。至此号轮船，即着照沈葆桢前拟，名为万年清。沈葆桢所绘轮船总图，业由军机处呈禀，留中备览。沈葆桢原折，着钞给崇厚阅看。寻崇厚奏，遵验新造轮船，实系工料坚固，轮机灵捷，教习驾驶亦颇娴熟。报闻。②

三十日戊戌(11 月 3 日)

琉球国使臣向文光等二人于午门外瞻觐。

十月初二日庚子(11 月 5 日)

调浙江衢州镇总兵官张其光为定海镇总兵官，定海镇总兵官喻俊明为衢州镇总兵官。

初三日辛丑(11 月 6 日)

以巡洋缉捕出力，予江苏知县徐炳奎等升叙有差。

初八日丙午(11 月 11 日)

三口通商大臣崇厚奏报，勘验"万年清"号轮船。③

初九日丁未(11 月 12 日)

以福建台湾水师协副将吴鸿源为浙江处州镇总兵官。

---

① 《清实录·穆宗毅皇帝实录》卷二六七。
② 《清实录·穆宗毅皇帝实录》卷二六七。
③ 《筹办夷务始末》(同治朝)第 7 册，中华书局 2008 年版，第 2783~2784 页。

十五日癸丑(11月18日)

派总理各国事务衙门大臣户部尚书董恂办理美利坚国换约事宜。①

十八日丙辰(11月21日)

补铸广东水师提标左营游击关防,从两广总督瑞麟请也。

二十日戊午(11月23日)

前因川黔教案未结,法国使臣欲带兵船入川,当经谕令李鸿章赶紧查明审结。兹据总理各国事务衙门奏,罗淑亚行抵天津,闻知安庆复有拆毁天主教堂耶稣书院之事,即行登舟赴沪。该使此次出京,称欲带兵赴川,实因川黔教案日久未结,故为此胁制之计。若不迅速办结,必至激成事端,办理愈形棘手。酉阳一案,该使以张佩超为主谋,杨珍廷为下手,刘幅为顶凶,必须切实根究。清廷着李鸿章、崇实、吴棠憬遵叠次谕旨,赶紧查明拟结遵义。②

以办理海运漕粮出力,予江苏知州杜文溥等加衔升叙有差。

廿五日(11月28日)

奕䜣奏,与美使卫廉士互换新约,所签为《美国续订条约八条》。③

英参赞傅磊斯呈交第七次住府租银一千两。④

十一月初四日辛未(12月6日)

直隶总督曾国藩奏,海运南粮抵津每日验收三万石,剥船不敷轮转,请仍照旧章,每日验收一万石,免令停兑待剥。下部知之。⑤

福建船政船厂所造第二号兵船"湄云"号下水,第三号"福星"安放龙骨。⑥

---

① 《清实录·穆宗毅皇帝实录》卷二六八。

② 《清实录·穆宗毅皇帝实录》卷二六九。

③ 《筹办夷务始末》(同治朝)第7册,中华书局2008年版,第2809~2810页。

④ 《筹办夷务始末》(同治朝)第7册,中华书局2008年版,第2811~2812页。

⑤ 《清实录·穆宗毅皇帝实录》卷二七○。

⑥ 刘传标:《近代中国船政大事编年与资料选编》第1册,九州出版社2011年版,第107页。

初五日壬申(12 月 7 日)

前因总理各国事务衙门议覆富明阿等奏，朝鲜国人往俄界垦地，应由朝鲜早申禁令，当谕礼部行文该国王妥为办理。兹据礼部奏称，准富明阿转据宁古塔副都统咨报，珲春协领讷木津奉饬前往摩阔崴会晤俄官，面议两国交涉事件，于中途遇朝鲜国男妇四五十人，陆续越界，均由珠伦河前往海沿。问其来历，言语不通，因系俄界未便拦阻，旋密查海沿严杵河棘心河等处，已聚集千余人续投者，尚纷纷不止。请由该部行文该国王，饬令边界官悉数领回。①

初六日癸酉(12 月 8 日)

英翰奏办理考童滋闹教士公寓大概情形。安庆城内东右坊、西右坊地方，有英法两国教士居住公寓。九月间，各属考童及闲杂人等拥入英国教士密道生等寓内抛毁什物，法国教士金缄三等寓内家伙亦有毁失，尚无伤人拆房。②

十一日戊寅(12 月 13 日)

因大西洋国有变，日本使臣玛斯病故，收回澳门之举暂停。③
英国使臣阿礼国回国，新任使臣威妥玛到京。④

十五日壬午(12 月 17 日)

前因荣全奏，赔偿俄国诺海牲畜银两，请于津海关或北洋三口俄国应纳税饷内照数扣收，当交该衙门议奏。兹据总理各国事务衙门、户部奏称，此项赔款既经荣全议定俄钱二十四万，约中国银十一万数千两，除委员萨碧屯已还过银九千八百二十两外，其余银十万数千两有零，按照原议三年补偿，每年需银三万四千两，自应筹款分年补偿。惟北洋三口山海、东海两关并无俄国交纳货税，即天津一关俄商陆运税银每年亦止一千余两，不敷抵扣，请于山西应解京饷内分年筹拨。清廷着李宗羲饬令藩司于山西应解京饷内，自明年为始分作三年，每年拨银三万四千两，交归

---

① 《清实录·穆宗毅皇帝实录》卷二七〇。
② 《清实录·穆宗毅皇帝实录》卷二七〇。
③ 《筹办夷务始末》(同治朝)第 7 册，中华书局 2008 年版，第 2822 页。
④ 《筹办夷务始末》(同治朝)第 7 册，中华书局 2008 年版，第 2824 页。

绥道转解，务须提前于每年三月起解，四月解到乌里雅苏台交荣全收纳，核计三年共应解银十万二千两于应赔俄国款项。①

十二月初二日己亥（公元 1870 年 1 月 3 日）

总理船政前江西巡抚沈葆桢奏，第二号轮船下水，三、四号轮船续造。②

初七日甲辰（公元 1870 年 1 月 8 日）

以浙江巡抚李瀚章署湖广总督，浙江布政使杨昌浚署巡抚。③

十四日辛亥（公元 1870 年 1 月 15 日）

以杭州副都统善庆署乍浦副都统。

十五日壬戌（公元 1870 年 1 月 16 日）

奕䜣等奏英国新约应办一切事宜。④

二十日丁巳（公元 1870 年 1 月 21 日）

前因调任两淮盐运使方浚颐在广东运司任内，经手款目**鏐镦**，当经谕令马新贻等即饬该员前赴广东，听候瑞麟等督算清理。兹据马新贻奏，方浚颐因疾屡请给假。方浚颐系奉旨饬赴广东听候督算款项之员，何得托疾延宕。清廷仍着马新贻、丁日昌迅饬启行，毋任逗遛。⑤

廿七日甲子（公元 1870 年 1 月 28 日）

朝鲜国使臣李承辅等三人于午门外瞻觐。

---

① 《清实录·穆宗毅皇帝实录》卷二七〇。
② 《筹办夷务始末》（同治朝）第 7 册，中华书局 2008 年版，第 2831~2832 页。
③ 《清实录·穆宗毅皇帝实录》卷二七二。
④ 《筹办夷务始末》（同治朝）第 7 册，中华书局 2008 年版，第 2848~2849 页。
⑤ 《清实录·穆宗毅皇帝实录》卷二七三。

廿八日乙丑(公元 1870 年 1 月 29 日)

朝鲜国王李熙遣使表贡方物，赏赉筵宴如例。

廿九日丙寅(公元 1870 年 1 月 30 日)

以浙江办理海运漕粮出力，予知府陈鲁等加衔升叙有差。①

是年

闽浙总督英桂向法国购买轮船"五云车"，经福建船政船厂改装，命名为"海东云"，首任管带为刘国泰。②

同治九年　庚午　公元 1870 年

春正月十二日戊寅(2 月 11 日)

御史锡光奏，本月初十日，海运仓应放正蓝旗包衣米石，豫定洪字廒，该仓花户赵泳太、陈泳安等辄敢商同已革花户张六泳、赵连明、张玉宾、王安邦，私开兰字廒放米，显有情弊。清廷着步军统领衙门派委干员，迅将该花户等严密查拿，解交刑部，严行审办。

李鸿章奏，法国使臣罗淑亚驶至汉口，由川赶回，与之商办定议。据称梅西满赴汉，怂恿公使出头索帐(账)，李鸿章面告以前次断给银票共三万两，原谓两案并了，今罗使必将已收票银专为赔堂及抚恤被害教民之用，而张佩超旧案尾欠，另行着追，止能照约，由地方官随时代催，断不能由官筹垫。该公使远道来此，本为川黔两案起见，既相谆属，应咨商川省转饬妥办。该使闻领事等回覆允为转咨，意

---

① 《清实录·穆宗毅皇帝实录》卷二七三。

② 刘传标：《近代中国船政大事编年与资料选编》第 1 册，九州出版社 2011 年版，第 109 页。

甚欣悦，请照会完案，伊即不再入川。罗淑亚即于十二月二十八日由汉口起程回京。①

十四日庚辰（2月13日）

长江水师提督黄翼升，奏报巡阅事竣，各汛一律安谧。

二十日丙戌（2月19日）

李鸿章奏筹办黔事大略情形，请饬川省裁军腾饷，暨酌拨洋税银两。清廷着马新贻、丁日昌于江海关应解淮军额饷二万两外，按月加拨该关四成洋税三万两，六成洋税一万两；李鸿章、郭柏荫于江汉关按月拨银四成洋税二万两，六成洋税三万两；丁宝桢按月协拨银二万两，均自本年二月分起如数筹拨，按月委解金陵军需局，转解李鸿章后路粮台。②

三十日丙申（3月1日）

补铸广东海门营参将关防，从总督瑞麟请也。

二月初五日辛丑（3月6日）

英桂、卞宝第奏，查明台湾洋案，请将主谋构衅之萧瑞芳等惩办。据称英国领事吉必勋及洋弁当前在台湾安平地方违约滋事各案，经该署道黎兆棠查，系廪生许建勋、副将萧瑞芳为之主谋，以致洋人藉端生衅。现在许建勋冒开洋行，私贩樟脑，日引洋人深入内山；萧瑞芳私造战船，希图出海，请即拘案惩办。萧瑞芳、许建勋均着先行斥革，英桂等即密饬黎兆棠，迅将该二犯一并严拿正法，以绝后患。③

十二日戊申（3月13日）

浙江温州府知府陈思燏对福建情形甚为熟悉，着即准其调补福建台湾府知府。

---

① 《清实录·穆宗毅皇帝实录》卷二七四。
② 《清实录·穆宗毅皇帝实录》卷二七五。
③ 《清实录·穆宗毅皇帝实录》卷二七六。

十六日壬子 (3 月 17 日)

补铸乍浦左右二司、左翼协领、镶黄旗蒙古佐领各关防图记条记，从杭州将军连成请也。

十九日乙卯 (3 月 20 日)

闽浙总督英桂等奏，威伯国商人威利士因在台湾大南澳地方违禁妄为，现清廷反复照会，现已撤回。①

二十日丙辰 (3 月 21 日)

总理各国事务衙门奏，法国使臣藉兵要挟，渐不可长，请饬各省遇有外国案件，持平速结，并请饬地方官于传教事件先事防维，列入考成，及请饬江苏福建迅办英国未结各案。上年法国使臣罗淑亚因四川等省教案未结，自行出京，携带兵船，赴安徽江西等省，不过数月，各案俱结。该使臣现在回京，颇鸣得意，是其轻视中国官吏，已可概见。传教各案，牵涉民人，即系地方官分内应办之事，乃积习相沿，因循推诿，日久不结，致令该国使臣藉兵要挟，此风何可渐长。傥各国闻而效尤，后患伊于何底，且恐奸民乘机簸弄，更形掣肘，而中国官吏办事泄沓之风，亦足贻消外洋。清廷着各该将军督抚通商大臣等严饬所属，遇有中外交涉事件，即认真查办，持平迅结，毋得仍前延宕，致外人得以籍口。况现在英国使臣威妥玛钞录上海新闻纸，以罗淑亚催办各省积案有效为词，则该国未结各案，岂可听其迁延。清廷着文煜、英桂、卞宝第、马新贻、丁日昌将台湾贩运樟脑等案克日办结，毋贻该国使臣口实。嗣后各该省遇有交涉案件，并着各该将军督抚饬属勒限完结，以弭后患。②

廿一日丁巳 (3 月 22 日)

文煜等奏，筹办运济京仓米石，请援照成案办理。本年闽省筹款购米，运赴京仓，据文煜等奏称，一面派员仍赴上海台湾等处，一面招商采购，共办粳米籼米十

---

① 《筹办夷务始末》(同治朝)第 8 册，中华书局 2008 年版，第 2877~2878 页。
② 《清实录·穆宗毅皇帝实录》卷二七七。

万石，运津交收，请在闽海关四成洋税项下，拨银采办。并请援案免厘，及派员赴津会收。此次该省赴上海采办之米石，清廷着丁日昌转饬苏松太道遵照同治七年成案，给照免征厘税，查验放行。其采办银两，着准于闽海关四成洋税项下动拨银十五万两，以供采办。至运通剥价等项，即由文煜等筹交道员吴大廷转解。该省米船，不日即可抵津。着曾国藩、英元、毕道远、崇厚札饬天津道先期豫备，一俟船只进口，即会同闽省委员随验随运，不准稍涉延误。①

以奉天连云岛捕盗出力，予防御乌勒熙春等升叙有差。

廿五日辛酉（3 月 26 日）

金顺奏，请饬江苏迅拨炮位。甘肃宁夏回寨，经金顺督兵进攻，数月未克，亟需锐利火器。江苏从前铸造开花炮，最称得力。清廷着丁日昌迅拨子重七八十磅大开炮五尊，子重三四十磅小开炮五尊，配齐开花子三楞药及一切器用，并多配子药，派员由海道运至天津，交金顺所派之员领解赴营。

金顺奏请饬天津购办洋枪药。前因金顺军营需用洋枪二千杆，已令崇厚如数购买。现在该军营攻剿正亟，需用洋药洋火甚多。清廷着崇厚迅即购办洋枪药一万磅，大铜帽一百万粒，一并交金顺派来委员领解回营。②

廿六日壬戌（3 月 27 日）

两江总督马新贻、江苏巡抚丁日昌奏，豫筹新修英约事宜。③

廿九日乙丑（3 月 30 日）

总理船政沈葆桢等奏，福建自主所造第二艘轮船"湄云"号出洋行驶。④

三十日丙寅（3 月 31 日）

署浙江巡抚杨昌浚奏履勘三防塘工，业经择要填筑，现仍分饬赶办。报闻。

---

① 《清实录·穆宗毅皇帝实录》卷二七七。
② 《清实录·穆宗毅皇帝实录》卷二七七。
③ 《筹办夷务始末》（同治朝）第 8 册，中华书局 2008 年版，第 2889~2890 页。
④ 《筹办夷务始末》（同治朝）第 8 册，中华书局 2008 年版，第 2891~2892 页。

三月十八日甲申 (4 月 18 日)

予广东崖州阵亡千总吴成龙、把总黎桂香、外委陈琼林等祭葬世职。

十九日乙未 (4 月 19 日)

前因李瀚章奏请于浙省筹济李鸿章援黔月饷银二万两，当经降旨允准。兹据杨昌浚奏称，浙省库藏支绌，难以凑拨，请于洋税项下按月抽拨银五千两，协济援陕军饷。清廷着照所请，暂于浙海关洋税项下月拨银五千两，仍于省城各库每月筹措银一万五千两，按月协济李鸿章军营。①

廿三日己丑 (4 月 23 日)

外轮"德吉利士"号进入闽江，载有六箱福建船政进口的飞轮炮。闽海关税务司美理登借口违反海关章程，将飞轮炮扣留。②

廿九日乙未 (4 月 29 日)

美国新任大使镂斐迪呈递国书。③

三十日丙申 (4 月 30 日)

闽海关税务司美理登，致函船政大臣沈葆桢，强调购买军火应该先向总理衙门备案，决定给运载飞轮炮的船户罚款银五百两。④

夏四月初十日丙午 (5 月 10 日)

中国出使大臣、前美国使臣蒲安臣出使俄国时病故，清廷给予奖励。⑤

①　《清实录·穆宗毅皇帝实录》卷二七九。
②　刘传标：《近代中国船政大事编年与资料选编》第 1 册，九州出版社 2011 年版，第 111 页。
③　《筹办夷务始末》(同治朝)第 8 册，中华书局 2008 年版，第 2897 页。
④　刘传标：《近代中国船政大事编年与资料选编》第 1 册，九州出版社 2011 年版，第 111 页。
⑤　《筹办夷务始末》(同治朝)第 8 册，中华书局 2008 年版，第 2900~2902 页。

十二日戊申（5 月 12 日）

丁日昌奏，起解炮位并拨派弁兵赴津。现在江苏报解金顺军营开花铜炮十二尊，并炮子车轮等件，及自来火一万四千枝，洋火药一万磅，又另拨洋火箭六百杆，派委知县徐炳奎等带同熟悉口令之都司陈友吉等二十员名，一并由海道运赴天津。①

十四日庚戌（5 月 14 日）

以神灵显应，加福建南安县广泽尊王封号曰"保安"。②

廿五日辛酉（5 月 25 日）

前因遵义教案未结，叠谕李鸿章等持平筹办，昨因曾璧光将李鸿章派出之道员余思枢派赴贵定办理军务，复谕该抚迅饬余思枢克日驰赴遵义，会同黔省人员将教案办结。兹据总理各国事务衙门奏称，法国使臣罗淑亚，因教案未结，拟由天津一带往见李鸿章商办。并与崇厚晤称，教案有两种办法，一照议赔偿，一如不能赔偿，或将地方官吏更调。该使臣近闻黔省业已赶办，遂即回京。旋又赴该衙门面称，接贵州任教士来信，以前案不但不为了结而教士罗伯恩又被团勇欺陵。所言均出情理之外，当经该衙门驳斥，复遣翻译官呈递照会，牵涉他案，并求为据情奏闻，请仍饬原派查办大臣及贵州巡抚饬各员筹结。③

五月初一日丙寅（5 月 30 日）

福建船政船厂所建第三号兵船"福星"完工下水。④

初三日戊辰（6 月 1 日）

予浙江东机岙洋面被害副将陈绍祭葬世职，如提督阵亡例，谥勇烈，于死事地方暨原籍建立专祠；千总杨郁、蔡腾光祭葬世职。

---

① 《清实录·穆宗毅皇帝实录》卷二八〇。
② 《清实录·穆宗毅皇帝实录》卷二八〇。
③ 《清实录·穆宗毅皇帝实录》卷二八一。
④ 刘传标：《近代中国船政大事编年与资料选编》第 1 册，九州出版社 2011 年版，第 112 页。

初七日壬申(6 月 5 日)

以浙江东塘防险出力，予道员何兆瀛等加衔升叙有差。①

初八日癸酉(6 月 6 日)

总理各国事务衙门奏，英国使臣威妥玛请于沿海水底，暗设通线，谨将辩论各节据实密陈。洋人以贸易为本，时虑中国舟车迟滞，欲以外国之铜线诸法，试行于中国。上年议修英约时，英国使臣阿礼国即以此事屡次渎请，均经总理各国事务王大臣严词峻拒。现在该国使臣威妥玛，复请由广州、汕头、厦门、福州、宁波各海口水底暗设铜线，通至上海，并称前议通线之法，俱系陆路明设，此次系在海底暗设，其线端一头在船只内安放，即在湾船埠口海面停泊，与从前所论迥殊，似与中国毫无亏损。清廷晓谕：内洋外洋，绵亘数万里，轮船往来，络绎不绝。倘伊不告中国，暗设铜线，势亦无从禁止。该衙门现将沿海水底暗设数字揭清，并将线端不牵引上岸、离口另设别法数语，重言申明。该使声称安线之处，如有民人损伤，地方官无须追偿修费，已由该使转饬局商遵办。是于变通转圜之中，仍寓检制防维之意。惟洋人得步进步，诡谲万端，经此次允办之后，难保不藉端扩充，由海而江，由江而河，由河而陆，驯驯乎渐入内地，不可不豫为之防。着南北洋通商大臣，暨沿海各督抚，密饬各关道地方官先事豫筹，严密稽察。遇有洋人安设通线之处，止准在沿海洋面水底，其线端止准在船只内安设，即在沿海埠口向来停泊各洋船码头之外近海处所停泊。倘有将线端牵引上岸不遵定章办理者，即照会领事官立时查禁，以杜将来流弊，而绝他国效尤之渐。②

初十日乙亥(6 月 8 日)

拨直隶天津洋火药一万斤，铅丸一万五千斤，大小铜火六十二万粒，皮纸八百刀，解赴绥远城转交甘肃军营备用。

十一日丙子(6 月 9 日)

调浙江处州镇总兵官吴鸿源为温州镇总兵官，温州镇总兵官方友才为处州镇总

---

① 《清实录·穆宗毅皇帝实录》卷二八二。
② 《清实录·穆宗毅皇帝实录》卷二八二。

兵官。

二十日乙酉（6月18日）

英桂奏，拿获句煽洋人构衅之要犯，遵旨正法。已革副将萧瑞芳即苏阿成，先在广东原籍，煽惑洋人构祸，继在台湾偷见洋弁，唆其开炮占署，酿成巨案，实属罪大恶极。经黎兆棠将该革员拿获，遵旨即行正法。其未获之许建勋，清廷仍着英桂密饬黎兆棠不动声色，务将该犯迅速拿获，立正典刑，毋令潜逃出洋，句（勾）煽滋事。①

廿一日丙戌（6月19日）

以直隶天津验收海运漕粮完竣，予主事胡义质等加衔升叙有差。

廿五日庚寅（6月23日）

崇厚奏，津郡民人与天主教启衅，现在设法弹压，请派大员来津查办。据称天津地方，有匪徒迷拐人口牵涉法国教堂情事，经崇厚与法领事丰大业等约定，于五月二十三日令天津道府县带同匪犯武兰珍亲往天主堂面见教士谢福音，并带该犯指勘所历地方房屋，与该犯原供不符，亦即带犯而回。旋据教士谢福音至崇厚处商量以后查办之法，商妥去后，是日未刻，忽闻有教堂之人，与观看之人口角争殴，正在派委武弁前往弹压。法领事丰大业忽来署中，神气凶悍，带有洋枪二杆，后跟一外国人手执利刃，出言不逊，将洋枪向崇厚施放，幸未被中。该领事将桌上物件信手砍损，咆哮不止。崇厚以其时民情汹汹，恐激成事变，劝令该领事不可出去。丰大业竟飞奔出署，天津县知县在彼弹压，当面劝阻，该领事即对其放枪，将该县知县家人打伤。百姓激于众忿，将该领事群殴至死，并焚毁教堂等处房屋，现在民情稍戢。清廷着崇厚督同地方文武，将该民人等设法开导，妥为弹压，毋令聚众再滋事端。②

命直隶总督曾国藩前赴天津查办事件。

廿六日辛卯（6月24日）

以验收海运漕粮完竣，予刑部尚书郑敦谨、仓场侍郎英元优叙。

---

① 《清实录·穆宗毅皇帝实录》卷二八三。
② 《清实录·穆宗毅皇帝实录》卷二八三。

廿七日壬辰(6 月 25 日)

崇厚奏，津郡民教启衅争殴，自请治罪，并将地方官分别严议革职。崇厚办理通商事务，不能绥靖地方；天津道周家勋有表率之责，未能先事豫防；天津府知府张光藻、天津县知县刘杰办理不善，以致酿成巨案，均属咎无可辞。崇厚、周家勋、张光藻、刘杰着先行交部分别议处，仍着曾国藩于抵津后，确切查明，严参具奏。①

三十日乙未(6 月 28 日)

同治帝晓谕：前因天津地方，有匪徒迷拐幼孩，牵涉教堂，民间怀疑启衅，将法国领事官群殴毙命，焚毁教堂，并殴毙多人，兼误杀俄国商民，情形甚属可悯。业经降旨将崇厚及办理不善之地方官，先行交部议处，仍令曾国藩确查具奏，并将迷拐人口匪徒及为首滋事人犯，严拿惩办。因思各国通商以来遇有交涉事件，皆有条约可循，中外商民，相安已久，朝廷一视同仁，但分良莠，不分民教。各处匪徒，如有影射教民作奸犯科者，即应随时访拿，详细究明，从严惩办，岂可任令民间传播谣言，妄行生事。此次天津既有民教滋闹之事，恐各省地方，亦不免因此怀疑启衅。着各直省督抚，严饬所属地方官，务须剀切晓谕，妥为弹压，并将各处通商传教地方，随时保护，毋任愚民藉端滋事。②

命三口通商大臣兵部左侍郎崇厚为出使法国钦差大臣，以大理寺卿成林署三口通商大臣。

六月初一日丙申(6 月 29 日)

以祈雨灵验，加直隶邯郸县圣井龙神庙封号曰“灵应”，并颁匾额曰“甘霖慰望”。

改广东新设阳江直隶州为直隶同知，州判为县丞，学正为教谕，吏目为司狱。从总督瑞麟等请也。

醇君王奕譞奏，思患豫防培植帮本四条：津民宜家拊循；地方官勿轻更动；海防机宜应密筹；驻京夷人宜密察。③

---

① 《清实录·穆宗毅皇帝实录》卷二八三。

② 《清实录·穆宗毅皇帝实录》卷二八三。

③ 《筹办夷务始末》(同治朝)第 8 册，中华书局 2008 年版，第 2924~2926 页。

初五日庚子(7月3日)

比利时国使臣金德呈递国书。日本使臣八周德到京。①

初十日乙巳(7月8日)

崇实奏，遵旨查办遵义教案，陈明平日访察情形，及现筹办理。据称遵义团民，自打毁洋人教堂后，川省久未得其消息。前据余思枢禀称，此案已议给银三万两，而洋人要挟不情，直至无从下手。该将军现难径赴遵义，先派同知杨荫棠等驰赴该处，设法劝导，以通民情。又派知州湛溥先赴重庆，密购线索，以通教情，并拟以巡阅川黔边界为名，顺道查办。②

十二日丁未(7月10日)

清廷拟以美国领事官密妥士为左协理，随同崇厚出使法国。③

十四日己酉(7月12日)

据宋晋奏，江南设立长江水师，原以控扼海口，巡逻江面。近闻水师远逊于前，营制渐形疏懈，并有不法水勇，假巡逻为抢劫，江面盗案屡出，行旅戒严，地方官不敢捕拿，恐日久肆行，转致贻害。请饬彭玉麟前往整理。④

因天津民众与洋人冲突，大学士宋晋奏请饬曾国藩布置海口，婉谕各国。⑤

廿三日戊午(7月21日)

河南道监察御史长润奏，传教有碍通商。⑥

---

① 《筹办夷务始末》(同治朝)第8册，中华书局2008年版，第2930页。
② 《清实录·穆宗毅皇帝实录》卷二八四。
③ 《筹办夷务始末》(同治朝)第8册，中华书局2008年版，第2939页。
④ 《清实录·穆宗毅皇帝实录》卷二八四。
⑤ 《筹办夷务始末》(同治朝)第8册，中华书局2008年版，第2941~2942页。
⑥ 《筹办夷务始末》(同治朝)第8册，中华书局2008年版，第2951~2952页。

廿五日庚申(7 月 23 日)

曾国藩、崇厚奏，查明天津滋事大概情形。据称研讯教民迷拐人口一节，王三虽经供认授药与武兰珍，然尚时供时翻，亦无教堂主使确据。仁慈堂查出男女一百五十余名口，均称其家送至堂中豢养，并无被拐情事。至剜眼剖心一条，经曾国藩于抵津时亲加推问，百姓无能指实，询之天津城内外，亦无遗失幼孩控告之案。此等情形，如湖南江西扬州天门，及直省之大名广平，皆有檄文揭帖，纷传不一，厥后各处结案，总未将檄文揭帖之虚实，剖辨明白。津民平日熟闻各处檄文揭帖之言，已信为实，而又因外国堂门终年扃闭，教堂仁慈堂皆有地窖，为去潮湿置煤炭之用，治病者被留不出，并收留无依人口及疾病将死之人等情，蓄疑莫解。本年四五月间，适有拐匪用药迷人之事，牵涉教堂。该民人见领事官丰大业对官放枪，遂致万口哗噪，同时并举。其实剜眼剖心戕害生民之说，多属虚诬，毫无实据。

同治帝晓谕：前因天津民教启衅，谕令曾国藩前往查办。兹据曾国藩奏称，业经查明大概情形，现拟妥为办结等语。惟近日各省民教仇杀之案，不一而足，洋人动以兵船恐吓，讹索多方。虽兵端不必，自我而开。然暗中防维，实属刻不容缓之举。万一事有决裂，断不能任其肆意猖獗，不思未雨绸缪。现在各省沿江沿海口岸，设立防兵，能否真实可靠，着马新贻、英桂、瑞麟、李瀚章、丁日昌、英翰、刘坤一、丁宝桢、郭柏荫、刘昆、李福泰、黄翼升、杨昌浚严饬各该处带兵各员，随时训练，实力整顿。该督抚等务宜悉心办理，不可徒托空言，以期有备无患，并将现在办理情形详细具奏。①

以直隶天津疏防民教启衅，革知府张光藻、知县刘杰职，下部治罪。

廿七日壬戌(7 月 25 日)

总理各国事务衙门奏天津滋事一案，现办情形。据称罗淑亚致曾国藩照会内称，必须将天津府县同陈国瑞先行在津正法，否则饬该国水师提督便宜行事。经总理各国事务衙门王大臣与威妥玛面商，使其设法排解。该使答以止可由曾国藩照覆罗使，诘以此案必求立决，果系何罪，必须详询确情，不能仅凭传闻之词，遽行正法，一面由该使函劝罗使各情，业由总理各国事务衙门函致曾国藩，并属赶紧防范。前据曾国藩奏请将张光藻、刘杰革职，交刑部治罪，办理已属过当，此次罗使欲将天津府县同陈国瑞在津正法，断无如此办法，万难允准。清廷着曾国藩、崇厚懔遵前旨，力持正论，据理驳斥，以维大局。罗淑亚动以兵船恫喝，若不豫筹备

---

① 《清实录·穆宗毅皇帝实录》卷二八五。

御，不但变生仓卒，致为该夷所乘，且恐该夷知我虚实，得步进步，要挟更不可言。虽现在设法转圜，期保和局，亦不可不调拨官军，为未雨绸缪之计。所有张秋铭军，即当调赴直境。现应分驻何处，着曾国藩妥筹布置，并着该督檄催刘铭传兼程赴直，统带铭军，以备缓急。李鸿章所部，应否移缓就急，调赴畿疆，着曾国藩悉心筹画，赶紧奏闻。①

醇郡王奏，风闻天津法夷，有雇觅广东匪徒四千藉图报复之说，须豫为防范，请饬密查。

廿八日癸亥(7月26日)

清廷晓谕：崇厚奏称，法国水师提督都伯理到津。崇厚前赴紫竹林晤都伯理，所言与罗淑亚无异。并据德微理亚言，如二十七日四点钟时，尚无切实回信，伊即进京，将在京法国之人带至天津，罗使即带同上船赴上海。此时法国势将决裂，事机棘手，德微理亚进京一节，着曾国藩、崇厚设法阻止，以免人心惶惑。如业已起程，一面迅速入奏，一面飞咨总理各国事务衙门，妥筹办理。本日已谕令丁日昌星速赴津，帮同该督办理，又以丁日昌由苏赴津，即航海前来，至速亦须在旬日以外，因先派毛昶熙前赴天津会办。法国兵船业已到津，意在开衅，现亦不可不豫为防范，以备不虞。本日已谕令李鸿章带兵驰赴畿疆，候旨调派，并令傅振邦前赴天津，听候该督调遣。其练军及标营官兵，已令傅振邦豫为部署候调。张秋铭军，着曾国藩仍遵前旨，星速调直，妥为布置。

江苏上海为洋人往来驻足之所，尤为紧要，现在罗淑亚既有欲带在京洋人同赴上海之说，心怀叵测，亟应早为备御。清廷着马新贻迅将海口应办事宜，随时会商张兆栋妥筹防范，不可稍涉大意。②

命工部尚书毛昶熙驰赴天津，会同直隶总督曾国藩查办事件。

秋七月初五日己巳(8月1日)

户部奏，请饬催各省赶解京饷。除划拨截留准缓解到及报解外，尚有山西地丁银四十四万一千三百两、山东地丁银十六万两、浙江地丁银十五万两、湖北地丁银十九万五千两、湖南地丁银三万两、河南地丁银五万两、安徽地丁银五万两、江西地丁银十万两、长芦盐课银十一万三千两、两淮盐课盐厘银三十二万两、两浙盐课盐厘银十五万两、河东加课羡余银五万两、广东盐课帑息银十二万两、山东盐课加

---

① 《清实录·穆宗毅皇帝实录》卷二八五。
② 《清实录·穆宗毅皇帝实录》卷二八五。

价银十三万两、福建盐课银八万两、湖北盐厘银六万两、湖南盐厘银三万两、四川盐厘津贴银十三万两、福建茶税银十万两、粤海关税赢余银五万两、闽海关常洋两税银十五万两、九江关洋税银二十七万四千七百十五两零、浙海关常洋两税银十二万两、江海关洋税银二十万两、江汉关洋税银十七万两、天津关常洋两税银十一万一千五百四十五两零、赣关税银二万五千两、江西厘金五万两、江苏厘金五万两、浙江厘金二万两、广东厘金二万五千两、湖北厘金三万两，清廷着各该将军督抚监督等即将前项应解银两，统于年内扫数解齐。①

江南制造局所造第四号兵船"威靖"完工下水。②

初六日庚午(8 月 2 日)

福建巡抚卞宝第开缺养亲，以山西布政使何璟为福建巡抚。

初九日癸酉(8 月 5 日)

湖广总督李瀚章等奏遵旨整顿长江水师，严申纪律，饬令认真操练巡防。③

初十日甲戌(8 月 6 日)

毛昶熙奏抵津日期并会商大概情形。罗淑亚拟回京，商办诸事，英国使臣威妥玛亦劝其回京。据毛昶熙奏称，此案全在地方官设法议办，就近与该公使商酌及早了结。若任令回京，转恐往返函商，致稽时日。清廷着曾国藩、毛昶熙、崇厚悉心会商，与罗淑亚就近在天津迅速议结，毋令该公使回京，致此案转形稽滞。④

十一日乙亥(8 月 7 日)

李鸿章奏，酌带各军克日起程，并代奏袁保恒请赴直效力。天津之事，现经毛昶熙前往会同曾国藩办理。旬日以来，法使罗淑亚仍复恃强逞忿，海口兵船虽止数只。惟夷情叵测，难保不陆续驶至，肆意要挟，必须及早布置，有备无患，方可徐

---

① 《清实录·穆宗毅皇帝实录》卷二八六。
② 刘传标：《近代中国船政大事编年与资料选编》第 1 册，九州出版社 2011 年版，第 114 页。
③ 《清实录·穆宗毅皇帝实录》卷二八六。
④ 《清实录·穆宗毅皇帝实录》卷二八六。

图转圜。李鸿章现已饬令郭松林、周盛传等军分起起程，并先带亲军八营取道山西驰赴近畿。①

李鸿章另奏请饬刘铭传赴营。

十二日丙子(8月8日)

曾国藩等奏，法使罗淑亚仍执前议径行回京商办天津一案。

曾国藩奏，将福建船局购办京米截留二万石存储津郡，备李鸿章军营及铭军全队之用，系为豫筹兵食起见。清廷着照所请行。

清廷传谕直隶提督傅振邦，无论行抵何处，即行折回古北口，暂缓赴津。②

十三日丁丑(8月9日)

清廷晓谕：前因天津民教启衅，谕令沿江沿海各督抚等于各口岸严密设防，谅该督抚等已遵旨筹办。津事尚无头绪，罗淑亚多方要求。虽据曾国藩等据理驳斥，该使臣桀骜性成，未能就我范围。现又由津至京，能否不至决裂，未可豫定。此时惟有先筹防守，以杜洋人窥伺之心。着马新贻、英桂、瑞麟、李瀚章、丁日昌、英翰、刘坤一、丁宝桢、郭柏荫、刘昆、李福泰、黄翼升、张兆栋、杨昌浚于各该省通商口岸迅速筹防，万一洋人兵船驶至，务须设法堵御，毋任其乘虚肆扰，或至占踞口岸。如有疏虞，惟该督抚等是问。所有沿江沿海水陆官兵，仍当懔遵前谕力加整顿，并着将现办情形详晰具奏。

崇厚奏，体察津郡现时情形，拟即来京陛见。崇厚着即来京，其三口通商大臣一缺，着毛昶熙暂行署理，崇厚即将关防交毛昶熙接收，毋庸携带来京。津门应办事宜，仍着曾国藩、毛昶熙懔遵叠次谕旨妥速筹办。③

十五日己卯(8月11日)

丁日昌奏，密陈交涉大概情形，并交卸起程北上豫筹备御。丁日昌以洋人若决计用兵，必以上海为后路，请调李鸿章统兵由江东下，示以彼若决裂，则由上海捣其后路。此亦牵制洋人之法，惟李鸿章现已调赴近畿，丁日昌所奏各情，清廷即着马新贻、张兆栋酌度机宜，豫为筹备，将来如此慑以兵威，使彼有所顾忌，则天津

---

① 《清实录·穆宗毅皇帝实录》卷二八六。
② 《清实录·穆宗毅皇帝实录》卷二八六。
③ 《清实录·穆宗毅皇帝实录》卷二八六。

之事亦易转圜。

丁日昌奏，张秋铭军以军火缺乏，赴苏请拨，已饬上海采办军火委员暗中由沙船运津以期迅速。惟洋人万一开衅，采买军火必多掣肘，请饬查明豫为筹备。清廷着曾国藩查明所部军火短缺何项，是否天津尚有存储，行知沿海沿江各督抚将应需军火设法密由海道解津应用，庶免临时缺乏。

曾璧光奏，黔省教案全行议结。贵州遵义等处教案共有九起，现经曾璧光派委司道各员会同该教士逐案查明一律归结，拟即出示晓谕各属，以后遇有民教交涉事件，均照条约办理。①

十六日庚戌(8 月 12 日)

总理各国事务衙门奏，法国使臣到京，议办天津教案，谨陈辩论情形。据称罗淑亚到京接晤后，仍以主使之说归咎府县各官，持定前议，不稍通融。该王大臣坚与争持，毫不松劲。该使臣又以曾国藩到津五十余日，并无确实办法，凶手尚未拿获，并以教民惨被非刑应请查办为词。该王大臣答以曾国藩一到天津即为缉凶修堂，并为奏请昭雪，现已先后缉犯多名详细研究，办理认真，以破其迟延之说。其教民酷受非刑一节，允为查明核办。②

十八日壬午(8 月 14 日)

前谕李鸿章带兵驰赴近畿，已据该督奏报起程，不久当入直境。因思此举本系未雨绸缪，豫为筹备，自宜严密布置，未可先露风声。现在天津之事，未即决裂。若调兵信息，早为洋人窥破，必至又生疑忌。清廷着李鸿章于行抵直境时，酌度情形，即将所带各营扼扎直隶边境获鹿一带，或于河北彰德山西平定等地方分扎，总以防回匪窜扰为名。该督务须不动声色，持以镇静，用昭慎密。至正定广平等处，均有洋人教堂，李鸿章务当就近弹压，兵民毋许滋事，免致别生枝节。③

二十日甲申(8 月 16 日)

军机大臣呈递直隶按察使钱鼎铭禀函，据称已革天津府知府张光藻因患病出省，在顺德府调治，已革天津县知县刘杰亦在密云县治病，已派员分赴守催。

---

① 《清实录·穆宗毅皇帝实录》卷二八六。
② 《清实录·穆宗毅皇帝实录》卷二八七。
③ 《清实录·穆宗毅皇帝实录》卷二八七。

廿二日丙戌(8 月 18 日)

清廷晓谕：曾国藩奏遵旨函致彭玉麟等，能否再出续行覆奏等语。彰玉麟等受恩深重，当此国家多事之秋自应力图报效。着曾国藩于接到彭玉麟、杨岳斌复信时，即行具奏，候旨简用。刘铭传勇往过人，治军有律，据曾国藩奏称此次催令来直，可否稍示优异。着俟刘铭传到直后，再行听候谕旨。曾国藩所陈治海上水师，与江上水师截然不同，苟欲捍御外侮，徐图自强，非持以一二十年之久，未易收效然。因事端艰巨，畏缩不为，俟诸后人，则永无自强之日。兹值闽、沪两厂船成，即当于两处选将操练各情，所筹切中窾要。近来内外臣工往往遇事机紧急，徒事张惶，迨祸患略平，则又泄沓成风，为目前苟安之计。即使创立战守章程而在事诸臣，奉行不力，事事有名无实，遂使朝廷深谋远虑，均属具文。似此因循成习，何时可冀自强，何时可平外患。宵旰焦忧，无时可释。现在闽沪两厂，轮船次第告成。着马新贻、丁日昌、英桂、沈葆桢于两处各择统将，出洋操练，无论有警无警，穷年累岁，练习不懈，方可备不虞而操胜算。广东亦应筹备轮船，巡防海口。着瑞麟、李福泰一体认真办理。以上各轮船务须均用中国人驾驶，以期缓急足恃。至各省将备中，如有才具出众熟习风涛沙线者，着各该督抚随时保奏，以备擢用。即山林草野之中，有长于海战者，亦当随处留心物色，量才超擢，庶才能以搜罗而出，将士皆干城之选矣。①

丁宝桢奏，筹防海口及练兵备调。天津一案法使罗淑亚肆意要挟，近复回京向总理各国事务衙门饶舌，叠经王大臣坚持定见，力与辩论。目前情形，虽不至遽行决裂，而此事如何办结，尚无实在把握。此次启衅，虽由法国，亦有误伤俄、英、比、意等国之人。且洋人蛮驵相依，遇事必相联络，不可不先事筹画，以备不虞。丁宝桢拟于东省各海口酌定兵数，分别布置。烟台地方，华洋杂处，尤关紧要，务当饬令文武各员拊循弹压，免滋事端。王正起等营分扎德州等处，并着饬令认真训练。②

山西巡抚李宗羲丁忧，调福建巡抚何璟为山西巡抚，以广东布政使王凯泰为福建巡抚。

廿五日己丑(8 月 21 日)

景丰奏，派员会解革员起程赴津。已革天津县知县刘杰，现经景丰派委佐领思

---

① 《清实录·穆宗毅皇帝实录》卷二八七。
② 《清实录·穆宗毅皇帝实录》卷二八七。

福等协同委员王霖于本月二十二日押解起程。密云距津甚近，不日可到。张光藻亦已由钱鼎铭派员解送天津。清廷即着曾国藩、毛昶熙，取具该革员等确切亲供，迅速覆奏。①

廿六日庚寅（8 月 22 日）

前罗淑亚来京，告知总理各国事务衙门王三并无其人，所获之犯的系王二，并称武兰珍到案，并未受刑，其意疑系有串供诬扳等情。嗣据崇厚面奏，所获王三实系王二，与武兰珍所指之人，藉贯面貌亦不相符。该给事中所请解京会讯，自无庸议。惟王三即系王二一层，该督并未具奏，清廷着曾国藩、毛昶熙查明实在情形具奏。②

廿八日壬辰（8 月 24 日）

英翰奏现已密拨皖军数营，暂驻安庆附近。其下游一带，马新贻已暗为布置，并密商黄翼升抽调数营，以捕拿江匪为名，陆续下驶，暂扎金陵附近一带。③

廿九日癸巳（8 月 25 日）

丁日昌奏称，到津后会同勒限府县购线悬赏，务于数日内将凶犯尽数缉拿。并称如此大案，总须缉获四五十人，分别斩绞军流，或虚抵多而实抵少。

江苏巡抚丁日昌奏请调前署苏松太道杜文澜前赴天津差委，允之。④

八月初二日丙申（8 月 28 日）

昨据曾国藩等奏，提解已革天津府县到津。本日据总理各国事务衙门奏，近日辩论情形，并钞录照会呈览。

马新贻奏筹防江苏省水陆大致情形。据称江宁扼东南形胜，为长江有事之所必争。万一洋船进犯，惟有设法御堵下游，毋令驶过焦山。若进逼金陵，则力扼下关，不令驶入内河。如登陆攻城，即于沿江扼要处所分路设伏。安徽、江西、湖北

① 《清实录·穆宗毅皇帝实录》卷二八七。
② 《清实录·穆宗毅皇帝实录》卷二八七。
③ 《清实录·穆宗毅皇帝实录》卷二八七。
④ 《清实录·穆宗毅皇帝实录》卷二八七。

各省，以镇江为入江第一门户，金陵又为上游诸省屏蔽。江皖以上戒严，莫如分兵下堵。上海为各国通商荟萃之区，不可稍涉疑忌。苏州虽切近上海，而自松江以达昆太，港汊纵横。已密属李朝斌将外海、内洋、太湖各师船调集吴淞，以备缉海盗为名。清廷着马新贻随时会商英翰，督饬在事将士择要驻扎，力扼上游，并一面咨商黄翼升，将分汛各师船归并本营，排泊操练，毋令畸零散布。上海口岸紧要，务饬上海道，遇有中外交涉事件，加意笼络，迅速办理。不得以各国现尚安堵，稍掉轻心。吴淞江口及苏松两府，毗连形势，水陆要隘，既经李朝斌妥为布置，着即咨令该提督将各营师船勤加操演，严密巡防，俾苏垣与上海两处，各有援应。仍密属张兆栋就近稽查，毋稍疏懈。上游诸省防守，并着咨商刘坤一、李瀚章悉心筹画，遇有警信，即可首尾衔接，毋为敌人所乘。①

初三日丁酉（8月29日）

魁玉奏，总督猝被行刺，因伤出缺。据称两江总督马新贻，于七月二十六日由署右箭道校阅，事竣回署，突遇凶犯刺伤胁肋。当经随从武弁等将该犯即时拿获严讯，仅据供称系河南人，名张汶祥，而行刺缘由，供词闪烁。该督受伤甚重，延至次日身故。

英翰奏报提督自皖起程日期。提督刘铭传久经战阵，忠勇过人，兹经英翰遵旨令其北来。该提督即于上月二十九日由六安起程，循淮下驶，取道山东赴直。②

调直隶总督曾国藩为两江总督，未到任前，以江宁将军魁玉兼署。调湖广总督李鸿章为直隶总督，以浙江巡抚李瀚章为湖广总督，浙江布政使杨昌浚为巡抚。

初五日己亥（8月31日）

刘坤一奏筹议防务情形。据称水师现经总兵丁义方勤加操练，陆师照马新贻练兵章程及时整顿，并添募营勇，藉厚兵力。清廷即着刘坤一认真办理，以备不虞。至所陈沿海各省，于决裂时，一律停其通商，封其行栈，一口有变，各口皆然，一国有变，各国皆然。该抚于夷务情形，尚未深悉，洋人蛮駬相依，遇事必相联络。且此案误伤俄、英、比、意之人，各国均有连横之势。即使和局决裂，亦应分别办理，以解散其党与。若概予拒绝，转恐合而谋我，益难措手。现经总理各国事务衙门王大臣与法使再三辩论，尚不至遽行决裂，而江防仍应实力筹办，以壮声援。

英桂奏遵筹防范海口情形，请饬李鸿章驰赴近畿。据称福州、厦门、台湾三

① 《清实录·穆宗毅皇帝实录》卷二八八。

② 《清实录·穆宗毅皇帝实录》卷二八八。

口，各国教士洋商，因闻天津之事，不免阴怀疑虑。该督密饬沿海道员，各于保护之中，兼寓防范之法。其厦门师船，清廷着咨会李成谋加意操练，藉资调遣。台湾地方，责成该镇道一体筹防，以期有备无患。①

予浙江小渚门洋面伤亡游击江九华祭葬世职，附祀总兵官陈绍专祠。

初七日辛丑(9 月 2 日)

步军统领衙门奏，拿获天津民人金占鳌，请旨办理。清廷即着该衙门妥派员弁，将金占鳌即日解往天津，归案讯办。曾国藩等于该犯解到时，迅速严讯确情，毋任狡展。

浙江巡抚杨昌浚奏遵旨筹防。据称浙江海口，以宁波镇海为最要，温州、乍浦等处次之。该处为洋人往来熟径，防不胜防。浙省水陆各兵，除巡缉内地河道及留防省城外，仅敷分布各府弹压。惟有就现在兵力，相机办理。该省水陆各兵二万余名，既经该省督抚随时训练，自可备豫不虞。该抚现经移饬沿海各营，挑选精兵，设立哨队，并拟将黄少春旧部楚勇及总兵黄有功所部新湘营等军豫备调用。所有滨海各营镇将，清廷着该抚严饬切实训练，固不可稍涉张惶，亦不得因循贻误。

杨昌浚奏请饬催提督回任。浙江提督黄少春，前经赏假回籍，现在浙省宁波、温州、台州等属所辖洋面，缉捕巡防，极关紧要。该提督在任有年，于海防情形颇为熟悉，亟应饬令回任，以资镇守。清廷着刘昆即行传知黄少春星速驰赴本任，不少拘定假满，稍涉耽延，致误防务。②

抚恤琉球国遭风难夷如例。

初十日甲辰(9 月 5 日)

曾国藩奏，海疆地方紧要，恳请破格用人。所有天津府知府员缺，清廷着准其以记名海关道刑部郎中陈钦署理。③

十七日辛亥(9 月 12 日)

总理各国事务衙门奏，请饬李鸿章迅赴天津。昨据曾国藩等奏称，审讯滋事各犯，确有证供应正法者得七八人，略有证供应治罪者约二十人。第案情重大，各国

---

① 《清实录·穆宗毅皇帝实录》卷二八八。
② 《清实录·穆宗毅皇帝实录》卷二八八。
③ 《清实录·穆宗毅皇帝实录》卷二八八。

伤毙商民亦多。若正凶仅讯出七八人，此外任其漏网，恐无以服洋人之心。且此案为日已久，若不赶紧办结，必至另生枝节。清廷着李鸿章迅速驰赴天津，会同曾国藩、丁日昌、成林督饬承审各员，将案内得有证供各犯，认真研鞫，毋任时认时翻，及早拟结。至天津府县所具亲供，内有应行复讯，及与六月二十五日曾国藩奏到查明滋事大概情形折内情节不符之处，仍着曾国藩等迅速复讯明确，一面将该革员等解交刑部，听候核办，一面将复讯供词据实具奏。

天津海防，关系紧要，所有崇厚任内练习洋枪各队，清廷着成林接统，督同天津通永镇总兵、大沽协副将认真训练，不得稍有懈弛。其各营军饷及需用军火器械等项，均着悉照旧章核实办理。①

以署两江总督江宁将军魁玉兼署办理通商事务大臣。

二十日甲寅(9月15日)

天津一案，据李鸿章奏称，正法八人，与议罪二十余人，办法不为不重。

苏凤文奏，越南国王呈请遣使进贡。②

廿三日丁巳(9月18日)

魁玉等奏，遵旨妥筹长江防范事宜。长江下游扼守事宜，现经魁玉、黄翼升公同筹议，拟于各处要隘安设炮位，并将分汛水师，查照马新贻原议，暂各归并一处，排泊操练。另调炮船三十号，驻扎金陵附近，为上下策应之需。一面与李朝斌联络各军，以资协助。

英桂奏请饬山东省赶办闽硝。闽省需用额硝，向由山东代办。前因道路梗阻，暂行购用洋硝，系属权宜办理。英桂现遵照议章程，委员解价赴东办运，丁宝桢自应查照向章，饬属如数办齐，不得以现办部硝未能兼顾为词，诿令该省委员自行采买。清廷着即将应办闽省同治八年额硝，分派所属产硝各州县，赶办足数，派员秤收，分别滤出净硝运闽。此后递年额硝，仍着照章采办，俾免缺乏。③

廿五日己未(9月20日)

曾国藩等奏，审明天津案内各犯，分别定拟。据讯明各犯拟办正法者十五人，

---

① 《清实录·穆宗毅皇帝实录》卷二八九。

② 《清实录·穆宗毅皇帝实录》卷二八九。

③ 《清实录·穆宗毅皇帝实录》卷二八九。

拟办军徒者二十一人。

沈葆桢奏，请简派轮船统领。据奏新设轮船，约束操演，以及稽查联络，其难较战船数倍，亟需知兵大员统率，藉资训练。福建水师提督李成谋、前隶杨岳斌外江水师，叠著战功。着作为轮船统领。英桂、沈葆桢即传谕该提督，务当申明纪律，严加约束，以肃营规。兵船恃枪炮为声威，若技艺生疏，非特不能制胜。且临敌苍黄（仓惶），将有自焚之患。近日轮船所用枪炮，多于后膛安放子药，非海外绝岛试之，则恐伤人。英桂等即责成李成谋，随时驾驶出洋，周历海岛，勤加操演，俾该员弁等熟习风涛，悉成劲旅。不得性耽安逸，致令训练皆屡具文，有名无实。轮船号数渐多，不能不分布各口。若彼此各不相习，势必心志不齐，难期用命。李成谋身为统领，尤当将各船联络一气，以壮声援。①

廿九日癸亥(9 月 24 日)

曾国藩等奏，遵解天津府县赴部，并钞录陈国瑞供词呈览，请令丁日昌回任。②

九月初三日丙寅(9 月 27 日)

直隶天津道员缺，清廷着丁寿昌补授。

初九日壬申(10 月 3 日)

两江总督曾国藩奏，请将前任台湾道吴大廷调至江南综理轮船操练事宜。③

十一日甲戌(10 月 5 日)

前因天津府知府张光藻、天津县知县刘杰于民教启衅一案，事前疏于防范，事后又不能迅速获犯，张光藻、刘杰均着从重改发黑龙江效力赎罪，以示惩儆。另冯瘸子等十五犯正法，小锥王五等二十一犯军徒。④

---

① 《清实录·穆宗毅皇帝实录》卷二八九。
② 《清实录·穆宗毅皇帝实录》卷二八九。
③ 《筹办夷务始末》（同治朝）第 8 册，中华书局 2008 年版，第 3106~3017 页。
④ 《清实录·穆宗毅皇帝实录》卷二九〇。

十五日戊寅（10月9日）

曾国藩等奏，续讯天津案内第二批人犯，分别定拟。此次续拿各犯，既据曾国藩等单开讯明情节轻重，清廷着照该督等所拟，将刘二等五犯即行正法，邓老等四犯分别发配安置。①

十八日辛巳（10月12日）

曾国藩奏，遵旨赴任两江，恳请陛见，并请将主事陈兰彬带至江南。②

署三口通商大臣成林奏，日本差官柳原前光，来津递函，要求签订通商条约。③

十九日壬午（10月13日）

金顺奏，天津解到洋枪火药等项，不敷攻剿，暨江苏拨解铜炮，配带炸子等件，亦不敷用，请饬均由江苏制办配解。清廷着丁日昌饬令上海制造局，赶紧制办洋枪二千杆，配带什物，洋枪药二万磅，大铜帽二百万粒，赶由海道解赴天津，或取道山西包头镇，由该署将军派员提解。并饬局造办二十四磅炸子五千粒，各配带木引心，暨洋炮三楞药五千磅，解赴天津，交金顺委员提解，赴宁夏军营，以资攻剿。④

廿五日戊子（10月19日）

以神灵显应，加广东高要县太保神封号曰"感佑"。

前因英桂奏，请饬催巡抚赴任，当经降旨，令王凯泰即赴福建新任，毋庸来京请训。兹据瑞麟等奏，广东奏销紧要，请暂留王凯泰经理，并请饬新任藩司赴粤。清廷即着英桂饬令邓廷楠，兼程驰赴广东接受藩篆，毋庸来京请训。邓廷楠到后，即由瑞麟等知照王凯奏迅赴新任，以重职守。⑤

---

① 《清实录·穆宗毅皇帝实录》卷二九〇。

② 《清实录·穆宗毅皇帝实录》卷二九一。

③ 《筹办夷务始末》（同治朝）第8册，中华书局2008年版，第3120~3121页。

④ 《清实录·穆宗毅皇帝实录》卷二九一。

⑤ 《清实录·穆宗毅皇帝实录》卷二九一。

廿七日庚寅（10 月 21 日）

据称闽省成造金州七号战船，因在山东停泊两年之久，船身柁木诸多损坏，请即在东省变价，由闽另行补造新船。清廷着丁宝桢饬令该管地方官会同闽省委员传纪确估，即将船只变价，并将陈期登于审拟定案后，派员一并解闽。其不敷价贴银两，即着英桂勒限严追，不准稍有拖欠。①

沈葆桢奏，酌保水师人才，开单呈览。轮船现既次第告成，必须有长于海战、熟于驾驶及谙习沙线风云、通晓轮机之人，方足以资得力。兹据英桂等酌保总兵黄联开等七员，及游击贝锦泉一员，以备擢用，并将把总吴锡章一员，及都司吴世忠等十六员，分别请奖。清廷均着照所请给予奖励。②

廿八日辛卯（10 月 22 日）

清廷晓谕：前因天津民教启衅，叠谕沿江沿海各省督抚严密设防。现在天津一案，业已办理就绪，亦以时事多艰，不得不将就完案，以弭衅端，不可因此案完竣，即置防务于不问也。近来内外臣工，往往遇事机危急，非不尽心竭力，以期共挽时艰，而泄沓成风。未事之先，于一切战守章程，类皆纸上空谈，以致遇有缓急，毫不足恃；迨事过之后，则又因祸患已平，苟且因循，为目前偷安之计。事事有名无实，何时可冀自强耶？朝廷宵旰焦劳，隐忧弥切。着沿江沿海各省将军督抚大臣振刷精神，将战守机宜，认真讲求，以备不虞。至各省武备废弛已极，绿营习气尤深。并着各将军督抚大臣破除情面，认真整顿，以期一兵得一兵之用。经此次训谕后，务当实事求是，严密设防，毋再视为具文。至各省民教交涉事件，亦应处处持平，不可专顾一面。若地方官操纵合宜，刚柔互济，自可消患未形。着各直省将军督抚府尹于所属州县地方官，务须选择有风骨而又通晓时务之员，遇教士非分之求，不得曲为迁就，遇条约应办之事，亦当妥为抚绥。庶中外相信，不至再滋事端。③

廿九日壬辰（10 月 23 日）

前因浙江温州玉环营参将郑鸿章与署守备张省机等，以贴费摊扣各情，互相禀讦。经李瀚章等奏参，将郑鸿章摘去顶带，张省机、李如标暂行革职，与把总林嘉

---

① 《清实录·穆宗毅皇帝实录》卷二九一。
② 《清实录·穆宗毅皇帝实录》卷二九一。
③ 《清实录·穆宗毅皇帝实录》卷二九一。

源等一并解任审办。兹据杨昌浚奏，张省机、李如标均着即行革职，不准开复；张省机并着永不叙用。

礼部奏，接准盛京礼部送到朝鲜国王咨文，内称该国庆源府农圃社居民李东吉逃往珲春地方盖屋垦田，啸聚无赖。该国民口时有犯越，皆李东吉招诱所致。①

冬十月初一日癸巳（10 月 24 日）

总理各国事务衙门奏，朝鲜民人潜逃俄界，请饬该国自行办理，自行设法招徕，使已逃者怀德复归，嗣后尤当严申禁令，不可复蹈前辙。清廷着奕榕、毓福严饬边界各员弁随时认真稽察，如有朝鲜民人，由中国地界逃至俄国者，即行查禁，毋任乘间偷越。②

三口通商大臣崇厚奏将出使法国，改派英人薄朗替代密妥士为左协理。③

初二日甲午（10 月 25 日）

都察院奏，同知刘锡鹍遣抱刘安，以奉办军火赴营投效，赴该衙门呈诉，据称该同知籍隶广东，前在山东军营，奉委回粤采办军火。七年二月，将工匠及火箭喷筒等运至济宁州，全营已撤。旋由东省军需局将已到军火验收。其未到军火，饬即回粤，现寄存香港。兹愿将山东停解各军火并添办开花炮等项报效黔营。如蒙发往贵州差委，即赶紧回粤，将军火解黔应用。④

初三日乙未（10 月 26 日）

文煜等奏，船政大臣现丁父忧，请饬守制百日后，仍出任事。清廷着文煜、英桂传知沈葆桢，于守制百日后，仍将船政事务照常经理，毋得固辞。⑤

抚恤琉球国遭风难夷如例。

初四日丙申（10 月 27 日）

命前任直隶提督刘铭传督办陕西军务。

---

① 《清实录·穆宗毅皇帝实录》卷二九一。
② 《清实录·穆宗毅皇帝实录》卷二九二。
③ 《筹办夷务始末》（同治朝）第 8 册，中华书局 2008 年版，第 3144~3146 页。
④ 《清实录·穆宗毅皇帝实录》卷二九二。
⑤ 《清实录·穆宗毅皇帝实录》卷二九二。

初六日戊戌（10 月 29 日）

英元、乔松年奏请派员承修剥船，并由部筹款。里河剥船，应行添排改排，既据英元等奏称，通库无款可筹，请援同治七年成案，仍归户部筹款拨发，并派大臣承修。清廷着照所请，派延煦、贺寿慈会同英元、乔松年核实估修，奏明办理。

李鸿章奏，漕运剥船，不敷周转，请及时筹备。前因天津剥船不敷，曾国藩请由直隶分年排造九百只，经户部奏请仍由江西、湖南、湖北等省排造，解赴直隶应用，当经降旨允准。兹据李鸿章奏称，来岁南漕抵津，若待江西等省剥船赶到，诚恐缓不济急。请先行拨款赶办。清廷着户部先行拨借银十二万两解赴直隶，交李鸿章收纳。该督接到此项银两，即责成天津道就地赶造剥船一百只，一面招商由海道赴南，购运木料到津，续造二百只，务于明岁漕前造齐，以备应用。①

十二日甲辰（11 月 4 日）

崇厚等奏，天津机器局告成，动用经费各款，开单奏陈。天津设立机器局，经崇厚督饬在事人员度地庀材，随时监视密妥士等认真经理，现已一律告成。所用款项，既据崇厚等声称事由创举，难以例价相绳。所有单开用过银数，清廷即着准其开销。至密妥士所称再添研药机器三分，每年所出火药，可增三倍，而人工所加有限，较之采买，即可节省，尚属久远之计。崇厚现在出差，应如何斟酌添制开拓之处，着交李鸿章妥为筹画，奏明办理。②

十八日庚戌（11 月 10 日）

奕䜣等奏，已与日本定约。③

十九日辛亥（11 月 11 日）

兵部等部会议两广总督瑞麟等条奏新设赤溪协未尽事宜，所陈改驻都司一员，千总三员，把总五员，外委八员，额外外委二员，记委四员，马步守兵四百六十一名。暨改赤溪营为水师，隶阳江镇管辖，变通巡洋章程，以阳江镇总兵为上班统

---

①　《清实录·穆宗毅皇帝实录》卷二九二。

②　《清实录·穆宗毅皇帝实录》卷二九二。

③　《筹办夷务始末》（同治朝）第 8 册，中华书局 2008 年版，第 3158~3159 页。

巡，赤溪协副将为下班统巡，并移新宁县县丞改驻广海寨，均应如所请办理。从之。①

二十日壬子（11月12日）

总理各国事务衙门奏，遵议毛昶熙请撤三口通商大臣条陈。洋务海防，本直隶总督应办之事，前因东豫各省匪踪未靖，总督远驻保定，兼顾为难，特设三品通商大臣，驻津筹办，系属因时制宜。而现在情形，则天津洋务海防，较之保定省防，关紧尤重，必须专归总督一手经理，以免推诿而专责成。清廷着照所议，三口通商大臣一缺，即行裁撤。所有洋务海防各事宜，着归直隶总督经管，照南洋通商大臣之例，颁给钦差大臣关防，以昭信守。其山东登莱青道所管之东海关、奉天奉锦道所管之牛庄关，均归该大臣统辖。通商大臣业已裁撤，总督自当长驻津郡，就近弹压，呼应较灵。并着照所议，将通商大臣衙署，改为直隶总督行馆，每年于海口春融开冻后，移扎天津，至冬令封河，再回省城。如天津遇有要件，亦不必拘定封河回省之制。李鸿章现任直隶总督，当懔遵此次改定章程，将洋务事宜悉心筹画。海防紧要，尤须统筹全局，选将练兵，大加整顿。铭军酌留若干营，曾否定议，杨村河西务王庆坨等处，应否修筑炮台，拨营分驻，均着该督酌度情形妥为筹办。至天津新钞两关税务，应否添设海关道一员，专司其事，着李鸿章一并酌议具奏。②

总理各国事务衙门奏，请饬各省大吏办理中外交涉事件，加意慎密。中外交涉事宜，非寻常日行事件可比，况事关重大，尤应慎之又慎，密益加密，庶不至为外国所传播，贻误事机。同治七年八月间，因曾国藩于密陈条约折件，未能慎密，致被洋人传钞，曾经谕令各直省将军抚格外慎密，诘诫谆谆，至为详切。乃本年因天津民教构衅，令刘坤一暗中防维谕旨一道，竟为九江领事官钞录，经威妥玛照会总理衙门。此等紧要事件，刘坤一何以漫不经心，致有疏漏。其为养尊处优，事事假手于人，已可概见。此件谕旨，究由何处漏泄。着即彻底查明，严参惩办，不准稍有回护徇庇，致干重咎。嗣后南北洋通商大臣暨各省将军督抚等，遇有中外交涉事件，务当加意慎密，不得稍有疏虞。无论是何寄谕，均须亲自拆阅。如再有漏泄机密、贻误大局者，一经讯明，即将漏泄之人按照军法从事，并将疏于防范之大吏严加惩处，决不宽贷。

刘坤一奏，洋务密寄，惟省城司道及九江镇道，得闻斯事。其由何处泄漏，无从根究，惟有自请交部严议，以儆疏忽。九江镇总兵黄开榜、九江道景福与外国领

---

① 《清实录·穆宗毅皇帝实录》卷二九三。
② 《清实录·穆宗毅皇帝实录》卷二九三。

事官近在同城，亦难诿卸，应请交部议处。从之。①
　丹麦使臣司格，呈递国书。②

廿四日丙辰（11 月 16 日）

予浙江北龙洋阵亡千总吴振忠祭葬世职加等。

廿五日丁巳（11 月 17 日）

署三口通商大臣成林奏，日本照会，允与立约，柳原等已回国。③

廿八日庚申（11 月 20 日）

前据总理各国事务衙门奏，遵议尚书毛昶熙请撤三口通商大臣条陈，当谕令李鸿章妥筹应办各事宜。兹据该督酌议章程具奏，新设天津海关道，定为冲繁疲难四字最要之缺，由外拣员请补，沿海地方均归专辖，直隶通省中外交涉事宜，统归管理，兼令充直隶总督海防行营翼长，并拟于运河北岸圈筑新城，另建官署，为经久防患之计。下部议，从之。④
　道员沈保靖着总理天津机器局事务。

闰十月初三日乙丑（11 月 25 日）

以福建采办京仓米石，运兑完竣，赏道员夏献纶布政使衔，予道员吴大廷优叙。⑤

初七日己巳（11 月 29 日）

出使大臣志刚、孙家毂等出使十一国，现已回京。⑥

① 《清实录·穆宗毅皇帝实录》卷二九三。
② 《筹办夷务始末》（同治朝）第 8 册，中华书局 2008 年版，第 3167~3168 页。
③ 《筹办夷务始末》（同治朝）第 8 册，中华书局 2008 年版，第 3168~3169 页。
④ 《清实录·穆宗毅皇帝实录》卷二九三。
⑤ 《清实录·穆宗毅皇帝实录》卷二九四。
⑥ 《筹办夷务始末》（同治朝）第 8 册，中华书局 2008 年版，第 3177~3178 页。

十三日乙亥(12月5日)

追予广东阳春等处阵亡绅弁杨声澜等暨勇丁六百七十一名分别赏恤如例。

十四日丙子(12月6日)

以漕运总督张之万为江苏巡抚，江苏布政使张兆栋为漕运总督，奉天府府尹恩锡为江苏布政使，候补三品京堂德椿为奉天府府尹。

廿一日癸未(12月13日)

前因船政紧要，谕令沈葆桢守制百日后照常经理。兹据文煜，英桂奏称沈葆桢具呈固辞，谓前丁母忧时，奉署理江西巡抚及总司船政之命，吁恳终制，皆邀允准。并引李鸿藻从前丁忧之事，仍请终制。此时船政正在紧要，沈葆桢经理有年，办有成效，若半涂(途)而废，设有参差贻误，关系非轻。是总理船政，事尤重于墨经从戎。清廷着文煜、英桂传知沈葆桢仍遵前旨，于百日后，将船政事务照常经理。①

廿六日戊子(12月18日)

英翰奏，津案暂结，隐忧方大，敬陈筹备事宜。津案虽已了结，而蓄艾卧薪之志，不可一日或忘。叠经谕令沿海沿江各督抚，力戒因循，绸缪未雨。并因直隶江南为南北洋总汇，以曾国藩、李鸿章分任其事。该督等为国家股肱心膂之臣，想必能先事图维，讲求实际。此次英翰所陈天津海防，宜设水陆提督，择威望素著之大将，畀以斯任，统其旧部，作为提标，兼辖海防水陆各营。清廷着李鸿章斟酌机宜，妥议具奏。至所称铭军西去，畿辅空虚，请将淮军调驻海口，并令沿江沿海暂缓撤防，严行戒备，以杜窥伺。着曾国藩、李鸿章会商妥议，实力办理。该抚又以日本吁请通商，恐贻后患，殷殷以杜绝为请。此事因该国向化甚坚，业已令其特派大员到时，再与妥议条约，自无再事拒绝之理。至将来如何明定章程以期永远相安之处，并着曾国藩、李鸿章豫行妥筹，详晰奏明，庶临时较有把握。

王家璧奏，修备设防，所以长保和约，请宣谕各国，毋庸疑虑。另片奏，和不可恃，不可一日忘备。自古保邦致治，断无畏敌国生疑自弛武备之理，况中国增修

---

① 《清实录·穆宗毅皇帝实录》卷二九五。

战备，力求自强，亦岂外国所能阻止，惟在疆寄重臣，于练兵设防增修炮台讲求机器等事，实力奉行，毋徒托诸空言，庶不至贻笑于远人耳。①

十一月初一日壬辰(12 月 22 日)

福建船政船厂所造总第四号轮船"伏波"号完工下水。②

初二日癸巳(12 月 23 日)

奕䜣等奏，浦安臣恤银一万两，由江海关六成税银项下提拨。③

初八日己亥(12 月 29 日)

李鸿章奏酌议津海关道章程七条。另奏天津机器局添购碾器，增建厂屋，并兴造药库，该局事务多与洋人交涉，拟派陈钦会同沈保靖办理。清廷着即饬令该员等认真经理，以期渐臻精熟。④

初九日庚子(12 月 30 日)

广西巡抚苏凤文陛见，以广东巡抚李福泰署广西巡抚，两广总督瑞麟兼署广东巡抚。

十七日戊申(公元 1871 年 1 月 7 日)

以两江总督曾国藩充办理通商事务大臣。

二十日辛亥(公元 1871 年 1 月 10 日)

户部奏，变通验收海运漕粮，及海运仿照河运章程办理。南省漕粮，由海运

---

① 《清实录·穆宗毅皇帝实录》卷二九五。

② 刘传标：《近代中国船政大事编年与资料选编》第 1 册，九州出版社 2011 年版，第 117 页。

③ 《筹办夷务始末》(同治朝)第 8 册，中华书局 2008 年版，第 3188 页。

④ 《清实录·穆宗毅皇帝实录》卷二九六。

津，历年以来，因津郡无地方大吏驻扎，特派大员前往验收。兹据该部奏称，通商大臣现已裁撤，直隶总督常驻津郡，请自同治十年为始，凡天津验米事宜，均由直隶总督就近经理，无庸另派大员前往验收。至仓场侍郎应否仍照向章，一员赴津会同查验，并通州收米事宜，可否责成留通仓场侍郎一手经理，无庸另派大员，请饬妥议。清廷着李鸿章、英元、乔松年按照该部所奏各节，会同妥议具奏。至海运交卸一节，该部拟请按照河运章程，改由粮道赴通径交，系为扫除积弊起见。清廷着曾国藩、李鸿章、英桂、张兆栋、张之万、杨昌浚斟酌情形，详细妥商。①

廿二日癸丑（公元 1871 年 1 月 12 日）

清廷晓谕：前因天津民教启衅，叠于六月二十五七月十三八月初三等日，谕令沿江沿海各督抚严密设防。嗣因津案就绪，复于九月二十八日，谕令各该督抚等振刷精神，讲求战守。并于闰十月十八十一月十六等日，寄谕各省疆臣整顿绿营，操练枪队炮队，原因津案虽将就了结，非尝胆卧薪，力求振作，无以御外侮而杜隐忧。本日醇郡王奏，请饬办理夷务诸臣，除徇夷之积习，举驱夷之大局。自办理中外交涉事务以来，时艰孔亟，本当惩前毖后，不可一息苟安。嗣后中外任事诸臣，遇有交涉事件，务当坚持定见，豫伐敌谋，毋令一事稍涉畏怯，致长敌人气焰。至驱夷大局，目前虽未能遽见施行，亦当未雨绸缪，先机布置，为自强不息之计。着总理各国事务衙门王大臣及沿江沿海各将军督抚实力实心，次第筹办，以整顿武备为第一要务。而整饬吏治，固结民心，宽筹饷需，尤与军事相表里。各该督抚等职任封圻，受恩极渥，当此时事艰难，务各激发天良，讲求实际，勿事因循，勿涉蒙蔽，尤当慎密图维，毋使有所泄漏。日后势需用兵，应如何确有把握之处，着各该将军督抚详细熟筹具奏。至传教一事，易启衅端，尤当督饬地方官持平妥办，于弭患之中，隐寓保民之意，庶无事则中外相安，有事则同心御侮，有厚望焉。②

廿五日丙辰（公元 1871 年 1 月 15 日）

户部奏，内务府同治十年分应需经费，拟拨两浙盐课银五万两，两淮盐课银五万两，广东盐课银五万两，福建茶税银十万两，闽海关常税银十万两，太平关常税银十万两，九江关常税银十五万两，共银六十万两，请饬依限完解。③

---

① 《清实录·穆宗毅皇帝实录》卷二九七。
② 《清实录·穆宗毅皇帝实录》卷二九八。
③ 《清实录·穆宗毅皇帝实录》卷二九八。

十二月初一日壬戌（公元 1871 年 1 月 21 日）

总理各国事务衙门奏，英国议定新约，现欲中止。英国新修条约，上年业经该衙门与英国使臣定议，乃本年十月间，据威妥玛照会，以新修之约彼国商民金称不便，接到回文，未经遵照。复经该衙门驳斥，该使仍以入告本国为词，故为延宕。窥其用意，不过欲俟布、法诸国修约时，另图更改。现法与布构兵未息，自尚未暇议及修约，而彼族所注意要求之款，不可不先事图维。此时英国之约，既未通行，诚恐各国洋商，于新约中在彼有利之端，或指定条款，托言试办，或巧更名目，含混请行。万一堕其术中，将来办理更行棘手。清廷着曾国藩、李鸿章密饬各关监督严加防范，豫杜影射蒙混之弊，毋稍大意。①

初二日癸亥（公元 1871 年 1 月 22 日）

直隶总督李鸿章奏，遵议英翰奏请添设海防提督一员，欲求威望素著之将，实难其选。兵事止论强弱，不在职分，应请从缓再行酌奏。下部议，从之。②

初九日庚午（公元 1871 年 1 月 29 日）

湖广总督李瀚章等奏，鄂省应造漕运剥船，请将价银解赴直隶代造。下部知之。③

十四日乙亥（公元 1871 年 2 月 3 日）

户部奏理各国事务衙门奏，广东征收洋药正税，请饬自行核实办理。据称接据赫德申称，香澳并征洋药正税，粤省既不承办。该省洋药税走私甚多，拟在附近香澳等处设立公所，代关纳税。已将巡查洋税之轮船调赴广东，委副税务司专司其事，每月需经费银一万两，年终计可多征洋药税银四五十万两。清廷着瑞麟、崇礼按照赫德原申各节，及户部等衙门此次所奏，即于收厘处所，带收正税，由该督等自行商办。

前据魁玉、张之万奏，审明故督马新贻被刺。折内所称，该故督任浙抚时，叠剿海盗，宁台两属，揵斩甚多，仍有匪党漏网，以致张汶祥挟仇行刺。

---

①　《清实录·穆宗毅皇帝实录》卷二九九。

②　《清实录·穆宗毅皇帝实录》卷二九九。

③　《清实录·穆宗毅皇帝实录》卷二九九。

英桂等奏，福建厦门地方，访有遣散游勇，听纠结会，当经饬属严拿。旋据该官文武陆续拿获哨弁曾广幅暨会伙叶兆红、曾作华、林步云、吴小章等犯，讯据该犯曾广幅供认听从张大源即张淙源等结会不讳，并缴出八卦图布等件，当于讯明后正法。①

十五日丙子（公元 1871 年 2 月 4 日）

户部、总理各国事务衙门奏，广东洋药正税，请饬自行核实办理。②
福建船政船厂所造第六号兵船"镇海"开工。③

十八日己卯（公元 1871 年 2 月 7 日）

前因户部奏，变通验收海运漕粮，及海运仿照河运章程办理，当经谕令李鸿章等分别会议具奏。兹据李鸿章会同仓场侍郎酌议具奏，据称直隶总督每年于春融复移扎天津，所有天津验米，自可遵照部议，就近经理，无庸另请派员验收。惟近年海运米石较多，总督事务繁重，未能专顾一端，请仍照向章，酌派仓场侍郎一员，赴津会同查验。其通州收米事宜，可由留通仓场侍郎经理，无庸另请派员。明春江浙海运漕船抵津，清廷着户部先期奏派仓场侍郎一员，早行赴津，会同直隶总督妥筹办理。其通州验收转运事宜，即由留通仓场侍郎一手经理，无庸另请派员，以专责成。④

廿五日丙戌（公元 1871 年 2 月 14 日）

布鲁斯国洋商，因极力承办军火，左宗棠请给予四品顶戴。⑤

廿七日戊子（公元 1871 年 2 月 16 日）

朝鲜国使臣三人于午门外瞻觐。⑥

---

① 《清实录·穆宗毅皇帝实录》卷三〇〇。
② 《筹办夷务始末》（同治朝）第 8 册，中华书局 2008 年版，第 3216~3218 页。
③ 刘传标：《近代中国船政大事编年与资料选编》第 1 册，九州出版社 2011 年版，第 119 页。
④ 《清实录·穆宗毅皇帝实录》卷三〇〇。
⑤ 《筹办夷务始末》（同治朝）第 8 册，中华书局 2008 年版，第 3222~3223 页。
⑥ 《清实录·穆宗毅皇帝实录》卷三〇一。

是年

英祥生船厂为怡和轮船公司制造货船"公和"号，排水量一千三百吨。①

同治十年　辛未　公元 1871 年

春正月初十日(2 月 29 日)

广西巡抚苏凤文奏报安南河内至富春路程情况，及该处目前与法国之关系。②

十四日甲辰(3 月 4 日)

直隶总督李鸿章奏，拟留总兵官王可升巡防宣化，请饬游击徐平川带兵驰赴库伦。得旨：王可升既不宜远离宣化，即着严饬该总兵认真操练兵勇，以固边圉。并檄饬徐平川至库伦后，实力巡防，毋稍疏懈。③

十七日丁未(3 月 7 日)

文煜等奏船政大臣因病未能赴工，请派员接办。前因船政紧要，叠经谕令沈葆桢于百日孝满后，将船政事务照常经理。兹据文煜等奏称，沈葆桢百日孝满后，以患病未能赴工，呈请代奏。沈葆桢管理船政，已著成效，现当工程吃紧之时，岂可因病诿卸，致误要工。清廷即着文煜、英桂、王凯泰传知沈葆桢赶紧调理。其船政事宜，仍督饬夏献纶等认真妥办。并令随时禀商沈葆桢，以昭慎重。该前抚一俟病痊，即当迅速赴工，照常督率经理，用副委任。④

---

① 刘传标：《近代中国船政大事编年与资料选编》第 1 册，九州出版社 2011 年版，第 119 页。

② 《筹办夷务始末》(同治朝)第 8 册，中华书局 2008 年版，第 3225~3232 页。

③ 《清实录·穆宗毅皇帝实录》卷三〇二。

④ 《清实录·穆宗毅皇帝实录》卷三〇三。

十九日己酉(3 月 9 日)

曾国藩奏,遵筹日本通商事宜,所陈派员驻扎日本,约束内地商民一节,与李鸿章前奏,大意相同,至谓明定章程,不外体制与税务两端,仿照泰西之例,固无不可。但条约中不可载明比照泰西各国总例办理,及后有恩渥利益施于各国者一体均沾之词,以免含混。清廷着李鸿章按照曾国藩筹议各情,豫行区画,庶将来该国使臣到后,得以因时制宜,不至再蹈从前隔阂覆辙,是为至要。①

两江总督曾国藩等奏,现在米船将次放洋,势难改章赴通径交,拟先将本年粮米查照向章办理,俟下届再行赴通交纳。下部知之。

廿二日壬子(3 月 12 日)

奕䜣等奏,美使镂斐迪求为致信朝鲜。②

廿五日乙卯(3 月 15 日)

闽浙总督英桂陛见,以福州将军文煜兼署总督。

是月

福建船政后学堂第一届驾班学生严复、刘步蟾、林泰曾、方伯谦等十八人及第二批学员邓世昌、林国祥等十人,登上"建威"号实习,巡航南至新加坡槟榔屿,北至辽东湾。③

二月初二日壬戌(3 月 22 日)

礼部奏,美使致信朝鲜,已送兵部转递。④

---

① 《清实录·穆宗毅皇帝实录》卷三〇三。
② 《筹办夷务始末》(同治朝)第 8 册,中华书局 2008 年版,第 3236~3237 页。
③ 刘传标:《近代中国船政大事编年与资料选编》第 1 册,九州出版社 2011 年版,第 120 页。
④ 《筹办夷务始末》(同治朝)第 8 册,中华书局 2008 年版,第 3242~3243 页。

初六日丙寅(3 月 26 日)

马新贻被刺一案，兹据郑敦谨、曾国藩奏，复审凶犯行刺缘由，并无另有主使之人。此案凶犯张汶祥，以漏网发逆，复通浙江南田海盗，因马新贻在浙江巡抚任内，戮伊伙党甚多。又因伊妻罗氏为吴炳燮诱逃，呈控未准审理，其在新市镇私开小押，适当马新贻出示禁止之时，心怀忿恨，乘间刺害总督大员。清廷着即将张汶祥凌迟处死，并于马新贻柩前摘心致祭。

前因魁玉、张之万奏，审明已故两江总督马新贻被刺一案，因漏网海盗张汶祥挟仇行刺，并风闻浙省刺案，尚不止一起，粤省又有持刀入署之案。当经谕令瑞麟、杨昌浚饬属查拿惩办，至所称长江水师船只太小，近海之地不能得力，如长江至江阴以下，现时炮船即难驾驶，尚须酌添轮船，简练水师，广募惯习风涛熟于沙线之士，并修复海口及沿江炮台，辅以陆军，无事则专司搜捕，有事则严扼边防。清廷着曾国藩、文煜、英桂、瑞麟、张之万、杨昌浚、王凯泰、丁宝桢斟酌情形，于各该省滨江滨海地方严密布置，妥筹备御，以靖疆圉而息盗风。本日据郑敦谨等奏，与凶犯张汶祥同伙之浙江南田海盗龙启澐等，请饬严拿，着杨昌浚按照该尚书等咨拿各犯，饬属严拿，务获究办，毋任一名漏网。①

琉球国王尚泰遣使表贡方物，赏赍筵宴如例。

初七日丁卯(3 月 27 日)

琉球国使臣杨光裕等三人于神武外瞻觐。

十二日壬申(4 月 1 日)

福建船政船厂所建"伏波"号完工，在闽江试洋。②

十七日丁丑(4 月 6 日)

派仓场侍郎乔松年前往天津，会同总督李鸿章验收海运漕粮。③

---

① 《清实录·穆宗毅皇帝实录》卷三〇四。
② 刘传标：《近代中国船政大事编年与资料选编》第 1 册，九州出版社 2011 年版，第 120 页。
③ 《清实录·穆宗毅皇帝实录》卷三〇五。

廿一日辛巳(4月10日)

闽浙总督英桂等奏,遵议轮船训练章程十二条。一、统领外应派分统,以专责成。二、挑选水师弁兵在船练习。三、弁兵人等技艺精通者,分别给予职衔。四、分泊各口轮船,按季互相更调,以期联络。五、每年春冬定期操阅,以凭黜陟。六、水手炮手彼此兼练,以求精熟。七、管驾官每旬合操一次。八、广搜舆图,以资考证。九、颁定一色旗号,以分中外。十、口粮造册请领。据实报销。十一、稽核煤斤,以省浮费。十二、逢索轮机杂件,随时修配,船身损坏,应候勘验修理。下所司知之。①

廿六日丁亥(4月15日)

李鸿章奏,豫筹日本通商事宜,请调熟悉洋务大员来津商办。日本通商,议约伊始,尤应慎之又慎,免滋流弊。该国使臣约于本年三月间成行,轮船迅利,不日即可驶至,自应豫行筹画。江苏按察使应宝时熟悉洋务,清廷着曾国藩、张之万饬令该臬司查探日本使臣过沪,即酌带委员,附搭轮船,迅速兼程来津,由李鸿章督同该臬司妥筹办理。②

三月初六日丙申(4月25日)

都兴阿等奏,朝鲜拿送犯越流民,解交原籍查办,暨匪民投留慢书。据称接准朝鲜来咨,本年正月间,在南浦昌麟岛等处,陆续拿获犯越人众四十二名,船内载有火器火药。又有数百船只联帆围岛,扬旗轰炮。经岛民守兵捍御,至夜散去。察其情形,决非寻常捕鱼之辈。所拿人众,籍隶山东文登、荣成、宁海等处。经都兴阿等提讯,均供实系船只遭风漂泊,并无为匪滋扰情事,现已解回山东省,就近查办。清廷着丁宝桢认真查讯明确,照例惩办,将该省沿海地方,饬属一律稽查,毋令莠民外出,致生事端。其奉省沿海处所,着都兴阿等随时严密查禁。此次该国拿送人犯,业交丁宝桢讯明办理,并谕盛京山东整顿海防。③

---

① 《清实录·穆宗毅皇帝实录》卷三〇六。
② 《清实录·穆宗毅皇帝实录》卷三〇六。
③ 《清实录·穆宗毅皇帝实录》卷三〇七。

十一日辛丑(4 月 30 日)

布鲁斯国使臣李福斯面递国书。①
意大利国使臣费三多呈递国书。②

十三日癸卯(5 月 2 日)

张之万奏，署藩司应宝时，熟稔洋人情形，拟将苏省各属民教交涉之案，派令应宝时综理其事。华洋交涉事件，关系紧要，清廷即着张之万会商曾国藩，督饬应宝时随时妥筹办理，以期中外相安。张之万身任封圻，苏省一切事宜，均属责无旁贷，不得以洋务非所谙习为词，置身事外也。③

十六日丙午(5 月 5 日)

两广总督瑞麟奏钦州辖境，与越南国属狗头山等处毗连，时有匪徒窥伺洋面，现饬副将雷秉刚，管带轮船会剿毙匪多名。得旨：仍着严饬派出文武各员弁会同巡洋舟师实力查拿，毋任漏网，以靖海疆。④

廿二日壬子(5 月 11 日)

赐王以下文武大臣、蒙古王、贝勒、贝子、额驸暨琉球使臣等食。

廿三日癸丑(5 月 12 日)

赐王以下文武大臣、蒙古王、贝勒、贝子、额驸暨琉球使臣等食。

夏四月初一日庚申(5 月 19 日)

文煜等奏，第六号轮船开工，第七号改造兵船。另奏船政大臣因病不能赴工，

---

① 《筹办夷务始末》(同治朝)第 8 册，中华书局 2008 年版，第 3248 页。
② 《筹办夷务始末》(同治朝)第 8 册，中华书局 2008 年版，第 3250 页。
③ 《清实录·穆宗毅皇帝实录》卷三〇七。
④ 《清实录·穆宗毅皇帝实录》卷三〇七。

请旨遵行。闽省第六号轮船，现已购齐木料，克日开工。清廷即着照文煜等所拟，命名"镇海"。至轮船之设，须炮多而马力大，方能利涉波涛，制胜较有把握。文煜等拟将第七号改造兵船，不力无见，着即督饬在事人员，与日意格悉心讲求，功师实际，不得旷日持久，虚糜帑金。沈葆桢办理船政，成效彰彰，现虽病未就痊，仍未可置身事外。着文煜等督饬夏献纶等认真妥办，并令该道等随时禀商沈葆桢以昭慎重。沈葆桢着俟服阕后，再行赴工督率经理。①

初十日己巳(5月28日)

英桂、王凯泰奏，署台湾道黎兆棠到任已阅年余，治理地方，意见偏执，袒庇同乡，不洽舆评。黎兆棠业经该督等撤回，该道本系江西补用人员，清廷即着文煜等饬令交代清楚，仍回江省，毋庸留闽。另奏委定保接署台湾道员缺。台湾孤悬海外，兼有交涉事件，非为守兼优之员，不克胜任，定保于署理是缺，人地是否相宜。清廷仍着文煜等随时察看，以重地方。②

十二日辛未(5月30日)

李鸿章奏，拣员升补要缺知府，并遗缺知府另行拟补。据称天津地处海疆，知府员缺紧要。马绳武署任以来，办理妥协，请准以该员补授。天津府知府，清廷着准其以马绳武补授。前经简放之天津府遗缺知府裕长，即着照所请补授大名府知府。③

李鸿章奏，天津教民冲突案中英、法教民恤款一律付清。④

十五日甲戌(6月2日)

以三品顶带已革直隶总督刘长佑为广东巡抚，未到任前，仍以两广总督瑞麟兼署。

十七日丙子(6月4日)

礼部奏，朝鲜国王咨文回复美寄函一事。⑤

---

① 《清实录·穆宗毅皇帝实录》卷三〇八。
② 《清实录·穆宗毅皇帝实录》卷三〇八。
③ 《清实录·穆宗毅皇帝实录》卷三〇八。
④ 《筹办夷务始末》(同治朝)第9册，中华书局2008年版，第3261~3262页。
⑤ 《筹办夷务始末》(同治朝)第9册，中华书局2008年版，第3262~3265页。

廿五日甲申(6 月 12 日)

李鸿章奏查阅海口炮台，现筹布置情形。大沽海口南北两岸炮台，日就倾坏。李鸿章现令副将罗荣光督率兵夫，择要兴筑，先将营垒加挑坚厚，添筑夹墙。并拟于炮台前加筑护台，复于墙外添筑拦潮土坝一道，以免潮汐侵刷。又将苏局旧存炸炮及江宁炮局制成洋炮，陆续运津，并委员添购西洋新式巨炮数尊，以备更换操习。①

廿八日丁亥(6 月 15 日)

出使大臣志刚、孙家谷将瑞、和、丹三国国书译出呈览。②

五月初一日庚寅(6 月 18 日)

福建船政船厂所造总第五号轮船"安澜"船体完工下水。③

初十日己亥(6 月 27 日)

以祈祷灵应，颁山东省城雨师庙匾额曰"应时泽普"。

十五日甲辰(7 月 2 日)

文煜、王凯泰奏，据吏部咨，福建厦防同知马珍调补福防同知，本任与调任均系沿海冲繁难题要缺，例不准其更调。从之。④

廿二日辛亥(7 月 9 日)

李鸿章奏，日本使臣将抵天津，请派大臣在津会议立约。清廷命直隶总督李鸿

① 《清实录·穆宗毅皇帝实录》卷三〇九。
② 《筹办夷务始末》(同治朝)第 9 册，中华书局 2008 年版，第 3266 页。
③ 刘传标：《近代中国船政大事编年与资料选编》第 1 册，九州出版社 2011 年版，第 121页。
④ 《清实录·穆宗毅皇帝实录》卷三一一。

章办理日本国通商条约事务，江苏按察使应宝时、署直隶津海道陈钦随同帮办。①

廿七日丙辰（7月14日）

英国使臣威妥玛照会，英二人被朝鲜扣留，请饬朝鲜国王咨复。②

廿九日戊午（7月16日）

两江总督曾国藩等奏，续议长江水师变通章程五条。一、调操拟改为巡哨阅操，并定营官月操，总兵季操，提督岁操，每年由长江提督阅毕，密咨总督会奏。二、调汛拟改为本营就近互调，由营官察看办理，按期造册通报。三、分防内河，势难兼顾，拟将内河湖荡概归地方文武管辖，俾营哨各官处分，不得籍口推诿。四、提镇衙署，拟添设亲兵二十四名，总兵以下各添十二名，俾军火各库，有所守卫。五、守备以下哨官，请添设飞划一只，以资急捕。下部议，从之。③

六月初五日甲子（7月22日）

李鸿章奏，江西应造直隶剥船，赶办不及，请仍暂由直隶代造。上年据该督奏称，漕运剥船，不敷周转，当经降旨准由直隶代造三百只，以顾本年漕运。兹据李鸿章体察情形，直隶剥船，叠因年久满料不敷应用，来岁新漕运津，旧船满料愈多，新船剥运不足，南省排造之船，不能依限解直，恳将江西应造剥船三百只，暂由直隶代造。清廷即着刘坤一查照直隶历届代造剥船价银，于该省解部漕折项下如数筹拨，迅速委员，限七八月间解到直隶。李鸿章于江西解到价银后，即行督饬天津道，赶紧排造剥船三百只，务于明岁漕前造齐。

以缉捕不力，降直隶大名镇总兵官姜国仲为参将，以前任广东琼州镇总兵官彭楚汉为直隶大名镇总兵官。④

初九日戊辰（7月26日）

两广总督瑞麟奏，遵查署阳江镇总兵官彭玉派弁前赴越南侦缉，事本因公，惟

---

① 《清实录·穆宗毅皇帝实录》卷三一二。
② 《筹办夷务始末》(同治朝)第9册，中华书局2008年版，第3272～3273页。
③ 《清实录·穆宗毅皇帝实录》卷三一二。
④ 《清实录·穆宗毅皇帝实录》卷三一三。

擅用公文，照会越南地方官，究属不谙体制，业经撤任，应免置议。把总李德安等奉派侦缉，查无别项情弊。其陈涓一名，现已照会越南国王查办。报闻。①

十一日庚午(7 月 28 日)

直隶总督李鸿章奏报日本使臣到津来谒。②

十三日壬申(7 月 30 日)

丁宝桢奏，派员查阅营伍，分别奖惩，暨捕获峄县棍匪，搜拿曹属匪徒，并捦逆首正法。③

十四日癸酉(7 月 31 日)

英照会，朝鲜英民已回。布国使臣照会，布民未回，请饬朝鲜国王查复。④

十七日丙子(8 月 3 日)

命两广总督瑞麟为大学士，仍留两广总督任。

二十日己卯(8 月 6 日)

调广东巡抚刘长佑为广西巡抚，以漕运总督张兆栋为广东巡抚，广西巡抚苏凤文为漕运总督。

以验收海运粮粮完竣予直隶总督李鸿章、仓场侍郎英元、乔松年议叙有差。⑤

廿二日辛巳(8 月 8 日)

御史黄槐森奏，广东厘局烦扰，请旨饬查裁减。抽厘助饷，原属朝廷不得已之

---

① 《清实录·穆宗毅皇帝实录》卷三一三。

② 《清实录·穆宗毅皇帝实录》卷三一三。

③ 《清实录·穆宗毅皇帝实录》卷三一三。

④ 《筹办夷务始末》(同治朝)第 9 册，中华书局 2008 年版，第 3280 页。

⑤ 《清实录·穆宗毅皇帝实录》卷三一四。

举，全在地方官吏认真办理，方不至弊窦丛生，困累商民。广东惠州各厂，均于起照之处抽厘一次，验照之处又抽厘一次，民已不胜其苦。而书吏复藉查验为名，百计勒索，且于两次抽厘外，更增帮费名目。名为卫民，实以剥民。东江如此，则西北两江厘厂烦扰，恐亦在所不免。清廷着瑞麟认真查核，务将应裁厘厂，应禁帮费，酌量情形妥为办理。其存留各厂，尤须慎选妥员，酌裁吏役，以省浮费而杜弊端。另奏广州府属，盗贼蜂起，曾大鹅幅等一股聚集香山、新会、新宁三县交界之赵家围地方，焚抢勒赎，巨案累累。香山虽已举办团练，而新会、新宁未筹防守，请饬拿办。清廷着瑞麟严饬各该地方员弁，多带兵船，驻扎该处，合力围攻。①

廿九日戊子(8 月 15 日)

李鸿章奏，天津等处被水地方筹款抚恤，并请援案截留漕米接济。本年五六月间，天津雨水过多，致城东海河及南北运河，冲溢数口。滨海地面，田庐禾稼，多被淹没。小民荡析离居，殊堪悯恻。清廷着照所请，截留江浙筹备余米八万石，并奉天解通粟米二万石，以备各属赈济之用。②

秋七月初八日丙申(8 月 23 日)

定安奏，请饬江苏拨解洋枪洋药。提督张曜所部各营，转战日久，火器损坏，亟宜更换添拨，以利攻剿。清廷着曾国藩、张之万饬令江苏制造局拨发洋枪一千五百杆，细洋药一万五千磅，金底大铜帽七十万粒，派员解赴天津，一面知照定安，由张曜委员赴津领解。③

初九日丁酉(8 月 24 日)

李鸿章奏，日本议约渐有端倪，并将往返信函钞录呈览。日本与中土最近，又自托于同文之国，现在议立修好条规，通商章程，自不必沿袭泰西各国旧套。该督饬应宝时、陈钦与该使臣反复辩论，大致均已允服遵照。惟章程内请添凡两国准予别国优恩，及有裁革事件，无不酌照施准一条，仍是一体均沾之意，亟宜相机开导，使之就我范围。应宝时等覆该使臣信函，颇足折服其心。清廷即着李鸿章饬令应宝时等力持定见，悉心开导，总期妥为酌定，以示区别而杜弊端，并将办理情形

---

① 《清实录·穆宗毅皇帝实录》卷三一四。
② 《清实录·穆宗毅皇帝实录》卷三一四。
③ 《清实录·穆宗毅皇帝实录》卷三一五。

随时具奏。①

十七日乙巳(9月1日)

清廷拟定传教节略及章程八条,通行各国使臣。②

十八日丙午(9月2日)

李鸿章奏请酌增官剥船脚价,及民船守候口粮。江浙海运漕粮,由津运通,年来剥船苦累,弊窦丛生。其民船守候口粮,于长芦盐捐加贴运费,及津沽各项不装粮之民船派捐津贴,历年以来,商民均属困苦。李鸿章拟请自同治十一年为始,无论海运正供,筹备剥船,每装米一百石,加给脚价银五两。并另筹接运白粮民船守候口粮银一万二千两,此项银两,先尽苏浙粮道库漕项内拨解。如有不敷,即由各该省司库通融借拨。清廷着曾国藩、张之万、杨昌浚按照李鸿章所拟,妥为筹办,以利转输。此项银两,准其作正开销。该船户等经此次体恤周至,嗣后海运漕粮到津时,该督当严饬押运各委员,实力稽查,毋任再有挽和偷窃等弊。③

清廷与日本签订《修好条规十八条》《日本国通商章程三十三款》。④

十九日丁未(9月3日)

曾国藩、李鸿章上奏《幼童赴泰西肄业章程十二条》。⑤

廿二日庚戌(9月6日)

给事中陈鸿翊奏,请饬催奉天粟米,以资赈济。据称奉天解通粟米,历年办理迟延。自咸丰十年以后,每年止办补运,其本年正运之米,各州县并不豫备,致令差船年年空回。清廷着都兴阿、瑞联、德椿严饬各该州县速将补运前年及本年正运两项应解粟米如数买补齐全,克日开兑,不准停船待米。⑥

---

① 《清实录·穆宗毅皇帝实录》卷三一五。
② 《筹办夷务始末》(同治朝)第9册,中华书局2008年版,第3293~3294页。
③ 《清实录·穆宗毅皇帝实录》卷三一六。
④ 《筹办夷务始末》(同治朝)第9册,中华书局2008年版,第3307~3322页。
⑤ 《筹办夷务始末》(同治朝)第9册,中华书局2008年版,第3322~3326页。
⑥ 《清实录·穆宗毅皇帝实录》卷三一六。

廿五日癸丑(9月9日)

户部奏请饬催各省赶解京饷。上年十一月间，经户部奏拨本年京饷银七百万两，限五月前解到一半，年终解清。兹据该部查明，截至七月初十日止，除天津关常洋两税银十五万两，无庸依定五月前初限，统令年底解齐，江西地丁厘金、河东加课羡余、广东盐课帑息、粤海闽海江汉关税报解均已过半，山东山西安徽地丁、浙江地丁厘金、福建湖北湖南盐课盐厘、江海关税亦据报解及半，至湖北等省地丁厘金、两淮等处盐课、九江等处关税，或解不及半，或丝毫未解。①

八月初一日己未(9月15日)

清廷决定，每年拨付银六万两，作为泰西书院子弟薪水与生活费用。②

初三日辛酉(9月17日)

李鸿章奏，办理日本通商条规章程完竣。③

初四日壬戌(9月18日)

以祈祷灵应，加山东省城雨师庙封号曰"溥惠"。
朝鲜国王咨文，陈述美滋扰情形。④

十三日辛未(9月27日)

山东巡抚丁宝桢奏，酌拟整顿水师事宜。一、派员赴广东制造拖罾战船十四号。二、随船配制炮位军械。三、裁撤水师兵丁五百十名，酌留战守兵八百名，分隶登州、荣成二营，仍以文登协副将为统领。四、改文登协副将为登州、荣成水师营副将，隶以登州、荣成两水师游击。五、申严军令，不准水师弁兵离船陆居。六、酌增口粮以恤兵艰。七、沿海旧有炮台，择要修筑。八、登州、荣成两营，各

---

① 《清实录·穆宗毅皇帝实录》卷三一六。
② 《筹办夷务始末》(同治朝)第9册，中华书局2008年版，第3327~3328页。
③ 《筹办夷务始末》(同治朝)第9册，中华书局2008年版，第3328~3329页。
④ 《筹办夷务始末》(同治朝)第9册，中华书局2008年版，第3330~3333页。

管战船七号，扼扎天桥石岛二海口，以资控制。下部议，从之。①

十六日甲戌（9 月 30 日）

冯子材、康国器奏攻克越南贼巢，并当川等处捕匪情形。

十八日丙子（10 月 2 日）

御史彝昌奏盐务废弛，请遴员专运，严禁私销。据称永平府属盐务，自改归官运后，分司王钟林办理未善，复归滦州经理。该州盐吏门丁，有私自运销情弊。济民场大使蒋嘉泉畏罪禀诉，虽经运司严饬认真掣配，该分司并未照办。且所得余利悉以肥己，亟须更改章程，拣派廉员前往试办。

总理各国事务衙门奏，日本国使臣议约事竣，来京呈贡方物。得旨：该国所呈方物，着留中，其另馈土仪一分，即着恭亲王收受。②

十九日丁丑（10 月 3 日）

以记名总兵官杨芳桂为浙江处州镇总兵官。

日本使臣来京，进献方物。③

廿四日壬午（10 月 8 日）

李鸿章奏，直隶现办灾赈，招商购米，请饬蠲免厘税，严禁遏籴。本年直隶天津等府属被水成灾，居民困苦，前经截留糟粮，采办赈米，以资抚恤。兹据李鸿章奏称，灾区甚广，待哺日长，全赖商贾辐凑，源源接济。现饬委员分赴各处购办备放，并招劝绅商购米运赴被灾处所售卖。惟商米经过局卡，应完厘捐，而邻省州县，又往往任意闭籴，深恐粮价日昂，民生日困。清廷着奉天、江南、山东、河南各将军督抚府尹等，将商人应完米粮厘捐，暂予停免。其由李鸿章派员招商采运米石，着饬各关卡验明护照，免税放行，俟来年麦收成熟，再行照章抽收，并着出示严饬地方官绅囤户毋得遏籴居奇，俾商贾流通，粮价平减，庶饥民得沾实惠。④

---

① 《清实录·穆宗毅皇帝实录》卷三一七。

② 《清实录·穆宗毅皇帝实录》卷三一八。

③ 《筹办夷务始末》(同治朝) 第 9 册，中华书局 2008 年版，第 3346~3347 页。

④ 《清实录·穆宗毅皇帝实录》卷三一八。

廿五日癸未(10月9日)

张之万奏，职官招摇生事，请严行审办。浙江试用府经历赖其勋，自称知州衔浙江候补知县，在江苏上海地方，招摇多事，声名甚劣，并有刊刻匿名小录妄言人罪情事。经苏松太道访传，发县看管，饬将议叙加衔饬知及加捐知县部照呈验。该员延不检呈，显有诈冒情弊。赖其勋业经咨部斥革，即着张之万提讯该革员实犯劣迹，从严究办，以肃官方。①

九月初七日月甲午(10月20日)

命闽浙总督英桂留京当差，以江苏巡抚张之万为闽浙总督，调山西巡抚何璟为江苏巡抚。②

朝鲜国王咨文，陈述解送漂海人口之事。③

十七日甲辰(10月30日)

总理各国事务衙门奏，奥斯马如国换约届期，请派员互换。奥斯马加国前立条约，声明一年更换。现据该国使臣嘉理治呈递照会，内称即日赴沪候办换约。清廷着派恩锡将同治八年与奥国所立条约，妥为互换。其条约各本，俟李鸿章派员赍送至江苏时，即着恩锡祗领，届期前往上海办理。恩锡于换约一事，向未经手，着曾国藩添派熟悉洋务大员帮向办理，以期妥协。④

十九日丙辰(11月1日)

瑞麟奏，查办潮州府属地方积匪，捕获要犯，请将出力总兵奖励。广东潮州府属潮阳等县匪徒，抢据械斗，积案甚多。经该督派委总兵方耀、道员沈映钤等督带兵勇，分投查办，先后将惠来等处著名匪犯陈独目为、谢濂品、谢奉漳、谢昆碉、郑锡彤及陈老仔汰等缉获正法。⑤

---

① 《清实录·穆宗毅皇帝实录》卷三一八。
② 《清实录·穆宗毅皇帝实录》卷三一九。
③ 《筹办夷务始末》(同治朝)第9册，中华书局2008年版，第3355~3356页。
④ 《清实录·穆宗毅皇帝实录》卷三二〇。
⑤ 《清实录·穆宗毅皇帝实录》卷三二〇。

两广总督瑞麟奏，广东现存厘厂，碍难裁撤，并严饬水陆官弁，整顿缉捕，以清盗源。

以前任闽浙总督英桂为内大臣。

二十日丁巳(11 月 2 日)

越南国使臣阮有立等三人于午门外瞻觐。

冬十月初一日戊午(11 月 13 日)

福州将军兼署闽浙总督文煜奏，福建船厂所造五号船已齐备，七号船已经动工。①

十二日己巳(11 月 24 日)

李鸿章奏，请饬江苏候补道凌焕编辑南北洋条约成案，以为参考。②

十三日庚午(11 月 25 日)

李鸿章奏，酌派练军营勇分路巡缉。本年直隶地方，被灾较重，诚恐不法匪徒藉端滋事，自应豫为防范。李鸿章现拟分派练军营勇会同各路州县汛团梭巡查缉。清廷着即饬令带队员弁各就地段严密稽查，遇有抢劫之案，随时协同地方官认真缉捕，务须约束严明，不准丝毫骚扰，以靖奸宄而安善良。至天津为通商要地，刻下饥民较多，尤应妥为弹压，得该督坐镇其间，庶几宵小不至生心，而洋人亦可免疑虑。③

十六日癸酉(11 月 28 日)

文煜王凯泰奏，闽省前办洋务密折，现有泄漏，彻查严办。上年七月间，英桂覆奏防范海口密折，曾经咨行沿海文武各员慎密筹办，在事人员，自应郑重其事，

---

① 《筹办夷务始末》(同治朝)第 9 册，中华书局 2008 年版，第 3375~3376 页。
② 《筹办夷务始末》(同治朝)第 9 册，中华书局 2008 年版，第 3381~3382 页。
③ 《清实录·穆宗毅皇帝实录》卷三二一。

不得稍有漏泄，何以漫不经心，致令美国领事李让礼钞录，实属不成事体。是否沿边驿站偷拆，抑系该省文武各衙门收藏不慎，以致泄露，清廷着文煜、王凯泰彻底根查，严参惩办，不准含糊了事。粤省匪徒散放药粉一案，业经瑞麟奏结，闽省洋人自不至再生疑惧，仍着文煜等随时随事，按约妥办，毋令滋生衅端。①

以缉获逃匪，予福建参将郭祖耀以副将升用。

福建船政船厂所造第六号兵船"镇海"完工下水。②

廿一日戊寅（12 月 3 日）

刘长佑、冯子材奏会筹越南军务。

廿三日庚辰（12 月 5 日）

山东巡抚丁宝桢因病乞假，以布政使文彬署巡抚。

廿四日辛巳（12 月 6 日）

闽浙总督张之万开缺养亲，仍以福州将军文煜兼署总督。

十一月初三日己丑（12 月 14 日）

以河南巡抚李鹤年为闽浙总督，直隶布政使钱鼎铭为河南巡抚，广东按察使孙观为直隶布政使，直隶大顺广道李文敏为广东按察使。③

初六日壬寅（12 月 17 日）

清廷拟将福建所造五艘船分布各海口。④

赏记名海关道志刚副都统衔，署乌里雅苏台参赞大臣。

---

① 《清实录·穆宗毅皇帝实录》卷三二二。
② 刘传标：《近代中国船政大事编年与资料选编》第 1 册，九州出版社 2011 年版，第 126 页。
③ 《清实录·穆宗毅皇帝实录》卷三二三。
④ 《筹办夷务始末》（同治朝）第 9 册，中华书局 2008 年版，第 3387~3388 页。

初七日癸巳(12 月 18 日)

广州将军长善等奏，查看海口形势，并参观英国火轮。①

十三日己亥(12 月 24 日)

日本使臣巴周德回国，新任使臣白来辣照会抵沪。②

英翻译喜在明，呈交第八次住府租银。③

十八日甲辰(12 月 29 日)

李鸿章奏，与奥国使臣换约。④

十九日乙巳(12 月 30 日)

前因袁保恒奏西征全军，盼饷甚亟，恳请速筹拨济，并请借拨洋税，当交户部速议具奏。兹据该部奏称，西征全军一月满饷，需银六十万两，各海关六成洋税，本为解充京饷之需。屡经各省截留，势难再行指拨。各省欠解西征饷银甚巨，现拟援照上年成案，仍从积欠最多之省酌量提拨。河南、江苏、湖北各提银八万两，浙江、福建、四川、广东各提银五万两，山东、山西、安徽、湖南各提银四万两，共成六十万两之数。清廷即照所议，着各该督抚严饬藩司，迅速如数筹拨，限于年内解交西征粮台，以应急需。⑤

廿三日己酉(公元 1872 年 1 月 3 日)

李鸿章奏，请饬催新授藩司迅速赴任。前有旨将孙观简放直隶藩司，直隶地方紧要，政务殷繁，各属被灾地方，亟须加意抚绥。来春总督应驻天津，保定一切公事尤赖藩司经理，着瑞麟传知该员务于开春后即行雇搭轮船由海道迅速赴任，毋稍

---

① 《筹办夷务始末》(同治朝)第 9 册，中华书局 2008 年版，第 3388~3389 页。
② 《筹办夷务始末》(同治朝)第 9 册，中华书局 2008 年版，第 3397 页。
③ 《筹办夷务始末》(同治朝)第 9 册，中华书局 2008 年版，第 3397 页。
④ 《筹办夷务始末》(同治朝)第 9 册，中华书局 2008 年版，第 3398~3399 页。
⑤ 《清实录·穆宗毅皇帝实录》卷三二四。

迟延。

李鸿章奏，请饬闽省采购米石解津，接济春赈。直隶被水灾区较广，叠经筹款抚恤，刻下天津、河间低洼之处，积水未涸，二麦已补种不及，来春青黄不接，穷民生计维艰。且前次截留采办米石，所余无多，自应先事豫筹。清廷着文煜、王凯泰迅速采购闽米四万石，或由闽厂官置轮船，或酌量添雇商船，分批赶运，务于来春开河时解赴天津，俾资接济，毋稍迟误。①

廿七日癸丑(公元 1872 年 1 月 7 日)

仓场侍郎英元等奏，查明剥船朽坏情形。通惠河四牐额设剥船，在保固限内朽坏。前侍郎锺岱、宋晋、前署石坝州判汪瀛应如何照例价摊赔，裕丰局商人李明道或应令摊赔，或应拟罪名。清廷着户部覆议具奏，此项剥船，应行修整，着派董恂、桂清赴通查勘，奏明办理。另奏大通桥剥船，亦系商人李明道等承修，同在保固限内糟朽，着户部一并核办。②

十二月初二日丁巳(公元 1872 年 1 月 11 日)

户部奏，豫拨来年京饷。另奏内务府同治十一年分应需经费，拟拨两淮盐课银五万两、两浙盐课银五万两、广东盐课银五万两、福建茶税银十万两、闽海关常税银十万两、太平关常税银十万两、九江关常税银十五万两，共银六十万两，请饬依限完解。③

初四日己未(公元 1872 年 1 月 13 日)

都兴阿、瑞联奏，运通米豆装兑未竣，请俟来年补运。奉天各州县应解通仓米豆，经都兴阿等督催运解，已装粟米八千五百九十余石，先行起运赴津。其余米石暨各属应运豆石，现因河冰冻结，不能装载驶行。该将军等请俟来年开河，再行领运。清廷即着照所议办理，所有奉天未运米豆，着直隶总督饬令雇船州县，俟来岁春融冰泮，即行督催各该原船，重赴奉天领运，以重仓储。④

---

① 《清实录·穆宗毅皇帝实录》卷三二四。
② 《清实录·穆宗毅皇帝实录》卷三二四。
③ 《清实录·穆宗毅皇帝实录》卷三二五。
④ 《清实录·穆宗毅皇帝实录》卷三二五。

初十日乙丑(公元 1872 年 1 月 19 日)

英、法、俄、美、布各国请在琼州通商。①

十四日己巳(公元 1872 年 1 月 23 日)

宋晋奏,闽省制造轮船,经费已拨用至四五百万,名为远谋,实同虚耗,且闻采买杂料,委员四出,虽官为给价,民间不无扰动,江苏、上海制造轮船,情形亦同,请饬暂行停止。其每年额拨之款,即以转解户部。已经造成船只,拨给殷商驾驶,收其租价,以为修理之费。制造轮船,原为绸缪未雨、力图自强之策,如果制造合宜,可以御侮,自不应惜小费而堕远谋。若如宋晋所奏,是徒费帑金,未操胜算,即应迅筹变通。清廷着文煜、王凯泰通盘筹画,应否将轮船局暂行停止之处,斟酌情形,奏明办理。其上海轮船,应否一律停造,并着曾国藩、张之万、何璟,妥筹熟计。据实奏闻。②

十六日辛未(公元 1872 年 1 月 25 日)

福州将军兼署闽浙总督文煜奏福建船厂所造五、六号船情形,及九号船陆续动工。③

十九日甲戌(公元 1872 年 1 月 28 日)

都兴阿等奏,孤山官军,会剿贼匪获胜。

廿二日丁丑(公元 1872 年 1 月 31 日)

瑞麟奏,剿办香山等处匪巢情形。广东香山等县交界之赵家围地方,近有匪徒麕聚,焚抢勒赎。经瑞麟派令戴朝佐等督带兵勇水陆进剿,将该处匪巢焚毁,贼众遁向赤溪。官军跟追搜捕,拿获匪首曾大鹅幅等多名。现将兵勇调回,责成地方文

---

① 《筹办夷务始末》(同治朝)第 9 册,中华书局 2008 年版,第 3403~3404 页。
② 《清实录·穆宗毅皇帝实录》卷三二五。
③ 《筹办夷务始末》(同治朝)第 9 册,中华书局 2008 年版,第 3409 页。

武缉拿余匪，务将在逃匪党悉数弋获，毋令漏网。①

以广东钦州捡获越南匪首苏帼汉擢游击雷秉刚以副将用，并赏花翎，知州陈起倬以知府用。

廿八日癸未（1872 年 2 月 6 日）

以山西布政使张树声为漕运总督。

是年

广东机器局黄埔船坞为广东水师所建木质兵船"执中"号完工下水。

福建船政船厂仿造出一台功率 580 马匹二汽缸竖式普通蒸汽机。

沙俄成立黑龙江轮船公司，在黑龙江、乌苏里江定班次、定航线营运。②

同治十一年　壬申　公元 1872 年

春正月初二日丁亥（2 月 10 日）

崇厚奏，出使法国归来，行抵上海。③

初六日辛卯（2 月 14 日）

刘长佑、冯子材奏，官军剿办越南徒，歼捡悍逆，攻克城巢。越南匪首阮四等滋扰太原，连陷从化府等城，经冯子材调派官军，分路堵剿，歼捡悍匪邓仕昌、马二陈汝景等多名。④

---

① 《清实录·穆宗毅皇帝实录》卷三二六。

② 刘传标：《近代中国船政大事编年与资料选编》第 1 册，九州出版社 2011 年版，第 129 页。

③ 《筹办夷务始末》（同治朝）第 9 册，中华书局 2008 年版，第 3415～3416 页。

④ 《清实录·穆宗毅皇帝实录》卷三二七。

十六日辛丑(2 月 24 日)

文煜、王凯泰奏,采购米石运津济赈。直隶春赈需用米石,文煜等现已派员分赴台湾、上海,买足米四万石,于今春开河时,用官置轮船分批运津,并拟添雇商船配运,以资周转。此项米石,克日抵津,清廷着李鸿章将收米事宜早为豫备,遴派干员经理,饬令随到随收,不得勒索稽延,致滋流弊。其米船经过各省,并着曾国藩、文煜、何璟、杨昌浚、丁宝桢、王凯泰、海绪分饬各该地方官,于此项米船过境,概免厘税,查验放行。①

二十日乙巳(2 月 28 日)

杨昌浚奏,浙西引地,试办限满,销数仍无起色。浙西苏松等四府一州,为浙盐引地,自改复商引以来,试办已逾两年,迄无成效。各州县自宽免督销处分后,遇有枭贩之案,视同隔膜,以致私贩横行,官课益绌,亟应认真整顿,以挽积习。嗣后江苏苏、松、常、镇太五属督销引盐处分,清廷着照例复还,并着曾国藩、何璟严饬地方文武,实力缉私,以卫引地。

浙江巡抚杨昌浚奏,部驳东塘垣工,确查实无浮冒,碍难核减,请仍援案办理。下部知之。②

廿一日丙午(2 月 29 日)

奕䜣等奏,请恪遵条约,以礼相待外国官民,并照约征收关税。③

廿二日丁未(3 月 1 日)

曾国藩等奏,请委派陈兰彬、容闳、常川驻美经理幼童出洋肄业事宜,并呈览挑选幼童及驻洋应办事宜清单。④

---

① 《清实录·穆宗毅皇帝实录》卷三二七。
② 《清实录·穆宗毅皇帝实录》卷三二七。
③ 《筹办夷务始末》(同治朝)第 9 册,中华书局 2008 年版,第 3419~3420 页。
④ 《筹办夷务始末》(同治朝)第 9 册,中华书局 2008 年版,第 3426~3429 页。

廿三日戊申(3月2日)

兵部侍郎崇厚奏出使法国情形。①

二月初二日丙辰(3月10日)

鲍源深奏请暂升任藩司办理大计。升补漕运总督张树声,着暂留山西布政使之任办理大计。漕运总督着恩锡暂行署理,江苏布政使着曾国藩、何璟派员暂署。②

十二日丙寅(3月20日)

大学士两江总督曾国藩追赠太傅,照大学士例赐恤,赏银三千两治丧,加恩予谥文正。

以江苏巡抚何璟署两江总督,江苏布政使恩锡署巡抚,山东布政使文彬署漕运总督。

十四日戊辰(3月22日)

以署两江总督何璟兼署办理通商事务大臣。③

十六日庚午(3月24日)

清廷晓谕:长江设立水师,前经曾国藩等议定营制,颇为周密。惟事属创举,沿江数千里地段绵长,稍不加察,即恐各营员奉行故事,渐就懈弛。黄翼升责任专阃,无可旁贷,着随时加意查察,务使所属各营恪守成规、勤加操练,以重江防。前任兵部侍郎彭玉麟于长江水师,一手经理,井井有条,情形最为熟悉。该侍郎前因患病开缺回籍调理,并据奏称到家后遇有紧要事件,或径赴江皖会同料理。是该侍郎于长江水师事宜,颇能引为己任。家居数载,病体谅已就痊。着王文韶传知彭玉麟,即行前往江皖一带,将沿江水师各营周密察看,与黄翼升妥筹整顿。简阅毕

---

① 《筹办夷务始末》(同治朝)第9册,中华书局2008年版,第3429~3431页。
② 《清实录·穆宗毅皇帝实录》卷三二八。
③ 《清实录·穆宗毅皇帝实录》卷三二八。

后，迅速来京陛见，面奏一切。①

廿六日庚辰 (4 月 3 日)

户部奏，续请添拨京饷，请饬各省依限赶解。清廷着照部议，指拨山东地丁银十万两、河南地丁银五万两、荥工加价奏准解部归款银五万两、福建春拨实存地丁等银五万两、税厘银五万两、浙江厘捐银五万两、两淮盐厘银十万两、广东厘金银五万两、盐课银五万两、四川盐厘银五万两、按粮津贴银十万两、闽海关洋税银十五万两、浙海关洋税银十五万两，共银一百万两，着瑞麟、文煜、李鹤年、吴棠、何璟、杨昌浚、王凯泰、丁宝桢、崇礼按照此次添拨数目，并本年原拨未解京饷，务于五月前解到一半，十二月初间全数解清。②

廿八日壬午 (4 月 5 日)

裁浙江水陆各营都司守备各一员，千总三员，把总十一员，外委二十一名，额外外委五名，改设都司守备各二员，对调都司守备各一员，添设把总一员。从巡抚杨昌浚请也。③

三十日甲申 (4 月 7 日)

前因内阁学士宋晋奏制造轮船糜费太重，请暂行停止。当谕文煜、王凯泰斟酌情形，奏明办理。兹据奏闽省制造轮船，原议制造十六号，定以铁厂开工之日起，立限五年，经费不逾三百万两。现计先后造成下水者六号，具报开工者三号。其拨解经费，截至上年十二月止，已拨过正款银三百十五万两，另解过养船经费银二十五万两，用款已较原估有增。造成各号轮船，虽均灵捷，较之外洋兵船，尚多不及。其第七八号船只，计本年夏间方克蒇工，第九号出洋尚无准期，应否即将轮船局暂行停止，请旨遵行。清廷批示：左宗棠前议创造轮船，用意深远。惟造未及半，用数已过原估，且御侮仍无把握。其未成之船三号，续需经费尚多。当此用款支绌之时，暂行停止，固节省帑金之一道。惟天下事创始甚难，即裁撤亦不可草率从事。且当时设局，意主自强。此时所造轮船，既据奏称较之外洋兵船，尚多不

---

① 《清实录·穆宗毅皇帝实录》卷三二九。
② 《清实录·穆宗毅皇帝实录》卷三二九。
③ 《清实录·穆宗毅皇帝实录》卷三二九。

及，自应力求制胜之法。若遽从节用起见，恐失当日经营缔造之苦心。着李鸿章、左宗棠、沈葆桢通盘筹画，现在究竟应否裁撤，或不能即时裁撤，并将局内浮费如何减省以节经费，轮船如何制造方可以御外侮各节，悉心酌议具奏。如船局暂可停止，左宗棠原议五年限内，应给洋员、洋匠、辛工并回国盘费加奖银两，及定买外洋物料势难退回应给价值者，即着会商文煜、王凯泰酌量筹拨。该局除造轮船外，洋枪、洋炮、火药等件，是否尚须制造，及船厂裁撤后，局中机器物料，应如何安置存储之处，并着妥筹办理。已经造成船只，文煜等以拨给殷商驾驶，殊为可惜。拟将洋药票税一款，仍作为养船经费，酌留两号出洋训练，即着照所议办理。其余各船，俟各省咨调时，分别派往。

文煜、王凯泰奏，台湾道员缺，调补无员，请旨简放。福建遇缺题奏道夏献纶，既据该署督等奏称熟悉该处情形，可期胜任。所有台湾道员缺，清廷即着夏献纶先行署理。该处地方紧要，且时有交涉外国事件，非体用兼优之员，办理易滋贻误。夏献纶到任后，仍着文煜等随时察看。如不能胜任，或于办理交涉事务未能刚柔合宜，即着据实奏闻，不得以保奏在前，稍存回护。

两广总督瑞麟奏，讯明越南匪首苏帼汉等正法。得旨：仍着严拿苏亚邓，并将逃窜余匪悉数捕获。以绝根株。①

三月初九日癸巳（4月16日）

瑞麟奏，请调拨闽省轮船赴惩粤。广东钦州一带，海港辽阔，捕盗巡洋，极关紧要，必须大号轮船，方足御风涛而资巡缉。瑞麟所请将福建轮船调赴该省应用，系为绥靖洋面起见，清廷着文煜、王凯泰即将闽厂已成之伏波轮船一号，派拨赴粤，即用原派管驾之弁兵水手人等驾驶前往。其月需工费薪粮等项，并即知照粤省，由瑞麟饬局筹款支发，以节浮费而归实用。②

十三日丁酉（4月20日）

礼部奏，据朝鲜咨转奏，上年十月间，有伐木匪民七十余人，乘夜越界，屯聚朝鲜杜芝洞山间，嗣复聚多人，渡江放火，焚烧房屋。经该国炮勇击毙数名，仍屯聚下流金昌里对岸。旋有王阳春、韩五亭等投递约书，均各散去。③

---

① 《清实录·穆宗毅皇帝实录》卷三二九。
② 《清实录·穆宗毅皇帝实录》卷三三〇。
③ 《清实录·穆宗毅皇帝实录》卷三三〇。

十五日己亥(4 月 22 日)

抚恤琉球国遭风难夷如例。

十六日庚子(4 月 23 日)

福建船政船厂所建第七号木壳炮船"扬武"号船体完工下水。①

廿八日壬子(5 月 5 日)

浙江巡抚杨昌浚奏，遵查水陆防军，未能裁减，厘卡捐输，现亦无可裁并。报闻。

夏四月初五日戊午(5 月 11 日)

直隶总督李鸿章奏，日本使臣到津，已派员交涉。②

初七日庚申(5 月 13 日)

陕甘总督左宗棠奏，闽省轮船局必有可成，不可停止。③

初十日癸亥(5 月 16 日)

以前任福建海坛镇总兵官鞠耀乾为闽粤南澳镇总兵官。

十一日甲子(5 月 17 日)

丁宝桢奏，请调拨闽省输船赴东巡缉，并酌筹经费。山东海面辽阔，登州一郡尤关紧要，必须大号轮船出洋巡哨，方为周密。丁宝桢请调福建安澜轮船赴东备

---

① 刘传标：《近代中国船政大事编年与资料选编》第 1 册，九州出版社 2011 年版，第 122 页。

② 《筹办夷务始末》(同治朝)第 9 册，中华书局 2008 年版，第 3455 页。

③ 《筹办夷务始末》(同治朝)第 9 册，中华书局 2008 年版，第 3456~3459 页。

用，于巡防自属相宜。清廷着文煜、王凯泰酌度情形，如可将安澜轮船拨赴山东，即着配齐舵工水手，委员驶往山东烟台地方，听候该省驾用。并将船内经费章程，详细咨明丁宝桢核实支给，即着照丁宝桢所请，将该省所收洋药厘金一款专作轮船经费。不敷之项，再于藩运两库巡防缉捕经费生息项下凑拨接济。仍随时筹款添补，不得动用正款。并着丁宝桢于山东水师内，遴选得力弁勇，令其逐渐练习，庶日久技熟，易于驾驶。并责成该海关监督就近钤束差遣，以一事权而收实用。①

奕䜣等奏，筹议重修法国条约。②

清廷拟定出洋肄业学生应以十二岁至十六岁为率。③

十五日戊辰(5月21日)

乔松年奏，请饬催长芦山东欠解生息银两。据称长芦山东盐务生息银两，向系按年解交豫省藩库，以为岁料帮价之需。现在截至同治十年十二月底止，长芦欠解息银八十万三千五百五十九两零，山东欠解息银二十七万七百两，屡催未解。此项息银，关系河工要需。清廷着李鸿章、丁宝桢督饬各运司速行严催各商将欠解各项如数完解，毋任延宕。④

十七日庚午(5月23日)

瑞联等奏，拟拨轮船巡缉，并筹议经费。据称奉天省南滨大海口岸甚多，时有盗匪游弋。若调轮船巡缉，实为便捷。清廷着文煜、王凯泰酌度情形，派拨小号轮船一只，配齐舵工水手，委员驶赴奉天牛庄海口停泊，听候调遣，并将船内经费章程详细咨明都兴阿等核实支给，俟轮船驶抵奉省，都兴阿等当遴派得力弁兵随时出洋，认真巡缉，并可令该弁兵等随同驾驶，以资练习。瑞联等所请于四成洋税项下动支经费，着户部议奏，将此各谕令知之。寻议：海关四成洋税，系筹储部库不准擅行动用之款，惟该将军等所陈无款可筹，亦系实在情形，应暂准动支银二万两作为轮船经费，年终核实报销。从之。⑤

---

① 《清实录·穆宗毅皇帝实录》卷三三一。
② 《筹办夷务始末》(同治朝)第9册，中华书局2008年版，第3462~3463页。
③ 《筹办夷务始末》(同治朝)第9册，中华书局2008年版，第3463~3464页。
④ 《清实录·穆宗毅皇帝实录》卷三三一。
⑤ 《清实录·穆宗毅皇帝实录》卷三三二。

十八日辛未(5 月 24 日)

江南制造局所建第五号木壳兵船"镇安"号下水。①

二十日癸酉(5 月 26 日)

前因文煜等奏，闽省制造轮船，未能克期葳工，应否暂行停止，当经谕令李鸿章等妥筹具奏。兹据沈葆桢缕陈船政情形，不可遽行停办。清廷着俟李鸿章奏到，再降谕旨。文煜、王凯泰、沈葆桢仍将该厂未成船只督饬委员照常办理，毋稍玩忽。沈葆桢所请筹拨训练经费，即着文煜、王凯泰按月筹给银五百两作为李成谋出洋操费，即饬该统领认真训练，无论留闽及分拨外省轮船，均应随时校阅，俾臻娴熟。且驶用日之船只致损坏，应如何分年点验修理之处，并着文煜、王凯泰、沈葆桢斟酌会商，奏明办理。另奏，船政委员未便骤易生手，请饬夏献纶暂缓交卸，船政经理需员而台湾道员缺亦关紧要，夏献纶应否暂缓赴任，或另行遴员署理，着文煜等会商具奏。寻奏：夏献纶应俟沈葆桢服阕到工，再饬赴任。台湾道员缺，查有署兴泉永道潘骏章明白谙练，堪以调署。报闻。②

廿三日丙子(5 月 29 日)

彭玉麟、李瀚章、黄翼升奏，特参长江水师庸劣各员，请旨分别革惩。

廿八日辛巳(6 月 3 日)

福建船政船厂所建第八号炮船"飞云"号完工下水。③

五月初一日甲申(6 月 6 日)

福州将军兼署闽浙总督文煜等奏，闽省所造轮船"伏波"号，水手等均籍隶宁

---

① 刘传标：《近代中国船政大事编年与资料选编》第 1 册，九州出版社 2011 年版，第 136 页。

② 《清实录·穆宗毅皇帝实录》卷三三二。

③ 刘传标：《近代中国船政大事编年与资料选编》第 1 册，九州出版社 2011 年版，第 137 页。

波，于浙洋港道较为熟悉，仍留浙省巡视。闽厂续造第五号轮船"安澜"号，饬调粤省。①

十一日甲午(6 月 16 日)

文煜、王凯泰奏，查明告病副将侵吞营饷各情，请饬调赴福建追办。告病闽浙督标中军副将杨在元，前署台湾镇总兵任内，侵吞营饷三千六百余两，且有滥委营缺私收练兵贴费各情，亟应勒追查办，以儆贪婪。清廷着王文韶饬令杨在元迅赴福建听候勒追查办，如敢饰词违抗，即着严参押解，毋许逗遛。②

署两江总督何璟奏，莅任未及三月，请将本年军政展缓举行。从之。

十四日丁酉(6 月 19 日)

瑞联、清凯奏，边外贼匪滋扰，兵勇迎击获胜。边外大东沟，突有由上江窜来贼匪五百余名，虽经兵勇在榆树房东甸子地方迎击，捡斩多名。惟边外地面辽阔，逆踪出没靡定，仍恐去而复来。清廷着都兴阿、瑞联、清凯严饬凤凰城城守尉及带兵各员，在沿边一带勤加侦探，实力防剿，毋稍疏虞。此次出力员弁兵勇，准其择尤酌保，毋许冒滥。此股贼匪，系由海洋窜来，弃船登岸，分股肆扰。嗣后尤应严防海口，绝其登岸之路。瑞联等前调福建轮船，已谕文煜等酌拨小号轮船一只，驶赴牛庄海口听调。此项船只到后，即着都兴阿等遴派得力弁兵，随时出洋，认真巡缉，遇贼即击，毋任逆踪登岸，以靖游氛。③

广州将军长善等奏，旗营会哨洋面，窒碍难行。得旨：所称洋面滋事旗营一同查参之处，即属窒碍难行，即着仍照向章办理，无庸出洋会哨，以符定制。④

十七日庚子(6 月 22 日)

李鸿章奏，沪津机器各局，事体繁重，知府郑藻如于本年春闲乞假回粤省亲，现未销假；广东道员吴赞诚精于算学，堪备督理制造之选，请饬该员等回沪来津。沪津两局，办理洋务机器委用需人，清廷着瑞麟即饬令郑藻如迅速回沪销假，毋稍

---

① 《筹办夷务始末》(同治朝)第 9 册，中华书局 2008 年版，第 3474~3475 页。
② 《清实录·穆宗毅皇帝实录》卷三三三。
③ 《清实录·穆宗毅皇帝实录》卷三三三。
④ 《清实录·穆宗毅皇帝实录》卷三三三。

延缓，并饬吴赞诚即行雇搭轮船，航海来津，随同办理洋务制造事宜，以资臂助。①

命协办大学士直隶总督李鸿章为大学士，仍留总督任。

直隶总督李鸿章奏，筹议制造轮船，未可裁撤。②

廿七日庚戌(7 月 2 日)

谕军机大臣等，前因瑞联奏抵拨各款，不敷支放，请饬添拨银十五万两，当交户部议奏。兹据奏称，奉省用款日增，征收各项，不敷抵放，自应如数拨给，请于直隶积欠项下提银三万两、长芦积欠项下提银二万两、山东积欠项下提银五万两、河南积欠项下提五万两。清廷即着李鸿章、丁宝桢、钱鼎铭按照户部指拨数目，迅饬藩运各司赶紧筹拨，务于七月以前悉数解赴盛京户部交纳。③

以验收海运漕粮完竣，予仓场侍郎英元、直隶总督李鸿章等优叙。

三十日癸丑(7 月 5 日)

直隶总督李鸿章奏，驳日本使臣改约。④

六月初八日辛酉(7 月 13 日)

福州将军兼署闽浙总督文煜等奏闽船厂续造第七号、第八号轮船情形，及拟调"湄云"号轮船赴奉省、"万年清"号轮船赴东省。⑤

初十日癸亥(7 月 15 日)

崇厚出使法国经费共计七万五千二百三十八两三钱八分，垫借款项由天津海关拨付。⑥

---

① 《清实录·穆宗毅皇帝实录》卷三三四。
② 《筹办夷务始末》(同治朝)第 9 册，中华书局 2008 年版，第 3475~3481 页。
③ 《清实录·穆宗毅皇帝实录》卷三三四。
④ 《筹办夷务始末》(同治朝)第 9 册，中华书局 2008 年版，第 3487~3489 页。
⑤ 《筹办夷务始末》(同治朝)第 9 册，中华书局 2008 年版，第 3497~3500 页。
⑥ 《筹办夷务始末》(同治朝)第 9 册，中华书局 2008 年版，第 3500~3501 页。

廿八日辛巳（8 月 2 日）

总理各国事务衙门奏，遵议船厂事宜，未可惑于浮言，浅尝辄止，应如李鸿章、左宗棠、沈葆桢所议办理。从之。①

奕䜣等奏，德国欲修条约，宜预为布置。②

秋七月初四日丙戌（8 月 7 日）

以漕运总督张树声署江苏巡抚，山东布政使文彬仍署漕运总督。

初八日庚寅（8 月 11 日）

刘长佑、冯子材奏，官军暂留越南，并剿办各属土匪。

初九日辛卯（8 月 12 日）

以通州验收米石完竣。予署仓场侍郎宜振议叙。③

初十日壬辰（8 月 13 日）

兵部议覆原任两江总督曾国藩续议江苏水师章程。一、外海六营，分为三起，轮流巡哨。二、内洋五营，分界管辖，按期会哨。三、里河五营，各按汛地巡缉。四、淞南淞北太湖左右四营，各添船三号，每号配兵十四名。五、水营所遗陆汛，分拨附近各营兼管。六、京口三营原辖之大沙洲，拨归陆迅巡防。七、狼山镇属之海门营，改隶苏松镇管辖。八、苏松三营陆汛原留陆兵一百名，加留四百名，千总把总外委共十员，上海留兵二百名，汛弁两员。九、江面失事处分，即照前次会议章程核议。十、应造船只，分别派营驾驶。十一、裁撤千总八员，把总二十四员，改设外委三十四员，以符定制。十二、酌定外委薪粮。十三、外海六营营官衙署，各给差兵十名。十四、水师提镇兼辖陆营，例马照旧支给，不得兼支座船，太湖右营，系以都司为营官，应给坐船二号。十五、内洋五营，升拔考验，照外海水师例

---

① 《清实录·穆宗毅皇帝实录》卷三三五。
② 《筹办夷务始末》（同治朝）第 9 册，中华书局 2008 年版，第 3516~3517 页。
③ 《清实录·穆宗毅皇帝实录》卷三三六。

办理；里河五营，照内河水师例办理。十六、增添稿书五十三名，书识二百八十六名。十七、里河水师各船，需用旗帜号衣等项，每年发银制给。十八、加给水师提督及苏松狼山福山三镇总官兵巡洋经费，稿书书识五年役满，考职送部。十九、外海内各船，共配炮位六百一十六尊，洋枪八百八十杆。二十、各船火药经费，在上海苏州各局领给。二十一、新立各营官兵俸薪养廉等项，每年约需银二十三万两有奇，不至浮于旧额。以上二十一条，均应如所奏办理。从之。①

十五日丁酉(8 月 18 日)

山东巡抚丁宝桢奏请调第八号轮船来东。②

十六日戊戌(8 月 19 日)

彭玉麟、英翰、刘坤一奏，特参长江水师庸劣员弁，请旨分别革惩。③

十八日庚子(8 月 21 日)

直隶总督李鸿章奏，拐卖幼童出洋罪犯，应依律斩绞。④
福建船政船厂所造第九号兵船"靖远"号完工下水。⑤

十九日辛丑(8 月 22 日)

以神灵显应，加浙江黄岩县城隍神封号曰"灵佑"，萧山县静安公封号曰"绥佑"。

廿二日甲辰(8 月 25 日)

福州将军文煜陛见，以闽浙总督李鹤年兼署将军。

---

① 《清实录·穆宗毅皇帝实录》卷三三六。
② 《筹办夷务始末》(同治朝)第 9 册，中华书局 2008 年版，第 3522 页。
③ 《清实录·穆宗毅皇帝实录》卷三三七。
④ 《筹办夷务始末》(同治朝)第 9 册，中华书局 2008 年版，第 3523～3524 页。
⑤ 刘传标：《近代中国船政大事编年与资料选编》第 1 册，九州出版社 2011 年版，第 140 页。

廿四日丙午(8月27日)

以神灵显应,山东汶上县永济神封号曰"昭孚"。①

廿六日戊申(8月29日)

彭玉麟、何璟、黄翼升奏,特参水师庸劣员弁,请旨分别革惩。

八月初十日壬戌(9月12日)

文煜、王凯泰奏,书吏蒙支巨款,从严讯办。福建前制印票搭放兵饷,嗣经发款,陆续收回查销。库书林荣胆敢将已销之票捏作代人赍缴,重支票价,计赃至银二万九千余两之多。

江长贵奏,校阅台澎营伍,请将庸劣各弁分别惩处。福建署艋舺营陆路守备留闽补用守备陈世恩,居心贪诈,声名平常,着即行革职。台湾城守右军裁缺外委刘光升弓马生疏,北路中营额外陈登辉、北路右营额外黄遇云弓马平庸,均着斥革。台湾水师协标中营把总林胜标步射无准,着开缺候补。噶玛兰营外委吴得全马射不稳,着降为额外。

清廷晓谕:本日据江长贵奏校阅台澎营伍情形,折内声称各营将备交代,历任不清;北路塘汛,并不照章派令实缺人员驻防,率以军功虚衔捐职之弁派委;营伍未谙,恐误地方。台湾孤悬海外,民情浮动,弹压巡防,在在均关紧要。若如所奏,各营塘汛,率派不谙营伍之员代防,断难得力,殊于营政大有关系。着文煜、李鹤年饬令署台湾镇总兵林宜华于各该塘汛务须按照定章派令实缺人员前往驻防,随时认真巡缉,以靖地方。其将备历任交代,并着通饬迅速清查,毋任延宕。此外闽省各镇营伍,如有前项情弊,着一并饬查整顿,毋稍迁就。②

十二日甲子(9月14日)

丁宝桢奏,营勇哗噪,请将统带之员革职。记名提督山东德州营参将冯义德、候补参将杨正才等,统带东治营勇丁,分驻坝头,防护大汛。冯义德因接统该营未久,与营哨官弁未能浃洽,以致勇丁哗噪出营。虽经知府马映奎剀切晓谕,即行归

---

① 《清实录·穆宗毅皇帝实录》卷三三七。
② 《清实录·穆宗毅皇帝实录》卷三三八。

队，尚未滋生事端。惟冯义德身当统领，驭众无方，实属庸懦不职。冯义德着革职留营效力，以赎前愆。杨正才充当营官，未能先事觉察，临事又不能约束，尤难辞咎，杨正才着革职，不准留营，由丁宝桢解交原籍地方官严加管束。其畏罪逃逸之哨官游击郭友升、参将梅玉烺、守备沈俊秀均着革职，并着丁宝桢严缉务获，归案按律惩办。①

十九日辛未(9 月 21 日)

彭玉麟奏，提督伤病未痊，请开缺回籍调理。清廷批复：长江水师，关系紧要。黄翼升自简任提督以来，巡阅操防，是其专责，遇有庸劣不职各员，即应随时参劾，以肃营伍。乃直至此次彭玉麟巡阅各镇，该提督始行会衔参奏，殊属颟顸。至该提督所收外来候补人员至二百七十余员之多，亦属不合，本应即予惩处，姑念该提督从前带兵江上，屡著战功，从宽免其置议。长江水师提督黄翼升，着准其开缺回籍调理。

同治帝晓谕：彭玉麟奏酌筹水师事宜，请旨遵行。长江水师，控制数省，关系綦重。彭玉麟所陈四条，切中时弊，深堪嘉尚。提督一缺，管辖江面五千余里，非有智识闳远，天资忠亮，并秉性刚方，威克厥爱，及操守清廉，敬慎畏法者，难以胜任。着统兵大臣及各直省督抚随时留心，自现任候补提镇以至偏裨，其才识足任此缺者，即行密保，候旨简用。其各营弁勇，有才堪造就者，并着责成各镇将随时咨明提督及沿江各督抚，留心考察，次第擢用，不使有用之才，沈沦末秩。用备干城之选，军营以诚朴为先。水师初设，均能勤苦耐劳。所向有功乃近来竟有修饰厨传讲究应酬等事，种种恶习，深堪痛恨。所有各营摊派名目，着永远禁革。倘有仍蹈故辙私立名目者，即照克扣军饷例治罪。该管督抚提镇徇隐不参劾者，别经访闻，一并治罪，以肃军律。长江水师，经兵部议定，不得搀用另项水师人员，定章最严。近来该管提镇，有意见好，滥收外来人员，一标至二百数十员之多。迨经彭玉麟查阅，且有并无其人者，营制纷杂，几不可问。着照该侍郎所拟，提标止准酌留三四十员，各镇标止准酌留一二十员，此外概行遣撤。倘所留各员弁有不安本分暨别有嗜好者，即随时参革，毋得稍存姑息。各员弁用竣后，不准再行滥收。如有缺出，专于长江水师兵勇中拔补。水师额兵出缺，即于本地招募，藉资得力。提督总兵本属平行，长江水师岂容歧异，即着遵照定制办理，遇有各总兵所属汛地员弁缺出，即由该管总兵拣员署理，咨明提督请补。如提督叙补非人，该管总兵亦即咨明更正，用资整顿而杜弊端。另奏请停止水师肄习弓箭，以期专精一技。水师所用，本以使舵放炮为优劣，何得籍口演习弓箭，致开陆居之渐。着照所请，所有长江水师，及江苏新改之外海内洋内河水师，均着专习枪炮，毋庸兼习弓箭。该提督

---

① 《清实录·穆宗毅皇帝实录》卷三三八。

随时操演及考拔各缺，亦着照旧章办理。经此次训谕后，该提镇及各该管督抚等务当随时访察，遇有前项情弊，即行从严参办，庶不至真才废弃，陋习日深，用副朝廷廑念东南整饬戎行至意。①

调福建水师提督李成谋为长江水师提督，以直隶大名镇总兵官彭楚汉为福建水师提督。

廿二日甲戌（9 月 24 日）

福建船厂所造"安澜"号轮船业已赴粤。②

两广总督瑞麟等奏，诱拐华人出洋务工之罪犯，酌量定刑。③

廿三日乙亥（9 月 25 日）

以神灵显应，加江苏上海县天后封号曰"嘉佑"，风神封号曰"昭应"，海神封号曰"恬波"。

廿七日己卯（9 月 29 日）

恭亲王等奏，纂辑《剿平粤匪方略》四百二十卷，《剿平捻匪方略》三百二十卷告成，奉表恭进。

以纂辑《剿平粤逆捻逆方略》告成，予总纂兼提调官宗人府府丞朱学勤等加衔升叙有差。④

九月初一日壬午（10 月 2 日）

抚恤琉球国遭风难夷如例。

初七日戊子（10 月 8 日）

闽省船厂所造第九号轮船拟名"靖远"，第十号拟名"振武"，十一号拟名"济安"。⑤

---

① 《清实录·穆宗毅皇帝实录》卷三三九。
② 《筹办夷务始末》（同治朝）第 9 册，中华书局 2008 年版，第 3528~3529 页。
③ 《筹办夷务始末》（同治朝）第 9 册，中华书局 2008 年版，第 3529~3531 页。
④ 《清实录·穆宗毅皇帝实录》卷三三九。
⑤ 《筹办夷务始末》（同治朝）第 9 册，中华书局 2008 年版，第 3533~3544 页。

初九日庚寅（10 月 10 日）

瑞麟、张兆栋奏，琼州府属土匪滋事与剿办情形。据称琼州府匪何亚万等纠集万州黎匪多人，分窜定安乐会等处焚掠，经署琼州镇总兵刘成元带兵进剿，毙匪多名，余匪逃回黎洞避匿。①

十三日甲午（10 月 14 日）

以大婚册立皇后。

十五日丙申（10 月 16 日）

同治帝大婚。
朝鲜国王李熙，遣使奉表赍贡，庆贺大婚，赏赉筵宴如例。

十六日丁酉（10 月 17 日）

上率皇后诣寿皇殿行礼。
朝鲜国使臣朴圭寿三人于神武门外瞻觐。

十九日庚子（10 月 20 日）

上御太和殿，赐皇后亲属暨王以下文武大臣、蒙古王、贝勒贝子、朝鲜使臣等宴。

廿五日丙午（10 月 26 日）

彭玉麟奏，伤疾未痊，恳请开缺回籍。清廷着彭玉麟开署兵部右侍郎缺，回籍调理。新授长江水师提督李成谋初膺重任，一切情形，未能尽悉，着该侍郎顺道驰赴长江一带，督同李成谋布置周妥，再行回籍，嗣后每年着巡阅一次。遇有应行参劾及变通之处，准其专折具奏。应需办公经费，着两江湖广各总督等筹款奏明交该侍

---

① 《清实录·穆宗毅皇帝实录》卷三四〇。

郎支领，以副朝廷慎重江防之意。①

廿六日丁未(10月27日)

直隶总督李鸿章奏，酌留闽省新制镇海轮船驻津巡缉。②

冬十月初九日庚申(11月9日)

颁发朝鲜国崇上慈安端裕皇太后慈禧端佑皇太后徽号诏书，赏该国王缎匹如例。③

十三日甲子(11月13日)

以神灵显应，颁山东郓城县侯家林大王庙匾额曰"金堤福佑"。

二十日辛未(11月20日)

以神灵显应，颁山东张秋镇大王庙匾额曰"宣流济运"。④

廿三日甲戌(11月23日)

法国使臣赠书一箱一百八十八本，清廷以例回赠图书十种一百一十一部。⑤

廿五日丙子(11月25日)

以江苏巡抚张树声署两江总督，江苏布政使恩锡署巡抚。

廿九日庚辰(11月29日)

命署两江总督张树声兼署办理通商事务大臣。

---

① 《清实录·穆宗毅皇帝实录》卷三四一。
② 《筹办夷务始末》(同治朝)第9册，中华书局2008年版，第3536~3538页。
③ 《清实录·穆宗毅皇帝实录》卷三四二。
④ 《清实录·穆宗毅皇帝实录》卷三四三。
⑤ 《筹办夷务始末》(同治朝)第9册，中华书局2008年版，第3547~3548页。

以乍浦副都统明兴为荆州右翼副都统。

十一月初二日癸未(12 月 2 日)

以管驾轮船得力，予江苏知县薛培榕等升叙有差。

初四日乙酉(12 月 4 日)

礼部转奏，本年八月间，中国商船四只被贼船追赶，避入朝鲜东江地方，贼船竟闯入光城坊泊船岛。该国发兵击败贼船，将中国商船救护出境。此起贼船，虽经朝鲜剿散，而余党犹存。沿边各海洋，理宜一律严肃，岂容匪徒啸聚，越界抢掠？况此次因匪船越境窜扰，致朝鲜卫将受伤，卫士殒命，尤属不成事体。清廷着都兴阿、瑞联、恭镗、丁宝桢檄饬沿海水师，查拿奸宄，剿灭余孽，以靖海疆而绥藩服。并着礼部行知朝鲜国王，嗣后如有匪徒侵越滋扰，即照向章一体兜击，格杀勿论，以期尽歼丑类。①

初八日己丑(12 月 8 日)

瑞麟等奏，剿办滋事土匪，地方肃清。广东琼州府属土匪何亚万等藉名荒歉，纠集万州黎匪滋事，经瑞麟等督饬署总兵刘成元带兵剿办，该匪逃匿黎岗，仍敢纠众负隅，四出劫掳。复经刘成元会督官绅兵勇分路攻剿，将匪首何亚万等擒获，并获要犯多名，悉行正法，余匪一律歼除。

以广东琼州剿办土匪，地方肃清，予总兵官刘成元优叙，阵亡把总胡见龙、六品军功唐元昇祭葬世职。②

十一日壬辰(12 月 11 日)

户部奏，豫拨来年京饷。据称历届京饷。又奏内务府同治十二年分应需经费，拟拨两淮盐课银五万两、两浙盐课银五万两、广东盐课银五万两、福建茶税银十万两、闽海关常税银十万两、太平关常税银十万两、九江关常税银十五万两，共银六十万两，请饬依限完解。③

---

① 《清实录·穆宗毅皇帝实录》卷三四四。
② 《清实录·穆宗毅皇帝实录》卷三四四。
③ 《清实录·穆宗毅皇帝实录》卷三四四。

福建船政船厂所造第十号兵船"振威"完工下水。①

十三日甲午（12月13日）

丁宝桢奏，在粤制造师船，请饬派员驾驶来东，及调员赴东差委。前因山东整顿水师，该府委派道员李宗岱前赴粤东，制造大小拖罾船十四号，配齐洋炮军械，就近在粤海。选带熟谙水师员弁数人，遴募善于驾船之舵工人等随船来东。据称师船来春可以造齐，应于春夏之交乘风北上。惟远涉重洋，与其临时雇募无业闲人，莫若就近饬令粤省水师驾送，较为可恃。清廷即着瑞麟、张兆栋俟李宗岱师船造齐出水时，酌派该省水师营诚朴可靠将弁酌带兵丁，会同山东委员代为驾送赴东，以免疏虞。至该弁兵到东后，即由丁宝桢筹给川资，咨送回粤。广东在籍候选员外郎温子绍、候选县丞许应骙，并着瑞麟、张兆栋饬令该员等前赴山东，听候丁宝桢差遣委用。②

十五日丙申（12月15日）

直隶总督李鸿章奏，请将新授福建水师提督彭楚汉，仍暂留直隶大名镇总兵官署任，以资镇抚。允之。③

廿六日丁未（12月26日）

直隶总督李鸿章奏，派员设局，试办轮船。④

廿九日庚戌（12月29日）

杨昌浚奏，来岁新漕，由海运津，请饬多备剥船。据称浙省同治十二年，起运十一年分漕白粮米共四十五万三千七百五十余石，由海运津。现因商船缺乏，议以轮船装载，自正月起至五月止，每月可装二次，循环转运，共可装米二十万石。至

---

① 刘传标：《近代中国船政大事编年与资料选编》第 1 册，九州出版社 2011 年版，第 142 页。
② 《清实录·穆宗毅皇帝实录》卷三四四。
③ 《清实录·穆宗毅皇帝实录》卷三四四。
④ 《筹办夷务始末》（同治朝）第 9 册，中华书局 2008 年版，第 3553～3554 页。

轮船到津，一时未能验卸，自应起栈候剥，特恐船只不敷转运，不惟久储栈房，易于蒸变。且轮船行驶迅速，设前批存栈之米，尚未验剥，后批之米无处囤卸，办理诸多窒碍。清廷着李鸿章饬令天津道县届期多备船只，赶紧剥运，并查照上届福建采办米石章程，会同仓场侍郎临栈查验，随剥，毋稍延缓。①

十二月初四日甲寅(公元 1873 年 1 月 2 日)

福建船政船厂所建第十一号炮船"济安"号完工下水。②

初七日丁巳(公元 1873 年 1 月 5 日)

以神灵显应，加江苏上海县城隍神封号曰"灵佑"。③

十一日辛酉(公元 1873 年 1 月 9 日)

德国使臣来京呈递国书。④

十六日丙寅(公元 1873 年 1 月 14 日)

延煦、毕道远奏，剥运白粮积欠弊生，请事变通。据称江浙白粮到津，向雇坚大殷实民船剥运，近来弊窦丛生，私立船捐名目，公然卖放，辄以窄小破船塞责，或冒充民船应募，驾驶之人又多官拨，船户作弊，是其惯技，本年竟有全船沈失，船户潜逃情事，莫若由江浙粮道一手经理。清廷着照所请办理，即着张树声、恩锡、杨昌浚饬知各该粮道来岁海运白粮抵津，即自雇民船剥运赴通，无庸在津候验。津贴剥价等银，由各粮道自行支给。其封雇时，并着李鸿章饬天津道严禁诸色人等从中阻挠，有则立予重惩，不得稍分畛域。抵坝后即由仓场侍郎立时验收，毋许经纪人等藉端刁难。⑤

---

① 《清实录·穆宗毅皇帝实录》卷三四五。
② 刘传标：《近代中国船政大事编年与资料选编》第 1 册，九州出版社 2011 年版，第 142 页。
③ 《清实录·穆宗毅皇帝实录》卷三四六。
④ 《筹办夷务始末》(同治朝)第 9 册，中华书局 2008 年版，第 3559 页。
⑤ 《清实录·穆宗毅皇帝实录》卷三四七。

廿二日壬申（公元 1873 年 1 月 20 日）

张树声、恩锡奏，苏省本届海运正漕，现提出十万石，由招商局轮船承运赴津，请饬直隶总督备船剥运。轮船转运甚速，必须赶紧剥运，方免囤栈延滞之虞。除该省白粮，仍遵本月十六日谕旨办理外，着李鸿章即饬天津道县，多备船只，赶紧剥运，并查照上届福建采买米石之案，会同仓场侍郎临栈查验，随收随剥，毋使久储栈房，以致蒸变。①

日本使臣来津换约，李鸿章奏请派员届期商办。②

廿九日己卯（公元 1873 年 1 月 27 日）

朝鲜国使臣金寿铉等三人于午门外瞻觐。

是年

两广总督瑞麟，以南洋自制兵舰告成，乃商拨兵舰一艘，巡防牛庄海口。
英国商人在福州创建福建造船公司。③

同治十二年　癸酉　公元 1873 年

春正月初六日丙戌（2 月 3 日）

以前任山西巡抚李宗羲为两江总督，并充办理通商事务大臣。

以漕运总督张树声为江苏巡抚，山东布政使文彬为漕运总督，山东按察使李元

---

① 《清实录·穆宗毅皇帝实录》卷三四七。
② 《筹办夷务始末》（同治朝）第 9 册，中华书局 2008 年版，第 3573~3574 页。
③ 刘传标：《近代中国船政大事编年与资料选编》第 1 册，九州出版社 2011 年版，第 143~144 页。

华为布政使，兖沂曹济道长赓为按察使。

初七日丁亥（2 月 4 日）

署两江总督张树声奏，日本横滨截获拐带华民之秘鲁船只。①

十八日戊戌（2 月 15 日）

总理各国事务衙门奏，请派员办理日本国换约事宜。日本国通商条约，上年经李鸿章与该国使臣会同议定，兹该国派使臣来津换约。清廷着派李鸿章将上年所立条约妥为互换。其条规二本，即由总理各国事务衙门发交李鸿章祗领照办。其觐奉国书一节，着李鸿章于换约时体察情形，妥慎酌办。②

二十日庚子（2 月 17 日）

李鹤年、王凯泰奏，请饬署任提督统领轮船。提督李成谋现在调补长江水师，提督轮船事务，势难兼顾。李鹤年等以署提督罗大春在闽年久，熟悉情形，拟令该员接统。清廷着即照所请，所有轮船统领应办事宜，即责成该署提督经理，务令随时校阅，俾臻娴熟。沈葆桢现已到工任事，亦当随时查察，督饬认真妥办，毋稍懈弛。③

廿四日甲辰（2 月 21 日）

命仓场侍郎延煦前往天津会同总督李鸿章验收海运漕粮。

廿九日己酉（2 月 26 日）

户部奏，部库空虚，应行存储款项，请照初议另款封存。四成洋税银两，前经总理各国事务衙门奏明，解交部库另款存储。④

① 《筹办夷务始末》（同治朝）第 9 册，中华书局 2008 年版，第 3580~3581 页。
② 《清实录·穆宗毅皇帝实录》卷三四八。
③ 《清实录·穆宗毅皇帝实录》卷三四八。
④ 《清实录·穆宗毅皇帝实录》卷三四八。

二月初七日丙辰(3月5日)

本年轮应查阅福建、浙江、广东、广西四省营伍之期,福建着即派李鹤年,浙江即派杨昌浚,广东即派瑞麟,广西即派刘长佑,逐一查阅,认真简校。如有训练不精、军实不齐者,即将废弛之将弁据实参奏,毋得视为具文。①

十一日庚申(3月9日)

山东巡抚丁宝桢奏,法国主教在堂敬谨叩贺同治帝亲政。②

十六日乙丑(3月14日)

闽浙总督兼署福州将军李鹤年等奏,福建船厂每月所需经费三万九千余两,请每月添拨银两万两。③

沈葆桢奏闽船厂造船进度,七号、八号、九号轮船下水,十号、十一号轮船起工,十二号于九月二十二日安上龙骨;另奏请免轮船之官弁兵勇演习弓箭。④

十八日丁卯(3月16日)

改山东文登协加军都司为陆路文登营都司,专隶登州镇总兵官统辖。从巡抚丁宝桢请也。

二十日己巳(3月18日)

给事中陈鸿翊奏,海运南粮,请饬验放大臣先期赴津守验。近来江浙海运漕粮,到津较前迅速,自应及时赶验,俾资周转而免积压。嗣后验米大臣,清廷着于二月下旬前往天津守候验收,以重漕务。⑤

---

① 《清实录·穆宗毅皇帝实录》卷三四九。
② 《筹办夷务始末》(同治朝)第 9 册,中华书局 2008 年版,第 3591~3592 页。
③ 《筹办夷务始末》(同治朝)第 9 册,中华书局 2008 年版,第 3592~3594 页。
④ 《筹办夷务始末》(同治朝)第 9 册,中华书局 2008 年版,第 3596~3597 页。
⑤ 《清实录·穆宗毅皇帝实录》卷三四九。

奕䜣等奏，各国使臣欲朝觐，请饬下廷各臣会议觐见礼节。①

三月初四日壬午(3 月 31 日)

福建台湾镇总兵官林宜华撤任，调浙江定海镇总兵官张其光为福建台湾镇总兵官，擢江南京口右营游击郭定猷为浙江定海镇总兵官。②

十一日己丑(4 月 7 日)

琉球国使臣向德裕等三人于烟郊行宫外瞻觐。

十六日甲午(4 月 12 日)

琉球国王尚泰遣使表贡方物，赏赉筵宴如例。

廿二日庚子(4 月 18 日)

赐王以下文武大臣、蒙古王、贝勒、贝子、额驸暨琉球使臣等食。

廿六日甲辰(4 月 22 日)

刘长佑奏，越南国势未能自强，援军难以兼顾。越南近日情形，益加贫弱。黎裔等患，近在国中，滨海地方，又为法国蚕食，其势岌岌，几难自存。该国不能自强，动招外侮，在中国抚绥藩服，自难恝然。第越境用兵，可暂而不可久。越南前次变乱，业经调兵深入援应，以示怀柔。若长恃中国兵力，其势断难兼顾，兵法以逸待劳，自应先防后剿，不宜舍己从人。清廷着随时会商瑞麟，统筹全局，慎固边防。越南如有缓急，边境防军，即可遥为声援相机进止，并着檄令覃远琏等加意设防，严杜奸徒句(勾)结，毋稍疏懈。

刘长佑奏，接准越南咨呈，上年十月间，有法国领事官涂普义等火船四只驶至该国广安海口，称奉云南提督马如龙委赴外洋采办军装火器，取道该国赴滇，并有李玉墀钞呈该提督札文二件，字多讹谬，所述来历，疑端不一。经该国将船阻截，刘长佑现已飞咨云贵总督查明核办。该船所载军火等物，既称系云南提督委办之

---

① 《筹办夷务始末》(同治朝)第 9 册，中华书局 2008 年版，第 3602 页。

② 《清实录·穆宗毅皇帝实录》卷三五〇。

件，何以并无滇省照会；所持札文，又系同治十年七月所给，迟至年余，始至该国，情节支离，亟应确查究办。清廷着刘岳昭、岑毓英迅即查明此项火船军器是否提督马如龙委办。其涂普义及李玉墀等有无别项情弊，速行根究明确据实奏闻，即一面咨明刘长佑严行惩办。①

廿八日丙午（4 月 24 日）

前据翰林院编修吴大澂奏，洋人恳请召肯，未可允准。本日复据御史吴鸿恩奏，洋人请觐，请饬开导，并酌定礼节。西洋各国使臣吁恳朝觐，蓄志已久。此次复向总理各国事务衙门屡次恳请，经王大臣力为辩论，傥该使臣坚执前说，应如何豫筹办理，期于朝廷体制及中外大局两无窒碍之处，清廷着李鸿章妥议具奏。寻奏：各国以朝觐为修好第一事。今值亲政大典，请准面申庆忱，措词尚属恭顺。惟泰西各国，见君向无跪拜之仪，本朝有待属国一定之礼，而无待与国一定之礼。各使不从中国礼节，良由习俗素殊，傥宽其小节，示以大度，似尚无损朝廷体制。下所司知之。

彭玉麟奏报巡江日期，酌提公费，并分年居住上下游。据称长江水师，纵横五省，凡湖河之归长江分防者，均应周历，每年巡阅一次，为日无多，拟请自上游湖南本籍出巡，到江苏下游差竣，即在江浙度岁，次年由江浙下游，巡至上游湖南长沙差竣，即在衡州度岁。清廷即着照所议办理。②

夏四月初五日癸丑（5 月 1 日）

直隶总督李鸿章奏请斟酌时势，权宜变通，以定洋人觐见礼仪。③
日本使臣到津，已与李鸿章晤面。④

初九日丁巳（5 月 5 日）

直隶总督李鸿章奏，与日本换约事毕。⑤

---

① 《清实录·穆宗毅皇帝实录》卷三五〇。
② 《清实录·穆宗毅皇帝实录》卷三五〇。
③ 《筹办夷务始末》（同治朝）第 9 册，中华书局 2008 年版，第 3624~3626 页。
④ 《筹办夷务始末》（同治朝）第 9 册，中华书局 2008 年版，第 3627 页。
⑤ 《筹办夷务始末》（同治朝）第 9 册，中华书局 2008 年版，第 3627~3628 页。

初十日戊午(5 月 6 日)

漕运总督文彬陛见,以江苏淮扬道刘咸暂护漕运总督。

十五日癸亥(5 月 11 日)

直隶总督李鸿章等奏,此次轮船装运漕米十五万余石,拟仿照白粮章程,饬令江浙粮道运通交纳,以免折耗偷漏之弊。下部知之。①

廿七日乙亥(5 月 23 日)

浙江巡抚杨昌浚奏,请简派大员督办海塘工程。得旨:着该抚督饬承办工员,核实经理,毋避怨嫌。所请另派大员督办之处,着毋庸议。

五月初三日庚辰(5 月 28 日)

以验收海运漕粮完竣,予直隶总督李鸿章仓场侍郎延煦优叙,道员荫德泰等加级加衔有差。

十六日癸巳(6 月 10 日)

邵亨豫奏,请饬催广东迅拨协饷。广东欠解陕西月饷及协拨之项,共银一百零四万两,陕省需饷孔亟,司库支绌异常,自应速筹拨济,以资军食。清廷着瑞麟张兆栋督饬藩司,无论何款,赶紧拨银数十万两,交该省委员领解。

以侵各饷项,革前署福建台湾镇总兵官杨在元职。②

二十日丁酉(6 月 14 日)

总理各国事务衙门奏,住京各国使臣吁请觐见,呈递国书。现在赍有国书之住京各国使臣,清廷着准其觐见。③

---

① 《清实录·穆宗毅皇帝实录》卷三五一。
② 《清实录·穆宗毅皇帝实录》卷三五二。
③ 《清实录·穆宗毅皇帝实录》卷三五二。

六月初五日壬子(6月29日)

日本国使臣副岛种臣、俄罗斯国使臣倭良嘎哩、美利坚国使臣镂斐迪、英吉利国使臣威妥玛、法兰西使臣热福理和兰国使臣费果荪于紫光阁前瞻觐。①

初七日甲寅(7月1日)

日本使臣进献贺仪方物，奕䜣等拟现购办物件作为酬答之礼。②

十四日辛酉(7月8日)

李鹤年、王凯泰奏，江浙欠解闽省协饷过多，请旨饬催。闽省各营兵饷，向赖邻省协款济用。江西省自同治元年起，至十二年止，共积欠协闽兵饷银一百十四万八千余两。浙江省自咸丰五年起，至同治十二年止，除暂缓十六万两外，共积欠协闽兵饷银四十三万两。③

闰六月初十日丙戌(8月2日)

总理船政前江西巡抚沈葆桢奏，第九号"靖远"轮船竣工，于二月二十八日试洋；第十号"振武"号轮船闰六月可以竣工；第十一号"济安"七月底可以竣工；第十二号"永保"闰六月可以下水；第十三号二月初安上龙骨；第十四号轮船六月九日安上龙骨。④

十八日甲午(8月10日)

福建船政船厂所建第十二号炮船"永保"号完工下水。⑤

---

① 《清实录·穆宗毅皇帝实录》卷三五三。
② 《筹办夷务始末》(同治朝)第10册，中华书局2008年版，第3657~3658页。
③ 《清实录·穆宗毅皇帝实录》卷三五三。
④ 《筹办夷务始末》(同治朝)第10册，中华书局2008年版，第3670~3671页。
⑤ 刘传标：《近代中国船政大事编年与资料选编》第1册，九州出版社2011年版，第149页。

廿四日庚子(8 月 16 日)

美国使臣镂斐迪卸任回国。①
日本使臣暂时回国，所有交涉事宜委托俄国使臣代办。②

秋七月初十日丙辰(9 月 1 日)

福建陆路提督江长贵年老解职，以福宁镇总兵官罗大春为陆路提督，顺昌协副将宋桂芳为福宁镇总兵官。

廿二日戊辰(9 月 13 日)

户部奏，遵议直隶督臣李鸿章所陈海运河运采买各事宜。查海运虽已畅行，河运未可遽废，请饬江广各督抚酌提本色，运沪解津。其江北新漕，应令仍办河运。从之。③

廿三日己巳(9 月 14 日)

礼部奏，中国船只往泊朝鲜，据咨转奏，称本年四月间有中国船三只，往泊朝鲜义州境内，经该国官弁逐捕，反持铳炮向发，旋被该国兜击，格杀六人，始行退走。内地民人，越境渔采贸易，本干禁止。上年十一月间，业经谕令礼部传知该国王，嗣后如有匪徒侵扰，即照向章，一体兜击，格杀勿论。此次复有民船偷越滋扰，实属不成事体，亟应严行禁止。清廷着都兴阿、瑞联、志和、恭镗、丁宝桢分饬沿海各处，设法整顿，严密稽查。如有内地民船越境滋扰，即行严拿惩办，毋稍宽纵。并着礼部行知该国王，仍懔遵上年十一月间谕旨，一体查拿逐捕，以清边界。④

廿七日癸酉(9 月 18 日)

御史张沄奏，畿辅赈务，请饬清查户口。本年夏间，雨水过多，直隶各州县被

---

① 《筹办夷务始末》(同治朝)第 10 册，中华书局 2008 年版，第 3675 页。
② 《筹办夷务始末》(同治朝)第 10 册，中华书局 2008 年版，第 3675 页。
③ 《清实录·穆宗毅皇帝实录》卷三五〇。
④ 《清实录·穆宗毅皇帝实录》卷三五〇。

水成灾，已准顺天府所请，截留漕粮八万石备赈，并降旨于东南各省厘金关税盐课项下拨银三四十万两，以资赈济，仍由直隶总督先行筹款垫办，原期实惠均沾，早苏民困。若如该御史所奏，直隶顺天所属州县，向办赈务，并不亲自履勘，亦不清查户口，何以昭核实而杜弊端。清廷着直隶总督、顺天府府尹通饬各属州县，力除积习，督率公正绅士，于被灾各村，逐一编查户口。①

八月初一日丁丑(9月22日)

奕䜣等奏，请派员前往调查日本国有无凌虐华工情事。②

初三日己卯(9月24日)

总理船政前江西巡抚沈葆桢奏福建轮船续办工程及教练驾驶情形。③

初五日辛巳(9月26日)

前因直隶永定河南岸决口，被灾地方甚众，谕令于东南各省厘金关税盐课项下合拨银三四十万，以资赈济。兹据李鸿章奏称，七月十九日，运河堤岸，复冲刷数口，天津、河间、保定三府属邑被灾有极重者，亟应量筹抚恤。并酌定各省应解数目，拟拨江苏江海关洋税银五万两、宁苏沪三局厘金各银一万两、江安粮道库节存漕项银二万两共十万两，江西厘金银五万两、九江关常洋税银三万两共八万两，湖北江汉关洋税银三万两、厘金银三万两共六万两，浙江厘金银三万两、浙海关洋税银二万两共五万两，福建税厘银五万两、广东盐课银五万两、安徽厘金银一万两，请饬迅速筹拨。④

初六日壬午(9月27日)

遵查马如龙采办外洋军火情形。马如龙委令涂普义前往外洋采办军火，未经先行咨商刘岳昭发给通关文凭，以致中途被阻，亦属疏忽。马如龙着交部察议。⑤

---

① 《清实录·穆宗毅皇帝实录》卷三五〇。
② 《筹办夷务始末》(同治朝)第10册，中华书局2008年版，第3679~3681页。
③ 《筹办夷务始末》(同治朝)第10册，中华书局2008年版，第3685~3686页。
④ 《清实录·穆宗毅皇帝实录》卷三五六。
⑤ 《清实录·穆宗毅皇帝实录》卷三五六。

初九日乙酉（9 月 30 日）

山东巡抚丁宝桢奏，查验师船，遣留员弁，请将督办道员李宗岱奖励。得旨：李宗岱着交部议叙，所请传谕嘉奖之处，着毋庸议。其广东山东出力员弁，着准其择尤酌保数员，毋许冒滥。

十二日戊子（10 月 3 日）

以才不胜任，降广东潮州镇总兵官杨青山为副将，以补用副将郑绍忠为潮州镇总兵官。

以广东潮州剿办土匪出力，赏总兵官方耀黄马褂。

十三日己丑（10 月 4 日）

荣毓等奏，直隶欠解广恩库款，请旨饬催。直隶藩运两司及各州县应解广恩库租银，近年以来，共积欠银六万二千六百余两。现在该库应发要款甚多，需用甚巨。清廷着李鸿章饬令藩司，无论何款，先行筹拨银六千两，长芦运司先行筹拨银四千两，迅速解交广恩库，以济要需。①

十九日乙未（10 月 10 日）

盛京将军都兴阿等奏，朝鲜使臣被劫，请将地方官摘顶勒缉。得旨：庆麟、余文凤均着先行摘去顶带，勒限三个月严缉务获。②

九月十八日癸亥（11 月 7 日）

袁保恒奏，请饬催欠饷。据称广东应解左宗棠军饷，每月原协并添拨共银七万两，该省按季拨解银十五万两，解至同治十一年冬季止，尚短解本年春夏秋三季银四十五万两。若照月拨七万两之数核计截至本年八月止，除现准报解银十五万两外，共欠解原协银四十八万两，添拨银八十八万两。现在士卒待饷孔殷，请饬迅速

---

① 《清实录·穆宗毅皇帝实录》卷三五六。
② 《清实录·穆宗毅皇帝实录》卷三五六。

拨解，以济急需。清廷即着瑞麟、张兆栋严饬藩司，将本年应协甘饷，赶紧按季补解。①

十九日甲子(11月8日)

福建船政船厂所造第十号炮船"海镜"号完工下水。②

二十日乙丑(11月9日)

李鸿章、延煦、毕道远奏，江浙漕粮海运抵津，拟请改令粮道自行运通。向来江浙漕粮海运到津，用官剥船运通交纳，乃行之既久，滋生弊端。本年海运白粮及轮船所载漕粮，改由粮道自顾民船运通，较用官剥船运送，米色尚为干洁。李鸿章等请将嗣后南粮变通办理，系为剔除弊端起见，清廷着照所议，所有来岁江浙漕粮即着改由粮道运通交纳，毋庸在津验收，并着户部两江总督江苏浙江各巡抚一体遵照办理。其应行变通章程，着李鸿章、延煦、毕道远悉心妥议具奏。③

廿七日壬申(11月16日)

前因袁保恒奏，闽海关协饷，指拨六成洋税无着，请饬部仍准借拨四成洋税，或另拨他处有着之款，当令户部速议具奏。兹据奏称，各海关四成洋税，业经奏明，不准动用。前拨闽海关六成洋税项下，应解雷正绾月饷二万两，为数无多。该关尚易筹措，请令照旧筹解。至西征年终专饷十万两，现在洋税短绌，恐难兼顾，请在福、建江苏厘金项下改拨。清廷着照该部所议，即着文煜将雷正绾月饷二万两，仍在六成洋税项下按月拨解，不准推延。并着李宗羲、李鹤年、张树声、王凯泰督饬各藩司，在于该两省厘金项下各拨西征年终专饷五万两，务于年内解交西征粮台，不得稍涉迟误。④

廿八日癸酉(11月17日)

给事中陈鸿翊奏，奉省禁运粮米出口，请饬开禁。据称直隶等省向赖奉天贩运

---

① 《清实录·穆宗毅皇帝实录》卷三五七。
② 刘传标：《近代中国船政大事编年与资料选编》第 1 册，九州出版社 2011 年版，第 151 页。
③ 《清实录·穆宗毅皇帝实录》卷三五七。
④ 《清实录·穆宗毅皇帝实录》卷三五七。

粮米接济，近畿连年被水，待食尤殷。现闻各海口禁止红粮包米粟米出境，恐于畿辅民食有碍。且该处存粮尚多，一经禁运，存粮不能出售，更恐谷贱伤农，请饬开禁，以期便民。①

冬十月初二日丁丑(11 月 21 日)

总理各国事务衙门奏川省殴毙司铎教士现筹办理情形。据称接准魁玉等函称，法国主教范若瑟，遣教士张紫兰潜赴黔江县私买民房，建堂传教，致该县民人将司铎余克林、教士戴明卿殴毙，与法国使臣照会所述不符，请饬魁玉等迅速查办。②

初七日壬午(11 月 26 日)

山东巡抚丁宝桢乞假修墓，以漕运总督文彬署山东巡抚，江苏布政使恩锡署漕运总督。

十九日甲午(12 月 8 日)

以神灵显应，颁山东临清牐漳神庙御书匾额曰"神功显佑"，张秋镇河神庙御书匾额曰"利运安流"。

越南国王阮福时遣使表贡方物，赏赉筵宴如例。

二十日乙未(12 月 9 日)

抚恤朝鲜国遭风难夷如例。

秘鲁使臣来津求议和约，直隶总督李鸿章与之辩论。③

廿六日辛丑(12 月 15 日)

户部奏，请饬催各省赶解京饷。本年京饷，尚有山西地丁银五十万两、山东地丁银十四万两、河南地丁银十万两、湖北地丁银十一万两、长芦盐课银二十五万两、两淮盐课盐厘银三十万两、河东加课银五万两、广东厘金银五万两、盐课银六

① 《清实录·穆宗毅皇帝实录》卷三五七。
② 《清实录·穆宗毅皇帝实录》卷三五八。
③ 《筹办夷务始末》(同治朝)第 10 册，中华书局 2008 年版，第 3693~3694 页。

万两、山东盐课加价银三万两、湖北盐厘银二万两、福建茶税银四万两、九江关洋税银三十二万三千余两、浙海关常洋两税银十六万两、江海关洋税银五万两、天津关常洋两税银十万九千余两、赣关税银五万两、江西厘金二万五千两，未据报解。①

三十日乙巳(12月19日)

直隶总督李鸿章奏，与秘鲁使臣辩论，未能就绪，拟由津回省。②

十一月初三日戊申(12月22日)

越南国使臣潘世俶等三人于午门外瞻觐。

江南制造局所造第六艘轮船"驭远"号下水。③

初七日壬子(12月26日)

福建船工将竣，沈葆桢奏，宜派前后学堂学生赴英、法学习。④

初九日甲寅(12月28日)

拨江苏洋火药三万磅，大小铜帽四百五十万粒解赴直隶天津，交伊犁委员领回备用。

十四日己未(公元1874年1月2日)

礼部奏，越南使臣赍到该国王奏疏，钞录呈览。据该国王奏称，河杨兴化诸匪巢，独力攻剿，顾此失彼，山兴宣三辖蔓匪，仍复猖獗，请饬派兵会剿。清廷着刘长佑、冯子材悉心妥筹，迅速具奏。⑤

---

① 《清实录·穆宗毅皇帝实录》卷三五八。
② 《筹办夷务始末》(同治朝)第10册，中华书局2008年版，第3697页。
③ 刘传标：《近代中国船政大事编年与资料选编》第1册，九州出版社2011年版，第153页。
④ 《筹办夷务始末》(同治朝)第10册，中华书局2008年版，第3699~3700页。
⑤ 《清实录·穆宗毅皇帝实录》卷三五九。

十六日辛酉(公元 1874 年 1 月 4 日)

刘长佑奏,越南各匪肆扰,现饬粤军防剿,并筹保卫边境。越南各匪在宣光河阳一带分股掳劫。据报法国带兵攻破越南河内省城,官多被掳,兵有伤亡。并有黄逆崇英与陈四黎大各匪,乘机攻袭太原山西,奸民游勇蚁附鸱张之信,北宁现亦戒严。刻下越南各匪,乘机肆扰。深恐该逆假充外国名色,或句(勾)结为患,必至又启衅端。粤西、太镇、南宁三府,均与越南毗连,该处止有刘玉成、覃远琎两军,兵力甚形单薄。现越南夷官踵营求救,自应相机防剿,以顾外藩。着瑞麟、张兆栋迅即拨兵数千名,由钦州径出关外,约会援剿,或绕赴西省南太地方,协同堵击。并着刘长佑饬令刘玉成等军酌度情形,认真剿办。仍着瑞麟等查照前次奏拨之案,按月筹解饷银二万两,以资接济。粤军于边关内外堵剿越南各匪,与法兵绝不相涉,着总理各国事务衙门即行照会法国使臣转饬遵照,毋令别滋事端。①

十八日癸亥(公元 1874 年 1 月 6 日)

福建船政船厂所建第十四号炮船"琛航"完工下水。②

廿二日丁卯(公元 1874 年 1 月 10 日)

以统带轮船出洋捕盗出力,赏广东副将哈郎阿等花翎,余加衔升叙有差。

廿七日壬申(公元 1874 年 1 月 15 日)

淮安关监督文桂奏,承办要件需款甚殷,请饬两江江苏督抚筹拨。该监督承办玉料,系不容稍缓之件。现在关收关税,为数无多,自应速拨款项,以资赶办。清廷着李宗羲、张树声在江海关洋税苏松在厘局并两淮盐厘项下,分别筹拨银五万两,迅速解关备用。文桂于此项解到后,务将传办各件依限办齐解京,事竣核实报销,毋稍浮冒。③

---

① 《清实录·穆宗毅皇帝实录》卷三五九。
② 刘传标:《近代中国船政大事编年与资料选编》第 1 册,九州出版社 2011 年版,第 155 页。
③ 《清实录·穆宗毅皇帝实录》卷三五九。

十二月初一日乙亥（公元 1874 年 7 月 18 日）

平潭县海坛岛洋面，有民船遭风搁浅，福建船政"海东云"号前往救援，救出 24 人。①

初六日庚辰（公元 1874 年 1 月 23 日）

移浙江黄岩镇总兵官于海门卫，改为海门镇总兵官，仍兼辖台州陆营标下中左营员弁，均随同改驻。改添辖宁海左营守备一员、千总二员、把总四员、外委三名，归海门镇左营管辖。移杭州城守营、提标后营嘉兴右营、绍兴左右营、象山左右营、台州中左右营、海宁营、石浦营、宁海左右营、太平营、金华右营、平阳右营、都司一员，守备五员，千总十一员，把总十七员，外委二十二名，额外五名，专防协防驻扎各汛地。从总督李鹤年请也。②

十六日庚寅（公元 1874 年 2 月 2 日）

福建巡抚王凯泰陛见，以闽浙总督李鹤年兼署福建巡抚。

廿五日己亥（公元 1874 年 2 月 11 日）

前因刘岳昭、岑敏英奏，善后经费孔亟，请饬催各省协饷，谕令瑞麟等先行筹拨一半。兹据岑毓英奏称，迄今半年有余，浙江解银十万两，江西解银二万两，另解铜本银二万两，广东解银四万两，江苏仍照前每月解银五千两，通共不及二十万之数，以致各军欠饷不能补发，勇营遣撤维艰，地方善后更无从措手。③

廿八日壬寅（公元 1874 年 2 月 14 日）

朝鲜国王李熙遣使表贡方物赏赉筵宴如例。

---

① 刘传标：《近代中国船政大事编年与资料选编》第 1 册，九州出版社 2011 年版，第 156 页。

② 《清实录·穆宗毅皇帝实录》卷三六〇。

③ 《清实录·穆宗毅皇帝实录》卷三六一。

廿九日癸卯（公元 1874 年 2 月 15 日）

朝鲜国使臣郑健朝等三人于午门外瞻觐。

是年

两广总督瑞麟在广州创办军装机器局，生产枪炮子弹与火轮船。

江南制造局为招商局所造江轮"江裕"号完工下水，为美商旗昌公司所造"江孚"号完工下水。①

同治十三年　甲戌　公元 1874 年

春正月十三日丁巳（3 月 1 日）

瑞麟、张兆栋奏，越南股匪，与法国兵互相攻击，情形未定，拟请固守边围，相机筹办。法国与越南构兵，踞其河内省城，股匪刘泳幅等乘机肆扰，与法兵互相攻击。现闻法国已与越南议和，因股匪猖獗，回国添兵往剿。该国事势纷纭，情形未定，中国自当扼要驻扎，固守疆圉，未便越境用兵，转致生事。瑞麟等已檄郑绍忠带勇二千名，驰赴钦州附近扼扎。着饬令该总兵随时查探，遇有越南匪徒窜至边界，立即会同地方文武实力堵剿。其洋面交界处所，并着认真防堵，毋任窜越。粤西防军，向扎越南高平谅山二省，已由瑞麟等知照法国领事，毋得进兵侵犯。该处粤军，亦不向河内辖境前进，免至互启猜疑，有伤和好。着刘长佑饬令覃远琏等遵照办理。太镇南宁三府，均与越南毗连，该抚当妥为布置，以固边防。广东按月应协广西饷银二万两，仍着瑞麟等随时筹措，源源接济，毋稍推诿。②

---

① 刘传标：《近代中国船政大事编年与资料选编》第 1 册，九州出版社 2011 年版，第 157~158 页。

② 《清实录·穆宗毅皇帝实录》卷三六二。

二月廿一日甲午(4月7日)

裁江南淮扬镇标游击一员,守备把总各二员,外委六员,兵二千四百三名。从总督李宗羲请也。

廿三日丙申(4月9日)

岑毓英奏,探闻越南军务吃紧,筹办滇省边防。①

三月初五日丁未(4月20日)

新任俄使到京,奕䜣等已与晤面。②

初八日庚戌(4月23日)

载迁等奏请拨款生息以备支发。据称东陵用款日增,永济筹备二库情形支绌,不敷散放,必须筹添款项,再将放款力求撙节,方无窒碍。清廷着照所请,由长芦盐务项下拨借银五万两,以一半银二万五千两,解交载迁等发商生息,分交永济筹备两库备用,以一半银二万五千两,由长芦运司就近发商生息,归还原款,俟原借之款归完,以后生息银两,均解交永济筹备二库,以供支放。③

十六日戊午(5月1日)

醇亲王奏,请饬密筹杜绝洋药之策。自洋药入中国以来,耗财害民,流毒不可胜言。李鸿章既有与该亲王谈及,将此一端与夷辩理力除巨患之意,应如何审度时势杜绝洋药之处,清廷着李鸿章妥议办法,详细密陈。④

十九日辛酉(5月4日)

俄国新任使臣布策请求觐见。⑤

---

① 《清实录·穆宗毅皇帝实录》卷三六三。
② 《筹办夷务始末》(同治朝)第10册,中华书局2008年版,第3730页。
③ 《清实录·穆宗毅皇帝实录》卷三六四。
④ 《清实录·穆宗毅皇帝实录》卷三六四。
⑤ 《筹办夷务始末》(同治朝)第10册,中华书局2008年版,第3733页。

直隶总督李鸿章奏，返津与秘鲁使臣交涉。①

廿九日辛未（5 月 14 日）

总理各国事务衙门奏，日本兵船，现泊厦门，请派大员查看。日本国使臣，上年在京换约时，并未议及派员前赴台湾生番地方之事。今忽兴兵到闽，声称借地操兵，心怀叵测。据英国使臣函报，日本系有事生番，并据南北洋通商大臣咨覆，情形相同。事关中外交涉，亟应先事防范，以杜衅端。李鹤年于此等重大事件，至今未见奏报，殊堪诧异。生番地方，本系中国辖境，岂容日本窥伺，该处情形如何，必须详细查看，妥筹布置，以期有备无患。李鹤年公事较繁，不能遽离省城。着派沈葆桢带领轮船兵弁，以巡阅为名，前往台湾生番一带察看，不动声色，相机筹办。应如何调拨兵弁之处，着会商文煜、李鹤年及提督罗大春等酌量调拨。至生番如可开禁，即设法抚绥驾驭，俾为我用，藉卫地方，以免外国侵越，并着沈葆桢酌度情形，与文煜李鹤年等悉心会商，请旨办理。日本兵船到闽后，作何动静，着文煜、李鹤年、沈葆桢据实具奏。南北洋如探有确耗，并着李鸿章、李宗羲随时咨明总理各国事务衙门核办。

总理各国事务衙门奏，秘鲁使臣来津，请派大臣办理。

命钦差大臣大学士直隶总督李鸿章与秘鲁国使臣会商事务。秘鲁国前有虐待华工之事，李鸿章务将此事与之辩论明晰，先立专条，再议通商条约事务。本日简派全权大臣谕旨一道，一并发往。如该使臣索看凭据，即着李鸿章另行恭录，给与阅看，俟议办事毕，此旨仍缴还军机处备查。②

夏四月初一日癸酉（5 月 16 日）

福建船政船厂所见第十五号炮船"大雅"竣工下水。③

初五日丁丑（5 月 20 日）

俄罗斯国使臣布策等二人于紫光阁前瞻觐。

---

① 《筹办夷务始末》（同治朝）第 10 册，中华书局 2008 年版，第 3734 页。

② 《清实录·穆宗毅皇帝实录》卷三六四。

③ 刘传标：《近代中国船政大事编年与资料选编》第 1 册，九州出版社 2011 年版，第 163 页。

初六日戊寅(5月21日)

前据总理各国事务衙门奏，日本兵船现泊厦门，声称借地操兵，并据英国使臣及南北洋大臣咨报，该国有事台湾生番地方，当派沈葆桢带领轮船兵弁，以巡阅为名前往台湾一带，密为筹办。福建布政使潘霨早经陛辞出京，即着驰赴台湾，帮同沈葆桢将一切事宜妥为筹画，会商文煜、李鹤年及提督罗大春等酌量情形，相机办理。潘霨现在行抵何处，并着张树声查明，催令迅速赴闽兼程前往，不得稍涉迟延。①

十四日丙戌(5月29日)

总理各国事务衙门奏，日本国兵船已赴台湾，各国船只亦有驶往福建洋面情事，请旨责成前派大员，妥速筹策。接称接李宗羲咨函，内称日本国兵船于三月下旬，有驶进厦门、海口者，有前往台湾者，由琅峤地方登岸，并无阻问之人。英国水师提督亦选兵船往台湾迤南巡查。并闻日本购买轮船，装载军装粮饷，法国及日本兵船均已抵厦日，本兵共八营，俱在台湾东海旁起岸，欲攻生番。本月初间，始有李鹤年函称台湾道禀报，二月间日本水师官同伙一人，抵琅峤柴城一带，查看牡丹社等处形势绘图，并声称牡丹社系属番界，彼自寻衅，在我势难禁止。清廷晓谕：生番地方，久隶中国版图，与台湾唇齿相依，各国觊觎已久，日本相距尤近，难保不意图侵占。且各国均有兵船驶往，以巡查为名，因利乘便，心存叵测。台湾道视为番界寻衅，势难禁止，实属不知缓急。现在日本兵船已赴台湾，且有登岸情事，亟应迅筹办法，使彼族无隙可乘。沈葆桢着授为钦差办理台湾等处海防兼理各国事务大臣，以重事权，所有福建镇道等官均归节制，江苏、广东沿海各口轮船准其调遣，俾得与日本及各国按约辩论，而于征调兵弁船只事宜亦臻便捷。该大臣接奉前旨，计已驰赴台湾一带，着即体察情形，或谕以情理，或示以兵威，悉心酌度，妥速办理。并与潘霨随时慎密筹办，一面会商文煜、李鹤年等督饬镇道，妥为布置，期于消患方萌，不得稍涉大意，一面将现在办法及台湾如何情形，迅速奏闻，以慰廑系。除江苏广东沿河各口轮船用款仍由各该省拨给外，所有该大臣需用饷银，着文煜、李鹤年筹款源源接济，毋任缺乏，应调官兵并着李鹤年迅速派拨，毋误事机。②

---

① 《清实录·穆宗毅皇帝实录》卷三六五。
② 《清实录·穆宗毅皇帝实录》卷三六五。

十六日戊子(5 月 31 日)

　　闽浙总督兼署福建巡抚李鹤年奏，日本师船拟攻台湾番境，相机妥筹。据称日本以土番劫杀该国遭风难民，率领兵船，拟攻台湾番境。现已照覆该国将官，令其早日回兵，并饬台湾镇道按约理论。清廷晓谕：日本违约兴兵，心怀叵测，前据总理各国事务衙门具奏，已派令沈葆桢、潘霨前往台湾生番一带察看，与文煜、李鹤年等会商办理，嗣复授沈葆桢为钦差办理台湾等处海防兼理各国事务大臣。现在日本兵船，已有登岸情事，各国船只复驶往福建洋面，较李鹤年所奏情形，尤为吃紧。着沈葆桢懔遵前日谕旨，与潘霨慎密筹画，随时会商文煜、李鹤年等，悉心布置，毋令日本侵越，并豫杜各国觊觎，方为妥善。并着文煜李鹤年将拨饷拨兵事宜，遵旨妥速筹办，毋误事机。日本是否回兵，台湾镇道如何与之理论，即着据实奏闻。①

廿一日癸巳(6 月 5 日)

　　闽浙总督兼署福建巡抚李鹤年奏，日本兵船，已抵台湾番境，密筹防范，并详陈台湾地利、日本诡谋。清廷晓谕：日本兵船，不候照覆，即行驶赴台湾，登岸扎营，显系心怀叵测。李鹤年已派水陆各营，分往凤山、澎湖等处屯扎，并调集庄团水师防范台境，藉壮声威，以期有备无患。番地虽居荒服，究隶中国版图。其戕杀日本难民，当听中国持平办理，日本何得遽尔兴兵，侵轶入境。若谓该国仅与生番寻仇，未扰腹地，遂听其蛮触相争，必为外国所轻视，更生觊觎，衅端固不可开，体制更不可失。该督惟当按约理论，阻令回兵，以敦和好，不得以番地异于腹地，遂听其肆意妄为也。派往琅峤之员，与日本如何辩论，能否就我范围，着该督据实奏闻。仍随时会同文煜悉心布置，务臻周妥。沈葆桢计当起程，着懔遵叠次谕旨，与潘霨慎密筹画，会商文煜、李鹤年妥为办理，毋稍大意。近日台湾番境情形若何，着随时详细具奏。另奏称，查办彰化匪徒各情，匪党虽就殄除，恐有余孽潜藏，根株未尽，匪首廖有富亦未就擒，着李鹤年檄令台湾镇道，饬属一体查拿，务将廖有富等按名弋获，尽法惩治，毋令死灰复然，致与外国人句(勾)结，滋生事端。②

廿五日丁酉(6 月 9 日)

　　闽浙总督兼署福建巡抚李鹤年奏，日本师船已与生番接仗。清廷晓谕：日本并

---

① 《清实录·穆宗毅皇帝实录》卷三六五。
② 《清实录·穆宗毅皇帝实录》卷三六五。

不遵约回兵，已与生番接仗，并拟即日移营进剿。其蓄谋寻隙，意图占踞，已可概见。该国现到轮船七只，尚有铁甲船及坚固兵船未到，此时衅端已开，自应先事布置，严密设防，以期有备无患。江苏、广东沿海各口轮船，前已有旨准归沈葆桢调遣，李鹤年亦拟添调直隶、江苏轮船赴闽防范，应需轮船若干只，即着李鸿章、李宗羲、张树声、端麟、张兆栋如数拨往，以壮声势。日本被伤者是否止系数人，至生番有无被伤被杀之人，未据该督奏及。生番既居中国土地，即当一视同仁，不得谓为化外游民，恝置不顾，任其惨遭荼毒，事关海疆安危大计，未可稍涉疏虞，致生后患。着沈葆桢懔遵叠次谕旨，随时与潘霨筹画，会商文煜、李鹤年办理，总当消弭边衅，豫遏诡谋，方为不负委任。李鹤年所筹自强之策，有无把握，是否办有端倪，不得以空言塞责，致误事机。

李鹤年奏，闽省兵饷，向赖各省协济，现计江西省共欠解银一百十九万八千余两，浙江省共欠解银七十三万七千余两，广东省共欠解银二十四万八千余两，请饬筹解。①

廿七日己亥(6月11日)

改江苏苏松镇左营守备为中营陆汛守备，并改补千总外委各一员。从总督李宗羲请也。

五月初一日壬寅(6月14日)

以神灵显应，颁直隶霸州龙王庙御书匾额曰"功在生民"。

同治帝晓谕：文煜、李鹤年、沈葆桢奏遵旨会筹台湾防务大概情形，览奏均属妥协。日本上年遭风难民，经台湾商民与熟番救出，交回该国，转藉他国积年旧案，越境称兵。其为妄生觊觎，自不待问。该国此举，为中外之所共恶。沈葆桢等拟将叠次洋船遭风各案，摘要照会各国领事，其不候照覆即举兵入境与生番开仗各情形，亦分次照会，令其公评曲直，并拟购买铁甲船水雷及各项军火器械，均着照所议行。并准其将闽省存款，移缓就急，酌量动用。如有不敷，即照所请，暂借洋款，以应急需。调赴浙江之伏波等轮船，着沈葆桢迅速调回。直隶、江苏、广东沿海各口轮船，应如何调拨之处，着沈葆桢等与李鸿章、李宗羲、张树声、瑞麟、张兆栋咨商妥办。前署台湾道黎兆棠，据沈葆桢奏称该员洞悉洋情，着瑞麟、张兆栋饬令即行起程赴闽，以资得力。所请设电线以通消息，亦着沈葆桢等迅速办理。该

---

① 《清实录·穆宗毅皇帝实录》卷三六五。

大臣此时计已起程前赴台湾，着即察看情形，妥速筹办，一面详悉具奏，用慰廑系。罗大春、潘霨到台湾后，沈葆桢即与该员等随时会商，办理该省防务。沈葆桢、文煜、李鹤年当统筹全局，妥为布置。另奏请派员稽查船政，沈葆桢现在赴台，着文煜等传谕前陕西布政使林寿图前往船厂认真稽查，随时察看海口情形。如有紧要事宜，与文煜、李鹤年妥为备御，并着会衔具奏。

瑞麟等奏越南匪徒情形，称法国已与越南议和，并与越南合兵剿办股匪，驱逐流民。①

十一日壬子(6 月 24 日)

沈葆桢等奏，据报湾近日情形。日本已分三路进攻番社，生番逃散，遂将牡丹社等处焚烧，并欲攻龟仔甪社。是其乘隙寻仇，意图深入，已可概见。若再不亟筹办法，则生番更遭荼毒。该国公必愈肆欺凌，沈葆桢已与潘霨起程赴台，邀集各国领事公平曲直。日本兴兵，显背条约，固属理曲辞穷。若能就我范围，敛兵回国，自可消弭衅端。傥仍肆意妄为，悍然不顾，即当声罪致讨，不得迁就因循，转误事机，致将来办理愈形棘手。沈葆桢与潘霨当相度机宜，悉心筹办，应如何调拨官兵前往藉壮声势之处，着会商文煜李鹤年妥速布置，以维大局。

闽浙总督兼署福建巡抚李鹤年奏，闽省海防紧要，请饬抚臣迅回本任。福建巡抚王凯泰，前经行抵苏州，因病奏请开缺，当经降旨赏假两个月，无庸开缺。现在闽省自日本违约兴师，占踞台湾牡丹社一带，该省海防关系紧要。着李宗羲、张树声即行传知该抚，速行回任，以重地方。王凯泰于接奉此旨后，即日起程赴闽，毋庸来京陛见，不得俟假期届满，致有迟误。②

文煜奏，请采办军火，雇佣洋人教习。③

十五日丙辰(6 月 28 日)

直隶总督李鸿章奏，与秘鲁使臣议定通商条约。④
两江总督李宗羲奏，遣员与日本使臣柳原前光交涉台湾生番事宜。⑤

① 《清实录·穆宗毅皇帝实录》卷三六六。
② 《清实录·穆宗毅皇帝实录》卷三六六。
③ 《筹办夷务始末》(同治朝)第 10 册，中华书局 2008 年版，第 3765~3766 页。
④ 《筹办夷务始末》(同治朝)第 10 册，中华书局 2008 年版，第 3768~3770 页。
⑤ 《筹办夷务始末》(同治朝)第 10 册，中华书局 2008 年版，第 3771 页。

十七日戊午 (6 月 30 日)

以修筑海塘，神灵佑护，颁江苏华亭县金山嘴天后庙御书匾额曰"泽普沧瀛"，风神庙御书匾额曰"杨休锡福"，龙神庙御书匾额曰"安澜显佑"。①

十九日庚申 (7 月 2 日)

清廷接见比利时国使臣。②

二十日辛酉 (7 月 3 日)

浙江巡抚杨昌浚奏，遵旨整顿营伍，现经分饬各营，挑选精壮，练习洋枪炮队，计可得劲旅二千余人，仍当随时稽察，饬令按期操练。报闻。③

廿五日丙寅 (7 月 8 日)

沈葆桢等奏到台日期、筹办大概情形，并番目吁乞归化，台澎防兵拟另招精壮充补，请将台湾课税等银拨充经费。沈葆桢、潘霨先后行抵台湾，察看该处情形。沈葆桢给与日本西乡从道照会，词义颇为严正，潘霨于本月初八日亲赴琅峤面加诘问。彼族狡诈性成，中藏叵测，设防之事，自属万不容缓。沈葆桢等拟于海口建筑炮台，安放巨炮，使不得停泊兵船。北路淡水等处派兵驻扎，由提督罗大春督率巡防。并另招劲勇，多备军火等事。所筹均是，即着该大臣等分别妥速办理。日本籍口他国积年旧案，违维称兵，曲直是非，中外共见。沈葆桢等务当与之极力理论，断不可任其妄为。倘该国悍然不顾，亦当示以兵威，不得稍涉迁就，致误事机。该国如何照覆，潘霨到琅峤后，如何辩论情形，着随时详细奏闻，以慰廑系。生番本隶中国版图，朝廷一视同仁，叠谕该大臣等设法抚绥，不得视同化外，任其惨罹荼毒。现据各社番目吁乞归化，即着该大臣等酌度机宜，妥为收抚，联络声势，以固其心，俾不至为彼族所诱。台澎向用内地班兵，率皆疲弱，现在因时制宜，自不妨变通办理。沈葆桢等拟将班兵疲弱者撤令归伍，另招本地精壮充补，事平之后，察看情形，再行酌办，即着照所议行。台湾盐课关税厘金等款，准其尽数截留，拨充

---

① 《清实录·穆宗毅皇帝实录》卷三六六。
② 《筹办夷务始末》(同治朝) 第 10 册，中华书局 2008 年版，第 3771～3772 页。
③ 《清实录·穆宗毅皇帝实录》卷三六六。

海防经费，归台湾道衙门支销。不敷之款，着文煜、李鹤年筹拨接济，毋令缺乏。①

廿七日戊辰(7 月 10 日)

文煜、李鹤年奏筹办沿海各口防务。马祖澳及白犬洋面，已有日本铁甲船木轮舟在彼游弋，并有孟春兵船，自厦门测水，直至中岐，意存恫嚇。此时防务万难稍缓，自应严密布置，以备不虞。览文煜、李鹤年所奏筹防情形，半属空言，无切实办法。当此事机紧之际，若再掉以轻心，必致临时张惶，贻误大局。究竟福厦各口，何处最为扼要，现应如何设防，福宁连江沿海一带作何准备，是否已臻周密，着文煜、李鹤年悉心筹画，立见施行，不得以含混一奏，遂为了事。沈葆桢现于淡水等处派兵驻扎，由罗大春督率巡防，责任綦重，仍当遵奉前旨，檄令即日赴台，以资得力。着文煜、李鹤年另派得力之员，统兵驻扎厦门，并会商李新燕妥为筹布。近省情形，当随时知照沈葆桢、潘霨以期声息互通。

现在日本与台湾生番称兵构衅，福州各处海口关系紧急，防守需人。福建水师提督彭楚汉，前经李鸿章奏请留带直隶练军，暂缓赴任。刻下闽省防务正急，着李鸿章即饬彭楚汉克日驰赴新任，以重地方。直隶练军，即由该督另拣妥员统带。②

三十日辛未(7 月 13 日)

总理各国事务衙门奏，日本兵扎番社，滨海防务，请饬先事筹办。日本有事生番，占踞台湾牡丹社一带，前据沈葆桢等奏，拟于海口及北路淡水等处严密设防，当谕该大臣等妥速办理。又据文煜等奏，马祖澳等处已有日本兵船游弋，复谕该将军等于沿海各口妥为筹布。刻下办理情形若何，及该国近日作何动静，着沈葆桢、文煜、李鹤年、潘霨详细奏闻，以慰廑系。各省沿海口岸甚多，亟应一体设防，为未雨绸缪之计，并当联络声势，藉壮兵威，以期有备无患。着瑞麟、李鸿章、都兴阿、志和、恭镗、李宗羲、文彬、张树声、杨昌浚、张兆栋统筹全局，于各该省沿海地方形势详细体察，何处最为扼要，何处必当设防，并如何联为一气得操胜算之处，务当悉心会商，妥筹布置，奏明办理。③

---

① 《清实录·穆宗毅皇帝实录》卷三六六。
② 《清实录·穆宗毅皇帝实录》卷三六六。
③ 《清实录·穆宗毅皇帝实录》卷三六六。

六月初五日丙子（7 月 18 日）

文煜、李鹤年奏，布置海防筹，拨台防饷银军火，并探报日本船只在五虎口外游弋情形，请饬宋庆统兵赴闽。日本违约称兵，昨据沈葆桢奏报，到台后业经给与照会，向其理谕，并经潘霨亲赴琅峤面加诘问，是否敛兵回国，尚未续有奏报。现据文煜等奏，福州五虎口百余里外，已有该国铁甲等船在彼游弋。是福州厦门等处海防，甚为吃紧。文煜等现拟择要坚筑炮台，并饬副将杨廷辉将附近渔人招募成军，免资寇兵。即着迅速妥为布置，并饬总兵孙开华等认真办理，以期有备无患。所需水雷及转轮炮台等，即着咨商沈葆桢妥为筹办，以资要需。此外沿江沿海，如尚有扼要之处，亦当豫为防范，毋稍疏懈。台湾近日情形，自沈葆桢给予照会之后，日本官如何照覆，能否就我范围，着沈葆桢等相机妥办，仍随时奏闻，以慰廑系。至提督宋庆一军，现在整理出关，虽尚未成行，而闽省海防紧要，该军远在宁夏，焉能济急。闽浙两省皆李鹤年管辖，何至乏员调拨，如防军需人统带，即着另行拣派，以资得力。所请饬令宋庆带兵赴闽之处，着毋庸议。①

初七日戊寅（7 月 20 日）

予广东东莞被戕署千总陈廷亮祭葬世职。

初八日己卯（7 月 21 日）

沈葆桢等奏，理谕倭将稍有端倪，仍遵旨加紧筹防，并请饬彭楚汉带队赴台。潘霨偕道员夏献纶等于五月初八日驰抵琅峤，与日本中将西乡从道反复辩论，逐条穷诘。西乡从道理屈词穷，旋以所用兵费无着为言，复经潘霨据理驳斥，彼请一面致书柳原前光，一面寄信该国暂不添兵前来。惟彼族贪鹜性成，未必遽能就我范围。清廷晓谕：沈葆桢等所奏，非益严警备难望转圜，倘恃其款词，日延一日，奸民乘隙构煽，必至事败垂成。着照所请，由北洋大臣调拨久练洋枪队三千人，南洋大臣调拨久练洋枪队二千人，均乘坐轮船赴台。该郡现有兵勇不甚得力，李鸿章、李宗羲务当迅速调派令其克日起程前往，以壮声势。南北洋防务紧要，俟日本兵退后，沈葆桢等即令此项队伍各归防所。前据文煜等奏，拟留罗大春驻扎厦门，当经降旨仍令迅即渡台，办理淡水一带防务，并谕李鸿章檄饬彭楚汉迅赴本任。沈葆桢等此时计可接奉前旨，所陈台湾南北路布置情形及令曾元福提倡乡团各事宜，即着

---

① 《清实录·穆宗毅皇帝实录》卷三六七。

督饬该员等悉心筹办，务臻周妥，并侦探日本情形，随时详悉具奏。潘霨在琅峤时，传各社生番头目至者百数十人，皆称日本欺凌，恳求保护，并愿设官经理，永隶编氓。仍着沈葆桢等遵奉叠次谕旨，妥为收抚，以固其心。所有奏调之前南澳镇总兵吴光亮，浙江候补道刘璈，着瑞麟杨昌浚派令迅往台郡，用资任使。闽省轮船不敷调拨，江苏、广东沿海各口轮船，前有旨准归沈葆桢调遣，即着于沪局添调数号，由吴大廷督带驶往。前谕李鸿章饬彭楚汉赴闽，如该提督尚未起程，此次调拨之北洋洋枪队三千人，着即令其统带，迅由轮船驰赴台湾，毋稍迟缓。该提督抵台后，应否留于该郡督队办防之处，着该大臣等与文煜、李鹤年会商办理。①

十二日癸未(7 月 25 日)

李鸿章奏，遵旨筹派洋枪队，航海驰赴台防，并请调驻陕铭军东来，以备南北海口策应。前据沈葆桢等奏请由北洋拨久练洋枪队三千人，南洋二千人，驰赴台变，当经谕令李鸿章、李宗羲迅速调派。兹据李鸿章奏称直隶防军，拱卫畿辅，必须留备缓急，碍难分调。南洋枪队无多，亦难酌拨。且于两处抽拨，恐兵将素不相习，转致贻误。查有提督唐定奎所统现驻徐州之武毅铭字一军，素习西洋枪炮，训练有年，堪以派往。清廷着照所请，即饬唐定奎统带所部步队六千五百人由徐拔赴瓜洲口，分起航海赴台，听候沈葆桢调遣，由李宗羲、张树声饬调沪局轮船暨雇用招商局轮船驶赴瓜洲，以备该军东渡。并着沈葆桢酌派闽厂兵船入江接载，俾期迅速。该军所需月饷、军装、子药等项，仍着源源筹拨，毋任稍有缺乏。提督彭楚汉，着李鸿章饬令星速赴任，筹办防务。日本违约称兵，心存叵测，所有南北洋沿海各口均须严密设防，自应添调劲兵屯扎适中之地，以壮声援。现在陕西防务已松，着邵亨豫迅饬臬司刘盛藻，统率陕防武毅铭军马步二十二营，星夜兼程，拔赴山东济宁及江南徐州一带，择要扼扎，以备南北海口策应。该军到防后，着李鸿章、李宗羲随时会商，相机调派。南北洋防务紧要，并着该督等悉心妥筹，详细具奏。福州一带沿海地方，文煜、李鹤年、王凯泰当实力筹防，务臻周密，不得稍存大意，致误事机。日本近日情形若何，着沈葆桢等随时确探，并将应行备豫事宜妥为区画，即行奏闻。②

十三日甲申(7 月 26 日)

福建陆路提督罗大春奏，日本渐肆狂悖，密陈筹备事宜。清廷批复：所奏闽省

---

① 《清实录·穆宗毅皇帝实录》卷三六七。
② 《清实录·穆宗毅皇帝实录》卷三六七。

海防各省海口应行筹办各节，不为无见。所有台湾暨福州厦门等处，前经谕令沈葆桢、文煜、李鹤年妥筹办理，并谕沿海各督抚将军豫为布置矣。该提督前经沈葆桢奏调赴台，并据文煜等奏已催令该提督东渡其厦门一带防务，改派孙开华接办。着罗大春刻即驰赴台湾，会同沈葆桢潘霨督率淡水等处防兵，妥筹布置，以资得力。①

十四日乙酉(7月27日)

文祥奏，海防紧要，请饬宽筹饷需。现在日本藉端启衅，违维称兵，虽经沈葆桢等据理办论，仍应整顿海防，以为自强之计。所有各省沿海地方，前经谕令该将军督抚妥筹办理。惟布置设防用款甚巨，着户部通盘筹画，凡一切不急之需，竭力撙节，将海防经费先事豫筹，庶各海疆大吏不至以饷项支绌致误事机。②

十六日丁亥(7月29日)

比利时使臣抵京请求觐见。③
盛京将军都兴阿等奏筹办奉省滨海防务情形。④

二十日辛卯(8月2日)

沈葆桢等奏，倭情叵测，续筹防务。日本复到轮船一只，装兵二百余人，带有铁练农器等件，又有轮船驶往后山一带。其为意存觊觎，悍不旋师，自不待问，亟应厚集兵力，益严儆备，庶有以杜其诡谋。提督唐定奎一军，清廷着李鸿章檄令星速拔队兼程前进，不得稍涉延缓，致误事机。并着沈葆桢、李宗羲、张树声遵奉前旨，分别饬调船只，妥为豫备，俾得迅到防所，以壮军威。台湾南北路防守事宜，均甚紧要。澎湖守备空虚，现添募勇丁一营，是否足资捍御，沈葆桢等务当督饬张其光、夏献纶等妥筹布置，严密防守北路淡水等处。前谕罗大春前往督防，该提督此时当已渡台，并着该大臣等与之会商，相机筹办。日本遣人往卑南社番目，经沈葆桢等将该番目陈安生等招，致来郡潘霨，现拟驻营凤山，就近相度形

---

① 《清实录·穆宗毅皇帝实录》卷三六七。
② 《清实录·穆宗毅皇帝实录》卷三六七。
③ 《筹办夷务始末》(同治朝)第10册，中华书局2008年版，第3810页。
④ 《筹办夷务始末》(同治朝)第10册，中华书局2008年版，第3813~3815页。

势，次第抚绥。惟日本狡诈多端，既约牡丹社生番议和，并以王字社生番不肯议和，有进兵往攻之说，沈葆桢应等如何联络番众，俾不至为彼族煽惑之处，务宜设法妥办。福州厦门一带，文煜、李鹤年、王凯泰现在如何筹防，着即区画周密，详悉奏闻。

另奏近阅香港新闻纸，将该大臣等四月十九日奏片刊刻。此等紧要事宜，岂容稍有泄漏。前经叠降谕旨严行训诫，该大臣将军督抚等应如何加意慎重。此次究由何处泄露，清廷着该大臣将军督抚等，确切查明，据实具奏。嗣后遇有中外交涉事件，务当益加慎密，不得稍涉疏虞，致干咎戾。并着照该大臣所请，嗣后奉到谕旨及陈奏折片，除钞寄总理各国事务衙门及应行函寄各处外，其余均不必钞咨，以昭严密。①

廿二日癸巳(8 月 4 日)

李鹤年奏，提督不遵节制，请旨严议。提督罗大春经李鹤年催令迅速东渡，仍未起程，实属延玩。罗大春着革职留任，仍着文煜、李鹤年、王凯泰饬令该提督迅赴台湾，驻扎苏澳一带，随时与沈葆桢潘霨等办防务。傥敢抗违，或到台后不能得力，即着沈葆桢、李鹤年据实严参治罪。②

秋七月初五日乙巳(8 月 16 日)

沈葆桢等奏台湾南北路防守情形，请饬淮军迅速来台。日本兵营，麇聚龟山风港等处，不时游弋各庄，且有胁逼大鸟万干仔帛二社到营说和，及在茄鹿塘哨探情事。沈葆桢现饬王开俊由东港进扎枋寮，戴德祥由凤山填扎东港，潘霨与曾元福等驰赴凤山，招募土勇激励乡团，并于海口要隘催建兵棚，以备淮军分扎，台北诸路以夏献纶所部一营驻扎苏澳，拟就淡兰添募土勇两营，以厚兵力，并开通山路，即可分移岐莱各处垦荒。清廷即着沈葆桢饬令派出各军，认真防守，毋稍疏虞，并令潘霨等将生番各社设法招徕，俾为我用。倭人雇墨西国船只被伤一案，并着沈葆桢、文煜、李鹤年、王凯泰饬令夏献纶速行办结，仍一面招抚岐莱各处生番，剀切晓谕，毋为倭人利诱，堕其术中。省城各路海防，文煜等务当严密布置。现在济安等轮船次第驶回，台湾南北防务，略有端倪，沈葆桢等惟当慎密防维，固不可掉以轻心，亦不宜冒昧从事，总期审度机宜，悉心筹画，以副委任。唐定奎所带徐州洋枪队十三营现在曾否起程，着李鸿章、李宗羲、张树声饬令该提督迅速赴台，以资

---

① 《清实录·穆宗毅皇帝实录》卷三六七。
② 《清实录·穆宗毅皇帝实录》卷三六七。

得力。

清廷晓谕：文彬奏筹议海防事宜一折，所陈选将才、制军器、慎防守、审地势各条，本系自强要务，惟须实事求是，立见施行，方能确有把握，不至徒托空言。事前固不可张惶，而未雨绸缪，布置必期周密。该署抚于训练设防诸事，虽已奏及，尚未将实在办法确切指陈，究应如何豫筹经费、慎选人才，谅文彬必有筹策。即着直抒所见，详细奏闻，请旨办理，毋再含混。另奏遇有洋务，当与李鸿章密商妥筹。直东壤地相接，海道毗连，自应声息互通，彼此联为一气。嗣后遇有洋务，应与李鸿章商办者，着该署抚随时知照，和衷共济，毋失机宜。①

清廷准比利时使臣觐见，呈递国书。②

初六日丙午(8月17日)

李鸿章奏职官报效木植，现在无从验收转解。据称候选知府李光昭报效木植，现与美法两国商人互控结讼，谬辚甚多。其所买法商木植，较之呈报内务府之数，木价既多浮开，银亦分毫未付。李光昭所办木植，经李鸿章查明，系买自法商，其价仅议定洋银五万四千余圆，而在内务府呈称购运洋木，竟敢浮报值银三十万两之多。李光昭着先行革职，交李鸿章严行审究照例惩办，所有李光昭报效木植之案，着即注销。③

奕䜣等奏，权衡利害，酌度缓急，慎重筹借洋款。④

初九日己酉(8月20日)

清廷晓谕：刘长佑奏现筹剿抚越南匪徒及越南近日情形一折，法人与越南会剿各匪之议，未可遽信，则粤军未可遽撤，匪徒未可遽招。刘长佑所筹各情，详审周密，实为切中窾要。现在法人原驻河内者，渐次退出。其大小洋船，亦皆退泊左金港口，有俟涂普义来时仍欲进扎省城，及勒令南官往劝刘泳幅让出河路之说，用意殊属叵测。粤军驻扎高谅，既为越南声援，又可自固疆圉。现在黄崇英股匪屡为刘泳幅所败，复为滇省开化练勇所截，机会大有可乘。刘长佑已饬徐延旭赵沃，体察越南贼势军情，筹办剿抚，仍着该抚随时密授机宜，以期于事，有裨粤东官军，查办积匪，渐次蒇事，即可进驻钦州，遥为犄角。着瑞麟张兆栋会商刘长佑，协力通

① 《清实录·穆宗毅皇帝实录》卷三六八。
② 《筹办夷务始末》(同治朝)第10册，中华书局2008年版，第3819页。
③ 《清实录·穆宗毅皇帝实录》卷三六八。
④ 《筹办夷务始末》(同治朝)第10册，中华书局2008年版，第3826~3827页。

筹，俾两省边防同臻巩固，总期安本境而绥藩服，毋任他族欺凌。①

十五日乙卯(8 月 26 日)

安徽巡抚英翰奏布置江防，请调卓胜一军回皖。日本在台湾地方，违约称兵，沿江防务紧要。皖省亟需劲旅设防，金运昌所统卓胜一军，现扎黄甫川包头等处。此军能否即时调回，有无别军可以填扎，清廷着定安通盘筹画，如该处防务渐松，可以饬令金运昌回皖，即着将此军酌量撤回安徽，以固江防。②

十六日丙辰(8 月 27 日)

沈葆桢等奏，续陈防务，暨抚番开路情形，并查办倭人失银案。日本兵船仍在龟山等处，相持日久，尚未退兵。现在罗大春、黎兆棠均已到台，沈葆桢已饬张其光等开通山路，潘霨亦前往凤山督练新军，催集民团，绥抚番社，并饬地方官豫筹客兵薪米。各省轮船陆续驶回，唐定奎一军不日亦可赶到。刻下台飓时作，琅峤难泊轮船，龟山倭营又当风冲，彼族正在进退维谷之际。清廷着沈葆桢、文煜、李鹤年、王凯泰、潘霨酌度情形，审慎筹画，能使倭船迅离台境，则诸务皆易为力。柳原前光在都，经总理各国事务衙门王大臣与之凯切辩论，该使臣语意枝梧，尚未就绪。沈葆桢等务宜乘此兵衅未开，速为布置，一面抚驭番众，一面厚集兵力，俾壮声威。所有商购船械等事是否已有端绪，着即迅速筹办，毋失机宜。倭人刘穆斋失银一案，并着饬令夏献纶迅行办结，毋令彼族狡展，藉故耽延。③

二十日庚申(8 月 31 日)

比利时国使臣谢惠施等三人于紫光阁前瞻觐。

廿一日辛酉(9 月 1 日)

沈葆桢奏筹借洋款情形。④

---

① 《清实录·穆宗毅皇帝实录》卷三六八。
② 《清实录·穆宗毅皇帝实录》卷三六八。
③ 《清实录·穆宗毅皇帝实录》卷三六九。
④ 《筹办夷务始末》(同治朝)第 10 册，中华书局 2008 年版，第 3850~3851 页。

廿二日壬戌(9 月 2 日)

署山东巡抚漕运总督文彬奏，购买军械，解赴登州备用。东省沿海各口岸防务，关系紧要，清廷着文彬当督饬总兵陈择辅等严密布置，并将应筑土城营寨炮台等事妥为筹办。①

福州将军文煜等奏福建各海口筹防情形。②

廿三日癸亥(9 月 3 日)

李鸿章奏，办理海防请饬催川饷。日本与生番构兵，沿海防务紧要，畿辅重地尤须严密筹防。刻下李鸿章添购军火，修筑炮台，需款甚急。四川应解该军月饷，截至本年四月止，所解不及一半，清廷着吴棠查明欠解该军月饷，无论何款，先行提解二十万两，以济眉急。③

廿五日乙丑(9 月 5 日)

总理各国事务衙门奏，上海新闻纸刊刻密寄谕旨，请饬查究。军机处封发寄信谕旨，各省奉到后，自应加意缜密，况系中外交涉事件，岂容稍有漏泄。乃本年三月二十九日密寄沈葆桢等谕旨，上海新闻纸内竟行刊刻，究系何人泄漏，清廷着李宗羲严密确查，据实覆奏，毋得稍涉含混。嗣后各将军督抚等奉到寄谕，务当格外严密，以昭慎重，傥有仍前漏泄，致误机宜，惟该将军督抚等是问。④

日本使臣到京，奕䜣等反复与之辩论。⑤

清廷同意沈葆桢筹借洋款银二百万两，以解决海防所需。⑥

八月初二日壬申(9 月 12 日)

沈葆桢等奏台湾近日情形，力筹防务，并北路倭案办结，屯番枪伤生番，现饬

---

① 《清实录·穆宗毅皇帝实录》卷三六九。
② 《筹办夷务始末》(同治朝)第 10 册，中华书局 2008 年版，第 3854~3857 页。
③ 《清实录·穆宗毅皇帝实录》卷三六九。
④ 《清实录·穆宗毅皇帝实录》卷三六九。
⑤ 《筹办夷务始末》(同治朝)第 10 册，中华书局 2008 年版，第 3858~3862 页。
⑥ 《筹办夷务始末》(同治朝)第 10 册，中华书局 2008 年版，第 3875~3876 页。

严办，及闽厂轮船恳准续造。清廷批复：日本兵船在后湾枫港一带，日以盖兵房、掘濠沟、竖竹围为事，意图招诱番众，恫喝村民，日久相持，情形渐怯。现在淮军业经到台，罗大春已抵苏澳，夏献纶招募楚勇亦已成军，澎湖地方现借海关凌风轮船，驻彼教习，闽厂六船，随同操练，防务渐臻严密，彼族自无隙可乘。惟中路水沙连秀姑峦一带，为全台适中之区，地方最为紧要。刻下该处社寮，竟有教堂数处，并有逃匪逋匿其间，难保倭族不暗为句（勾）通，肆其煽惑。沈葆桢等现拟募兵前往，即着与文煜、李鹤年、王凯泰、潘霨迅速筹商，妥为调派，一面抚绥番众，搜捕匪徒，一面开路设防，力求固守，毋使倭族得售其奸，断我南北之路，安平炮台。并着沈葆桢等设法兴筑，台城倒塌千有余丈，现经发款分修，着即饬令周懋琦等认真经理，务期修筑巩固，不准草率从事。电线虽可缓图，铁甲船必不可少，即使议购有成，将来仍应鸠工自造。目前尤须讲求驾驶之法，沈葆桢等惟当切实筹办，力图自强。闽厂轮船，即照所请，准其续行兴造得力兵船，以资利用。北路倭案，已经办结，沈葆桢等请将税务司好博逊酌给奖励之处着该衙门议奏。屯番枪伤生番，亟宜速为查办。张其光正在下淡水一带，办理招抚事宜，何以闻信不即行驰往拿办，迨回郡城后，复不与沈葆桢言及，实属不知缓急。此案关系抚番全局，岂容置若罔闻，着沈葆桢等严饬张其光，将屯番拿获惩办，以安人心。傥该总兵再复办理颟顸，即着沈葆桢等据实奏明，从严参处。①

沈葆桢奏：闽厂计成轮船十有五号，除镇海一号驻天津、湄云一号驻牛庄、海镜一号归招商局驾驶外，只余十有二船。辰下海防吃紧，"扬武""飞云""安澜""靖远""振威""伏波"皆兵船也；前嘱日意格向赫德借海关之"凌风"轮船已到，臣拟派此六号常驻澎湖，随之练习合操阵式。"福星"一号驻台北；"万年清"一号拟驻厦门、"济安"一号拟驻福州，以固门户，尚嫌单薄。"永保""琛航""大雅"三船，本商船也；现派迎淮军，并装运炮械军火，往来南北，殊少旷时。此闽局诸船分派之情形也。而沪船之到闽者，现祇测海一船，仅供闽、沪递通消息。台湾远隔内地，防务文书刻不容缓，就眼前轮船计之，实觉不敷周转。臣计现在厂中百五十匹马力之轮机、水缸已成两副，所运外洋木料闻亦陆续归来；因未奉谕旨，不敢擅自兴工。匠人等祇领制造备用器具，并修理旧船；若为省费起见，尚须酌量遣撤。惟该工匠等学习多时，造轮之法已皆谙悉；聚之数年、散之一旦，不免另图生计。他日重新招募，殊恐生疏；而已成之水缸机器、已购之木料，将俱置诸无用之区。实则暗中糜费，似不如仍此成局，接续兴工。在匠作等驾轻就熟，当易告成。而厂中多造一船，即愈精一船之功；海防多得一船，即多收一船之效。况由熟生巧、由旧悟新，即铁甲船之法，亦可由此肇端。购致者权操于人，何如制造者权操诸己。除出洋学习一节，仍候会议覆奏，请旨遵行外，合恳天恩，准将闽厂轮船续行兴

① 《清实录·穆宗毅皇帝实录》卷三七〇。

造，以利海防。①

两广总督瑞麟等奏广东沿海筹防情形。②

初七日丁丑(9 月 17 日)

浙江巡抚杨昌濬奏报浙省筹议防务情形。③

十三日癸未(9 月 23 日)

有人奏，福建台湾府属，民间置买田房税契，并不照章征收，惟以契价银数多寡为断，于定例之外浮收至三四倍七八倍不等，至典当田产，亦勒令照契纳税。田产税契，自有定章，若如所奏，任意浮收，殊属不成事体。清廷着李鹤年、王凯泰确切查明，即行从严禁止。④

十九日己丑(9 月 29 日)

沈葆桢等奏续陈倭营动静，并筹防开路情形。刘坤一奏请饬道员黎兆棠，俟台湾事竣，即行来江。清廷批复：日本兵船，久驻龟山，虽死亡相继，仍时有船接济炮械军粮。虽未遽启兵端，然日久相持，终非了局。现在淮军头起，陆续盘抵凤山。罗大春所调泉勇一营，业抵苏澳。沪尾鸡笼等口，亦拟调募兵勇厄扎。布置渐臻周密，自当随时联络，以壮声威。刺桐脚庄民，有句(勾)引倭兵往攻龟纹社之谣，亟应早为解散。沈葆桢等虽照会倭将西乡，令其阻止。惟彼族正在招诱村民，藉端生事，未必理谕可行。沈葆桢等惟当饬令王开俊，迅即传集该处民番，令其解仇息事，毋任别滋事端。铁甲船购买未成，仍着沈葆桢等妥速筹办，以资得力。修筑炮台，势不容缓，着沈葆桢等迅速办理，毋失机宜。罗大春现招泉属壮丁千人，渐次开通番社。该处事务愈繁，需饷愈巨，着文煜、李鹤年、王凯泰设法筹措，源源接济，庶于招抚及办防两事，不至掣肘。道员黎兆棠业已到台，该员应否留于福建差委之处，着文煜、李鹤年、王凯泰与沈葆桢等酌度具奏。⑤

---

① 《筹办夷务始末》(同治朝)第 10 册，中华书局 2008 年版，第 3882~3883 页。
② 《筹办夷务始末》(同治朝)第 10 册，中华书局 2008 年版，第 3885~3887 页。
③ 《筹办夷务始末》(同治朝)第 10 册，中华书局 2008 年版，第 3887~3888 页。
④ 《清实录·穆宗毅皇帝实录》卷三七〇。
⑤ 《清实录·穆宗毅皇帝实录》卷三七〇。

沈葆桢奏，拟开台湾煤，请将出口土煤照进口洋煤一律征税。①

福建船政船队"安澜"号与"大雅"号，载兵士登岸台湾，而泊于安平港、旗后，遭台风沉没。广东水师炮舰"飞龙"遭风沉没。②

廿二日壬辰（10 月 2 日）

盛京将军都兴阿等奏奉省沿海防务情形。③

廿六日丙申（10 月 6 日）

以神灵显应，加浙江定海厅龙神封号曰"昭应"。④

奕䜣等奏，天津、牛庄、登州三海口出口土煤仍照前定税则征税。⑤

九月初三日壬寅（10 月 12 日）

浙江巡抚杨昌濬奏，温州乐清等处被水，现已派员查勘。⑥

初八日丁未（10 月 17 日）

广东巡抚张兆栋奏密陈筹办海防，先将大黄滘中流砥柱两炮台兴修，并亲诣虎门蹋勘炮台形势，暨饬汕头南澳各炮台一律修筑。得旨：已有旨令该抚兼署两广总督篆务，着即将海口防务及练兵筹饷一切事宜，妥为筹理毋稍疏虞。⑦

十一日庚戌（10 月 20 日）

调安徽巡抚吴元炳为江苏巡抚。未到任前，以两江总督李宗羲兼署。

---

① 《筹办夷务始末》（同治朝）第 10 册，中华书局 2008 年版，第 3897 页。

② 刘传标：《近代中国船政大事编年与资料选编》第 1 册，九州出版社 2011 年版，第 167 页。

③ 《筹办夷务始末》（同治朝）第 10 册，中华书局 2008 年版，第 3898~3899 页。

④ 《清实录·穆宗毅皇帝实录》卷三七○。

⑤ 《筹办夷务始末》（同治朝）第 10 册，中华书局 2008 年版，第 3901~3902 页。

⑥ 《清实录·穆宗毅皇帝实录》卷三七一。

⑦ 《清实录·穆宗毅皇帝实录》卷三七一。

奕䜣等奏与日使交涉，并恭呈往来照会。①
福州将军文煜等奏，闽省海防事宜。②
浙江乍浦副都统富尔荪奏乍浦沿海防务情形。③

十九日戊午（10 月 28 日）

沈葆桢等奏，淮粤两军到台，及南北开路情形。倭人勾致近番，并盖兵房，练枪炮，中虽怯弱，外仍示强。沈葆贞等惟当慎密防范，申严警备，不得稍涉疏虞。现在淮粤两军陆续到台，清廷即着分别布置，择要扼扎，以壮声威。台南生番，尚易招致。北路各社，率多顽梗之徒。大南澳平埔等处，有凶番纠集丁壮数千，意在抗违。沈葆桢等务宜悉心筹度，恩威并用，会同罗大春加意招徕，委慎办理，不可轻易进扎，致为番族所乘，转碍抚番大局。台郡城垣，关系紧要，着督饬该地方官速行修葺，务期巩固。

沈葆桢另奏"大雅""安澜"轮船遭风损坏，自请议处。此次损坏船只，清廷即着分别设法修理，沈葆桢未能先事豫防，殊属疏忽，着交部议处。制造轮船，工巨费繁，嗣后务当饬令该管驾等随时加慎。④

二十日己未（10 月 29 日）

前据总理各国事务衙门奏，上海新闻纸刊刻本年三月三十九日密寄沈葆桢等谕旨，请饬查究，当谕李宗羲严密确查。兹据该督奏称，查核上海林华书院《新报》、上海《汇报》，均系照钞香港《华字日报》，至香港《华字日报》内有台湾消息一条，已载明由福州寄来字样。

以验收海运漕粮完竣，予仓场侍郎延煦、毕道远优叙，赏郎中毓璋、董润花翎，余升叙有差。⑤

廿一日庚申（11 月 30 日）

抚恤琉球国遭风难夷如例。

---

①《筹办夷务始末》（同治朝）第 10 册，中华书局 2008 年版，第 3907~3931 页。
②《筹办夷务始末》（同治朝）第 10 册，中华书局 2008 年版，第 3932 页。
③《筹办夷务始末》（同治朝）第 10 册，中华书局 2008 年版，第 3932~3934 页。
④《清实录·穆宗毅皇帝实录》卷三七一。
⑤《清实录·穆宗毅皇帝实录》卷三七一。

廿二日辛酉(10 月 31 日)

奕䜣等与日本议定其从台湾退兵恤银。①

廿五日甲子(11 月 3 日)

补铸广东灵山县知县印信,从巡抚张兆栋请也。

廿六日乙丑(11 月 4 日)

日使柳原前光请求觐见,并呈递国书。②
美国新任大使艾忭敏到任。③

廿七日丙寅(11 月 5 日)

总理各国事务衙门奏海防亟宜切筹,将紧要应办事宜,撮叙数条,请饬详议。据奏庚申之衅,创巨痛深。当时姑事羁縻,原期力图自强,以为御侮之计,乃至今并无自强之实。本年日本兵踞台湾番社,虽叠经饬令各疆臣严密筹防,自问殊无把握,若再不切实筹备,后患不堪设想。④

冬十月初三日壬申(11 月 11 日)

闽浙总督李鹤年奏报行抵泉厦日期,并查勘海口情形。得旨:着即驰回省城,与文煜、王凯泰将应办事宜妥为经理。⑤

十一日庚辰(11 月 19 日)

张兆栋、文铦奏沿海地面遭风情形。本年八月间,广东香山、新安二县属沿海

---

① 《筹办夷务始末》(同治朝)第 10 册,中华书局 2008 年版,第 3944~3948 页。
② 《筹办夷务始末》(同治朝)第 10 册,中华书局 2008 年版,第 3949~3950 页。
③ 《筹办夷务始末》(同治朝)第 10 册,中华书局 2008 年版,第 3953 页。
④ 《清实录·穆宗毅皇帝实录》卷三七一。
⑤ 《清实录·穆宗毅皇帝实录》卷三七二。

地面，猝遭飓风，汲水门等处厘税房屋多被吹坍，巡缉轮船亦有损伤，并淹毙营委各员及兵役多人。清廷予广东香山等处淹殁参将陈步云、都司梁遇春、云骑尉饶锡祺、守备沈锡章、千总卓增元、把总梁荣高、巡检恩龄等祭葬恤荫。①

广东巡抚张招栋奏，丁日昌拟《海洋水师章程六条》。②

十七日丙戌（11 月 25 日）

礼部奏，朝鲜国贡使被劫。朝鲜国贡使回国，行至凤凰城边门以外，有匪类结伙持械，抢夺行装。清廷着都兴阿、志和、恭镗派委员弁前赴边门以外，迅即缉拿惩办，毋任远扬。嗣后朝鲜贡使过境，应如何妥为防护，并边外如何设法整顿，毋使奸徒滋蔓之处，并着都兴阿等体察情形，悉心妥议，奏明办理。③

十九日戊子（11 月 27 日）

署山东巡抚漕运总督文彬奏覆总理衙门练兵、简器、造船等办法。④

廿二日辛卯（11 月 30 日）

以神灵显应，加山东郓城县河马村栗大王封号曰"诚孚"。⑤

廿三日壬辰（12 月 1 日）

葆桢等奏台湾近日情形，并淮军到台。日本兵船尚未退出台湾。

兵部议覆浙闽总督李鹤年奏，请于福建陆路各营内挑练精兵五千四百四十八名，分为十二操，以各本提镇为统领，各镇仍归提督节制，以督标中军副将为营务处，饬令择要驻扎，练习行阵，以申戎备。应如所奏办理，从之。⑥

---

① 《清实录·穆宗毅皇帝实录》卷三七二。
② 《筹办夷务始末》（同治朝）第 10 册，中华书局 2008 年版，第 3955~3958 页。
③ 《清实录·穆宗毅皇帝实录》卷三七二。
④ 《筹办夷务始末》（同治朝）第 10 册，中华书局 2008 年版，第 3962~3964 页。
⑤ 《清实录·穆宗毅皇帝实录》卷三七二。
⑥ 《清实录·穆宗毅皇帝实录》卷三七二。

廿四日癸巳(12 月 2 日)

福建船政船厂所造第十九号轮船"泰安"完工下水。①

廿八日丁酉(12 月 6 日)

大学士文祥奏，台湾之事，现虽权宜办结，而后患在在堪虞。日本与闽浙一苇可杭，倭人习惯食言，难保不再生枝节。前因议买铁甲船及水炮台各节，仓卒莫办，措手无从，不得不为暂缓目前之计。刻下事机已缓，亟宜赶紧筹画，以期未雨绸缪，岂可仍蹈因循故习。清廷着沈葆桢、文煜、李鹤年、王凯泰、潘霨悉心筹商，所有在台兵勇，应如何酌留。淮军素称得力，现在业已到台，应如何分扎防堵。全台事宜，应如何布置。该大臣等务当妥为经画，以善将来。并着李鸿章、李宗羲将前议购买未成之铁甲船水炮台及应用军械等件，迅速筹款购办，无论如何为难，务须妥为设法，庶几兵械精良，有备无患。②

盛京将军都兴阿奏覆筹议海防。③

廿九日戊午(12 月 7 日)

沈葆桢奏与日领事福岛交涉，并日人近日情形。④

十一月初四日癸卯(12 月 12 日)

两广总督英翰、安徽巡抚裕禄奏覆筹议海防。⑤

直隶总督李鸿章奏覆筹议海防，并建议购买铁甲船，及应派使臣领事驻日本。⑥

浙江巡抚杨昌濬奏覆筹议海防。⑦

---

① 刘传标：《近代中国船政大事编年与资料选编》第 1 册，九州出版社 2011 年版，第 167 页。

② 《清实录·穆宗毅皇帝实录》卷三七二。

③ 《筹办夷务始末》(同治朝)第 10 册，中华书局 2008 年版，第 3972~3973 页。

④ 《筹办夷务始末》(同治朝)第 10 册，中华书局 2008 年版，第 3974~3999 页。

⑤ 《筹办夷务始末》(同治朝)第 10 册，中华书局 2008 年版，第 3978~3986 页。

⑥ 《筹办夷务始末》(同治朝)第 10 册，中华书局 2008 年版，第 4000~4001 页。

⑦ 《筹办夷务始末》(同治朝)第 10 册，中华书局 2008 年版，第 4002~4007 页。

初五日甲辰(12月13日)

以神灵默佑，颁浙江海宁州海神庙御书匾额曰"鳀壑镜澄"，仁和县潮神庙御书匾额曰"宪赭安流"。①

十一日庚戌(12月19日)

福建巡抚王凯泰奏，筹议海防要计。②
湖南巡抚王文韶奏覆筹议海防。③

十二日辛亥(12月20日)

两江总督李宗羲奏覆筹议海防。④

十三日壬子(12月21日)

沈葆桢等奏，日本遵约退兵，收回草房营地。日本兵船尽数退出台湾，其遗下营房草房板片，均经点收完竣，该处已派官军填扎。惟琅峤一带善后机宜，亟须悉心筹画，妥善经营。另奏道员黎兆棠因病回籍，该员现经简放津海关道，清廷着沈葆桢传知黎兆棠病痊后迅速赴任，以重职守。⑤

十四日癸丑(12月22日)

湖广总督李瀚章奏覆筹议海防。⑥
闽浙总督李鹤年奏覆筹议海防。⑦

---

① 《清实录·穆宗毅皇帝实录》卷三七三。
② 《筹办夷务始末》(同治朝)第10册，中华书局2008年版，第4014~4016页。
③ 《筹办夷务始末》(同治朝)第10册，中华书局2008年版，第4017~4022页。
④ 《筹办夷务始末》(同治朝)第10册，中华书局2008年版，第4025~4032页。
⑤ 《清实录·穆宗毅皇帝实录》卷三七三。
⑥ 《筹办夷务始末》(同治朝)第10册，中华书局2008年版，第4034~4038页。
⑦ 《筹办夷务始末》(同治朝)第10册，中华书局2008年版，第4039~4041页。

十七日丙辰（12 月 25 日）

江西巡抚刘坤一奏覆筹议海防。①

二十日己未（12 月 28 日）

户部奏，豫拨来年京饷。务府同治十四年分应需经费，拟拨两淮盐课银五万两、两浙盐课银五万两、广东盐课银五万两、福建茶税银十万两、闽海关常税银十万两、太平关常税银十万两、九江关常税银十五万两共银六十万两，请饬依限完解。

文煜奏台防要需及拨给日本国费项，挪动四成洋税。台防关系紧要，文煜因无款可筹，先后那移四成银二十八万两。②

廿五日甲子（公元 1875 年 1 月 2 日）

山东巡抚丁宝桢奏覆筹议海防。③

廿七日丙寅（公元 1875 年 1 月 4 日）

闽浙总督李鹤年等奏报宁德县风灾击沈巡船，连江县水灾冲塌城垣。
抚恤琉球国遭风难夷如例。④
江苏巡抚吴元炳奏覆筹议海防。⑤

十二月初五日甲戌（公元 1875 年 1 月 12 日）

文煜等奏，查明新闻纸刊刻密件之陈言，已往香港，请饬查拿。陈言即陈霭亭，系广东新会县人，经文煜等查明，于八月间由台湾内渡，已回香港。事关漏泄机密要件，亟应查讯明确，以期水落石出。清廷着张兆栋密饬所属，将陈言即陈蔼

---

① 《筹办夷务始末》（同治朝）第 10 册，中华书局 2008 年版，第 4042~4045 页。
② 《清实录·穆宗毅皇帝实录》卷三七三。
③ 《筹办夷务始末》（同治朝）第 10 册，中华书局 2008 年版，第 4050~4056 页。
④ 《清实录·穆宗毅皇帝实录》卷三七三。
⑤ 《筹办夷务始末》（同治朝）第 10 册，中华书局 2008 年版，第 4059~4060 页。

亭设法查拿解讯。

两江总督李宗羲等奏，淮扬水势甚大，运道艰阻，拟将来年江北漕米改办海运一次。从之。

两江总督李宗羲因病解职，以江西巡抚刘坤一署两江总督，江西布政使刘秉璋署巡抚。

是日酉刻，同治帝疾大渐，崩于养心殿东暖阁。醇亲王奕譞之子载湉，着承继文宗显皇帝为子，入承大统，为嗣皇帝。①

初七日丙子（公元 1875 年 1 月 14 日）

王公大学士六部九卿等奏，吁恳两宫皇太后垂帘听政。②

初九日戊寅（公元 1875 年 1 月 16 日）

确立建元年号为"光绪"。

初十日己卯（公元 1875 年 1 月 17 日）

浙江巡抚杨昌浚奏，接续建修海盐县境石塘双坦要工，下部知之。

十一日庚辰（公元 1875 年 1 月 18 日）

沈葆桢等奏，请将福建巡抚移扎台湾，以专责成。③

十二日辛巳（公元 1875 年 1 月 19 日）

命署两江总督刘坤一兼署办理通商事务大臣。

十三日壬午（公元 1875 年 1 月 20 日）

英国怡和洋商经营之淞沪铁路开始铺轨。

---

① 《清实录·穆宗毅皇帝实录》卷三七四。
② 《德宗景皇帝实录》卷一。
③ 《德宗景皇帝实录》卷一。

十八日丁亥（公元 1875 年 1 月 25 日）

抚恤琉球国遭风难民如例。

廿一日庚寅（公元 1875 年 1 月 28 日）

以台湾轮船被风击坏，革"安澜"船管驾官游击吕文经、"大雅"船管驾官千总罗昌智职。①

廿五日甲午（公元 1875 年 2 月 1 日）

两江总督李宗羲等奏，酌拟海运章程。下部知之。②

廿九日戊戌（公元 1875 年 2 月 5 日）

浙江巡抚杨昌浚奏，来岁新漕，由南省径运赴通，酌拟章程。下部知之。③

是年

沈葆桢获准雇丹麦大北公司架设闽台电线。

华侨商人陈启源于广东南海县所设继昌隆缫丝厂开工生产。

江南制造局翻译馆出版西书十二种，包括《防海新论》等。

出口货值银六千六百七十一万二千八百六十八两，进口货值银六千四百三十六万零八百六十四两，出超二百三十五万二千零四两。凡征货税银一千一百四十九万七千二百七十二两。

福建船政提调夏献纶编著《台湾舆图并说》出版。④

① 《德宗景皇帝实录》卷二。
② 《德宗景皇帝实录》卷二。
③ 《德宗景皇帝实录》卷二。
④ 刘传标：《近代中国船政大事编年与资料选编》第 1 册，九州出版社 2011 年版，第 170 页。

主要参考书目

《清实录》，中华书局 1985 年影印本。

《清代起居注册(咸丰朝)》，联经出版实业公司 1983 年影印本。

《清代起居注册(同治朝)》，联经出版实业公司 1983 年影印本。

《清史稿》529 卷，中华书局 1977 年点校本。

《中国地方志集成》，上海书店、巴蜀书社、凤凰出版社 1991—2009 年版。

《台湾文献汇刊》，九州出版社、厦门大学出版社 2005 年版。

《清代史料笔记丛刊》，中华书局 1979—2013 年版。

《中国边疆研究资料文库·海疆文献初编：沿海形势及海防》，世界知识出版社 2011 年版。

《中国海疆文献续编·海运交通》，世界知识出版社 2011 年版。

《清代档案史料丛编》，中华书局 1978—1990 年版。

《筹办夷务始末(咸丰朝)》，中华书局 1979 年版。

《筹办夷务始末(同治朝)》，中华书局 2008 年版。

《清光绪朝中日交涉史料》，故宫博物院 1932 年版。

《清朝文献通考》，浙江古籍出版社 2000 年版影印本。

《清朝续文献通考》，浙江古籍出版社 2000 年版影印本。

《中外旧约章汇编》，生活·读书·新知三联书店 1957 年版。

《鸦片战争档案史料》，天津古籍出版社 1993 年版。

《第二次鸦片战争》，上海人民出版社 1978—1979 年版。

《十九世纪美国侵华档案资料选编》，中华书局 1959 年版。

《华工出国档案史料汇编》，中华书局 1985 年版。

《清季外交史料》，书目文献出版社 1987 年版。

《中美关系史料》，台湾"中央研究院近代史研究所" 1968 年版。

《中华帝国对外关系史》，生活·读书·新知三联书店 1957 年版。

《东印度公司对华贸易编年史》，中山大学出版社 1991 年版。

《俄国在东方：1876—1880》，商务印书馆 1972 年版。

《近代中国船政大事编年与资料选编》，九州出版社 2011 年版。

《上海研究资料》，上海书店 1984 年版。